KB178670

*Goethe and Jung: Understanding 「Faust」 through Analytical Psychology*

by Bou-Yong Rhi

Published by Hangilsa Publishing Co. Ltd., Korea, 2020

# 괴테와 융

### 『파우스트』의 분석심리학적 이해

이부영 지음

**한길사**

# 들어가는 말

2016년 말경이었을 것이다. 괴테의 『파우스트』를 다시 찬찬히 읽으면서 분석심리학적 관점에서 글을 써볼까 생각한 때가. 특별히 내세울 만한 동기가 있었던 것은 아니다. 다만 내가 존경하는 분석심리학의 창시자 융Carl Gustav Jung이 그토록 강렬한 정감을 가지고 그의 많은 저서에서 인용하고 해석한 『파우스트』를 그의 시각에서 이해하고 동시에 그에 대한 내 마음을 기술하는 작업에 흥미를 느끼게 되었다고나 할까. 그동안 나는 틈틈이 동양고전을 분석심리학적으로 이해하는 작업을 해왔다. 그중 일부는 책으로 출간되었는데 『노자와 융』(한길사, 2012)이 그 한 예다. 비슷한 작업을 서양고전을 대상으로 하고 싶은 마음이 일어났다고 할 수도 있다.

그러나 『파우스트』에 대해서는 『노자와 융』에서 시도한 노자 『도덕경』의 분석심리학적 해석처럼 세밀한 '해석'을 감행할 엄두를 내지 못했다. 그렇게 하기에는 『파우스트』가 너무나 방대하고 풍부한 상징으로 엮여 있기 때문이다. 『파우스트』는 어떤 학술적 견지에서 주제별로 나눌 수 있는 것이 아니라고 생각했다. 될 수 있는 대로 극의 전 과정을 따라가면서 극 중 인물들과 공감하고 체험해야 할 작품이라고 여겼다. 그래서 '해석'이라는 말 대신 '산책'이라는 말을 써서 '학문적' 부담을 다소나마 덜고 싶었다.

어떻든 2016년 말에서 2017년 2월 말까지 한국융연구원 겨울방학을 나는 전적으로 이 작업에 투자하여 『파우스트』 제2부에 관한 글을 거의 마쳤다. 『파우스트』 제2부는 특히 융이 관심을 많이 둔 부분이다. 제1부가 개인적인 심리학으로 충분히 이해할 수 있는 작품, 이른바 심리적 작품인 데 비해 제2부는 일반심리학으로는 전혀 이해할 수 없는 비심리학적 작품으로서 숱한 원형적 상징으로 채워진 작품이기 때문이다.

그 뒤 제1부가 진행되는 동안 미국의 동료분석가 에딘저<sup>Edward F. Edinger</sup>의 『파우스트』에 대한 날카로운 논평을 접했고, 행인지 불행인지 몰라도 취리히대학 게르만학과 주임교수 슈타이거<sup>Emil Staiger</sup>의 『괴테연구논총』 3권(일역)을 연구원의 도서실 기증본 가운데서 발견한 것이 이 책의 내용을 두껍게 만드는 데 기여했다. 슈타이거의 책은 「파우스트 초고」, 「파우스트 제1부」와 「제2부」의 작품 성립사와 문학적 함의를 깊이 있게 다루어 심리학적 이해법과는 다르면서도 인간과 삶에 대한 공통된 통찰을 보이는 등 심리학과 문학의 경계가 어디에 있는지를 짐작하게 하는 흥미로운 내용이 많아서 외면할 수 없었다.

여러 차례 수정·보완을 거치고 어쩔 수 없이 각주를 달아 인용 페이지를 확인하는 지루한 작업까지 이제야 대충 마무리했다. 괴테가 필생을 바쳐 완성한 『파우스트』를 만 3년이 못 되는 시간에 읽고 뭐라고 말을 한다는 것 자체가 무모한 일인지 모른다. 사실 나는 이제야 『파우스트』가 제공하는 주제들을 세부적으로 '연구'하고 싶은 마음이 생긴다. 그만큼 지금까지의 '산책'이 작품 속으로 깊이 들어갈 수 있는 길을 닦아준 것이 아닌가 생각된다.

이 책은 융을 하나의 큰 지팡이로 삼고 융학파의 동료 에딘저를 작은 지팡이로 의지한 채 때때로 슈타이거 교수가 비추어주는 문학의 거울을 눈여겨보며 내가 보고 느낀 풍경과 사건에 대한 느낌과 생각을 적은 것이다. 때론 독자 입장에서 어려운 내용이나 해석을 이해하기 위하여 또는 인간의 고통과 마주하는 의사이자 분석의로서 작품으로 자극받은 임상사례에 대한 회상과 시대적·사회적 사건에 대해 길게 설명했다. 통상적인 연구서의 체제를 따르지 않아 편집구성을 의

도적으로 비체계적으로 했다. 『파우스트』 시구를 거의 대부분 그대로 제시하고 때로 독일어 원문을 병기한 것은 시구 원문이 주는 감동을 직접 전달하고 싶었기 때문이다.

분석심리학적 이해란 결국 작품 속에서 인간심리와 '관계'를 발견하는 것이다. 위대한 작품에는 시간과 공간을 뛰어넘는 보편적·원초적 행동유형인 융의 원형이 묘사되어 있다. 이 책에서 괴테의 작품구성과 성립과정, 창작의도, 사상적 배경 등에 관해 슈타이거의 언급 이외에 다른 연구자들의 주장을 전혀 소개하지 않은 것은 그것이 불필요하기 때문이 아니라 분석심리학의 주요 관심사가 아니기 때문이다. 예술작품은 예술가의 개인적 인격을 뛰어넘는다. 그러므로 예술가의 개인적 성장과정으로 작품의 가치를 환원하는 것은 융학파 견해가 아니다.

분석심리학은 괴테 작품에서 집단적 무의식의 표상을 본다. 그것과 자아 사이의 여러 측면의 관계를 발견할 수 있다. 그래서 이 책에는 융의 분석심리학 용어가 되풀이해서 등장한다. 치유의 상징들이 여러 시구로 표현되어 있기 때문이다. 독자의 이해를 돕기 위해 간단한 용어해설을 덧붙였다. 심리학적으로 이해했다고 해서 작품이 모두 설명되었다고 생각하는 것은 잘못이다. 문학예술은 그 고유의 가치를 가지고 있다. 그것은 심리학이 간여할 수 없는 측면이라는 것이 융의 일관된 견지다. 슈타이거의 논평 가운데서는 서로의 특성 차이를 어느 정도 알 수 있을 듯하다.

문학작품 번역은 저자의 전공도 아니고 더구나 시 번역은 고도의 숙련을 요하는 만큼 『파우스트』의 산책길을 선택하는 데 기존의 국내 번역판을 참고하지 않을 수 없었다. 훌륭한 번역서가 여러 권 나와 있어서 모두 참고했는데 주로 정서웅의 번역에 의존했다. 부분적으로 원서와 비교해 심리학적 이해에 어울리는 우리말로 바꾼 경우도 있지만 이들 독문학 전공자들에게 경의와 감사를 표한다.

그림자들이 전 세계 여기저기에서 활개 치며 폭풍처럼 기존질서를 뒤엎고 있는 시대에 우리에게 닥쳐든 경제 한파 속에서도 이 책의 출간을 쾌히 승낙해주신 한길사 김언호 사장님께 깊은 감사를 드린다. 또한 한길사 편집진 여러분의 노고를 위로하며, 여러 번 교정·수정·보완하는 원고정리를 인내성 있게 도와준 연구원의 전영희 씨에게 고마운 뜻을 전한다.

　2020년 5월
　성북동 한국융연구원 연구실에서
　이부영

# 괴테와 융

『파우스트』의 분석심리학적 이해

## 제4부 심리학적 논평: 비극 제2부

**일러두기**

독자의 이해를 돕기 위해 연극의 장면은 이탤릭체로 표시했다.

제1부

괴테의 『파우스트』와 C.G. 융의 관계

괴테의 『파우스트』는 C.G. 융이 자신의 저서에서 제일 많이 인용한 문학작품이다. 그만큼 이 작품은 융에게 특별한 의미가 있었다. 『파우스트』에서 융이 무엇을 어떻게 인용하고 해석하는지는 본론에서 자주 제시하겠지만 본론에 들어가기에 앞서 간략하게나마 몇 가지 살펴보고 지나가야 할 것이 있다. 먼저 괴테의 작품 『파우스트』가 완성되기까지 과정을 간단히 살펴보자.

## 괴테 『파우스트』의 형성 과정

전문가들의 고증에 따르면 희곡 『파우스트』는 괴테가 26세에 초고를 발표하고 82세에 완성한 작품으로 반세기가 넘는 그의 삶과 시대 경험과 정신이 결집된 작품이다.*

---

* 강두식, 「『파우스트』의 성립과 구상」, 『괴테연구』, 문학과지성사, 1984, 103~126쪽; 고위공, 「괴테, 그 현대적 의미」, 『괴테연구』, 1983, 13~23쪽; 괴테, 박한덕 옮김, 「연보」·「작품론」, 『파우스트 하』, 범우사, 2007; 괴테, 정서웅 옮김, 「작품해설」·「연보」, 『파우스트 2』, 민음사, 1999; Johann Wolfgang, *Goethe Faust*, Erster und zweiter Teil, Deutscher Taschenbuch Verlag, München, 1977, Anhang, pp.355~358 참조.

점성술사인 파우스트는 전설적인 인물로 의술에 능통했다고 하지만 허풍쟁이로 알려져 있다. 그는 마귀에게 영혼을 팔아 초능력을 발휘하다가 타락해서 지옥에 빠진 사람으로 묘사되어왔다. 이 전설은 괴테 이전에 여러 사람이 소설화했으며 그 결말은 대개 파우스트의 파멸로 끝났다. 괴테는 이 소재를 취하여 새로운 인간상, 지식의 한계에서 절망에 빠졌다가도 끊임없이 일어나 삶에 도전하며, 실수와 상처투성이의 지옥행을 겪으면서도 다시 영원한 아름다움을 찾아 나서고, 지상 세계의 번영을 위해 행동하는 인물을 만들어냈다. 파우스트를 소재로 한 다른 소설과 달리 괴테의 희곡에서 파우스트의 영혼은 구원되어 천상으로 들어 올려진다.

『파우스트』는 제1부와 제2부로 나뉜다. 제1부는 청순한 소녀 그레트헨(마르가레테)과의 사랑과 오해, 죽음의 비극을 다뤘다. 제2부는 지고지선의 아름다움의 상징 헬레나와의 만남과 이별, 경건한 노부부 필레몬과 바우치스의 살해, 파우스트의 회한, 마침내 '자유로운 대지에서 자유 민족을 꿈꾸는' 파우스트의 이상과 죽음 그리고 영혼의 구제, 메피스토의 변모로 끝난다. 괴테가 제1부를 완성한 것이 59세 때인 1808년이고 20여 년이 지난 76세에 다시 집필을 시작해 6년 뒤(82세) 제2부를 완성했으니 괴테의 의식과 무의식의 풍부한 상징이 그의 연금술과 신화에 대한 지식과 함께 얼마나 이 작품에 농축되었는지를 짐작할 만하다.

'파우스트 전설'이 괴테를 통해 그렇게 장구한 시간 숱한 수정과 보완을 거쳐 오늘의 형태로 태어나기까지 얼마나 많은 요인이 그 과정에 간여했겠는가? 괴테라는 작가의 인격특성, 관심사, 경험내용, 지식뿐 아니라 괴테가 살던 시대의 종교적·사회적 환경과 문예사조에 이르기까지 많은 것이 작품 형성과정에 간여했을 것이다. 그러나 그 개인적·집단적 의식수준에서 그러한 요인에 대한 세밀한 고증은 문학연구자들의 몫이 될 것이다.

C.G. 융은 이들과 달리 심층심리학적 견지에서 작품의 상징적 이해를 통해『파우스트』전편을 관통하는 기본사상이 연금술과 헤르메스철학임을 발견했다. 그는 괴테가 여러 연금술서와 함께『화학적 결혼: 크리스티아니 로젠크로이츠』*를 읽었다고 확신했고『파우스트』는 대극융합의 비의를 묘사한 '화학적 결혼'의 주제와 '융합'을 향한 연금술 작업과정Opus alchemicum을 표현했다고 보았다.『파우스트』제2부는 특히 그런 의미에서 융의 관심을 오래도록 끌었고 그의 만년 저작『융합의 비의』Mysterium Coniunctionis는『파우스트』를 형성하는 모든 것의 역사적 배경을 제시하고 있다.

융의 이와 같은 통찰은 작품 형성사와는 좀 다른 의미를 갖고 있다. 이름을 무엇이라고 부르든 인류의 정신사에서 대극갈등과 대극융합의 문제와 진지하게 씨름하는 가운데 융은 연금술을 발견했고 연금술 사상을 통해 괴테를 역사적 도반의 한 사람으로 삼게 된 것이다. 융은「파우스트와 연금술」이라는 짧은 논고를 남겼지만『파우스트』제2부가 내포하고 있는 엄청나게 깊은 상징세계를 간단히 쉽게 성명하는 것은 거의 불가능하다고 여겼다.**

---

\* '화학적 결혼', 연금술의 마지막 단계: 현자의 메르쿠리우스, 유황의 융합 등 많은 비유로 설명되는 대극융합의 상징. 가장 유명한 문헌이 장미십자회원 J.V. 안드레가 쓴『화학적 결혼: 크리스티아니 로젠크로이츠』 *Chymische Hochzeit: Christiani Rosencreutz*(Straßburg, 1616)다. 독자가 로젠크로이츠와 함께 수행하는 7일간의 꿈의 여행은 완전한 연금술적 결혼으로 인도된다. Diana Fernando, *The Dictionary of Alchemy: History, People, Definitions*, Blandford, p.39.

\*\* 파우스트 문학에 좀더 기여해달라고 요청한 독일 슈투트가르트의 카알 틴스 전임강사의 편지에 대한 답신 참조. C.G. Jung, *Briefe*, Bd. 2, pp.481~482(Karl Theens, 1955). 융의 논문 "Faust und die Alchemie"(in) *Das symbolische Leben*, Walter-Verlag, pp.807~809, G.W. 18/II, 1981. 짤막한 강연원고로 더 이상 할 말이 없다고 했다. 그레이Donald Gray의「연금술사 괴테」는 연금술에 대한 지식이 너무 부족하여『파우스트』전편을 꿰뚫고 있는 주제, 융합의 비의, 화학적 결혼을 간과하고 있다고 했

분석심리학은 어떻게 작품이 형성되었나 하는 것보다 괴테, 특히 괴테의 의식, 무의식의 창조적 콤플렉스가 작품을 통해 무엇을 말하는지에 관심을 둔다. 그리하여 그 속에서 인간의 보편적·원초적 심성을 발견할 것을 기대한다. 사랑의 환희와 비극적 종말, 죽음과 구원의 드라마 속에서 던져진 물음, 대극 간의 갈등과 그 해소에 대한 인류의 오랜 물음에 대한 응답을 찾고자 한다. 우리가 치유[Heilung]라고 하는 체험을 괴테는『파우스트』에서 어떻게 표현했는가 하는 점들을.

그러면 C.G. 융은 문예작품의 심리학적 접근을 어떻게 설명했는가?

## 문학작품을 보는 C.G. 융의 입장

C.G. 융은 저서에서 많은 문학작품을 인용했지만 정작 문학작품을 심리학적으로 해석한 것은 출판사 요청으로 쓴 조이스[James Joyce]의『율리시스』[Ulysses]*뿐이었다. 그것도 모놀로그[Monolog](독백)라는 부제가 붙은 그야말로『율리시스』의 난해한 언어와 문장 뒤에 있는 심적 심연의 비밀을 이해하기 위해 온몸으로 쓴 명문 에세이였다. 일차적으로 그에게 시문학은 그가 발견한 무의식의 상징을 웅변적으로 표현해주는 탁월한 대변자였다.

### 상징과 표징의 차이

상징[Symbol]은 표징[Sign]과 달리 알 수 없는, 말로 다 설명할 수 없는, 의미를 잉태하고 있는 것이기 때문에 융은 자신처럼 무의식의 상징을

---

다. C.G. Jung, *Briefe*, Bd. 2, pp.481~482(Karl Theens, 1955) 참조.
* C.G. Jung(1992), *Über das Phänomen des Geistes in Kunst und Wissenschaft*, Walter-Verlag, Olten, G.W. 15, pp.121~149(Ulysses).

경험하고 그것을 멋지게 표현한 작가와 시인들의 발언을 즐겨 인용했다. 어떤 특정한 문학 예술작품들은 그에게 그의 가설을 확충해주는 매우 친밀한 반려자였다고 할 수 있다. 『파우스트』와 횔덜린의 시는 그런 작품에 속한다. 또한 융은 문학예술 고유의 가치와 의미를 심리학이나 정신병리학의 인과적·환원적 방법으로 손상시키지 않으려고 깊이 배려했다.

융의 문학예술관은 주로 「심리학과 시예술」과 「분석심리학과 예술작품의 관계」두 논문*에서 볼 수 있다.

### 심리학의 한계와 과제

「심리학과 시예술」에서 융은 먼저 심리학 만능주의를 경계한다. 심리학은 결코 보편타당한 진리처럼 자처해서는 안 되며 자신은 결코 심리학적 관점으로 문학사학자나 미학자의 영역을 침범하거나 그를 대치할 생각이 없다고 말했다.** 시예술 작품에 대한 분석심리학의 관계에 대해서도 융은 심리학의 여러 약점을 지적하면서 심리학은 오직 예술의 한 부분, 즉 예술적 활동의 심리적 과정에 국한해서 고찰할 수 있으며 예술 고유의 본질은 고찰 대상일 수 없다고 한다.***

그러나 심혼Seele은 모든 학문의 어머니이며 그릇이고 예술작품 또한 그러하기 때문에 심혼의 학문인 심리학은 한편으로 예술작품의 심리학적 구조를, 다른 한편으로 예술적·창조적 인간의 심리학적 조건들을 제시하고 설명할 수 있어야 한다고 말한다.**** 이 두 작업은 서로 상쇄할 만한 상호작용을 하지만 하나를 다른 하나로 설명할 수 없다.

---

\* C.G. Jung, G.W. 15, pp.97~121, Psychologie und Dichtung; pp.75~96, Über die Beziehungen der analytischen Psychologie zum dichterischen Kunstwerk.

\*\* C.G. Jung(1972), G.W. 15, Walter Verlag, Olten, pp.98~99.

\*\*\* *Ibid.*, pp.75~76.

\*\*\*\* *Ibid.*, p.99.

예를 들어 작가의 개인생활사로 그의 작품을 해석할 수 없고 작품으로 그 개인을 판단할 수 없다는 것이 그의 주장이다.

『파우스트』에서 파우스트가 "어머니들, 어머니들, 그것 참 묘하게 들리는구나!" 외칠 때 우리는 괴테와 그 어머니의 특별한 관계를 눈치챌 수 있다. 그는 또 우리가 예감으로 인간 괴테에게 어머니와 유대가 중요한 역할을 했고 바로 『파우스트』에서 많은 흔적을 남겼음을 알게 되었다 하더라도 어머니와의 개인적 유대가 어떻게 『파우스트』라는 작품을 출현하게 했는지 알아낼 수는 없다고 말한다.*

## 개인적 심리학은 작품 자체를 설명하지 못한다—프로이트 비판

창조자의 개인적 심리학은 그의 작품의 많은 것을 설명할 수 있지만 그 작품 자체는 설명하지 못한다. 작가의 개인 심리학이 그 작품을 설명하는 데 성공했다면 작가의 이른바 창조적인 것은 단지 증상에 불과한 것으로 밝혀질 텐데 이는 작품을 이해하고 그 명예를 보호하는 데 전혀 이롭지 못하다.**

의식의 범위 안에서 일어나는 정신적 과정은 인과적으로 설명할 수 있지만 무의식의 무한함에 뿌리를 둔 창조적인 것은 인간적 인식을 영구히 배척할 것이라고 융은 강조한다. "창조적인 것은 언제나 오직 나타나는 모습이 기술되고 예감될 뿐 파악될 수 없는 것이다."*** 이와 같이 예술작품을 마치 신경증 분석하듯이 시인의 개인적 억압의 소산처럼 분석하고 그로써 예술작품의 본질을 설명했다고 주장하는 프로이트 방식을 융은 단호히 배격한다.

"예술작품의 본질은 개인적 특수성과 결부된 그곳엔 없다." 오히려 개인적인 것을 넘어서 있으며 인류의 영과 심장에서 영과 심장을 위

---

\* *Ibid.*, p.99.

\*\* *Ibid.*, p.100.

\*\*\* *Ibid.*, p.100.

해 발언한다. "개인적인 것은 제약이다. 심지어 예술에 악덕이다. 오직 혹은 주로 개인적인 예술만이 신경증으로 다루어질 수 있다. 만약 프로이트학파가 모든 예술가는 유아적·자애적自愛的, autoerotische으로 제약된 인격을 소유하고 있다고 말한다면 이 판단은 인간으로서 예술가에게는 해당될지 모르지만 그 예술가 속에 있는 창조주에는 해당되지 않는다. 왜냐하면 그 창조주는 자애自愛도 이성애異性愛도 도시 성애적性愛的이지 않으며 고도로 사무적(즉물적sachlich)이고 심지어 비—또는 초—인간적이기 때문이다. 예술가로서 그는 그의 작품이며 인간은 아니다."*

## 심리학적 소설과 비심리학적 소설─『파우스트』의 경우

융은 많은 작품 가운데 자기 관심을 더 끄는 대상 작품은 이른바 심리학적 소설이 아니라 비심리학적 소설임을 밝히고 있다. 이른바 심리학적 소설은 스스로 설명되며 그 고유의 심리학을 가지고 있다. 심리학자는 기껏해야 이에 약간 더 보충하거나 비판을 가할 수 있을 뿐이다. 비심리학적 소설은 심리학적으로 조명할 수 있는 여지를 더 많이 제공한다. 왜냐하면 저자가 심리학적 의도를 갖고 있지 않고 또 묘사하는 이미지들이 어떤 특정한 심리학도 미리 정해놓지 않기 때문이다. 따라서 분석하고 해석할 여지를 줄 뿐 아니라 편견 없는 묘사를 가능하게 한다.

이 두 가지 부류를 비교할 수 있는 좋은 사례로 융은 『파우스트』 제1부와 제2부를 들었다. 『파우스트』 제1부는 사랑의 비극으로 그 의미는 자명하여 더 추가할 것이 없다. 그러나 제2부는 해석작업을 필요로 한다.** 그는 "그 엄청난 현상학과 함께 시인의 형성능력을 그토록

---

* *Ibid.*, p.116.
** C.G. Jung(1972), G.W. 15, *op. cit.*, pp.101~102. 여기서 '심리학적' '비심리학적'이라 할 때 '심리학'은 분석심리학과 같은 심층적·상징적 이해방식을 따르는 심리학이 아니라 개인심리학의 범위에서 주로 의식을 다루

소진해버렸거나 심지어 뒤편으로 밀어냈기 때문에 어떤 무엇도 스스로 설명되지 않고 앞서가면서 행과 행이 독자에게 해석을 요구하도록 자극한다"*고 말했다.

심리학적 견지에서 보면『파우스트』야말로 문학작품의 두 극단적인 특징을 보인다고 융은 말한다. 앞부분은 창작의 심리적 양식, 뒤의 것은 환상적幻像的, visionäre 양식이라 이름할 수 있다고 했다. 심리학적 양식은 소재의 내용이 인간의식이 미치는 범위 안에서 움직인다. 즉, 인생 경험, 충격적이거나 열정적인 인간 체험, 일반적 의식에 알려진 것이거나 최소한 공감 가능한 것들이다. 이 소재는 시인의 마음에 수용되어 일상적인 것에서 체험의 높이로 들어 올려지고 그 자체로는 평범하거나 막연하게 불편한 것, 그래서 부끄러워 간과한 것을 독자의 밝은 의식으로 설득력 있게 옮겨서 독자를 고도의 명징성과 더 넓은 인간성으로 인도하게 한다.

"그 영원히 반복되는 고통과 기쁨, 그것은 인간의식의 내용, 그의 시적 형상성 가운데서 설명되고, 신성하게 변용되는 것이다." "심리학적 예술창조는 인간체험의 영역, 가장 강한 체험의 심적 전면에서 나온다." "언제나 어디서나 그것은 심리학적으로 경험되고 이해할 수 있는 경계 안에서 움직이기 때문에 그런 예술창조를 심리학적이라 한다." 모두 융이 한 말이다.**

『파우스트』제2부는 이와 판이하다. "형성된 내용 또는 체험은 전혀 알려지지 않은 것, 낯선 존재의 특성, 드러나지 않은 자연, 마치 인류 이전 시간의 심연같이 혹은 초인적 성질의 밝고 어두운 세계에서 나온 듯 원초적 체험을 나타내고 있다. 인간적 감정과 이해의 범위를 모

---

는 '의식심리학'을 지칭하는 것 같다.
  * *Ibid.*, p.102.
 ** *Ibid.*, pp.102~103.

든 면에서 뛰어넘는 강력한 사건의 혼란된 모습은 예술창작에서 앞면<sup>前面</sup>체험과 다른 어떤 것을 요구한다"고 융은 말한다. 앞면체험은 인간의 가능성의 한계를 폭파하지 않지만 환상적<sup>visionären</sup> 양식의 작품에서는 생성되지 않은 것의 이해할 수 없는 심연을 들여다보게 만든다.*

> "거기 보이는 것은 여러 다른 세계일까? 혹은 영<sup>Geist</sup>의 어둠 속일까? 또는 인간 심혼이 이 세상에 나오기 이전의 근원일까? 혹은 아직 태어나지 않은 종족들의 미래인가? 우리는 이 물음들을 긍정할 수도 부인할 수도 없다."**

원초적 환상은 집단적 무의식의 원형상들을 내포하므로 자주 조현병(정신분열병)환자의 인격 붕괴현상과 비유된다. 조현병에서는 비정상적으로 활성화된 무의식의 원형층의 세력에 의해 의식이 붕괴되거나 그것을 감당할 수 없는 약한 자아의식 때문에 의식이 원형의 힘에 의해 조각나면서 환자의 체험내용에서 여러 가지 원형상들이 목격된다.

### 집단적 무의식의 보상, 『율리시스』와 『파우스트』의 경우

융은 조이스의 『율리시스』에 대해 이 문제와 관련하여 다음과 같이 말한다.

> "율리시스가 병적 산물이 아닌 것은 근대 예술 전반이 그렇지 않은 것과 같다. 이 작품은 깊은 뜻에서 입체파적이다. ─ 괴기한 즉

---

* *Ibid.*, p.103.
** *Ibid.*, p.104. 여기서 융은 원초적 환상을 표현하는 작가와 작품을 열거하고 있다. Poimandres, *Hirt des Hermas*, 단테Dante의 작품 괴테, *Faust 2*, 니체의 디오니소스적 체험, 바그너Wagner의 작품 *Niebelungenring, Tristan, Parzifal* 등. 104쪽 참조.

물성과 비현실성으로 아름다움과 의미를 뒤죽박죽 만드는 것은 환자의 경우에는 그의 인격붕괴의 수반현상이지만 예술가의 경우에는 창조적 의도다. 근대의 예술가는 그의 예술창조 속에서 자신의 인격 붕괴의 표현을 체험하고 이를 감수하는 것이 아니라 바로 그 파괴적인 것에서 자신의 예술가적 인격의 통일성을 발견한다."[*]

근대 예술가의 경우 인격의 붕괴현상처럼 보이는 입체파적 표현 성향을 취하게 만드는 것은 개인적인 병이 아니고 '시대적 현상'이라고 융은 주장한다. "예술가는 개인적 충동에 따르는 것이 아니라 집단적 조류에 따른다. 물론 이 조류의 원천은 직접적으로 의식 속에 있는 것이 아니라 근대인 정신의 원천인 집단적 무의식에 있다. 그것은 집단적 현상이기 때문에 회화, 문학, 조각, 건축 등 다양한 영역에서 같은 방식으로 작용한다."[**]

문학에서 특히 중요한 의미가 있는 것은 의식상황에 대한 집단적 무의식의 보상적 성질이라고 융은 말한다. 무의식의 보상작용을 통해 일방적이고 위험한 의식상황이 균형을 잡게 된다. 예를 들어 『파우스트』는 괴테 개인의 의식에 대한 보상을 넘어 시대의식에 대한 보상으로 볼 필요가 있다. 인간의 심혼에서 길어 올린 위대한 시작품을 작가의 개인적인 것에 귀착시킨다면 이는 전적으로 본질에서 벗어난 시도라고 융은 비판한다.[***]

언제나 집단적 무의식이 체험될 때 그리고 그것이 시대의식과 맞

---

[*] *Ulysses*, C.G. Jung(1972), G.W. 15, pp.130~131. 물론 환자가 비록 창조적 의도를 의식하지 못하고 화법이 능숙하지 않으며 작품 속에 분열된 생각의 단편이 섞여 든다 해도 그는 창조적 작품을 만들어낼 수 있다. 무의식의 창조성을 표현하기 때문이다.

[**] C.G. Jung(1972), G.W. 15, p.130.

[***] *Ibid.*, p.112.

어질 때 그곳에서 창조행위가 일어난다. 그러므로 『파우스트』는 모든 독일인의 심혼에 있는 어떤 것을 건드린다. 하나의 시대는 개별적 인간의 심혼과 같다. 그 시대는 그 시대 나름의 특이하게 제약된 의식상황을 가지고 있다. 그래서 보상이 필요하고 이 보상은 집단적 무의식에 의해 이루어지는데 시인은 시대상황에 관해 사람들이 말하지 못한 것을 표현한다고 융은 말한다.* 또한 그는 『율리시스』에 대해 다음과 같은 말을 하고 있다.

"예술가는 그 시대의 심적 비밀의 확성기다.—그는 자신이 말하고 있다고 생각한다. 그러나 시대의 정신이 그의 입을 통해 말하는 것이다."**

### 프로이트의 환원적 접근에 대한 융의 견해

예술가를 개인적 생활사 입장에서 신경증 해석하듯이 하는 프로이트의 환원적 접근의 타당성과 그 나름의 성과를 융은 부인하지 않는다. 시인의 개인적인 것이 그의 자료 선택과 형상화에 여러 면에서 영향을 줄 수 있기 때문에 그 영향이 어디까지 미치는지, 그것이 얼마나 특이하게 유사한 관련 아래 진행되는지를 제시한 것은 분명 프로이트학파의 공적이라고 그는 말한다. 다만 그런 분석으로 예술작품의 본질을 설명한다고 주장한다면 그런 주장은 단호히 배격되어야 한다고 한다. 궁극적으로 창조적인 것의 비밀은 의지의 자유의 비밀처럼 하나의 초월적 문제이며 심리학은 이 문제에 회답을 줄 수 없고 다만 기술할 뿐이라고 그는 말한다.***

---

  \* *Ibid.*, pp.112~113.
 \*\* *Ibid.*, p.136.
\*\*\* *Ibid.*, pp.77~78(Über die Beziehungen), p.115(Dichtung) 참조.

"창조적 인간은 모순되는 성질들의 합성이거나 이중적이다. 한
편으로 그는 인간적·개인적이며, 다른 한편 비개인적·창조적 과
정이다. 인간으로서 그는 건강하거나 병적일 수 있다.—예술가
로서 그는 오직 그의 창조행위에서 이해되어야 할 존재다.—예
술가로서 그는—집단인간, 인류의 무의식적으로 활동하는 심혼
의 운반자 또는 형성자다.—예술가는 예술로 설명되어야 하며
성질이나 개인적 갈등의 미흡함으로 해석되어서는 안 된다."*

  "창조적인 것의 심리학은 본래 여성심리학이다"라고 융은 말한다.**
"왜냐하면 창조적 작용은 무의식의 깊이에서, 진정 어머니들의 왕국
에서 솟아나 자라기 때문이다." 또한 그는 "성장하는 작품은 시인의
숙명이며 그의 심리학을 결정짓는다. 괴테가 『파우스트』를 만든 것
이 아니고 『파우스트』의 심혼적 요소들이 괴테를 만든 것이다." 여기
서 융은 반문한다. "그러면 무엇이 『파우스트』인가?"—『파우스트』는
하나의 상징이다." "이미 알고 있는 것의 증상학적 관련이나 비유가
아니고 독일 심혼 속에 원초적으로 생생하게 살아서 영향을 주는 표
현이다. 괴테는 그것이 태어나도록 도와야 했다. 독일인 아닌 사람이
『파우스트』나 『차라투스트라는 이렇게 말했다』를 썼으리라는 것을 상
상할 수 있는가? 이 둘은 같은 것을 암유한다. 그것은 독일 심혼 속에
서 진동하는 하나의 '원초적 상', 부르크하르트Jakob Burckhardt가 일찍이
주장했듯이 한편으로는 의사이며 스승의 형상, 한편으로는 음산한 마
술사, 한편으로는 현자의 원형·조력자·해결자, 한편으로는 마술사·
유혹자·마귀다. 이 상은 태곳적부터 무의식에 인각되어 시대의 선의
나 악의Gunst oder Ungunst가 그것을 깨우기까지, 즉 어떤 큰 과오가 한
민족을 올바른 길에서 이탈하게 하고자 할 그때까지 그곳에서 잠자고

---

  * *Ibid.*, pp.82~83(Über die Bziehungen), pp.115~116(Dichtung).
  ** *Ibid.*, p.118.

26

있다. 삿된 길이 열리는 그곳에 지도자와 스승, 심지어 의사가 필요하기 때문이다."*

## 창조적 형성과정과 자율적 콤플렉스

「심리학과 시예술」에서 융은 창조적인 것을 대지의 한 나무에 비유한다. "그것은 그 인간에게 양분을 요구한다. 그러므로 창조적인 형성과정을 마치 인간 심혼에 뿌리내린 하나의 살아 있는 존재처럼 간주하는 것이 도움이 된다."** 이 살아 있는 존재를 융은 자율적 콤플렉스라고 했다. 융은 이를 분리된 부분심혼<sup>Teilseele</sup>으로서 의식의 계위에서 빠져나온, 하나의 독자적인 정신적 삶을 영위하는 것으로 보았으며, 그것은 그가 지닌 에너지값, 그가 지닌 힘에 걸맞게 인위적으로 지향된 의식과정을 오직 방해하는 것으로 나타나든가 혹은 우월한 심급<sup>審級</sup>으로서 심지어 자아를 그에게 봉사하게 만들 수 있다.*** 우리는 물론 창조적인 것을 나무뿐 아니라 어머니 배 속의 아기에 비유할 수 있지만 융은 비유가 언제나 충분하지 않으니 정확한 학술적 용어로 설명하겠다면서 자율적 콤플렉스를 다시 새롭게 규정한다. 그것은 "처음에는 완전히 무의식적으로 전개되다가 그것이 의식의 문턱 값에 다다를 때부터 의식을 뚫고 나오는 모든 정신적 조성물"****이라고 했다. 자율적 콤플렉스는 의식에 의해 지각될 수는 있으나 의식적 통제, 억제 혹은 임의의 재생, 어떤 것으로도 지배받지 않는다. 마치 그의 내면에 살고 있는 성향에 맞추어가듯 그것은 의식의 의도에서 독립된 존재로 임의로 나타나고 또 사라진다. 창조적 콤플렉스의 이와 같은 특이성은 다른 모든 자율적 콤플렉스와 공유된다.*****

---

   * C.G. Jung(1972), G.W. 15, pp.118~119.
  ** *Ibid.*, p.86.
 *** *Ibid.*, pp.86~87.
 **** *Ibid.*, p.90.
***** *Ibid.*, pp.90~91.

자율적 콤플렉스는 융의 설명으로 볼 때 원형적 콤플렉스와 다르지 않은 것 같다. 원형 또한 의식의 통제를 벗어난 자율적 콤플렉스로서 예술작품을 통해 사람들에게 감동과 충격을 주는 원천이다. 융은 하우프트만Gerhart Hauptmann의 다음과 같은 말을 인용한다.

> "시를 쓴다는 것은 언어 뒤에서 원초적 언어Urwort를 울리게 하는 것이다."

융의 말로 옮긴다면 이는 다음의 말과 통할 것이다.

> "원초적 상들로 말하는 자는 수천의 목소리로 말하는 것과 같다."*

창조적 과정의 본질은 원형의 무의식적인 활성화 그리고 완성된 작품에 이르기까지 원형의 발전과 형성에 있다. 원초적 상의 형상화는 현대의 언어로 번역하는 작업이다. 이로써 그 상像은 누구에게나 가장 깊은 삶의 원천으로의 통로를 발견할 수 있게 한다. 여기에 예술의 사회적 의의가 있다. 예술은 항상 시대정신을 교육하는 데 이바지해왔다. 왜냐하면 예술은 시대정신에 가장 부족한 형상을 드러내기 때문이다. 현재에 대한 불만으로 예술가의 그리움은 시대정신의 일방성과 부족함을 가장 효과적으로 보상할 수 있는 무의식의 원초적 상에 도달하기까지 무의식으로 침잠한다. 예술가가 그 상을 깊은 무의식성에서 들어 올려 의식 가까이 갖다놓으면 그것은 그 형상을 변화시킨다. 그리하여 현대인이 각자의 이해력에 따라 수용하게 만든다.** "예술은 국가와 시대의 삶에서 하나의 정신적인 자가조절 과정이다."***

---

* *Ibid.*, p.94.
** *Ibid.*, p.95.
*** *Ibid.*, p.96.

문학예술 작품과 창조자의 심리학적 이해에 관한 융의 이와 같은 일관된 태도는 인간 심성, 특히 무의식에 대한 그의 깊은 통찰에 근거를 두고 있다. 그에게 무의식은 집단적 무의식이라는 인류의 보편적·근원적 심성을 토대로 한다. 무의식이 의식에서 억압된 것만으로 이루어진 것도 진화과정에서 남겨진 고태적 흔적도 아니며, 그 자체의 자율적 창조성을 발휘해 부단히 의식에 영향을 주고 인간정신으로 하여금 전체가 되게 하는 것이다. 어떤 특수한 작가나 예술가가 온몸을 던져 집단적 무의식에서 자율적 콤플렉스, 다시 말해 원형적 콤플렉스들을 길어 올려 그것에 예술적 표현을 부여할 때, 분석심리학은 그 표현된 이미지의 의미를 하나의 상징으로 심도 있게 풀이해 그것이 지닌 심리학적 배경을 전달하고자 시도할 것이다. 이 작업은 전혀 논리적·분석적 작업이 아니다. 왜냐하면 상징이란 앞에서 말했듯이 미지의 의미를 잉태하고 있는 것으로, 말로 남김없이 설명할 수 있는 것이 아니기 때문이다. 그러므로 문학작품의 분석심리학적 해석은 어떤 기술이나 방법이라기보다 창조성에 대한 발견이며 또 하나의 심리학적 창조작업이라 할 수 있다.

## C.G. 융과 괴테 『파우스트』의 관계―회상록과 편지를 중심으로

1932년 스위스 작가이며 「쾰른 신보」 편집인인 리히너 박사의 설문에 답하는 가운데 융은 자기가 15세 때 어머니를 통해 괴테를 알게 되었으며, 『파우스트』를 가장 활기찬 작품으로 평가해 당시 큰 관심을 가지고 활발히 토론했다고 적었다. 그러나 휴가 때 들고 간다면 어느 책을 택할 것인가에 대한 응답으로는 영국 소설을 들었고 『파우스트』는 연구 대상이라고 했는데 '괴테에서 무엇을 즐길 수 있느냐'는 질문에 대한 그의 반응에서 괴테와 『파우스트』에 대한 그의 진정한 평가를 읽을 수 있다.*

"괴테에서 무엇을 즐길 수 있느냐 하는 것은 너무 고리타분한 질문입니다. 나는 내가 괴테에서 평가하는 것을 즐길 수 없습니다. '왜냐하면 그것은 너무 크고, 너무 흥분되며, 너무 뒷면 깊이 숨어 있기 때문입니다. 『파우스트』는 세계사의 늪 위에 걸친, 『길가메시 서사시』에서 시작하여 『주역』, 『우파니샤드』, 노자의 『도덕경』, 헤라클리트의 단편 그리고 연속해서 요한복음에서, 바울의 서간, 에크하르트에서, 그리고 단테에서 시작되는 다리의 가장 새로운 기둥입니다. 『파우스트』에 관해서는 내가 보기에 아무리 명상해도 부족하다고 하겠습니다. 왜냐하면 제2부의 남김없이 퍼 올리지 못한 비밀이 아직 많기 때문입니다. 『파우스트』는 초세계적입니다. 그래서 그것은 우리를 현실과 다른 세계, 즉 무아경에 빠뜨립니다. 또 미래이면서 동시에 과거이며 그래서 가장 생생한 현재입니다. 그러므로 괴테에서 내게 가장 중요한 모든 것은 『파우스트』에 들어 있습니다."

### 악의 문제를 진지하게 생각한 도반으로서 괴테

『파우스트』는 융에게 단순히 연구대상에 머물지 않았다. 그는 거기서 일찍이 악의 문제를 진지하게 고민한 도반을 만났고 인간정신의 대극성과 그 합일과정에 대한 모색을 발견했다. 그만큼 괴테가 이 문제를 처리하는 방식에 불만도 강했다. 젊은 시절 융은 『파우스트』를 접했을 무렵 '선한 신神'에 대한 회의와 신의 본체에 대한 끊임없는 의문에 고민하고 있었다. 『파우스트』가 당시 젊은 융에게 어떤 충격을 주었는지 그의 회상록이 생생히 전한다.

"(『파우스트』를 읽기 시작했을 때) '나의 마음에는 마치 기적의 향유가 흐르는 것 같았다. ······ 마침내 한 인간이 있어 마귀를

---

* C.G. Jung, *Briefe*, Bd. 1, pp.121~122.

진지하게 받아들였을 뿐 아니라 완전한 세계를 만들고자 하는 신의 의도를 방해하는 이 적수와 혈맹을 맺기까지 한다고 생각했다…….' 드디어 나는 악과 그의 세계를 포괄하는 힘을 인식했고 더 나아가 어둠과 고통으로부터 인간의 구원에서 그것이 지닌 신비로운 역할을 발견한 사람이 있었고 지금까지 있어왔다는 사실을 증명할 수 있었다. 괴테는 그런 뜻에서 나에게 하나의 예언자였다.……

나는 괴테가 메피스토를 단순한 놀이나 속임수로 해치운 것을 용서할 수 없었다……. 그것은 내게 너무 지나치게 신학적이고 너무 경솔하고 무책임한 것이었다. 나는 괴테조차도―아, 그렇게도 신뢰성 없는 위선적인 주장―악이 해롭지 않다는 주장에 빠져버렸다는 것을 깊이 유감스럽게 생각했다."*

파우스트가 외곬으로 마귀에게 현혹되고 영혼을 그렇게 경솔하게 도박한 점이 마음에 들지 않았지만 융의 관심은 파우스트보다 메피스토에 있었다. 그는 이렇게 말했다.

"파우스트의 영혼이 지옥에 떨어졌다 해도 나는 그것을 유감스럽게 생각하지 않았을 것이다.…… 나 같으면 그를 연옥의 불에 던지기를 원했을 게다! 나는 메피스토에게서 근본적인 문제를 발견했다. 그의 모습이 내 머릿속에서 떨어지지 않았다. 나는 거기서 모성 비의 관련성을 어렴풋이 짐작했다."**

---

* 아니엘라 야훼, 이부영 옮김, 『융의 회상, 꿈 그리고 사상』(개정판), 집문당, 2012, 84~85쪽.
** 같은 곳.

## 마음속에 살아 있는 신화로서 『파우스트』

『파우스트』는 융에게 그의 마음속에 살아 있는 신화의 일부였다. 융은 자신의 무의식적 인격인 제2호 인격을 『파우스트』에서 보았다.

> "제2호는 중세와 은밀한 일체감을 느꼈고, 이는 흘러간 시간의 유산, 괴테에 의하여 가장 강력하게 인용된 『파우스트』에서 인격화하고 있었다. 그러니까 그에게도—그것은 나에게 큰 위로를 주었다.—제2호는 하나의 진실이었다. 파우스트는—나는 약간의 충격과 더불어 그것을 예감했거니와—나에게 내가 좋아하는 요한복음보다도 더 큰 의미를 주고 있었다.—『파우스트』는 제2호의 살아 있는 동격자로서 괴테가 그 시대의 물음에 부여한 회답을 묘사했음을 나는 확신하고 있었다."*

그러나 괴테에 대한 감정적인 이해는 여기에서 그쳤다. 그는 메피스토를 장난삼아 과소평가하는 것에 마음이 상했을 뿐 아니라 파우스트의 천한 불손으로 경건한 노부부 필레몬과 바우키스를 죽인 것에 기분이 상했다.**

「뮌헨신보」 발행인이었던 슈미트 박사<sup>Dr. Paul Schmitt</sup>에게 1942년 보낸 답신에서 융은 자신과 파우스트 사이의 밀접한 관계를 고백하고 있다.

> "당신은 철저하게 정곡을 찌릅니다. 한번은 내가 스스로 파우스트의 유산을 넘겨받았고 필레몬과 바우치스의 복수를 맡은 자이자 변호인이 된 것을 깨닫고 깜짝 놀랐습니다. 필레몬과 바우치

---

* 같은 책, 117쪽.
** 같은 곳.

스는 파우스트가 초인행세를 하는 것과 달리 무도한 시대, 신을 잊은 시대에 신들을 손님으로 맞이했습니다. 그것은 나에게―그렇게 말해도 된다면―나와 나의 증조부 괴테 사이의 개인적 사안이 되었습니다. 그러니까 내가 이러한 개인적 신화를 마음에 품고 있는 한 당신이 내 안에서 일종의 '괴테적' 세계를 추정한 것은 당연한 일입니다. 그런 것이 실제로 내 안에 살아 있습니다. 내가 파우스트에게 응답하는 것이 피할 수 없는 것임을 본다면 말입니다. 우리는 정말 무시무시한, 유럽을 황폐화하는 독일적 문제를 계속 짊어져야 하고 파우스트적 저승의 사건들의 한 조각, 예컨대 깊은 명상의 교부<sup>Pater Profundus</sup>(5막)의 양성<sub>良性</sub> 활동을 이승으로 가져와야 합니다.…… 이 원초적 조상 필레마(키스)와 바우보(어머니의 여신)에 대해 파우스트는 처음부터 죄를 지었습니다. 우리는 물론 이 비밀을 살아생전에 미처 다 이해하기 어려울지도 모릅니다."*

1958년 미국 오레곤대학 보우맨<sup>Herbertt Bowman</sup>에게 보낸 답신에서도 융은 『파우스트』를 읽으면서 파우스트가 자아도취에 빠져 필레몬과 바우치스를 죽였을 때 "마치 나 자신이 과거에 두 늙은이를 죽이는 것을 도와주거나 한 것처럼 죄책감을 느꼈다고 고백했다. 그 죄를 속죄하고 혹은 그것의 재현을 막아야 할 책임이 나에게 있다'고 보았다"고 했다.**

융은 실제로 볼링겐의 '탑' 입구 위에 필레몬과 바우치스의 억울한 죽음을 애도하기 위한 명문을 새겼다.***

---

* C.G. Jung, *Briefe*, Bd. 3, 1942, pp.385~386.

** C.G. Jung(1973), *Briefe*, Bd. 3, 1956~1961, p.195.

*** Philemonis Sacrum-Fausti Poenitentia(필레몬의 전당-파우스트의 속죄). 아니엘라 야훼, 앞의 책, 298쪽 각주 6) 참조.

이것은 결코 어떤 '멋진 놀이'가 아니다. 융이 『파우스트』에서 자기 마음을 발견하고 그것이 제시한 문제, 대극의 갈등과 그 융합의 문제에 얼마나 진지하게 대면했는지를 우리는 다음과 같은 회상에서 볼 수 있다.

"나의 청년 시절(1893년 무렵)에 나는 그 시대의 정신에 무의식적으로 사로잡혀 있었다. 그리고 나 자신을 그것으로부터 해방시킬 방법을 갖고 있지 않았다. 파우스트는 내 마음을 건드렸고 나에게 충격을 주었으므로 그의 이야기를 개인적인 것으로 이해할 수밖에 없었다. 무엇보다도 그것은 내 마음을 깊이 흔들어놓은 대극의 문제, 선과 악, 정신과 물질, 빛과 어둠의 문제였다. 멍청하고 우둔한 철학자 파우스트는 그 존재의 어두운 측면, 무시무시한 그림자인 메피스토펠레스를 만난다. 메피스토펠레스는 부정적인 소질에도 불구하고 말라비틀어진 학자, 자살에 임해 헤매는 학자에 대해서 진정한 생生의 혼을 대변한다. 나 자신의 내적인 대극이 여기에 극화된 것이었다. 파우스트와 메피스토펠레스의 이원성은 함께 나 자신 속에 들어와 하나의 사람이 되었고 내가 바로 그 사람이었다. 바꾸어 말해 나는 곧장 이런 생각에 충격을 받았다. 그리고 이것이 내 운명임을 인식했으므로 드라마의 모든 진행이 나에게 영향을 주었다. 즉, 한쪽에서 나는 정열적으로 동의하고 다른 한편으로는 반발했다. 무해결이란 내 관심 밖이었다. 나는 의식적으로 내 작업을 파우스트가 보지 못하고 지나친 방향에 연결했다. 즉 영원한 인간 권리에 대한 존경, 옛것의 인정 그리고 문화와 지성의 역사의 영속성이 그것이었다."*

---

* 아니엘라 야훼, 앞의 책, 297~298쪽.

물론 『파우스트』는 융에게 개인적 충격을 주는 데 그치지 않고 인간본성의 보편적 문제, 즉 악의 문제를 다룬 시도의 하나로 평가되었다.

### '자기'Selbst를 찾는 과정에서

앞에서 언급한 보우맨에게 보낸 편지에서 융은 보우맨이 '왜 Selbst(전체정신)는 발견되지 못했는가?'라고 물었을 때 이에 대한 응답으로 'Selbst' 개념은 없어진 것이 아니라 무시된 것이라면서 동양철학에서는 이미 '자기'에 대한 상당한 인식이 있었고 서양에서도 에크하르트 수사 등에게 '자기'가 중요한 역할을 하기 시작했으며 위대한 몇몇 연금술사가 '자기'관념을 다루며 이를 야콥뵈에 등 사상가들에게 전했는데 괴테 『파우스트』에 이르러 고전적 연금술의 목표(대극합일)에 근접했음을 지적했다. 그러나 "유감스럽게도 후자(『파우스트』)는 융합coniunctio에 이르지 못했다. 즉, 파우스트와 메피스토는 그들의 '하나 됨'Einssein을 실현하지 못했다"고 했다.*

융이 특히 주목한 『파우스트』 제2부는 그에게 '문학적 시도 이상의 것'이었다. 그것은 황금사슬Aurea Contena**의 한 고리이며—철학적 연금술과 그노시스파의 사상에서 니체의 차라투스트라에 이르기까지—대부분 인기 없고 모호한 그리고 위험한—세계의 다른 극을 향한 하나의 탐험여행이라고 했다.*** 그 여행은 융이 『붉은 책』에 기록한 것처럼 자신의 무의식 깊이에서 올라온, 때론 무시무시한 원형상들을 만났듯이 하나의 신화적 환상의 세계로 가는 여행이었다.

---

\* C.G. Jung(1973), *Briefe*, Bd. 3, 1956~1961, p.195.
\*\* 아니엘라 야훼, 앞의 책, 239쪽, 야훼의 각주: 현자들의 유대를 말하는 연금술서 *Aurea Catena Homen*를 암시, 같은 책, 239쪽.
\*\*\* 같은 곳.

## 연금술과 관계

연금술서, 특히 『화학적 결혼: 크리스티아니 로젠크로이츠』가 괴테의 작품 『파우스트』에 큰 영향을 미쳤으리라는 융의 견해는 서두에서 제시했다. 융의 편지 곳곳에서 혹은 회상록에서 『파우스트』에 관한 한 융은 작품 속의 연금술 사상을 언급했고 더러는 해석을 가했다.*

융과 연금술의 만남은 여러 해에 걸친 무의식적 준비기간과 의식적 저항을 극복한 뒤 비로소 서서히 이루어졌는데 물질의 변화를 통해 최고의 '물질'을 만들어내려고 시작한 연금술 작업에 관한, 합리적으로는 이해하기 어려운 용어와 그림들에서 심리학적 상징을 발견하면서 연금술 연구는 그의 신화 연구와 함께 집단적 무의식의 원형상을 이해하는 중요한 작업이 되었다. 연금술사들은 '물질의 변화' 속에서 '인격의 변화'를 상징적으로 제시한 것이다. 융은 현대인의 꿈에서 연금술의 변환과정의 상징을 발견해나갔다. 『회상』에서 그는 말한다.

"나는 곧 흥미롭게도 분석심리학이 연금술과 일치한다는 것을 알게 되었다. 연금술사들의 경험은 나의 경험이기도 했다. 그들의 세계는 어떤 의미로는 나의 세계였다."**

융은 연금술에서 자신의 무의식적 심리학에 관한 역사적 대응을 보았다. 괴테와 관계에서는 또 이렇게 술회한다.

---

* C.G. Jung, *Briefe*, Bd. 1, pp.365~366(K. Kerényi, 1941), *Briefe*, Bd. 1, pp.333~334; *Briefe*, Bd. 2, pp.481~482(Karl Theens, 1955), *Briefe*, Bd. 2, p.78(A. jung, 1947); *Briefe*, Bd. 2, p.4, p.6(C.H. Josten 1952), *Briefe*, Bd. 2, p.78(A. Jung, 1947), *Briefe*, Bd. 3, p.131(J. Trinick, 1957); *Briefe*, Bd. 3, p.195(H.E. Bowman, 1958); 아니엘라 야훼, 앞의 책, 261쪽.

** 아니엘라 야훼, 앞의 책, 261쪽.

"'나는 나의 연금술에 대한 작업을 괴테에 대한 내적인 관계의 징표로 간주한다. 괴테의 비밀은 그가 수세기 동안 지속된 원형적 전환의 과정에 사로잡혀 있었다는 사실이다.' 감명 깊게도 우리는 그 속에서 살고 작용하는 것이 생동하는 실체, 하나의 초개인적 과정이며 원형의 세계의 위대한 꿈이었음을 발견한다."*

융 또한 같은 꿈에 사로잡혀 있었다. 그도 괴테처럼 일찍이 연금술의 의미로 주사업Opus magnum에 착수해 "인격의 비밀을 파고드는 오직 하나의 생각, 하나의 목표"가 자기 인생을 꽉 채우고 있었고 모든 것은 "이 핵심적 중심에서 설명되며 나의 모든 이념은 바로 이 하나의 주제에 연관된다"고 했다.**

『파우스트』의 연금술적 해석은 본론에서 재론되겠지만 융의 편지에서 언급된 부분을 간단히 소개하면 한마디로 '융합의 비의'와 '변환과정'의 상징일 것이다. 그 뿌리는 매우 깊고 "괴테의 '주작업'이 뿜어내는 누미노제의 작용으로 설명될 수 있을 것 같다"고 융은 말한다. 그는 호문쿨루스의 이미지에 사로잡혔고 그것은 마차를 모는 소년, 호문쿨루스, 오이포리온으로 출현하고 모두의 끝은 불과 관계된다고 지적한다.*** 더 나아가 네 번째는 파우스트 사후의 축복받은 소년에 수용되는 형태를 취하는데 이로써 파우스트의 죽음은 신비한 죽음Mysterientod으로서 미완성인 것을 완성하는 죽음이라고도 했다.****

오이포리온이라는 요소는 파우스트-메피스토-파리스-헬레나 4위의 제5요소quinta essentia로 통합하지 못해 최고 변환과정에는 이르지 못

---

  * 같은 곳.
 ** 같은 책, 262쪽.
*** C.G. Jung, *Briefe*, Bd. 2, pp.481~482(K. Theens, 1955), *op. cit.*, pp.365~366(K. Kerényi, 1941).
**** C.G. Jung, *Briefe*, Bd. 1, pp.333~334.

했다.* 또한 『파우스트』에서 '영원한 여성상'은 소피아인데 그것은 음산한 마술성을 대변하는 그림자, 마녀 또는 주술녀 헤카테를 수반한다. 그녀는 머리 셋, 몸 셋$^{trisomatos}$을 가진 자로서 3위에 대한 하위의 기능 3위$^{Funktionstriade}$를 나타낸다고 했다.**

연금술은 최고의 '물질'을 '빛나고' '영원한' 것이라고 하면서도 동시에 '값싼 것' '쓸모없는 것'이라고 함으로써 사물의 대극성을 수용했는데 "우리의 정신적 입장이 아직도 기독교적이므로" 영화된 순수성을 강조하는 나머지 그 대극으로부터 분리하려고 한다. 그러나 융은 대극이 엄연히 존재하며, 대극융합을 위한 초월적인 작용 또한 원형적 과정으로 진행됨을 강조하면서 괴테가 파우스트의 변환에서 초월적 기능을 상징적으로 표현했는데 이는 괴테가 종교적 선입견을 가지고 있지 않았기 때문이라고 했다.***

연금술은 『파우스트』에서 융과 괴테를 맺어주는 매개자였다. 그것은 연금술사들이 선과 악, 성$^{聖}$과 속$^{俗}$의 대극을 철저히 갈라놓은 교회의 가르침 밖에서 대극의 합성, 궁극적인 통일체를 만들어내고자 시도했고 두 사람이 그런 시도에 관심을 가졌기 때문이다. 융은 연금술사들이 메르쿠리우스$^{Mericurius}$라고 한 궁극의 목표물이 사실은 인간 정신의 변화과정을 거쳐 이루어진 '전체정신'을 상징한다는 사실을 발견하고 이를 '자기'$^{自己, Selbst}$라는 말로 표현했다. 괴테는 분명 연금술서를 알고 있었지만 그 시대에 공공연하게 드러낼 수 없었다. 그러나 대극의 융합과 전체정신의 실현과 관련되는 시사를 그의 작품 여러 곳에서 볼 수 있다. 때론 노자를 연상케 하는 부분도 있는 까닭이 여기에 있다.

---

  * *Ibid.*, pp.333~334.
 ** C.G. Jung *Briefe*, Bd. 2, p.78(A. Jung, 1947).
*** C.G. Jung *Briefe*, Bd. 3, p.131(J. Trinick, 1957).

## 심리학적 유형론과 관계

끝으로 융의 편지에서 언급된 괴테의 심리유형을 추정한 『파우스트』 이해를 추가하고자 한다. 괴테의 현실적인 어머니와의 관계로 그의 작품을 이해할 수 없다고 했듯이 작가 개인의 특성으로 작품을 해석하는 것을 좋아하지 않았던 그가 편지에서 유형 이야기를 꺼낸 것은 아마 편지를 보낸 사람의 요청이 있었기 때문이리라 짐작된다. 유형학적 논란은 흥미롭지만 어렵다는 전제하에 다소 즉흥적으로 말한 것이지만 흥미로운 의견이다.

괴테 자신은 직관적 감정이라고 융은 말한다. 파우스트는 처음에 괴테의 그림자로 출현하는데 그림자는 내향적 자연과학자로 사고, 감각형이라 볼 수 있다. 그런데 첫 번째 변환에서 반대 유형을 발견한다. '감정은 모든 것'이라는 외침에서 그것을 알 수 있다. 동시에 그는 아니마의 투사를 인식한다. 파우스트의 아니마 그레트헨 배후에서는 그노시스파의 아니마 계열, 헬레나-마리아-소피아, 즉 진정한 플라톤적 이상세계가 표현되는데 이를 '신비적 단계의 사고와 감각'이라 불렀다. 융은 "여기서 괴테는 무의식의 미분화된 기능은 집단적 무의식에 오염되며, 따라서 오직 한정된 합리상을 가지고 있을 뿐 주로 비합리적이라는 것, 즉 내적 체험으로 인식될 수 있다는 사실을 예감했다"고 말했다.*

『파우스트』 제2부는 진정 비합리적인 것, 합리적인 머리로는 변두리를 건드릴 뿐 깊은 뜻에 도달할 수 없는 세계, 나타난 현상을 알 수 없는 것의 상징으로 이해할 때 비로소 그 언어를 이해할 수 있는 수수께끼의 세계라는 뜻을 전하는 듯하다.

---

\* C.G. Jung, *Briefe*, Bd. 1, pp.333~334.

이상에서는 C.G. 융이 왜 『파우스트』에 관심을 갖게 되었는지, 그 작품에서 무엇을 발견했는지, 융과 괴테의 만남이 어떤 정신사적 의미가 있는지 개괄적으로 제시했다. 이제 우리는 괴테의 '숲'으로 들어가고자 한다. 여기서 들은 이야기를 그 숲속에서 다시 만나고 그 의미를 음미하기 위해서.

제2부

서극과 논평

# 헌 사

너희들 다시금 다가오는구나. 비틀거리는 모습들아,
일찍이 내 흐릿한 눈앞에 나타났던 너희들,
이번엔 어디 단단히 붙잡도록 해볼까?*

『파우스트』제1부는 이렇게 시작되는 헌사로 문을 연다. 헌사는 전체 작품의 서곡으로 이 작품 전체에 대한 작가의 마음 일단을 드러낸다. 저명한 독문학자 슈타이거Emil Staiger가 괴테의 아름다운 서정시 중 하나라고 칭송한 시다.** 괴테는 이 헌사를 1797년 6월 24일에 썼다고 한다. 그는 이 헌사에서 그가 젊은 날 파우스트 전설을 작품화하려고 시도한 때를 회상하는 것 같다.

---

* 요한 볼프강 폰 괴테, 정서웅 옮김, 『파우스트 1』, 민음사, 1999, 7~8쪽. 단어 schwankende를 '비틀거리는 것'으로 바꾸었다. Goethe, *Faust*, dtv, p.7. "그 당시 우리는 낭만적 시대, 즉 헤겔, 셸링, 쇼펜하우어의 시대를 살았습니다. 그래서 당신의 말이 내게 하나의 낭만적인 분위기를 남긴 것은 놀랄 일이 아닙니다. '너희들 다시금 다가오는구나. 비틀거리는 모습들아…….' 『파우스트』와 함께 나는 이렇게 말할 것입니다." 1955년 융이 스위스 취리히의 코르티Dr. Walter Robert Corti에게 보낸 편지에서. C.G. Jung, *Briefe*, Bd. 2, p.485.
** E. Staiger(Komatzu et al. transl.), *Goethe*, Bd. 2, p.269; 괴테, 정서웅 옮김, 앞의 책, 7쪽 각주 1) 참조.

내 마음 아직도 그 망념<sup>Wahn</sup>*에 집착하는 것일까?
너희들 마구 내달려오는구나! 그럼 좋다, 마음대로 하렴.
운무를 헤치고 나와 내 주위를 에워쌀 때
너희 무리가 피워내는 마법의 입김으로 해서
내 가슴, 젊음의 감동으로 떨린다.**

Wie ihr aus Dunst und Nebel um mich steigt;
Mein Busen fühlt sich jugendlich erschüttert
Vom Zauberhauch, der euren Zug umwittert.***


너희들 즐거웠던 나날의 상들<sup>Bilder</sup>을 되살려주고,****
그리운 망령<sup>Schatten</sup>들 무수히 떠오른다.
반쯤 잊힌 옛이야기처럼
첫사랑과 우정이 모두 되살아나는구나.*****
다시 아파오는 마음, 거듭된 탄식,
미로같이 뒤엉킨 삶의 길 속에서.
행복에 속아서 아름다운 시간을 보내다가
나보다 먼저 사라져간 저 선량한 이들의 이름을
불러본다.******

---

* 괴테, 정서웅 옮김, 앞의 책, 7쪽 각주 2) 참조. Wahn은 환상이 아닌 망상
  이다. 여기서는 망념으로 번역했다.
** Goethe, *Faust*, dtv, p.7.
*** *Ibid.*, p.7.
**** "너희와 더불어 기뻤던 날들의 영상이 되살아나니", 괴테, 정서웅 옮
  김, 앞의 책, 7쪽. 역자는 이를 직역했다. 본문은 "Ihr bringt mit euch die
  Bilder froher Tage."
***** 요한 볼프강 폰 괴테, 박환덕 옮김, 『파우스트 상』, 범우사, 1999, 13쪽.
****** 이 구절은 역자마다 해석이 다르지만 나는 정서웅 번역을 택했다. 참조:
  D. Luke(transl.), *Goethe Faust* Part 1, p.3; 괴테, 박환덕 옮김, 앞의 책, 13
  쪽; 괴테, 정서웅 옮김, 앞의 책, 8쪽; 괴테, 전영애 옮김, 『파우스트 1』, 길,
  2019, 55쪽 참조. Goethe, *Faust*, dtv, p.7: Und nennt die Guten, die, um
  schöne Stunden/Vom Glück getäuscht, vor mir hinweggeschwunden.

노 시인 괴테의 심정을 나는 충분히 공감할 것 같다. 특히 다음 시구들에서 그런 느낌이 든다.

> 내 첫 노래를 경청했던 사람들,
> 그들은 다음 노래를 듣지 못하누나.
> 그 정다웠던 무리 흩어져버리고,
> 오오, 그 첫 번째 메아리도 간 곳 없어라.
> 나의 노래, 낯선 무리 속에서 울려 퍼지니
> 그들의 갈채조차 내 마음을 무겁게 하는구나.
> 일찍이 내 노래 듣고 즐거워했던 친구들
> 아직 살아 있다 해도 온 세상에 흩어져 방황하고 있겠지.*

이제 괴테는 자기 노래가 무엇을 향하게 될지를 말한다. 의식 저편 망각의 세계에서 의식을 향해 '다가오는' 것 혹은 '마구 달려오는' 것이 무엇인지 여전히 강렬한 정동을 실은 어조로 노래한다.

> 저 고요하고 엄숙한 귀령의 나라에 대한 그리움
> 내 잊은 지 오래더니 다시금 날 사로잡는구나.
> Und mich ergreift ein längst entwöhntes Sehnen
> Nach jenem stillen, ernsten Geisterreich,

귀령<sup>Geister</sup>은 심리학적으로 우리 마음 안에 있는 것, 구체적으로 집단적 무의식을 구성하는 자율적 콤플렉스들<sup>autonome Komplexe</sup>의 상징이다. 사람들은 이를 보통 외계로 투사해 밖에 있는 것으로 여긴다.** 물

---

* 괴테, 정서웅 옮김, 앞의 책, 8쪽.
** Geister를 분석심리학 용어로는 귀령이라고 번역해왔다. 망령, 악마, 정령, 신령, 사령, 귀鬼를 모두 포함하는 범주라고 보기 때문이다. C.G. Jung, "Die psychischen Grundlagen des Geisterglaubens," G.W. Bd. 8,

론 밖에도 그러한 것들이 존재하지 않는다고 단언할 수 없다. 이제 괴테는 저 의식의 통제에서 벗어나 자유로이 작용하는 심성에 주의를 돌리겠다고 하는 것이다.

> 나의 노래, 에올스의 현금처럼 속삭이며,
> 이제 어렴풋한 음조를 띠고 흘러간다.
> Es schwebet nun in unbestimmten Tönen
> Mein lispelnd Lied, der Aeolsharfe gleich,

에올스(그리스 신화의 바람의 신)의 하프는 바람에 따라 소리를 내는 현금으로, 자연의 숨결에 따라 울리는 진동으로 소리를 낸다는 것은 바로 시인 괴테의 시적 창조의 자세를 가리킨다고 할 수 있다. 『파우스트』에 대해 많은 계획을 짰고 시도를 했으나 이제 안에서 흘러나오는 시신詩神의 인도로 저 깊은 영적 세계를 불러내려 한다고 상상해본다. 슈타이거가 어딘가에서 그런 말을 한 것으로 기억한다.* 그러므로 그 노래는 '불확정적'unbestimmt이라야 한다. 정해진 논리적 규범이 없다. 그러니 파우스트를 읽거나 연구하는 사람들이 그의 작품에서 지나치게 통일된 체계를 찾으려 하지 말고 시를 읽듯이 해야 한다는 시사가 엿보인다. 시는 북받치는 정감으로 흘러가서 온갖 경직된 규범을 용해해 사라졌던 모든 것의 재래를 확인한다.

---

*Rascher Zürich*, pp.339~360. '귀령'의 심리학적 해석에 관해서는 이부영, 「제4장 귀령현상과 그 심리학적 상징성」, 『한국의 샤머니즘과 분석심리학-고통과 치유의 상징을 찾아서』, 한길사, 2012, 173~202쪽 참조. 또한 이부영, 『분석심리학』 제3판, 일조각, 2012, 361쪽.

* E. Staiger, *op. cit.*, p.313, "괴테에게 일체는 끊임없는 유동상태에 있다. 그는 쉼 없이 앞으로, 앞으로 계속 생각을 이어갔고 이미 써놓은 텍스트는 끊임없이 솟아오르는 새로운 시상詩想에 쫓기어 이미 안중에 없었을 것이다."

전율이 온몸을 휩싸고 눈물이 방울방울 솟구치니
굳었던 마음, 온화하고 부드러워지면서
지니고 있는 것 아득히 멀게 느껴지고,
사라졌던 모습들 다시 현실로 나타나는구나.*
Ein Schauer fasst mich, Träne folgt den Tränen,
Das strenge Herz, es fühlt sich mild und weich;
Was ich besitze, seh ich wie im Weiten,
Und was verschwand, wird mir zu Wirklichkeiten.**


## 무대에서 서연

*연극단장, 전속시인, 어릿광대 등장*


에딘저는 이 장면을 적극적 명상의 시작이라고 풀이했다. 이는 단
장, 시인 그리고 어릿광대 세 사람의 세 가지 방식의 회화로 이루어진
다. 각자 서로 다른 접근과 의도로 무대공연에 대해 말한다. "마치 귀
령세계가 출현하게 하려면 셋이라는 숫자와 만날 필요가 있다는 듯
이." 즉, 시간과 공간에서의 발현Manifestation과 발전Development의 역동
적 과정에서 대극의 화해의 상징***이 필요하다는 것이다. 에딘저는 그
러면서 이 장면에서 언급된 대극적인 주장 몇 가지를 소개한다. 즉 개
인적인 것과 집단적인 것, 범속한 것과 정교한 것, 대중적인 것과 비
밀스러운 것, 적극적인 것과 내성적인 것, 일시적인 것과 영원한 것

---

* 괴테, 정서웅 옮김, 앞의 책, 8쪽. 무의식의 요소들이 감동을 수반하며 의
  식에 올라오고 기존의 의식내용은 이제 관심에서 멀어져가는 현상을 그
  렸다.
** Goethe, *Faust*, dtv, p.7.
*** E.F. Edinger, *Goethe's Faust*, pp.16~17.

등이다. 이 서연은 결국 마지막에 앞으로 있을 공연의 엄청난 크기를 알린다. 에딘저의 이와 같은 견해에 이의를 제기할 이유는 없다. 다만 몇 가지를 추가할 뿐이다.

슈타이거에 따르면 이 서연은 마지막 4행의 시구를 빼면 『파우스트』와는 직접 관계가 없고 당초 다른 작품을 위해 쓴 글이라는 설이 있을 정도다. 서연에서 말하는 것도 어떤 특정한 연극을 위한 것이 아니라 연극 일반에 관한 논란이라고 한다. 일찍이 다른 작품에서 논의된 문제를 우스꽝스럽게 여유 있는 태도로 다시 들어 올렸다는 것이다. 그는 말했다. "어떻든 이 서연은 『파우스트』 입구에 놓았을 때라야만 해학적이고 침울한, 그리고 쾌활한 의미를 띤 빛의 놀이로 변하며 그러기에 괴테는 이것을 『파우스트』의 베개로 사용하는 것이 적당하다고 생각했던 것이다."*

여기에 등장하는 시인은 그에 따르면 괴테 시대의 전형적인 시인으로 '세계를 가슴속에 들여놓고' 그것을 아름다운 모습으로 바꾸어 다시 가슴속에서 엮어내고자 한다. "그는 청춘을 동경한다. 청춘만이 그의 작품에 분방한 정열을 부어넣을 수 있다고 생각하기 때문이다."** 어릿광대를 메피스토라고 못 박은 슈타이거는 등장인물 셋이 나누는 대화의 내용에 대해 괴테의 편지에서 발견되는 회의의 표명과 변명의 시도의 반향에 불과하다고 한다. "천려(가벼운 생각)와 심려(깊은 생각), 진지함과 농담 사이를 동요하는 기분이 괴테에게는 계속되는 이 공연의 여러 장면에 대해 최상의 전제가 된다고 생각되기 때문이다."***

이제 우리는 잠시 '서연' 본문으로 들어가 괴테의 시구 사이를 여기저기 산책해보자.

---

* E. Staiger, *op. cit.*, p.275.
** *Ibid.*, p.276.
*** *Ibid.*, p.276.

단장은 많은 관객이 와서 즐기기를 희망하고 시인에게 관객의 마음을 주무르는 방법을 써주기를 요구한다. '대중을 상대할 때는 수량 공세를 펴는 수밖에 없다'느니 '많이 늘어놓아야 많은 사람에게 소득이 돌아갈 테니' '잡탕밥처럼' '작품 하나를 공연하더라도 여러 조각으로 나누어 내놓게나' 하는 식이지만 시인은 펄쩍 뛰며 항변한다.

> 시인　오, 제발 그 어중이떠중이에 대한 얘길랑 그만두십시오.
> 꼼짝없이 소용돌이 속으로 빠져드는
> 저 광란의 무리가 보이지 않게 가려주십시오.
> 아니, 차라리 절 고요한 천상의 한구석에라도 데려다주세요.
> 거기서만 시인에겐 순수한 기쁨이 피어나고,
> 거기서만 사랑과 우정이 신성한 손길로
> 우리 마음에 축복을 가꾸어 심어줄 것입니다.*

시란 '마음 깊은 곳에서 샘솟아 나온 것' '종종 여러 해 각고면려한 후에야 완성된 모습으로 나타나기도 하는' 것이다. '난폭한 순간의 힘은 이것들을 삼켜버리기도 한다'면서 다음과 같이 말을 맺는다.

> 시인　반짝이는 건 순간을 위해 태어났으나
> 참된 건 후세까지 사라지지 않고 남는 법이랍니다.
> Was glänzt, ist für den Augenblick geboren;
> Das Echte bleibt der Nachwelt unverloren.**

순간과 영원의 대비는 작품 『파우스트』에 자주 나오는 화두와 같

---

\* 괴테, 정서웅 옮김, 앞의 책, 10~11쪽.
\*\* Goethe, *Faust*, dtv, p.9.

다. 이 시인도 파우스트처럼 영원히 변치 않는 지속을 강조한다.* 그러나 그의 주장은 즉시 어릿광대의 저항에 부딪힌다. 어릿광대에게는 현재가 중요하다.

> **어릿광대** 난 그 후세란 말 좀 듣지 않았으면 해요.
> 내가 훗날의 얘기나 한다고 생각해봐요.
> 도대체 누가 현세에 대한 농지거리를 한단 말인가요?
> 사람들은 그걸 원하고 또 그것은 반드시 필요한 것이지요.

그렇다. 그것은 반드시 필요하다. 현재와 유머 없이 어찌 영원만 생각할 것인가? 시인의 말도 옳다. 그는 영원만 생각하는 것이 아니라 현재 가장 '참다운 것', 즉 자신과 일치된 전체로서 표현된 것이 영원히 남는다고 말하는 것이다. 어릿광대는 그러나 시인에게 좀더 풍부하게 내용을 확장하라고 권한다.

> **어릿광대** 그러니 당신도 멋들어진 걸작을 하나 내보이세요.
> 이성, 오성, 지각Empfindung, 정열 뭐든지 다 좋지요.
> 하지만 명심하세요. 익살을 빠뜨려선 안 된다는 사실을

흥행에 관심을 둔 단장의 외향적 태도는 계속해서 관객을 놀라게 하는 방법을 강조하고 관객의 성격에 대한 현실적인 정보를 펼쳐 보이지만 시인은 그 모든 제안을 거부하고 시 창작의 본질을 설명한다.

---

* 예를 들면 제2부의 결정적인 말로 순간에 대하여: "멈추어라, 너 참 아름답구나." 이 말을 하는 순간 파우스트는 죽고 혼을 악마에게 내주게 되어 있었다. 그러나 주님은 천사를 시켜 파우스트의 불멸의 혼을 천상으로 들어 올렸다.

시인   명색이 시인이라면 자연이 베풀어준 지고한 권리,
      즉, 인간의 권리를 당신의 장사를 위해 지각없이
      희롱할 수 있겠소?
      시인은 무엇으로 만인의 심금을 울릴까요?
      무엇으로 모든 원소를 이겨낼 수 있을까요?
      그것은 가슴속에서 솟아나와
      온 세계를 다시 가슴속으로 이끌어 들이는
      조화의 힘이 아닐까요?
      Ist es der Einklang nicht, der aus dem Busen dringt
      Und in sein Herz die Welt zurückeschlingt?*

시인은 자연의 흐름 속에서 생명을 불어넣고 아름다운 화음을 만들
게 하며, 올림포스산을 보존하고 제신들을 화합하게 한다고 주장하면
서 그것을 가능하게 하는 것은 오직 '시인 속에 현현되는 인간의 힘일
뿐'이라고 한다.

이런 말을 듣다보면 융이 아프리카의 초원에서 묵묵히 풀을 뜯는
수많은 짐승 무리 앞에서 느꼈다는 인간의식에 대한 감동적인 자각이
연상된다.** 시인의 말 뒤에는 '자연은 본래 조화롭지 못하고 단조롭다'
는 전제가 있다. 시인이 그 속에 숨어 있는 조화와 생명을 불러일으키
기 전까지는. 마찬가지로 융도 자기가 그 세계를 발견하기 전까지 그
세계는 그저 무의식적으로 운행되고 있었다고 했다. 그러나 나는 노
자老子철학을 좋아하는 동양인으로서 자연이 단조롭거나 조화롭지 못
하다는 생각을 한 적이 없다. 그것은 오히려 우리가 보고 배워야 할

---

  *  Goethe, *Faust*, dtv, p.10.
 **  "인간의 의식은 처음으로 객관적 존재를 지니게 되었고 의미를 만들었으
     며 이로써 인간은 그의 위대한 존재 과정에서 필요불가결의 자리를 발견
     한 것이다." 아니엘라 야훼, 이부영 옮김, 『융의 회상, 꿈 그리고 사상』(개
     정판), 집문당, 2012, 324쪽.

큰 스승이며 본보기였다. 또한 아프리카의 동물들에게 '의식'이 없다고 장담할 수 없다. 그러나 생각해보면 두 관점은 결국 하나인지도 모른다. 그 설명 방법과 방점이 다를 뿐이라고 생각할 여지도 있다.

어릿광대는 현명하게도 시인의 이 말을 받아들여 그것을 기점으로 창작 의욕을 불태우기를 권하고 드디어 시인의 마음을 움직이게 된다.

> **어릿광대**　그렇다면 그 훌륭한 힘을 활용해
> 시 장사를 한번 해보시지요.
> ……
> 풍성한 인간의 삶 속에 손을 뻗기만 하자고요.
> 각자 체험을 하면서도 의식하는 사람은 많지 않으니
> 그걸 붙잡아내기만 해도 흥미로운 것이 되겠지요.
> 오색찬란한 형상 속에 명징함은 미미한 법,
> 수많은 오류 속에 한 줄기 진리의 불꽃을 피우면
> 그것으로 최상의 술을 빚어낸 셈이니
> 온 세상은 생기를 띠고 소생하게 될 것이외다.*
> ……
> 완성된 사람에겐 그 어느 것도 만족스럽지 않지만,
> 성숙을 향해 가는 사람들은 언제나 감사하는 마음으로 받아들일 것입니다.
> Wer fertig ist, dem ist nichts recht zu machen,
> Ein Werdender wird immer dankbar sein.

'완성된 사람'이라고 번역한 'Wer fertig ist'라는 말은 약간 핀잔 섞

---

* 괴테, 정서웅 옮김, 앞의 책, 15쪽; 괴테, 전영애 옮김, 앞의 책, 170쪽. Ein Werdender를 '이루어지는 중인 자'라고 했다.

인 '끝장난 사람' '스스로 완성되었다고 굳게 믿는 사람' 정도로 생각할 필요가 있다. 영역에서는 the old and hardened(늙고 완고한)인데 그편이 더 원뜻에 가깝지 않나 생각된다. 따라서 그와 대조되는 Ein Werdender는 '되어가는 사람'으로서 '성숙을 향해 가는 사람'이라 해도 무방할 것이다. 영역으로는 growing minds(성장하는 마음의 소유자들)라고 했는데 성숙이라는 특정한 언어를 쓰지 않으려면 이편이 나은 것 같다. 이 시구는 단어의 번역 문제를 떠나서 인간의 두 부류에 대한 통찰이 엿보인다는 점에서 의미가 깊다. 언제나 열린 마음과 발전 가능성은 전문가라고 자만하는 자보다 항상 부족하다고 느끼며 정진하는, '되어가는 자'들에게 있다.

어떻든 시인은 어릿광대의 이 마지막 설득에 마음이 흔들린다.

> **시인**　그렇다면 내게도, 나 자신 아직 미완성이던
> 그 시절을 되돌려주오.
> 노래와 샘물이 용솟음쳐 오르던 그 시절,
> ……
> 미움의 힘, 사랑의 위력,
> 내 젊은 날을 되돌려주오!

어릿광대가 이에 대해 뭐라 딴죽을 걸고 단장이 대화를 정리하고 마무리를 짓는다. 그의 소망은 '요컨대 우리가 필요로 하는 것은 독한 술을 한번 마셔보는 것'이니 '서둘러 술을 빚어달라'는 것. '단 하루도 헛되이 보내지 말고 가능성이 엿보이면 과감하게 기회를 포착하자고 격려한다. 그리하여 이 연극에서 어떤 세계가 펼쳐지게 될지를 저 헌사에서 말한 귀령의 세계의 우주적 크기를 그려 보인다.

> **어릿광대**　오늘은 배경이건 소도구이건
> 마음대로 사용해보자고

크고 작은 천상의 조명들을 모조리 동원하고

별들도 얼마든지 사용하게나.

물, 불, 암벽은 물론

동물과 새들도 빠져선 안 되네.

비록 비좁은 판잣집 안일망정

창조의 온 영역을 재현해놓고

알맞은 속도로 두루 거닐어보자고

천국에서 현세를 거쳐 지옥에 이르기까지.*

　슈타이거는 어릿광대가 메피스토펠레스라고밖에는 생각할 수 없다
고 지적하고 있다.** 악마를 연기하는 배우가 관객의 인기를 차지할 것
이기 때문에 서연에도 같은 배우를 내세우는 것으로 보았다. 그렇다
고 하지만 광대 모습을 한 메피스토펠레스는 여기서 현세주의적이면
서도 시인의 창조력을 자극하여 촉진하는 힘의 대변자 역할을 한다.
그는 해학을 좋아하며 악마의 음산함은 보이지 않는다.


## 천상의 서곡


　슈타이거는 말했다. 세기적 전환기에서 괴테는 독일의 마술사 파우
스트에 관한 전설 세계를 지배하는 숨 막힐 듯한 무거운 분위기와 우
연적 성격에 깊은 혐오를 느꼈는데 「천상의 서곡」에서 유례를 볼 수
없는 노력으로 훌륭하게 그로부터 탈출했다고.***
　그는 괴테의 『파우스트』에서 우리가 보아야 할 것은 모범적인 방법

---

　　* 괴테, 정서웅 옮김, 앞의 책, 18쪽.
　** E. Staiger, *op. cit.*, p.276.
　*** *Ibid.*, p.276 이하 참조.

으로 향상하고자 노력하면서 방황하는 한 인간의 운명이라고 주장한다. 그리고 자기의 유일독자성을 확신하는 파우스트도 실은 개벽 이래 존속하는 대립 쌍인 메피스토와 주님, 두 방향을 모두 향하고 있었고 악마의 적대자인 주님도 사실 독립 자족한 존재가 아니고 일체를, 즉 주님도 악마도 모두 포괄하는 신성神性의 일부라고 강조하고 있다.*

> "주님과 악마가 대립 쌍으로서 둘로 나뉘기 전에 일체를 포괄하는 전체적인 것으로서 신성을 대천사 3인이 노래하며 칭송한다."**

라파엘 천사는 '천지창조의 그날처럼 빛나는' 태양과 별들의 노래를, 가브리엘 천사는 상상할 수 없이 빠르게 돌아가는 화려한 지구와 낮과 밤의 교차, 바다와 바위에 부서지는 조류도 빠른 천체의 운행 속에 휩쓸림을, 미하엘 천사는 광란하는 폭풍우, 뇌성벽력, 파괴의 번갯불, 오묘한 인과의 사슬, 그러나 오직 온화한 당신의 날들만 기억하고 섬김을 노래하며, 마지막으로 세 천사는 함께 "당신의 깊은 뜻을 헤아릴 자 없어도/당신의 지고한 역사들은 모두/천지창조의 그날처럼 장엄합니다"라며 찬양한다.***

슈타이거에 따르면 이 노래는 모든 시간과 장소를 넘어 평화롭게 울려 퍼지며, 개개인의 기쁨이나 고통은 거기에 펼쳐지는 광대한 세계 속에서 물거품처럼 사라져버린다.

> "그것은 자연에게 바친 찬가다. 즉, 내부에서는 끊임없이 변동을

---

   * *Ibid.*, p.277.
   ** *Ibid.*, p.277.
   *** 괴테, 정서웅 옮김, 앞의 책, 19~20쪽; Goethe, *Faust*, dtv, p.14.

되풀이하면서 또한 영원불멸이며 살아 있는 것들에 생명을 불어넣어줄 지속적인 힘, 온갖 역사적 변화를 산출하고 또한 받아들여 무한히 순환하며, 피조물의 시작과 끝을 결합하는 힘을 찬양하는 노래다."*

슈타이거의 설명은 작품에 대한 우리의 심리학적·상징적 이해에 한 걸음 더 다가가도록 돕는 것 같다. 문학자들은 흔히 문학적 표현에 인간심리에 대한 예리한 통찰을 담는다. 그러나 심리학자들은 인간 심성의 문학적 성찰에 머물러 있을 수 없다. 이를 자연과학적으로 번역해서 인간생활의 일상적 양식으로 삼으려 한다.

융에 따르면 인간정신의 원천은 슈타이거가 기술한 '자연'과 같다. 모든 것을 포괄하며 끊임없이 움직여가는 것, 이것을 융은 무의식이라 불렀다. 그 무의식에 선천적으로 내재하는 씨앗(인간의 선천적·원초적 행동유형, 원형Archetypus)이 싹트고 의식계로 올라와 자라서 인격의 분화와 성숙이 이루어진다. 이때 무의식에 잠재하던 정신의 대극성이 표명되면서 정신적 대극 간의 갈등과 긴장이 일어나고 적대적 대극들이 하나로 융합하면서 그 개체의 전체정신이 실현된다.

융은 무의식이 대극갈등의 원초적 조건을 갖는 동시에 대극을 제3의 차원으로 합일하는 능력**이 있다고 한다. 그런 능력을 지닌 무의식의 원형을 의식의 중심인 '자아'Ich와 구별하여 '자기'Selbst라고 했다. 그것은 정신의 전체를 대변하는 동시에 전체가 되게 하는 무의식의 선천적 힘이다. 슈타이거가 말하는 대극 이전의 모든 것을 포괄하는 것은 아직 의식되지 않은 '자기'의 상태라 할 수 있다. 창조신화의 원초적 혼돈, 연금술의 원질료Prima materia, 혼란된 질료massa confusa는 태중

---

* E. Staiger, *op. cit.*, p.277.
** 이 기능을 '초월적 기능'Transzendente Funktion이라고 했다. C.G. Jung G.W. 8, pp.75~104 참조. 칼 구스타프 융, 한국융연구원 옮김, 『꿈에 나타난 개성화 과정의 상징』 기본저작집 제5권, 솔, 2002, 335~367쪽.

의 아기, 아니 수정란의 무의식성을 상징한다.

　「천상의 서곡」에는 밝고 어두운 자연의 대극성이 표현되어 있고 원
초적 무분별성에서는 많이 벗어나 있다. 주님은 여전히 창조주로서
칭송받고 있고 천사들은 자연의 가차 없는 야생성을 묘사하기는 하지
만 어둡고 파괴적인 면보다는 부드러운 면만 기억하고 숭배하고 싶은
마음을 넌지시 암시한다.* 세 천사는 말하자면 전체정신의 밝은 면을
지지하는 일부이고 전체가 되기 위해서는 어두운 세계를 대변하는 자
가 필요해진다. 메피스토의 등장은 그런 의미에서 매우 의의가 있다.
셋은 하나로 보충됨으로써 전체를 대변하는 넷이 된다.**
　그러나 슈타이거의 논평에는 메피스토의 악마적 성격을 다소 과소
평가하는 듯한 태도가 들어 있다. 슈타이거가 괴테의 생각을 옳게 읽
었는지도 모른다. 메피스토펠레스는 이 천상세계의 눈부신 광휘 앞에
서 다소 당황하고 불쾌해하며 냉소적인 기분을 감추지 못한다고 슈타
이거는 지적한다. 메피스토는 막대기를 불쑥 내민 우스꽝스러운 존재
이지만 틀을 깰 만한 인물이 못 된다고 그는 단정한다. "그는 태양과
별에 관해서는 무슨 말을 해야 할지 모른다."***
　메피스토는 자연에 대해선 할 말이 없다면서 약하고 불완전한 인간
에 관해 시비를 걸기 시작한다.

　　**메피스토**　지상에서 작은 신을 자처하는 놈들은
　　　　　　　언제나 판에 박은 듯

---

　* "주여, 당신의 사도들은/당신의 나날들의 부드러운 변화를 기리나이다."
　　Goethe, *Faust*, dtv, p.14: "Doch deine Boten, Herr, verehren/Das sanfte
　　Wandeln deines Tages.
　** E.F. Edinger, *op. cit.*, p.17. 또한 『파우스트』와 욥기가 다 같이 「천상의 서
　　곡」으로 시작하고 저자가 파우스트를 욥과 같은 위치에 두고 있음은 주
　　지의 사실이다. 괴테, 정서웅 옮김, 앞의 책, 19쪽 각주 1) 참조.
　*** E. Staiger, *op. cit.*, p.278.

천지개벽하던 그날처럼 이상하기만 합니다.
차라리 하늘의 빛을 비춰주지 않았던들
그들은 좀더 잘살 수 있지 않았을까요?
그들은 그것을 이성이라고 부르면서
어떤 동물보다 더 동물적으로 사는 데 써먹고 있지요.
아뢰옵기 황송하지만
인간들이란 다리 긴 메뚜기처럼
나는 듯하다가는 팔딱팔딱 뛰면서
늘 풀숲에 처박혀 케케묵은 옛 노래나 불러대는 족속
이죠.
아니, 풀 속에나 박혀 있으면 오죽 좋으련만
거름더미를 보기만 하면 그들의 코를 쑤셔 박으니
원!*

인간 행태에 대한 신랄한 비판으로 천상의 거룩한 시선으로는 간과하기 쉬운 인간의 어두운 면을 메피스토가 밝힌 셈이다. "인간들의 비참한 꼬락서니가 하도 딱해서 나 같은 악마도 그 가련한 놈들을 괴롭히고 싶지 않다"고 메피스토가 떠벌릴 때 주님이 물었다.

**주님** 자네 파우스트란 자를 아는가?

이제 비로소 파우스트라는 이름이 등장하고 주님과 메피스토의 대화 중에 그에 대한 서로의 평가가 암시되면서 이 극이 어디로 귀착될지 짐작하게 한다.

**메피스토** 옳거니! 그자는 독특한 방법으로 당신을 섬기고 있

---

* 괴테, 정서웅 옮김, 앞의 책, 22쪽; Goethe, *Faust*, dtv, p.15.

지요.

……

하늘로부터는 가장 아름다운 별을 원하고,
지상에서는 최상의 쾌락을 모조리 맛보겠다는 기세지만
가까운 것이나 먼 것이나 모두
그의 들끓는 마음을 충족하진 못하지요.*

'그는 나의 종이니라' 했던 주님은 파우스트를 두둔하는 말을 한다.

**주님**  그가 비록 지금은 혼미한 가운데서 나를 섬기고 있지만
　　　내 멀지 않아 그를 밝은 곳으로 인도할 것이니라.
　　　정원사도 나뭇가지가 푸르러지면
　　　꽃이 피고 열매가 열릴 것임을 알게 되는 법.**

　지상의 인간과 파우스트에 대한 메피스토의 야유를 슈타이거는 다음과 같은 말로 확충한다.

　"파우스트야말로…… 메뚜기 같은 인간의 가장 뚜렷한 현상이기 때문이다.
　파우스트는 하늘과 땅을, 무한의 넓이를 지닌 세계와 가까이 경험되는 세계를 하나로 결합하려는 욕망으로 잠시도 쉴 새가 없다. 왜냐하면 한쪽을 손에 쥐었다면 다른 쪽에 든 것이 쏟아져버리기 때문이다."***

---

　*　괴테, 정서웅 옮김, 앞의 책, 23쪽.
　**　같은 곳.
　***　E. Staiger, *op. cit.*, p.279.

메뚜기란 인간의 끝없는 야망과 오만을 희화화하는 말로 하늘과 땅을 잇는다면서 고작 메뚜기처럼 팔딱팔딱 뛰고 있다는 말이라고 이해된다. 그러한 인간은 메피스토의 최대 관심사이고 매우 감정적인 애착과 연민과 혐오가 인간에 대한 메피스토의 관계 속에 진하게 배어 있는 점으로 보아 인간과 그의 부질없는 오만은 메피스토 자신의 그림자라고 해도 무방하지 않을까 생각된다. 혹은 파우스트와 메피스토는 서로 그림자이며 장차 좀더 구체적으로 경험하게 될 각자 내면의 이른바 열등한 측면이다. 이와 관련해서 슈타이거가 '그림자'라는 말을 쓴 점이 눈길을 끈다.

> "일체의 지상적인 것은 불완전한 상태를 면할 수 없다. 메피스토는 언제 어디에 있든 인간 본질의 일부를 이루어 인간의 유한성을 체현하는 그림자로서 인간을 따라다니는 것이다."*

그가 말하는 '그림자'가 분석심리학에서 사용하는 '그림자' 개념과 얼마큼 비슷한지는 가늠하기 어렵다. 메피스토가 '인간의 본질 일부를 이룬다'는 말, '그림자가 인간을 따라다닌다'는 말은 분석심리학적 용법과 유사하다. 그러나 '인간의 유한성을 체현하는 그림자'에 이르러서는 약간 의문이 생긴다. 인간의 유한성을 일깨우고 몸소 겪게 만드는 존재로서 메피스토인가, 메피스토 또한 유한성에 매어서 유한한 인간과 운명을 같이한다는 말인가.

분석심리학에서 그림자란 자아의식의 무의식적 측면, 무의식의 열등한 인격으로서 대개 의식의 일방성으로 말미암아 의식내용이 무의식에 억압됨으로써 형성된다고 설명된다.** 여기서는 인간의 그림자로서 메피스토를 말하는 것 같지만 앞에서 지적한 대로 메피스토의 발

---

\* *Ibid.*, p.280.
\*\* 이부영, 『그림자 ― 우리 마음속의 어두운 반려자』, 한길사, 1999 참조.

언 내용은 오히려 메피스토의 그림자상으로서 인간이 부각되어 있다.

> "주님이 인간에 대한 희망과 기대를 말할 때 메피스토는 주님에게 내기를 하자고 한다. '녀석을 슬쩍 나의 길로 끌어내리리다.' 주님이 답한다. '그가 지상에 살고 있는 동안에는 네가 무슨 짓을 하든 말리지 않겠다./인간은 노력하는 한 방황하는 법이니까.'"

슈타이거는 주님이 메피스토의 내기를 명확하게 받아들인 바가 없다고 했다. "저 남자가 '지상에 살아 있는 한solange' 네 마음대로 하라"는 주님의 말에서 많은 사람이 계약기간의 연장을 생각했지만 그것이 문제가 아니라는 슈타이거의 말이 그럴듯하다. 주님의 말 가운데 '……하는 동안'이 중요한 것이 아니고 '지상에서 사는 동안'이 중요하다는 것이었다. 지상의 삶이 끝난 뒤에는 어떻게 되는가? 그때는 주님의 허가도 효력을 잃고 메피스토의 역할도 끝난다. 그런 의미에서 메피스토는 유한하다.

### 파우스트와 욥

『파우스트』의 「천상의 서곡」이 욥기를 바탕으로 작성되었음은 주지의 사실이다.*
『파우스트』와 욥기의 유사성에 입각해서 파우스트를 현대의 욥이라고 지칭한 에딘저는 분석심리학적 견지에서 다음과 같은 흥미로운 통찰을 표명했다.

> "욥처럼 파우스트는 (주님의) 신성한 묵인의 희생자다. 파우스트가 메피스토와 계약을 맺기 전 하늘의 계약자는 이미 비밀을 누

---

\* 괴테, 정서웅 옮김, 앞의 책, p.19, 각주 1); 칼 구스타프 융, 한국융연구원 옮김, 『인격과 전이』기본저작집 제3권, 솔, 2004, 105쪽; 『상징과 리비도』기본저작집 제7권, 솔, 2005, 89~90쪽 참조.

설했다. 다시 말해, 이 드라마는 자아가 아닌 자기에 의해 시작된다는 사실이다. 이것은 파우스트류Faust's hybris와 관련된 죄는 자아Ego에 속하는 것만이 아니며 또한 자기Self에도 속하는 것임을 뜻한다.

자아가 저지른 자만과 지나침의 죄는 목적과 의미를 가지고 있다. 그 결과로 부과된 고통은 자아와 자기의 몫이다. 그것이 의식적으로 수행된다면 양자는 변환될 것이다."*

이는 「욥에 회답」에서 융이 언급한 야훼신의 이중성과 욥의 신심을 통한 신의 변환과 관련된 전제에서 출발한 해석으로, 결국 신의 본질에 대한 성찰에 따라 달라질 수 있는 주장이라고 생각된다. 기독교의 인격신관과 불교, 도교의 최고 진리는 모두 융이 말하는 자기Selbst를 표현하는 상징으로 적절하다고 할 수 있으나 '자기의 변화'에 대한 설명에서는 좀더 철저한 고증이 필요하다. 자기는 항상 변할 수 있고 또한 언제나 한결같다. 중요한 것은 괴테가 무슨 생각을 하며 『파우스트』를 썼는가 하는 점이다. 슈타이거가 말했듯이 『파우스트』에 등장하는 주님이나 악마는 결코 기독교적 존재가 아니다.** 그것은 괴테의 신이며, 괴테의 천사, 결국 괴테의 천상과 지옥의 그림들이다. 그리고 파우스트는 결코 욥이 아니다. 그가 처한 주님과의 관계가 욥과 비슷할 뿐이다. 괴테의 '주님'은 이미 변화되어 있다.

정신분열 징후를 보이는 한 여인 미스 밀러(가명)의 환상과 시를 상징적으로 해석하면서 리비도의 변환을 제시한 『변환의 상징』에서 융은 미스 밀러를 욥에 비유하면서 신의 내기의 고통을 겪은 파우스트와 욥을 비교한다.*** 욥과 파우스트의 차이는 "욥기에서는 단순히 선

---

    * E.F. Edinger, *op. cit.*, pp.18~19.

    ** E. Staiger(Hirano et al. transl.), *Goethe*, Bd. 3, p.391.

    *** "혹은 욥이 사탄과 신의 권력 아래서 고통을 겪고, 그 자신은 아무것도 모른 채 초월적인 두 종류의 권력 사이에서 게임 공이 되었던 것처럼 '파

과 악의 두 줄기라는 큰 흐름의 특징이 있는 반면, 파우스트의 일차적 문제는 분명 성애적인 것이며 여기서 악마는 그가 맡은 유혹하는 자의 역할로 정확히 그 특징을 드러내는데 욥에게는 그러한 면이 없으며 또한 그 자신의 심혼 속에 생긴 갈등을 의식하지도 못한다"고 했다. "더욱이 그는 그의 마음속의 악을 확인시키려는 친구들의 말을 계속 반박하고 그런 점에서 파우스트는 갈기갈기 찢긴 자신의 심혼을 인정하기 때문에 갈등을 더 의식하고 있다고 할 수 있다"고 한다.*

### 주님과 메피스토의 관계

『파우스트』 속 주님과 메피스토는 서로 적대적이지 않다. 주님은 어디서나 흔들림 없는 우위를 차지하면서 메피스토와 우호적인 관계를 취한다. 메피스토가 등장하고 바로 하는 말을 들어보아도 이를 감지할 수 있다. 그는 주님에게 "오, 주님. 몸소 다시 가까이 와주셔서/ 잘 지내는지 물어주시고,/보통 때도 늘 나를 만나주시니/하인배들 틈에 낀 나를 또 보시게 되는구려"**라고 한다. 메피스토는 솔직하게 자신의 '열등한' 면을 천상의 존재들 앞에서 털어놓는다. "죄송하지만 나는 고상한 말을 쓸 줄 모릅니다." "태양이니 세계니 하는 것에 대해선 말할 게 없소이다."

메피스토가 파우스트를 '지상에 있는 동안' 자기 마음대로 부려보겠다는 청을 올리고 주님이 이를 묵인한 뒤 주님이 메피스토를 향해 하는 말은 메피스토에 대한 주님의 긍정적 평가를 여실히 보여준다. 메피스토는 흔히 말하는 악마와 다르다.

---

우스트도 이와 똑같은 '신의 내기'에 관한 극을 보여준다. 칼 구스타프 융, 기본저작집 제7권, 2005, 89~90쪽.

\* 같은 책, 90쪽.

\*\* Da du, o Herr, dich einmal wieder nahst/Und fragst, wie alles sich bei uns befinde,/Und du mich sonst gewöhnlich gerne sahst,/So siehst du mich auch unter dem Gesinde. Goethe, *Faust*, dtv, p.14.

**주님**　네가 이긴 다음에라도 얼마든지 찾아오너라.

　　나는 너희 같은 무리를 미워한 적이 없느니

　　부정을 일삼는 정령들 중에서도

　　너희 같은 익살꾼<sup>Schalk</sup>(악당, 장난꾸러기)들은 조금도 짐
　　스럽지 않구나.

　　인간의 활동력은 너무 쉽사리 느슨해져

　　무조건 쉬기를 좋아하니,

　　내 그들에게 적당한 친구를 붙여주고자 함이라.

　　그들을 자극하고 일깨우도록 악마의 역할을 다하라.\*

　악마는 여기서 인간에게 필요한 자극제, 추동력, 에딘저가 말한 '역
동적 요소'로 인정된다. 에딘저가 "사위의 네 번째로 악마는 진정 주
님의 역동적 측면이다"라고 했는데 공감한다.

　인간은 살아 있는 한 그림자를 가진다. 왜냐하면 의식은 항상 일방
적으로 활동하므로 이에 어긋나는 측면은 무의식에 억압되고 그림자
를 형성하게 마련이기 때문이다. 무의식의 그림자로 말미암아 생기는
긴장과 갈등은 위의 말대로 인간을 '자극하고 일깨우는', 그래서 그림
자를 의식화하도록 촉구하는 무의식의 의도를 나타내는 것이다. 위
시구는 융의 이러한 그림자론을 간접적으로 표현한 말처럼 들린다.\*\*
주님은 계속해서 모두를 축원한다.

---

　\*　괴테, 정서웅 옮김, 앞의 책, 25쪽. der Shalk를 '심술쟁이'라 해도 좋을 듯
　　하다. 괴테, 전영애 옮김, 앞의 책, 93쪽.
　\*\*　"그림자는 인격의 살아 있는 한 부분이므로 어떤 형태로든 함께 살고자
　　한다." C.G. Jung, *Von den Wurzeln des Bewußtseins*, Rascher, Zürich, 1954,
　　p.27. 그림자는 정신생활의 살아 있는 조건이다. 그것이 있음으로써 사람
　　은 사람다워진다. Über die Psychologie des Unbewußten, p.82, p.83f.; 이
　　부영, 앞의 책, 한길사 참조.

인간에 대한 또한 파우스트에 대한 주님의 희망과 기대, 변론은 이 드라마가 장차 어떤 결말을 보게 될지를 예감하게 한다. 메피스토가 인간을 매도할 때, 주님은 정원사와 나뭇가지의 비유를 들어 자신의 희망을 말한다. 그다음 주님은 말한다.

**주님**  인간은 노력하는 한 방황하는 법이니까.*

노력하는 인간은 방황한다. 노력하기 때문에. 방황은 뜻이 있는 고통이다. 방황은 열등한 것도 타락의 전조도 아니라는 의미를 강하게 풍기는 말이다. 신경증환자를 보는 두 가지 태도를 우리는 주님과 메피스토 대화에서 볼 수 있다. 주님은 메피스토의 유혹을 허용하면서도 이렇게 말한다.

**주님**  어디 너의 길로 유혹하여 이끌어보려무나.
      하지만 언젠가 부끄러운 얼굴로 나타나 이렇게
      고백하게 되리라.
      착한 인간은 비록 어두운 충동 속에서도
      무엇이 올바른 길인지 잘 알고 있더군요라고.**

마지막으로 주님이 말한다.

**주님**  그러나 너희들 진정한 신의 아들들아,
      생생하고 풍요로운 아름다움을 향유하도록 하라!

---

 * 전영애는 이 구절의 streben을 '마음속의 솟구침을 더 많이 담은 단어이기 때문에' 지향성을 표현하기 위해 "인간은 지향이 있는 한 방황하느니라"로 번역했다. 괴테, 전영애 옮김, 앞의 책, 14쪽, 91쪽 참조. 여기서는 (무엇을 얻고자) 노력한다는 뜻에서 '노력한다'를 택했다.
 ** 괴테, 정서웅 옮김, 앞의 책, 24쪽.

영원히 살아서 작용하는 생성의 힘이
사랑의 울타리로 너희를 둘러싸리라.
그리하여 흔들리는 자태로 흐느적거리던 것이
영원히 지속되는 생각들로 정착되리라.*
Doch ihr, die echten Göttersöhne,
Erfreut euch der lebendig-reichen Schöne!
Das Werdende, das ewig wirkt und lebt,
Umfaß euch mit der Liebe holden Schranken,
Und was in schwankender Erscheinung schwebt,
Befestiget mit dauernden Gedanken!**

하늘이 닫히고 대천사들이 흩어진다. 메피스토의 혼잣말이 신과 악마 혹은 '신의 아들'에 대한 괴테의 생각을 다시금 노출한다.

**메피스토**  때때로 나는 저 노인네를 만나는 게 즐거워.
그래서 사이가 나빠지지 않도록 조심하지.
위대한 주님치곤 너무 인정이 많아.
나 같은 악마까지도 인간적으로 대해주니 말이야.***

이제부터 우리는 「천상의 서곡」에서 암시된 파우스트와 메피스토의 비극적 만남과 동행을 함께 추적할 것이다. 그 첫 장면은 '밤'이라는 제목 아래 파우스트가 비좁은 고딕식 방 책상 앞 의자에 앉아서 절망적으로 외치는 것으로 시작된다.

---

* 같은 곳.
** Goethe, *Faust*, dtv, p.16.
*** 괴테, 정서웅 옮김, 앞의 책, 25쪽.

제3부

심리학적 논평
: 비극 제1부

# 밤

*높은 아치형 천장, 비좁은 고딕식 방*
*파우스트, 불안하게 책상 앞 의자에 앉아 있다.*

## 파우스트의 절망

**파우스트**  아! 나는 철학도, 법학도, 의학도,
심지어는 신학까지도
온갖 노력을 다 기울여 철저히 공부했다.
그러나 지금 여기 서 있는 나는 가련한 바보.
전보다 똑똑해진 것은 하나도 없구나!*

파우스트는 외친다. "우리가 아는 게 없다는 걸 깨닫고 보니 가슴이 거의 타버릴 것만 같다." 그래도 박사·석사니 문필가, 목사 같은 멍청이보다는 현명한 편이어서 회의니 의혹 따위로 괴로워하지 않고, 지옥이나 악마 따위도 두려워하지 않는다면서도 "그 대신 모든 즐거움이 사라져버리고, 무언가 올바른 것을 알았다는 자부심도 없으며, 인간을 선도하고 개선하기 위해 그럴싸한 걸 가르칠 자신도 없구나" 하

---

* 괴테, 정서웅 옮김, 앞의 책, 29쪽.

며 한탄한다. 그렇다고 명예나 영화도 누리지 못했고, 재산과 돈이 있는 것도 아니니 "개라도 더 이상 이 꼴로 살기는 원치 않으리라"고 한다.

밤의 장면들은 에딘저가 연금술의 흑화$^{黑化, nigredo}$라고 이름한 장면이다.* 그것은 온갖 것이 뒤엉키고 혼란에 빠진$^{massa\ confusa}$, 원초적 질료$^{prima\ materia}$, 변환의 출발점이다. 인간의 심리로 표현하면 극도의 정신적 혼란, 절망상태에 비할 수 있다.

파우스트는 합리지상주의적 태도에서 세상의 비합리적인 것들을 청소하고 '무지몽매한' 정신세계에서 깨우침을 얻은, 즉 계몽된 지식인이 어느 날 이른바 학문적 지식의 한계에 부딪혀 심각한 절망감과 무력감에 빠져버린 것과 같다. '절망'이란 심층심리학적 관점에서는 의식의 한계에 부딪혔을 때 생기는 법이다. 자아의식이 의식의 한계에서 느끼는 무력감이다. 이 절망, 이 무력감에서 무의식의 문이 열릴 가능성이 생긴다. 그것은 합리적으로는 이해할 수 없는 비합리적인 상징의 세계다. 그것을 의식했든 못했든 파우스트는 역설적이게도 이 의식의 한계점에서 탈피하기 위해 비합리적 세계와 관련 있는 마법의 세계에서 해결을 구한다. 그는 말한다.

**파우스트**　영$^{Geist}$(정신)의 힘과 입(말)을 빌려
　　　　　많은 비밀(법)을 알 수 있지나 않을까 해서다.
　　　　　그리되면 더 이상 비지땀 흘려가며
　　　　　나도 모르는 걸 지껄일 필요가 없을 것이요,
　　　　　이 세계를 가장 내밀한 곳에서
　　　　　통괄하는 힘을 알게 되고,
　　　　　모든 작용력과 근원을 통찰함으로써

---

* E.F. Edinger, *op. cit.*, pp.20~26.

더 이상 언어로 과시하지 않아도 (말의 소매상을 벌이지 않아도) 될 것이다.*

Ob mir durch Geistes Kraft und Mund

Nicht manch Geheimnis würde kund,

Daß ich nicht mehr mit sauerm Schweiß

Zu sagen brauche, was ich nicht weiß

Dass ich erkenne, was die Welt

Im innersten zusammenhält,

Schau alle Wirkenskraft und Samen

und tu nicht mehr in Worten kramen.**

파우스트의 이러한 노력은 적절한 것이었다. "더 이상 말을 팔아먹는 지식인은 되지 않겠다는 말에 수긍이 간다. 영$^{Geist}$의 힘을 매개로 한 얇은 말로 표현할 필요가 없다. 심리학적으로 말하면 그것은 융이 말하는 무의식의 상징세계다. 상징은 언어적 표현 너머에 있는 것이기 때문이다. 파우스트는 그 내밀한 비밀을 자아의식의 지적 능력이 아니라 무의식의 영성으로 알고자 한다. 영이 파우스트에게 갖는 의미가 매우 큰 것 같다.

통찰은 자아의 합리적 추리가 아니라 무의식의 '영감'으로 이루어지는 법이다. 분석심리학은 경험으로 가이스트에 해당하는 무의식의 중요한 원형적 콤플렉스, 즉 아니마$^{Anima}$(심혼$^{Seele}$), 아니무스$^{Animus}$(심령$^{Geist}$)의 존재를 발견했다.***

파우스트가 불안, 슬픔, 절망에 빠지는 것은 그가 아직 심혼을 만나

---

  * 괴테, 정서웅, 앞의 책, 30쪽. 단어 일부 수정함.
 ** Goethe, *Faust*, dtv, p.18.
*** 이부영, 『아니마와 아니무스』, 한길사, 2001 참조.

지 못했기 때문이고 다른 말로 인간 내면의 비밀을 오직 머리로만 '알
고' '인식'하고자 할 뿐 '느끼고' '살고자' 하지 않았기 때문이다. 달에
대한 그리움을 노래한 다음 시구들에서 그에게 지금 무엇이 필요한지
가 암시된다.

> **파우스트**  오, 너 온 누리에 가득 찬 달빛이여,
> 내 고통을 내려다보는 것도 마지막이었으면 싶구나.
> ……
> 아아! 사랑스러운 네 빛을 받으며
> 높은 산 위를 거닐 수 있다면 오죽 좋으랴.
> 산속 동굴 앞에선 정령들과 노닐고,
> 어슴푸레한 네 빛을 안고 초원 위를 거닐며,
> 온갖 부질없는 지식의 연기<sup>qualm</sup>에서 벗어나
> 네 이슬을 맞으며 상쾌한 목욕을 할 수 있다면!*
> Auf Wiesen in deinem Dämmer weben,
> Von allem Wissensqualm entladen,
> In deinem Tau gesund mich baden!**

『파우스트』에서 달빛은 항상 파우스트의 고통을 치유하는 따뜻한
어머니의 손길처럼 치유의 힘, 그리움의 대상으로 등장한다. 그러나
여기서 그것은 그의 슬픔을 충분히 달래줄 수 없다. "슬프다! 아직도
나는 이 감옥에 처박혀 있단 말인가?" 책과 실험도구와 조상으로부터
물려받은 낡은 가구가 먼지를 뒤집어쓴 채 있는 서재를 둘러보며 파
우스트는 "이것이 너의 세계다! 이것도 세계라고 할 수 있을까?"라고
개탄한다. 그러면서 끊임없이 감정의 출처를 묻는다.

---

* 괴테, 정서웅 옮김, 앞의 책, 30~32쪽. 약간 자구 수정을 가함.
** Goethe, *Faust*, dtv, p.18.

**파우스트**  그런데도 아직 묻고 있단 말인가?

어찌하여 네

가슴이

이다지도 불안하게 두근거리는지를?

어찌하여 형언할 수 없는 고통이

너의 모든 삶의 활기<sup>Lebensregung</sup>를 억제하는지를?*

여기서 파우스트에게 결핍된 것, 파우스트가 간절히 목말라하는 것이 무엇인지 분명해진다.

'밤' 장면에서 파우스트가 절망에서 벗어나려고 던지는 독백을 들어보라.

**파우스트**  신은 인간을 생동하는 자연 속에

창조해 넣어주었는데,

연기와 곰팡이 내음 속에서 널 에워싸는 것은

동물의 해골과 죽은 자의 뼈다귀뿐이더냐.**

그는 생동하는 자연에서 구원을 바란다. 파우스트는 서재로부터 탈출하기를 외친다. 노스트라다무스의 신비의 책을 동반자로 삼으려 한다. 그러나 그는 밖으로 나가는 대신 그 책에 기대를 걸어본다.

**파우스트**  자연이 날 가르쳐준다면

내 영혼의 힘이 깨어나

영과 영이 어떻게 대화하는지를 알게 되리라.***

---

* 괴테, 정서웅 옮김, 앞의 책, 34쪽; Goethe, *Faust*, dtv, p.18.

** 괴테, 정서웅 옮김, 앞의 책, 34쪽.

*** 같은 곳. Geist는 '정령'이 아닌 영靈으로 번역함.

Und wenn Natur dich unterweist,

Dann geht die Seelenkraft dir auf,

Wie spricht ein Geist zum andern Geist.*

## '신 비슷함'

벌써 귀령$^{Geister}$들**이 파우스트 주위를 떠돌고*** 그는 책을 펼쳐 대우주의 부적$^{Zeichen}$을 본다. 그 부적은 파우스트의 마음을 자극해 정서적 변화를 일으킨다. 이 과정은 원형적 이미지와 접촉해 집단적 무의식이 자극되어 활성화됨으로써 그 강력한 영향으로 의식이 변화되는 현상을 가리킨다.

> **파우스트** 아하! 이것을 보노라니 갑자기 벅찬 기쁨이
> 내 온몸에 흘러넘치누나!
> 젊고도 성스러운 삶의 행복감이
> 새삼 불타오르며 내 신경과 핏줄을 통해 흘러드누나.
> 이 표징을 적은 사람은 신이 아니었을까?
> 이것은 내 마음속의 광란을 잠재워주고,
> 빈약한 마음을 기쁨으로 채워주며,
> 신비에 가득 찬 충동으로
> 주위에 미만한 자연의 위력을 드러내 보여준다.****

그리고 드디어 "아니, 내가 신이 아닐까? 내 눈이 이다지도 밝아오

---

  * Goethe, *Faust* 1, dtv, p.9.
 ** C.G. 융의 저서에서 Geister의 해석은 '정령'이라 해도 좋겠으나 사령, 유령, 자연령, 귀鬼를 포괄한다는 뜻으로 '귀령'이라 번역해왔다. 문맥상 '정령'(선한 자연신령)이라 번역하는 것이 더 적정한 경우도 있다.
*** Goethe, *Faust*, dtv, p.19.
**** *Ibid.*, p.36.

다니!"라고 소리친다. 파우스트는 어느새 '신 비슷한 감흥'에 사로잡힌다. '신 비슷함'Gottähnlichkeit은 융이 「자아와 무의식의 관계」라는 논문에서 『파우스트』를 인용하면서 설명한 자아팽창Ego inflation 상태를 말한다. 분석작업이 어느 정도 진척될 때 집단적 무의식의 활성화가 일어나 자아가 원형상의 강렬한 정동의 영향을 받아 원형과 동일시하게 되는 현상이다. 이 상태에서 개체는 이 세상의 수수께끼를 다 해결했다고 느끼고 이제 불명확한 것은 없다고 확신하게 된다. 도인의 지혜와 모든 비밀을 속속들이 꿰뚫어보는 능력을 얻었다고 느낀다. 자아의 팽창은 진정한 깨달음이 아니다. 깨달은 것 같은 느낌과 판단이다. 자아가 원형상에 사로잡혀 있는 상태이기 때문이다.*

파우스트는 "자연의 섭리가 내 앞에 펼쳐져 있음을 알겠다"고 한다. "귀령Geister의 세계가 닫혀 있는 것이 아니라 네 오관이 닫혀 있는 것이요, 네 마음이 죽은 것이니라" 하던 현인의 말을 알겠다고 한다. 그래서 대우주의 장관, 그 조화로운 운행을 그린 부적을 감동 어린 마음으로 바라본다. 이 말은 인간정신 내면의 무의식계에 대한 자아의식의 폐쇄성을 지적하는 것으로 현대 정신치료 현장에서 자주 목격되는 문제다. 이런 말을 할 수 있는 것을 보면 그의 팽창상태가 정신과 환자들의 과대망상만큼 심한 정도는 아닌 것 같다. 게다가 그는 그가 보고 있는 것이 '연극Schauspiel에 불과하다'고 한탄한다. 그의 자아는 원형적 이미지와 거리를 두고 있음이 틀림없다. 그러나 그렇기에 파우스트는 어떻게든 그 장려한 세계를 몸소 맛보고 체험하고 싶어 하지만 접촉할 길이 없다.

**파우스트** 내 너의 어디를 붙잡아야 할까. 무한한 자연이여?

---

\* C.G. Jung, *Die Beziehungen zwischen dem Ich und dem Unbewußten*, Rascher Verlag, Zürich, 1963, p.26ff.; 칼 구스타프 융, 기본저작집 제3권, 31쪽 이하 참조.

너희 젖가슴들아, 어디에? 너희 생명의 모든 근원아.
하늘과 땅도 너희에게 매달려 있고,
메마른 가슴 다투어 그곳으로 달려간다.
너희는 샘솟으며 만물의 목을 축여주건만, 나만 헛되
이 애태워야 하는가?*

파우스트는 지식으로 알고 언어로 표현된 것, 눈으로 보는 것만으
로는 만족할 수 없다. 그는 살아 있는 자연을 직접 체험하고 싶어 한
다. 그러나 그 방도를 몰라 애태운다. 이것은 인간의 원초적 욕구가
아니겠는가. 죽은 표본이 아니라 살아 있는 자연과 호흡을 같이하고
자 하는 욕구 말이다. '생명의 근원인 젖가슴'이라는 말에서 나는 노
자의 도道를 상상한다. 내가 좋아하는 구절 중 하나인 노자『도덕경』
20장 마지막 구절에 이런 말이 있다.

"사람들과 달라
나 홀로 생명의 어머니를 귀히 여긴다.
我獨異於人, 而貴食母."**

'도'의 극한적 고독을 노래한 시구인데 노자의 도는 그 고독을 받아
들이면서 생명의 근원, '먹여주는 어머니'를 섬기는 데서 의미를 찾고
있다. 파우스트도 같은 것을 찾고 있을까? 그는 아마도 노자의 도와
같은 절대고독을 받아들일 자세가 되어 있지 않기 때문에 생명의 근
원을 맛볼 수 없는지도 모른다. 어떻든 괴테는 파우스트로 하여금 더
이상 천상의 세계에 들어가려는 노력을 거두고 이제 지상의 모든 생
명을 관장하는 땅의 영(지령地靈)의 부적에 눈을 돌리게 만든다. 파우

---

* 괴테, 정서웅 옮김, 앞의 책, 37쪽.
** 이부영,『노자와 융』, 한길사, 2012, 321~333쪽.

스트는 거기서 오히려 더 친근감을 느낀다. 힘이 솟고 새로운 술에 취한 듯 몸이 달아오른다.

> **파우스트**　과감히 세상에 뛰어들어
> 　　　　　지상의 고뇌도 지상의 행복도 다 함께 맛보면서
> 　　　　　밀려드는 폭풍에도 끄떡없이
> 　　　　　배가 부서지는 소리에도 겁내지 않을 것 같다.*

그러나 그것은 그의 희망일 뿐이다. 막상 지령이 불꽃 속에서 나타나자 파우스트는 지령의 흉측한 몰골에 압도되어 뒷걸음친다.

> **지령**　　나를 부르는 자 누구인고?
> **파우스트**　(외면하면서)
> 　　　　　흉측한 몰골이다!
> **지령**　　너는 나를 힘차게 끌어당겼다.
> **파우스트**　아아! 난 그대를 감당하지 못하겠다!
> **지령**　　넌 날 보려고 숨 가쁘게 갈구했지.

지령은 파우스트의 위축된 모습을 보고 한심하다는 듯이 다그친다. "너는 어디에 있느냐, 파우스트?" "온 힘을 다 기울여 내게 내달아왔던 너는?" "내 입김이 닿기도 전에 오장육부까지 오들오들 떨며 꼴사납게 웅크리고 있는 벌레가 바로 너란 말이냐?" 그제야 파우스트는 오기를 부린다.

> **파우스트**　내 너를 피할까보냐, 불꽃의 형상이여.
> 　　　　　나다. 파우스트다. 너와 대등한 존재다!

---

\* 괴테, 정서웅 옮김, 앞의 책, 37쪽.

지령은 자기가 무엇을 하는 신령인지 설명한다. 삶과 죽음의 순환 속에서 생동하는 운명을 만들어가는 자다.

> **지령** 생명의 홍수에서, 행동의 폭풍에서
> 오르락내리락 파도치며
> 이리저리 누비며 짜낸다!
> 탄생과 무덤
> 영원한 바다
> 변화무쌍한 직조
> 이글거리는 생명.
> 나, 시간이라는 소란한 베틀에 앉아
> 신의 생동하는 옷을 짜낸다.*
> In Lebensfluten, im Tatensturm
> Wall ich auf und ab,
> Webe hin und her
> Geburt und Grab,
> Ein ewiges Meer,
> Ein wechselnd Weben.
> Ein glühend Leben:
> So schaff ich am sausenden Webstuhl der Zeit
> Und wirke der Gottheit lebendiges Kleid.

깊은 뜻이 담긴 지령의 이 엄숙한 선언에 대한 파우스트의 응답은 빈곤하기 짝이 없다. "넓은 세계를 두루 떠다니는 바쁜 정령"이라고만

---

* 괴테, 정서웅 옮김, 앞의 책, 41쪽. 일부 시구를 수정했고 원초적 대극과 대극의 결합을 표현한 매우 중요한 시라고 생각해서 독어 원문을 전부 인용했다. 괴테, 박환덕 옮김, 앞의 책, 37쪽; D. Luke(transl.), *op. cit.*, p.19; Goethe, *Faust*, dtv, p.21; 괴테, 전영애 옮김, 앞의 책, 113~114쪽 참조.

하면서 자기가 그와 가깝다고 느낀다고 고백한다. 이미 파우스트의 실체를 간파한 지령은 냉연히 그를 버리고 돌아서고, 파우스트는 크게 실망한다.

> **지령** 너와 닮은 것은 네가 생각하는 정령일 뿐
> 내가 아니로다!(사라진다)
> **파우스트** (털썩 주저앉으면서) 그대와 닮지 않았다고?
> 그렇다면 대체 누구와?
> 신을 닮은 내가 아니었더냐?
> 그런데 그대마저 닮지 않았다니!*

'신을 닮은 나'라는 말은 이후에도 여러 번 나온다. 지령에게서 나와 닮지 않았다는 말을 들었을 때 파우스트의 충격은 너무나 컸다. 그절망의 절정에서 노크소리가 나고 지극히 범용한 그의 조수 바그너가들어와 진부한 대화를 하는 바람에 충격이 조금 완화된다. 처음에 파우스트는 짜증을 낸다. "이 충만한 환상이 저따위 속된 염탐꾼에게 방해받다니!" 하며.

### 바그너: 파우스트의 개인적 그림자

바그너는 대학자 파우스트의 범속한 그림자, "스승의 낭송기술을배워 이득을 취하고" "강연술만이 연설가를 성공시킨다고 믿고," 비판적 계몽주의자들의 연구는 머리와 가슴이 답답해져서 못하고, 말로는"여러 시대의 정신 속으로 들어가 우리 선현들이 무엇을 생각했는지그리고 우리가 그것을 얼마나 찬란하게 발전시켜왔는지 살피는 것"을큰 즐거움으로 삼는다고 하지만 사실은 "그럴싸한 처세훈을 내세워

---

\* 괴테, 정서웅 옮김, 앞의 책, 42쪽.

신파극이나 벌여놓는 무리에 속하는 자."* 파우스트가 평소 멸시하는 피상적인 사이비 학자적 태도, 고매한 정신을 대변하는 의식세계에서 무의식세계로 억압되어 형성된 열등한 인격상, 분석심리학에서 말하는 '그림자'에 매우 잘 어울리는 측면이다. 그것은 괴테의 말을 일일이 주위 모아 괴테와 대화를 남긴 에커만과 괴테의 관계와 비슷하다. 에커만은 괴테의 그림자에 해당한다고 할 수 있다.**

파우스트는 바그너의 진부하고 매우 유치한 질문에 일일이 응답하는데 그 응답의 핵심은 "만약 진심으로 느끼지 못한다면" "마음에서 우러나오지 못한다면" "결코 마음과 마음을 사로잡지 못할 것"이라는 점, "이성과 올바른 마음만 가진다면" "기교를 부리지 않는다면" "하는 말에 진실이 담겨 있다면" 남들을 설득할 수 있으며, "그것이 자네의 영혼에서 샘솟는 것이 아니라면" 상쾌한 맛을 얻지 못할 것이라는 점 등 전적으로*** 공감을 주는 응답을 주지만 바그너가 그것을 제대로 이해한 것 같지는 않다. 특히 마지막 대답은 우리도 약간 생각해볼 필요가 있다.

**바그너**    하지만 이 세계! 인간의 마음과 정신!
         누구나 그런 것에 대해 좀 인식하고erkennen 싶어 한단 말이죠.
**파우스트**  그래, 그것도 인식이라 한다면!

---

   * 같은 책, 42~43쪽. 『파우스트』 초간본에서 파우스트의 조수 바그너는 16세기 사람이었는데 괴테는 이것을 18세기 사람으로 바꾸어 당시 맹목적으로 신봉되던 인간의 합리적 능력과 학문적 학습 그리고 도덕적 계발이 예술의 근본적 목적이며, 수사학적 기법이 그 본질적인 수단이라는 사실, 자율적인 진보에 관한 낙관주의 등에 대해 조롱한 것이라고 한다. Goethe, *Faust* Part 1, p.152, 각주 19) 참조.
  ** 그림자의 개념에 대해서는 이부영, 『그림자-우리 마음속의 어두운 반려자』, 한길사, 1999 참조.
 *** 괴테, 정서웅 옮김, 앞의 책, 43~45쪽.

누가 어린아이를 참된 이름으로 부를 수 있을까?
그것을 알고 있는 극소수가
어리석게도 그것을 가슴속에 간직하지 못하고
그들의 감정, 그들의 앎을 어리석은 무리에게 털어놓
았지.
그 결과 십자가에 못 박히거나 화형을 당하게 되었지
만 말이야.*

어린아이는 아기 예수를 가리킨다고 볼 수 있으나 십자가에 못 박
히거나 '화형을 당한다'는 말로 미루어 중세의 마녀, 마법사, 아마도
연금술사를 포함한 사물의 신비를 비밀리에 탐구하는 사람들까지 포
함한 것 같다. 요는 깊은 내면의 진실을 꿰뚫어볼 수 있는 능력을 가
지고 태어난 자들은 그 신비한 능력을 큰 소리로 광고해선 안 된다는
동서고금의 금기가 내포된 말이다. 기독교적 관점보다는 노자의 도에
더 가까운 언급이다.** 괴테가 여기서 어떤 말로 18세기 문화를 풍자했
든 극 중 바그너가 파우스트의 설득에 영향을 받았거나 설득을 알아
들은 것 같지는 않다. 파우스트의 독백을 보면 알 수 있다.

**파우스트**  줄곧 하찮은 것에 달라붙어
         탐욕스러운 손으로 금은보화를 캐려다간
         지렁이를 찾아내고도 기뻐하는 꼴이라니.

---

　*　같은 책 45쪽. 일부 단어, 즉 'erkennen은 인식하다'로 수정. Goethe,
　　　*Faust*, dtv, p.23 참조. 영역본에는 이 부분이 enlightenment(밝히다)로 되
　　　어 있고 어린이das Kind가 things로 되어 있다. D. Luke(transl.), *op. cit.*,
　　　p.21 참조.
　**　이부영, 『노자와 융』, 한길사, 2012, 265~266쪽. "이로써 도를 얻은 사람
　　　(성인)은 평민이 입는 거친 베옷 속에 보옥을 감추고 있는 것이다."-노자
　　　『도덕경』70장에서.

이 부분에서 우리는 심리학적으로 두 가지를 생각해볼 수 있다. 하나는 절망에 빠진 사람에게 무엇이 도움이 되느냐 하는 임상적 처방에 관한 힌트이고 다른 하나는 '신 비슷함'의 심리학적 문제다.

파우스트는 지령으로부터 핀잔받고 크게 위축되었는데 그 위축감에서 다소 회복할 수 있었던 것은 바그너의 느닷없는 방문과 그와 진부한 대화를 나눈 덕분이었다. 파우스트의 다음과 같은 절규에서 우리는 그것을 알 수 있다.

> **파우스트**  귀령들의 기운이 날 감싸는 이곳에
> 저런 인간의 음성이 들려도 될까?
> 그러나 아아! 이번만은 네게 감사해야겠다.
> 지상의 아들들 가운데 가장 가련한 존재인 네게 말이다.
> 내 감각을 송두리째 파괴하려던
> 절망으로부터 날 빼내주었으니
> 아! 그 귀령의 모습 너무 거대했기에
> 나 진정 난쟁이 같은 느낌이 들 수밖에 없었다.

여기서 나는 이런 생각이 들었다. 극도로 우울하고 위축된 상태에서 빠져나오려면 스스로 높은 곳에서 낮은 곳으로 내려가 자신 속의 열등한 측면과 대화를 나누는 것이 효과적일 수 있겠다는 생각이다. 실제로 사람들은 유치한 놀이나 개그로 '퇴행'함으로써 일방적으로 '고상'한 정신활동에서 온 권태를 풀고자 한다. 그림자는 나에게서 멸시당하고 버림을 받았기 때문에 그렇게 열등한 상태에 있다. 그림자와 대화는 끊어진 무의식과 관계를 되살리는 길이다. 그 관계가 복원되면 정신은 좀더 전체의 균형을 갖게 되고 그림자에 몰려 있던 리비도가 의식으로 흐르게 됨으로써 활성화된다. 그런데 파우스트에겐 이 방법이 일시적인 효과밖에는 없는 것 같다. 그는 여전히 '신을 닮은

나'와 '신을 닮지 않은 버러지 같은 나' 사이를 심하게 동요한다.

## '신을 닮은 나'의 심리

**파우스트**  신과 닮은 나는 이미
영원한 진리의 거울에 아주 가깝다 생각했고,
하늘의 광채와 밝음 속에 노닐면서
속세의 아들이란 탈을 벗어버렸다.
천사 케룹보다 뛰어난 나는 이미
자유로이 자연의 혈관 속을 흐르며
은근히 신의 삶을 향유하리라는 예감에 차 있었는데
나, 이 무슨 창피한 꼴이란 말인가?*

나는 신들을 닮지 않았다! 그것을 뼈저리게 느낀다.
나는 쓰레기더미를 파헤치는 벌레와 닮았다.**

파우스트의 이와 같은 '신 비슷함'의 체험과 좌절은 융이 분석작업
과정에서 관찰한 특이한 현상을 설명하는 확충자료로 쓰이게 된다.
본래 '신 비슷함'이라는 말은 아들러^Alfred Adler^ (1870~1937)가 그의 권
력심리학의 특징을 규정하기 위해 쓴 말이다. 그러나 융은 '신 비슷
함'이라는 말을 메피스토가 파우스트의 모습으로 학생에게 훈계조로
이야기해준 뒤 학생의 청으로 그의 기념집에 "너희들은 신처럼 되어
선과 악을 알게 되리라"***라는 글자를 남기고 작별할 때 중얼거린 다음

---

* 괴테, 정서웅 옮김, 앞의 책, 46~47쪽.
** 같은 책, 48쪽.
*** 이 구절은 구약성서 창세기 제3장 5절에서 나온 말이다. "그러자 뱀이 여
자에게 말했다. '너희는 결국 죽지 않는다. 너희가 그것을 먹는 날, 너희
눈이 열려 하느님처럼 선과 악을 알게 될 줄을 하느님께서 아시고 그렇
게 말씀하신 것이다.'"

과 같은 말의 뜻으로 사용한다고 했다.*

> **메피스토**  옛 격언과 내 아주머니, 뱀이 시키는 대로 따르라.
> 언젠가는 네가 신을 닮았다는 사실이 두려워지리라.**

　그러니까 권력 문제보다도 도덕적 관용의 우월성이라는 측면을 더 강조하는 셈이다.

　앞에서도 설명한 대로 융에 따르면 분석작업으로 무의식의 내용을 의식화하여 의식의 내용으로 동화해가는 일이 상당히 진척되면 피분석자에게 두 가지 특이한 현상이 일어날 수 있다. 그 하나는 자기도취에 빠져 이제 무의식에 관해 모든 것을 정확하게 알고 있다고 자부하는 현상이고, 다른 하나는 무의식에서 올라오는 심상치 않은 심상 앞에서 극도로 위축되고 자아의 무기력을 통감하면서 그저 그것들을 체념 속에서 바라만 보는 태도다.

　이 두 가지 반응양식을 자세히 살펴보면 앞의 경우의 낙관적 자부심 뒤에는 매우 깊은 절망감이 도사리고 있고, 후자의 비관적 체념 뒤에는 오기에 찬 권력의지, 전자의 의식적 낙관주의 못지않게 강한 자부심이 있음을 알 수 있다고 그는 말한다. 또 메피스토류의 '신 비슷함'은 선과 악의 인식, 그 앎과 관계한다고 말한다. 무의식의 의식화로 어려운 무의식적 성격경향을 받아들이고 이른바 선과 악을 대등한 크기로 나란히 놓고 볼 수 있게 되면서 피분석자는 일종의 '우월한 관용적 태도'를 갖게 된다. 이 관용은 매우 '우월'해 보이고 지혜로워 보이지만 흔히 겉보기에 멋진 하나의 몸짓에 불과한 경우가 많다. 문제는 이전에 소심하게 떨어져 있던 선과 악의 대극을 한곳에 모았다는 사

---

　* C.G. Jung, *Die Beziehungen zwischen dem Ich und dem Unbewußten*, Rascher Verlag, Zürich, 1963, p.27.
　** 괴테, 정서웅 옮김, 앞의 책, 36~37쪽.

실이다.* 융은 말한다.

"더 완전한 통찰, 이전에 분리되었던 것을 나란히 놓는 것, 그를
통해 표현된 도덕적 갈등의 외견상 극복에서 우월감이 생겨나고
아마도 이것을 '신 비슷함'이라고 표현할 수 있을 것이다."**

그러나 선과 악을 나란히 놓는 시도는 다른 종류의 사람에게는 다
른 반응을 유발한다. 선악을 자기 손안에 쥐고 있는 것 같은 초인적
감정과는 반대로 망치와 모루 사이에서 어쩌지 못하는 무력감, 암초
와 소용돌이 사이의 키 없는 배처럼 느끼는 경우가 있다는 것이다.

"그리고 그는 자기가 자신도 모르게 인류의 위대한 태초의 갈등
한가운데 있고 영원한 원리 사이의 충돌을 고통스럽게 체험하고
있으므로 자신을 마치 코카서스산에 묶여 있는 프로메테우스나
십자가에 못 박힌 자처럼 느낄 수 있을 것이다. 이것은 고통 가
운데 있는 신 비슷함이라 할 것이다."***

파우스트는 이상의 두 가지 신 비슷함의 경험을 함께하고 있다. 고
양된 감정에서 정신적 에난티오드로미Enantiodromie, Enantiodromia(대극의
반전)****의 결과 나타난 우울과 자기모멸감은 점점 더 깊어진다. 책도 전

---

    * C.G. Jung, "Beziehungen," *op. cit.*, pp.26~28.
   ** *Ibid.*, p.28(칼 구스타프 융, 기본저작집 제3권, 34쪽).
  *** 같은 곳. 융은 이 말에 바로 이어서 '신 비슷함'은 학술용어가 아님을 지
      적했고 정신적 팽창psychische Inflation에 해당한다고 했다. 같은 책, 30
      쪽 참조.
 **** 정신적 대극의 반전. 자아의식이 극도로 한편으로 치우치게 되면 무의식
      에서 그 반대 극이 그만큼 강렬하게 형성되어 어느 시점에서 자아의식을
      사로잡게 되는 현상이다. 전체정신의 균형을 유지하려는 무의식의 보상
      적 조절기능의 결과다.

통적 유산도 실험도구도 모두 그의 눈에는 이제 쓰레기와 같다. 프로메테우스와 같은 고통을 견디는 신적 인내는 보이지 않는다. 그는 자신을 쓰레기통을 뒤지는 버러지처럼 하잘것없는 존재로 축소한다. 사실 인간이 가장 본질적인 것과 마주할 때, 예를 들어 죽음 앞에서 인간은 자기 주위의 많은 것이 버려야 할 쓰레기임을 발견하는 법이다.

절망의 밑바닥에서 파우스트의 눈길을 끄는 것이 있다. 약병(독약)이다. 이 순간 주위가 갑자기 밝아온다. "마치 어두운 숲에 달빛이 환히 빛나는 것처럼." 이 순간 파우스트는 다시금 신 비슷해진다. 왜냐하면 생명을 죽이는 권한은 인간이 아니라 신의 권능에 속하기 때문이다. 자살과 살인의 순간, 사람은 사람이 아니다. 분석심리학적 용어로 말하자면 자아가 기이하게도 집단적 무의식의 원형들에 오염되고 사로잡혀 초인적·비인간적 사고 판단과 정서상태에서 끔찍한 행동을 하게 되는 것이다.

파우스트 눈에는 벌써 죽음 뒤의 세계가 찬란한 빛을 띠고 어른거린다.

> **파우스트**　불수레* 하나가 가볍게 흔들거리며 다가온다!
> 　　　　　　나는 새로운 길을 따라 창공을 뚫고
> 　　　　　　순수한 활동의 신천지로
> 　　　　　　나아갈 준비가 되었도다.
> 　　　　　　이 신성한 삶, 이 신성한 기쁨.**

파우스트는 이제 신과 대등한 관계에서 인간의 용기를 보여주고자 한다.

---

　　＊ 구약성서 열왕기 하 제2장 제11절에 예언자 엘리아가 불수레를 타고 승천했다는 내용이 실려 있다. 괴테, 정서웅 옮김, 앞의 책, 50쪽 각주 7) 참조.
　＊＊ 괴테, 정서웅 옮김, 앞의 책, 50쪽.

**파우스트**   모두들 살금살금 피해가는
　　　　　　저 문을 과감히 박차고 나가자.
　　　　　　이제 행동으로 증명할 때가 왔다.
　　　　　　인간의 용기는 신의 권위에도 굴복하지 않는다는 것,
　　　　　　환상 속에 고통을 만들며 자신을 저주하는
　　　　　　저 어두운 동굴 앞에서도 떨지 않는다는 것,
　　　　　　지옥의 모든 불길 활활 타오르는
　　　　　　저 좁은 통로로 과감히 들어가
　　　　　　비록 허무 속으로 휩쓸려들 위험이 있다 해도
　　　　　　이 발길 씩씩하게 내디딜 각오가 되어 있다는 것을.*

　파우스트는 독배를 입에 댄다. 그 순간 종소리와 함께 천사들의 그리스도 부활 합창이 울려 퍼진다. 그 '유현한 울림,' 그 '맑은 노랫소리'가 파우스트 입술에서 단호히 독이 든 잔을 앗아간다. 비록 현재는 믿음이 없어 저 부활절 축제의 문으로 들어가기 꺼려지지만 어린 시절의 아름다웠던 추억이 파우스트의 삭막한 심정에 그리움과 기쁨의 윤기를 불어넣어준다.

**파우스트**   추억이 나를 천진스러운 동심으로 이끌어
　　　　　　마지막 엄숙한 발걸음을 멈추게 하는구나.
　　　　　　오, 계속하여 울려라, 너의 달콤한 하늘나라의
　　　　　　노랫소리!
　　　　　　눈물이 솟구치는구나, 이 땅이 날 다시 받아들이는구나!**

---

\* 같은 책, 51쪽.
\*\* 같은 책, 54쪽.

장면이 바뀌어 부활절의 밝고 명랑한 성문 앞거리 풍경이 펼쳐지고 파우스트는 바그너를 대동하여 이것저것 묻는 말에 대답하며 마음이 가벼워졌다가 길에서 만난 농민으로부터 의사로서 페스트환자를 돌본 선친을 흠모하는 말을 들은 뒤 마음이 무거워진다. 그들이 만든 약으로는 아무 효험이 없었던 것이다. 파우스트는 길에서 우연처럼 만난 작은 푸들을 집으로 데려온다. 잠시 이들과 함께 산책을 다녀보자.

## *성문 앞에서*

*각양각색의 산보객이 등장한다.*

### 부활절 성문 앞 풍경과 검은 푸들의 등장

성문 앞에는 실로 다양한 종류의 사람들이 제각기 소리 높여 자기를 주장하며, 명랑한 분위기 속에서 즐겁게 거닐고 있다. 젊은 직공들, 하녀들, 학생들, 여염집 처녀, 시민들, 거지, 늙은 여인, 군인들. 소박한 사랑의 욕구, 남녀 간의 이끌림이 부활절 성문 앞 광장의 잡도를 꿰뚫는 주선율이 된다. 바그너를 대동하고 등장한 파우스트는 이 무리의 싱싱한 생활감정에 취하여 스스로 해방된 기분이 된다.

> **파우스트**   다정한 봄의 시선에 생기를 얻어
> 강물도 시냇물도 얼음에서 풀렸구나.
> 오랜 겨울은 힘을 잃고
> 거친 산속으로 물러났다.*

---

* 같은 책, 60쪽.

힘없는 싸락눈이 푸른 들판에 흰 줄무늬를 그렸지만 "태양은 어떤 흰색도 용납하지 않으며, 도처에 형성과 노력의 기운이 꿈틀거리고, 만물은 온갖 색깔을 띠고 생동한다." 여기서 흰색은 아마도 단순히 공허함과 냉기, 무감동을 의미할 것이다. 반면, 태양의 빛과 열기는 '형성과 노력'Bildung und Streben 의 기운을 자극하는 역동적 에너지의 원천―파우스트는 흑백 수묵화의 은은한 농담의 의미를 음미하기에는 너무나 일방적인 절망에 빠져 있었다. 지금 그에게 필요한 것은 다양한 색깔과 생명의 형성, 그리고 그를 위한 인간의 노력―『파우스트』에서 자주 강조되는―이었다. 부활절이 무엇으로부터 소생이며 해방인가. 파우스트의 입을 빌려 괴테가 말한다.

> **파우스트**  오늘은 모두 햇볕을 쬐고 싶은 모양이지.
>            예수님의 부활을 축하하는 까닭은
>            그들 스스로가 부활했기 때문이리라.
>            오막살이의 답답한 방으로부터
>            직공이나 상인의 질곡으로부터
>            박공이나 지붕의 중압감,
>            쥐어짜는 듯 비좁은 거리,
>            교회의 엄숙한 어둠으로부터
>            그들은 모두 빛을 찾아 나온 것이다.*

민중이 왁자지껄하는 무리 속에서 파우스트는 드디어 인간으로서 동질감을 느낀다.

> **파우스트**  여기야말로 민중의 참된 천국이로다.
>            남녀노소 할 것 없이 환호성을 지르는군.

---

\* 같은 곳; Goethe, *Faust*, dtv, p.32.

여기에선 나도 인간이다. 여기에선 나도 인간이 되리라!*

Hier ist des Volkes wahrer Himmel,

Zufrieden jauchzet groß und klein:

"Hier bin ich Mensch, hier darf ichs sein!"**

고상한 척하고 현학적이며 학자연하는 파우스트의 그림자, 그의 조수 바그너는 파우스트의 이 같은 감탄을 이해하지 못한다. 그에게 민중의 환호소리, 노랫소리는 역겨운 소음에 불과하다. 이에 응답하듯 극에서는 보리수 아래에서 춤추는 목동과 아가씨를 보여준다. 그리고 늙은 농부는 파우스트를 환영하면서 그의 신분과 선대의 의술을 높이 평가함으로써 자신을 돌아보게 한다. 이것은 오히려 파우스트를 부끄럽게 만든다. 그들의 약은 흑사병에 아무런 도움을 주지 못했기 때문이다. 괴테는 여기서 그의 숨은 관심사였던 연금술의 일단을 파우스트의 회상으로 토로한다.

**파우스트**  나의 선친께선 어두운 영역의 명인이셨네.

자연과 그 성스러운 작용에 대해

정직하지만, 독창적인 방법으로

대단한 노력을 기울여 연구하셨네.

연금술사들과 어울려 어두운

실험실에 틀어박힌 채

무진장한 처방에 따라

상극관계에 있는 것을 조합하려 했네.***

---

* 괴테, 정서웅 옮김, 앞의 책, 61쪽.
** Goethe, *Faust*, dtv, p.32.
*** 괴테, 정서웅 옮김, 앞의 책, 65~66쪽.

90

물질에 투영된 상징적 이미지와 대극합일로 묘약을 만들려던 연금술적 제약과정이 설명된다.* 그러나 이 약은 흑사병을 고칠 수 없었다. 바그너의 단순한 위로의 말에도 파우스트는 자괴감을 버릴 수 없다. 파우스트는 바그너를 측은히 여기는 듯 "오, 누구든 이 미혹의 바다에서 아직은 벗어날 수 있다고 희망하는 자, 행복하도다!"라고 말한다. 그래도 파우스트는 우울한 마음을 추스르고 '빛나는 저녁 햇살 속에서 푸른 숲에 둘러싸인 오두막집이 빛나는 양을 보며' 이 '아름다운 황금의 시간'을 향유하고자 한다.

## 저녁노을, 태양을 향한 그리움

성문 앞 거리, 바그너와 함께 걸으며 선친이 페스트환자에게 시행한 의술이 전혀 효과가 없었다고 회고하면서 다시 우울함에 빠지자 파우스트는 "이 아름다운 황금의 시간을 이따위 우울한 생각으로 망치지 말자"며 다음과 같이 말한다.

> **파우스트**  저길 좀 보게나, 빛나는 저녁 햇살 속에
> 푸른 숲에 둘러싸인 오두막집이 빛나는 양을,
> 석양이 기울어 하루의 생명이 다하면
> 태양은 서둘러 달려가 새로운 삶을 촉구한다.

'저녁노을에 빛나는 숲속의 오두막집'은 파우스트의 이상향, 분석

---

* 같은 책 66쪽, "용감한 구혼자인 붉은 사자를 미지근한 탕 속에서 백합과 교합시키고/둘을 작열하는 불꽃에 달구어/이 신방에서 저 신방으로 몰아치곤 하셨네. 그런 다음에야 오색찬란한 색깔을 띠고 젊은 여왕님이 유리그릇 속에 나타나게 되는 거야/그게 약이었는데……." 정서웅은 여기서 붉은 사자는 붉은색의 산화수로 남성의 금속소이며, ―백합으로 불리는 흰색 염산이 여성이 되어, 양성이 실험용 플라스크에서 결합하면 아름다운 공주님이 탄생한다는 연금술의 이야기라고 한다. 같은 책, 각주 11) 참조.

심리학적으로 그 자신의 깊은 본성을 표현하는 '자기'의 상징이라고 할 수 있을 것 같다. 그 감정적 반응의 강도와 깊이가 우선 그것을 추정케 한다. 인간은 왜 떠오르는 해와 저무는 해에 유독 깊은 애착을 가지고 바라보는가? 둘 모두 순간의 사건, 빛의 시작과 끝을 장식하는 감동의 순간이기 때문일 것이다. 저무는 해는 특히 태양의 침하와 밤의 도래를 알리는 신호이기에 더욱 소중하다. 파우스트는 물론 '태양이 기울어 하루의 생명이 다해도 새로운 삶을 촉구한다'는 것을 알고 있다. 그러나 그는 태양을 놓치고 싶지 않다. 그를 따라 날아가고 싶다.

> **파우스트**  오, 내게 날개가 있다면 땅에서 솟구쳐 올라
> 태양을 따라 어디든 날아갈 수 있으련만!
> 영원한 석양 속에
> 발아래 고요한 세계를 볼 수 있으련만.*

그는 욕심이 많다. 그는 날면서 세계의 여러 모습을 내려다보기를 원한다. 이글거리는 산봉우리, 고요한 골짜기, 은빛 시냇물이 황금빛 강물 속으로 흘러드는 광경을. 그러면서 말한다.

> **파우스트**  수많은 골짜기가 있는 험준한 산도
> 신처럼 날아가는 나의 행로를 막지 못하고,

여기서 파우스트는 아직도 자신이 간절히 희구해 마지않는 신과의 동일시를 잊지 못한다. 물론 그도 '태양의 여신이 가라앉을 것'임을 알고 있다. '그래도 내겐 새로운 충동이 깨어나/태양의 영원한 빛 마시기 위해 달려가리라'고 한다.

---

* 괴테, 정서웅 옮김, 앞의 책, 67쪽.

**파우스트** 낮을 앞에 안고 밤을 등지고
위로는 하늘, 아래로는 푸른 물결 굽어보면서
이것은 아름다운 꿈, 그 사이에 여신은 자취를 감추는
구나.*

파우스트의 꿈은 낮과 밤, 하늘과 땅을 하나로 잇는 비상, 샤먼의 엑스타제Ekstase(망아경), 시의 마술적 비상과 같은 목적을 가지고 있다. 다만 그에게는 아직 마술적 비상의 영력을 얻기 위한 샤먼의 혹독한 시련이 없다. 분리된 땅과 하늘의 경계를 뛰어넘고자 하는 인류의 원초적 욕구를 표현하며 자기 한계를 개탄할 뿐이다.

**파우스트** 아아! 정신의 날개 이토록 가벼운데
육신의 날개가 응해주질 못하누나.
……
하늘 높이 치솟은 전나무 위로
독수리가 날개를 활짝 펴고 선회할 때,
……
두루미가 고향을 찾아 헤맬 때,
누구의 마음인들 하늘 높이 솟구쳐 나아가지 않으랴.
그것이 우리 모두의 타고난 천성일진대.**

### 나방의 노래

융이 『변환의 상징』의 「나방의 노래」에서 『파우스트』의 위 구절을 회상한 것은 우연이 아니다.

미스 밀러가 파리로 가는 차창가에서 열차 안의 빛을 향해 날아오

---

* 같은 책, 67~68쪽.
** 같은 책, 68쪽.

는 한 마리 나방을 보고 떠올린 시는 대략 다음과 같다.

"그대에게서 나온 희미한 불꽃에 부딪치며
단 한 시간만 더. 그러면 나의 가련한 삶이 끝나리.
나의 마지막 갈망은……
조금이라도 그대의 장엄함 가까이에 다가가는 것, 그런 뒤
단 한 번의 황홀한 눈길을 붙들 수 있다면, 난 만족스럽게 죽어
가리라.
언젠가 내가 그의 무한한 광휘 속에서 볼 수 있을 것이기에,
아름다움과 온기, 그리고 생명의 원천을!"*

융이 이 환자의 시에서 파우스트를 상기한 이유는 오랫동안 빛의
주변을 맴돌다 타버리는 나방이라는 이미지, 성좌의 영원성과 초라한
대조를 보이며 불멸의 빛을 갈망하는 하루살이 같은 미미하고 덧없는
존재의 이미지가 파우스트의 태양을 향한 절절한 그리움과 상통하기
때문이다. 조용히 앉아서 태양이 서녘으로 가라앉는 장엄한 장면을
경외의 마음으로 바라보는 동양의 내향적 인간들과 달리 파우스트는
날개가 있다면 태양을 따라 날겠고 태양의 영원한 빛을 마시기 위해
달려가겠다고 한다. 또 태양과 함께 날면서 하늘과 땅, 발아래 고요한
세계를 보겠다고 한다. 파우스트에게는 관조觀照라는 것이 없다. 오직
날고 보고 맛보는 행동이 있을 뿐이다. 그는 결코 하루살이처럼 미미
한 존재는 아니지만 태양에 대한 집착은 나방의 노래에 나오는 나방
과 다름없이 강렬하다. 이 그리움은 위험하다. 날개를 태우고 죽어버
릴 위험이 있다. 그것은 심리적으로 자아의 죽음, 자아의 자기원형에
의한 사로잡힘, 팽창 혹은 오염이다.

융은 말한다. 파우스트가 "태양과 대지의 아름다움을 향한 자신의

---

* 칼 구스타프 융, 기본저작집 제7권, 124쪽.

엄청난 그리움을 표현했다"고 생각했을 때 자기 자신을 떠났고 악마의 손아귀에 빠져 들어갔다고. 조금 전만 해도 파우스트는 "저 다정한 지상의 태양으로부터 결연히 등을 돌리자!"고 했다. 자연의 찬미는 이교적인 것인데 파우스트에게는 미트라스교가 기독교를 위협했듯이 적대적인 태세를 갖춘 채 그 의식 속에 있는 종교와 나란히 자리하고 있다는 것이다.*

## 두 가지 충동

바그너는 파우스트의 날고 싶은 충동을 알지 못한다. 그 대신 양피지로 된 책을 들추어보는 즐거움에 관해 말한다. 이때 융이 자주 인용한 파우스트의 다음과 같은 유명한 대사가 나온다.

> **파우스트**　자네는 한 가지 충동밖에 모르는군.
> 오오, 또 하나의 충동을 알려고 하지 말게!
> 내 가슴속에 아아! 두 영혼이 깃들어서
> 하나가 다른 하나와 떨어지려고 하네.
> 하나는 거침없는 애욕에 빠져
> 현세에 매달려 관능적 쾌락을 추구하고,
> 다른 하나는 과감히 세속의 티끌을 떠나
> 숭고한 선인들의 영역에 오르려고 하네.
> 오오, 하늘과 땅 사이를 지배하며
> 대기 속에 부유하는 정령이 있다면,
> 부디 황금빛 운무에서 나와
> 나를 새롭고 다채로운<sup>bunte</sup> 삶으로 이끌어다오!**
> Du bist dir nur des einen Triebs bewußt;

---

\* 같은 책, 126쪽.
\*\* 괴테, 정서웅 옮김, 앞의 책, 68~69쪽.

O lerne nie den andern kennen!

Zwei Seelen wohnen, ach! in meiner Brust,

Wie eine will sich von der andern trennen;

Die eine hält in derber Liebeslust

Sich an die Welt mit klammernden Organen;

Die andre hebt gewaltsam sich vom Dust

Zu den Gefilden hoher Ahnen.

O gibt es Geister in der Luft,

Die zwischen Erd und Himmel herrschend weben,

So steiget nieder aus dem goldnen Duft

Und führt mich weg, zu neuem, buntem Leben!*

이 구절은 융이 인간심성의 분리가능성dissociability과 대극성을 설명할 때 자주 인용한 것이다.** 우리 마음은 어리석은 사람들이 순진하게 확신하듯이 단일하고 통일된 조성이 아니라는 사실을 융은 일찍부터 경험하고 있었다.

'미지의 나라로 날고 싶은 파우스트의 소망'은 너무나 커서 파우스트 가슴속에서 하나의 유혹이 꿈틀거린다. 마법의 힘을 빌리고자 하는 유혹이다. "마법의 외투라도 얻을 수 있어서/미지의 나라로 날아갈 수만 있다면!/내겐 그것이 어떤 귀중한 의복보다/아니 임금의 곤룡포보다 값진 것이 되리라" 한다.

자아의식의 한계에 부딪혔을 때 사람은 초인적인 힘에 의지하려 한다. 마술은 초인적인 힘을 가졌다고 믿는 이른바 귀령들의 능력을 다루어 인간의 욕구를 충족하는 술법이고 마술사는 그런 능력을 가졌다

---

* Goethe, *Faust*, dtv, p.37.
** C.G. Jung G.W. Bd. 8, *Die Dynamik des Unbewußten*, pp.202~220: C. Dissoziabilität der Psyche 참조.

고 자처하는 자다. 절대자의 뜻이 아니라 '내 뜻이 이루어지라'고 소원하는 점에서 종교적 자세와 구별된다. 파우스트의 이런 마음의 동요에 대해 바그너는 기독교의 마귀학 지식을 총동원해서 마귀가 얼마나 간사하고 무서운 존재인지 설명하며 파우스트를 설득하려 한다. 그러나 이미 늦었다. 마귀는 검은 푸들의 모습으로 나타난다. 바그너 눈에는 평범한 개에 불과하지만 파우스트는 안다. 그것이 장차 자기 반려자가 될 것임을. 그는 개가 나선형으로 돌면서 자기 발에 마법의 올가미를 치는 것을 느낀다. 바그너는 그것을 전혀 눈치채지 못한다.

### 개, 나선형

**파우스트**    자네 모르겠나, 저 녀석이 커다란 나선형을 그리며
           우리 주위로 점점 다가오고 있다는 걸.

파우스트는 심지어 개가 지나간 자리에서 '불꽃의 소용돌이가 뒤따르는' 것을 발견한다. 개의 움직임이 지닌 강렬한 정동을 시사하는 말이다. 나선형과 소용돌이는 죽음과 재생의 영원한 반복을 의미하는 미로<sup>Labyrinthos</sup> 상징의 한 표현이다.* 개는 그 날카로운 후각으로 말미암아 미래를 예시하는 자로서 귀신을 보는 자, 죽은 자를 저승으로 인도하는 영혼의 인도자로 중요한 의미가 있다. 그것은 의식과 무의식을 연결해주는 무의식의 본능, 매개적 요소를 상징한다.** 파우스트는 무언가를 느낀다.

---

* K. Kerényi, Labyrinth-Studien, Labyrinthos als Linienreflex einer mythologischen Idee, Zürich, Rhein Verlag., 1950 참조
** Hanns Bächtold-Stäubli(ed.), *Handwörterbuch des deutschen Aberglaubens*, Bd. 4, Walter De Gruyter & Co., Berlin, pp.470~488 Hund 참조. 한국무가(제주도) 차사본풀이에 따르면 저승에 간 장님이 이승으로 돌아올 때 하얀 개가 길을 안내한다. 현용준, 『제주도 신화』, 서문당, 1976, 91~140쪽, 특히 125쪽 참조.

**파우스트**  내 보기엔 녀석이 장차 무엇인가 인연을 맺기 위해
우리 발에 마법의 올가미를 치는 것 같아.
Mir scheint es, daß er magisch-leise Schlingen
Zu künftigen Band um unsre Füße zieht.*

그러나 근시안적인 바그너는 개의 현실적인 행태상 특징을 들어 푸
들이 평범한 개일 뿐 결코 귀신Geist 같은 것이 아님을 설득하려 들고
파우스트도 마침내 이를 수긍한다. 파우스트는 개를 데리고 집으로
간다.

『변환의 상징』에서 융은 이렇게 말했다.

"그 개는 악마이며 바로 유혹하는 자다. 그의 지옥불에 파우스트
는 자신의 날개를 태우게 되는 것이다."**

"파우스트의 그리움은 그의 타락이 되었다. 내적인 것에 대한 그
의 요구는 그에게 필연적으로 삶의 권태를 가져다주었고 그는
자살 직전까지 가 있었다. 현재의 아름다움에 대한 그리움은 다
시금 그에게 타락과 회의, 고통을 가져다주었고, 그 결과 마르가
레테의 비극적인 죽음이 도래하기에 이른다. 그의 오류는 무절
제하고 엄청난 열정을 지닌 인간으로서 두 방향의 리비도 충동
에 거리낌 없이 따른 것이었다. 그는 기원후 초기 전환기 때의
집단적 갈등을 다시 한번 그대로 모사하는데, 흥미로운 것은 순
서가 뒤집어졌다는 사실이다."***

---

* 괴테, 정서웅 옮김, 앞의 책, 70쪽; Goethe, *Faust*, dtv, p.38.
** 칼 구스타프 융, 기본저작집 제7권, 126쪽.
*** 같은 책, 126~127쪽.

즉, 기독교가 보편적으로 확산된 뒤 수도원과 은둔사들의 출현에서 볼 수 있는 금욕 추구의 경향과 반대로 파우스트는 그에게 죽음을 몰고 온 금욕주의의 이상에서 벗어나기 위해 싸우고 악마에게 자신을 넘겨줌으로써 삶을 얻는다는 것이다. 결과적으로 "구원자이면서 죽음을 몰고 오는 자라는 그에 대한 이중적 규정은 이미 일찍이 준비 단계에서 암시되어 있다."* 융은 일찍이 부르크하르트가 시사한 대로 게르만 정신과 『파우스트』의 관계를 지적한다.

> "『파우스트』에 심오한 의미를 부여하는 것은 바로 수백 년 전부터 있어온 문제를 언어로 표현했다는 점이다. 그것은 오이디푸스 드라마가 헬레니즘 문화권에서 행했던 역할과 같은 것이다. 세계부정의 스킬라와 세계긍정의 카립디스 사이에서 하나를 택할 수밖에 없다면 어떻게 해야 할까?"**

주의 깊게 회상한다면 인간의 일상생활에서 이는 그리 드문 일이 아니다. 우리 마음속(무의식)에서 개로 대변되는 날카로운 본능적 후각이 무엇인가를 냄새 맡고 의식으로 전달하려고 올 때, 자아의 일부는 그것을 느끼고 진지하게 생각하고자 하지만 다른 자아의 측면(바그너)은 애써 그 중요성을 부인하려고 객관적·'과학적 증거'를 들어 그로 인한 불안이나 감정동요를 완화하려 든다. 결국 일시적으로 무의식의 자극에 대한 마음의 흔들림을 잠재우는 현상이다. 그러나 파우스트에게 무의식적 충동에 대한 일시적 무시***는 오래가지 못한다.

---

왜냐하면 저승의 알림, 푸들의 본모습과 만남은 그가 강력하게 바라던 것이기도 해서 일종의 숙명이었기 때문이다. 이 장면에서 또한 언급하고 지나가야 할 것은 '악마는 결코 악마처럼 나타나지 않는다'는 사실이다. 하잘것없는 것, 지극히 평범한 것, 작고 까만 푸들, 풋내기 서생의 모습으로 등장한다. 오직 훈련된 사람의 눈만이 그 악마성의 일부를 느낄 수 있다. 그러기에 동양의 현자는 '작은 것'에 주목하고 보살필 것을 권했다.*

여기서 잠시 슈타이거의 해석을 들어보자. 괴테가 파우스트와 마귀의 계약을 설정하기까지 얼마나 고심했는가 하는 데 대한 슈타이거의 소견은 우리에게 그리 중요한 것이 아니다. 주목할 것은 그에게 가장 깊은 감동을 주었다는 밤의 장면에서 다음 대사의 인용과 함께 개진한 파우스트 내면의 숙명적인 힘에 관한 지적이다.

> **파우스트**  환상이 보통 때는 대담하게 나래를 펴고
> 희망에 가득 차 영원한 경지까지 날아가다가도,
> 기대했던 행복이 시대의 소용돌이 속에서
> 하나씩 하나씩 좌초하게 되면
> 이젠 조그만 공간에도 만족하게 된다.
> 곧 마음속 깊이 걱정이 둥지를 틀게 되고,
> 거기 남모르는 고통이 생겨나
> 불안스레 흔들대며 기쁨과 안식을 방해한다.
> 걱정은 항상 새로운 탈을 쓰고 나타나는 즉
> 집과 농장, 아내와 자식
> 또는 불, 물, 비수 그리고 독약이 되기도 한다.

---

\* 이부영, 『노자와 융』, 한길사, 2012, 254쪽, '작은 것을 크게 여기고 적은 것을 많게 여기며(大小多少)-노자 『도덕경』 63장.

그리하여 우리는 별것도 아닌 일 때문에 두려워 떨고,
결코 잃어버릴 수 없는 것을 놓고 줄곧
눈물을 흘려야 하는 것이다.*

Wenn Phantasie sich sonst mit kühnem Flug

Und hoffnungsvoll zum Ewigen erweitert,

So ist ein kleiner Raum ihr nun genug,

Wenn Glück auf Glück im Zeitenstrudel scheitert.

Die Sorge nistet gleich im tiefen Herzen,

Dort wirket sie geheime Schmerzen,

Unruhig wiegt sie sich und störet Lust und Ruh;

Sie deckt sich stets mit neuen Masken zu,

Sie mag als Haus und Hof, als Weib und Kind
erscheinen,

Als Feuer, Wasser, Dolch und Gift:

Du bebst vor allem, was nicht trifft,

Und was du nie verlierst, das mußt du stets beweinen.**

여기까지는 우울증환자가 겪을 만한 쓰디쓴 기분 상태를 객관적으로 확인한 데 불과하다. 그러나 바로 다음 구절이 터져 나온 점에서 그 의미가 갑자기 중요해진다고 할 수 있다.

**파우스트** 나는 신들과 닮지 않았다! 그것을 뼈저리게 느낀다.
나는 쓰레기더미를 파헤치는 벌레와 닮았다.
쓰레기를 먹으며 살아가다가

---

* E. Staiger(Komatzu et al. transl.), *op. cit.*, p.286; 괴테, 정서웅 옮김, 앞의 책, 47~48쪽.
** Goethe, *Faust*, dtv, pp.24~25.

나그네의 발길에 밟혀 파묻혀버릴지도 모른다.[*]

　인간의 한계의식을 절망적으로 인정하지 않을 수 없게 만드는 것은 무엇인가. 슈타이거는 이 점을 주목하는 것 같다. 그는 말한다.

　"데몬Dämon이 인생의 푸른 하늘을 휘저어 흐리게 하는 것이다."[**]

　괴테가 이미 작품 『에그몬트』에서 다룬 것, 싸우며 침묵과 인내와 용기로 대항하고도 극복할 수 없었던 데몬, "그 데몬이 드디어 또 한 번 백 세의 파우스트 얼굴에 입김을 불어 그의 인생 최후의 순간을 위협하는 것이다."[***] 슈타이거는 데몬을 "인간의 내부에 둥지를 치고 살고 있는 것으로 시적인 것의 그림자이며 우리의 무엇과도 바꿀 수 없는 가장 고귀한 정신재와 교환하여 우리가 지불하는 대가"라고 설명한다. 『파우스트』의 심층심리학적 해석을 별로 선호하지 않는 그의 말이다. 그러나 여기서 그는 우리 무의식의 깊은 곳에 존재하고 활동하는 자기원형의 어두운 측면을 보고 있지 않은지 의심된다. 그의 다음과 같은 주장이 인간 한계의식의 필연성을 지지한다.

　"이러한 고뇌는 분에 넘치는 과도한 요구를 내걸기 때문에 생기는 것이 아니다. 영원히 인간에게 주어진 한계 자체 속에 내재하는 것으로 그 때문에 때로는 자기 생에 종지부를 찍기를 원하는 충분한 이유가 되는 것이다."[****]

---

　　* 괴테, 정서웅 옮김, 앞의 책, 48쪽.
　 ** E. Staiger, *op. cit.*, p.287.
　*** *Ibid.*, p.287. 미끼三木 등을 일본어로 데몬Dämon이라 번역한 것은 악귀로서 데몬이 아니라 마력, 초자연적 힘Daimon의 뜻이 아닐까 추정된다.
**** E. Staiger, *op. cit.*, p.287.

파우스트가 주제넘게 너무 큰 욕심을 내서 신처럼 우주적 대극을 하나로 통합하려 드는 바람에 정신적 에난티오드로미(대극의 반전)의 결과 버러지와 쓰레기의 낮은 차원으로 추락하는 결과를 빚었다는 융학파의 생각을 비판한 셈이다. 그러나 철학적·현상학적 견지에서는 분석심리학에서 말하는 의식과 무의식의 구분, 의식의 중심인 자아Ego와 전체정신의 중심인 자기Self의 구분이 없다. 그러므로 발견한 어떤 대단한 정신적 요소를 그렇게밖에 표현할 수 없다. 한계의식은 자아의식의 한계인식이다. 그렇게 느끼게 하는 데 자기Self의 뜻이 큰 역할을 했을 수 있다. 그러므로 죽음과 자살은 자아의 죽음을 암시한다. 자아의 죽음으로 새로운 자아로서 재탄생한다는 목적을 가진 것이다. 앞에서 강조한 대로 개체는 이 경우 곧잘 자아를 자기로 착각하거나 자기와 동일시하여 돌이킬 수 없는 자기파괴를 감행하는데 이는 결코 옳은 일이 아니다.

슈타이거의 설명 가운데 '시원의 깊은 데서 소생'이라고 할 때의 시원은 분명 융이 말하는 무의식을 연상케 하고 '이성보다도 고도의 지知' '논리적 사고의 구제불능의 비극성을 비웃는 듯한 앎, 논리적 사고가 끄집어내는 일체의 의혹이나 의문을 능가하는 지知'는 비록 문학적으로 수식되었지만 융이 말하는 무의식의 '절대지'를 연상케 한다.* 그러한 지知가 "일종의 망각에서 성립되어 있다"는 설명도 특이하게 들리지만 "인간이 여러 세대를 거쳐 완전한 자각 아래 손에 넣은 것을 다시 잊어버림으로써 우리가 자기를 확립하고 영원한 생성의 즐거움에 이별을 고하기 전 행복한 상태의 기억이 강하게 회상되는 것"이라 하고, "이 기억은 아마도 정신이 발생과 함께 끝난 원초의 상태, 안고 안긴 저 상태까지 거슬러 올라가는지도 모른다"라고 하는 말을 음미

---

* 절대지das absolute Wissen에 대해 C.G. Jung, *Synchronizität als Prinzip akausaler Zusammenhänge*, p.551 참조; C.G. Jung, G.W. Bd. 8. pp.479~577.

해보면 자아의식이 형성되기 이전의 무의식, 의식의 원천을 변두리나마 의식하고 하는 말로 들린다. 파우스트에게 부활절은 기독교적 의미가 아니라 이러한 모성성으로 회기하는 것이라고 설명하는 가운데 슈타이거가 한 말이 있다.

> "모성적인 것에 보호받고 있다는 감정은 괴테에 대해서는 평생 아무리 퍼도 마르지 않는 위로의 원천이 되었던 것이다."*

저녁노을을 바라보는 파우스트의 간절한 그리움에 대해서도 앞에서 잠깐 언급한 대로 슈타이거는 내 생각과 약간 달랐다. 나는 파우스트의 아름다움마저 피부로 느끼고 마시고 향유하지 않으면 못 배기는 성미를 과욕이라고 보았다. 그가 관조를 모른다고 했다. 그러나 슈타이거의 다음과 같은 설명을 보고는 그의 의견을, 앞의 내 생각을 버림 없이 수용할 수 있을 것 같았다. 그는 말했다.

> "아득한 세계를 꿈꾸는 것은 '인간이 누구나 가지고 있는 자연의 정인 것이다.'"

고전주의가 허용하지 않는 이런 그리움이 『파우스트』에서 폭포처럼 분출했다고 그는 말한다. 특히 놀랄 일은 먼 곳에 대한 그리움이 가까운 곳을 지우지 않는다는 것이다. 공상이 무한한 공간으로 확대되면서 온갖 구체적 사물, 불타는 언덕, 황금의 빛, 은빛 강, 독수리, 학, 대지, 호수를 감지할 능력을 잃지 않는 것이 무한으로 열린 혹은 멀리 높이 날아올라서 펼쳐지는 자연의 색과 색색의 광경을 음악으로 변하게 한다.

---

* E. Staiger, *op. cit.*, p.288.

"보통은 그저 잔잔한 선율로 연주되어 괴테가 그리는 여러 형상 주위에 안개처럼 떠돌고 있을 뿐인 것, 아름다움에 숨은 아련한 아픔,—한계를 가진 것만이 아름다울 수 있다는 생각—그것이 지금 여기에 둑을 뚫고 흘러나온다. 무한한 진정眞情, 영원 속으로 쏟아 붓는 혼의 흐름이 지상적 사물에 내재하는 요소로 지금 여기서 오직 한 번 우위를 점하는 것이다."*

이 부분에서 분석심리학은 전적으로 문학적 통찰과 해석을 존중할 수밖에 없다. '아름다움에 숨은 아련한 아픔'이라든가 '한계를 가진 것만이 아름다울 수 있다'든가 하는 표현은 자연과학과 치료학으로서 심리학에서 언제나 간과되거나 경계해야 할 미학적 지각으로 치부되기 일쑤였다.

## *서재 1*

### 메피스토펠레스와 만나다

서재로 푸들을 데리고 들어온 파우스트는 아직도 부활절의 산책에서 얻은 감흥에 젖은 채 이를 음미했고, 그때마다 푸들은 짖거나 뛰면서 파우스트의 감회를 훼방놓는다. 파우스트는 감흥을 다음과 같이 표현한다.

**파우스트**　그것은……
　　　　　　예감에 가득 찬, 성스러운 두려움으로
　　　　　　우리 마음속 가장 뛰어난 영혼die beste Seele**을 일깨워주

---

  \* *Ibid,,* p.291.
  \*\* Goethe, *Faust*, dtv, p.39; 괴테, 정서웅 옮김, 앞의 책, 72쪽.

었다.
온갖 격렬한 행위를 동반하는
거친 충동 잠들었으니,

인간의 사랑 움터 나면서
하느님을 사랑하는 마음<sup>Die Liebe Gottes</sup>도 고개를 든다.*

　그것은 온갖 격렬한 충동에서 벗어난 오직 고요한 이성과 거룩함만이 지배하는 마음의 세계이며 파우스트가 '최상의(가장 뛰어난) 영혼'이라고 말한 경지는 다소 한쪽으로 치우친 느낌이 든다. 오직 선하고 올바르며 고요한 경지, 우리의 유학자들이 정좌<sup>靜坐</sup>하면서 추구한 경지가 아니겠는가?

**파우스트**　아아, 우리의 비좁은 방에
　　　　　등불이 다시 정답게 켜지면
　　　　　우리 가슴속도 밝아진다.
　　　　　자신을 아는 마음속도.
　　　　　이성은 다시금 말을 시작하고
　　　　　희망도 다시 피어난다.
　　　　　우리는 삶의 시냇물을,
　　　　　아아, 그 삶의 원천<sup>Lebens Quelle</sup>을 그리워하노라.**

　파우스트는 삶의 원천이 캄캄한 어둠의 심연에서 나온다는 사실을 아직 모르고 있다. 그는 모처럼 얻은 생동하는 삶의 의욕을 기뻐하면

---

＊　괴테, 정서웅 옮김, 앞의 책, 72쪽; Goethe, *Faust*, dtv, p.39, p.362 각주: 'Die Liebe Gottes'란 하느님을 향한 영적 사랑, 스피노자의 범신철학의 입장에서.
＊＊　괴테, 정서웅 옮김, 앞의 책, 72~73쪽.

서 그것을 끝내 유지하고 싶어 한다. 그러나 그 마음의 다른 한 면, 푸들로 대변되는 본능적·동물적 충동은 그의 이성적 의식을 가만히 놓아두지 않는다. 파우스트로 대변되는 자아도 푸들의 반응에서 현재 당면하는 상황이 어떤 갈등상황인지 인지한다. 그것이 파우스트의 다음 말에서 확실해진다.

> **파우스트** 으르렁대지 마라, 개야! 지금 내 영혼을
> 온통 감싸는 성스러운 음향에는
> 짐승 소리가 어울리지 않느니라.*

거룩한 것과 이른바 비천한 것, 이성과 격정, 정신적인 것과 동물적인 것, 태초 이래로 인간이 겪어온 이 원초적 대극과 대극 간의 갈등, 그것을 해소하려는 노력은 작품 『파우스트』에 국한된 문제가 아니다. 『파우스트』에서 괴테는 파우스트에게 당분간 무의식에서 올라온 본능적 충동에 맞서 이미 쇠잔해진 의식의 힘**을 북돋워주기 위해 그가 가진 기독교 신앙의 힘과 주술적 수단을 총동원해서 대결하도록 한다.

'이러한 결핍을 메우는' 첫 번째 시도는 "초현세적인 것을 숭상하고 무엇보다 신약성서에서 고귀하고 아름답게 빛나는 하늘의 계시를 간절히 바라는 것"***이다. 파우스트는 성경의 말씀das Wort이라는 단어의 독일어 번역에 의문을 갖는다. 말씀 대신 '뜻'Sinn, '힘'Kraft, '행위'Tat라는 단어로 바꿔본다. 기독교에서 말한 태초의 말씀Logos을 독일어의 das Wort라고 번역해야 할까 다른 말이 적절할까 궁리하는 언어상 논

---

* 같은 책, 73쪽.
** "아아! 이 마음 간절해도 더 이상 만족감이 솟아나지 않는구나/그러나 왜 삶의 강물은 그리도 빨리 메말라/우리를 다시 갈증에 허덕이게 하는가?" 괴테, 정서웅 옮김, 앞의 책, 73쪽; Goethe, *Faust*, dtv, p.40.
*** 괴테, 정서웅 옮김, 앞의 책, 73쪽; Goethe, *Faust*, dtv, p.40.

란일 뿐 아니라 태초에 존재한 것이 과연 어떤 것이냐는 그 본질에 대한 물음이기도 하다. 엠마 융Emma Jung은 자신의 논문 『아니무스와 아니마』에서 힘, 행위, 말씀, 의미로 대변되는 아니무스(여성 마음속의 남성성)의 4단계 분화과정을 본 바 있다.* 진Sinn(뜻)이라는 독일어는 융에게는 매우 의미 깊은 말이었는데, 그는 중국학자 빌헬름이 노자 『도덕경』을 독역할 때 도를 진Sinn(뜻)이라고 번역한 것에 전적으로 동의하면서 격찬한 일이 있다.** 극 중 파우스트는 Sinn의 그런 심오한 뜻을 알지 못하는 듯 그 단어로는 만족할 수 없어 '힘'을 거쳐 '행위' Tat라는 단어를 써본다. 행동하는 자, 파우스트의 면모가 나타나기 시작한 것이다. 그러나 성경에 집중하는 것만으로 푸들의 방해를 물리칠 수 없다.

파우스트와 푸들 사이의 긴장 관계, 즉 이성적 자아의식과 무의식의 본능적 충동 사이의 갈등이 최고조에 달했을 때, 자아는 결정적으로 충동을 의식에서 내몰 결심을 한다. 그러자 푸들은 오히려 늘어나고 커지면서 모습을 바꿔 불꽃 튀는 눈과 무시무시한 이빨을 드러낸 하마처럼 되었다가 코끼리처럼 부어올라 온 방 안을 가득 채운다. 파우스트는 그제야 자기가 데려온 푸들이 예사 개가 아니고 지옥에서 올라온 귀령임을 알아차린다.

무의식의 본능적 충동은 억압하면 할수록 힘이 강해져 자아가 감당할 수 없을 정도가 된다는 사실은 강박증환자나 불안장애환자의 정신치료에서 자주 목격되고 이른바 건강한 사람의 꿈에서도 드물지 않게 볼 수 있는 현상이며 민담에도 이를 시사하는 주제가 나타난다.***

---

* Emma Jung, *Animus and Anima*, Zürich, Spring Publications, 1974, pp.1~48.
** C.G. Jung, W. Pauli, *Naturerklärung und Psyche*, Rascher Verlag, Zürich, 1952, p.70; 이부영, 『노자와 융』, 한길사, 2012, 193~194쪽.
*** 불안과 공포를 억지로 누르고자 하거나 강박적 사고를 없애고자 하면 할수록 더 강력하게 올라오는 현상을 이용하여 누르고자 한 것을 오히려 불러들여서 직면하게 하는 심리치료법이 개발되었다. 프랑클의 '역설적

파우스트는 주술의 힘을 빌려 이 괴물 속의 귀신들을 내쫓거나 타일러 내보내려고 한다. 그것이 4요소, 즉 불의 정, 잘라만더: 물의 정, 운디네: 바람(공기)의 정, 질페: 도깨비Kobold다.

불, 물, 바람(혹은 공기)은 연금술과 연관이 있을 듯하고 특히 잘라만더는 연금술의 목표인 메르쿠리우스Mercurius를 지칭한다.* 코볼트Kobold는 우리나라의 도깨비와 유사한 게르만민족의 집귀신이다.** 주문의 내용은 이 귀령들을 덮어놓고 내쫓는 것이 아니라 그들의 본래 특징을 살리는 것이다.*** 그러나 파우스트의 노력은 수포로 돌아간다. 파우스트는 그 네 가지 중 어느 하나도 이 짐승 속에는 들어 있지 않다는 사실을 확인한다. 파우스트는 마지막으로 가장 강력한 상징을 사용한다. 그것은 십자가에 매달린 그리스도의 고상이다. 괴물이 코끼리처럼 부풀어올라 천장까지 올라가 흩어지려 한 것은 바로 이때였다. 십자가의 고상이 효력을 발휘한 것인지, 끝까지 반그리스도를 자처하고 오만하게 맞서는 세력으로 남아 있으면서 단지 잠시 모습만 바꾼 것인지 판단하기 어렵다. 어떻든 동물 형태의 무의식 콤플렉스

---

의도'Paradoxe Intention나 행동요법의 '체계적 탈감작'은 모두 이 현상을 이용한 치료기술이다. 옛날이야기나 꿈에 방 안으로 들어오려는 동물(뱀, 소, 살쾡이 등)을 내치면 칠수록 커져서 감당할 수 없게 되는 경우가 드물지 않다. 이부영, 「한국에서의 분석」, 『신경정신의학』 11(4), 1972, 209~216쪽; 『한국민담의 심층분석』, 집문당, 2011, 198쪽; V.E. Frankl, *Theorie und Therapie der Neurosen*, Ernst Reinhardt Verlag, München, pp.159~183.

 * C.G. Jung, *Psychologie und Alchemie*, Rascher Verlag, p.378, p.138; "불 속에서 흥겨워하는 잘라만더의 형상을 한 원질료의 메르쿠어 정(그림 설명), p.616.

 ** 이부영, 「'도깨비'의 심리학적 측면과 상징성-C.G. 융의 분석심리학적 입장에서」, 『한국학논총』 제30집, 계명대 한국학연구원, 2003, 175~203쪽.

 *** "잘라만더여, 뜨겁게 달구어라, 운디네여, 소용돌이쳐라. 질페여, 사라져라. 코볼트여, 수고해다오Salamander soll glühen,/Undene sich winden./Sylphe verschwinden,/Kobold sich mühen." Goethe, *Faust*, dtv, p.41.

는 이제 여행하는 학생 모습으로 나타나 파우스트와 의사소통할 수 있는 단계에 이르렀다. 이제부터 메피스토와 파우스트의 대화에서 메피스토의 정체가 조금씩 밝혀진다.

에딘저는 파우스트의 신경을 건드리는 푸들이 '천한 대중<sup>Canaille</sup>(천민), 지적이며 미적인 체하는 현학적인 교수, 파우스트의 전형적인 그림자'라고 말한다. 파우스트가 그의 그림자인 푸들의 동물적 소음에서 자신을 지키기 위해 신약성서를 집어 들고 '태초에 말씀이 있었다'는 성경 구절에서 '말씀'을 다른 말로 바꾸어 부르다가 결국 '행동'으로 바꾸어 불렀을 때 그는 집단적·서구적 정신의 목표와 방향을 하늘에서 땅으로 바꾸어버렸다고 말한다.*

"그와 같은 혁명적 결론과 함께 가장 영적인 요한복음의 번역은 실행될 수 없었다."**

파우스트는 먼저 메피스토에게 이름이 무엇이냐고 묻는다. 메피스토는 직답을 회피한다. 만약 파우스트가 행위를 선택한다면 그는 지상의 것들, 즉, 푸들-메피스토의 출현을 처리하지 않으면 안 된다.***

---

  * E.F. Edinger, *op.cit.*, p.27.
 ** *Ibid.*, pp.27~28.
*** *Ibid.*, pp.27~33. '4장 메피스토펠레스'에서 에딘저는 메피스토펠레스의 이름에 대해 다음과 같이 설명한다. "메피스토펠레스라는 이름은 1587년 독일에서 나온 『파우스트』에 처음 등장했는데 그 기원은 알지 못한다. 추측하기로 라틴어 mephitis, 즉 대지에서 올라오는 독성 증발기와 그리스어 Philia, 즉 사랑이 합친 말인 듯하다. 그러니까 '지옥의 유황 증기의 애인'이라고나 할까." *Ibid.*, p.29.
또한 에딘저는 파우스트와 푸들의 힘겨루기를 융의 적극적 명상에서의 자아와 무의식의 콤플렉스와의 대결에 비유하고 있다. 이름을 묻는 것도 그 과정에서 흔히 권장되는 자아의 태도로 보았다. *Ibid.*, p.28.

복음서의 말을 '행위'로 고쳐 쓴 것이 마치 괴물을 활성화한 결과를 빚어냈다고 에딘저는 생각하고 있다. 그리고 기독교의 금욕주의에 역행하는 파우스트의 성향은 길들이지 못한 원초적 정신과 맞닥뜨리게 만들었고 그런 만남은 '천사와 씨름'의 주제를 내포한다고 그는 지적한다.

심리학적으로 그것은 마치 적극적 명상으로 무의식을 활성화하고 그럼으로써 자아의 고태적 내용에 따른 범람을 방지할 수 있게 한다고 보았다. 그러면서 "신은 왕왕 적대적인 모습으로 등장하여 인간과 씨름하며 본능의 습격은 신성의 경험이 된다"고 한 융의 말을 인용하고 있다.* 그리하여 악마와 파우스트의 대면으로 마침내 악마가 인간의 모습이 되어 나타남으로써 소통 가능한 것이 된다고 했는데 그럴듯한 말이다.

그러나 적극적 명상은 자아가 무의식을 이해하고자 하는 적극적 간여이지만 파우스트의 행동은 그런 목적의식보다 자신의 고상한 환상을 방해하는 동물적인 귀찮은 존재를 내쫓으려는 의도에서 실행한 여러 공격수단이었다는 점에 차이가 있다. 또한 적극적 명상은 자아가 무의식에 의해 범람되는 것을 방지하기 위한 수단이기는 하지만 약한 자아인 경우 무의식의 활성화로 오히려 무의식적 충동에 휩쓸릴 위험도 있다. 다행히 파우스트는 아직 자아를 지킬 만한 기독교문화의 상징들(예를 들어 십자가의 고상), 연금술의 마법적 주문을 가지고 있다. 그러나 그것들로 악마를 물리칠 수는 없다. 다만 사람 모습으로 변화시키고 대화 가능한 형태로 유도하는 데 이바지했을 뿐이다.

악마는 예상 밖으로 하찮은 학생 모습으로 등장했다. 마치 왜 이 호들갑이냐는 식으로 딴전을 부리며—그런데 파우스트가 이름을 물었을 때 메피스토는 직답을 회피한다.

---

* *Ibid.*, p.28; C.G. Jung, *Symbols of Transformation*, CW. 5, par.524.

이름을 안다는 것은 그 이름의 주인공을 지배하는 힘을 갖게 되는 것이기 때문에 원시부족을 비롯해서 현대사회에도 이름과 관계된 터부가 많다. 그러나 메피스토는 파우스트가 "대체 자네는 누구인가"라고 물었을 때 자기 정체를 조금씩 알려준다.

> **메피스토**  항상 악을 원하면서도
>
> 항상 선을 창조해내는 힘의 일부분입지요.
>
> Ein Teil von jener Kraft,
>
> Die stets das Böse will, stets das Gute schafft.*
>
> **파우스트**  그 수수께끼 같은 말은 무슨 뜻인가?
>
> **메피스토**  소생은 항상 부정을 일삼는 영입니다!
>
> Ich bin der Geist, der stets verneint!
>
> 생성하는 모든 것은 멸망하게 마련이니
>
> 그게 당연한 것 아닐는지요.
>
> 그러니 아예 아무것도 생겨나지 않는 것이 낫겠지요.
>
> 당신들이 죄라느니, 파괴라느니,
>
> 요컨대 악이라고 하는 모든 것이
>
> 제 원래 본성이랍니다.**

'항상 악을 원하면서도 항상 선을 창조해내는 힘의 일부분'이라고 메피스토는 말한다. 민담에 나오는 수많은 악귀, 악한 새어머니들, 마녀들, 괴물들이 착한 아이들을 괴롭히고 박해하지만 결과적으로 본의 아니게 그들의 개성화 과정을 돕는 역할을 하며 그들이 강하고 성숙한 어른이 되게 하는 데 이바지한다는 것은 잘 알려진 사실이다.*** 그

---

* Goethe, *Faust*, dtv, p.43.
** 괴테, 정서웅 옮김, 앞의 책, 80쪽.
*** Marie-Louise von Franz: Das Problem des Bösen im Märchen, 이부영, 『한국민담의 심층분석』, 집문당, 2011. 물론 의식화될 수 없는 '절대악'도 있

것은 융이 발견한 것처럼 우리 무의식의 그림자, 열등한 인격을 '의식화'함으로써 그림자의 부정적 측면이 긍정적·창조적 기능으로 변화한다는 사실과 일치된다.*

'부정을 일삼는 영'이라는 말에서 에딘저는 "'아니요' 할 줄 아는 것"의 가치를 상기시켰다.

> "노라고 말하는 것은 분리$separatio$의 원초적 행위다. 이 행위는 자아를 그 자체의 존재를 결정짓는 자가 되도록 만든다. 그것은 최초 의식을 생기게 만드는 원죄와 같다. 이 사실은 "너희는 선과 악을 아는 신처럼 될 것"이라며 금단의 과실을 먹는 것과 관계된다. 그러므로 메피스토펠레스는 '의식을 가져다주는 자'$a\ bringer\ of\ consciousness$이며 대극에 대한 엄격한 지식을 의미한다. 다른 한편 그는 파우스트에게 삶을 새롭게 하고 체험 강도를 증강할 희망이라는 다른 의미를 지니고 있다."**

'아니'라고 말하는 것은 자아의식이 자타가 구분되지 않은 혼돈상태에서 분리되어 나오는 인격발전 초기에 중요한 역할을 한다. 그러나 자아의 분리와 강화는 결국 나중에 전체정신으로 합성$Synthese$하는 것을 목표로 해야 한다. 이런 전제하에 나는 에딘저의 주장을 받아들일 수 있다. 메피스토가 자기는 항상 부정을 일삼는 정령이라고 한다면 그것은 융이 지적한 대로 우리 마음속의 집단적·인습적 가치관과 '다르게 하고 싶은 마음'$Anderswollen$에 해당한다.*** '악이라고 부르는 모든 것'을 우리는 그림자의 속성으로 본다. 메피스토는 또한 인간정신

---

다. 메피스토펠레스가 절대악일까? 그런 근거가 아직은 안 보인다.
  \* 이부영, 「그림자의 의식화 과정」, 『그림자-우리 마음속의 어두운 반려자』, 한길사, 1999, 192~211쪽.
 \** E.F. Edinger, *op. cit.*, p.30.
\*** 이부영, 위의 책, 76쪽.

의 전체성에 대해 의미심장한 말을 했다.

파우스트   자네는 자신을 일부라고 하면서 내 앞에 서 있는 건
          전부가 아닌가?

메피스토   조그만 진리를 말씀드려야 하겠군요.
          조그만 바보의 세계를 이룬 인간이
          스스로를 보통 전체ein Ganzes라고 생각하지만
          소생 따위는 처음에 전체였던 일부분의 또 일부분이
          랍니다.
          저 빛을 낳은 암흑의 일부분이지요.
          저 오만한 빛은 모체인 밤을 상대로
          옛 지위, 즉 공간을 빼앗으려 싸움을 벌였지만
          아무리 애를 써봤자 그건 안 될 일입니다.

          빛이란 결국 물체에 달라붙어 있기 때문이에요.
          빛은 물체에서 흘러나오고 물체를 아름답게 하지만,
          물체는 빛의 진로를 가로막지요.
          그리하여 제가 바라는 대로, 오래지 않아
          물체와 더불어 빛도 멸망하게 될 것입니다.*

이 대화를 보면 파우스트는 아직 메피스토의 설명을 이해하지 못하고 있다. 그만큼 생각이 단순하고 고지식하여 의식의 시야가 좁다. 메피스토가 말하는 '조그만 바보의 세계를 이룬 인간'에 속하는 존재다. 이에 비해 메피스토는 크다. 크고 어둡다. 인간이 흉내 낼 수 없는 많은 초능력을 지녔으면서 정체를 남김없이 알 수 없는 어둠이다. 융학파라면 에딘저가 아니더라도 그의 면모가 융이 말하는 자기Selbst의 어

---

* Goethe, *Faust*, dtv, p.43; 괴테, 정서웅 옮김, 앞의 책, 80~81쪽.

두운 측면을 상징한다고 할 것이다. 물론 그는 괴테에 의해 더러는 희화화된 모습으로도 등장한다. 그러나 최소한 이 대목에서는 그의 위대함과 인간의 왜소함이 뚜렷이 제시되고 있다.

메피스토의 말을 심리학적 언어로 번역한다면 인간(자아)은 자신이 지각하고 생각하고 느끼는 의식된 자신을 전부라고 생각한다. 의식의 빛이 무의식의 어둠에서 나온 것을 잊은 채 의식으로 모든 것을 해결하려는 오만에 빠져 있다. 최초에 무의식이 있었고 무의식에서 의식이 태어났다. 의식의 원천, 무의식은 의식보다 넓고 깊다. 아무리 자아의식이 무의식을 의식화한다고 해도 무의식적인 것은 남는다. "무의식은 무의식적이다."* 또한 의식은 무의식을 억압 또는 억제해 의식에서 떼어버릴 수 없다. 왜냐하면 그것은 전체를 구성하는 불가결의 요소이기 때문이다. 의식은 구체적 객체의 아름다움과 성질을 발견하고 또한 면밀히 밝혀내지만 그것에 지나치게 집착하는 경향이 있어 (의식이 계속 무의식을 누르고 우위에 서려고 한다면) 언젠가는 무의식 세력의 지배하에 들어가서 소멸될 위험이 있다.**

메피스토는 자기가 "처음에 전체였던 일부분의 또 일부분"이라고 겸손을 떤다. 그러나 이 말로 전체가 얼마나 큰지 일깨우려는 것 같다. 또한 그는 자기Selbst의 어두운 측면이기 때문에 오직 부정과 파괴만 일삼는 기능으로 등장한다. 자기의 창조적 기능과 분리된 상태에 있는 것이다.

서재 1은 메피스토의 자기소개로 시작하여 자기에게 관심을 보인 파우스트에게 메피스토가 계략으로 정령들을 시켜 달콤한 노래를 부르게 해서 파우스트를 잠들게 하는 것으로 끝난다. 메피스토의 악마

---

* C.G. Jung, *Mysterium Coniunctionis*, G.W. Bd. 14/1-2, p.139; C.G. Jung, G.W. Bd. 8, Rascher Verlag, p.215.
** 이부영, 『분석심리학-C.G. 융의 인간심성론』 제3판, 일조각, 2012 참조. 분석심리학에서 말하는 '자기自己, Selbst에 관해서는 이부영, 「자기와 자기실현」, 『노자와 융』, 한길사, 2012 참조.

성이 정령들을 향한 그의 말에 생생하게 드러난다.

> **메피스토**　이 친구 잠이 들었군! 잘했다.……
> 네놈이 악마를 잡으려 하다니 아직 어림도 없다!
> 이자에게 달콤한 꿈의 형상이나 보여주고
> 망상의 바닷속에 빠뜨려버려라!*

　서재 1에서는 아직 메피스토가 자신의 모든 면을 보여주지 않았고 파우스트를 유인하여 계약을 체결하려는 의도도 숨긴 채 사라졌다. 그의 '자기소개'에서 우리는 그가 자기, 즉 전체정신의 어두운 측면을 반영하고 있다고 보았다. 그러나 괴테는 그를 위대하고 마성을 지녔으며 크기를 알 수 없는 세력으로만 묘사하지는 않았다. 그에게는 한계가 있다. 그 자신이 실토한 바에 따르면 그는 인간의 영역으로 들어올 수는 있으나 마음대로 나갈 수는 없다. 그것은 문턱에 있는 오각형인 별의 부적 때문이다. 쥐를 시켜 문턱의 부적을 갉아 부숴놓아야 한다. 그러기 위해 파우스트를 정령들의 노래로 잠들게 한다. 왜냐하면 파우스트가 자기 울 안에 갇힌 메피스토를 놓아주려 하지 않기 때문이다. 자아의식의 영역으로 들이닥친 무의식의 원형적 콤플렉스는 다시 무의식계로 돌아가고자 한다. 그러나 탐욕스러운 자아가 그것의 가치를 알아보고 의식에 붙들어두려 한다. 그것을 성적 욕구라든가 쾌락충동이라고 불러도 좋을 것이다. 그러나 의식과 무의식의 경계, 즉 의식의 문턱에 있는 어떤 것이 그 콤플렉스의 되돌림을 불가능하게 한다. 그것이 오각 별로 상징되는 심적 요소다.

　별은 어둠을 밝히는 빛으로 영spirit을 상징한다. 오각형인 별은 이집트 상형문자에서는 근원의 기점을 향해 위로 오른다는 뜻이다. 거꾸

---

　* 괴테, 정서웅 옮김, 앞의 책, 87쪽.

로 된 오각형인 별은 지하계적이며 흑주술에서 사용된다고 한다.\* 그것은 자아를 잠재운 상태에서 무의식의 자율적 콤플렉스인 쥐의 도움으로 부분적으로 제거되어야 한다. 무의식의 내용을 받아들이기는 하지만 그것이 빠져나가는 것을 막는 어떤 방어적 의식이 인간정신에서 발견되는지, 아니면 파우스트 시대의 견고한 도덕적 의식과 관계되는지는 알 수 없다. 악마가 인간의 모습이 되어 파우스트의 방으로 들어올 때도 서재 2에서 보는 것처럼 세 번 노크하고 응답해야 한다는 법칙이 있다. 의식과 무의식 사이에는 분명 경계가 있고 그 경계를 넘나들 때는 거쳐야 할 문턱<sup>threshhold</sup>이 있다고 상정할 수 있다.

> **메피스토**   악마와 도깨비들에게도 법칙이 있지요.
> 꼭 숨어들어온 곳으로만 나가야 한다는 것입니다.
> 들어올 땐 자유지만 나갈 땐 노예가 되는 거지요.\*\*

그러나 "파리, 개구리, 빈대와 이의 나라"\*\*\*인 메피스토는 큰 쥐, 생쥐를 불러 문지방을 갉아버리게 할 수 있다. 메피스토는 어둠의 나라 주인으로서 이들 하찮은 존재를 거느릴 뿐 아니라 음의 혼, 쥐를 부릴 줄 알며 동시에 밝은 자연의 세계를 아름다운 노래로 보여줄 수 있는 정령들에게 노래를 시킬 수 있다. 메피스토는 파우스트 쪽에서 보면 '지옥에서 태어난 자' '혼돈의 아들' '파리의 신' '파괴자, 사기꾼에 버금가는 마왕, 대규모로는 아무것도 파괴하지 못하나 조그만 것부터 시작하려는 자'다. 그런데 그런 메피스토가 인간을 포함한 생명 있는 자연의 강력한 지구력과 신생의 위력에 혀를 내두르는 것은 흥미로운 고백이다.

---

\* J.E. Cirlot, *A Dictionary of Symbols*, Routledge and Kegan Paul, London, p.310.
\*\* 괴테, 정서웅 옮김, 앞의 책, 83쪽.
\*\*\* 같은 책, 87쪽.

**메피스토**　무無와 맞서는 그 무엇,

이 볼품없는 세계에 대해

Was sich dem Nichts entgegenstellt,

Das Etwas, diese plumpe Welt,

벌써 여러 차례 시도해보았지만,

도저히 그것을 장악할 수 없더군요.

파도, 폭풍, 지진, 화재 등 온갖 것을 다 동원해도

결국 바다도 육지도 멀쩡하게 남아 있더라고요!

게다가 동물이니 인간이니 하는 빌어먹을 족속들

도무지 손도 쓰지 못할 만큼 질기더란 말입니다!

벌써 얼마나 많은 놈을 땅에 파묻었던가요!

하지만 여전히 새롭고 신선한 피가 순환하는 겁니다.

일이 계속 이 지경이니 정말 미칠 노릇이에요!

공기, 물 그리고 땅에서

수많은 새싹이 돋아납니다.

메마른 곳, 축축한 곳, 따뜻한 곳, 심지어는 추운 곳에

서까지!

만약 제가 불꽃이라도 잡아두지 못했다면

내세울 만한 것이 하나도 없을 뻔했어요.

Hätt ich mir nicht die Flamme vorbehalten,

Ich hätte nichts Aparts für mich.[*]

　메피스토는 파우스트의 관심을 끈 다음 일단 그를 뒤로하고 떠난
다. 다음 서재 장면에서 파우스트와 정식 계약을 맺기 위해서.

---

[*] Goethe, *Faust*, dtv, p.44; 괴테, 정서웅 옮김, 앞의 책, 82쪽.

118

## 서재 2

슈타이거는 괴테가 파우스트와 메피스토가 계약을 맺기까지 그 과정을 서술하는 데 무척 고심했다고 전한다.* 계약은 첫 번 만남에서는 이루어지지 않았으며 두 번째 서재 장면에서 메피스토가 파우스트에게 은근히 혹은 끈질기게 권유한 결과 이루어지는데, 사실은 악마와 파우스트의 '계약'이 아니라 파우스트가 먼저 제안한 '내기'였다. 처음에 메피스토가 주님에게 파우스트를 놓고 "내기를 할까요?" 하며 먼저 제안했듯이 서재의 둘째 장면에서는 메피스토와 여러 대화를 나눈 끝에 파우스트가 "내기하자"고 한 뒤 메피스토가 그러자고 해서 약속이 된 것이다. 그 내기가 무엇인지는 뒤에 말하겠지만 메피스토와 한 약속은 파우스트에게 그저 단순한 호기심에서 나온 즉흥적 결정이 아니라 고민 끝에 내린 어쩔 수 없는 결정이었다.

슈타이거는 또한 파우스트 특유의 초속적인 세계에 대한 동경, 가까운 곳과 먼 곳, 지상과 천상을 동시에 형수享受하고 싶어 하는 끊임없는 욕구, 두 영혼 사이의 갈등이 강렬하면 할수록 그것이 메피스토를 불러들이는 유인이 된다는 사실을 지적했다.** 이런 현상은 심리치료현장에서 흔히 볼 수 있다. 의식의 일방성, 이성과 본능의 갈등, 결과적인 의식의 해리가 위협되는 상황에서 흔히 그 개체 앞에 해결사 모습을 한 어떤 생각, 충동 혹은 유혹이 나타나는 법이다. 그것은 치유의 상일 수도 있으나 파괴와 죽음의 상일 수도 있다.

서재 두 번째 장면은 절망에 빠진 한 우울증환자와 그를 달래 마음을 돌리려는 상담자 사이의 대화를 방불케 한다. 내가 보기에 이 장면에서는 메피스토의 악마적 모습보다는 우월한 상담가 같은 모습이

---

* E. Staiger, *op. cit.*, p.285.
** *Ibid.*, Bd. 2, p.290.

부각되었고, 무엇보다 파우스트의 고민과 심정이 집중적으로 조명되었다.

서재 2에서 메피스토와 파우스트의 관계는 훨씬 편해졌다. 의식과 무의식의 문턱은 이제 그리 높지 않다. 노크했을 때 들어오라는 말을 세 번만 하면 된다. 메피스토가 멋진 귀공자의 옷차림으로 들어와서 당신의 시름을 몰아내주려고 왔다, 사이좋게 지내자고 말한다. 그러곤 이렇게 제안한다.

> **메피스토** 당장 나와 같은 복장을 하시지요.
>       그러면 모든 속박에서 벗어나
>       인생이 어떤 건지 체험할 수 있을 겁니다.*

그러나 파우스트의 상태는 '옷을 갈아입는 것'―페르조나,** 사회적 역할을 바꾸는 것―으로 해결하기에는 너무나 심각하다. 파우스트가 내뱉는 장황한 푸념을 우리는 한번 자세히 들여다볼 필요가 있다.

> **파우스트** 어떤 옷을 입든 이 비좁은 지상의 삶에서
>        나는 여전히 고통을 느끼지 않을 수 없으리라.
>        그저 놀기만 하기엔 너무 늙었고
>        욕망 없이 살기엔 너무 젊었다.
>        세상이 나에게 무엇을 줄 수 있단 말인가?
>        부족해도 참아라, 부족해도 참아라!
>        이것이 영원한 노래다.***

---

* 괴테, 정서웅 옮김, 앞의 책, 89쪽.
** 이부영, 『분석심리학』, 일조각, 2012, 96~101쪽 참조.
*** 괴테, 정서웅 옮김, 앞의 책, 89쪽.

......

나는 아침마다 끔찍한 마음으로 눈을 뜬다.
쓰디쓴 눈물 흘리며 울고 싶어지는 것은
하루가 다 지나가도록
한 가지도, 단 한 가지 욕망도 이루지 못했기 때문이며

모든 쾌락에 대한 예감조차
집요한 혹평으로 감소되고,
가슴속에 약동하는 창조의 열정도
오만가지 세상의 바보짓으로 방해받기 때문이다.*

'이 비좁은 지상의 삶이 주는 고통'die Pein des Erdenlebens이라는 말에서
파우스트가 그리워 마지않는 '천상의 세계'가 연상된다. 그 지상의 삶
은 '부족해도 참아라'라는 되풀이되는 요구로 그를 속박한다. 기독교
의 금욕주의적인 도덕규범이 하나의 속박으로 감지되고 있다. 그러기
에 뒤에서 파우스트가 하는 숱한 저주의 말 속에 '인내를 저주하노라'
라는 말이 들어간다. 파우스트는 의욕상실에 빠져 있는 것이 아니다.
그는 안에서 솟구치는 욕구와 그것을 억누르는 힘 사이에서 싸우고
있다. '하루가 다 지나가도/한 가지도, 단 한 가지 욕구도 이루지 못했
기 때문'이라는 말에서는 강력한 욕구의 존재가 인지된다. 집요한 혹
평으로 그 힘을 감퇴시키는 '모든 쾌락에 대한 예감'이 있고, 오만가
지 세상의 바보짓으로 방해받는 '창조의 열정'이 있다. 다만 그런 욕
구를 막는 힘이 너무 강하고 이 대극갈등과 긴장에 너무 지쳐 존재 자
체가 짐이 되었다고 하는 것이다.

**파우스트**  내 가슴속에 살아 있는 신은

---

\* 같은 책, 89~90쪽.

내 마음 깊은 곳까지 움직일 수 있지만.
내 모든 힘 위에 군림하는 그 신은
바깥을 향해선 아무것도 움직일 수 없다.*

　어떤 엄청나게 큰 힘에 의해 자아가 아무것도 할 수 없는 상태에 빠진 경우 혹은 할 수 없다고 느끼는 경우, 우리는 여기서 우울의 임상을 발견한다. 파우스트도 그것을 느낀다. 그러나 '그의 가슴속에 있는 신'은 최소한 내면 깊이에서는 활발히 움직인다. 행동으로 옮기기가 어려울 뿐이다. 그는 최소한 거친 꿈을 꾼다. 물론 의식이 절망한 상태에 있는 많은 우울증환자도 무의식은 활발히 움직인다. 다만 그것을 인지하지 못하거나 인지하더라도 아무 의미가 없다. 그러나 파우스트는 최소한 자기 마음 상태를 확실히 인지하고 또한 묘사할 수 있다. 파우스트의 푸념을 듣다보면 그는 아직 철저하게 절망하지 않았다는 느낌을 받는다. 나는 그의 기다란 넋두리와 푸념을 보면서 대학 시절에 읽었던 헤세의 시 한 구절이 생각났다.

　"고독하다, 고독하다 하는 동안
　너는 아직 고독하지 않다."

　절대 고독은 말이 없다. 그런데 파우스트는 말할 수도 있고 생각할 수도 있고 저주할 수도 있다. 그런데도 그는 독배를 마시고 죽으려 했다. 욕심 탓이다. 자기 욕구가 하나도 이루어지지 않았다고, 밖을 향해 움직일 수 없어 자기 존재가 짐이 되고 인생이 역겨워졌다고 한다. 메피스토가 '하지만 죽음은 그리 환영받는 손님이 아니더군요' 하자 이번에는 갑자기 영웅적인 죽음을 찬양해 사람을 어리둥절하게 만든다. 파우스트는 외친다.

---

* 같은 책, 90쪽.

**파우스트**  오, 복되리라. 승리의 영광 속에

피 묻은 월계관 머리에 쓰고 죽는 자,

미친 듯 춤추며 돌아간 다음

소녀 품 안에서 죽음을 맞는 자!

오, 나도 저 숭고한 지령의 위력 앞에서

황홀하게 넋을 잃고 쓰러졌더라면 좋았을 것을!*

낭만적 죽음에 대한 절절한 동경이 뿜어져 나올 때, 메피스토의 가
벼운 사실 확인 논평이 파우스트 기분을 건드리고 변명에서 시작해
저주를 퍼붓기 시작한다.

**메피스토**  하지만 누군가는 그날 밤

갈색 묘약을 마시지 않더군요.

**파우스트**  유년기의 감정이 남아 있는 내 마음은

즐거웠던 그 시절의 여운으로 속였지만

나는 저주하노라, 내 영혼을

유혹과 속임수로 사로잡아

이 슬픔의 동굴 속에

기만과 감언이설로 잡아놓는 모든 것을!**

파우스트는 이제 모든 것을 부정하는 자가 되어버렸다. 그것은 본
래 메피스토의 특성이었건만. 어린 시절의 즐거웠던 추억도 속임수에
불과하다. 파우스트는 저주하고 메피스토는 달랜다. 무엇을 저주하는
가? 저주는 다음과 같이 시작된다.

---

\*  같은 곳.

\*\*  같은 책, 91쪽.

**파우스트**  무엇보다 우리의 영이 스스로를 옥죄게 하는

저 고매한 견해를 저주하노라.

Verflucht voraus die hohe Meinung,

Womit der Geist sich selbst umfängt!

우리의 감각을 자극하는

현란한 현상을 저주하노라!

Verflucht das Blenden der Erscheinung,

Die sich an unsere Sinne drängt!

꿈속에서 우리를 기만하는

명예니 불멸의 명성이니 하는 거짓을 저주하노라.

처자식, 종복, 쟁기 등

소유물로서 우리에게 아첨하는 것을 저주하노라.

황금의 신 마몬을 저주하노니,

재물을 믿고 갖가지 무모한 행동을 하도록 충동질하고

안일한 쾌락을 누리도록

편한 자리를 마련해주기 때문이다.

저주하노라, 포도의 향긋한 단물을!

저주하노라, 저 지고한 사랑의 은총을!

저주하노라, 희망을! 그리고 신앙을!

저주하노라, 무엇보다도 인내심을!*

파우스트의 저주를 들어보면 그가 무턱대고 무엇이나 다 저주하는 것은 아님을 알 수 있다.

그는 모든 가식, 허영, 일시적인 것, 안일함, 쾌락을 미워하고 저주

---

* Goethe, *Faust*, dtv, p.49; 괴테, 정서웅 옮김, 앞의 책, 91쪽의 hohe Meinung(드높은 욕망)을 '고매한 견해'로 고침. D. Luke(transl.), *op. cit.*, p.49에서는 pretense(겉치레, 허식, 가면)라고 번역했다. 괴테, 전영애 옮김, 앞의 책, 227쪽 참조.

하는 것 같다. 그는 오직 진실과 영원성만 추구하는 것 같다. 관능적 쾌락을 미워하는 점에서는 감정을 극도로 위험시한 유가의 수행자나 감각적 쾌락의 허망함을 강조한 불가의 수행자와 비슷하다. 그런데 파우스트가 마지막에 '지고한 사랑의 은총'과 '희망'과 '신앙'을 그리고 무엇보다 '인내심'을 저주한다고 했을 때, 이를 우리는 어떻게 받아들여야 할까? 파우스트는 지금 기독교의 핵심 사상, 사랑의 은총을 저주하고 있다. 희망도 신앙도 저주한다고 공언한다. 참으라, 참으라고 여러 세대에 걸쳐 목이 쉬도록 들어온 인종의 미덕을 거부한다. 참지 않으면 어쩌자는 건가. 이 절망적인 외침의 본뜻을 괴테는 정령들의 노래로 표현했고 그 고통의 처방과 함께 메피스토의 제안이 드디어 받아들여지는 계기가 된다. 정령들이 외쳤다.

> **정령들** 슬프다, 슬프다!
> 그대는 억센 주먹으로
> 이 아름다운 세계를 파괴했구나.
> 세계가 무너진다. 세계가 붕괴된다!
> 반신이 세계를 때려 부쉈다!*

사라진 아름다움을 한탄하며 정령들은 파우스트에게 요구한다.

> **정령들** 세상을 더 아름답게
> 다시 세워라.
> 그대 가슴속에 일으켜 세워라!
> 밝은 마음으로

---

\* 괴테, 정서웅 옮김, 앞의 책, 91~92쪽. 여기서 저자는 Geister(귀령)를 '정령'이라는 옮긴 말 그대로 사용했다. 문맥상 선한 의지의 자연령靈을 표현하는 데 무리가 없기 때문이다.

새로운 삶의 행로를

시작해라.

그러면 새로운 노래

울려 퍼지리라.*


　정령들의 노래는 매우 건전하다. '세상을 더 아름답게 다시 세우되' '그대 가슴속에서 일으켜 세우라'는 말이나 '새로운 삶의 행로를 시작하라'는 등 너무 정상적이어서 진부할 정도다. 그런데 메피스토는 이 정령이 자기 가족이라고 자랑하면서 그들 노래에 자기식대로 주석을 붙여 파우스트를 그가 생각하는 '새로운 인생행로'로 유인하고자 한다.


　　**메피스토**　들어보세요. 얼마나 깜찍하게

　　　　　　　쾌락과 행위를 권하고 있습니까!**


　정령들은 그런 말을 한 적이 없다. 메피스토는 한 걸음 더 나아간다.


　　**메피스토**　감각과 혈기가 막혀버린

　　　　　　　고독감으로부터

　　　　　　　넓고 넓은 세상으로

　　　　　　　당신을 유혹하려는 것입니다.


　　　　　　　독수리처럼 가슴을 쪼아대는


---

　*　괴테, 정서웅 옮김, 앞의 책, 92쪽.
　**　같은 곳. 정령의 노래는 사실 파우스트 자신의 마음 안에서 울려나오는 회한이라 볼 수 있다.

당신의 번뇌를 내보이는 짓일랑 그만두십시오.*

그러나 메피스토는 정확하게 파우스트의 병소를 진단하고 있다. 그 하나는 감관의 세계에 의해 매개되는 살아 있는 본능으로부터 단절하는 것이며, 다른 하나는 프로메테우스 같은 과장된 자학이다. 메피스토는 진지하게 파우스트를 설득한다. 자기가 보여줄 넓고 넓은 세상은 사람이 사는 곳이며 거기서 어울림으로써 사람임을 느낄 수 있는 곳이라는 것, 자기와 함께 이 세상에 발을 들여놓고자 한다면 기꺼이 봉사하겠다고 다짐한다. 그 봉사의 대가에 대한 말이 오가는 가운데 파우스트는 철저한 현실주의자의 면모를 언뜻 내보인다. 그에게 다음 세상은 아무래도 좋다. 오직 현재만이 중요하다. 그래서 그는 "이 땅에서만 내 기쁨이 샘솟고, 이 태양만이 내 고뇌를 비춰줄 뿐일세"라고 한다.** 그런가 하면 "고귀한 노력을 경주하는 인간의 정신을 너희 따위가 이해한 적이 있었느냐"하며 메피스토를 멸시하는 말을 던지기도 한다.

메피스토가 먼저 계약하자고 한다. 그러나 파우스트는 메피스토가 무슨 희한한 마법을 부려 불가능한 일들을 할 수 있는지 묻는다. 그중 하나가 붉은 황금은 분명 연금술 최후의 물질, 메르쿠리우스다. 그런 건 문제없다고 장담하는 메피스토에게 느닷없이 파우스트가 고백한다.

> **파우스트**　나, 한가로이 침상에나 누워 뒹군다면
>　　　　　당장 파멸해도 좋으리라!
>　　　　　자네의 감언이설에 속아
>　　　　　자기도취에 빠지거나

---

\* 같은 책, 93쪽.
\*\* 같은 책, 94쪽.

관능의 쾌락에 농락당한다면
그것은 내게 최후의 날이 될 것이다!
자, 내기를 하자!*

'그러자' 하는 메피스토의 호응과 함께 약속이 이루어진다. 무슨 내기가 그런가? 게으름과 안일함과 관능적 쾌락에 빠지는 순간 파우스트는 파멸하고 악마의 손에 내맡겨져도 좋다는 조건을 내건 것이다. 내기란 메피스토가 파우스트를 유혹해서 그런 식으로 '타락'시킬 수 있는지 내기하겠다는 것이다. 파우스트는 아직 자기 내면의 관능적 쾌락에 대한 욕구를 보지 못하고 있다. 얼마 안 가서 자기 의지와 다르게 모순된 선택을 하게 될 것을 예상하지 못한 듯하다. 그래서 저 유명한 다음 말이 표명된다.

**파우스트**   내가 순간을 향해
멈추어라! 너 정말 아름답구나!라고 말한다면,
그땐 자네가 날 결박해도 좋아.
나는 기꺼이 파멸의 길을 걷겠다!
Werd ich zum Augenblicke sagen:
Verweile doch! du bist so schön!
Dann magst du mich in Fesseln schlagen,
Dann will ich gern zugrunde gehn!**
그땐 조종이 울려도 좋을 것이요,
자넨 내 종살이에서 해방되는 것이다.
시계가 멈추고 바늘이 떨어질 것이며,

---

* 같은 책, 95쪽.
** Goethe, *Faust*, dtv, p.52.

128

나의 시간은 그것으로 끝나게 되리라!*

이 대목을 이해하기가 쉽지 않았다. 왜 순간을 향해 멈추어라, 너 참 아름답구나 하고 말했다고 악마에게 자기를 내맡겨도 좋다고 하는가. 그것이 왜 파멸에 이르는 길이 되는가. 파우스트는 한술 더 떠서 "내가 어느 순간에 집착하는 즉시 종이 되는 거야. 그게 자네의 종이든 누구의 종이든 상관하지 않겠네"라고 한다. 괴테가 말하는 '순간'의 의미와 파우스트가 말하는 순간의 뜻이 같은 것이 아니라고 슈타이거가 고증한 것을 읽고는 어느 정도 이해되었지만 파우스트의 변덕스러운 발언은 여전히 당황스럽게 한다.

### '순간'의 의미

슈타이거는 순간이라는 말이 괴테에게 중요한 의미가 있는 것이었다면서 괴테의 시 「유언」에서 이 말이 어떻게 쓰였는지를 다음과 같이 제시했다.

> "풍성함과 법열을 절도를 가지고 맛보아라.
> 삶이 삶을 즐길 때,
> 항상 분별을 잊어서는 안 된다.
> 그리하여 비로소 과거는 지속적인 것이 되고
> 미래는 지금 여기서 숨 쉬며
> 순간은 영원이 된다."**

파우스트 자신에게는 순간의 이러한 숭고한 의미가 알려져 있지 않았다고 보아야 한다고 슈타이거는 주장한다. 파우스트가 말하는 '순

---

* 괴테, 정서웅 옮김, 앞의 책, 95~96쪽.
** E. Staiger(Komatzu et al. transl.), *op. cit.*, p.299.

간'에서는 이 시에서 말하듯 지나간 것이 지속적인 것이 되거나 미래가 이곳에서 숨 쉬는 법도 없다. "파우스트가 말하는 것은 우리가 괴테의 상상력의 본질이라고 보는 저 유기적 시간이 아니다. 다시 말해 그곳에서는 생성과정의 개개 부분이 동시에 수단이기도 하고 목적이기도 한, 그리고 끊임없는 전진과 자족적 휴지가 '단계'라는 개념에서 하나로 융합하는 그 시간이 아니다."* 파우스트가 말하는 순간은 지나가서 다시는 돌아오지 않는다. 영원으로 승화되는 법도 없고, 불휴한 것의 상징으로 드높여지지 못한 순간이라고 그는 말한다. 그런 순간을 저주하고 메피스토와 논쟁하는 것은 고귀한 정신의 소유자에게만 허락된 일이겠으나 그의 내기 언사에는 오해할 소지가 많이 남아 있다고 그는 지적했다. 이 점은 나도 동감하는데, 가령 '누워서 지내는 것을 비난한다든가 충족된 기분을 부정하는 것', 인생의 모든 의미 깊은 '단계'에 대해 "멈추어라, 너 참 아름답구나"라고 하는 것은 매우 자연스러운 일이라는 의견에 동의한다.**

슈타이거는 괴테 자신이 하나의 인간으로서 삶과 창조를 통해 고대 세계의 자족적 현재성과 기독교세계의 목적지향성을, 자연의 순환운동과 전진적 발전의 직선운동을 그 대립을 넘어 포섭하는 더 높은 차원의 존재에서 하나로 결합하는 데 성공했다고 주장한다. 괴테에게 최고의 자기형성이란 역사의 전진적 흐름 속에 사는 도시인과 자연환경과 함께 사는 농촌인 두 종류 인간을 자기 내면에서 하나로 결합하는 데 있을 것이다. 그러나 파우스트는 다르다고 슈타이거는 말한다. "파우스트의 위대함은 정신의 끊임없는 전진에서 결코 물러서지 않는다는 점에 있다. 전진하는 자로서 결코 자기에게 만족하지 않고 '단계'가 가져다주는 행복과 편안을 모른다. 이것이 파우스트의 숙명이다."***

---

* 괴테, 정서웅 옮김, 앞의 책, 95~96쪽.
** 같은 곳.
*** E. Staiger, *op. cit.*, p.300.

아름다움에 매료되어 순간에 집착하는 것을 이렇게 죄악시하는 파우스트는 도대체 누구인가. 슈타이거는 독일인을 광범위하게 지배해온 공통된 정서는 파우스트의 위대함을 강조하고 그 쉼 없는 전진을 찬탄하는 일이었다고 한다. 밤낮으로 생활에 매진하는 것을 목표로 삼았던 19세기에는 끊임없는 정진과 노력과 실천을 예찬할 필요가 생겼을 때는 주저 없이 파우스트의 말을 꺼냈다는 것이다. 그는 그리하여 파우스트가 비스마르크 시대의 영웅, 독일적 본질의 상징이 되었다고 말한다. 괴테가 그런 상황을 맞이했다 하더라도 아마 별로 이의를 제기하지 않았을 테지만 그는 자기와 주인공 사이에 거리를 두었을 것이라고 보면서 다음과 같이 말했다. 「천상의 서곡」의 주님처럼 "파우스트의 정진을 자연과 정신에 합당한 태도로 승인하는 한편, 영원에 대한 초조와 온갖 행복이나 충족에 대한 저주를 비인간적인 파토스로 개탄해야 할 어리석은 짓으로 단죄했을 것이다."*

괴테는 파우스트를 영웅적 인물로만 묘사하지 않았다. 내기를 하자고 큰소리쳤다가도 기가 죽어 차라리 관능적 쾌락을 탐닉해버릴까 하는 격렬한 욕구를 드러내기도 하고 메피스토가 거기에 박수를 치며 격려하면 또 의젓한 모습을 되찾아 이성적인 그럴듯한 통찰을 표명하는 인물로 그려진다. 파우스트와 메피스토가 핏방울로 종이에 서명한 뒤 파우스트가 약속을 지키려 노력하겠노라고 다짐하면서 말하는 사설에서 우리는 그의 마음속 깊은 동요를 읽을 수 있다.

> **파우스트**   내 비록 고고한 척 으스댔지만
> 자네 정도의 존재에 불과할 뿐
> 저 위대한 영$^{der\ große\ Geist}$이 나를 물리쳤고
> 자연도 내 앞에서 문을 닫아버렸다.

---

\* E. Staiger, *op. cit.*, p.301

사색의 실마리 끊겨버렸고

온갖 지식에 구역질을 느낀 지 이미 오래도다.

차라리 깊은 관능의 늪에 빠져

이글거리는 열정을 잠재워보자꾸나!

……

시간의 여울 속으로, 사건의 소용돌이 속으로

우리 한번 뛰어들자꾸나!

거기 고통과 쾌락이

성공과 실의가

멋대로 뒤엉켜 와도 좋다.

끊임없이 활동하는 자, 바로 대장부일진대.*

Stürzen wir uns in das Rauschen der Zeit,

Ins Rollen der Begebenheit!

Da mag denn Schmerz und Genuß

Gelingen und Verdruß

Miteinander wechseln, wie es kann:

Nur rastlos betätigt sich der Mann.**


파우스트는 결코 단순한 쾌락에 취해 있고자 하는 것이 아니다. 그는 이미 쾌락이 고통과, 성공이 실의와 함께 경험될 수 있음을 알고 있다. 그는 사고와 지식의 좁은 울타리를 깨부수고 생명의 전체 속으로 몸을 던지고자 한다. 그것은 마치 샤먼이 아득히 떨어져나간 땅과 하늘을 하나로 잇고자 망아의 영력으로 비상하려는 인간의 원초적 희구의 발현과도 같다. 그는 이렇게 해명한다.

---

* 괴테, 정서웅 옮김, 앞의 책, 97~98쪽. 위대한 '정령'der große Geist은 '위대한 영靈, Geist'으로 번역함.

** Goethe, *Faust*, dtv, p.53.

**파우스트**　다시 말하면 쾌락이 문제가 아닐세.

　　　　　이러한 도취경에<sup>dem Taumel</sup> 내 마음을 맡기는 것일세.

　　　　　고통스러운 향락, 사랑에 눈먼 증오, 속이 후련해지는

　　　　　분노에.*

계속되는 그의 말에서는 앞으로 다가오는 모험의 목적을 매우 성숙
한 태도로 표현해 약간 놀라운 느낌을 갖게 된다.

**파우스트**　지식에 대한 갈망에서 벗어나 내 마음은

　　　　　앞으로 어떤 고통도 감수하면서

　　　　　인류 전체에게 주어진 것을

　　　　　내 내면의 자기로 음미해보려네.**

　　　　　내 영<sup>Geist</sup>으로 가장 높고 가장 깊은 것을 파악하고,

　　　　　그 기쁨과 슬픔을 내 가슴에 쌓아올리면서

　　　　　나 자신의 자기를 온 인류의 자기로까지 확대하려네.

　　　　　마침내 인류와 더불어 나 역시 파멸에 이르기까지.***

　　　　　Und was der ganzen Menschheit zugeteilt ist,

　　　　　Will ich in meinem inneren Selbst genießen,

　　　　　Mit meinem Geist das Höchst-und Tiefste greifen.

　　　　　Ihr Wohl und Weh auf meinen Busen häufen

　　　　　Und so mein eigen Selbst zu ihrem Selbst erweitern

　　　　　Und, wie sie selbst, am End auch ich zerscheitern!

---

　　* 괴테, 정서웅 옮김, 앞의 책, 98쪽; Goethe, *Faust*, dtv, p.53.
　** 슈타이거는 이 genießen(亨受하다, 수용하다, 즐기다, 맛보다)은 분명 지
　　　식과 반대되는 것을 받아들임은 물론 저급한 향락의 수용도 아닌, 인류
　　　가 지금까지 느끼고 생각해온 모든 것을 수용함을 의미하고 또 하나의
　　　'농밀한 집약적 경험'이라는 의미에서 지식과 대립하는 것이라고 했다.
　　　E. Staiger, *op. cit.*, p.303.
*** 괴테, 정서웅 옮김, 앞의 책, 98쪽.

여기서 말하는 '자기'<sup>Selbst</sup>는 예사로운 말이 아니다. 비록 무의식이라는 말은 하지 않지만 융이 말하는 자기<sup>Selbst</sup>를 연상케 한다. '자기'는 융의 분석심리학에서 의식의 중심인 자아<sup>Ich, Ego</sup>와 달리 그 개체의 전체정신을 가리키는 말이다.* 전 인류가 나누어 가진 것이란 무엇인가. 원형으로 이루어진 인간의 원초적·보편적인 무의식의 층, 융이 말하는 집단적 무의식이라고 생각해도 좋을 것이다. 그것을 자기 마음속에서 음미하고 자기 영으로 가장 깊고 가장 높은 것을 파악하며, 기쁨과 슬픔을 모두 경험하면서 그렇게 자기 전체정신을 그들의 전체정신으로 확대한다는 뜻이라고 본다면 파우스트가 하고자 하는 일은 바로 전체정신을 실현하는 것, 즉 자기실현일 터다. '인류의 자기'로 확대한다는 말이 다소 내적 존재인 자기를 외계로 투사해 사용하는 것 같은 느낌을 주지만 융이 말하는 자기의 다수성을 가리키는 '자기들의 자기'<sup>Selbst der Selbsten</sup>를 고려한다면 반드시 투사 현상이라고 볼 수도 없다. 그 개체의 전체정신을 실현한다는 것은 인간 개체 고유의 과제인데 그것은 그 사람 고유의 존재가 될 뿐 아니라 다른 사람들과 가치를 공유하는 인간다운 사람이 된다는 것을 의미한다.**

그런데 이렇게 가치 있는 일을 하겠다면서 왜 '파멸에 이르기까지'라는 말을 하는가? 전체가 되는 길이 마귀의 손을 빌려야 하는 것이어서 처음부터 파멸을 각오하고 시도해야 하는 것인가? 파멸이란 무엇인가. 사회에서 가하는 혹은 교회의 도덕규범이 내리는 단죄를 의식하는 데서 나온 말인가? 파멸은 자기실현의 목표일 수 없지만 자기실현 혹은 개성화의 길은 위험하고 험하다. 여러 난관을 극복해야 한다. 괴테가 그것을 잘 알기에 파우스트로 하여금 그런 말을 하게 만들었는지도 모른다. 이렇게 생각하면 메피스토가 왜 신의 전횡을 호소

---

  * 이부영, 「자기와 자기실현」, 『분석심리학의 탐구 3』, 한길사, 2002 참조.
 ** 같은 책, 76~77쪽; C.G. Jung, *Briefe*, Bd. 2, p.330, p.331.

하며 다음과 같은 말을 내뱉었는지 알 것 같다.

> **메피스토**    오, 나를 믿으십시오. 수천 년 동안
> 그 딱딱한 음식을 씹고 있는 나를 말입니다.
> 요람에서 무덤에 이르기까지
> 어떤 인간도 이 해묵은 효모를 소화해내지 못하지요.

그리고 파우스트가 '그래도 해보겠다'고 했을 때 왜 메피스토가 걱정된다면서 여러 가지 필요한 마음가짐과 자세를 권했는지 이해할 것 같다.

> **메피스토**    생각건대 당신은 배우기를 좋아하는 것 같으니
> 시인과 친분을 맺으십시오.
> 그로 하여금 뭇 상념 속을 떠돌게 하고는
> 온갖 고귀한 창의성을
> 예지에 찬 당신의 머릿속에 쌓아 넣으시지요.
> 사자의 용맹,
> 사슴의 민첩성,
> 이탈리아 사람의 혈기,
> 북방인의 끈기 같은 것 말입니다.
> 또한 그에게 비결을 일러달라 하십시오.
> 관대함과 간특함을 겸비하면서
> 뜨거운 청춘의 충동을 지니고
> 계획대로 언제나 할 수 있는 비결을 말입니다.
> 그런 사람이라면 나도 사귀고 싶은즉
> 소우주선생이라 부르고 싶습니다.*

---

\* 괴테, 정서웅 옮김, 앞의 책, 99~100쪽.

메피스토의 권고는 말하자면 자기실현의 길, 즉 무의식으로 여행을 떠나기 전에 갖추어야 할 의식의 태도를 말하는데 여기에는 지적인 것이나 합리적인 요소는 없다. 시인의 상상력, 직관, 용기, 민첩함, 혈기, 인내, 살아 있는 열정, 숨겨진 지혜와 같은 것들이 있을 뿐이다. 분석을 해서 무의식을 살펴 갈 때도 갖추어야 할 필요한 자세다.

파우스트에게 '자기실현'은 일종의 쟁취 과정, 그것도 인생의 왕관을 쟁취하는 것이었다. 그의 거듭되는 비판과 자신 없음은 메피스토에게 다시금 설득을 시도하게 만드는데 결국 파우스트의 망설임을 다음 말로 끊어버리고 파우스트를 내보낸 뒤, 찾아온 학생을 파우스트를 대신하여 만나기 위해 자리를 옮긴다.

> **메피스토** 그러니 기운을 내십시오! 모든 잡념은 집어치우고
> 당장 이 세상으로 함께 뛰어듭시다!
> 충고하건대, 이리저리 궁리나 하는 놈은
> 귀신에 홀려 메마른 황야를 헤매는
> 짐승과 같은 꼴이지요.
> 주위에 아름답고 푸른 풀밭이 널려 있는데도 말씀이
> 에요.*

파우스트가 퇴장하고 메피스토가 파우스트의 옷을 입으면서 한 말은 이제 비로소 악마 같은 어조와 내용을 담게 된다. 메피스토는 그동안 온전히 파우스트의 매우 충실한 상담자와 같았다. 그러나 이제 혼자 중얼거리는 메피스토는 '이성이네 학문이네 하는 인간 최고의 힘을 마술의 힘으로 경멸해주겠다'고 벼른다. 거침없이 앞으로만 달려가는 성급함 때문에 파우스트는 결국 지상의 쾌락을 뛰어넘을 것이라고 내다보고, "저놈을 기어이 거친 삶으로, 그 무미건조한 세계로 끌

---

* 같은 책, 102쪽.

어넣으리라"라고 한다. 네놈은 틀림없이 내 것이 될 것이며, 그렇지 않아도 제풀에 파멸하고 말 것이라는 등―잠깐 잊었다. 메피스토가 악마라는 사실을 말이다.―악마가 인간을 이롭게 할 리가 없다. 그런데 묘하게도 악마는 메피스토펠레스 자신이 밝혔듯이 '항상 부정을 일삼고 항상 악을 원하면서도 항상 선을 창조해내는 힘의 일부분'이다.*

그렇다 하더라도 메피스토가 처음에는 파우스트를 끝없는 관능적 쾌락에 빠질 수 있도록 돕는다고 했다가 이번에는 "저놈을 기어이 거친 삶으로, 그 무미건조한 세계로 끌어넣으리라" 하고 허기진 상태에서 눈앞에 진수성찬을 어른거리게 해서 사족을 못 쓰게 만들겠다고 하니 약속한 것과 정반대 말을 하는 것은 분명 놀랄 만한 일이다. 메피스토의 변신은 물론 파우스트의 일관성 없는 모순된 발언에 대해 슈타이거도『파우스트』초고나 원고에 관한 괴테의 의견을 피력한 서신 등 시대 배경과 공적 활동 경험 혹은 앞서 발표한 작품 등을 동원해 비교적 길게 설명하지만 확실한 결론을 내리기는 삼간다. 작품을 여러 번 수정·보완하면서 탈고하기까지 작가의 의식·무의식의 교감이 어떻게 이루어진 끝에 오늘날의『파우스트』가 출현했는지 우리는 모른다. 다만 괴테는 등장인물의 정신적 대극성을 포괄한 전체를 묘사하는 데 전력을 다한 것이 아닐까? 마치 파우스트와 메피스토의 양면성을 잊어서는 안 된다는 듯이 가끔 한쪽에 치우쳤다고 생각하면 다른 면을 보여주어 전체를 보도록 하는 것이라고 혼자 생각해본다.**

파우스트와 메피스토가 이제 막 미지의 이 세상으로 발을 내디디려는 순간, 파우스트를 찾아온 학생은 무엇인가. 세상을 구경하기 전에, 다시 말해 미지의 새로운 세계, 무의식계로 들어서기 전에 해결해야 할 작은 콤플렉스가 나타난 것이다. 방금 전 메피스토가 경멸해주겠

---

* 같은 책, 80쪽 서재 1의 장면.
** E. Staiger, *op. cit.*, p.303f.

다고 공언한 이성이네 학문이네 하는 것들에 집착하는 자아의식의 문제라고 할까.

의젓하게 파우스트의 옷을 걸치고 파우스트 행세를 하며 이것저것 '학문'에 대해 훈수하는 모습도 우습지만 가짜 파우스트인 줄도 모르고 감탄하며 우러러보는 학생도 우습다. 처음에는 점잖게 학문의 분류와 성격을 인내심 있게 공식대로 설명하다가 의학에 대해서도 한 말씀 해달라는 학생의 요청에 마침내 메피스토는 폭발한다.

> 메피스토　(혼잣말로) 이젠 이따위 무미건조한 말투에 진저리가
> 　　　　　　나는군.
> 　　　　　　다시 악마 노릇을 제대로 해야겠는걸.
> 　　　　　　(큰 소리로) 의학의 정신을 터득하기란 쉬운 일이지.
> 　　　　　　큰 세계와 작은 세계를 두루 연구하고,
> 　　　　　　결국 신의 뜻대로
> 　　　　　　되어가는 대로 내버려두는 거지.
> 　　　　　　자네가 학문을 한답시고 싸돌아다녀도 별수 없는 일,
> 　　　　　　누구든 배울 수 있는 것만 배울 뿐이라네.*

이 정도 편잔으로는 성이 차지 않았던지 메피스토는 엉뚱하게 학생 머리가 아닌 몸에 관심을 돌리고 학생의 남자로서 주체성을 일깨운다.

> 메피스토　그러나 기회를 포착하는 자야말로
> 　　　　　　진정한 남자라 할 수 있지.**

---

   * 괴테, 정서웅 옮김, 앞의 책, 109~110쪽.
 ** 같은 책, 110쪽. 여기서 기회라고 번역된 단어 Augenblick는 '멈추어라, 너 참 아름답다'고 파우스트가 외치는 순간과 같은 단어다. 여기서 순간은 시간의 영속적 흐름 한가운데 위치한 것으로 덧없는 순간과는 다르

Doch der den Augenblick ergreift,

Das ist der rechte Mann.*

학위는 신뢰를 얻는 수단으로 마련하고 특히 여자를 다루는 법을
잘 배우면 성공할 것이라고 한다.

**메피스토**　 특히 여자 다루는 법을 배워두게나.

계집들이란 줄곧 아프다, 괴롭다,

각양각색으로 하소연을 하지만

딱 한 군데만 치료하면 낫게 되어 있은즉

자네가 웬만큼 성실하게만 군다면

계집이란 계집은 몽땅 수중에 넣을 수 있다네.

무엇보다 학위를 하나 따내어

자네 의술이 어떤 기술보다 뛰어남을 믿게 해야 하네.

다른 사람들이 몇 년 동안 겉만 쓰다듬던 온갖 소중한
부위를

환영하는 기분으로 주물러대게나.

맥을 짚는 법도 잘 배워야 하네.

그러고는 이글대는 눈길을 능청스레 던지면서

얼마나 팽팽히 죄었는지 알아보겠다는 듯

날씬한 허리를 마음껏 잡아보는 거지.**

고매한 의술의 정신은 온데간데없고 의술을 여자를 낚는 수단으로
삼도록 부추기니 의술과 의술인뿐 아니라 여성에 대한 모독이 아닐

---

다. 그러니 기회라고 번역하는 것이 더 타당할 듯하다.

　* Goethe, *Faust*, dtv, p.60.

　** 괴테, 정서웅 옮김, 앞의 책, 110쪽.

수 없다. 악마는 학문뿐 아니라 모든 가치 있는 인간 행위를 부정하고 가치를 '무엇에 불과한 것'으로 환원한다. 옮기기조차 거북스러운 메피스토의 말을 여기에 그대로 소개하는 것은 그것으로 괴테가 말하고자 하는 것이 무엇인지 생각해보기 위해서다. 우선 메피스토가 신나게(?) 떠벌리는 말을 듣던 학생의 반응을 보고 나는 저절로 웃음이 났다.

> **학생** 훨씬 알아듣기 쉽군요. 어디를 어떻게 해야 할지 알겠습니다.*

복잡한 정신적인 것을 단순한 구체적인 것으로 환원하는 것, 그 의미가 남김없이 설명될 수 없는 가치 있는 것을 단순하고 명확한 사물이나 사실 또는 공식으로 환원하여 문제는 이제 다 해결되었다고 장담하는 성향은 인류 역사, 특히 정신사에서 드물지 않게 목격되는 현상이다. 프로이트는 초기 학설에서 모든 신경증이 성적 욕구가 충족되지 않았기 때문에 생긴다고 보았으며 따라서 치료 방법은 성적으로 충족하는 것이라고 했다. 성교할 때 성교중단$^{coitus\ interruptus}$은 그런 의미에서 신경증적 장애의 주요 요인으로 진지하게 논의되었다.**

프로이트의 성욕중심설은 먼저 프로이트 자신이 수정했고 그의 동료, 후배, 제자들이 대폭 수정·보완했다. 그렇다고 해서 성욕설이 역사적으로 아무런 가치도 없는 것이었을까. 그는 최소한 진실의 한 면을 발견했고 모든 고상한 사람이 쉬쉬하며 건드리지 않았던 인간 성욕의 억압이 위선적인 빅토리아조의 가엾은 여성들에게 어떤 정신적 폐해를 가져다주었는지, 그가 임상에서 본 것을 용감하게 발표했다.

---

* 같은 곳.
** S. Freud(James Strachey transl.), *Complete Psychological Works*, Vol.1, p.181, pp.183~185.

그는 사람들이 평소에 보고 싶어 하지 않는 인간 본성의 어두운 면을 과감히 파헤쳤다. 그래서 무의식의 길을 개척했다. 그것이 그의 공적이다. 그러나 그는 주로 성본능으로 인간의 모든 정신적 산물을 해석하려는 일방성에 빠졌다. 그것이 그의 오류였다.

지금은 위대한 학자의 명성을 그리워하지만 아직은 학문이든 세상의 삶이든 아무것도 모르는 풋내기 학생에게 메피스토가 노골적으로 여자 다루는 법을 가르치는 이유는 무엇일까? 지적 천착과 같은 '모든 이론은 회색'이고 '인생의 초록빛은 황금나무'\*라는 사실을 알려주고자 함인가. 메피스토는 어떻든 학생이 지성의 자리인 머리보다 본능의 자리인 몸의 욕구에 관심을 갖게 했다. 높은 정신성을 추구하는 사람이 소홀히 하거나 억압하는 성적 본능을 저급한 수준에서 자극하고 흔들어놓으려는 것이다. 그것은 마치 인도의 사원, 성역으로 들어가는 문 위에 새겨놓은 숱한 외설적인 성애 장면이 일으키는 반응과도 같다. 그것은 성애 수준에 있는 아니마, 심혼의 상이다. 어떻든 학생은 이 설명이 알아듣기 쉽고 구체적이라고 좋아했는데 이 또한 나이브한 학생에 대한 저자(괴테)의 야유 섞인 핀잔이다. 그 학생은 악마가 자기를 놀리는 것을 모른다.

사기꾼Trickster의 원형에 비길 수 있는 메피스토는 허풍, 속임수, 깡패짓, 장난질, 변괴의 마술, 유혹자, 살인적 탐욕의 모습을 드러내왔지만 서재 2 마지막 장면에서 학생의 청에 따라 기념첩에 다음과 같은 글을 써주고 한마디 충고의 말을 남기는 데서 별안간 거인이 된다.

**학생**　(읽는다)
　　너희들 신과 같이 되어 선과 악을 알게 되리라.

---

\* Goethe, *Faust*, dtv, p.90: Grau, teurer Freund, ist alle Theorie/Und grün des Lebens goldner Baum(여보게, 이론이란 모두 회색빛일세. 푸른 건 인생의 황금나무지)(괴테, 정서웅 옮김, 앞의 책, 110쪽).

**메피스토**　옛 말씀과 내 아주머니<sup>Muhme</sup>(이모, 사촌누이)인 뱀의
　　　　　　지시를 따르라.
　　　　　　언젠가는 신을 닮았다는 사실이 두려워지리라.*

　메피스토는 예언자가 된다.

　인간의식의 출현과 함께 형성된 '선'과 '악'의 구분은 괴테 이후 얼
마 되지 않은 시기에 세계대전을 두 번 일으켰고, 인류의 파우스트적
욕망은 핵폭탄을 만들어 서로 위협했으며 인간이 만든 기계인 인공지
능이 인간과 바둑을 두어 이기는 세상이 되었다. 이제는 복제인간에
대한 유혹의 손을 뻗는 등 신의 영역으로 올라가 폭력을 마음대로 휘
두르려 한다. 인간 정신의 대극성을 인식하는 능력이란 인간에게 주
어진 은혜이자 질고다. 세상에서 선이라고 하는 것과 악이라고 하는
것은 결국 하나로 융합되어야 하는 것이다. 대극융합의 어려운 과제
를 수행하는 과정에서 인간은 때때로 신과 비슷함을 느낀다. 신과 같
아진 느낌을 갖는다. 자아가 팽창<sup>Inflation</sup>하는 것이다. 이것은 재앙이
다. 대극성을 모르는 어린 학생이 차라리 덜 해롭다. 신과 동일시된
인간은 폭군이 된다. 영적으로나 물리적인 면 모두에서—그래서 신
과 비슷해지는 것은 위험하며, 따라서 사람은 이를 두려워해야 마땅
하다. 메피스토가 그런 말을 전하는 것일까?

### *라이프치히의 아우어바흐 지하 술집*

*유쾌한 패거리의 술집*

### 지하 술집과 마녀의 부엌

---

<small>* 괴테, 정서웅 옮김, 앞의 책, 111쪽.</small>

계약을 끝낸 뒤 길을 떠난 메피스토와 파우스트가 메피스토의 안내로 들른 두 장소, 즉 라이프치히 아우어바흐의 지하 술집과 마녀의 부엌에서 한 경험을 에딘저는 어둠의 세계와의 성찬Communion with darkness이라고 했다. 그는 그것이 파우스트와 그레트헨 사랑 이야기의 서주prelude로, 에로스의 추악하고 지하계적인 측면을 보여준다고 지적했다.* 그 예로 술꾼 중 하나가 부르기 시작해 모두 함께 후렴을 부르는 『파우스트』의 저 잔인한 노래를 제시했다.


**브란더** 지하실 쥐구멍에 쥐가 한 마리
　　　　　기름과 버터만 먹고 살았네.
　　　　　올챙이배 볼록 튀어나온 게
　　　　　영락없이 닮았구나, 루터 박사님
　　　　　식모가 놔둔 쥐약을 먹고
　　　　　세상이 온통 답답해졌네.
　　　　　마치 상사병에라도 걸린 놈 모양
**합창**　 마치 상사병에라도 걸린 놈 모양
**브란더** 그 쥐는 이리 뛰고 저리 뛰면서
　　　　　시궁창마다 코를 박고 물을 마셨지.
　　　　　온 집 안을 갉아대고 할퀴어대고
　　　　　온갖 발악을 다 했지만 소용없었네.
　　　　　두려움에 팔딱팔딱 뛰기도 하며
　　　　　불쌍한 쥐새끼 별별 짓을 다했다네.
　　　　　마치 상사병에라도 걸린 놈 모양
**합창**　 마치 상사병에라도 걸린 놈 모양
**브란더** 그 쥐는 괴로운 나머지 환한 대낮에
　　　　　부엌 안으로 달려들었네.

_____

\* E.F. Edinger, *op. cit.*, p.34.

Sie kam für Angst am hellen Tag

Der Küche zugelaufen.[*]

부뚜막 옆에 쓰러져 바둥바둥

가련하게도 숨이 할딱할딱

쥐약 놓은 식모년 깔깔대며 하는 말,

아하! 요것이 바로 숨넘어가는 소리구나.

마치 상사병이라도 걸린 놈 모양

**합창**　마치 상사병에라도 걸린 놈인 양[**]


이 노래는 정말 끔찍하다. 상사병에 걸려서 죽을 정도로 괴로워하는 인간의 모습을 쥐약을 먹고 괴로워하며 죽어가는 쥐의 모습에 비유하면서 일말의 동정도 없다. 할딱거리는 마지막 숨넘어가는 소리를 들으면서 재미있다는 듯 웃는 식모의 태도는 정말 악마의 섬뜩함을 느끼게 만든다.

에딘저는 여기서 '사랑, 즉 쥐약의 독'을 연상했다. 연금술의 메르쿠리우스는 독을 뿜는 용이라는 사실을 상기하면서―그러나 그것이 영약으로 변할 수 있다는 이야기도 인용한다. 그러고는 다음과 같이 말한다.


"메피스토펠레스는 유독한 메르쿠리우스다. 파우스트는 그를 동화하려고 애쓴다. 사랑의 고통을 마다하지 않고. 마찬가지로 욥도 사탄의 독의 습격 대상이 되었다. 그레트헨은 '상사병' 때문에 죽어야 할 운명을 안고 있다. 이 추악한 이미지 밑바닥에 놓인 것은 아니마 발전의 첫 단계는 죽음과 재생을 통한 변환 과정을

---

[*] Goethe, *Faust*, dtv, p.64. 앞줄: '밝은 대낮이 무서워'(괴테, 정서웅 옮김, 앞의 책, 116쪽)보다 '괴로운 나머지 환한 대낮에……'가 더 적절하다고 생각된다. 괴테, 박환덕 옮김, 앞의 책, 100쪽 참조.

[**] 괴테, 정서웅 옮김, 앞의 책, 115~116쪽; Goethe, *Faust*, dtv, pp.63~64.

거쳐야 한다는 심리학적 사실이다. 독을 먹은 쥐는 아니마의 분리된, 은밀히 움직이는 동물적 측면이다. 그것은 메르쿠리우스와 싸워서 살아남을 수 없다."*

　그럴듯한 말이지만 그렇게 말할 수 있을지 의문이다. 쥐약을 놓은 것은 메피스토펠레스가 아니고 주막집 하녀다. 지하계 술꾼들의 보편적인 아니마상, 쥐는 해로운 동물이므로 죽여야 한다는 상식적인 행동이다. 기껏해야 하수구동물Kloakentiere이나 마녀의 동물로 혐오 대상으로만 인식할 뿐 창조신화의 일익을 담당하고 12간지의 한 자리를 차지한 살아 있는 영혼의 현현Seelen-epiphanie으로서 쥐의 상징성에 대해선 털끝만치도 고려하지 않는다. 술꾼들은 자신들의 영혼에 독을 먹이고 고통에 몸부림치는 모습을 보며 야유하고 즐긴다. 악마가 따로 없고 지옥이 따로 없다. 어디에 죽음과 재생을 통한 변환의 목적이 있단 말인가?**

　주막의 다음 장면에서 메피스토는 마술로 나무 식탁에 구멍을 뚫어 술꾼들이 원하는 술을 마시게 하고는 술을 불로 변하게 하여 혼내준다. 그리고 분노해서 대들려는 자들의 코를 포도송이로 착각하게 만들어 상대방 코를 움켜쥐게 하곤 사라져버리는 '장난'을 친다. 우리나라 같으면 도깨비장난이다. 독일 미신의 귀령, 코볼트Kobold도 그런 기상천외한 일을 잘 저지른다. 에딘저가 여기서 디오니소스-바쿠스와

---

　* E.F. Edinger, *op. cit.*, pp.35~36.
　** 쥐의 상징에 대해서는 『한국문화상징사전』, 1992, 538~542쪽; Hanns Bächtold-Stäubli, *Handwörterbuch des deutschen Aberglaubens*, Bd. 7, pp.513~520. 융은 프로이트학파에서 쥐를 하수구동물Kloakentiere이라고 하고 환자의 환상에 나타난 쥐를 배변콤플렉스라고 못 박으려는 시도를 비판한 적이 있다. C.G. Jung, "Eine Bemerkung zur Tauskschen Kritik der Nelkenschen Arbeit," 1913(in) C.G. Jung, *Das symbolische Leben*. G.W. Walter Verlag 1981, Olten, 18-1, pp.464~468.

메피스토의 일체성을 지적한 것은 당연한 일이다. 메피스토는 트릭스터 원형상으로 신화와 민담의 어떤 이름으로도 명명될 수 있는 존재다.

문제는 괴테가 왜 저 음산하고 잔학한 쥐의 죽음의 노래 뒤에 메피스토와 파우스트를 등장시켜 한바탕 기적을 일으키고, 실컷 마시는 환상을 주고, 적개심을 자신들에게 돌려놓고 사라지는 장면을 추가했는가 하는 것이다.

메피스토가 오기 전까지 주막 분위기는 침체되어 있었다. 아무도 마시지 않고 웃는 놈도 없으며, 바보짓도 하지 않고 추잡한 장난도 치지 않는다. 여자에게 배신당한 자, 그녀를 그리워하는 자, '사랑에 빠진 친구'들이 모여 있으면서 도무지 흥이 안 나는 상태에서 브란더가 '새로운 노래'라면서 부르기 시작한 것이 쥐약 먹은 쥐 노래다. '상사병에 걸린 놈 모양'은 다 같이 불러야 할 후렴이었다. 상사병<sup>Lieb im</sup> <sup>Leibe</sup>은 사실 이 사나이들 자신이었다. '상사병'은 '사랑의 병'이다. 달콤한 사랑일수록 쓰디쓴 독이 숨어 있을 수 있고 사랑은 절망에 빠진 사람에게 생기를 불어넣을 수 있으며 죽음에 이르는 절망으로 이끌 수도 있다. 에딘저는 이 점을 지적하는 것 같다. '상사병'은 '빙의병'이다. 남성의 경우 사랑의 대상에 투영된 아니마 원형상에 자아 스스로 완전히 사로잡힌 상태다. 이 경우 자아는 원형상의 양 측면(밝고 어두운)의 힘에 휘둘려 자유를 잃는다. 자아 기능은 거의 죽은 상태와 같다. 노래 속 쥐의 몸부림처럼—투사를 되돌리고 자기 내면에서 아니마 원형상을 통합할 때 그 개체는 좀더 성숙한, 즉 전체인격에 근접한 자세를 갖게 되고 분화된 감정으로 사랑할 수 있는 사람이 된다.

그러나 술꾼들은 사랑의 독약을 마신 쥐가 죽어가는 모습을 희화화하면서 자학을 즐겼다. '식모'가 그들 영혼에 독을 뿌렸다. 그것은 결국 비참하게 죽었다. 에딘저는 새롭게 태어나기 위해 겪어야 할 죽음을 말하지만 이 노래에서 쥐는 죽었다. 다시는 살아나지 않는다. 그리고 이 세상에는 재생이 없는 죽음도 있는 법이다. 재생할 기회를 놓치고 죽어가는 자살자들을 생각할 것이다. 쥐의 죽음에 관한 노래와 사람들의 환호, 그 죽음에 가세한 식모의 냉혹한 호기심 등이 너무 역겨워 아마도 괴테는 다음과 같은 '반론'을 제기한 것 같다.

**지벨**　　저 속물들 희희낙락하는 꼴이라니!
　　　　　불쌍한 쥐새끼에게 쥐약이나 뿌리는 게
　　　　　고작 네놈들의 재주더냐!
**브란더**　쥐새끼를 꽤나 귀여워하시는 모양이군.
**알트마이어** 저 대머리까진 뚱보 녀석
　　　　　불운이 놈을 납작하게 만들었구나.
　　　　　퉁퉁 부어오른 쥐새끼를 보고
　　　　　자신과 꼭 닮은 꼴이라고 생각한 모양이지.*

　　그러고는 다음에 메피스토를 등장시켜 나무와 포도주와 불의 세례를 퍼부으면서 난장판$^{Chaos}$을 만들고 마지막에 증오감을 탐스러운 포도송이, 즉 건강한 자연의 사랑으로 자신들 문제로 되돌리는, 말하자면 '치유의 기적'을 연출한다.

　　가다보니 한 가지 놓친 것이 눈에 띈다. 그것은 메피스토가 주막에 들어갔을 때 술꾼들 요구에 응해 부른 '벼룩의 노래'다. 코믹하고 핀잔 섞인 이 노래는 앞의 음산한 어둠 속을 헤매는 쥐의 죽음 노래와 대조된다. 여기선 "우리야 벼룩이 물기만 하면 당장 으깨어 요절을 내련만!"이 후렴인데 이번에는 모두 마음이 맞아서 결국 "자유 만세! 술 만세!"가 터져 나온다. 쥐노래의 루터 박사 비유나 귀족들을 괴롭히는 벼룩 왕자와 그를 보호하는 권력에 대한 비판 또한 놓칠 수 없는 복선이다. 어떻든 이제 우리는 마녀의 부엌으로 왔다. 흥미로운 것은 이 주막 장면에서 보이는 파우스트의 매우 수동적인 태도다. 그는 술집

---

　　* 괴테, 정서웅 옮김, 앞의 책, 117쪽.

에 오래 있고 싶어 하지 않았고 메피스토가 기적을 만들 때도 별로 반응이 없다. 마녀의 부엌에 당도해 처음 한 말 가운데 그의 심정이 표현되어 있다.

## 마녀의 부엌

**파우스트**   이 미치광이 짓 같은 마술이 역겹구나!
　　　　　　내가 이 광란의 소용돌이 속에서
　　　　　　치유될 수 있다고 장담하는 건가?
　　　　　　한 노파의 조언을 들어야 한다고?
　　　　　　그리고 이 더러운 국물이
　　　　　　내 몸을 삼십 년이나 젊게 해준다고?*

　에딘저는 마녀의 부엌을 '어둠과 성찬'이 계속되며 파우스트가 젊어지기 위한 지하계적 성찬식이 거행되는 곳으로 보았다. 여기서도 그는 마녀가 주는 음료의 독성을 지적한다.
　메피스토가 마녀에게 그 유명한 약을 한잔, 그것도 오래된 것으로 달라고 하자 마녀는 기꺼이 주겠다면서 다음과 같은 우려를 잠시 나타낸다.

**마녀**   하지만 저 사람이 그냥 마셨다간
　　　　아시다시피 한 시간도 살지 못할 텐데요.**

　"마녀의 음료, 메르쿠리우스처럼 그것은 준비 안 된 사람에겐 독이

---

*　같은 책, 127쪽.
**　같은 책, 136~137쪽.

다."* 사실 파우스트는 거의 준비되어 있지 않다. 여전히 합리적 귀족으로서 '늙은 할망구' 마녀가 '미치광이 짓 같은 마술'로 만드는 더러운 물의 효험을 믿을 수 없고 메피스토가 원숭이들과 노는 동안 거울에 비친 한 아름다운 처녀 모습에 온통 마음을 빼앗겼다. 그러므로 파우스트는 억지로라도 묘약을 만드는 주술적 의식에 참여해야 했다.

메피스토의 지시에 따라 마녀는 먼저 이상한 몸짓으로 마법의 원을 그리고 그 안에 여러 기이한 물건을 채워놓는다. 유리그릇이 울리고 솥이 가락을 내면서 음악으로 바뀐다. 마지막으로 커다란 책을 가져오고, 원숭이들을 동그라미 안으로 들어오게 하여 책상으로 사용하거나 횃불을 들고 있게 한다. 마녀는 파우스트에게 자기 옆으로 오라고 손짓한다.**

파우스트가 불평하며 응하지 않으려 하자 메피스토가 그를 달래면서 말한다.


메피스토　그녀가 의사로서 주문을 외어야
　　　　　약효가 제대로 나올 겁니다.***
　　　　　(파우스트를 억지로 동그라미 안에 밀어 넣는다.)


그런데 여기서 약을 제조할 때 읊는 말은 특이한 상징성을 내포하고 있다.


마녀　(강조하면서 책을 읽기 시작한다.)

---

*　E.F. Edinger, *op. cit.*, p.37.
**　괴테, 정서웅 옮김, 앞의 책, 137쪽.
***　같은 곳. 약을 먹을 때 약효를 내기 위해 먼저 주문을 외는 법은 일찍이 우리나라 고대의학사에서도 발견된다. 예를 들어 신라법사방新羅法師方이 있다. 물론 『파우스트』에서는 약을 복용할 때가 아니라 제조할 때 쓰는 주문이다. 김두종, 『한국의학사』, 탐구당, 1981, 74쪽 이하.

너는 알아야 한다!
하나에서 열을 만들고
둘은 없애버리며
곧 셋을 만들어라.
그러면 너는 부자가 되리라.
넷은 잃어버려라!
다섯과 여섯으로부터
마녀 가라사대
일곱과 여덟을 만들어라.
그러면 완성되리라.
아홉은 하나요,
열은 무로다.
이것이 마녀의 구구법이다.*

  에딘저의 설명에 따르면 이것의 근거는 피타고라스의 4조 공식, 즉 1+2+3+4=10으로 이는 삼각을 표현한다. 예언녀 마리아<sup>Maria Prophetissa</sup>의 연금술 공식의 변이이기도 하다. 즉, "하나는 둘이 되고 둘은 셋이 되고 세 번째에서 네 번째인 하나가 나온다."** 융은 『연금술과 심리학』에서 연금술이 유럽 정신문화의 표면을 차지했던 기독교 문화의 저변에서 기독교의 대극긴장이 미해결인 채 내버려둔 빈자리를 메우고 보상하는 역할을 해왔으며 예언녀 마리아의 공식은 그 한 표현이라고 보았다. 이런 관계는 여성성, 즉 대지, 지하계적인 것, 악 자체를 의미하는 짝수와 기독교 도그마의 홀수 사이에서 작동되어왔다.*** 『파우스

---

  * 괴테, 정서웅 옮김, 앞의 책, 137~138쪽. 여기서는 마리아의 공식과 달리 짝수를 없애기도 하고 짝·홀수를 함께 만들기도 하는데 하나의 전체를 강조하는 점은 같다.

  ** E.F. Edinger, *op. cit.*, pp.37~38.

  *** C.G. Jung, *Psychologie und Alchemie*, Rascher Verlag, Zürich, 1944,

트』에는 앞으로도 종종 이러한 연금술의 수 상징이 표현되니 이 문제
는 다시 논의할 기회가 있을 것이다.

　　마녀의 숫자 이야기는 파우스트에게는 열병에 걸려 토하는 헛소리
로 들리고 메피스토도 혀를 차지만 그 신비를 인정하며 기독교 삼위
일체의 도그마를 풍자하는 언사를 한다.


　　**메피스토**　내가 알기로 저 책에는 온통 저런 소리뿐이지요.
　　　　　　　나도 저 책 때문에 많은 시간을 허비했거니와
　　　　　　　완전한 모순이란 현자에게나 바보에게나
　　　　　　　똑같이 신비에 차 있으니까요.
　　　　　　　찬구여, 기예$^{Kunst}$란 낡고도 새로운 것이 아닐까요.
　　　　　　　어느 시대나 마찬가지여서,
　　　　　　　셋이 하나요, 하나가 셋이라 하며
　　　　　　　진리 대신 오류를 퍼뜨리는 것이지요.
　　　　　　　이렇게 지껄이며 멋대로 가르치는데
　　　　　　　누가 그런 바보와 상종하려 하겠습니까?
　　　　　　　흔히 인간들은 무슨 단어들$^{Worte}$을 들으면
　　　　　　　그 속에 무언가 생각할 게 있다고 믿지요.*


마치 이에 응답하는 듯이 마녀가 그 책을 계속 읽는다.


　　**마녀**　지고한 힘은
　　　　　학문에도,
　　　　　온 세계에도 숨어 있도다!
　　　　　사고$^{denken}$하지 않는 자,

---

　　pp.41~42.
　*　괴테, 정서웅 옮김, 앞의 책, 138쪽.

그에게 그것이 선사되리라.

걱정 없이 그 힘을 지니게 되리라.*

비합리적인 신비한 힘은 지적 해석으로는 얻을 수 없고 생각을 비운 자에게 주어짐을 암시한 것이다. 왜냐하면 그것은 어떤 개념이 아니라 하나의 체험으로 파악되어야 할 것이기 때문이다. 드디어 파우스트가 마법의 원 속에서 젊어지는 묘약을 다 마신 뒤 마녀는 그를 마법의 원에서 풀어준다. 마법의 원은 일종의 테메노스, 즉 성역이고 젊어짐의 의식은 그 성역에서 진행된 비의Mysterium였다. 그 속에는 각종 연금술적 도구와 함께 마녀의 부엌 첫 장면에 등장한 원숭이들이 있고 마녀가 변환 의식을 집행한다. 원숭이는 다소 우스꽝스럽게 묘사된다. 스스로를 시인이라고 하기도 하고 악마 메피스토에게 아첨하기도 하며, 왕관도 깨뜨리고 죽도 태워버릴 만큼 서투르고 실수가 많은 존재인데 전체성의 상징인 둥근 공을 굴리면서 하는 노래라든가 여러 가지 행태로 트릭스터 원형Tricster Archetype의 이미지를 보여준다. 게다가 이들은 거지에게 줄 죽을 쑤고 있다. 의식에 결핍된 것을 채워주는 무의식의 보상기능처럼.** 이 장면의 마지막으로 수원숭이의 노래 하나를 들어보자.

---

* 같은 책, 139쪽; Goethe, *Faust*, dtv, p.77.
** 괴테, 정서웅 옮김, 앞의 책, 130쪽. 원숭이는 인도신화, 남중국, 티베트에서 중요한 역할을 하는 존재로 때로는 종족의 조상, 영웅상 혹은 신격으로, 때로는 말썽꾸러기로 간주된다. 서왕모西王母의 도원桃園에서 불로장생의 선도仙桃복숭아를 훔쳐오기도 한다. 에버하르트W. Eberhard, *Lexikon Chinesischer Symbole*, pp.17~19. 작은 요정들과 마녀를 조절하며 악귀를 물리치는 능력을 가지고 있기도 하나 여기서는 그런 영웅적 요소는 거의 드러나지 않는다. Jobes, Gertrude, *Dictionary of Mythology, Folkore and Symbols*, pp.1117~1118. 게르만족의 민간설화에서는 원숭이가 신에게 저주받은 인간으로 나타나고 귀령, 특히 마귀는 원숭이 모습을 하며 총각이 죽으면 원숭이 몸으로 간다는 이야기가 있어 고대 그리스·로마에서 주술, 의료수단으로 간주된 것과 대조적이다.

그동안 새끼 원숭이들이 큰 공을 가지고 놀다가 그걸 굴리며 다가
온다.

**수원숭이**  이것이 세계다.
올라갔다 내려갔다.
끊임없이 굴러간다.
유리처럼 울리다가
깨지기도 잘한다네!
속은 텅 비었구나.
이쪽에서 반짝이면
저쪽에선 더욱 반짝,
나는 살아 있다!
사랑하는 내 아들아
저만치 비켜서라!
자칫하면 죽게 된다!
부서지면 산산조각 난단다.*

괴테는『파우스트』도처에 이런 의미심장한 노래를 삽입해 삶의 전
체성과 그 순환의 여정 그리고 위험성을 내비치고 있다.


### 거리

*파우스트, 마르가레테 곁을 지나간다.*


드디어 파우스트는 거리로 나간다. 거기서 마르가레테를 보고 수작

---

* 괴테, 정서웅 옮김, 앞의 책, 130쪽.

을 했으나 일단 거절당한다. 파우스트가 마르가레테에게 '반한 것'은 그녀의 청순한 아름다움 때문이었다. 파우스트에 그려진 융의 아니마 상 네 단계 중 그레트헨(마르가레테)을 생식을 위한 오직 본능적이기만 한 에로스의 가장 낮은 단계로 예시하는 것\*이 꼭 맞는 비유인지 의심케 하는 부분이다. 파우스트의 독백에서 그가 지각한 아니마상의 특성이 엿보인다.

> **파우스트**  아아, 정말 아름다운 소녀로다.
> 저런 아이를 본 적이 없다.
> 예의바르고 정숙한데다가
> 약간 새침하기도 하구나.
> 빨간 입술, 해맑은 뺨,
> 이 세상에 살고 있는 한 그녀를 잊지 못하겠다!
> 두 눈 살며시 내려 감는 모습,
> 내 가슴 깊이 아로새겨지는구나.
> 살짝 뿌리치는 그 모습,
> 정말로 날 황홀하게 만드는구나!\*\*

이것은 육체적 측면뿐 아니라 정신적인 면에서도 가장 아름답고 청순한 아니마를 대변하는 이미지이며 동물적 충동이라는 말만으로 표현하기 어려운 여성상, 청년이 된 파우스트 의식에 최초로 떠오른 파

---

\* "이미 고대 그리스 후기에 네 가지 성애적 척도erotische Skala가 알려져 있었다. 즉 하와(에바), 헬레나(트로야), 마리아, 소피아. 괴테 『파우스트』에 암시적으로 반복된 것은 순수하게 충동적인 관계를 인격화한 그레트헨의 상, 아니마 이미지로서 헬레나, 천상의 기독교적·종교적 관계의 인격화로서 마리아 그리고 영원히 여성적인 것들이다. C.G. Jung, *Die Psychologie der Übertragung*, G.W. 16, par.361; 이부영, 『아니마와 아니무스』, 한길사, 2001, 96~100쪽.
\*\* 괴테, 정서웅 옮김, 앞의 책, 141쪽.

우스트 내면의 아니마, 누구라도 한때 어떤 소녀에게 그런 이미지를 투사했을 법한 특수하면서도 보편적인 상이다. 문제는 그다음에 나타난다. 파우스트의 막무가내 소유욕이다. 즉, 아니마에 대한 파우스트 자아의 태도에서 우리는 동물적 소유욕과 정복욕을 본다. 이것 역시 보편적·본능적 충동의 발로이기는 하다. 그러나 파우스트의 메피스토에 대한 요구는 청순한 아름다움을 찬탄하는 것과는 거리가 먼 야만의 세계를 노정한다.

> **파우스트** (메피스토에게) 이봐, 저 처녀를 내 손에 넣게 해주게!
> **메피스토** 정말 순진하기 짝이 없는 아이더군요.
> 아무 죄도 없으면서 고해하러 갔으니 말입니다.
> 저런 아이에게는 나도 힘을 쓸 수 없더군요.
> **파우스트** 그래도 열네 살은 넘었겠지.
> **메피스토** 당신은 마치 바람둥이 한스처럼 말씀하시는군요.
> 그 녀석은 사랑스러운 꽃은 모두 차지하려 들면서
> 명예니 사랑이니 하는 것도
> 꺾지 못할 게 어디 있느냐고 생각하지요.
> **파우스트** 도덕률 따위로 날 괴롭히지 말게!
> ······
> 저 달콤한 어린아이가
> 오늘 밤 내 팔에 안기지 않는 날엔
> 밤중에 당장 헤어지기로 하자고.
> **메피스토** ······
> **파우스트** 내게 일곱 시간만 여유가 있어도
> 저런 계집 하나 꾀어내는 데
> 악마의 도움까지 빌리지는 않을 거야.*

---

\* 같은 책, 143쪽.

파우스트의 애타는 마음은 "저 귀여운 천사의 소유물 중 아무것이나 가져다주게!" "그녀 가슴의 목도리, 아니면 양말 끈이라도 좋다"라고 부르짖게 만든다. 메피스토는 이에 이르러 오늘 당장 파우스트를 그녀 방으로 인도하겠다고 약속한다.

## 저녁

*조그맣고 깨끗한 방*

비록 악마 메피스토의 계략을 빌려 진행되는 연애작전이기는 하지만 마르가레테에 대한 파우스트의 감정은 진심이며 순수하다. 마르가레테가 잠시 길에서 만난 파우스트를 회상하다가 나간 사이 파우스트는 메피스토의 인도로 마르가레테의 빈방에 들어와 이것저것 살피면서 독백하는데 그 내용이 매우 아름답다. 파우스트 눈에 비친 그의 아니마의 천사 같은 이미지가 그대로 담겨 있다.

**파우스트**    (주위를 둘러보며)
            반갑다, 감미로운 저녁놀이여.
            이 성스러운 방을 두루 비춰주는구나!
            희망의 이슬을 마시며 연명하는
            너 달콤한 사랑의 아픔이여, 내 마음을 사로잡아다오!
            Ergreif mein Herz, du süße Liebespein,
            주위에서 숨 쉬는 이 고요함,
            Wie atmet rings Gefühl der Stille,
            이 질서와 이 만족감!
            Der Ordnung, der Zufriedenheit!
            가난 속에 깃들인 이 충만감!

감옥 같은 골방 속에 깃들인 축복이여!*

마르가레테의 방 분위기에서 느끼는 파우스트의 감흥에서 우리는 그가 왜 마르가레테에게 매력을 느끼는지 이해할 수 있을 것 같다. 그 것은 그가 먼 과거 속에 버리고 온 소박한 기독교 신앙과 순수한 검약 과 청순한 자의 세계가 아니었을까? 그가 가죽의자에 앉아 하는 말에 서 나는 그것을 느낀다.

> **파우스트**   오, 나를 받아다오, 기쁠 때나 슬플 때나
> 두 팔 벌려 그녀의 조상들을 맞아주었을 의자여!
> 아, 얼마나 자주 이 둘레에
> 아이들 무리가 에워싸곤 했을까!
> 내 사랑하는 소녀도 통통한 뺨을 하고
> 성탄절 선물에 감사드리며
> 메마른 할아버지 손에 경건히 입 맞추었겠지.
> 오, 소녀여. 나는 느끼노라,
> 실하고도 알뜰한 네 마음이 내 주위에서 살랑거림을.**

'실하고 알뜰한 마음'이 소녀를 어머니답게 가르쳐 '이리도 깔끔하 게 식탁포를 깔게 하고, 바닥엔 고운 모래를 뿌리도록 했으리라' 하 는 데서 파우스트에게 소녀는 어린아이가 아니고 어른이 된다. 그 사 랑스러운 손은 천사와 같은 손, 오두막을 천국으로 만들 수 있는 손이 다. 파우스트는 소녀의 침상을 보며 또한 생각에 잠긴다. 그것은 성적 환상이 아니다.

---

*  같은 책, 146쪽; Goethe, *Faust*, dtv, p.81.
** 괴테, 정서웅 옮김, 앞의 책, 146~147쪽.

**파우스트**  여기에 그 애는 누웠었겠지.

따뜻한 생명 가득한 가슴을 하고,

여기에 성스럽고 순수한 힘이 작용하여

신과 같은 자태를 선사했으리라!*

그런데 이 순간 파우스트는 지금 남의 집에 몰래 들어와 멋대로 상상하는 자기 자신을 깨닫는다.

**파우스트**  그런데 나는! 무엇이 나를 이곳으로 이끌었을까?

마음 깊이 우러나는 감동은 어찌된 것일까?

여기서 원하는 게 무엇일까? 왜 이리도 가슴이 무거워지는 걸까?

가련한 파우스트야! 널 알아보지도 못하겠구나.

여기 날 에워싼 것은 마법의 안개인가?

향락의 충동이 물 밀쳐와

사랑의 꿈속으로 녹아들어가는 기분이다!

우리는 온갖 대기의 압력에 희롱당하는 것일까?

이 순간 그녀가 들어오기라도 한다면

나의 무례함을 어떻게 속죄할 것인가!

그토록 대단한 바람둥이가 오, 이다지도 소심해지다니!**

파우스트는 메피스토가 옷장 안에 몰래 선물로 보물상자를 갖다놓는 것조차 주저하다가 마르가레테가 돌아온다는 메피스토의 독촉에 서둘러 방을 빠져나간다.

---

* 같은 책, 147쪽.
** 같은 책, 147~148쪽.

첫 번째 보석상자는 교회 율법에 충실한 마르가레테의 어머니가 무조건 교회에 헌납했다. 두 번째 보석상자는 마르가레테가 어머니에게 알리지 않고 직접 사용함으로써 파우스트가 마르가레테에게 접근할 수 있게 되었다. 마르가레테의 이웃 아주머니인 마르테의 남편 친구로 가장한 메피스토와 마르테가 접촉함으로써 파우스트와 마르가레테의 관계가 자연스럽게 진행되었다. 우연히 두 대극의 결합, 남녀 4위, 즉 전체성이 구성되자 교착되었던 리비도가 흘러가게 된 모양이다. 메피스토는 온통 거짓말로 마르테의 마음을 흔들고 위로하다가 '마귀의 말을 알아듣는' 마르테의 요청으로 남편의 매장증명서를 만들어주기로 약속하고 파우스트에게 그를 위해 법원에 증인으로 나가달라고 청을 한다. 거짓 증언을 하란 말이냐고 펄쩍 뛰며 '자네는 갈데없는 거짓말쟁이에 궤변가'라고 비난하는 파우스트에게 메피스토가 말한다.

메피스토　좀더 깊게 이해하지 못한다면 그렇겠지요.
　　　　　내일이면 당신이 온갖 점잖을 다 빼면서도
　　　　　저 가련한 그레트헨을 유혹하느라
　　　　　진정한 사랑을 맹세하지 않겠어요?

파우스트　하지만 그건 진심에서다.
　　　　　Und zwar von Herzen!

메피스토　좋습니다! 좋습니다!
　　　　　그렇다면 영원한 충성이니 사랑이니 하는 것,
　　　　　유일하고도 전능한 충동이니 하는 것도
　　　　　Von einzig-überallmächtigen Triebe
　　　　　역시 진심에서 나온 것이란 말입니까!

파우스트　그만두게! 그건 진실이야! ─내가 느끼는 이 감정
　　　　　Gefühl
　　　　　이 들끓는 마음Gewühl*

"그 이름을 찾아보지만 발견할 수 없으며" "모든 감각을 총동원해 세상을 두루 돌아다니며 최상의 말을 찾으려 하노라"라고 선언하면서 파우스트는 외친다.

> **파우스트**　나를 불태우는 이 사랑의 열정을
> 　　　　　　 무한이라고, 영원이라고 부르는 게
> 　　　　　　 어찌 악마들의 거짓말 놀이와 같겠느냐?*

그래도 메피스토는 '내가 옳다'고 주장하고 파우스트는 그렇다고 해두자며 한 발 물러선다.

파우스트가 마르가레테를 사랑하는 감정은 내가 보기에도 진실하다. 나는 파우스트를 그런 의미에서 전적으로 지지한다. 그러나 연정이 어느 방향으로 치닫게 되었는지, 긴 시간을 두고 '좀더 깊게' 바라본다면 메피스토가 옳을지도 모른다. 숲과 동굴 장면에서 파우스트는 스스로 자기 사랑의 변질을 고백한다.

## 숲과 동굴

> **파우스트**　(혼자서 정령에게)
> 　　　　　　 ……
> 　　　　　　 오, 인간에겐 완전함이 부여되지 않음을
> 　　　　　　 이제 나는 느끼노라.
> 　　　　　　 나를 신 가까이 이끌어가는 이 환희와 함께
> 　　　　　　 그대는 내게 떼어버릴 수 없는 동반자 하나를 붙여주

---

\* 같은 책, 165쪽; Goethe, *Faust*, dtv, p.91.
\* 괴테, 정서웅 옮김, 앞의 책, 165쪽.

었다.

녀석은 냉혹하고 뻔뻔스러워

나 자신의 자존심을 짓밟고

말 한마디에 그대가 베푼 은혜를 무로 돌려버린다.

녀석은 내 가슴속에 열심히 부채질하여

저 아름다운 자태를 연모하는 거친 불길을 타오르게

한다.

그리하여 나는 욕망에서 향락과 함께 비척거리다가

향락 속에선 또다시 새로운 욕망을 그리워한다.*

파우스트와 마르가레테 사이에는 항상 불길한 동반자 메피스토가 출몰한다. 마르가레테의 순진한 눈도 그의 위험성을 감지한다. 그리하여 둘의 쾌락을 위해 마르가레테의 어머니에게 수면제를 과량 주어 죽게 만들거나 오빠 발렌틴을 자극해서 파우스트로 하여금 칼을 뽑아 그를 찌르게 하여 죽게 만든다. 비극은 여기서 끝나지 않고 마르가레테가 파우스트와 사이에 낳은 아기를 죽이기에 이른다. 모든 경건한 기독교인이 마르가레테를 규탄한다. 그녀는 반실성한 채 감옥에 갇혀 처형을 기다린다. 거기에 파우스트가 찾아와 탈옥시키려 하나 거절당한다. 그녀는 자기가 저지른 죄에 대한 정당한 징벌을 바란다. 이때 둘 사이의 애절한 대화는 읽는 이 마음을 애통하게 한다. 젊은 남녀가 열렬히 사랑한 죄밖에 없는데 세상은 왜 그토록 단죄하는가? 쾌락을 위해 '수면제 과량'을 준 것은 용서받기 어려울 것 같다. 모성성으로부터 분리·독립하기 위해 둘은 어머니와 직접 대결할 수도 있었을 것이다. 모든 것이 무의식적으로 이루어졌다는 점에 문제가 있다.

파우스트와 마르가레테의 순수한 사랑에 금이 가기 시작한 것은 무엇 때문이며 그렇게 만든 자가 누구인지 구체적으로 확인하기는 쉽지

---

* 같은 책, 177~178쪽.

않다. 파우스트는 메피스토 탓을 하지만 메피스토는 어디서도 사건의 당사자가 아니고 기껏해야 배후조정자다. 파우스트의 사랑을 주선했고, 칼을 들게 했고, 상대방을 찌르는 것을 도왔고, 아마도 어머니를 재울 수면제를 조달했을 것이다. 그러나 그 모든 행위자는 파우스트다. 메피스토는 말하자면 파우스트의 무의식적 그림자로 파우스트 자아에 영향을 주어왔다. 그러나 그 많은 무의식의 그림자가 갖는 의도와 추진력에 따라 행동으로 옮긴 것은 파우스트의 자아다.

그 열정적이고 영원을 약속한 진정한 사랑을 금가게 한 것은 파우스트와 마르가레테의 마음속에 싹트기 시작한 '의혹'이었다. 그의 행동이 악마의 사주에 따른 것이 아닌가 하는 의혹이다. '숲과 동굴' 장면은 그런 의미에서 파우스트의 자기성찰, 지금까지의 불타는 사랑 뒤에 대두되는 하나의 내향적 반성의 장, '내가 무슨 일을 저질렀는가'에 대한 회의였다. 사고형 인간이 어떤 일에 열정적으로 몰입했다가 갑자기 제정신(이성!)이 들어 자신에게 묻듯이. 그런 회의는 악마의 소행이 아니라 인간 이성의 발로다. 자기 내부의 '악마'를 인식하기 시작할 때 생기는 의혹이다.

같은 시간 마르가레테는 산산이 부서진 평화와 행복감을 괴로워하며 파우스트를 그리워한다. 그녀는 파우스트가 자기를 버리고 도망갔다고 오해한다. 이런 오해와 사랑 뒤에 찾아온 회의도 악마에게서 온 것이 아니다. 자연의 경과다. 그녀도 파우스트의 그림자인 메피스토에 대한 본능적인 경계심을 품고 있다.

숲과 동굴 장면에서 파우스트는 그런 의혹만 털어놓은 것이 아니었다. 부정이 있는 곳에 긍정이 있는 법. 그는 그의 영<sup>Geist</sup>에 무한한 감사를 드리고 있었다. 그런데 그 내용이 어찌 이렇게도 객관적·이성적일까? 방금 열렬한 사랑의 행각에서 돌아온 청년 같지 않다. 그는 깊은 자연의 섭리 속에서 신적인 것을 경험한 데에 감사하고 있다. 그것은 개인적인 애정체험을 넘어선 깊은 통찰로 마르가레테라는 소녀의 존재는 어디에도 없다.

그것은 자연에 대한 찬미였다. "내가 바라던 모든 것인 그대가 불꽃 속에서 내게 얼굴을 보여준 것" "아름다운 자연의 왕국" "그것을 느끼고 즐길 수 있는 힘을 준 것" "그윽한 자연의 품속을 들여다볼 수 있는 은혜" "생명 있는 존재들의 대열을 인도해 내 곁을 지나가고 고요한 숲과 바람과 물에 사는 내 형제들을 만나게 해주었다"는 것에 감사했고, 비발디와 베토벤이 결코 잊은 적 없는, 사계절 중 폭풍우 몰아치는 여름의 참화와 비극을 묘사하면서도 "안전한 동굴로 인도했음을" 감사했다.* 글에서 '보여준다'zugewendet, '들여다본다'schauen, '관찰Betrachtung의 욕구'라는 말이 눈에 띈다. 그는 자신의 느낌을 관조하는 것이다. 관찰 욕구는 여전히 왕성하게 남아 있으나 결국 그는 관찰만으로는 모든 것을 파악할 수 없음을 고백한다.

> **파우스트**    나를 되돌아보는 가운데 내 가슴속엔
> 깊은 경이감이 은밀하게 피어오른다.
> 내 앞으로 해맑은 달빛 솟아나
> 마음을 달래듯 흘러가면,
> 암벽들 사이에서 또는 이슬 젖은 숲속으로부터
> 선조들의 은빛 모습이 둥실 떠올라
> 관찰에 대한 강렬한 욕구를 진정시켜주누나.

『파우스트』에 위기 때마다 나와서 위로의 빛을 던져주는 달빛은 어머니의 품, 논리적 사고나 분석이 필요하지 않은 상징의 세계, 어스름 빛(미명微明-노자)이다. 밝은 태양의 빛이 상징적으로 의식 또는 의식성의 명증성을 의미한다면, '어스름 밝음'은 빛과 어둠의 중앙, 대극을 포괄하는 관조의 자세를 의미한다고 할 수 있다.** 그런데 파우스트의

---

* 같은 책, 176~177쪽.
** 이부영, 『노자와 융』, 한길사, 2012, 77~81쪽 참조.

관조는 여기서 끝나지 않는다. 앞에서 지적한 바와 같이 영이 주는 은혜를 송두리째 파괴할 수 있는 부정의 힘에 시달리는 자신의 고통을 호소하는 것이다.

> **파우스트** 오, 인간에겐 완전함이 부여되지 않음을
> 이제 나는 느끼노라.
> 나를 신 가까이 이끌어가는 이 환희와 함께
> 그대는 내게 떼어버릴 수 없는 동반자<sup>Gefährte</sup> 하나를
> 붙여주었다.*

메피스토라는 동반자는 영<sup>Geist</sup>이 준 것이며 이제 파우스트에게는 없어서는 안 될 존재다. 그러므로 '영'이란 곧 '주님'에 버금가는 존재임을 암시한다. 분석심리학에서 말하는 그림자 또한 자아의식의 발달 과정에서 생기지 않을 수 없는 무의식의 콤플렉스다. 살아 있는 한 그림자는 누구에게나 있다. 그것이 없는 자는 죽은 자뿐이다.**

사랑의 문제에는 항상 아니마가 개입한다. 아니마란 남성 속의 여성성, 개인적 무의식의 콤플렉스이면서 동시에 원형층에 뿌리박고 있는 여성상으로 황홀하거나 추악한 모든 감정을 불러일으키는 존재다. 마찬가지로 여성에게는 아니무스라는 것이 있다. 여성 속의 남성성. 똑같이 집단적 무의식의 원형상이면서 동시에 개인적 무의식의 콤플렉스로 현실의 남성에게 투사되어 황홀한 영웅, 지혜로운 현자 혹은 악마로도 느끼게 만드는 것이다. 파우스트는 마르가레테에게 분명 그 자신의 아니마 원형상을 투사했다. 마르가레테도 자신의 아니무스상을 파우스트에게 투사하는데, 파우스트가 마르가레테에게서 어리고 청순한 소녀의 상을 보았다면 마르가레테는 파우스트에게서 성숙하

---

 * 괴테, 정서웅 옮김, 앞의 책, 177쪽; Goethe, *Faust*, dtv, p.97 참조.
 ** 이부영, 『그림자-우리 마음속의 어두운 반려자』, 한길사, 1999 참조.

고 지혜로운 노현자상을 본 것 같다. 투사가 거두어지면 사람들은 꿈에서 깨어난 사람처럼 생각에 잠긴다. 의혹이 시작된 것이다. 아니마, 아니무스가 무의식의 그림자와 혼합되면, 다시 말해 그림자의 의식화가 제대로 이루어지지 못한 상태에서는 사랑은 곧잘 권력 다툼으로 변한다. 파우스트와 마르가레테의 관계에서는 아직 그것을 볼 수 없다. 문제는 파우스트의 '훈장 티 나는' 비현실적·철학적 '통찰'이다. 매사에 깊은 분석과 통찰을 즐기며 서재에만 틀어박혀 있는 남자와 결혼한 여자는 얼마나 답답할까? 메피스토펠레스는 바로 파우스트의 그 점을 보충해주는 자다. 그레트헨이 울고 있다는 사실, 빨리 가보라는 권고로 그의 고매한 몽상을 깨뜨리고 현실에 눈을 돌리도록 한다. 메피스토는 파우스트의 현실주의적 그림자다. 그는 다만 '때론 자신을 속이는 즐거움을 허락하겠다'고 파우스트에게 말하면서 파우스트가 그것을 오래 견디지 못할 것이며 이미 싫증을 내고 있다고 진단한다.

> **메피스토**　처음엔 당신 마음에도 사랑의 열정이
> 녹은 눈이 흘러드는 개울처럼 넘쳐흘렀죠.
> 그 열정을 그녀 가슴에 쏟아 붓더니,
> 이제 당신의 개울물은 말라붙었단 말인가요.
> 내 생각엔, 숲속에서 왕처럼 앉아 있기보다
> 저 가련한 어린이 affenjungen Blut 에게
> 사랑의 보상을 보내주는 것이
> 위대하신 나리에게 어울릴 듯싶은데요.*

　파우스트는 살인자(발렌틴), 살인방조자(그레트헨의 어머니)였다. 그 죄를 다 마르가레테가 짊어졌지만 파우스트의 가책 또한 결코 사소한 것이 아니었다. 그런데도 그는 동굴에서 자연을 찬미하고 악마

---

* 괴테, 정서웅 옮김, 앞의 책, 180쪽.

를 미워했다. 메피스토가 그 가면을 쳐부수자 파우스트는 분노하고 본심을 드러낸다. 자기는 도망자, 집도 없고 신의 미움도 받는 자로 바위를 움켜잡아 산산조각 내도 흡족치가 않았다고—이 공포의 시간을 단축해주기를, 어차피 일어날 일이라면 당장 버려지게 하라. 그녀 운명이 송두리째 무너져 내려 나와 함께 멸망해도 좋다고 외친다. 메피스토는 "어서 가서 그 애를 위로해주시오"라고 한다. 여기서 보면 메피스토는 전혀 악마가 아니다. 조언자, 중재자, 행동을 추진하며 구체적 현실의 실상을 정확하게 판단하고 알려주는 자다.

정신치료를 하는 의사와 상담자의 대화에서 간혹 이런 현상을 본다. 매우 간단하고 시급한 만남을 외면하고 다른 상상된 불안과 공포로 온갖 불운한 결과를 예상하면서 스스로를 소외시키는 경우다. 이것을 알려면 메피스토 같은 '후각'이 있어야 한다. 괴테가 『파우스트』에서 그린 메피스토는 악마라고 하기보다는 융이 말했듯이 연금술의 메르쿠리우스라고 할 만하다. "용기가 있는 사람만이 살아남는 것입니다!"라고 외친 메피스토의 말이 파우스트를 불러일으킨다.

> **메피스토** 게다가 당신은 꽤 악마다워졌어요.
> 세상에서 가장 꼴불견인 것은
> 악마가 절망에 빠져 있는 꼬락서니죠.*
> Du bist doch sonst so ziemlich eingeteufelt,
> Nichts Abgeschmackters find ich auf der Welt
> Als einen Teufel, der verzweifelt**

---

* 같은 책, 183쪽.
** Goethe, *Faust*, dtv, p.101.

## 마르테의 정원, 마르가레테와 파우스트

### 파우스트의 종교관: 마르가레테의 질문

여기서 잠시 괴테 신관의 일단이 반영되었다고 볼 수 있는 마르가레테와 파우스트의 대화를 들여다보자. 그것은 '마르테의 정원'에서 파우스트와 마르가레테가 나눈 주제다. 독실한 기독교 신도인 마르가레테로서는 사랑하는 남자의 종교를 궁금해하는 것은 당연한 일이다. 이교도라면 문둥병자처럼 무서워하던 시대였다. 이야기는 조심스럽게 시작되었으나 확실하게 의견이 표명되었으며 또한 조심스럽게 끝났다. 처음에 마르가레테가 "당신은 종교를 대수롭게 생각하지 않는 것 같다"고 종교를 어떻게 생각하는지 파우스트에게 물었을 때 파우스트는 "사랑하는 사람에게는 내 피와 살을 바치겠지만 아무도 그의 감정과 그의 교회를 빼앗진 않아요"*라고 잘라 말한다. 마르가레테는 "그건 옳지 않다" "우리는 믿음을 가져야 한다"고 주장한다. 파우스트가 "그래야 할까?" 하고 반응하자 마르가레테는 교회의 성사도 존중하지 않는 거 아니냐고 반문하고, 파우스트는 "존중한다"고 대답한다. 마르가레테는 "하지만 마음에서 우러나온 것이 아니겠지요?"라고 묻고 마침내 결정적인 물음인 "신을 믿으시나요?"라고 한다. 파우스트의 긴 설명이 다음과 같이 이어진다.

> **파우스트**　이봐요, 누가 감히 말할 수 있을까.
> '나는 신을 믿는다'고?

---

\* Will niemand sein Gefühl und seine Kirche rauben. 정서웅의 번역('아무도 믿음과 교회를 강요당해선 안 돼요')과 달리 직역했다. 각자 자기 나름의 감정이 있고 자기 교회가 있을 수 있다는 말이므로 뜻이 달라진다. 괴테, 정서웅 옮김, 앞의 책, 186쪽; Goethe, *Faust*, dtv, p.102; 괴테, 전영애 옮김, 앞의 책, 461쪽 참조.

성직자나 현자에게 물어보구려.

그들의 대답은 마치

묻는 사람을 조롱하는 듯 여겨질 것이오.

**마르가레테** 그래서 당신은 믿지 않으시는 건가요?

**파우스트** 날 오해하지 말아요, 사랑하는 사람이여!

누가 신의 이름을 부를 수 있겠소?

누가 고백할 수 있겠소,

나는 신을 믿는다고?

마음속으로 느낀다고 해서

누가 감히 말할 수 있겠소?

나는 신을 믿지 않는다고?

만물을 포괄하는 자,

만물을 보존하는 자,

그는 당신을, 나를, 그리고 자기 자신을

포괄하고 보존하고 있지 않소?

하늘은 저 위에 둥글게 덮여 있지 않소?

대지는 이 아래에 굳건히 놓여 있지 않소?

영원한 별들은 다정한 눈인사를 나누며

이렇게 떠오르지 않소?

당신 눈을 들여다보고 있으면,

모든 것이 당신의 머리와 가슴으로 밀려들어와

영원한 비밀을 간직한 채

보일 듯 말 듯

당신 곁에서 떠돌고 있지 않소?

그리하여 당신이 온통 행복감에 젖게 된다면

그것을 행복! 진심! 사랑! 신!

무어든 원하는 대로 이름을 붙이구려.

나는 그걸 뭐라고 이름 붙여야 좋을지 모르겠소!

느끼는 것이 전부지요.
이름이란 공허한 울림이요, 연기지요.
안개 속에 휩싸인 하늘의 불꽃일 뿐이오.*

마르가레테는 이에 대해 모두 아름답고 훌륭하며 신부님 말씀과 비슷한데 다만 쓰는 말이 다른 것 같다고 시인한다. 그러면서도 파우스트가 기독교신도가 아닌 점을 확실히 지적한다. 그래서 그녀 마음이 개운치 않은가보다. 특히 파우스트와 함께 다니는 남자, 메피스토를 볼 때마다 말할 수 없는 불편함을 느낀다고 실토한다.

그렇다. 전통적인 기독교에서 볼 때 파우스트는 기독교인이 아니다. 그렇다고 무신론자는 아니지만 범신론자도 아니다. 언어로 이름 붙일 수 없는, 모든 것을 포괄하는 자der Allumfasser, 모든 것을 보존하는 자der Allerhalter를 알기 때문이다. 파우스트는 모든 자연 속에서, 사랑하는 여인의 눈동자에서 '신'의 현존을 느낀다. "느끼는 것이 전부"라고 그는 말한다. 다소 일방적인 의견이지만 기성종교가 키워온 제례나 도그마의 매개 없이 직접 '신'을 '느낀다'는 점에서 맹목적 믿음을 강조한 당시 기독교의 주류에 대립되는, 이를 보상하는 처지일 수 있다.

신에 대한 파우스트의 견해가 작가 괴테의 신관에 어느 정도 부합하는지에 대한 논의는 또 하나의 긴 고증을 필요로 할 것이다. 나는 여기서 파우스트의 신관이 어느 면에서는 융이 강조한 신과의 직접적 만남과 그 체험, 자연에 대한 무한한 경이의 태도와 일치한다는 사실을 지적하는 데서 그치고자 한다. 언어로 표현할 수 없는 존재라는 생각도 융의 신관에 상응한다.

물론 심리학적 관점에서 보는 '신'은 형이상학이나 신학 혹은 문학사상과 달리 그 자체의 과학적 전제에서 출발하기 때문에 그것을 이

---

* 괴테, 정서웅 옮김, 앞의 책, 185~187쪽.

들과 직접 대비하는 것은 무리가 있다.* 다만 "느낌이 전부다"<sup>Gefühl ist</sup> <sup>alles</sup>!라는 말을 듣고 이제까지 파우스트가 보여준 이성적 사고형의 모습이 갑자기 달라진 것에 놀랐고, 마르가레테의 질문과 똑같은 질문에 대한 융의 응답이 파우스트와 매우 대조적이어서 여기에 제시할 뿐이다.

영국 국영 텔레비전 방송 BBC의 대담에서 프리맨이 융에게 물었다. "당신은 신을 믿습니까?" 융이 짐짓 멈칫했다가 대답했다. "I know." 더 나아가 "I don't believe. I know." 이 말을 들은 한국의 한 독실한 개신교 신자가 매우 아쉬워한 일이 생각난다. 믿는다고 하지 않고 안다고만 했기 때문이다. 그러나 19세기 말 목사의 아들로 자란 융에게 믿는다는 것은 '덮어놓고 믿음'을 의미했다. 융은 알아야 했고, 생각하고 알게 된 신의 존재를 확신했다. 나는 그의 'I know'를 '생각하고 알기에 확신한다'는 뜻이라고 풀이한 바 있다.**

이제 파우스트 제1부 끝자락에서 우리에게는 아직 두 가지 중요한 이야깃거리가 남아 있다. 하나는 그레트헨에 대한 에딘저의 해석이고 다른 하나는 발푸르기스의 밤 축제, 괴테가 이 장을 왜 여기에 삽입했는지 의문을 갖게 하는 장면을 고찰하는 것이다.

### 에딘저의 그레트헨*** 해석

에딘저는 먼저 그레트헨이 자기 방에서 부르는 노래의 내용을 소개

---

 * 융의 심리학은 신의 형이상학적 개념규정보다 사람들이 신이라 부르는 것에 대해 갖는 '신'의 이미지Gottesbild를 경험심리학적 견지에서 탐구한다. C.G. Jung, "Religion und Psychologie-Eine Antwort auf Martin Buber," *Das Symbolische Leben*, 1981, pp.710~717 참조.
 ** 이부영, 「나는 안다 know」, 『길』 제13권 1호, 한국융연구원, 2012, 1~2쪽.
 *** 마르가레테Margarete의 단축형, 그레테Grete의 애칭. 괴테는 마르가레테를 『파우스트』 비극 1부에 부분적으로 그레트헨의 이름으로 등장시켰다.

하면서 툴레왕과 왕비의 사랑과 그녀가 죽을 때 왕에게 선사한 황금의 잔에 주목했다. 『파우스트』에는 잔의 주제가 자주 나타난다. 파우스트가 독배를 들고 자살하려다가 부활절 종소리에 마음을 고쳐먹는 장면의 잔, 쥐약의 노래가 불리던 아우어바흐의 주막집에서 메피스토가 술꾼들에게 만들어주는 포도주를 받아 마시는 유리잔, 마녀의 부엌에서 마녀가 만들어주는 젊어지게 하는 묘약을 담은 잔 등 모두 마법의 잔, 변환의 잔으로 원형적 상징성을 갖고 있다.

에딘저는 말한다. "잔 또는 그릇은 정신의 가장 기본적인 원형적 유형의 하나로 수용성containment과 보양nourishment의 촉진자인 여성 원리의 경험을 가리킨다." 성배의 전설에서도 볼 수 있듯이 그것은 한마디로 자기Selbst의 상징이다. 자기의 여성적 측면, 달리 말해 여성적 형태의 융합coniunctio의 산물을 나타낸다.

그레트헨의 노래에서는 툴레왕국 국왕이 죽을 때 그 애지중지하던 황금 술잔을 마지막으로 비운 다음 깊은 바다로 던져버렸는데, 그와 같이 파우스트-그레트헨 융합으로 생긴 아이도 결코 살아남지 못했음을 지적한다.* 그럴듯한 착상이다.

에딘저는 그릇의 상징에서 출발해 그녀를 받쳐주던 가족이라는 용기의 파괴, '마르가레테의 어머니와 오빠에 대한 근친간적 리비도 애착의 급격한 단절', 더 나아가 교회라는 그릇의 보호조차 잃게 되는 과정을 설명하며 마침내 그녀 마음이 분열되어 두 대극 사이를 헤매게 되었음을 지적했다.

"기독교 정신은 숙명적으로 그리스도와 사탄으로 분열되었다. 영성과 자연, 하늘과 땅. 이 분열은 최후의 심판의 이미지로 제시된다. 그것은 죄인과 구원된 자를 영원히 분리하고 하나는 지옥

---

* E.F. Edinger, *op. cit.*, pp.39~40.

으로, 다른 하나는 천국으로 보낸다."*

　그레트헨을 유혹하고 버렸다는 죄책감에서 파우스트 역시 무척 고
통을 받았다는 점에 나도 동감한다.** 그러나 파우스트가 그레트헨을
적극적으로 '버렸다'는 증거는 없다. 그는 지성인 특유의 우유부단한
내부 의혹에 시달렸고 마르가레테는 이를 자기를 버린 것으로 오해한
것이라고 본다. 이유 여하를 막론하고 파우스트가 마르가레테와 결혼
했어야 한다는 에딘저 주장에는 나도 전적으로 동감한다. 파우스트가
마르가레테와 결혼에 실패한 것을 정당화할 수 있는 유일한 조건이
있다는 에딘저의 말은 내게는 그가 인용한 융의 초기 문헌과 함께 새
로운 것이었다. 그는 이렇게 말한다.

　"파우스트가 그레트헨과 결혼하는 데 실패한 것은 오직 그가 배
　신한 값에 필적하거나 그보다 더 큰 값을 사회에 상환할 때 정당
　화될 수 있다."***

　그는 융 전집 18권 『상징적 삶』에 실린 융의 1916년 논문을 다음과
같이 인용했다.

　"이전의 (어떤) 개인적 찬동persönliche Einstimmigkeit, personal conformity
　의 파기는 미적·도덕적 이상의 파괴이기 때문에 개성화로 들어
　서는 첫걸음은 하나의 비극적인 **죄**Schuld이다. 죄가 축적되면 **속**

---

*　*Ibid.*, p.42.
**　융이 파우스트를 욥과 비교하면서 욥은 그 자신이 고통을 많이 겪었지만
　　파우스트의 경우는 그 자신보다 그 주위 사람들이 고통을 겪었다고 한
　　말을 에딘저가 인용하면서 말한 것이다. E.F. Edinger, *op. cit.*, p.43; C.G.
　　Jung, *Das symbolische Leben*, G.W. 18(II), par.1694(Faust und Alchemie).
***　E.F. Edinger, *op. cit.*, p.44.

죄$^{Sühne}$가 요구된다. ……

개성화는 그 사람을 개인적 찬동으로부터, 다시 말해 집단성으로부터 잘라낸다. 그것이 개성화된 사람$^{Individuierte, Individuant}$이 세상에 남긴 죄이며 그것을 그는 해결하고자 노력해야 한다. 그는 그 자신의 몸 대신 몸값$^{Lösegeld}$을 지불해야 한다, 즉, 그는 집단적·개인적 영역 속에서 그의 부재$^{不在}$에 맞먹을 만한 가치를 생산해내야 한다. 이 가치의 생산 없이 궁극적인 개성화는 부도덕하며—그 이상으로—자살적이다."*

에딘저는 융의 이와 같은 주장에 입각해 파우스트가 결혼을 생각하지 않고 사회를 고려하지 않았으며 오직 자기만족을 목표로 했으므로 사회에 죄를 지었고, 그를 대신하여 마르가레테가 벌을 받았다고 했다. 파우스트의 행위가 집단성에서 떨어져나가는 개성화의 발걸음이었다고 하더라도 그는 대등하거나 그 이상 가치를 생산하지 못했으니 속죄될 수 없었다는 논리가 성립된다. 에딘저는 파우스트 제2부 말에서 사람들을 위한 파우스트의 인도적 노력이 그를 구원하는 계기를 마련해주었을지 모른다고도 했다.** 이 부분은 제2부에서 다시 다루겠지만 좀 단순한 생각이 아닐까 싶다. 융이 말하는 가치가 그런 외부적 행동을 말하는 것인지, 제2부에서 파우스트의 간척사업이 과연 인도주의적 행동이라고 할 수 있는 것인지 좀더 세밀한 고찰이 필요하다.

그가 심리학적으로 볼 때 그레트헨 이야기가 아니마와 '융합하려는

---

* *Ibid.*, p.44; C.G. Jung, "Anpassung, Individuation und Kollektivität"(in) *Das symbolische Leben*, G.W. 18(II), par.1094f. 에딘저의 인용부분을 독어 원문과 대조하여 실음. 이 논문은 융의 1916년 강연원고다. 1913년 프로이트와 결별하고 자기 자신의 무의식을 관조한 지 3년 후, 분석심리학의 기본개념이 형성되어 발표하기 시작한 시기에 해당된다. 개성화를 논할 때 죄와 속죄를 말하는 것이 특이하다. 아직 프로이트와 결별한 일이 아픈 상처로 남아 있었던 탓인지 내용이 단호하면서 단정적이다.

** E.F. Edinger, *op. cit.*, p.44.

첫 시도'이자 비극적인 실패 이야기인데 그 이유는 그 과정이 무의식적으로 진행되었기 때문이라고 한 것에는 전적으로 동감한다. 위에서 나도 두 연인과 주위 사람, 교회와 의식된 대결의 부재를 지적했다. 에딘저가 그레트헨을 아니마 발전의 첫 단계이며 본능적 단계의 사랑, 순수한 무의식적 욕구를 대변하는 이미지라고 규정하는 것도 융학파에서 일반적으로 통용되는 상식으로 수용할 수 있으나 그레트헨을 그 첫 단계의 예로 삼는 것이 반드시 옳은지는 생각해볼 필요가 있다. 아니마는 수없이 많은 얼굴을 하고 있으며, 변하고 순환한다. 발전 단계라는 체계를 세워 자리매김할 수 없을 정도다.

무의식적으로 일어나는 융합은 결국 죽음<sup>mortificatio</sup>에 이른다고 그는 말한다. 그런 융합을 그는 '미약한 융합'<sup>lesser coniunctio</sup>이라고 했다.*
"성애적 사랑의 최고의 행복감은 '아우어바흐 주막'의 노래 속 쥐약이 된다."**

그러나 이 말은 『파우스트』에는 적용되고, 그런 경향이 인간의 사랑행위에서 실제로 관찰되지만 너무 절대시하고 일반화해서는 안 된다. 남녀의 사랑은 기본적으로 본능적인 것이다. 본능적인 사랑이라고 해서 다 파멸에 이르는 것은 아니다. 그것은 사람을 죽이기도 하고 살리기도 한다. 그러기에 사랑은 커다란 수수께끼다. 그것은 신비로운 것이다.

마르가레테는 파우스트의 죄 없는 기독교 영혼이었다는 에딘저 말에 나도 동의한다. 그것은 파우스트 마음을 사로잡은 매력의 하나였다. 그런데 그렇게 순수하고 경건한 소녀를 메피스토적 에너지의 급습에 사로잡힌 파우스트가 착취하고 버렸다는 데는 동의하지 않는다. 파우스트는 일방적으로 그레트헨을 착취하고 버린 것이 아니다. 작

---

* *Ibid.*, p.45에 인용됨. E.F. Edinger, *Anatomy of the Psyche*, p.212f.
** E.F. Edinger, *Goethe's Faust*, p.45.

품에서 그런 것을 암시할 만한 말을 볼 수 없다. 다만 그는 '생각에 잠겨' 그녀에게 갈 수 없었을 뿐이다. 메피스토가 어디까지 영향을 주었는지도 불확실하다. 괴테는 이 부분을 매우 모호하게 처리한 것 같다. 책임질 존재가 누구인지 분명히 할 수 없게 만들었다. 물론 파우스트는 발렌틴과 싸울 때는 거의 메피스토 지시에 수동적으로 움직였다. 그러나 하나의 커다란 운명적인 '무심함'이 전체를 지배하는 듯한 느낌이었다. 그것이 개인적으로 배려하는 인간의 마음을 빼앗아버렸다. 이 공백에서 싹튼 극도의 대극갈등은 당연히 실수를 초래할 수밖에 없다.

"우리 세계의 탈기독교화와 과학과 기술의 악마적 발전"은 절정에 달한다.* 에딘저는 위 이야기를 현대인의 정신상황에 비추어 융의 말을 인용해 비교하는데, 모든 변화에는 융 자신이 말했듯이 목적이 있다고 볼 때 세계는 부단히 전체로 변모를 거듭해갈 것이다. 과학기술의 눈부신 발전이 문제가 아니라 그것을 대하는 인간의 자세가 문제다.


## 발푸르기스 밤의 축제

*하르츠의 산속, 시에르케와 엘렌트 지방*
*파우스트와 메피스토펠레스 등장*


발푸르기스 밤의 축전 장면은 마르가레테의 오빠 발렌틴이 죽는 '밤' 장면, 마르가레테가 성당에서 기도하며 '악령'의 비난에 시달리는 성당 장면 다음에 전개되는 장면이다. '우물가에서' '성 안쪽 길' 등 그 이전 장면에 모두 마르가레테의 고통스러운 마음이 표현되어 있는

---

* *Ibid.*, p.45; C.G. Jung, *Aion*, par.68.

데 메피스토가 무슨 까닭으로 파우스트에게 축제를 보이기 위해 그를 브로켄산Brockenberg으로 데리고 갔는지 불확실하다. 이미 '밤'에서 메피스토는 발푸르기스 축제에 갈 생각으로 기분이 들떠 있었다. "벌써부터 온몸이 후끈 달아오른다"며 "거길 가면 사람들이 왜 밤을 지새우는지 알 것"이라고 한다. 바로 직전에 "인간은 도둑놈 심보, 약간은 색골 기질이 고개를 드는군요" 하는 것으로 보아도 그곳이 환락과 색욕의 발산처임을 짐작할 수 있다. 파우스트는 메피스토와 달리 가슴속에 칠흑 같은 암흑을 안고 있었는데 그냥 따라나섰다.

발푸르기스의 밤은 5월 1일 성 발푸르가der heiligen Walpurga 기념일에 브로켄산 위에서 열리는 마녀의 집회다. 전설에 따르면 마녀들은 발푸르기스 성인이 도덕적으로 너무나 청렴해서 화가 나 있었다고 한다. 그러니 그 보복으로 어떤 부도덕한 행위가 펼쳐질지 짐작된다. 브로켄산은 북부독일 하르츠산맥의 최고봉이며 메피스토와 파우스트가 등장한 시에르케Schierke와 엘렌트Elend 지방은 브로켄산 자락의 작은 마을이라고 한다.*

'발푸르기스 밤'은 메피스토로부터 뒤늦게 마르가레테가 감옥에 있음을 듣게 된 파우스트가 비통한 마음으로 감옥을 향해 가는 '흐린 날, 벌판 장면'과 '감옥' 장면으로 이어진다. '발푸르기스 밤'의 축제는 '발푸르기스 밤의 꿈, 오베론의 금혼식'과 함께 마치 넓은 강처럼 그레트헨의 고통과 운명의 시간을 가로지른다. 왜 괴테가 이 괴상한 장면을 여기에 삽입했는지에 대한 문학비평가의 복잡한 고증은 제쳐놓고 먼저 우리는 파우스트와 메피스토가 들어선 밤의 산골짜기를 따라가 보기로 한다. 거기에 무엇이 있는지, 무슨 일이 일어나고 있는지, 앞으로 무엇을 보여줄지 경험해보자.

---

* Goethe, *Faust*, p.367.

메피스토와 파우스트는 이 험악한 바위산을 걸어 올라가고 있다. 이상하게도 파우스트는 힘이 넘쳐 봄기운을 느끼는데 메피스토의 몸은 엄동설한처럼 차갑고 걸음걸이도 힘들어 도깨비불Irrlicht에 의지해 돌산을 올라간다. 마치 어둠의 세계로 가는 힘겨운 순례길 같다. 그들이 들어선 세계는 '꿈의 나라, 마법의 나라'다. 나무뿌리는 꿈틀거리고 바위는 코를 골고 물소리가 사랑의 하소연을 전하는가 하면 새들, 도롱뇽, 형형색색의 쥐들까지 동원한 숲의 장면은 '나그네의 갈 길을 혼란케 하기'에 충분하다.* 태초의 '어머니들', 즉 태모Große Mutter의 세계다. 파우스트가 말했듯이 그곳은 무시간적·무공간적 꿈의 세계다.

> **파우스트** 하지만 말해다오. 우리는 서 있는 것이냐?
> 아니면 계속 가고 있는 것이냐?
> 모든 것이 빙빙 도는 것만 같다.**

산 중턱에서 메피스토는 파우스트에게 부의 신, 마몬의 황금에 주의를 환기시킨다. 안개 속에 활활 타오르는 불꽃은 나그네에 대한 마몬신의 환영연이란다. '온 산 가득히 미친 듯 마법의 노래가 울려 퍼지면서' 마녀 무리가 브로켄산으로 간다. '마녀는 방귀를 뀌고 수염소는 악취를 풍기며', 바우보Baubo(그리스의 곡신 데메테르의 유모)는 암퇘지를 타고 오고, 미친 듯 밀치며 오늘 오를 수 없는 자는 영원히 버림받은 자라면서 모두 서둘러 산 정상을 향한다. 어둡고 음산한 여괴인 마녀들이 산골짜기가 아니라 산꼭대기에서 축제를 벌인다는 것은 동양인으로서는 의외다. 왜냐하면 산꼭대기는 하늘에 가까운 곳, 밝고 높은 천신이 내려오는 곳, 신성한 곳으로 간주되기 때문이다. 유럽 대륙에서는 산꼭대기에 성과 도시를 곧잘 구축하는데 한국을 비롯한

---

* 괴테, 정서웅 옮김, 앞의 책, 206~208쪽.
** 같은 책, 209쪽.

동양에서는 산꼭대기는 항상 신의 주거로 보존되어 있고, 인간은 그 큰 산 모퉁이에 어머니 품에 안긴 아기처럼 오손도손 집을 지어 모여 살고 있다.

　마녀는 그 흉측한 모습과 달리 새처럼 하늘을 날 수 있으니 그녀의 지하계적 속성에도 불구하고 하늘을 비상하는 영성까지도 부여받은 존재였던가 싶다.

### 마녀에 대하여

　마녀witch, Hexe는 '주로 여성으로 초자연적 힘을 악한 목적으로 사용하는 자'라고 정의된다. 마녀는 전 세계에서 보고되었다. 그들은 미래를 볼 수 있고 상해를 피할 수 있으며 변신變身하고 거의 무슨 일이든 할 수 있다. 그녀 몸에는 어둠의 권력과 계약했음을 증명하는 검은 반점이 있다. 마녀를 감별하고 작업을 방해하는 특수한 방법이 강구되어왔다. 마녀술Witchcraft은 개인적인 보호령으로 흔히 타인의 불이익을 목적으로 다른 사람을 지배하는 작업이며, 본래 여성 주술사의 주술을 말한다. 어떤 사회에서는 모든 사람이 마력을 행사한다고 한다.*

　그러나 중세 유럽에서 '마녀'라 불리던 여성들은 기독교에 따라 많이 왜곡되고 부정적 측면이 부당하게 과장된 이미지를 강요받았다. 마녀는 본래 해로울 수도 이로울 수도 있는 여성 주술자들이었다. 그들은 약초를 다룰 줄 알며 사람을 죽게 만드는 독약에 관한 지식을 가지고 있고 매우 추하게 생겼다. 그러나 본래는 이른바 이교異教의 주의呪醫나 여사제였는데 기독교의 영향 아래 사악한 '마녀'로 전락했다.** 14세기 전까지 유럽의 마녀술은 마술과 다름없었다. 그러나 그 후 교회에서는 마녀가 사탄에게 순종을 서약했고 사탄은 그들의 마술이 효력

---

　*　Charles Winick, *Dictionary of Anthropology*, Littlefield, Adams & Co., Totowa, New Jersey, 1970, p.569.

　**　Gertrude Jobes, *Dictionary of Mythology, Folklore and Symbols* Part 2, The Scarecrow Press, Inc, New York, 1962, p.1687.

을 나타내도록 돕기로 했다고 강조하기 시작했다. 그 뒤 마녀술은 사교邪敎, False religion가 되었고 1484년 교황의 교서에 힘입어 이단 배격 운동이 격화된 것이다. 1700년까지 최소한 20만 명이 '마녀'로 처형되었다.* 그런데 놀랄 일은 사람들이 마녀라고 고문 끝에 화형火刑한 희생자 대부분이 히스테리성 장애를 포함한 정신장애자였으며 서양의 마녀사냥은 세계 정신의학사에서 유례를 찾을 수 없는 정신장애자 낙인찍기와 박해사례로 기록되어 있다는 사실이다.** 서양의 마녀가 기독교 이전의 무해한 풍요종교Fertility religion이고 어떤 지역에서는 민간 주술의 전승 속에 살아남았다는 주장***도 있는 점으로 미루어 일방적인 정신주의적 기독교의 금욕적 태도에 눌려 제대로 실현되지 못한 본능이 왜곡되고 미분화된 상태로 무의식에 억압된 채 있을 수밖에 없게 된 사정을 짐작할 수 있다.

중세 이후 르네상스 시기에 이르기까지 서유럽의 '마녀'는 그녀들을 심문하고 심판한 당시 교계의 심판관, 남성수도사, 민중의 무의식에 억압되어 고태적 형태를 취한 본능적 욕구, 특히 성애적 형태의 욕구 투사 대상이었다. 즉, 그들은 자신 안의 성적 욕정, 살인적 아니마Killing anima를 보지 못하고 직면하는 것이 두려운 나머지 정서적으로 약하고 암시에 잘 휘둘리며 성적 상상이 분방한 감수성 많은 여성에게 뒤집어씌워 이들을 불에 태워 죽였다. 이와 같은 무모한 집단투사와 집단학살 사례는 지구상에서 아직 사라지지 않았다.

게르라흐Hildegard Gerlach는 후대 '마녀신앙'이 고대 그리스의 여신 헤카테와 로마의 달의 여신 디아나와 그 제의로 거슬러 올라간다고 했

---

\* John R. Hinnells, *Dictionary of Religions*, Penguin Books, Middlessex, 1984, p.352.

\*\* G. Zilboorg, *A History of Medical Psychology of Medical Psychology*, Norton & Co., New York, 1941, pp.144~174; E. Ackerknecht, *Kurze Geschichte der Psychiatrie*, 1967, p.21.

\*\*\* John R. Hinnells, *op. cit.*, p.352.

다. 소아시아에서 우주적 신이던 헤카테는 헬레니즘 문화에서 지하세계와 유령과 주술의 여주인이 되었으며 전형적인 마녀의 땅이던 테살리아 지방에서 이 여신을 위한 제의가 시작되었다. 헤카테는 여주술사의 보호신이었다고 한다. 로마인은 이를 달의 여신 디아나와 습합했고 디아나 제의는 멀리 북방에까지 영향을 미쳤다. 헤카테신앙은 여러 가지 귀령신앙의 영향으로 무시무시한 여괴女怪들을 수용했다고 한다.*

마녀의 안식일 축제에 관해서는 여러 기이한 보고가 있는데 그것은 음식과 춤과 성적 난교亂交로 이루어진 난장판이다. 그날 밤 마녀들은 모임을 주재하는 사탄에게 그간의 악행을 보고하고 새로운 지시를 받으며 신참은 사탄의 입회축성을 받게 된다. 축제의 날에 마녀들이 아기를 죽여 그 기름을 몸에 바른다는 섬뜩한 말이 있다. 앞서 얘기했듯 5월 1일 발푸르기스의 밤은 악한 주술의 보호녀인 여수도원장 발푸르가Walpurga(779년 사망) 이름을 빌린 마녀 축제인데 기독교 이전 봄의 축제에 이차적으로 결합된 것이라 한다.**

독일 미신사전 등에는 마녀의 추악한 모습, 옷차림, 여러 가지 기이한 현상, 방어법 등에 관해 자세히 보고되어 있다.*** 신화, 전설, 민담의 '마녀'는 어쩌면 서유럽 기독교문명에서 형성된 독특한 귀종鬼種인지 모른다. 드물게 악한 새어머니, 때론 악한 할머니와 처녀도 있지만 한국 민담에는 인격화된 서양 마녀에 비길 만한 존재가 없다. 달리 말해 마녀문화가 정착하지 못했다. 유교문화의 인본주의적 도덕성 때문인지 몰라도 마녀 역할을 하는 존재는 대개 사람이 아니라 여우 같은 동물 형태로 나타난다.

『파우스트』에 나오는 마녀는 그런 교회집단에 의해 만들어진 것이

---

* R.W. Brednich(hrsgb.)(1990), *Enzyklopädie des Märchens*, Bd. 6, p.970.
** *Ibid.*, p.970.
*** *Handwörterbuch des deutschen Aberglaubens*, Bd. 4, 1857~1919; Jobe, *op. cit.* Part 2, 1689; Enzyklopädie, *op. cit.*, 1990, p.970, pp.960~993.

아니라 인류사에 본래부터 존재해온 마녀 전설의 일부다. 전설에서 마녀는 원시부족에서 볼 수 있는 흑주술사Black magic를 뛰어넘는 초자 연적 존재로 어둠의 세계를 다스리는 귀녀鬼女의 일종으로 원형적 상 징을 부각한다.

「민담에서 영의 현상」Zur Phänomenologie des Geistes im Märchen에서 융은 마녀Hexe가 mater nature(자연의 어머니)로 무의식의 근원적인, 말하자 면 모권적 상태를 제시한다고 했다.* 원시사회부터 내려오는 '영혼의 위기'를 일으키는, 그래서 그 방비책이 강구되어온 방어수단은 심리 학적으로는 의식의 해리를 위협하는 무의식의 자율적 콤플렉스의 습 격에서 의식을 지키고자 하는 인간의 시도였다. '마법에 걸림'Behexung 은 바로 의식의 무의식화를 의미한다. 「집단적 무의식의 원형에 관해」 라는 논문에서 융은 '성애적 환상'은 마치 '물의 요정'Nixe과 만나는 것 과도 같다면서 그것이 마녀처럼 여러 모습으로 바뀌면서 지독한 독자 성으로 자아를 매혹하고 홀리게 하거나 불안을 일으킨다고 했다. 그는 마녀가 심술궂은 존재로 사람에게 장난을 걸고 축복을 주기도 하지만 착각, 우울, 황홀감, 통제 안 된 정동을 일으킨다고 말한다.

> "마녀는 사랑과 죽음의 더러운 음료를 섞는 일을 중단하지 않았 다. 그러나 그녀의 마술적 독은 모략과 자기기만을 목적으로 더 욱 정밀해졌다. 비록 보이지 않으나 결코 덜 해로운 것이 아니 다."**

---

* C.G. Jung, G.W. Bd. 9-1, *Die Archetypen und das kollektive Unbewußte*, Walter-Verlag, 1976, p.249. "아니마는 양극성 형상을 가지고 있다. '상위 의 인격'Ubergeordnete Persönlichkeit처럼. 그러므로 그것은 때론 긍정적 으로 때론 부정적으로 나타나고, 때론 늙게 때론 젊게, 때론 어머니로 때 론 소녀로, 때론 선량한 선녀로 때론 마녀로, 때론 성녀로 때론 창녀로 나타난다(C.G. Jung, G.W. Bd. 9-1, *op.cit.*, p.216).
** C.G. Jung, G.W. Bd. 9-1, *op.cit.*, p.35.

융은 마녀를 아니마에 견주면서 아니마라면 심혼<sup>Seele</sup>이며 경이롭고 불사<sup>不死</sup>의 존재를 말하는데 어떻게 이런 여괴<sup>女怪</sup>가 아니마를 대변할 수 있느냐고 반문한다. 그러면서 아니마의 선하고 지고하며 거룩하고 영원한 상은 섬뜩하고 자율적인 것, 생동적인 것을 막고 붙잡아두기 위한 목적을 지닌 도그마적 관념임을 상기시키며 다음과 같이 말한다.

> "아니마원형과 함께 우리는 형이상학이 자리를 마련한 신들의 나라에 발을 들여놓는다.─모든 아니마가 접촉한 것은 누미노제를 띠게 된다. 즉 무조건적이고 위험하며 금기가 되고 마술적이다."*

아니마가 생명을 원하므로 그녀는 선하기도 악하기도 하길 원한다면서 아니마의 이중적·불가해적 측면을 설명하고 있다.

괴테가 묘사한 브로켄산 마녀의 축제장면은 역동적이고 기괴한 면이 없지 않지만 전설적인 발푸르기스 축제의 비인간성, 섬뜩함, 살인적 공포를 자아낼 만한 장면이 드문 것 같다. 그러나 작품 전체에 걸친 빈번한 마녀의 등장, 악령들 세계의 전개는 잠시도 우리 긴장을 풀게 허용하지 않는다.

브로켄산으로 오르는 길에서 메피스토와 파우스트는 이제 방향을 확실히 정해야 한다. 산꼭대기인가. 저 옆 작은 무리가 있는 숲인가. 파우스트는 위쪽으로 가고 싶어 한다. "많은 무리가 악령들에게 몰려가니 거기선 필시 많은 수수께끼가 풀릴 것이다"라는 기대를 한다. 메피스토가 응답한다.

---

\* *Ibid.*, p.37.

**메피스토**  하지만 많은 수수께끼에 얽힐 수도 있지요!

커다란 세계랑 떠들게 내버려두고

우리 여기 조용한 곳에 자리를 잡읍시다.

커다란 세계 속에 작은 모임을 만드는 건

오래전부터 내려온 습관이올시다.

저길 봐요, 온통 발가벗은 젊은 마녀들과

용케 몸을 가린 늙은 마녀들을요.

내 체면을 봐서라도 친절히 대해주세요!

조금만 애를 써도, 즐거움은 클 것입니다.

……

자 갑시다! 별 도리가 없소이다.

……

새로운 인연을 맺어드리리다.*

　파우스트는 산 정상으로 가기를 원한다. 많은 사람이 가는 높은 곳으로. ―청년 파우스트다운 전형적인 외향적 태도를 보인다. 반면에 흥미롭게도 메피스토펠레스는 조용한 중간 자리의 작은 모임으로, 다시 말해 내향적 위치로 가라고 권한다. '벌거벗은 마녀'가 관능적 유혹의 수단으로 나타나지만 마녀의 옷(페르조나)을 벗은 자연 그대로 상태에 가까운 모습을 암시한다고도 할 수 있다.

　피상적으로 볼 때 메피스토가 파우스트를 브로켄산으로 데려온 이유는 파우스트를 관능적 쾌락에 빠지게 하여 기분을 전환해주려는 것이다. "이 불에서 저 불로 돌아다녀봅시다!" "나는 중매쟁이, 당신은 구혼자올시다"라는 메피스토의 말 속에 그 의도가 드러난다고 할 수 있다. 그러나 그 밑바닥에 있는 어둠의 세계, 원초적 에로스의 축성이

---

* 괴테, 정서웅 옮김, 앞의 책, 214~215쪽.

라는 숨은 의도를 생각해볼 수 있다. 그런 목표를 향해 가는 가운데서 걸림돌처럼 길가에 웅크리고 있는 콤플렉스들, 생기를 잃은 노년들의 불만에 대응할 필요가 있었다.

메피스토는 숲으로 가는 길에 꺼져가는 숯불 주위에 앉아 있는 노인장들에게 말을 건다. "노인장들, 이런 구석에서 무얼 하고 계십니까? 당당히 저 한가운데로 나아가 질탕하게 놀아나는 젊은이들 사이에 끼는 게 어떨지요?" 그들은 그에 대한 반응 없이 세상을 한탄하고 '요즘 사람들' '요새 젊은 놈들'을 비판하는데 모두 새로운 시대에서 버림받은 구시대의 장군, 장관, 벼락부자, 작가다. 이런 식의 동시대인의 위선에 대한 풍자는 '발푸르기스 밤의 꿈 혹은 오베론과 티타니아의 금혼식' 제하의 연극에서도 볼 수 있고 『파우스트』 제2부 여기저기에서도 발견된다.

그다음에는 어르신네들에게 낡은 것들을 내놓고 선전하는 고물상 마녀가 등장한다. 그녀의 노래가 심상치 않다. 세상의 다른 물건들과는 다르다고 한다.

> **고물상 마녀** 우리 상점의 물건치고
> 인간과 세상에 대해
> 큰 해를 끼치지 않은 게 없답니다.

"피를 보지 않은 비수도 없고/뜨거운 독을 쏟아 넣어/건강한 육체를 죽게 만들지 않은 술잔도 없고,/사랑스러운 계집을 꾀어내지 않은 패물도 없으며/맹약을 깨뜨리거나,/등 뒤에서 상대방을 찌르지 않은 검 또한 없답니다."*

이 모든 것은 사실 메피스토와 파우스트가 그레트헨과 그녀 오빠와

---

* 같은 책, 218쪽.

어머니에게 행한 것을 생각나게 만드는 것들이다. 메피스토가 "좀 새로운 걸 진열해놓으세요!" 하면서 핀잔주듯이 한 말은 마치 아픈 과거를 보지 않으려는 억지처럼 들린다.*

그러나 파우스트는 아직 정신이 혼란된 상태여서 그런 눈치를 채지 못하는 것 같다. 그때 멀리에서 한 여인의 상이 나타난다. 릴리트^Lilith다. 유대전설에 따르면 릴리트는 아담의 첫 아내였는데 아담과 싸운 뒤 이별하고 최고 마귀의 애인이 된 자로 그녀의 아름다운 머리카락은 마녀의 유혹적인 힘의 근원이라는 미신이 있다고 한다.** 메피스토가 아름다운 머리카락의 위험성을 경고한 뒤 파우스트는 늙고 젊은 두 마녀를 발견한다. 둘은 드디어 마녀들과 춤추기 시작한다. 파우스트는 아름답고 젊은 마녀와 춤추며 성애적인 내용의 노래를 부른다.

> **파우스트**　언젠가 나는 아름다운 꿈을 꾸었지.
> 　　　　　　그때 한 그루 사과나무를 보았네.
> 　　　　　　예쁜 사과 두 개가 빛나고 있었네.
> 　　　　　　내 마음 이끌려 그 위로 올라갔네.

늙은 마녀와 춤추던 메피스토는 이와 반대되는 꿈 이야기를 한다.

> **메피스토**　언젠가 나는 황량한 꿈을 꾸었지.
> 　　　　　　그때 한 그루 갈라진 나무를 보았지.
> 　　　　　　그건 엄청난 구멍^ein ungeheueres Loch 하나를 갖고 있었지.
> 　　　　　　크기는 했지만 내 맘에 들었네.
> **늙은 마녀**　말발굽을 가진 기사님,

---

* 같은 곳.
** Goethe, *Faust*, p.368 각주; 괴테, 정서웅 옮김, 앞의 책, 219쪽 각주 45).

진심으로 당신을 환영합니다!
그 큰 구멍das große Loch이 싫지 않으시다면
알맞은 마개를 준비하세요.*

괴테는 이 대화 바로 뒤에 계몽주의자 니콜라이를 빗댄 '엉덩이 시령사'를 등장시켜 메피스토 등에게 "저주받을 놈들아!" 하며 무의미한 욕설을 퍼부음으로써 '외설적'인 언사에서 주의를 돌리게 하지만 우리는 여기서 인간 파우스트의 사랑과 악마의 사랑이 어떻게 다른지를 짐작할 수 있다. 중세에 사과 두 개는 유방을 말한 것이라 한다. 파우스트의 사랑이 육체적인 사랑이라는 사실이 여지없이 드러나는 동시에 그 사랑과 그리움의 대상이 모성성―유방―에 있음을 시사하는 꿈이다. 그에 비해 마귀의 꿈은 황량하다. 따뜻한 감정이 없는 오직 크기를 과시하는 고태적 거인의 무감각한 혹은 초감각적·우주적 융합이다. 인간무의식에 에로스의 두 측면이 있어 원초적 측면에서 인간적(혹은 동물적) 측면으로 분화할 가능성을 여기서 볼 수는 없을까.

파우스트는 마녀와 추는 춤을 즐기면서도 그 즐거움을 방해하는 요인들에 부닥친다. 마녀 입에서 빨간 쥐가 나오는 것을 본 그는 마녀의 실체에 놀라서 흥을 잃었다. 게다가 그는 멀리서 창백하고 아름다운 여자아이가 발에 족쇄가 채워진 채 홀로 서 있는 모습을 보았다. 그녀는 그레트헨 같았다.

파우스트에게 이 영상을 보여주기 위해 그동안 그 긴 소란스러운 야단법석, 어두운 태모太母, Goße Mutter의 딸들과 춤추며 한 패가 되어 광란 속에 몸을 맡기게 하는 일들이 벌어졌는지 모른다. 쉽게 생각해 메피스토가 기분을 풀라고 브로켄산의 마녀들 집회에 파우스트를 안

---

* 괴테, 정서웅 옮김, 앞의 책, 219쪽, 220쪽; Goethe, *Faust*, dtv, p.122. 원전에 있는 대로 번역을 보완해 그대로 소개한다.

내해 기분을 들뜨게 해주려고 했으나 그레트헨과 나눈 뜨거운 사랑을 지울 수 없는 기억이 족쇄를 찬 가련한 소녀 모습으로 그 앞에 나타났다고 할 수 있다. 메피스토가 그 소녀의 영상을 환영에 불과하다며 메두사의 무시무시한 모습처럼 위험한 것인 양 둘러대지만 파우스트는 속지 않는다.

> **파우스트**　정말이야, 저건 사랑하는 손길로 감겨주지 못한
> 　　　　　　죽은 여인의 눈동자야.
> 　　　　　　저건 그레트헨이 내게 바친 젖가슴이요,
> 　　　　　　내가 탐닉했던 달콤한 육체로다.*

　무의식에 억압된 아니마상이 오랫동안 자아의식의 돌봄을 받지 못하면 꿈에서 아니마는 초라하고 가엾은 죄수 같은 모습으로 나타난다. 이제 파우스트의 아니마가 파우스트를 부른다. 그런데 그의 환상은 사실에 부합한다. 즉, 그레트헨은 감옥에 갇혀 있었다. 하나의 동시성 현상이다.

　그레트헨을 잊게 만들려던 메피스토는 마침 막을 올리는 그곳 아마추어들의 공연에 관심을 갖는다. 그 제목이 '발푸르기스 밤의 꿈 혹은 오베론과 티타니아의 금혼식'이다. 이 막간극은 파우스트와는 관계가 없다고 한다.** 메피스토와 파우스트는 거기에 없다. 오베론은 천왕성의 한 위성인데 티타니아의 남편인 요정의 왕이다. 부부 재결합, 부부 싸움할 경우 처방 같은 훈수를 두는 장면이 있지만 대체로 자연의 기괴한 작은 곤충 모양 존재들이 나오거나 괴테가 풍자하고 싶은 인물이나 집단들을 희화화해 은근히 그들의 위선이 드러내게 한다. 당연히 마녀가 참여하고 방탕한 분위기 속에 가면무도회 같은 놀이가 진

---

　　* 괴테, 정서웅 옮김, 앞의 책, 224쪽.
　** 같은 책, 225쪽 각주 56).

행되다가 관현악의 약한 소리에 따라 막이 내린다. 칸딘스키나 폴 클레 같은 화가 그림에 나오는 기상천외한 형상들이 만화영화처럼 우습게 걸으며 말하는 모습이 무겁고 음울한 앞 장면의 분위기를 완화한다.

괴테는 자신이 평소 관심을 가지고 있던 연금술 사상과 함께 유럽 기독교 문명의 그림자, 마녀의 세계를 틈틈이 작품『파우스트』에서 표명하게 했고 파우스트가 거쳐 지나가야 할 과정으로서 제시했다. 파우스트가 제1부에서는 '마녀의 부엌'에서 시작해 발푸르기스 밤의 축제로서 브로켄산 꼭대기에서 주최되는 마녀의 춤 모임에 초대되었고 제2부에서는 다시 발푸르기스 밤을 겪도록 했다. 그러나 제1부에서는 앞에서 시사한 대로 그 마녀의 세계에서 파우스트가 얻은 것이 별로 없는 것 같다. 그가 소화하기에는 마녀들이 너무 동물적이어서 혐오스러웠고 작가의 마녀 묘사도 앞에서 소개한 마녀전설에 비해 비교적 평범하여 어둠의 세계가 갖는 섬뜩함, 무시무시한 귀기鬼氣, 누미노제numinose(신성한 힘)가 주는 경악과 감동이 부족하지 않았나 생각될 정도다.

『파우스트』제1부의 마녀들은 신화적인 태모Große Mutter*와 그 자녀들, 원초적 어머니의 불가해하며 집어삼키는 무의식의 요상한 세력들이고 그들과 함께 춤을 춘다는 것은 그러한 무의식의 힘과 의식된 관계를 가짐을 말한다. 춤은 어울림이고 조화로운 관계형성의 몸짓이다. 파우스트는 어느 정도 흉내 낸다. 그러나 그의 합리적 이성과 미적 가치관은 원형적 세계의 적나라한 실상을 견디지 못한다. 파우스트가 지령地靈을 불렀지만 그의 흉측한 몰골을 보고 충격을 받아 외면

---

* 태모太母, Große Mutter에 관하여 E. Neumann, *Die Große Mutter*, Waltter Verlag, Olten, 1981 참조.

했듯이. ─ 모든 원형Archetypus은 이중의 측면을 갖는다. 사람들은 그 황홀함에 열광한다. 그러나 그 추악하고 혐오스러움에 충격을 받아 이를 배격한다. 파우스트가 마녀 입에서 빨간 쥐가 튀어나오는 것을 보고 놀라듯이. ─ 쥐는 영혼으로 코나 입을 통해 들락거린다는 사실을 머리로 듣고 아는 동안, 사람은 그 사실을 받아들이고 흥미마저 느낄 수 있다. 그러나 당장 그것이 구체적 현실로 실연된다면 그의 태도는 달라질 것이다. 내 안에 그런 것이 있을 리 없다며 분석을 중단하고 도망칠 것이다. 무의식은 지적인 해석과 이해로 '의식화'될 수 없다. 오직 감정적 체험으로 의식화(깨달음)와 인격의 변화가 일어나는 법이다.*

발푸르기스 밤의 축제는 마녀들뿐 아니라 기괴한 정령들, 죽은 자들 혹은 살아 있는 자들의 불평불만 등 밤하늘 아래 꿈틀거리는 자연, 나무뿌리, 기어 다니거나 날아다니는 짐승들까지 물소리와 불꽃 속에 춤추는 마녀들, 외설적인 몸짓과 수작, 시간 공간이 멈추어버린 곳에서 일어나는 소란한 촌극 등 메피스토가 파우스트를 끌고 간 그곳 세계는 사실 나에게는 지옥에 비길 만큼 끔찍한 곳이라는 인상을 주지 못했다. 방탕의 극치를 묘사했다고 보기도 어렵다. 그러나 그 전체의 어두운 배경은 파우스트의 환영, 족쇄를 찬 가엾은 소녀상을 부각하기에 충분했다.

그다음에 이어지는 슬프고 어두운 장면들, 파우스트와 관계없는 간막극, 발푸르기스 밤의 꿈, 오베론과 티타니아의 금혼식, 그것이 끝나자 곧 '흐린 날' 벌판에서 시작하여 '감옥'에 이르는 무거운 장면 구성은 나에게는 당연한 귀결로 보였다. 앞에서 지적했듯이 간막극은 지

---

* 파우스트가 브로켄산의 마녀 세계에서 얻은 것은 태모의 음산함과 대조되는 청순한 그러나 버려진 소녀상을 기억하게 만들었다는 사실이다.

나치게 심각해지려는 독자 마음을 잠시 다른 곳으로, 즉 핀잔 섞인 놀이극으로 풀어주는 역할을 하는 것으로 보았고 파우스트의 사랑 문제는 오베론의 말로 이어진다고 보았다. 그 뒤에 환영의 주제가 바로 이어져 환영이 사실임을 알게 된 파우스트가 메피스토를 맹비난하는 '흐린 날, 벌판'으로 이어지므로 이상할 것이 없다는 생각이 들었다. 그러나 작품 형성과정을 면밀하게 연구하는 문학가에게는 이런 갑작스러운 결합이 무척 당황스러운 문제였던 듯하다. 비록 슈타이거*가 한 문학의 심층심리학적 해석 또는 '상징적 해석'에는 기본적으로 거부감이 있지만 발푸르기스 밤의 축제 장면 등에 관한 문학적 고증은 참고할 만하므로 잠시 그의 생각을 함께 들어본다.

슈타이거에 따르면 발푸르기스의 밤 장면은 '신과 내기'라는 파우스트 이야기 최초의 주제와 같은 관점에서 읽는 것이 가장 적절하지만 작품 성립의 특수 사정을 고려하지 않으면 안 된다고 한다. 괴테는 일찍부터 파우스트를 브로켄산으로 데려가고 싶어 했다.

처음엔 단순한 모험행, 메피스토의 시도가 실패로 돌아가게 되는 모험의 하나로 생각했는데, 완성할 즈음 뜻밖의 착상이 일어났다. 일종의 문학풍자인 '오베론의 금혼식'을 집필하게 된 것이다. 괴테가 이것으로 무엇을 표현하고자 했는지 슈타이거는 우리에게 다음과 같이 가르쳐준다.

"티타니아와 오베론은 따로 살고 있다. 오베론은 북쪽 나라에, 티

---

* "괴테는 훌륭한 형태를 갖춘 것, 순수한 것, 아름다운 것에는 눈물을 흘릴 만큼 감동을 보였다. 괴기하고 야만스러워도 그것이 자연 속에서 일어나는 한 호기심을 갖고 재미있어 했지만, 쇼펜하우어나 니체나 심층심리학의 감화를 받아 머리에 피가 오른 작자들이 정신없이 사로잡히는 저 흥분이나 감격을 가진 채 그것을 바라본 적은 한 번도 없었다." E. Staiger, *op. cit.*, p.310.

타니아는 남국에 살고 있다. 이제 이 둘을 하나로 결합하고자 한다. 북과 남, 독일과 고전 고대 그리스로마, 이 둘의 대립은 우리가 이미 알고 있는 것처럼 당시 괴테가 재삼 언급하는 문제다. 이것은 뒤에 헬레나의 비극이라는 형태로 가장 숭고한 양식으로 전개될 문제이기도 하다. '오베론의 금혼식'에서는 그저 약간 기지에 찬 암시 정도에 머물렀다."*

슈타이거는 간막극에 등장하는 인물 혹은 곤충들은 독일문학계의 조류를 대변하거나 실존하는 시인들을 나타낸다고 한다. 예컨대 아리엘은 고상한 문학, 푸크는 통속적 문학을 대변하며 파리주둥이, 모기 코삐기, 거머리에 잠자리 등이 멋대로 부르는 노래는 독일 문학의 앙상블이며 가수 하나하나가 당시 독일 문단의 누구인지를 알아내는 것은 어려운 일이 아니라고 한다. 괴테가 '오베론의 금혼식'을 『파우스트』에 적합한 것으로 본 이유가 어디 있는지에 대해 그는 괴테가 『파우스트』 집필 내내 독일과 고전고대의 관계를 많이 생각한 탓으로 돌렸다. '발푸르기스 밤'의 최종원고 이전에 구상했던 악마의 세계는 밀턴의 『실락원』의 지옥도를 알게 된 후 만들어졌는데, 지금보다 훨씬 기괴하고 외설적이며 극적이고 해학과 상상력 넘치는, "고전주의와 낭만주의의 모든 저작을 능가한다"고 할 만한 것이었다. 마르가레테의 환영은 더욱 처절했는데 처음에는 사탄을 등장시켜 그 앞에서 아첨하는 문인들을 묘사할 계획이었지만 반영하지 않았다. 슈타이거의 다음 말이 흥미롭다.

"사탄이 등장하는 장은 「천상의 서곡」의 여러 전제와 조화시키기가 어려웠을 것이다.
그리고 아무래도 괴테는 이 곤란에 직면한 것만으로도 벌써 그

---

* *Ibid.*, p.306.

황량한 밤의 권내에 머물기가 싫어진 것 같다. 그래서 '오베론의 금혼식'이라는 막간 광언을 끼워 넣은 것이다."*

'그 황량한 밤의 권내에 머무는 것이 싫어졌다'는 말에 주목할 필요가 있다. 이것은 밤을 경험하는 자의 감정반응이다. 이 감정은 밤을 경험하는 인간의 보편적이고 원초적인 감정이다. 그러기에 인간은 아침의 해돋이를 그리도 간절히 원한다. 그러니 괴테가 너무도 무겁고 괴이하고 악마적이고 비합리적인 세계에서 연출하다보니 그 자신은 물론이고 관중의 무거워진 마음을 잠시 쉬게 하려고 덜 심각한 해학적인 간막극을 삽입했다고 보는 것이 결코 잘못된 해석이라 할 수는 없을 것이다.**

그레트헨의 환상에서 간주곡으로, 간주곡에서 '흐린 날' '들판'으로 가는 '저 당돌한 이행'에 대해 슈타이거는 다시금 괴테의 감정을 말한다. 그는 본래 기괴하고 그로테스크한 사탄을 알현한 장면 뒤에 다음 순서대로 불안한, 침통한, 무서운 분위기로 이행할 예정이었는데 이 연결의 끈이 끊어졌다면서 이런 말을 한 것이다.

"괴테는 더 참을 수 없었던 것이다. 그 때문에 거친 바늘 눈으로 초고의 여분이나 끝자락 몇 개를 하나로 봉합한 것이다. 우리는 차라리 이것을 인정하자. 텍스트 속에 아무런 반증도 발견되지 않는 맥락을 사상누각처럼 만들어내 이 두통거리에 무리한 결론

---

* E. Staiger, *op. cit.*, p.308.
** "공포에 질린 혼돈의 세계를 완화하기 위해 괴테가 보충적인 뜻에서 아이러니와 위트를 집어넣어 환상을 때려부수는 수법을 썼다는 의견도 들리지만 그것은 맞지 않는다. 괴테는 그런 세계 같은 것은 처음부터 별로 중시하지 않았고, 그런 것 때문에 잔재주를 부릴 생각이 전혀 없었다고 생각한다."(*Ibid.*, p.311) 나는 그것이 '잔재주'라고 보지 않는다. 자연스러운 '그저 그렇게 된 것'이라고 볼 수도 있지 않겠는가. 저자도 뒤에 그런 말을 하고 있다.

을 부치는 따위의 흉내는 하지 말자."*

무의식을 의식화하는 분석 작업에서 보통 꿈에 나타난 개인적 콤플렉스를 의식화하면 집단적 무의식의 콤플렉스들, 즉 원형상들이 꿈에 출현해 그것들을 경험하게 된다. 그처럼 파우스트 제2부에서는 제1부보다 더 풍부한 원초적 상징들 속에서 태초에서부터 내려오는 사랑 문제를 더욱 깊이 생각할 수 있기를 기대해본다.

심층심리학은 문학적 고증이 끝나는 곳에서 시작한다. 분석심리학적 견지에서는 작품이 작가의 의식을 초월한다는 전제에서 작품을 본다. 물론 융이 말했듯이 작가의 의도가 많이 반영되어 심리학적으로 이해할 수 있는 작품이 있고 전혀 의식적 관련을 추정하기 어려운 작품이 있다. 파우스트 제1부는 융에 따르면 전자, 심리학적 연극에 해당한다. 그러나 작품에 대한 모든 사회적·정치적·문학적·철학적 혹은 가족사적·개인사적 측면의 고찰, 우리가 말하는 개인의식과 집단의식 측면의 면밀한 고찰은 작품의 무의식적 동기·상징성을 이해하는 데 참고가 많이 된다. 만약 괴테가 물 흐르듯이 되어가는 대로 창작해나갔다면 혹은 무엇엔가 지쳐 적당히 장면을 배열했다면 바로 거기에 무의식적 동기가 노출되는 것이다. 그때 우리는 집단적 무의식의 엄청난 부담을 감득한다. 집단적 무의식이 작가 의식에 어떤 영향을 주는지 보게 된다.

---

* E. Staiger, *op.cit.*, p.312.

## 흐린 날, 벌판

### 파우스트와 메피스토펠레스

괴테의 필봉이 다시금 강렬하게 되살아나 사랑의 비극을 담은 마지막 장면들을 그려나간다. 그레트헨이 감옥에 갇혀 있다는 사실을 뒤늦게 알게 된 파우스트의 메피스토펠레스를 향한 분노는 하늘에 닿을 지경이다. "그녀를 구해내라! 그렇지 않으면 혼을 내주겠다. 수천 년을 두고 네놈에게 가장 지독한 저주를 퍼부으리라!" 메피스토펠레스는 이렇게 된 것이 왜 내 탓이냐고 항변한다. 결국 그녀가 있는 감옥으로 안내하는 길에 넓은 들판을 지나다가 형장 근처의 불길한 마녀들을 지나쳐 감옥에 다다른다.

### 감옥

마르가레테가 부르는 노래,* 파우스트를 형리로 잘못 보고 토로하는 죽음에 대한 두려움, 속죄의 고백, 파우스트를 알아본 뒤에는 사랑의 감정이 다시 솟아나지만 파우스트의 차가운 손과 입술에 놀라 끝까지 감옥 밖으로 가기를 거부하고 죽기로 맹서하며 마지막엔 파우스트를 두려워해 하늘의 천사에게 도움을 청하는 마르가레테―그녀와 파우스트 사이에 오가는 애틋한 호소는 해석이나 해설이 필요하지 않

---

\* "우리 엄마는 갈보./날 죽여버렸네!/우리 아빠는 악당,/날 먹어버렸네." 그림 민담 "von dem Machandelboom(Wacholderbaum)"-어린이 살해를 주제로 부르던 노래를 약간 변형했다. Goethe, *Faust*, dtv, p.370 주; 괴테, 정서웅 옮김, 앞의 책, 239쪽 주 79) 참조. 아기를 죽인 그레트헨 자신을 빗대어 생각해볼 수 있다.

은 비극적 사랑의 온갖 측면을 묘사하고 있다.

　마르가레테는 자신을 용서할 수 없다. 파우스트와 도피하더라도 세상이 그들을 가만두지 않을 것임도 알고 있다. 파우스트를 찾는 메피스토펠레스를 보고 질겁한다. 덮어놓고 살아야 한다고 잡아끄는 파우스트가 오히려 마르가레테는 미덥지 않다. 경건한 기독교인답게 그녀는 하늘에 외친다.


**마르가레테**　하느님 심판해주소서. 당신 손에 맡기나이다!

**메피스토**　(파우스트에게) 갑시다. 가요! 아니면 그 계집과 함께 내버려두겠소.

**마르가레테**　저는 당신 것입니다. 아버지시여!

　　　　　　절 구원하소서!

　　　　　　천사들이여! 그대들 성스러운 무리여!

　　　　　　절 에워싸고 지켜주소서!

　　　　　　하인리히! 저는 당신이 무서워요.

**메피스토**　그녀는 심판받았소!(gerichtet)

**목소리**　(위로부터) 구원받았노라!(gerettet)*


　이제 『파우스트』 제1부 산책이 끝났다. 파우스트를 읽으면서 생각나는 것, 감흥을 중심으로 서술했는데 어떤 곳은 길게, 어떤 곳은 짧게 둘러보고 지나갔다. 융이 말했듯이 『파우스트』 제1부는 사랑의 비극으로 소재의 내용이 인간의식이 미치는 범위 안에서 움직이는 심리학적 양식을 따르기 때문에 모든 것이 자명해서 해석 작업이 필요하지 않다고 할 수 있다.** 그러나 대문호 괴테의 작품에서 의미를 찾는 사람에게는 문장 한 줄도 치유의 언어이며 인간 심혼의 울림이니 무

---

　* 괴테, 정서웅 옮김, 앞의 책, 249쪽.

　** C.G. Jung, G.W. 15, pp.102~103(Psychologie und Dichtung).

심히 지나칠 수 없었다. 융이 특히 관심을 둔 『파우스트』 제2부는 비심리학적 양식을 지닌 환상적幻想的 작품으로 난해해서 해석이 필요한 작품이다.* 그러나 나는 여기서 '해석'을 하지는 않을 것이다. 그렇게 보일지라도 분석Analyse이 아니라 감상, 의미를 음미하며 분석심리학이 탐구해 얻은 인간 심혼의 성질과 현상, 그 치유의 상징과 어떤 관계가 있는지를 제시할 따름이다.

---

\* *Ibid.*, pp.102~103.

제4부

심리학적 논평
: 비극 제2부

# 제1막

## 쾌적한 지대

*파우스트는 꽃이 만발한 풀밭에 누워 지치고 불안한 모습으로 잠을 청하고 해질 무렵 요정의 무리, 작고 귀여운 모습으로 공중에서 떠돈다.\**

### 자연, 치유의 힘

에올스의 하프\*\*에 맞춰 공기의 요정 아리엘들이 노래한다. 때는 만물이 소생하는 봄. 꽃잎이 봄비 내리듯 흩날리고, 푸른 들판에 산들바람 훈훈하게 불고, 자욱한 안개와 달콤한 향기가 가득 찬 자연을 배경으로 하고 있다. 합창과 아리엘의 노래는 밤이 어떻게 치유의 손길을 펴주는지, 드디어 아침 해와 더불어 파우스트가 어떻게 다시 기운을 차리게 되는지를 말해준다. 온갖 실수투성이의 삶에서 상처 입은 남자에게 자연은 아리엘의 노래처럼 편견 없이 자비와 관용으로 쉴 자리를 제공한다.

**아리엘** 작은 요정들 넓은 마음으로
　　　　　도움이 필요한 곳 찾아간다네.

---

\* 요한 볼프강 폰 괴테, 정서웅 옮김, 『파우스트 2』, 민음사, 1999, 11쪽.
\*\* 바람에 울리는 중세의 현악기.

성인이든 악인이든*
불행에 처한 사람 동정한다네.**

아리엘의 노래는 자연 치유의 처방 일면을 보여준다.

**아리엘**　이 사람의 머리 위를 바람결에 떠다니는 요정들아,
　　　　여기서 고귀한 요정의 힘을 보여주려무나.
　　　　원한에 찬 마음을 달래주고
　　　　타는 듯 괴로운 비난의 화살을 뽑아
　　　　겪었던 공포로부터 그의 마음을 씻어주어라.***

　격렬한 감정적 응어리를 달래고, 도덕적 비난의 화살(투사) 때문에 겪는 고통을 경감시키고 끔찍한 공포를 깨끗이 씻어주는 일은 정신건강의학과 의사나 분석상담가의 정신치료가 지향하는 목표라 할 수 있다. 정신치료자 또한 내담자가 성인인지 악인인지를 가려서 치료하지 않는다. 태초부터 정신적으로 고통받는 사람에게 실시하던 심리적 치료의 기본이 여기에 있다. 그러나 괴테는 여기서 감정적 문제를 파우스트가 직접 대면해 통합하도록 하지 않고 고통의 즉각적 소실을 먼저 시도하는 것 같다. 그는 정신치료 가운데 내면의 통찰을 중시하는 통찰치료Insight Therapy와는 다른 접근방법을 취하고 있다. 밤의 수면과 망각이라는 처방을 내리는 것을 보아도 그렇다.

**아리엘**　우선 그의 머리를 시원하게 베개 위에 뉘고
　　　　다음 레테강의 이슬로 목욕시켜라.

---

　＊ 원문: ob er heilig, ob er böse. 이대로 번역함. Goethe, *Faust*, dtv, p.139.
　＊＊ 괴테, 정서웅 옮김, 앞의 책, 11~12쪽.
　＊＊＊ 같은 책, 12쪽.

아침까지 쉬면서 원기를 회복하면
경련으로 굳어진 사지도 곧 부드러워지리라.
요정들의 아름다운 의무를 다하여
그를 성스러운 광명으로 되돌려주어라.*

레테Lethe강은 그리스신화에서 저승의 다섯 강 중 하나로 망각의 강
이다. 죽은 자의 영혼이 그 물을 마시면 이승의 고달픈 기억이 제거된
다.** 괴테는 신화처럼 레테강의 물을 마시게 하지 않고 문학적으로 레
테강의 '이슬'로 파우스트를 목욕시킨다고 말한다. 머리는 식혀주고
망각의 물로 목욕시킨다. 이슬은 망각을 도울 뿐 아니라 경련으로 굳
은 사지를 풀어준다. '이슬'이란 이미지 속에 이미 신생, 새로 태어남
의 상징이 들어 있다.***

괴테는 왜 파우스트의 고통을 치유하기 위해 '망각'이라는 극단적
인 처방을 택했을까. 여기에는 괴테 나름의 고민과 이유가 있었다.

슈타이거는 괴테『파우스트』연구에서 이에 대한 응답을 괴테 자신
의 말로 소개했다. 그것은『파우스트』제2부 시작 부분에 관해 괴테가
에커만에게 요약한 다음과 같은 말이다.

"그래, 바로 이것이 발단이오. 자네는 나를 잘 아니까 별로 놀라

---

* 같은 곳.
** 저승의 다섯 강. 1. 스틱스Styx: 증오의 강, 2. 아케론Acheron: 비탄의 강,
   3. 피리프레게톤Pyriphlegethon: 불의 강, 4. 코키토스Kokytos: 눈물의
   강, 5, 레테Lethe, 망각의 강. E. Peterich, *Göttter und Helden der Griechen*,
   Walter Verlag, p.64; Hermann Jens(1960), *Mythologisches Lexikon*, Wilhelm
   Goldmann Verlag, München, p.58.
*** 이슬은 새벽, 신성한 축복, 하늘의 선물, 치유의 물, 순수성의 상징으로
    간주된다. Jobes, *Ibid*. Part 1, p.437 참조.

지 않을 테지. 그동안 해온 대로 나 나름의 온건한 방법이지. 제1부 마지막에 그레트헨이 얼마나 공포에 휩쓸리지 않으면 안 되었는지, 그 때문에 파우스트가 얼마나 가혹한 정신적 타격을 받아야 했는지를 생각하면 나로서는 이렇게 할 수밖에 없었네. 주인공의 의식을 완전히 잃게 만들어 죽은 듯이 잠재우고, 이러한 가사상태에서 그에게 새로운 생명의 불을 붙여줄 수밖에 없었네. 그 경우 나는 깊은 자비심과 힘을 지닌 영의 도움을 빌려야 했지. 요정의 모습과 그 마음을 가진 저 영들 말이네. 여기서는 일체가 동정이며 아주 깊은 연민이고 심판도 행해지지 않거니와 그가 심판에 적합한지 적합하지 않은지도 묻지 않는다네. 인간의 재판관에 걸리면 그렇게는 안 되겠지만, 요정이 있는 곳에선 그런 건 문제가 안 되지. 그들에게는 그가 성자인지 죄악에 빠진 악인인지는 아무래도 좋은 것이라네. '성인이든 악인이든 불행한 자를 그들은 불쌍히 여긴다네.' 그러니까 그들(요정)은 친절하게 파우스트를 위로하고 활력을 가져다주는 깊은 잠을 통해 저 무서운 체험을 잊어버리도록 하는 진정 최고의 작업을 하는 것이지. 즉, '먼저 그를 레테강의 이슬로 목욕시킨다'고 말일세."*

슈타이거는 괴테가 바로 이 '지극한 연민' 때문에 대중으로부터 오해를 많이 받았다고 지적한다. 파우스트가 지옥행을 면한다는 것은 가혹한 재판을 받고 죗값을 충분히 치르지 않는 한 대중에게는 상상할 수 없는 일이었다. 융 또한 파우스트를 지옥에 보내든 상관없지만 메피스토를 속임수로 따돌린 것은 유감이라고 했다. 그러나 슈타이거는 문예창작의 견지에서 괴테 처지를 이해하고자 한다. 그는 말한다.

"지금 그(괴테)는 파우스트로 하여금 황제를 알현케 하고 헬레나

---

* E. Staiger(Hirano et al. transl.), *Goethe*, Bd. 3, p.234.

와 결혼시키려는 참이다. 만약 회한과 속죄가 문제된다면 파우스트를 좀더 고차원의 단계로 이토록 빠르게 끌어올릴 수 없었을 것이다."*

그의 다음과 같은 말은 통찰치료를 지향하는 정신치료자에게 생각할 거리를 제공한다.

"게다가 속죄자라면 파우스트는 당연히 자기 자신으로 되돌아와야 할 것이다. 바로 그 자기 자신으로부터 괴테는 파우스트를 해방시키려고 한 것이다."**

'자기 자신으로부터의 해방'과 '자기 자신을 받아들이고 실현하는 것'의 차이는 얼마나 될까? 문제는 '자기 자신'이라는 말의 의미다. 슈타이거가 말하는 자기 자신은 아픈 기억과 도덕적 판단에 시달리는 '자아의식의 고통스러운 갈등'을 가리킨다. 융이 말하는 자기 자신(자기Selbst)은 기억된 것뿐 아니라 기억되지 않은 것, 그럼에도 존재하는 무의식의 세계를 포함한 인간 정신 전체를 말한다. 의식의 갈등으로부터 해방되는 것은 전체정신을 실현하는 첫걸음일 수도 있다. 둘은 모순도 아니고 대극도 아닌 하나의 커다란 자기인식 과정에 포함되어 있는 것이 아닐까?

슈타이거 말을 계속 추적해보자.

"이전부터 더럽혀지지 않은 정신을 유지하고 이 세상의 다양한 영역과 그 장려함을 그(파우스트)가 맛볼 수 있도록 하기 위하여. 그러나 그레트헨의 비극적 결말을 간단히 무시할 수도 없어

---

* *Ibid*., p.234.
** *Ibid*., p.234.

서 이 곤란한 상태를 타개하기 위해 영험한 수면의 모티브를 도
입한 것이다."*

잠을 잘 자는 것은 모든 건강의 기본조건이다. 갈등 속에서 어찌할
바를 모르고 불안해하는 사람에게 우리는 흔히 말한다. "우선 아무 생
각 말고 오늘은 푹 자요"라고. 이것은 자아의식에 집착하지 말고 인
간의 자연, 즉 본성에 맡기라는 뜻이기도 하다. 잘 자고 나면 뜻밖에
도 마음이 편안해지고 생각에 여유가 생긴다. 망각 때문이 아니다. 잠
을 자면서 대뇌 피질의 기능, 즉 의식의 기능이 쉬는 동안 무의식이라
고 부르는 또 하나의 조절기능이 자율적으로 낮에 겪은 갈등에 찬 사
건에 대한 감정적인 기억을 정리해주기 때문이다. 망각은 물론 괴로
운 마음의 상처나 갈등의 직접적인 해소제다. 그러나 단지 잊어버리
는 것만으로는 근본적인 갈등을 해결할 수 없다.

나는 망각이 파우스트에게 회복의 한 단계인 의식기능의 단순한 일
시적 정지라는 뜻으로 이해하고 싶다. 수면이란 의식의 기억을 잊게
하는 일일 뿐, 무의식은 수면 중에도 계속 작동해 우리에게 의미 깊
은 꿈을 만들어주기 때문이다. 괴테 시대에 심리학적 의미의 '무의식'
이라는 관념은 없었지만 요정들이 부르는 합창의 가사는 뒤에 제시할
시구절에서 엿볼 수 있듯이 마치 수면 중에 일어나는 무의식의 치유
기능이 상징적으로 표현된 것처럼 보인다.

슈타이거는 괴테가 곤란한 상태에서 탈출하기 위해 작품 속에서 잠
의 모티프를 사용한 것이 『파우스트』가 처음이 아니며 이미 『이피게
니에』와 『에그몬트』에서도 사용했다면서 다음과 같이 말했다.

"오레스토와 에그몬트는 함께 현세의 함정에 걸려 한계를 지닌

---

* *Ibid.*, pp.234~235.

사고가 필연적으로 도달할 수밖에 없는 출구 없는 상태에 빠져 있다. 두 사람은 자기 자신을 포기하고 인지가 미치지 못하는 끝 없는 심연의 밑바닥으로 침잠함으로써 마음의 부담을 내려놓으려고 한다. 이 겸허한 태도 때문에 깊은 곳에 머물러 있는 여러 힘이 그들을 맞아들여 통상 자연계의 순환 속에서나 일어날 법한 것, 즉 죽은 뒤 소생하는 것을 그들 인간에게 허락하는 것이다. 이것은 혼의 긴 편력 과정을 응축한 상징적 표현일까. 아니면 차라리 글자 그대로 이해해야 할 것들인가."*

특히 계속되는 다음과 같은 말이 인상적이다.

"여기서는 모래시계의 모래는 다 흘러가버렸고 인간의 잣대는 이미 통용되지 않는다. 우리는 하나의 신비 앞에 마주하고 있는 것이다. 비록 그것이 마음속 깊이 각 개인이 숙지하고 있는 예부터 내려오는 신비 — 때로 자연이라든가 신이라 부르는 초인간적인 것에 생각이 미치지 못하는 사람들은 선하든 악하든 깊은 심연에 떨어진다는 신비 — 에 불과한 것이라고 하더라도 깊은 수면 가운데서 인간은 망각의 은혜를 받는다. 그리고 그 망각이 일시적인 것, 의심쩍은 것이 아닌 증거로 잠든 사람이 다른 사람처럼 수면에서 소생하는 것이다."**

'신비'나 '힘'이라는 언어를 썼지만 나는 여기서 슈타이거가 분석심

---

  \* *Ibid*., p.235.
  \*\* *Ibid*., p.235. 때때로 시인과 문예평론가는 심리학자가 당연한 것으로 치부하고 큰 감동 없이 넘어간 작은 표상들이나 치유의 상징을 매우 소박한 감동으로 표명함으로써 심리학자가 직업의식 때문에 놓쳤던 표상들의 감정가치를 재발견하게 만든다. 이 사실을 나는 슈타이거의 괴테론에서 새삼 느꼈다.

리학에서 말하는 '무의식'을 매우 깊이 통찰하고 웅변적으로 표현했다고 느꼈다.

문예연구가에게는 창작과정에서 작가가 무엇을 의도했는지 밝히는 것이 중요하겠으나 분석심리학자는 작가의 무의식에서 움직이는 동기, 특히 원형적 배치에 관심을 둔다. 괴테가 파우스트에게 무한한 관용을 베풀기로 결심하게 된 무의식적 동기는 무엇이었을까? 그것은 바로 철저한 기독교 도덕관에 따른 흑백판단이 지배적이던 시대에 그 일방성을 보상하는 집단적 무의식의 활성화로 대두된 '구원의 신비', 즉 자아의식을 초월하는 어떤 영적 힘에 따른 '용서'의 본보기를 대변한 것이라고 말할 수는 없을까? 에로스는 인간의식을 뛰어넘는 신이라 하든 운명이라 하든 초개인적인 강력한 힘의 지배 아래 있고 그 도덕적 단죄는 궁극적으로 인간의 영역을 넘어서는 것으로 오직 의식을 초월한 전체정신(자기)의 관점에서 판단할 수 있을 뿐이라는 것을 알려주고자 한 것은 아닐까.

분석심리학이 의식의 중심인 자아를 넘어 전체정신의 중심인 '자기'Selbst를 실현할 목적으로 무의식적인 것의 의식화Bewußtwerdung를 중시하는 이상 분석심리학은 '망각'보다는 '깨어 있음'에 중점을 둔다. 무의식의 의식화란 자아의 '깨어 있음'을 전제로 진행된다. 그러나 우리는 감당하기 어려운 너무나 큰 충격을 받은 사람에게는 의식도 무의식을 보는 작업도 멈추고 의식을 쉬게 할 필요가 있음을 알고 있다. 망각이 단지 일시적인 상처의 봉합 이상의 인격 신생이 되려면 단순한 망각이 아니라 자아의식의 죽음, 자아의식과 의식적 사고로 모든 것을 판단하고 해결하려는 자아의 고집을 죽이고, 자아를 넘는 어떤 신성한 힘에 자신을 맡기는 겸허한 자세가 필요하다. 의식이 멈출 때, 거기서 무의식의 문이 열린다. 슈타이거는 이런 뜻을 충분히 알고 있었던 듯하다.

슈타이거는 파우스트의 지친 마음을 달래주는 영묘한 음악을 울리는 자가 사람이 아니라 요정이며 그들의 음악은 천상의 바람으로 울리는 악기 에올스라는 점에 주의를 환기시켰다. 치유는 궁극적으로 자아의식을 초월하는 신비에 속하며 그 힘은 신적<sup>神的</sup>인 원천에서 나온다는 뜻이다. 사실 이 점에 관해 나는 '자연의 힘'이라는 단어로 묶어서 당연한 것으로 넘어갔고, 요정은 당연히 집단적 무의식의 원형상들로 치유의 상징이라고 설명했다. 그러나 이에 관한 슈타이거의 서술은 매우 아름다웠다. 문학만이 누릴 수 있는 감동의 여운을 남겼다. 그것은 심리학이 더 이상 침범해서는 안 되는 시<sup>詩</sup> 고유의 진실이었다. 그는 요정들이 교대로 부르는 긴 노래에서 파우스트 마음속에 일어나고 있는 변화를 읽어나갔다.

요정의 노래는 시구절<sup>詩句節</sup> 네 개로 구분되는데, 이는 고대 로마군대에서 저녁 여섯 시에서 다음 날 아침 여섯 시까지 세 시간씩 네 번 교대한 입초시간에 따른 것이다. 이 시구절에는 당초 제목이 붙어 있었다. 1. 저녁의 노래, 2. 밤의 노래, 3. 새벽의 노래, 4. 잠에서 깨어나는 노래였는데 나중에 삭제되었다고 한다.* 정서웅에 따르면 밤의 네 단계는 안식, 망각, 회춘, 신생이며, 이는 고통에서 벗어나는 파우스트의 회복단계를 가리킨다고 했다. 통찰치료의 치유단계나 샤먼의 이니시에이션과 직접 비교하기는 어렵지만 치유가 버림(죽음)과 신생 등 단계를 거쳐 이루어진다는 사실을 시사한다.** 슈타이거는 요정의 노래로 이루어진 이 시구에 대한 깊은 공감을 다음과 같이 표현했다.

"시구는 한없이 부드럽고 편안하게 흘러가서 그 몽환적인 이미지들을 수없이 용해하고 하나의 경쾌한 선율이 된다. 그러므로

---

* *Ibid.*, p.236.
** 괴테, 정서웅 옮김, 앞의 책, 12쪽 각주 1).

우리는 파우스트와 함께 눈을 감고 더 이상 아무 생각도 하지 않은 채 말할 수 없는 행복감에 젖어 있고 싶다고 생각할 정도다."*

**첫 시구절** 산들바람 훈훈하게
　　　　　　푸른 초원에 가득하고,
　　　　　　달콤한 향기, 자욱한 안개
　　　　　　어스름 속에 내린다.
　　　　　　감미로운 평화를 속삭여주어라.
　　　　　　마음을 달래어 어린이처럼 잠들게 하라.
　　　　　　고달픈 그의 눈앞에서
　　　　　　하루의 문을 닫아주어라.**

슈타이거는 이렇게 말했다. "파우스트는 '어린이의 잠'으로 유도된다. 어린 시절의 정신이 그에게 말을 건다. 동시에 어린 나날의 순진함이 다시 그를 부드럽고 희미한 빛으로 감싼다. 참다운 삶, 창조, 행동 모든 것은 희미한 상태에서 생성·발전한다고 보는 것이 괴테의 흔들림 없는 신념이다."***

'어린이'는 아직 분열되지 않은 전체, 무심의 경지, 이것저것 따지지 않는, 그대로 자연에 가까운 존재로서 전체정신, 융이 말하는 '자기'Selbst의 상징이라고 할 수 있다.**** 노자는 갓난아기에게서 도道를 보았다.***** 어린이로 돌아감은 유치한 단계로 퇴행하는 것이라기보다 근

---

　　* E. Staiger, *op. cit.*, p.236.
　 ** 괴테, 정서웅 옮김, 앞의 책, 12~13쪽을 약간 수정함.
　*** 같은 곳.
**** C.G. Jung, "Zur Psychologie des Kind-Achetypus"(in) C.G. Jung, K. Kerényi(1951), *Einführung in das Wesen der Mythologie*, Rhein Verlag, Zürich, pp.107~221. 또한 C.G. Jung, G.W. Bd. 9/1, pp.165~195: 199~220 참조.
***** 이부영, 『노자와 융』, 한길사, 2012, 179~184쪽.

원으로 회기하는 것이다. 모든 창조의 근원을 '희미함'이라고 했다는 괴테의 소신이 흥미롭다. '희미함' 또한 노자에게는 매우 중요한 상징이다. 명암이 분리되기 이전 상태, 희미함으로 모든 것이 포괄된다. 노자의『도덕경』제36장 미명微明을 웨일리는 빛을 어둡게 하는 것으로, 헨릭스는 '미묘한 빛'Subtle light으로 번역했다.* 파우스트는 무의식 세계로 침잠하기 위해 모든 어른다움, 분별지分別智에서 발생하는 집착을 버리고 순진무구한 어린이 마음으로 돌아가야 한다. 위대한 자연에 몸을 맡기는 자세로.

> **둘째 시구절** 밤의 장막이 내렸다.
> 별들은 성스럽게 어울려
> 큰 불빛, 작은 불꽃
> 가까이서 반짝이고 멀리서 빛난다.
> 여기 호수에 어리어 반짝
> 저기 밤하늘에서도 반짝.
> 깊은 휴식의 행복을 지켜주듯
> 찬란한 달빛 하늘에 가득**

슈타이거는 둘째 시구절에서 별이 호수에 비쳐 반짝이는 것에 주목했다. 그러면서 "인간의 혼은 물과 비슷하다"고 했다. "혼은 편안을 얻음으로써 비로소 영속하는 신적인 질서의 거울이 된다. 그리고 끊임없이 가볍게 흔들리며 움직여간다."

> "'이쪽의 반짝임'과 정지하고 있는 '천상의 반짝임', 덧없는 지상의 존재의 방향 없는 이행과 이 세상을 떠난 천상의 존재의 운

---

* 같은 책, 77~81쪽.
** 괴테, 정서웅 옮김, 앞의 책, 13쪽.

영, 즉 변전과 지속의 관계에서 새로운 삶의 예감, 영원과 무상의
새로운 상호작용의 예감이 생기는 것이다."*

이는 흥미로운 관점이고 괴테가 그것을 의도했는지도 모른다.

분석심리학자로서 추가한다면 "별이야말로 인간의 심혼이다"라고
해야겠다. 하늘의 무수히 많은 별처럼 우리 무의식에는 무수히 많은
정신적 핵—융이 자율적 콤플렉스라고 부른—이 작동하고 있다. 인
간의 정신이 대우주를 본뜬 소우주임을 생각한다면, 그리고 우리가
뇌신경세포를 수백억 개 가지고 있다는 사실을 떠올린다면 이것을 시
인하는 것이 그리 어렵지 않을 것이다.

의식의 문이 닫혀 무의식이 문을 열 때 그 많은 무의식의 '심혼들'
은 활동을 개시한다. 즉, 빛을 발휘한다. 해가 저물자 가로등이 하나씩
불을 켜듯이.—또한 물은 무의식이라고 융은 말한다. 모든 속성이 무
의식에 일치한다. 그 알 수 없는 깊이, 그 유동성, 그 치유의 힘, 그 생
동성, 때로는 그 위험성, 생산성 뒤에 따르는 정체성과 파괴성.—호
수에 비친 별빛은 무의식에 반영된 심혼들의 상像, Bild이다. 하나의 투
사상을 통해 우리는 그 본체를 본다. 그 본체와 그 현상 간의 상호작
용이 이곳 무의식에서 이루어진다. 하늘의 별들 또한 한 자리에 가만
히 있는 것이 아니라 항상 이동한다. 인류는 일찍부터 자신들의 운명
을 하늘의 별에 투사해 운명을 점치는 법을 익혀왔다. 그러나 분석심
리학은 그것이 밖에서 일어나는 것이 아니라 정신내계, 즉 무의식에
서 일어나는 콤플렉스들의 좌정constellation(성좌의 좌정)이라고 설명한
다. 수면 중에 무의식에서 일어나는 치유 과정이라고 할 것이다. 치유
의 힘은 달의 풍성한 빛으로 더욱 확고하게 보장된다.

깊은 휴식의 행복을 지켜주듯

---

* E. Staiger, *op. cit.*, pp.236~237.

찬란한 달빛 하늘에 가득

셋째 시구절에서는 건강과 새로운 변화의 조짐, 수확에 대한 기대가 표명된다.

**셋째 시구절** 어느새 몇 시간이 흘러
고뇌도 행복도 사라졌나니,
예감하라! 그대는 건강해지리라.
새날의 밝은 빛을 믿어라!
푸른 골짜기, 굽이치는 언덕들
숲은 안식의 그늘
일렁이는 은빛 물결 속에
추수를 앞둔 오곡이 넘실댄다.*

회복의 의미는 고통의 해소와 행복의 쟁취가 아니다. 사람들은 고통이 없어지면 바로 행복해진다고 착각한다. "고뇌$^{Schmerz}$도 행복$^{Glück}$도 사라졌다"는 말에는 깊은 뜻이 있다.

내 생각에 이것은 행·불행$^{不幸}$의 대극의 소실과 관계가 있다. 행과 불행(고통)은 하나의 전체를 이루는 양극이다. 이 중에서 행복만을 추구하면 행복의 그림자인 고통을 배격하는 나머지 역으로 억압된 그림자의 반격을 받게 된다. 그는 불행의 구렁텅이에 빠진다. 현명한 괴테가 이것을 몰랐을 리 없다.

넷째 시구절에는 잠에서 깨어나는 파우스트에 대한 강력한 주문이 있다. 셋째 시구절에서 요정들의 노래를 통해 "예감하라! 그대는 건강해지리라"라고 강한 암시를 준 작가는 넷째 시구절에서는 더욱 강한

---

* 괴테, 정서웅 옮김, 앞의 책, 13쪽.

격려의 말로 파우스트의 의식적 인격을 구축하고 그 지향점을 제시하려고 한다.

> **넷째 시구절** 너의 소원 하나하나 성취하려면,
> 저기 찬란한 아침 해를 보아라!
> 너는 잠깐 사로잡혔을 뿐
> 잠은 껍질이로다. 벗어던져라!
> 다른 무리 주저하며 헤맬지라도
> 그대는 망설이지 말고 용감히 행동하라.
> 총명하여 재빨리 실천에 옮기는
> 그런 고귀한 자, 무엇이든 이룰 수 있나니.*

밤의 휴식이 끝나자 바로 파우스트는 "찬란한 아침 해를 보면서" 소원을 성취하기 위한 의지를 발동해야 한다. 이것은 '의식성'의 강화를 의미한다. 그런데 조금 성급한 감이 있다. 미래를 향해 끊임없이 행동해야 하는 파우스트라는 인물의 영웅심을 고취하는 처방이다. 앞으로 나아갈 의식의 확장이라는 원대한 포부 앞에서 과거의 고민은 단지 '잠깐 사로잡힌' 것일 뿐이며 그를 평정케 한 밤의 휴식, 잠은 이제 벗어던져야 할 껍질에 불과하다.

슈타이거는 넷째 시구절에서 '서정적 기분은 용해되어 하나의 투철한 인식, 즉 하나의 격언'—'잠은 껍질에 불과하다'—을 만들어냈다고 지적한다. "잠은 자라는 과실을 보호하는 껍데기에 불과하다. 껍데기는 씨알에서 떠난다. 파우스트는 잠의 과실을 얻어 들이고 당당하게 일어서려고 한다."**

---

* 같은 책, 13~14쪽.
** E. Staiger, *op. cit.*, p.237.

잠으로부터 각성하는 과정이 이렇게 갑자기 일어나는 것은 무슨 까닭인가? 잠과 그 속에서 치유하는 과정에서 기운을 되찾은 다음엔 그 밤의 과정을 단지 껍질에 불과한 것으로 벗어던지라는 것은 마치 자기를 키워준 어머니에게 사춘기 청년이 "엄마는 내게 아무것도 아니었어"라고 하며 자리를 박차고 나가는 태도를 독립된 자의 행동이라고 부추기는 것과도 같다. 분석심리학의 견지에서 잠의 과실은 꿈과 우리가 인식하지 못하는 가운데 진행되는 초월적 기능이다. 그 과실은 음미해서 앞으로 계속 정신의 양식으로 삼아야 할 것이지 그 과실을 건네준 밤과 잠을 뒤도 돌아보지 않고 버린다는 것이 얼핏 납득이 가지 않았다. 그러나 넷째 시구절은 앞으로, 앞으로 달려가야 할 파우스트의 청년 심리에 어울리는 구절들이다. 과거의 번민에 더는 얽매이지 말고 무의식으로부터의 결연한 결별, 오직 미래를 향한 행동인의 자세를 강조하는 셈이다. 밤으로부터 이탈하는 것이 급격한 만큼 낮의 태양 또한 극단적 양상을 띤다.

*쾌적한 장소*
*무서운 굉음(태양이 가까이 옴을 알린다)*
**아리엘**　들어라! 호렌^Horen (계절을 관장하는 여신)의 폭풍우 소리를!*

태양이 가까이 옴을 알린다. 파우스트는 제1부에서 지령地靈을 만났을 때처럼 그 빛을 감당하지 못하고 외면한다. 태양은 신, 초인적인 힘이므로 인간의 눈이 그것을 견딜 수 없는 것이라고 슈타이거는 말한다. 그와 같은 경험은 자아가 무의식으로부터 분출하는 강력한 정동을 수반한 원형상에 부닥쳤을 때 일어나는 신비 체험에서 발견된다. 신비가들의 체험이 아니더라도 사람이 무의식의 원형상을 만날

---

* 괴테, 정서웅 옮김, 앞의 책, 14쪽.

때 극도의 놀람과 충격을 겪는 것이 보통이다. 원형상들은 인간의 마음속에 존재하는 '신들의 세계'에 속하기 때문이다. 태양은 특히 원형 중에서도 저 어둠의 악마의 배 속에서 탈출하고 새로운 의식성을 선포하는 '영웅'상이다.* 의식의 중심인 자아가 이 엄청난 이미지 앞에서 위축되는 것은 당연한 일이다.

그러나 파우스트는 제1부에서 지령을 만났을 때처럼 그 앞에서 당황하거나 맞서려고 하지 않는다. 슈타이거는 말한다.

"다시금 그는 자기가 초인적인 힘을 앞에 두고 있음을 감지한다. 과연 그것이 자기편인지 적인지, 생명을 주는 힘인지 파괴하는 힘인지, 그는 모른다. …… 그는 헤아릴 수 없는 것, 근접하기 어려운 것을 시인하고 일개 인간으로서 한계가 있는 숙명을 짊어지고자 한다.
그러므로 그는 지령을 만났을 때처럼 '나는……' 하고 대결하지 않고 '우리는……'이라고 말한다. 모든 다른 사람과 같은 삶의 방식을 감수하는 것이다. 이제 그는 타오르는 불길에 대항하고자 하지도 않고 그 때문에 당황해서 물러서지도 않는다. 이윽고 그는 대지에 눈을 돌린다. 베일 속에 몸을 숨기기 위하여."**

슈타이거는 이 베일이 헌시에 나온 아침의 안개라고 말한다. 안개, 폭포와 무지개에 대한 그의 설명이 이어진다.***

슈타이거의 이 서술은 그대로 분석심리학에서 말하는 집단적 무의

---

* C.G. Jung, *Symbole der Wandlung*, Rascher, Zürich, p.29.
** E. Staiger, *op. cit.*, pp.237~238.
*** *Ibid.*, p.238.

식의 원형상들에 대한 자아의식의 바람직한 태도에 부합된다. 그가 말하는 '인간'은 '자아의식'으로, '초인간적'이라는 말들은 '자아의식을 넘어서는 무의식'으로 번역할 수 있다. 무시무시한 환상, 꿈에 나타난 말할 수 없이 신성한 상을 경험한 사람이면 누구나 이를 짐작할 수 있을 것이다. 극 중의 파우스트가 태양 앞에서 취하는 태도는 대결도 회피도 아닌, 있는 그대로 바라보는 하나의 관조\* 태도이며 좀더 성숙한 자세를 보여준다. 그것은 한계가 있는 숙명을 짊어지고 헤아릴 수 없는 것을 시인하는 겸허한 자세다. 그런 자세를 취함으로써 대지, 즉 현실세계가 눈에 들어오고 자신을 보호할 곳을 찾는 마음의 여유를 가지게 된다.

> **파우스트** 여명의 하늘을 향해 부드러운 인사를 보낸다.
> 대지여, 그대는 간밤에도 변함없더니,
> 이 기운을 얻어 내 발밑에서 숨을 쉬면서
> 어느새 날 기쁨으로 감싸주기 시작하누나.\*\*

파우스트의 재생, 그 끝은 어디인가? 다음 구절이 이를 암시한다.

> **파우스트** 날 자극하고, 강한 결심을 불러일으켜
> 줄곧 지고한 존재로 이끌려 하누나.\*\*\*
> Zum höchsten Dasein immer fortzustreben.\*\*\*\*

---

\* 융의 '렐리기오'religio, 즉, '신성한 힘(누미노제)에 대한 성실하고 주의 깊은 관조의 태도'가 이에 해당될 것이다. C.G. Jung(1963), "Zur Psychologie westlicher und östlicher Religion," *Gesammelte Werke* 11, Rascher Verlag, Zürich p.3f.

\*\* 괴테, 정서웅 옮김, 앞의 책, 14~15쪽.

\*\*\* 같은 책, 15쪽.

\*\*\*\* 같은 곳; Goethe, *Faust*, dtv, p.141.

즉, 자연은 그를 '지고한 존재'로 이끌고자 한다. 그러한 자연의 긍정적 영향력에 감동된 채 파우스트는 경이의 눈으로 새로 숨쉬기 시작하는 그 자신이기도 한 대지의 소리와 빛깔과 나무와 꽃과 우람한 산봉우리 모습을 확인해나간다.

> **파우스트**  여명 속에 세계는 벌써 열려 있다.
> 숲엔 수많은 생명의 소리 울려 퍼지고*

파우스트는 이제 온갖 영롱한 색깔로 물든 낙원을 보며 감탄하고, 지극히 장엄한 시간을 알려주는 알프스의 구릉진 푸른 초원에 눈길을 주다가 드디어 떠오르는 태양을 보자 외친다.

> **파우스트**  태양이 솟는다! …… 하지만 어느새 눈이 부시구나.
> 눈에 스며드는 아픔 때문에 나는 몸을 돌린다.
>
> 동경에 찬 희망이
> 최상의 소망을 향해 성실히 투쟁하여
> 성취의 문 활짝 열렸음을 발견했을 때가
> 아마 이러하리라.**

태양의 빛은 너무도 강렬하다. 파우스트는 이를 '성취의 문이 활짝 열렸을 때의 감정'에 비유한다. '눈부신 태양'을 심리학적으로 무엇이라 이해해야 할까? 자아가 감당하기에는 너무나 큰, 일방적으로 긍정적인 통찰에 수반되는 팽창된 감정이라 할까? 그런 감정은 '신'神과 맞닥뜨림에서만 경험된다. 인간의 한계를 넘는, 우리가 '신'이라 부르

---

 * 괴테, 정서웅 옮김, 앞의 책, 15쪽.
 ** 같은 책, 15~16쪽.

는 초인적·비인간적인 속성이 인간무의식에 존재한다면 그것은 융이 말하는 원형$^{Archetypen}$의 세계일 것이다. 그 가운데서도 '자기원형'은 태양계의 태양처럼 전체정신의 핵으로서 엄청난 에너지를 지녀서 자아가 그것에 사로잡히면 '신 비슷한' 팽창된 감정 상태에 빠져 현실인식을 잃어버리게 된다. 이를 융은 자기에 의한 자아팽창$^{Inflation}$이라 불렀다. 원형은 의식에 동화할 수 없다. 우리의 자아는 그 강력한 영향 아래 있을 뿐이다. 그러므로 원형, 특히 자기원형과의 만남은 결코 위험 없이 일어나는 것이 아니다. 괴테는 음울한 밤의 어둠에서 아침의 '밝음'으로 급격한 변환에 뒤따르는 환희, 팽창된 감정이 지닌 위험성을 알고 있었다. 태양의 눈부신 빛은 곧 뜨거운 불길이 되어 파우스트를 위협할 조짐을 보이기 때문이다. 빛으로 상징된 통찰, 의식성은 정염情炎(정욕의 불길)으로 변화되는 것이다. 괴테는 파우스트에게 불어 닥칠 미래의 재앙과 치러야 할 또 한 번의 치유과정을 파우스트 입을 빌려 예고한다.

> **파우스트**　그러나 저 영원의 밑바닥에서 거대한 불길 터져 나오면,
> 우리는 당황하여 걸음을 멈춘다.
> 우리는 생명의 횃불을 붙이려 했는데,
> 불바다가 우리를 둘러싸니, 이게 어찌된 불일까?*

태양의 빛은 이제 불이 되었다. 그것도 '저 영원의 밑바닥에서' 터져 나오는 불길이 된다.

강렬한 정동을 지닌 집단적 무의식의 원형상들이 의식으로 뚫고 나오는 위험한 상황이 된다.

'처음에는 생명의 횃불에 불을 붙이려 했을 뿐인데 불바다가 되어

---

\* 같은 책, 16쪽.

나를 둘러싸게 되는' 경우는 역사적으로 인간사회에서 늘 되풀이되어 온 현상이다. 인간집단의 혁명이나 폭동은 처음엔 아주 작은 '정의의 횃불'에서 시작한다. 그것이 집단적 무의식을 자극하고 활성화하면 정동情動, Emotion은 전염병처럼 확산해 모든 것을 불태워버린다. 파우스트와 함께 우리는 이렇게 한탄할 것이다.

> **파우스트** 이글대며 우리를 휘감는 이것이 사랑일까? 미움일까?
> 고통과 기쁨이 번갈아 엄습하니.*

여기에 『파우스트』의 반복되는 기본 주제, 대극의 문제가 시사된다. 원형은 양면을 다 가지고 있다. 그러므로 원형이 발동하면 개체는 이 대극적 감정에 휘둘린다. 괴테가 그것을 체험하지 않았을 리가 없다. 그러면 파우스트는 이 위험한 상황에 어떻게 대처하는가?

> **파우스트** 그래서 우리는 다시 지상으로 눈을 돌린다.
> 젊디젊은 베일 속에 우리 몸을 숨기기 위하여.**

'태양은 등 뒤에 머물게 하고 시선을 하늘에서 땅으로 돌리는' 관점의 변화를 취한다. 하늘의 태양에 쏠렸던 시각을 땅으로 돌림으로써 대극 간의 긴장을 완화하려 한다는 뜻을 이해할 수 있다. 하늘과 땅의 대극은 부성과 모성, 정신과 육체, 지성과 감성 혹은 이상과 현실 사이의 대극을 상징한다. 파우스트가 다시 대지에 눈을 돌린 이유는 알겠으나 왜 '젊디젊은 베일 속에 몸을 숨기려' 하는가에 대한 의문이 생긴다. '젊디젊은 베일'은 원전의 in 'jugendlichstem' Schleier를 번역한 것이다. 이것을 '가장 생기발랄한' '가장 청소년다운'으로 바꾸면

---

* 같은 곳.
** 같은 곳.

오히려 심리학적으로 이해하기 쉬울 듯하다. 태양—대해탈 또는 대각성—에 대면할 만큼 강력한 노현자 혹은 거인(신 비슷한 자)으로서가 아니라 겸손하고 아직 어리며 미숙하나 미래에 대한 꿈을 지닌 순진한 청소년기 마음의 베일 속에 자신을 감추는 것이다. 마치 융이 말한 것처럼 자아팽창이 해소된 뒤 혹은 해소되는 과정에서 페르조나의 '퇴행적 복원'이 일어나는 것과 같은데, 이 경우는 그것이 의식적으로 이루어진다. 슈타이거의 일본어 번역은 '상서로운 봄의 엷은 옷(베일)으로 우리를 감싸 지켜준다'인데 비약이 심하지만 의미상으로 일맥상통하지 않는 것도 아니다. 어떻든 슈타이거가 안개에 관해 흥미로운 견해를 제시한 것은 이 대목에서다. 그는 말한다.

> "이것은 '헌사'(파우스트 제1부)에서 들판에 긴 저 아침안개다. 안개의 베일은 눈부신 빛을 누그러뜨리고 우리에게도 그것이 보이게 해준다. 마치 예술이 그러한 것처럼, 안개는 우리 인간과 신적神的인 것, 대지와 하늘 사이를 중개하는 것이다. 헌사에서 안개는 '시의 베일'이 된다."[*]

그러나 타오르는 불길 앞에서 안개의 베일만으로는 부족하다. 물이 필요하다. 그것도 폭포처럼 쏟아져 내리는 물이 필요하다. 『파우스트』에서 자주 보는 에난티오드로미, 정신적 대극의 반전 현상을 여기서도 볼 수 있다.

영웅적 행동인行動人, 파우스트는 여전히 질풍노도 시대의 총아처럼 극단적인 대극 사이를 오가는 위험한 성향을 지니고 있다. 그래서 그에게는 안개가 필요하다. 안개는 앞에서 언급한 '어스름'(미명), '희미한 것'과 서로 통한다. 그러나 안개만으로는 충분치 않음을 다음 시구에서 알려준다.

***

[*] E. Staiger, *op. cit.*, p.238.

바위틈에서 쏟아져 내리는 폭포수를
나는 놀라움에 차서 바라본다.
이제 물줄기는 수천 갈래로 갈라진다.
다시금 수만 갈래로 쏟아져 내리며,*

불에 대한 물의 등장, 하늘로의 상승적 지향에 대한 물의 수만 갈래 하강 그리고 그다음 물보라 속에 나타나는 무지개의 영상—불과 물의 대극을 합일케 하는 대극화해의 상징이다.

> **파우스트**  하지만 얼마나 아름다운가. 물보라에서 생겨난 무지개,
>
> 끊임없이 변화무쌍한 오색다리를 놓으며
>
> 때로는 뚜렷한 모습으로, 때로는 허공에 흩날리면서
>
> 향기롭고 시원한 소나기를 뿌려준다.
>
> 무지개는 인간의 노력을 비춰주는 거울.
>
> 그것을 깊이 생각하노라면, 더욱 확실히 이해하게 되리라.
>
> 채색된 영상에 인생이 있음을.**

'무지개'는 '전체'를 포괄하는 이미지다. 그러기에 그것은 대극화해의 상징이 될 수 있다. 희로애락의 모든 감정체험의 총화, 그 조화로

---

\* *Ibid.*, p.238.

\*\* 괴테, 정서웅 옮김, 앞의 책, 16쪽 번역을 약간 보완함. '인간의 노력'을 비춰주는 무지개, '채색된 영상에 우리 인생이 있다'는 것은 괴테 혹은 파우스트의 특성에 어울리는 말이다. 그는 파우스트를 통해 노력하는 인간상을 그렸고, 그 자신 색채학을 연구한 사람이었을 뿐 아니라 색채의 표현인 감정가치를 무엇보다 체험으로 산 사람이었다. 노자의 담백함과는 매우 대조되는 서구인의 특성이기도 하다. 이부영, 『노자와 융』, 189쪽 참조.

운 공존.─인간이 도달하고자 노력하는 목표다.

격렬한 세력으로 인간에게 엄습하는 신적인 것, 불길의 바다에 대항하는 안개와 비슷한 포말에서 슈타이거는 서늘함을 강조했다. "과잉상태의 완화, 견딜 만한 영역으로 되돌아감"을 의미하며 그것은 횔더린^Friedrich Holderlin이 노래한 독일시인이 추구하는 '서늘함'과 같은 것이라 했다. 그러나 '뜨거움'이 있기에 '서늘함'에 대한 그리움이 있고 양자의 상호충돌 사이에서 무지개 같은 화해의 상징이 등장한다. 채색된 영상은 하나의 투사상이다. 본질에는 색깔이 없다. 슈타이거는 '무지개'에서 "순간의 은혜에 맡겨진 미美", 색을 "빛과 어둠의 중재" "빛의 능동과 수동"이라고 말하면서 "무지개를 깊이 생각하노라면 채색된 영상에 우리의 인생이 있음을 더욱 확실히 알게 될 것"이라는 파우스트의 결론에 대해 다음과 같이 말한다.

> "파우스트는 여기서 괴테의 뜻에 맞추어 자기 생각을 진술하고 있다. 신적인 진리의 근원에 직접 들어가는 길은 우리에게 막혀 있다. 그렇다고 한탄한다면 어리석은 일일 것이다. 인생을 진정으로 붙잡으려 해도 우리 인간은 그것을 채색된 영상으로밖에는 붙잡을 수 없다. 그러나 그 때문에 신적인 것의 가치마저 손상되어버린다고는 결코 말할 수 없는 것이다."*

이에 대해 나는 더 할 말이 없다. 심리학은 '진리'를 탐구하는 학문이 아니라 사실의 학문이기 때문이다. 그러나 채색된 영상인 인생을 깊이 관조하면 우리는 '신적' 세계의 근원에 들어설 수 있다고 말할 수 있다. '신적인 진리'의 근원에 들어가는 길은 막혀 있는 것이 아니다. 단지 일시적으로 그 길을 잃어버렸을 뿐이다.

---

\* E. Staiger, *op. cit.*, pp.238~239.

제2부의 '쾌적한 지대' 장면에 출현하는 파우스트는 제1부의 파우스트와 달리 마음속 깊이 거듭나 좀더 오염되지 않은 생활을 하기에 합당한 인간으로 등장한다고 슈타이거는 말한다. "무엇에 사로잡힌 한 개인의 어두운 세계에서 더 고차원의 좀더 광대한, 더 밝고 보다 평정한 세계로 들어가는 것이다."*

파우스트가 새롭게 태어나서 제1부와는 다른 차원의 모습으로 거듭난 것에 이의를 제기할 이유는 없다. 그러나 슈타이거도 시인했듯이 앞으로 그에게 어떤 일이 닥치게 될지, 그가 어떤 유혹에 사로잡히게 될지, 메피스토가 어떤 영향을 그에게 주게 될지 모든 것이 고차원적이고 광대하고 더 밝은, 보다 평정한 세계 속에 보장되어 있는 것이 아님은 분명하다.

### 황제의 궁정, 옥좌가 있는 궁실

*황제를 기다리고 있는 각료들*
*나팔 소리*

*여러 신하와 함께 화려한 옷차림으로 등장한 황제가 옥좌에 앉고*
*그의 오른편에 천문박사가 자리한다.*

**황제와 어릿광대 혹은 메피스토펠레스—마법사, 해결사 그리고 현자**
황제, 각료들, 천문박사, 귀공자들이 등장하는 이 장면에서 단연 돋보이는 존재는 불청객 메피스토펠레스다. 사실 메피스토의 정체는 파우스트 전편에 나타난 그의 행동양식을 종합적으로 조명함으로써 더

---

* *Ibid.*, p.239.

효과적으로 밝혀질지 모른다. 그러나 우선 각 상황에 나타난 그의 모습을 계속 추적해가기로 하자.

'황제와 어릿광대 바보'는 역사적으로 내려오는 대극쌍이다. 황제는 인간 집단을 다스리는, 어느 모로 보나 완벽한 지적·도덕적·정서적 자질과 문무를 겸비한 최고 권력자이며 지도자라야 한다. 이에 비해 어릿광대 바보는 모든 면에서 열등한 존재로서 분석심리학적으로 황제의 무의식의 열등한 인격, 융이 말하는 '그림자'에 해당한다. 황제가 궁중에 어릿광대 바보를 두고 그를 놀게 하고 그와 대화하는 것은 바로 황제 자신의 무의식의 그림자를 활성화하는 일이다. 황제의 근엄한 위신과 합리적 판단이 너무 경직되지 않도록, 황제의 딱딱한 페르조나를 바보스러운 말과 우스꽝스러운 행동으로 부드럽게 할 뿐 아니라 궁중의 다른 고관들의 그림자를 한 몸에 짊어질 속죄양 역할도 한다. 바보는 집단적 그림자를 한 몸에 짊어지게 된다.* 그렇게 하찮으면서도 중요한 어릿광대 바보는 마침 그 자리에 없었다.

그 틈을 타 끼어든 자가 바로 메피스토펠레스다. 그가 말한다.

**메피스토**　불청객이면서도 늘 환영받는 게 무엇이겠습니까?
　　　　　기다리면서도 늘 내쫓기는 게 무엇이겠습니까?
　　　　　늘 보호받는 게 무엇이겠습니까?**

황제는 메피스토를 어릿광대 대신 자기 옆에 앉게 한다. 이어지는 장면은 각료들의 나라 형편에 대한 호소인데 그 내용은 처참하고 정말 손댈 수 없이 망가진 도덕적·경제적·정치적 위기 그대로다. 황제

---

* 이부영, 『그림자-우리 마음속의 어두운 반려자』, 한길사, 1999, 213~222
　쪽 참조.
** 괴테, 정서웅 옮김, 앞의 책, 17~18쪽.

가 마지막에 메피스토에게 무슨 고충이 없는지 물었을 때 메피스토는 없다고 하며 황제를 치켜세워 각료들의 불만을 산다. 그는 매우 담백하게 나라의 위기를 진단하기를 "이 세상에 결핍이 없는 곳이 어디 있겠습니까? 여기엔 이것이, 저기엔 저것이 없지만 이 나라엔 돈이 부족한 줄 압니다" 한다. 그리고 지하에 황금이 묻혀 있으니 그것을 캐내면 된다고 주장한다. 그것을 캐낼 수 있는 자격 있는 자에 관한 메피스토의 견해가 기독교인에게는 불경스러운 생각이라는 논란이 벌어진다. 기독교의 교의와 연금술 혹은 자연철학 사상 사이의 알력이 엿보이는 대목이다.

> **메피스토**   그걸 누가 캐낼 수 있는가 물으신다면,
> 재능 있는 자의 천성$^{Natur}$과 정신의 힘$^{Geisteskraft}$(영력)
> 이라고 말씀드리겠습니다.
> **재상**   천성과 정신이라—그건 기독교인에게 할 말이 아니다.
> 그런 말은 지극히 위험하기 때문에
> 무신론자를 화형에 처하는 것이오.
> 천성은 죄악이요, 정신은 악마이외다.
> 이 둘 사이에서 의혹이라는
> 기형적인 잡종이 생겨나는 것이지.*

대승정을 겸하고 있는 재상은 황제폐하의 옥좌를 기품 있게 받드는 것은 성직자와 기사인데 네놈은 천민근성의 이단자와 마술사들을 궁성으로 끌어들이려 하는 것이라고 세찬 비난을 메피스토에게 퍼부었다. '이단자와 마술사'는 바로 연금술사나 그노시스파를 지칭하는 것이리라. 천성과 영靈(정신)이 기독교 정신과 그토록 용납될 수 없는 것이었다는 사실이 놀랍다.

---

* 같은 책, 24쪽.

재상에 대한 메피스토의 다음과 같은 응답은 권위의식에 근거한 독단—역사적으로 반복되어오는—에 대한 매우 적절한 반박이다.

> **메피스토**　당신들 손으로 만져보지 못한 건 수십 리 밖에 있고,
> 　　　　　당신들이 잡지 않은 건 아예 존재하지도 않으며,
> 　　　　　당신들이 셈하지 않은 건 사실이 아니라 생각하고,
> 　　　　　당신들이 달아보지 않은 건 무게가 없으며,
> 　　　　　당신들이 주조하지 않은 돈은 통용될 수 없다고 믿는
> 　　　　　거지요.*

땅속에 파묻힌 황금과 보석을 캐내라는 메피스토의 제안은 각료들의 심한 불신과 불평을 만든다. 그러나 메피스토의 계략에 넘어간 천문박사의 도움으로 황제의 재가가 내리고 그 일이 착수된다. 메피스토는 자신이 대지의 신비에 능통하고 지옥과도 친숙하며, 대지에 숨겨진 보배를 온몸으로 느껴 찾아낼 수 있는 정신력을 소유한 자라는 사실을 다소 과장된 허풍쟁이의 몸짓과 함께 드러낸다.

> **메피스토**　여러분은 모두 영원히 지배하는 자연의
> 　　　　　은밀한 작용을 느낄 것입니다.
> 　　　　　대지의 깊숙한 영역으로부터
> 　　　　　생명의 흔적이 솟구쳐 올라옵니다.
> 　　　　　온통 사지가 꼬집히는 듯하거나
> 　　　　　서 있는 곳이 섬뜩하게 느껴지거든
> 　　　　　지체 없이 그 자리를 파헤쳐보십시오.
> 　　　　　그곳에 낙토가 있거나 보화가 묻혀 있을 것입니다.**

---

　* 같은 책, 25쪽.
　** 같은 책, 28~29쪽.

망아상태에서 미친 듯 뛰쳐나가 어떤 들판에서 춤추다가 쓰러진 그 자리에서 신령스러운 방울을 파내 모시고 무당이 되었다는 우리나라 중부지방의 강신무 입무과정은 물론 이보다 더 종교적인 체험이겠으나 두 경우 모두 주체와 땅속에 묻힌 것과의 교감, 즉 분석심리학에서 동시성 현상이라고 부르는 것에 바탕을 두고 있다. 연금술사는 어두운 물질에 갇혀 있는 고귀한 돌을 해방하기 위해 진지한 노력을 기울였다. 현대의 융학파 분석가는 무의식의 창조적 의도를 살피기 위해 헌신한다. 메피스토 말을 사기꾼의 헛소리라고 일소에 부치기엔 깊은 상징적 의미를 포함하고 있다.

천문박사의 입을 빌려서 메피스토가 한 말들인 태양과 달의 화합, 북두칠성과 금속의 비유에는 분명 연금술의 관념이 들어 있다. 땅속 보물이 작용하여 걸음이 휘청거리게 되거나 사지가 아프거나 섬뜩하게 느낀다는 말들은 원시신앙의 관념을 대변한다. 메피스토의 다음과 같은 말은 당장 황금을 밖으로 끌어내야 한다고 서두르는 황제의 외향적 태도에 비해 내향적인 지혜로운 통찰을 보여준다. 이것 역시 연금술적 자연철학의 정신에서 나온 말이 아니겠는가.

> **메피스토** 이처럼 고귀한 술의 정수까지도
> 어둡고 두려운 곳에 숨겨져 있답니다.
> 현자는 이런 곳을 끈기 있게 찾아보는 것이지요.
> 밝은 낮에 인식한다는 것은 어린애 장난 같은 것
> 신비로운 건 어둠 속에 깃들어 있는 법이오이다.*

천문박사가 성급한 황제를 달래며 우선 즐거운 유희를 끝내고 마음을 가다듬어 속죄하라고 한다. 그래서 '천상의 것을 통해 지하의 것을

---

* 같은 책, 30쪽.

얻어야 한다'고 한다. 놀이와 속죄는 어떤 관계가 있을까. 황제가 고대한 재의 수요일은 그리스도 수난기인 사순절의 첫날이며 이날 신자들은 속죄하는 뜻으로 이마에 성회를 바른다. 이날은 사육제 이튿날이된다. 사육제는 이런 통회에서 교회적 경건의 엄숙함을 지양하는 이교적 보상현상인 듯하다. 천문박사의 균형을 강조하는 충고가 이어지지만 황제는 별로 이에 아랑곳하지 않고 우선 더욱 흥겹게 사육제를보내자고 한다. 이때 메피스토펠레스가 혼잣말처럼 한 다음과 같은말은 매우 의미심장하다.

> **메피스토**　공덕功德, Verdienst과 행복이 얼마나 서로 연결되어 있는
> 지를
> 저 바보 놈들은 결코 깨닫지 못하는구나.
> 설사 저자들이 현자의 돌을 가졌다 할지라도
> 그 돌엔 현자가 따르지 않을걸.*

　메피스토펠레스는 허풍쟁이고 마술사같이 말하지만 사실 황제나각료들이 보지 못하는 원대한 원리를 알고 무의식에서 귀중한 보배를 끌어올리는 데 어떤 인내와 노력이 필요한지를 잘 알고 있는 현자다. 이 말은 어떤 귀중한 것을 얻으려면 공들여 업적을 쌓고 기다리는인내력이 필요한데 어리석은 자들은 성급하게 행복의 열매만 소유하려 든다고 경고하는 것 같다. 그들이 연금술사들이 최고의 '물질'이라고 믿은 '현자의 돌'Lapis philosophorum을 손에 넣었다 하더라도 그것은지혜의 빛을 발휘할 수 없을 것이다. 노력 없이 쉽게 행복을 누리고자하는 현대 한국인에게 주는 경고의 말이기도 하다.

---

　*　같은 책, 32쪽.

## 곁방이 딸린 넓은 홀

*가장무도회를 위해 장식되어 있다.*

### 가장무도회

유럽에서는 현재까지도 부활절 전 사순시기에 혹은 연말연초에 각
지역에서 사육제(카니발)가 성행한다. 주로 라인강 흐름을 따라 그런
축제가 벌어지는데 온갖 기괴한 가면이 등장하고 온갖 불손하고 불경
스러운 언사나 행동이 허용되는 축제다. 내가 일했던 북부 스위스 라
인강 상류의 한 병원에서도 사육제가 벌어졌는데 평소 매우 근엄하던
젊은 의사가 반들반들 기름이 묻은 학생모에 한쪽 알이 깨진 안경을
걸친 알트하이델베르크의 대학생 차림으로 나타났고, 마음씨 따뜻했
던 상급의사 부부는 해적 부부처럼 차리고 그럴싸하게 행동해서 포복
절도한 일이 있다. 그러나 이들은 모두 진지했고 가장된, 아마도 자신
의 무의식적 분신인 자기 역할을 충실히 수행했다. 사육제는 예수님
의 부활로 대변되는 기독교적 의식의 신생新生이라는 엄청난 전환기
에 허용된 이른바 이교신들, 억제되었던 본능적 충동, 도덕적 금기 등
의 분출, 새로운 질서를 위한 카오스였다. 온갖 그림자가 혹은 원형상
이 어두운 마음의 심연에서 올라와 잘 정돈된 의식의 거리를 누비고
다니는 시간이다.

『파우스트』의 가장무도회는 괴테가 로마 사육제를 연상하며 썼다
고 전하는 만큼 '독일에서 볼 수 있는 악마춤, 바보춤, 해골춤'과 달리
유쾌한 축제라고 설명된다.* 그래서 그런지 축제는 피렌체 여인들의
아름다운 꽃 장식으로 시작된다. 여자 정원사와 남자 정원사의 등장,

---

* 같은 책, 32쪽 각주) 10 의전관의 말 참조.

꽃과 열매의 대비, 보는 것과 먹는 것*의 대비, 짝을 놓친 딸을 데리고 나와 "오늘은 모두 바보처럼 노는 날이니 너도 가슴을 살짝 열어 유혹해보렴. 혹시 한 녀석 걸려들지 모르니까" 하는 어머니에 이르기까지 모든 대극을 결합하는 에로스의 주제로 시작한다.

가장무도회는 나무꾼, 어릿광대, 식객들이 등장하며 분위기가 바뀌기 시작한다. 식객은 나무꾼의 '우리가 땀 흘리지 않으면 귀하신 양반네가 어떻게 살아가겠느냐'는 말을 지지한다.

> **식객**  당신네 씩씩한 나무꾼들
>   당신들의 의형제인
>   숯 굽는 사람들
>   우리에겐 모두 소중한 분이오.**

**'숯 굽는 사람'**은 동서고금을 막론하고 보편적 신화소, 영$^{Geist}$을 다루는 자의 원형적 상징이다. 나무꾼과 숯쟁이 모두 자연에 작업을 가해 모든 인간에게 연료를 제공한다. 원질료$^{Prima\ materia}$와 일하며 거기서 현자의 돌을 추출하는 연금술사와도 같다. 더 가깝게는 우리나라 민담, 숯쟁이에 시집간 부잣집 막내딸 유형의 이야기에 결부된다. 가장 미천해 보이는 곳에 황금이 있다는 진실을 담고 있는 이야기들이다.

『파우스트』에 그렇게 자주 묘사되는 불과 불길은 무엇인가? 심리학적으로 볼 때 그것은 강력한 정동$^{Emotion}$이며, 강력한 영적 에너지의 상징이다. 말하자면 우리말의 '혼불'과 같다. 그것은 변환과 변환자의 상징이다. 연금술에서 최고 목표, 메르쿠리우스는 '가장 자연스럽고 확실한 불', 하늘의 영$^{Geist}$을 자신 안에 가지고 있는 자연의 빛$^{Lumen}$

---

* 같은 책, 37쪽, "남자 정원사들: 오십시오. 이 무르익은 과일들을, 유쾌하고 맛있게 잡숴보세요! 장미라면 시구로 읊을 수 있지만, 사과는 깨물어야 맛을 알지요."
** 괴테, 정서웅 옮김, 앞의 책, 40쪽.

naturae의 보편적이지만 불꽃 튀는 불이다.*

분석심리학은 그러한 것이 다름 아닌 우리 인간의 무의식에 존재하며 작동한다고 생각한다. '나'의 마음으로 하여금 거룩한 감동 혹은 충격을 일으켜 의식을 변화시키는 것, 그것이 우리 마음속에 존재한다. 숯쟁이는 불의 자료를 만들어내는 자이고 그 불은 본성本性의 불, 처세를 위한 아첨과는 아주 먼 곳에 있다. 식객들의 다음과 같은 말에서 무엇이 본질적인 것인지가 시사된다.

> **식객**　언제나 굽신대고
> 　　　　지당한 말씀이라 끄덕이고
> 　　　　속 보이는 빈말만 하고
> 　　　　상대방 기분에 따라
> 　　　　따뜻해졌다 차졌다
> 　　　　두 가지 얼굴을 한들
> 　　　　그게 무슨 소용이겠소?
> 　　　　그야 하늘에서도
> 　　　　거대한 불길이
> 　　　　내려올지 모르지만
> 　　　　그래도 장작과
> 　　　　숯이 없으면
> 　　　　아궁이 가득히
> 　　　　이글이글 지피지 못할 거요.**

---

\* 이부영, 『한국민담의 심층분석』, 집문당, 2011, 248~249쪽 참조; J.E. Cirlot(1971), *a Dictionary of Symbols*, Routledge & Kegan Paul, London, pp.105~106; C.G. Jung(1953), *Symbolik des Geistes*, Rascher Verlag, Zürich, pp.92~94 참조.

\*\* 괴테, 정서웅 옮김, 앞의 책, 41쪽.

이 소박한 노래처럼 사실 융이 말하는 '자기'$^{Selbst}$, 전체정신의 핵은 먼 곳이 아니라 가까이서 구체적이고 실제적인 작용 속에서 자신을 드러낸다.*

## 우미의 여신들과 운명의 여신들

술꾼과 합창에서 "마시자, 마시자"를 연호하는 것은 게르만계 민족 술집에서 오늘도 흔히 접하는 광경인데 그 뒤에 풍자시인이 나타나 "아무도 듣고 싶지 않은 것을 나, 노래하고 말하련다" 하자 장면이 바뀌면서 많은 여신이 나타나기 시작한다. 처음에는 우미의 여신이지만 차츰 그 성질이 어두워져 운명의 여신들, 복수의 여신들, 공포가 나타난다. 그러나 곧 희망이 등장하고 지혜가 나타나더니 '마차 모는 소년'이 등장한다. 이 소년의 이미지는 플루토스 이름으로 등장한 파우스트와 함께 음미해볼 만하다. 여신들이 등장한 이유는 무엇일까? 소년을 등장시키기 위한 준비였을까? 먼저 이들부터 살펴보자.

그것은 마치 나무꾼, 숯 굽는 사람과 같은 땀 흘려 일하는 일꾼, '노력하는 인간'이나 마시자, 마시자 하며 삶의 희열에 취하고자 하는 인간들의 운명을 뒤에서 조절하는 또 하나의 세계, 여신들 세계의 존재를 잊지 않도록 하려고 꾸며진 장면과도 같다. 분석심리학적 언어로 말하면 집단적 무의식의 세계가 열리면서 많은 원형상이 출현하게 된 것이다. 그러나 이미 나무꾼과 숯 굽는 자는 앞에서 시사한 대로 상징적으로는 깊은 숲속에서 일하는 자로서 저승과 맞닿은 경계에 있다. 마시자고 연호하는 술꾼들 또한 이미 의식의 경계를 넘어섰다. 겉보기에는 그저 평범한 그리스 여신들의 넋두리처럼 보이지만 여신들의 사설을 자세히 읽어보면 뜻밖에 교훈적인 말을 발견한다. 헤지오드의

---

* 우리나라 숯쟁이 민담에서 주인공은 신부의 도움으로 숯 굽는 이맛돌이 사실 황금임을 발견한다. 이부영, 『한국민담의 심층분석』, 248쪽.

3여신이기보다 괴테가 묘사하는 3여신의 차이점이 그곳에 있다고 할 것이다.

'우리는 인생에 우아함<sup>Anmut</sup>을 부여한다'는 우미<sup>優美</sup>의 3여신*은 각각 주는 때나 받는 때 우아함이 깃들어야 한다고 강조한다. 그리고 세 번째 여신 오이프로지네는 말한다.

> **오이프로지네** 평온한 날이 계속되는 동안에는
> Und in stiller Tage Schranken
> 감사의 마음도 지극히 우아해야 하리라.

'평온한 날이 계속되는 한'이라는 단서는 그렇지 않은 인생을 전제로 한다. 감사의 마음은 그만큼 더욱 절실할 것이며 최대의 우아함으로 표현되어야 한다는 뜻일까?

우아함은 여성적 심성의 한 측면이다. 그것은 자칫 꾸밈, 에티켓, 다른 말로 문식<sup>文飾</sup>일 수도 있지만 고도로 분화된 정서의 표현이기도 하다. 그런데 여성성에는 아름답고, 즐겁고, 사랑스럽고, 우아함만 있는 것이 아니다. 괴테는 우리에게 여성성의 좀더 깊은 곳의 어두운 여러 측면을 제시하려 한다.

---

\* 아글라이아Aglaia: 그리스신화의 애교(우아함), 안무트Anmut의 여신, 아프로디테를 수행함. Hermann Jens, *Mythologisches Lexikon*, München, Wilhelm Goldmann Verlag, 1960, p.11. 이 아글라이아라는 이름을 케레니는 'glorious'(영광스러운)라 표현했고 크뢰너 사전Kröner Lexikon에서는 헤시오도스Hesiod에 따라 'strahlend'(환히 빛나는)라 했다. K. Kerényi, *The Gods of the Greeks*, Thames & Hudson, London, 1950, p.100; Moormann/Uitterhoeve, *Lexikon der antiken Gestalten*, Kröner, Stuttgart, 1995, p.186.

그리스신화에서 운명의 여신은 본래 하나로 수명과 운명을 다스렸다. 그것이 뒤에 밤[Nyx]의 딸, 3여신이 되었고 운명의 실을 짜는 여인, 실을 재는 자 그리고 그것을 자르는 자로 역할이 나뉘었다. 그리스 북부 신탁의 장소 델피[Delphi]에는 오직 두 가지 운명의 여신, 즉 탄생과 죽음의 신이 있을 뿐이었다고 한다.* 괴테가 3여신 중 가장 나이가 많고 실을 잣는 역할을 위임받았다고 전하는 아트로포스[Atropos]는 '거부할 수 없는 것'이라는 이름의 신으로 제우스도 어쩔 수 없는 강력한 운명의 신이다. 클로토[Klotho]는 생명의 실을 짜는 여신이며 라케시스[Lachesis]는 수명을 정하는 자, '끊어버리는 여인'이라는 이름의 소유자다.**

역할이 문헌과 조금 다르지만 괴테의 서술대로 따라가 보자. 아트로포스는 말한다.

**아트로포스** 가냘픈 생명의 실 잣노라면
　　　　　　생각할 것도 많고 마음 쓸 것도 많다네.***

운명의 실을 짜는 할머니의 섬세한 마음씨가 엿보인다. 수명을 다스리는 동양의 신들은 염라대왕을 비롯해 저승차사, 북두칠성신에 이르기까지 모두 남성신이라는 점에서 대비되는 대목이다. 물론 하얀 수염을 늘어뜨린 할아버지인 수신壽神들도 때론 자애로 수명을 조절한다. 나는 이런 생각을 해본다. 내 몸 안에 어떤 생명활동을 조절하는 중심 원리가 있다면, 그리고 그것을 인격적 상징으로 상정할 수 있다면 아마도 날마다 내가 먹고 움직이고 생각하고 느끼고 행동하는 순간마다 이 할머니 여신 같은 존재가 '많이 생각하고 마음 쓰며 내

---

* Kerényi, *op. cit.*, p.32; Kröner Lexikon, *op. cit.*, pp.457~458; Von Michael Grant, John Hazel Lexikon der antiken Mythen und Gestalten, dtv, p.153.
** Lexikon, der antiken Mythen, *op. cit.*, p.153.
*** 괴테, 정서웅 옮김, 앞의 책, 44쪽.

목숨의 실을 짜고 있을 것'이라고—동양의 연금술인 양생술에서는 바로 이 원초적 생명원리(원기元氣)를 잘 지키고 순환시켜서 영생을 시도했다.*

아트로포스는 '나긋나긋 부드러운 실을 짜려고 제일 좋은 아마를' 골라잡는다. '매끈하고 날씬하고 곧게 되도록 능숙한 손가락으로 매만지리라'고 다짐한다. 이것은 젊은이의 상이다. 운명의 여신은 젊은이가 매끈하고 날씬하고 곧게 되도록 그 삶을 주조한다. 그것은 매우 흥겨운 일이다. 그러나 젊음의 그 흥겨움에는 위험이 도사리고 있다. 괴테는 아트로포스의 입을 빌려 다음과 같이 경고한다.

> **아트로포스** 흥겨움에 넘치든 춤을 추든,
> 흥취가 너무 고조되거든,
> 이 실오리의 한계를 생각해서
> 조심할지어다! 끊어지지 않도록.**

불로장생의 약을 먹고 오히려 일찍 죽은 중국의 제왕들은 이 실오리의 한계를 생각지 않은 것이다.

클로토Klotho는 『파우스트』에서는 가위로 실을 자르는 여인으로 나온다. 자기 역할에 대한 다음 말은 생각할 거리를 준다.

> **클로토** 아주 쓸모없는 실오리들은
> 빛과 바람 속에 오래 내다놓고

---

* 동양의 연단술 참조. "원기元氣는 생명원리이므로 충분히 배려하여 지키지 않으면 안 된다." Henri Maspero(Mochida transl.)(1985), *Le procédes de nourrir le principe vital dans le religion taoiste ancienne*, Serica, Shoho, Tokyo, p.56f, p.62, p.87f.
** 괴테, 정서웅 옮김, 앞의 책, 44~45쪽.

찬란하기 짝이 없는 희망의 실은
잘라서 무덤으로 끌고 간답니다.*

'쓸모없음'의 소중함과 '찬란한 희망'의 덧없음이랄까. 서양의 연금술뿐 아니라 동양의 노자와 장자가 한결같이 주장한 진리가 아니겠는가. 클로토는 그러나 자기도 젊은 혈기로 여러 번 잘못을 저질렀으니 오늘만은 스스로 자신을 억제할 테니 자유로운 시간을 마음껏 즐기라고 당부한다. 운명의 여신조차 잠시 걸음을 멈춘 시간, 그것이 곧 사육제 가면무도회의 시간이었다.

운명의 여신 중 세 번째인 라케시스는 '질서를 유지하는' 역할을 담당한다. 라케시스는 '끊어버리는 여자'라는 이름의 여신으로 운명의 실을 자르는 일을 하는 자인데 여기서는 클로토가 그 역할을 맡았다. 『파우스트』의 경우, 운명의 여신 첫째와 둘째는 하나의 대립적 속성을 보이는데 늙은 여성의 자애와 흥취, 이에 대한 젊은 여신의 냉정한 절단 형태를 취하고 있다. 세 번째는 이 둘을 조화롭게 통합한 핵심기능이다.

> **라케시스**  나 혼자만이 분별을 알기에
> 질서를 유지하는 역할을 맡았죠.
> 내 물레는 끊임없이 돌아가면서
> 한 번도 성급한 적이 없었어요.
> ……
> 내가 한번 정신을 팔게 되면,
> 당장 온 세상이 불안해질 거예요.
> 시간을 헤아리고, 세월을 저울질하며

---

* 같은 책, 45쪽.

실 짜는 자 운명의 실타래를 잡고 있지요.[*]

## 복수의 여신들

운명의 여신 다음으로 나타나는 여신은 복수의 여신이다. 이들은 모두 젊고 예쁘고 애교가 있다. 그러나 사랑하는 이들을 갈라놓고 행복을 근심으로 망쳐놓고 배신자를 독살하는 고약한 여신들이다. 얼핏 보면 융의 '살인적 아니마'[Killing anima][**]를 연상하게 하지만 꼭 같은 것은 아닌 것 같다. 티지포네가 마지막에 "여자를 바꾼 자 죽어 마땅하리라"라고 하는 말에서 보듯이 철저한 질투의 여신이며 복수의 여신들이다.

## 공포와 희망 그리고 승리의 여신

이제 산처럼 크고 기괴한 모양의 용마를 끌고 오는 알 수 없는 여인상들이 등장한다. 의전관이 고한다.[***]

> **의전관**  보시는 바와 같이 산이 하나 들이닥치고 있습니다.
> 몸에는 현란한 양탄자를 자랑스럽게 두르고,
> 머리엔 긴 이빨과 뱀같이 긴 코를 달고 있습니다.[****]

듣고 보니 코끼리 같다. 그 목덜미엔 귀엽고 사랑스러운 여인이 앉아 가는 막대기로 코끼리를 잘 몰고 가고, 그 위에 서 있는 또 한 명의 화려하고 고상한 부인, 눈부신 광채로 둘러싸여 있는 부인과 그 옆으

---

[*]  같은 책, 45~46쪽.

[**]  마리 루이제 폰 프란츠, 이부영 옮김, 『C.G. 융-우리 시대 그의 신화』, 한국융연구원, 2017; 칼 구스타프 융, 이부영 외 옮김, 「개성화 과정」, 『인간과 상징』, 집문당, 2013, 211~219쪽.

[***]  괴테, 정서웅 옮김, 앞의 책, 49쪽.

[****]  같은 곳.

로는 사슬에 묶인 귀부인들이 걸어가는데 한 명은 불안해하고 한 명은 즐거워 보이며, 한 명은 자유를 원하고 한 명은 자유를 얻은 것 같다고 의전관은 설명한다. 불안과 희망, 구속과 자유의 대비가 여기에도 있다. 공포가 말한다.

> **공포**  이 거짓 가면들 사이에서
> 아아! 사슬이 날 꽁꽁 묶고 있도다.
>
> 물러가라, 너희 웃는 자, 가소로운<sup>ihr lächerlichen Lacher</sup> 무리야!
> 히죽대는 웃음 수상쩍기만 하구나.
> 내 적수들이 모두
> 오늘 밤 내게 달려드는구나.*

웃음은 세상의 어둠 속을 배회하는 공포와 불안에 사로잡힌 자에게는 적이 될 수 있다. 그것은 가식처럼 보이고 허황한 광대의 몸짓이다.

> **공포**  보라, 친구 하나가 또 적이 되었도다.
> 그의 가면은 내가 벌써 알고 있지!
> 녀석이 날 죽이려다가
> 들통 나니 꽁무니를 빼누나.**

공포가 사슬에 꽁꽁 묶여 있다는 것은 웃음의 가식이 혹은 그밖의 어떤 것이 공포를 강력하게 통제해 마음껏 표현할 수 없게 만든 상태

---

   * 같은 책, 49쪽 번역을 약간 고쳤음.
  ** 같은 책, 50쪽.

와 같다. 1970년대 미국을 중심으로 스마일 문화가 히피 대열과 함께 전 세계를 풍미하던 때가 있었다. 나는 그때 잠시 히피의 낙원 하와이에 머물렀는데, 대학 캠퍼스를 생각에 잠겨 진지한 표정으로 걷다가 어떤 부인한테 야단(?)을 맞은 일이 있다. "스마일, 스마일, 왜 그리 심각해요!" 그 뒤 언제부터인가 한국 신문에 실리는 글의 저자 사진에서 엄숙함이 사라지고 웃는 얼굴로 대치되었다.

공포는 원초적 감정이다. 인류가 아마도 최초로 이 지구상에 나타났을 때 느꼈을 감정일 것이다. 지금은 마치 그것이 공포증환자나 가지고 있는 정신병리현상 정도로 생각할지 모르지만 그것은 단순히 무섭다는 감정뿐 아니라 두려움, 신성한 것에 대한 외경의 감정에까지 걸친 광범위한 정서다. 그런데 가식적인 웃음이 공포를 '죽이려'다가 들켜서 도망친다. 쇠사슬에 묶인 공포는 이제 완전히 제거(억압)될 위협을 받고 있다. 공포는 소리친다.

> **공포**   아아, 어느 쪽으로 가든
> 이 세상 속으로$^{zu\ der\ Welt}$ 도망치고 싶다.
> 하지만 저편에서 파멸이 위협하며
> 짙은 안개와 혹한$^{Dunst\ und\ Graus}$ 속에 날 가둬놓았다.[*]

이 세상$^{die\ Welt}$이란 상징적으로 우리가 알고 있는 의식의 세계다. 이 세상으로 도망간다고 하면 무의식에서 의식으로 나아가고자 하는 의도이고 이 세상에서 도망가는 것이라면 의식의 통제 아래에서 벗어나고자 하는 의지의 표현이다. 어느 쪽이든 이 외침의 밑바닥에는 자유를 향한 갈망, 속박에서 불분명하고 차디차게 얼어붙은 감정상태에서 해방되고 싶은 간절한 희구가 있다. 그런 절망적인 희구에 대한 답이 곧 절망의 대극, 희망의 이름으로 나온다.

---

[*] 같은 곳.

### 희망

희망은 말한다. 횃불 아래서 가면은 내일 대낮(자연의 빛 아래)에는 벗겨진다는 사실을. ─'명랑한 대낮에는 모두 우리 마음대로 할 수 있다'고 위로한다. 자연 속에서 우리는 자유로울 수 있음을 시사한다.

> **희망**　때로는 친구들과 때로는 혼자서
> 　　　　아름다운 들판을 자유롭게 거닐죠.
> 　　　　쉬거나 일하거나 내 마음대로
> 　　　　아무 근심 없이 살아가면서
> 　　　　아쉬운 것 없이 항상 노력하네.
> 　　　　어디서나 환영받는 손님이 되어
> 　　　　편안한 삶 살아봅시다.
> 　　　　틀림없이 어느 곳에선가
> 　　　　최상의 것 찾을 수 있으리니.*

### 영리함Klugheit

보통 같으면 이런 위로와 낙관론으로 이야기가 끝날 것이다. 일종의 지지적 정신치료기법만으로도 많은 문제가 해결된다. 그러나 괴테는 지혜의 입을 빌려 공포뿐 아니라 희망조차도 사슬에 묶어야 할 인간의 적이라고 선언하게 한다.

> **지혜**　인간의 가장 큰 적 두 가지
> 　　　　공포와 희망을 사슬에 묶어
> 　　　　군중에게서 떼어놓으려다.

---

* 같은 책, 50~51쪽.

길을 비켜라! — 그대들은 구원되었다.*

공포와 희망은 모두 일방적이다. 공포가 일방적이고 절망적인 피해
의식에 치우쳐 있듯이 희망 또한 너무 밝고 낙관적이어서 조금도 그
늘진 세계의 존재를 의식하지 못한다. 이 양자는 제3의 것으로 통합
되지 않으면 영원히 갈등의 씨앗으로 남아 있게 될 것이다. 그런 의미
에서 인간의 적이라는 말을 이해해본다. 원형적 대극성, 대극의 원형
이 의식에 접촉하면 개체는 심한 갈등에 시달린다. '공포와 희망을 사
슬에 묶어 군중에게서 떼어놓는다는 것'은 의식이 원형상으로 오염될
위험을 예방하는 조치라 볼 수 있다. 그러나 분석심리학적 견지에서
볼 때 대극갈등은 대극 통합에 필요한 과정이기도 하다. 갈등 소지를
억제하고 '그대들은 구원되었다'고 선포하는 것이 어쩐지 너무 가볍
다는 느낌이 든다.

슈타이거는 이 가장무도회의 본보기로 삼은 로마 사육제에서 괴테
가 인간생활의 비유를 보았고 의식적으로 자연과 예술을 무도회의 장
안에 들여놓았다고 한다. 무도회라는 사교장은 자연에도 예술에도 똑
같이 간여해 양자를 중재하기 때문이다. 우미의 여신들은 즐겁고 떠
들썩한 분위기 속에 등장시켰을 뿐 특별한 준비가 필요치 않다. 운명
의 여신들도 사악한 기운을 제거한 귀여운 딸들 모습으로 나타나 이
들의 활동무대는 주로 연애사건에 국한된다고 한다. 그러므로 이 장
면에 심원한 의미를 떠올리려는 독자는 놀이의 마음을 이해할 수 없
는 이들이라 할 것이라고 그는 말했다. 사슬에 묶여 걸어가는 공포와
희망에서 그는 '교묘하게 통치되고 있는 민중의 모습을 보았고,' 행복
을 달콤하게 꿈꾸는 희망과 공포는 괴테가 평상시 소시민적인 유해한

* 같은 책, 51쪽.

240

정신상태라고 멸시해온 것이라고 지적한다.* 그러나 놀이와 축제로 변화한 인간의 삶을 가장무도회라는 형식으로 표현한 바로 그곳에 숨겨진 인간무의식의 삶이 노출되며, 인간은 흔히 놀이의 형태를 빌려 그것들을 발산해온 이상 지금까지 위에서 시도해온 분석심리학적 해석이 결코 무의미한 것은 아니라고 믿는다.

'탑과 같이 살아 있는 거상 위 빛의 여신'은 분명 '전체정신'의 상징으로 손색이 없다. 여신은 '민첩한 날개 활짝 펴고 사방을 두루 살피고 있다.' '주위를 에워싼 빛과 영광, 사방팔방 먼 데까지 비추는' 여신, '모든 활동을 다스리는' 여신이라는 표현에 전체정신의 상징적 의미가 담겨 있다. 그녀는 어둠을 물리친 승리의 여신으로 천천히 다가온다. 그런데 그것이 끝이 아니다. 바로 이 순간, 제4의 존재가 나타난다. 초일로-테르지테스의 이름으로 꼽추로 분장한 메피스토펠레스다.

## 메피스토펠레스―'깎아내리는 자', 대극결합체, 변환자

이 장면에서 메피스토는 단 한 번 나타났다가 의전관의 막대기에 얻어맞아 변형되면서 사라진다. 왜 괴테는 빛나는 승리의 여신이 다가오는 순간 메피스토를 잠깐 등장시켰다가 사라지게 만들었을까? 눈부신 선善의 여신 앞에 악惡을 대변하는 어두운 대자를 내세운 것은 매우 시의적절한 처사인 듯하다. 극 중 메피스토 자신이 이를 고백하고 있다.

### 초일로-테르지테스**

---

\* E. Staiger, *op. cit.*, p.244.

\** Zoilo-Thersites: 수사학자, 초일로는 호메로스 서사시의 결점을 낱낱이 깎아내린 자이고 테르지테스는 트로야를 공격한 영웅들을 비방한 인물이다. 이 두 인물이 꼽추로 합체한 메피스토의 질투와 불신을 표현한다. E. Staiger, *op. cit.*, p.245; 괴테, 정서웅 옮김, 앞의 책, 51쪽 각주 20) 참조.

허허! 내가 마침 잘 왔군.
당신네들 모조리 나쁜 사람이라고 비난해야겠지만
내가 목표로 삼고 있는 건
저 위쪽 승리의 여신이다.*

　　메피스토는 먼저 승리의 여신을 깎아내린다. 날개가 두 개 달렸다고 독수리나 되는 줄 아는 모양이라고 비아냥거리고 온 세상이 자기것인 양 착각하고 있다고 비난한다. 말하자면 팽창**의 위험을 경고하는 셈이다. 메피스토는 깎아내리는 자다. 그런데 다음 대목에서 볼 수 있듯이 부정을 통해 다른 대극의 존재에 주의를 환기하는 역할을 한다.

　　**초일로–테르지테스**
그러나 무언가 명예스러운 일이 이루어지면
나는 화가 나서 못 견디겠단 말이야.
깊은 건 높다고, 곧은 건 굽었다고
굽은 건 곧다고, 곧은 건 굽었다고
그렇게 말해야만 속이 후련하거든.
이 세상 어디서나 그러고 싶단 말이야.***

　　의전관의 말에서 드러나는 메피스토의 정체 또한 매우 기이하다.

　　**의전관**　이 개 같은 건달 놈아,
이 거룩한 막대기의 맛 좀 보아라!

---

* 괴테, 정서웅 옮김, 앞의 책, 51~52쪽.
** 팽창Inflation은 자아가 원형의 영향을 받아 한껏 부풀어 오른 것.
*** 괴테, 정서웅 옮김, 앞의 책, 52쪽.

당장 구부러지며 몸을 비트는구나!
난쟁이 두 놈을 겹쳐놓은 형상이
순식간에 역겨운 덩어리로 뭉치는군!
거 참 이상하다! ― 덩어리가 계란으로 변한 다음
부풀어 올라선 두 조각으로 갈라지네.
그 속에서 닮은 놈이 하나씩 나오는데
하나는 독사요, 하나는 박쥐로다.
독사는 먼지 속을 슬슬 기어다니고,
박쥐는 시커멓게 천장으로 날아오른다.
놈들은 서둘러 나가 다시 합치려 하지만
나는 결코 중매꾼이 되고 싶지 않아.*

초일로-테르지테스는 막대기로 얻어맞고 둘이 한 덩어리로 변한
뒤 그것이 계란 모양이 되었다가 다시 두 조각으로 나뉘면서 각각 뱀
과 박쥐를 생산한다. 이들은 나가서 다시 합칠 기세다. 이 변환 과정
은 어디서 나왔을까? 억압하면 할수록 스스로 분리·융합하여 다른 모
습으로 살아남는 무의식의 원형적 콤플렉스의 이중성과 자율성을 연
상케 한다. 또한 여기서 표현된 메피스토는 음산한 어두운 밤과 지하
계적 본능세계로 기독교의 그림자상(마귀)을 나타낸다.

메피스토의 등장으로 가면무도회 분위기는 공포와 불안에 휩쓸리

---

* 같은 곳. 마지막 구절: Da möcht ich nicht der Dritte sein(나는 결코 한
패가 되고 싶지 않아). der Dritte를 심판자, 중재자로 본다면 "나는 결코
중재자로 끼어들고 싶지 않다"가 된다. 영역은 "I'd rather not be there."
Goethe, *Faust*, dtv, p.162; D. Luke(transl.), *Goethe Faust* Part 2, p.29 참조.
또한 요한 볼프강 폰 괴테, 정경석 옮김, 『파우스트』, 문예출판사, 2017,
295쪽, "거기 어울려 그 세 번째가 되고 싶진 않구나!"라는 번역도 있다.
요한 볼프강 폰 괴테, 전영애 옮김, 『파우스트 1·2』, 도서출판 길, 2019,
109쪽 참조.

기 시작한다. "유령 같은 놈들이 소리를 내고, 그들 존재를 몸으로 느끼며, 흥겨운 자리가 온통 엉망이 된다." 의전관은 유령들 같은 비합리적 존재들에 대해선 자기도 어쩔 수 없다고 실토한다.

> **의전관**  그러나 걱정되는 건 창문을 통해
> 바람 같은 유령들이 잠입하는 일입니다.
> 도깨비나 마술쟁이 앞에선
> 여러분을 지킬 수 없군요.
> 난쟁이 놈도 수상쩍었지만
> 보세요! 저 뒤편에서 억세게 밀려오는 게 있습니다.*

그것은 부의 신으로 위장한 파우스트를 태운 용마차를 모는 신비로운 소년이었다. 이제부터 마차를 모는 소년과 의전관의 긴 대화가 시작되고 부의 신(파우스트가 분장한) 플루토스, 숲의 신, 지신, 그놈들이 등장하고 또 한 번 메피스토가 나타난다.

의전관은 가면무도회 사회자로 등장인물을 확인하고 설명하며 때론 마술지팡이로 상대를 제압하는 힘을 보여주기도 한다. 그러나 그의 지식은 비일상적이고 비합리적인 존재들 앞에서는 한계를 드러내고, 그의 마력 또한 제한되어 있다. 의전관 스스로 이를 고백했을 뿐아니라 새로 등장한 '마차를 몰고 온 소년' 또한 그 점을 지적한다.

> **마차를 모는 소년**
> 보아하니 당신은 가장에 관한 것만 잘 전해주는군요!
> 껍질 속의 본질을 캐내는 일은
> 의전관으로서 소관이 아닌 것 같습니다.

---

\* 괴테, 정서웅 옮김, 앞의 책, 53쪽.

그런 일엔 좀더 날카로운 안목이 필요하지요.*

　의전관은 마치 무의식의 콤플렉스들이 의식의 무대 위에 올라오는 것을 일일이 확인하고 묘사하는 '자아의 분별능력' 같은 역할을 한다. 집단적 무의식의 콤플렉스, 즉 원형적 콤플렉스가 의식계로 들어오면 그것들은 자아에게 극도로 낯선 존재여서 자아는 당황할 수밖에 없다. '마차를 모는 소년' 앞에서 의전관이 보인 놀람과 같이.

　다른 한편 의전관은 하나의 지각기능, 그것도 외적 지각으로 본질은 모르더라도 '껍질'은 잘 파악하는 자이기도 하다. '마차를 모는 소년'에 대한 묘사로 그의 본질에 다가갈 수 있을지 모른다. "대인大人이 나타날 때, 먼저 그림자가 드리운다." 폰 프란츠<sup>Marie-Louise von Franz</sup>가 언젠가 나에게 한 말이다. 주역에 있는 말이란다. 나는 아직 확인하지 못했지만 그럴 필요도 없다. 심리학적으로 너무나 자명한 일이기 때문이다. '자기'<sup>Selbst</sup>가 출현하기 전에 먼저 자기 그림자가 나오는 경우가 있는 것이다. '위기는 기회다'라는 말은 진부하지만 이것을 쉽게 표현한 말이라 해도 좋다. "기괴한 기운이 축제 위에 몰래 숨어들었다. 이제야 예사롭지 않은 존재의 등장이 가까워온다."** 슈타이거는 이렇게 말했다. 용마차를 탄 부의 신과 그것을 모는 신비한 소년이 나타나기 위해 메피스토는 기괴한 모습으로, 유령들은 바람처럼 즐거운 축제 분위기에 섬뜩한 혼란을 일으킨 것이다. 소년은 '네 마리 용마가 끄는 화려한 마차를 질풍처럼, 그러나' '군중을 갈라놓지도 않고 어디서도 혼란함을 볼 수 없는' 솜씨로 몰고 오는 자로서 이미 초속적·신비적 면모를 보인다.

　의전관은 외친다.

---

＊ 같은 책, 58쪽.
＊＊ E. Staiger, *op. cit.*, p.245.

**의전관**   멀리선 형형색색 반짝거리고,
　　　　　마법의 등불인 양 어지럽게 빛나는
　　　　　오색찬란한 별들이 빛납니다.
　　　　　콧김을 내뿜으며 질풍처럼 달려오는 용마
　　　　　길을 비키세요! 나도 소름이 끼치네요!*

　　의전관의 묘사에 따르면 마차를 몰고 온 소년과 그 위에 타고 온 고귀한 신분의 주인의 전모는 이러하다.

　　소년이 몰고 온 마차는 보통 마차가 아니다. 날개 달린 네 마리 용이 끄는 마차, 화려하고 빛나며 달리는 모양 또한 심상치 않다. 소년 자신은 젊고 아름다우며 어리지만 '여자깨나 희롱할 타고난 난봉꾼 같고' 보석으로 장식한 우아한 의상을 걸친 계집애라고 할 정도로 예쁜 소년이다. 마차 위의 옥좌에 앉아 있는 기품 있는 분은 부귀의 신 플루토스다. 실제론 파우스트가 가장한 것이다. 황제의 간청으로 화려한 옷을 입은 것이라고 한다. 소년은 플루토스의 아들이다.

　　소년은 의전관에게 "우리가 당신 곁을 떠나기 전에 우리를 묘사하고 이름을 붙여보라고 한다." "우리는 비유<sup>Allegorie</sup>란 말이오. 물론 잘 알고는 있겠지만."** 의전관은 소년과 마차에 탄 점잖은 사람을 가감 없이 묘사하고 나서 이렇게 묻는다.

**의전관**   그렇다면 그대 자신은 무엇을 하는 누구인지 말해보게나!

---

* 괴테, 정서웅 옮김, 앞의 책, 54쪽.
** "Denn wir sind Allegorien,/Und so solltest du uns kennen." Goethe, *Faust*, dtv, p.164.

246

### 마차를 모는 소년

> 저는 낭비Verschwendung입니다. 시詩이지요.
> 자기고유의 재화를 남김없이 탕진할 때
> 완성되는 시인입니다.
> Bin die Verschwendung, bin die Poesie
> Bin der Poet, der sich vollendet,
> Wem er sein eigenest Gut verschwendet.*

자기도 플루토스 못지않게 돈을 많이 가지고 있다고 자랑하며 "저분의 무도회나 잔치를 꾸며 활기를 넣어주면서 저분에게 없는 걸 나누어드리지요" 한다. '저분에게 없는 것'이란 무엇일까? 여기서는 잘 알 수 없다. 다만 무도회나 잔치에 '활기를 넣어주는 자'임은 확인할 수 있다. '낭비이면서 시詩'란 무슨 말인가. 시인은 '자기 고유의 재화(소유물)를 남김없이 탕진했을 때 완성된다'는 말은 또 무엇인가. 자기 고유의 삶의 에너지를 마음껏 써버릴 때 시가 나온다는 말일까. 그런 의미로 낭비의 미덕을 말하는 것일까. 아니면 물질적인 힘을 다 써버린 후 비로소 영적인 표출인 시가 생겨난다는 말일까. 슈타이거가 소개한 괴테『서동시집西東詩集을 위한 주와 논고』에 기술한 시인 모습을 보면 '낭비'의 의미를 이해할 수 있을 것도 같다.

'재능을 즐기면서 낭비한다'는 말에서 '재화'Gut가 반드시 물질적인 것이 아니고 재능을 포함한 자기 고유의 삶의 에너지임을 짐작할 수 있다.

플루토스의 아들인 소년 마부를 슈타이거는 '청춘의 예술가, 정신의 원상原像'이라고 보았다. 그가 손가락을 퉁겨 만드는 장식품이나

---

* 괴테, 정서웅 옮김, 앞의 책, 56쪽; Goethe, *Faust*, dtv, p.165.

불꽃은 미적 가상의 비유를 연상케 하여 이것들을 현실에 존재하는 것으로 착각해 붙잡으려 하니 변하거나 파괴될 수밖에 없다고 문학자다운 견해를 말했다. 상징적으로는 그 소년 마부와 부의 신은 영원한 소년<sup>Puer aeternus</sup> 원형과 노년 원형<sup>Senex</sup>의 짝을 대변한다고 볼 수 있다.*

소년은 어떻든 먼저 손가락 하나를 퉁겨 황금의 장신구를 계속 만들어내고 장내는 그것을 주우려는 사람들로 아수라장이 된다. 황금을 잡은 순간 딱정벌레가 되고 나비나 다른 벌레가 되어 날아가 버리고 "고약한 나비 떼만 붙잡는 꼴이었어요. 저 못된 놈, 약속만 잔뜩 해놓고 고작 내준 게 금빛 나는 것뿐이었구먼!" 의전관이 한탄할 정도다. 인파를 헤치고 백화점 세일장에 밀고 들어가 정신없이 이것저것 사가지고 돌아와 보니 손에 든 건 별 보잘것없는 물건이었다고 느끼는 그런 경험이 여기에 있다. 현대의 얼마나 많은 투기자가 '번쩍번쩍 빛나는 금빛 나는 것'에 현혹되어 돈을 날리고 운명을 저주하는가. '마차를 모는 소년'이 그의 행위로 물질적 탐욕의 무상함을 가르쳐주려고 한 것인가. 『파우스트』 역자도 지적한 것처럼 소년은 황금 장신구만 만드는 것이 아니라 '불씨'도 보내는데, 이는 인간 정신을 불붙게 하는 예술 또는 시의 불씨로 해석될 수 있다. 소년은 말한다.

**마차를 모는 소년**
> 혹시 불붙을 곳이 없나 기대하면서
> 이따금 작은 불씨도 보내드리지요.**

'불씨'는 창조적 착상이다. 시인의 무의식에서 떠오른 한 이미지,

---

\* 마리 루이제 폰 프란츠, 홍숙기 옮김, 『영원한 소년과 창조성』, 한국융연구원, 2017.

\*\* 괴테, 정서웅 옮김, 앞의 책, 57쪽; Goethe, *Faust*, dtv, p.166.

원형상이 그 시대 사람들의 무의식에 똑같이 배열되고 활성화되기를 기다리는 무의식의 원형층을 자극할 때 도처에서 불붙듯이 반향이 일어나는 것이다. 융은 예술 창조의 심리적 과정을 집단적 무의식과 관련해서 자주 설명했다. 황금 장신구들을 반드시 물질적 탐욕 측면에서만 볼 필요는 없다. 왜냐하면 여기 나타난 진주, 금 목걸이, 귀걸이, 반지, 관은 모두 전체성의 상징, 분석심리학에서 말하는 '자기'의 상징이라고 볼 수 있기 때문이다. 전체정신은 궁극적인 것, 누구나 갖고 싶고 탐내는 것임이 틀림없다. 해탈하고 득도하고자 하는 욕구는 인간의 원초적 욕구에 속한다. 그것은 뼈를 깎는 노력으로 도달되는 경지이며 세일장 상품처럼 약삭빠르고 민첩하게 소유할 수 있는 것이 아니다.

부귀의 신, 플루토스(파우스트가 분장한)와 마차를 모는 소년은 앞에서 지적했듯이 아버지(파우스트)와 아들이다. 소년이 플루토스를 소개하면서 '저분에게 없는 것을 나누어준다'고 했을 때, 그것이 앞에서 말한 '불꽃'으로 대변되는 '시상'詩想이 아니겠는가 생각했지만 사실은 그 시상의 근원이 아버지 플루토스(파우스트)임이 밝혀진다.

> **플루토스**　기꺼이 말하거니와, 너는 내 영의 영Geist von meinem Geiste이다.
>
> 너는 언제나 내 뜻에 따라 행동하고
> 나 자신보다 더 부유하도다.
> 너의 봉사에 보답하려고 어느 왕관보다도
> 이 푸른 나뭇가지를 더 소중히 여기노라.
> 모든 사람에게 내 진심을 전하노니,
> 사랑하는 아들아, 네가 진정 내 맘에 드는구나.*

---

\* 괴테, 정서웅 옮김, 앞의 책, 58~59쪽.

왕관보다 푸른 나뭇가지를 더 소중히 여긴다는 말에 지상의 권력보다 시인의 월계관, 살아 있는 정신을 귀히 여긴다는 뜻이 담겨 있다. 그러자 마차를 모는 소년은 이번에는 재물이 아니라 불꽃을 선물로 주위에 뿌린다. 그것은 시심詩心이다.

### 마차를 모는 소년

보세요! 제 손의 가장 큰 선물들을
주위에 두루 뿌렸습니다.
이 사람 저 사람의 머리 위에서
제가 뿌린 불꽃이 빛나고 있습니다.
이 사람에게서 저 사람에게로 튀기도 하고,
어떤 사람에겐 머물러 있는데, 다른 사람에게선
달아나기도 하지요.
아주 드물게는 불길이 치솟아
순식간에 활짝 피어나기도 합니다.
하지만 대부분은 알아차리기도 전에
슬프게도 타버려 꺼지고 맙니다.*

'아들'은 '아버지'의 미래, 구시대의 정신 속에서 인격의 쇄신을 준비하는 새로운 인격을 상징한다. 기성세대의 낡은 사유를 새롭게 변화시킬 창조적 동인動因으로 우리는 『파우스트』에서 그러한 '소년-아들'상들을 발견한다. 이 구절은 우리에게 시대를 앞서 가는 새로운 이념이 어떻게 사람들에게 전파되고 또한 소멸하는지를 극명하게 보여준다.

이때 한동안 잊혔던 메피스토를 사람들이 마차 뒤에서 발견한다.

---

* 같은 책, 59쪽.

그는 감초처럼 극이 고상한 정신세계에 관한 이야기로 바뀔 때마다 잠깐 나타나 평화로운 마음에 '초를 친다.'

### 메피스토펠레스—'곤궁의 힘'

메피스토는 말라빠진 남자로 나타나며 욕심쟁이다. "이 구역질나는 계집들아! 내가 한 번도 너희 마음에 들지 않았다는 걸 알고 있다"고 하는 것으로 미루어 여성혐오자 같다. 물론 그런 이유가 여성들의 지나친 낭비와 사치 탓이라고 한다.

> **메피스토**  계집들은 우려낼 수 있는 대로 우려내
> 몸치장을 하거나 새서방에게 갖다 바치는 거야.
> 추근대며 희롱하는 사내놈들과 어울려
> 처먹기도 잘하고 마시기도 더 잘한단 말이지.*

여인들은 당연히 들고일어나서 '저 나뭇조각과 마분지로 만들어진' 용에 맞서 싸우자고 난리다. 그러나 성난 용은 두 날개를 활짝 펴고 입에서 불을 뿜고, 사람들은 모두 흩어진다.

그러자 플루토스가 용에게 명하여 '황금과 탐욕의 상자'를 내려놓는다. 그는 마차를 모는 소년에게 이제 성가신 일에서 벗어나 자유의 몸이 되었으니 씩씩하게 네 영역으로 가라고 한다.

> **플루토스**  여기는 네 세계가 아니다! 여기선 일그러진 형상들이
> 온통 뒤얽혀 사납게 몰려온다.
> 네가 해맑은 세계를 또렷이 볼 수 있는 곳,
> 너의 것이며 너만을 믿을 수 있는 곳,

---

\* 같은 책, 60쪽.

그 고독의 세계(시의 세계)로 가거라! ─거기에서 네
세계를 창조하라!*

플루토스(파우스트)는 소년을 이 세상의 탐욕과 일그러진 모습에
노출시키고 싶지 않은 모양이다. 맑고 순수한 상태로 보존하려고 한
다. 심리학적 견지에서 이것은 자식에 대한 부모의 지나친 배려, 과잉
보호에 비견된다. 세상의 부조리에서 격리되어 '나만의 세계'에 갇힌
소년은 어른으로 자라기 어렵다. 그 결과가 뒤에 등장하는 오이포리
온의 비극에서 입증된다.

### 황금놀이

아들을 보낸 플루토스(파우스트)는 보물상자를 열어 청동의 가마
솥 안에서 황금이 피처럼 끓어오르게 한다. 왕관, 목걸이, 반지 같은
장신구부터 부글부글 끓어올라 녹여 삼킬 것만 같다. 군중이 놀라서
외치며 보물을 집어가려 한다. 의전관이 이건 놀이에 불과하다고 해
도 말을 듣지 않는다. 플루토스가 지팡이를 붉게 달구어 사람들을 내
쫓는다.

'탐욕'은 말라깽이 남자, 메피스토임이 틀림없다. 그는 항상 결핍된
곳에 나타나서 일을 저지르고는 사람들을 놀라게 한다. 그는 황금에
대한, 물욕에 대한 또한 색욕에 대한 주의를 환기한다. 그가 진흙처럼
황금을 주물럭거리며 만든 것을 여자들 앞에 휘두른 것은 아마도 저
'흉측한' 남근임이 틀림없다. 의전관의 눈에 풍기문란으로 보이는 것
은 당연하다. 그가 파우스트에게 '저놈을 쫓아내도록 지팡이를 돌려
달라'고 했을 때 파우스트는 말한다.

**플루토스** 밖에서 무엇이 닥쳐올지, 그놈은 짐작도 못하고 있소.

---

* 같은 책, 62쪽.

바보짓을 하도록 내버려두시오.

곧 장난칠 여자도 없게 될 거요.

법률도 강력하지만 곤궁의 힘은 더 강하니라.*

Gesetz ist mächtig, mächtiger ist die Not.


남근phallus은 창조적 리비도의 상징이다. 우주적 힘, 생명의 원천, 풍요의 상징으로 숭배의 대상이 되어왔다.** 그러나 이 자리에서는 치기어린 성적 무절제로 묘사되고 있다. 사육제에 온갖 본능이 과장되어 나타나는 것은 평소 그것이 많이 눌려 있어 본능의 굶주림이 심했기 때문이다. 플루토스는 이것을 알고 있었던 듯하다.


청동의 가마솥에서 부글부글 끓어오르는 황금, 금속의 변화는 연금술의 그릇vas Hermeticum과 연금술 작업을 연상케 한다. 뜨거운 마법의 지팡이로 사람들을 짓누르고 불꽃이 튕기고 사람들이 놀라서 도망가는 광경은 19세기 빈의 의사 메스머Anton Mesmer의 지팡이를 생각나게 한다. 그는 우주에 가득 찬 동물자기의 존재를 믿었고 그것을 인체에 골고루 나누어줌으로써 병을 고칠 수 있다고 생각했다. 유리조각과 쇳조각을 집어넣은 큰 통 주위에 사람들을 앉혀놓은 뒤 양손을 그 통에 대도록 하고 메스머 박사가 적당한 시간에 나타나 지팡이로 사람들을 쿡쿡 찔러 자기가 골고루 돌아가게 한다. 이때 사람들은 정말 자기 같은 자극을 느끼고 펄쩍펄쩍 뛰기도 하고 비명을 지르기도 했다고 한다. 물론 이 경우는 병을 치료할 목적으로 행한 것이지 사람들을 내쫓으려는 것은 아니지만 지팡이의 마력이라는 점에서 공통점이 있다. 메스머의 동물자기설은 과학적으로 인정받지 못했지만 인간의 피

---

* 같은 책, 66쪽.

** Herder-Lexikon Symbole, Herder, Freiburg, 1978, p.126; J.C. Cooper, *op. cit.*, p.129.

암시성에 입각한 최면치료의 길을 여는 데 이바지했다.*

액체상태의 금(금수金水)은 파라켈수스Paracelsus의 책을 통해 마실 수 있는 금Aurum potabile으로 괴테에게 잘 알려진 것이라고 한다. '핏빛 금'은 그것이 지닌 유기적 생명력을 강조하려는 괴테의 의도를 나타낸다고도 한다. 권력과 영광과 행복을 가져다주는 금은 무엇으로도 변할 수 있으므로 위험하다. 슈타이거는 파우스트가 자기 나라를 황금의 힘을 빌린 경박함과 쾌락으로 파멸하려는 황제에게 이 위험성을 알리고자 한다고 말한다.**

난폭한 무리, 숲의 신들, 지신, 그놈들, 거인들, 물의 요정들이 판의 등장에 앞서 나타난다. 난폭한 무리를 비롯하여 여러 숲과 대지와 물의 신령들—이제는 가장된 것이 아니고 실제 정령들이다. 난폭한 무리는 위대한 판 신을 경배하는 자들이다. 이들은 플루토스가 보석상자 주위에 쳐놓은 마법의 구역을 향해 오고 플루토스는 그들이 들어오는 것을 허용한다. 그들은 산과 골짜기에서 거침없이 밀려든다. 그들은 아무도 모르는 일을 안다. 그러나 그들은 어디로 가는지도 모르고 자신들 앞일에는 아랑곳하지 않는다. 그 거침없음에서 괴테 당시 질풍노도의 문예풍조를 짐작할 수 있다. 플루토스는 한 수 위다. 맹목적인 정감에 휩쓸리기보다 신중하며 먼 미래를 내다보는 현명함이 있다.

> **플루토스** 나는 아무도 알지 못하는 걸 익히 알고 있은즉
> 이 좁은 구역을 열어주는 아량을 베풀겠노라.

* G. Zilboorg(1941), *A History of Medical Psychology*, N.W. Norton & Co, New York, pp.342~344.
** E. Staiger, *op. cit.*, pp.248~249.

그들에게 좋은 운이 따랐으면 좋겠다.

무척 놀라운 일이 일어날지도 몰라.

그들은 어디로 가는지도 모를 정도로

자신들의 앞일엔 아랑곳하지 않는구나.*

즐겁게 춤추는 숲의 신 파운, 높은 산 위에서 자유롭게 맑은 공기를 마시는 숲의 신 사티로스, 고산준령의 광맥으로부터 광물을 캐는 난쟁이 지신, 그놈들, 산중의 난폭한 사내, 거인들, 유쾌한 물의 요정들, 여기서 위대한 판에 관한 찬가가 판의 모습을 그려낸다. 사실 여기서 판은 황제를 가장하고 있다.

### 판의 등장

물의 요정 님프들의 합창에 따르면 판은 엄격한 분이지만 마음이 착해서 모두가 즐겁기를 바라는 자다. 항상 깨어 있으나 한낮에 잠들면 나뭇가지의 잎새들이 미동도 하지 않고 요정들도 활동을 멈추고 잠들 정도이지만 천둥처럼, 노도처럼 예기치 않게 힘찬 음성이 울려 퍼지면 모두 어쩔 바를 모르고 싸움터의 용맹한 군대도 산산이 흩어진다고 한다.

판이 누구인가? 산과 숲의 정령, 가축과 사냥꾼의 보호자, 언덕과 목장과 야생생활의 신, 뱃사람과 목자의 보호자이기도 하며, 반인반수의 자연신들Satirs의 우두머리, 나그네들에게 신기루를 만들어 보이거나 함정을 마련하기도 하는, 머리에 염소 뿔, 염소 발을 하고 때론 염소 귀를 한 모습의 신으로 낮엔 요정Nymph들과 함께 산과 골짜기를 돌아다니고 저녁에는 그의 동혈 앞에서 목자의 피리, 시링크스Syrinx를 분다. 그의 갑작스러운 피리 소리는 공황Panic을 일으킨다. 정오는 그

---

* 괴테, 정서웅 옮김, 앞의 책, 67쪽.

가 낮잠 자는 시간, 낮이든 밤이든 만약 그의 잠을 깨우면 무시무시한 소리를 지르며 화내서 모든 것을 공황상태에 빠뜨리므로 만물은 쥐죽은 듯 조용히 있어야 한다. 이런 성격은 여러 신이 적들과 싸울 때나 아테네 사람들이 페르시아와 싸울 때 도움을 주기도 했다.

신화학자 케레니Karl Kerényi는 또한 그를 헤르메스의 아들 중 하나인 위대한 남근신이라고 소개한다. 헤르메스는 요정을 사랑해 판을 낳았는데 판의 어머니는 머리에 뿔이 나고 염소 발을 가진 수염 난 아기가 거칠게 소리 내며 웃는 모습을 보고 너무 놀라 도망갔고 아버지 헤르메스가 아기를 올림포스산 위의 신들에게 안고 가서 보여주었다고 한다. 모든 신이 기뻐했는데 이 '모두'라는 뜻에서 판이라는 이름이 붙여졌다고 한다. 단순히 전부라는 뜻에서 붙인 판이라는 말이 나중에는 우주das All 자연의 신으로 드높여지기도 했는데, 판은 본래 어원상 양육자Feeder의 뜻을 가지고 있다고도 한다. 판의 부모도 여러 신이 거명되고 위대한 판 이외에 작은 많은 판으로 분류되기도 한다. 어떻든 판의 중요한 성질은 그 위대하고 거침없는 사랑과 풍요의 신이라는 점에 있는 것 같다. 그는 님프를 차지하려고 집요하게 쫓아다녔다. 그러나 판의 특별한 사랑의 대상은 달의 여신 세레네였다고 한다.*

## 지신, 그놈과 판 신-판의 죽음

가면극에서 이러한 판은 왜 불에 타 죽어야만 했을까? 그놈은 왜 그를 위험한 불의 샘으로 인도했을까? 땅속 난쟁이들은 자유롭고 야생적인 위대한 판에게 은근히 질투를 느끼고 그를 골탕 먹이려고 별러온 것일까. 위대한 판 신을 향해 지신 그놈의 대표가 부른 노래의 첫 소절을 보면 다소 그런 느낌이 없지 않다. 그러나 이어지는 노래구

---

* K. Kerényi, *Die Mythologie der Griechen*, Bd. 1, 138~140; H. Jens, Mythologisches Lexikon, 72~73, dtv, Lexikon der antiken Mythen und Gestalten, 318~319.

절에는 오직 찬양과 존경의 말뿐이다.

> **그놈의 대표자** 　어두운 굴을 우리 집 삼아
> 　　　　　　　　　혈거 무리처럼 살아갈 때,
> 　　　　　　　　　당신은 한낮의 맑은 바람 속에서
> 　　　　　　　　　보화들을 자비롭게 나누어주지요.
>
> 　　　　　　　　　이제 우리는 이 근처에서
> 　　　　　　　　　신기한 샘 하나를 찾았습니다.
> 　　　　　　　　　그 샘은 쾌히 약속합니다.
> 　　　　　　　　　얻기 어려운 걸 나누어주겠다고.*

이 찬사가 그놈의 속임수였을까?

그놈이 발견한 샘이 재앙의 시작이 될 줄은 아무도 몰랐다. 오직 플루토스만 그것을 예견하고 의전관에게 이른다.

> **플루토스** 　일어날 일은 일어나도록 내버려두어야 하리.**

이 말을 플루토스는 앞에서 한 번 한 일이 있다. 그것은 마치 하이데거의 '떨어지는 돌은 떨어지게 하라'를 연상케 한다. 노자의 무위자연의 태도라 할까.

> **플루토스** 　그대는 언제나 용기 넘치는 인물이 아닌가.
> 　　　　　　이제 곧 무섭기 짝이 없는 일이 생길 것이오.
> 　　　　　　현세나 후세 사람들이 그것을 한사코 부인할 것이나.

---

　* 괴테, 정서웅 옮김, 앞의 책, 70~71쪽.
　** 같은 책, 71쪽.

그대는 충실히 기록으로 남겨야 하오.[*]

무슨 일이 일어났는지는 의전관 말을 직접 듣는 것이 좋겠다.

**의전관**   (플루토스가 손에 들었던 지팡이를 받아 들면서)
난쟁이들이 위대한 판 신을 천천히
불 뿜는 샘으로 모셔 갑니다.
샘은 깊은 심연에서 끓어올랐다가
다시금 밑바닥으로 가라앉습니다.
저 시커멓게 딱 벌어진 아가리,
재차 이글대는 불길 솟아오르면,
위대한 판 신 기분 좋게 서서
그 신기한 물체를 구경합니다.
진주의 거품이 이리저리 튀는군요.
어찌 저런 일을 믿을까요?
몸을 굽혀 깊은 속을 들여다봅니다.
하지만 그분 수염이 떨어져 들어갔네요!
어쩌면 저렇게 매끈한 턱을 가졌을까요?
우리가 보지 못하게 손으로 가리는군요.
그러자 커다란 재앙이 뒤따릅니다.
수염에 불이 붙은 채 다시 날아와
관과 머리와 가슴에 불을 붙입니다.
즐거움이 변하여 고통이 된 것이지요.
불을 끄려고 사람들이 달려왔지만
아무도 불길에서 벗어나질 못하네요.
아무리 치고 두드려봐도

---

[*] 같은 곳.

새로운 불꽃만 타오를 뿐
온통 화염에 휩싸여
가장한 무리 한패, 몽땅 불타고 있습니다.
그러나 귀에서 귀로, 입에서 입으로
우리에게 전해지는 것은 무엇인가!
오, 영원히 불행한 밤이여,
어찌 우리에게 이런 고통을 안겨주었던가!
누구도 듣고 싶어 하지 않는 일이
내일이면 모두에게 전달되겠지.
여기저기서 외치는 소리 들려온다.
'황제께서 그 화를 당하셨다'고.
오, 제발 사실이 아니었으면!
황제도, 그분의 시종들도 타고 있어요.
그분을 유혹하여
송진 바른 나뭇가지 몸에 두르고,
미쳐 날뛰고 울부짖듯 노래하며,
모두들 멸망케 한 그놈에게 저주 있으라.
오, 청춘이여, 청춘이여. 그대는 결코
기쁨의 절도를 옳게 지킬 수 없는가?
오, 폐하여, 폐하여. 당신은 결코
전능하신 대로 현명하게 행동할 수 없으신가요?

어느새 숲도 불길에 싸였습니다.
불꽃은 뾰족한 혀를 날름거리며,
나무로 엮은 지붕까지 치솟아 오릅니다.
온통 불바다가 될 기세군요.
재난의 한도가 지나쳐
누가 우릴 구해줄지 모르겠습니다.

그렇듯 풍요롭던 황제의 영화도
하룻밤 사이에 잿더미가 되는 겁니다.*

지금까지의 대사 내용으로 미루어볼 때, 사건의 전말은 이러하다. 땅속의 보배를 지키는 난쟁이 지신 그놈Gnom이 '얻기 어려운 것을 나누어주기로 약속한' 새로 발견한 불 뿜는 샘을 판, 즉 황제에게 소개하고 판을 그리로 유인한다. 판은 기분이 좋아서 진주의 거품이 그 샘에서 이리저리 튀는 것을 본다. 몸을 굽혀 그 샘의 깊은 속을 들여다보다가 수염을 떨어뜨렸고 그 뒤 불타는 수염 때문에 온몸에 불이 붙어 아무리 끄려 해도 꺼지지 않고 사방에 불이 번져, 가장한 사람들 모두 불타버렸고 황제도 화를 당했다. 하룻밤 사이에 모든 것이 잿더미로 변해버린다. 의전관은 '그놈이 판 신을 샘으로 모셔갔다'고 했지만 사실은 그놈이 판을 시험해보기 위해 유인한 것으로 보인다.**

높은 산 위에서 혹은 아름다운 골짜기에서 맑은 공기를 마시며 음악과 춤과 사랑을 즐기는 판은 지하 동굴에서 보배를 캐고 지키는 노동자이자 감시자인 난쟁이 지령과는 매우 대조적인 존재가 아닐 수 없다. 그놈은 부러운 듯이 판 신을 치켜세우고는 판을 샘으로 인도(유인)할 뿐 아니라 판 신에게 그 샘을 지켜주기를 적극적으로 간청한다.

> **그놈**  이 일은 당신만이 할 수 있으니
> 주인님, 당신 보호 아래 두옵소서.
> 어떤 보물이든 당신 손에 들어가야
> 온 세상의 복이 될 테니까요.***

---

* 같은 책, 72~73쪽.
** 같은 책, 70~71쪽.
*** 같은 책, 71쪽.

판은 그 '얻기 어려운 것'이 그가 다스릴 수 없는 불이라는 사실을 눈치채지 못했다. 환영처럼 튕겨 나오는 진주에 속은 것이다.『파우스트』의 이 대목에서 그놈과 판은 하나의 심리적 대극을 형성하고 있다. 그놈은 지하계적인 영, 판은 지상의 자유로운 혼, 둘 다 자연의 신들이며 보배를 다루지만, 그놈은 지하계의 규율에 충실한 일꾼으로, 판은 예술적 창조와 자유로운 에로스의 상징으로 대극적 관계가 성립될 수 있는 조건들을 갖추고 있다. 판이 불의 샘에서 불에 타 죽고 그것이 번져 모든 것이 잿더미로 변하는 상황은 분석심리학적으로 정신적 에난티오드로미, 즉 대극의 반전현상에 비길 수 있다. 그것은 '지신의 복수'라는 형태로 표현될 수 있다.

대극의 반전이란 이미 언급한 대로 자아의식이 대극 중 어느 하나와 동일시해 일방적으로 나가는 나머지 다른 대극이 무의식에 극도로 억압되었다가 일방성이 극도에 다다른 순간 억눌렸던 다른 대극이 무의식의 자동적 보상기능에 따라 의식으로 뚫고 나와 의식의 방향을 정반대로 바꾸어놓는 현상이다. 이와 같은 의식의 일방성은 극의 이 장면에서 별로 뚜렷하게 제시되지 않는다. 그러니 물을 수밖에 없다. 판은 무엇을 잘못했기에 그놈의 반격에 무너져야만 했던가. 황제는 왜 그놈의 속임수에 넘어가 '미쳐 날뛰고 울부짖듯 노래하며' 멸망에 이르게 되었던가. 그 해답은 앞에서 의전관이 한 말 가운데 다음과 같은 구절에 들어 있다.

**의전관**  오, 청춘이여, 청춘이여. 그대는 결코
　　　　　기쁨의 절도를 옳게 지킬 수 없는가?
　　　　　오, 폐하여, 폐하여. 당신은 결코
　　　　　전능하신 대로 현명하게 행동할 수 없으신가요?*

---

\* 같은 책, 73쪽.

결국 문제는 '기쁨의 적도適度를 옳게 지킬 줄 아는 것' '현명한 행동'을 할 수 있느냐 없느냐에 달렸다. 독일어의 '마스 할텐'Maß halten (분수를 지키는 것)이다. 그리하여 결코 기쁨의 적도를 옳게 지킬 줄 모르는 청춘의 무모함과 경솔함을 경고하고 있다. 일어난 일을 일어나게 두는 수밖에 없는 인간의 숙명적인 행동유형을 파우스트는 제1부 사랑의 비극에서 이미 겪은 터다.

괴테는 목신 판이 대변하는 성애적 열정에 대한 무의식의 공격 또는 유혹을 그놈의 시험을 통해 묘사한 것 같다. 판이 턱수염을 샘에 빠뜨림으로써 화근의 불씨를 마련한 것은 상징적인 뜻이 있다. 융이 공자가 받은 22번 주역의 괘(비賁, 꾸밈·우아함Anmut)를 풀이하면서 한 말이 생각난다. 그는 6.2 효의 '턱수염을 보기 좋게 꾸민다'는 효사를 들어 위대한 교육자 공자가 소크라테스와 같이 이성과 교육에 주력하다가 우아함(턱수염 가꾸기)을 소홀히 하는 수가 있다고 했다.* 슈타이거도 문학적 관점에서 비슷한 말을 했다. 즉 "황제가 항아리 속을 바라볼 때 수염을 잃는 것은 놀이의 파탄, 즉 미적 태도의 파탄의 사상을 암시한다."** 샘에서 뿜어 나오는 불길은 집단적 무의식에 있는 극도로 강렬한 정동을 상징한다. 강렬한 정염情炎은 체면뿐 아니라 온 정신을 그 정동에 휩쓸리게 한다. 『파우스트』에서 판은 그 용광로 같은 불샘에 너무 경솔하게 얼굴을 가까이 댔다. 그는 원형상에 대해 오직 그 황홀한 멋에 심취하고 그 어두운 측면을 못 보는 사람과 같다.

파우스트 제1부에서 이미 그러한 불구덩이를 거친 파우스트가 이

---

* C.G. Jung(1963), Zur Psychologie östlicher und westilicher Religion (Vorwort zum I Ging), G.W. Bd. 11, pp.633~654; R. Wilhelm(übersetzt) I. Ging, p.98, p.99. 22 Bi(비賁). die Anmut 6.2. 賁其須: 자기 쉼을 보기 좋게 꾸민다. 김경탁 역주, 『주역』, 명문당, 1978, 141쪽.
** E. Staiger, *op. cit.*, p.251.

제는 의젓한 부귀의 신으로 분장한 채 이 모든 과정을 예감할 뿐 아니라 파멸의 고통을 치유하기까지 하는 것은 주목할 일이다. 불의 고난을 치유하는 것은 물과 습기다. 파우스트는 말한다.

> **파우스트**　이만하면 충분히 혼이 났을 터.
> 　　　　　이제 구원의 손길을 뻗어야지!
> 　　　　　대지가 진동하고 울리도록
> 　　　　　성스러운 지팡이를 힘껏 쳐보자!
> 　　　　　사면에 퍼져 있는 대기여,
> 　　　　　싸늘한 향기를 가득 채워다오!
> 　　　　　물기를 머금고 흩어져 있는 안개여,
> 　　　　　불어와 예서 떠돌다가
> 　　　　　불꽃의 소용돌이를 덮어버려라!
> 　　　　　보슬비 뿌려주고, 산들바람에 뭉게구름 피워내어
> 　　　　　스며들어 구르고, 살며시 눌러
> 　　　　　어디서나 불길을 잡아다오.
> 　　　　　너희, 불길을 다스리는 촉촉한 기운이여,
> 　　　　　저토록 공허한 불꽃놀이를
> 　　　　　한 줄기 번갯불로 바꿔다오!
> 　　　　　귀령$^{Geister}$들이 우리를 해치려 하면,
> 　　　　　마법이 위력을 보여야 하리라.*

광폭한 열정의 제물이 된 자들에 대한 처방은 '촉촉한 기운', 즉 섬세하고 부드러운 여성적 요소들이다.

이렇게 해서 가장무도회의 실로 다종다양한 형상과 신들과 귀령들

---

* 괴테, 정서웅 옮김, 앞의 책, 74쪽.

의 소용돌이가 끝났다.

파우스트는 인간의 황금에 대한 욕망을 자극해서 욕심을 한껏 부풀어 오르게 하곤 허망하게 없애버리는 놀이로서 사람들의 탐욕을 응징했고 그놈은 판, 즉 황제의 청년적인 의기를 불살라버렸다. 그리고 그것을 계기로 모든 가장꾼을 태워버린다. 도대체 무엇을 위한 가장무도회였던가. 가장무도회는 가면을 씀으로써 자신의 본얼굴을 숨기고 마음대로 못된 짓까지 할 수 있는 공인된 축제다. 평소의 나와 전혀 다른 가면을 씀으로써 사회적 체면인 페르조나(가면)를 벗을 수 있는 기회다. 여기서 문제는 무엇이 진실이냐 하는 것이다. 가면을 아무리 다른 것을 써도 가면은 가면이다. 가면은 태워버려도 사람은 남는다. 판은 타죽었지만 어디까지나 혼내주기 위한 회초리와 같다. 왜냐하면 이것은 연극이니까.

그런데 '이상한 항아리 속에서 일어나는 많은 사건에 비하면 (괴테는) 많은 대목에서 놀랄 만치 과묵하다'는 슈타이거의 말은 주목할 만하다. 그는 이것이 언어와 형상의 관계에 대한 괴테의 사고방식에 따르는 것이라고 말한다. "따라서 언어에 의한 표현은 모든 상징의 의미를 제한하는 것이 된다." 맞는 말이다. 우리는 이것이 무슨 상징이라고 말하지만 그것으로 상징의 의미를 남김없이 표현할 수는 없다. 상징은 항상 언어로 남김없이 표현할 수 없는 의미를 잉태하고 있다.*

---

* C.G. Jung(1960), *Psychologische Typen*, pp.515~522(Definition).

## 유 원 지

*아침 해*

광란의 밤은 가고 아침이 왔다

파우스트는 공손히 황제 앞에 조아리고 어젯밤의 어지러웠던 불꽃놀이에 대해 용서를 구하고 황제는 자기는 그런 장난을 좋아한다면서 자기가 어젯밤 겪은 명부의 불길과 불의 요정의 왕이 된 기분을 전한다.

> **황제**　갑자기 불구덩이에 들어가 보니
> 　　　　마치 플루토(명부의 신)*가 된 기분이었단다.

황제는 불구덩이 속에서도 '왕'의 위신을 잃지 않으려 한다.

> **황제**　불기둥 넘실대는 널찍한 방을 통해
> 　　　　길게 줄지어 가는 백성들이 보이더군.
> 　　　　그들은 커다란 원을 그리며 다가오더니
> 　　　　언제나 그랬듯이 충성을 표하더구먼.

그리고 마침내 불구덩이 속에서 느낀 기분을 다음 말로 마감한다.

> **황제**　짐은 마치 수많은 잘라만더<sup>Salamander</sup>(불의 요정)의 왕이

---

*　플루토Pluto(라틴어)(Pluton-독어). 지하계의 왕 하데스Hades와 같음. 하데스가 지하의 보배를 지배하므로 부의 신 이름으로 플루토라 불리기도 함. E. Peterich, *op. cit.*, p.64.

된 기분이었도다.*

메피스토는 재빨리 아첨조로 황제의 무한한 권위를 칭송하면서 이 번에 불의 충성심을 시험하셨으니 다음엔 사납게 날뛰는 바닷속에 뛰 어들어보라고 권하면서 바다의 궁전과 그 속에 사는 찬란한 금빛 용 과 바다의 아름다운 여신과 그 딸들에 관한 이야기를 늘어놓는다. 불 과 물은 『파우스트』에서 언제나 되풀이되는 대극이다.

메피스토는 약간 성급하다. 다른 말로 강박적이다. 하나가 채워지 면 다른 하나가 즉각 채워져야 한다. 대극합일의 완성을 서두르는 성 급함 속에 '마귀'의 유혹이 있다고 할까.

그러나 이번에는 황제가 여기에 거리를 둔다. "그런 허공의 세계 는 그대에게 맡기노라" 하며 "그대가 이곳에 온 것이 얼마나 다행스러 운 일이냐" 하면서 『천일야화』를 이야기한 지혜로운 세헤라자데를 비 유하며 메피스토를 칭찬한다. 그리고 말한다. "그대들의 낮의 세계$^{eure}$ Tageswelt(현실의 세계-정)가 역겨워지면 그대를 부를 테니 항상 대기하라."**

"그대들의 낮의 세계가 역겨워지면" 그대를 부른다는 말에서 황제 는 메피스토가 밤의 세계를 대변하며 낮의 세계의 권태를 해소할 수 있는 이야기꾼이자 마술사라고 간주하고 있음에 틀림없다. 여기서 잠 시 '황제'라는 인물을 음미해볼 필요가 있다. 황제는 역사상의 모든 정치지도자—그가 독재자든 아니든—가 가지고 있는 속성들을 모두 보여 별 특징이 없는 것 같다. 추켜세우는 것을 좋아하고 복종하는 국

---

* 괴테, 정서웅 옮김, 앞의 책, 75쪽.
** 같은 책, 76~77쪽; Goethe, *Faust*, dtv, p.177; Sei bereit, wenn eure Tageswelt/Wies oft geschieht, mir widerlichst mißfällt!

민을 어여삐 여기며 눈에 보이는 효과를 즉각적으로 성취하려는 조급함이 있고 모험을 좋아하며 새로운 것을 찾아 공적을 올리고 싶어 하지만 뾰족한 방안을 찾지 못하는 각료들을 탐탁하게 여기지 않는다. 그래서 메피스토와 파우스트가 벌이는 황금의 축제, 불의 축제를 즐긴다. 지하의 황금보석을 담보로 지폐를 발행하는 것이 일종의 사기라는 것을 모를 만큼 바보가 아니지만 일이 될 성싶으면 조급해져서 수염을 태울 만큼 경솔한 호기심을 발동한다. 그러나 황금과 부에 대한 지나친 욕구에 강렬한 경고—"오, 폐하여, 폐하여. 당신은 결코 전능하신 대로 현명하게 행동할 수 없으신가요?"—도 아랑곳하지 않고 충동의 제물이 되는데도 그것을 미화해 명부의 왕, 불의 요정의 왕, 어디 가나 왕이고자 하는 허세와 몽상 속에 있는 자. 슈타이거는 말한다. 다른 작품과 달리『파우스트』에서는 이성만으로는 불길을 잠재울 수 없음을 알고 있다. 이것은『파우스트』에서는 마법의 놀이에 포함된다. 파우스트는 제국을 위험에 휩쓸리게 할 화재를 예견한다. 슈타이거는 말한다.

> "황제는 화재를 단지 놀이라고만 생각하려 한다. 괴테는 '죽어서 이루어라'라는 사명을 부여받은 인간에게 불을 지배하는 힘을 기대한다. 그러나 이 힘은 황제에게는 목표가 아니고, 단지 소란을 피우는 몽상을 의미할 뿐이다. 메피스토는 저 '천야일야 이야기'의 세헤라자데와 비슷한 꾀를 보여 황제를 그 뒤에도 더욱 손쉽게 꿈의 흔들바구니 속에 계속 잠들게 하는 것이다."*

황제, 메피스토, 파우스트는 서로 겹치는 부분을 나누어가진 상들이다. 특징적인 것은 황제는 낮의 세계의 지배자, 메피스토는 밤의 세계의 지배자, 파우스트는 지금까지는 매우 균형 잡힌, 두 세계에 모두

---

* E. Staiger, *op. cit.*, p.250.

걸친 지혜로운 자의 면모를 보인다. 황제나 파우스트 모두 메피스토의 능력을 이용하지 않을 수 없다. 황제의 모습에서 우리는 현대 통치자의 모습을 볼 수 있다. 그가 메피스토의 무엇을 이용하는가, 말하자면 어떤 무의식적 유혹에 휘둘리느냐에 따라 온 나라가 화재에 휩싸이는지 휩싸이지 않는지가 결정된다. 그러나 궁극적으로 이 세 등장인물은 심리학적 견지에서는 하나의 인간 속에 모두 들어 있는 요소들일 수 있다. 황제와 같은 집단의식과 메피스토로 대변되는 집단적 무의식, 파우스트로 대변되는 자아의식―이 경우는 매우 성숙한 자아라고 간주된다. 다소 변덕스러운 황제가 메피스토에게 한 말에서도 우리는 황제가 경고를 전혀 이해하지 못했고 여전히 기분에 좌우되고 있음을 본다. 메피스토가 뭐라고 대답할 겨를도 없이 각료들이 나타나 지폐 발행의 성공을 알리고 좌중은 온통 돈 이야기에 쏠린다.

즉, 궁내부장관을 비롯한 장관들이 나타나 지하의 보물을 담보로 지폐를 많이 찍어낸 덕분에 모든 빚이 탕감되고 밀린 월급이 지급되었으며 사람들이 환호성을 올리며 생기에 넘쳐 희희낙락한다는 소식을 전한다. '제국의 땅속에 묻혀 있는 무진장한 보물'이란 사실 메피스토의 '속임수'에서 나온 환상이었다. 확인되지 않은 것을 담보로 지폐를 찍었으니 사기극처럼 보이는 것도 당연하다. 황제는 이런 사기성 포고문에 사인한 것이 자기 자신이라는 사실을 알고 놀란다. 그러나 "폐하께서 위대한 판 신으로 계실 때, 재상께서 신들과 함께 진언을 드렸지요. '이 성대한 축제가 백성의 행복이 될 수 있도록 몇 자 적어 주옵소서' 했습니다" 하는 재무장관의 다음 말에서 입증된다.

인간인 황제가 신인 판이 되어 마련한 처사는 극도의 행복이거나 극도의 파멸이다. '지하의 보물'이란 보이지 않지만 상상 속에서, 아니 실제로도 존재할 수 있다. 평범한 사람은 보이는 것만 가지고 판단하고 행동한다. 그러나 마귀와 신은 보이지 않는 것을 보고 그에 따라 일을 처리한다. 지하의 보물을 담보로 한 지폐 발행은 사기극일 수도 있고 아닐 수도 있다. 물질 속에 갇혀 있는 보배를 찾아내고자 한 연금술사들의 노력이 지상의 것만을 알고 있는 사람들의 시선을 지하로 돌리게 하는 좀더 깊은 뜻이 여기에 있다. 이와 함께 분석심리학이 바로 무의식의 '보배'를 주장한 학설임을 생각해볼 것이다.

황제는 파우스트와 메피스토에게 제국의 땅속을 관리하는 임무를 위탁한다.

> **황제**  보물의 달인인 두 사람은 이제 힘을 합하여
> 고귀한 임무를 즐거운 마음으로 완수하라.
> 지상의 세계와 지하의 세계가
> 기쁘게 한마음 되도록 협력하라.*

돈이 많으면 인간은 무엇을 하는지, 동서고금에 변함없는 행태가 묘사된다. 궁내부장관의 말을 들어보자.

> **궁내부장관**  세상의 절반은 향연만 생각하고,
> 나머지 절반은 새 옷 입고 뽐내려는 것 같습니다.
> 소매상은 옷감을 끊어주고, 재단사는 옷을 짓습니다.
> 술집에선 '황제 만세' 소리가 들끓고
> 지지고 굽고 접시 소리 요란합니다.**

메피스토는 화려하게 단장한 절세미인이 얼마나 지폐를 좋아하는지, 지폐가 얼마나 편리한지 그 효용성을 높이 평가한다. 파우스트도 이용되지 않는 이 지하의 보배가 갖는 중요성을 강조한다.

---

* 괴테, 정서웅 옮김, 앞의 책, 81쪽.
** 같은 책, 79쪽.

**파우스트**　무진장한 보물이 폐하의 영토 안에 깊이 묻힌 채
　　　　　때를 기다리며 이용되지 않고 있습니다.
　　　　　아무리 원대한 사상도 이러한 재보에 비하면 심히 보
　　　　　잘것없습니다.
　　　　　공상의 나래 높게 펴고 아무리 노력한들
　　　　　결코 만족스럽게 도달할 수 없을 것입니다.

　파우스트의 이 말은 분명 물질적 부가 정신력을 능가한다는 뜻은
아닐 것이다. 다음 구절을 보면 그것을 알 수 있다.

**파우스트**　하오나 깊이 통찰하는 고귀한 정신은
　　　　　무한한 것에 무한한 신뢰를 가질 것입니다.*

　이것으로 미루어볼 때 '지하의 보물'은 이미 땅속의 구체적 '재화'
가 아니다. '구체적 재화'를 뜻하는 것이라면 이 뒤의 주장을 이해할
수 없다. 감히 말하건대 괴테는 이를 비유로 쓰는 것이다. 즉 깊은 마
음의 심층에 잠재하는 그 양을 헤아릴 수 없는, 보이지 않으나 존재
하는 무궁무진한 '보배로운 것들'이라는 뜻으로.―보이지 않고 헤아
릴 수 없으므로 그것은 어떤 의식적 사고의 산물인 '사상'보다 크다.
심지어 노력해서 이루어낸 상상력이 미치지 못하는 것이다. 융이 '무
의식'이라 부른 마음의 심층에 대한 인식이 바로 그러한 보배를 잉태
하는 무한한 가능성과 일치된다. '깊이 통찰하는 고귀한 정신'은 그
런 무의식을 인식하고자 하는 진지한 의식의 자세를 말한다. '무한'이

---

* 같은 책, 80쪽; Der weiteste Gedanke/Ist solches Reichstums
　kümmerlichste Schranke:/Die Phantasie, in ihrem höchsten Flug,/Sie
　strengt sich an und tut sich nie genug./Doch fassen Geister, würdig, tief
　zu schauen,/Zum Grenzenlosen grenzenlos Vertrauen; Goethe, *Faust*, dtv,
　p.179.

라는 말에서 나는 융이 만년에 자전적 회상록에서 진술한 말이 생각났다. 그것은 그의 비서 아니엘라 야훼가 정리한 그의 회상록 제12장 「죽음 뒤의 생에 관하여」에 나와 있다.

> "인류에게 던져진 결정적 물음이란 그대는 무한한 것에 연계되어 있는가 하는 것이다. 이것이 그 인생의 시금석이다. 무한한 것이 본질적인 것임을 알아야만 나는 결정적으로 중요한 것이 아닌 쓸데없는 일에 관심을 두는 일이 없을 것이다."[*]

파우스트의 입을 빌려 괴테가 누설한 '무한한 것'에 끝없는 신뢰의 마음을 가진, 깊이 성찰하는 '고귀한 정신'은 아무런 메아리 없이 끝났다. 메피스토가 바로 이어서 매우 현실적인 지폐의 효용성을 늘어놓았기 때문이다. 유감스럽게도 고매한 정신, 지혜로운 통찰은 때로는 이렇게 황제와 재무장관의 관심사인 현실적·물질적 욕구 앞에 파묻혀 잊히는 것이다.

앞에서 언급한 대로 황제는 파우스트와 메피스토를 칭찬하며 "제국의 땅속 보물의 훌륭한 관리인이 돼라"고 명하면서 "지상의 세계와 지하의 세계가 기쁘게 한마음이 되도록 협력하라"[**]고 한다. 최소한 '지상'과 '지하'의 하나 됨을, 다음에는 재무장관의 말을 빌려 마술사와 화해, 동료 간 화해를 말하게 한다. 경제적인 부에 대한 희망이 비록 엄청난 사기가 개입된 것이라 해도 이렇게 쉽게 화해할 계기를 마련하게 되는 것인지 생각하게 하는 대목이다. 황제는 궁중 사람들에게 돈을 주고 그것을 어떻게 쓸지 말해보라 하고 결국 이야기는 돈이 아무리 많아도 보통 사람들의 소망은 예나 지금이나 소박하다는 사실을

---

[*] 아니엘라 야훼, 이부영 옮김, 『융의 회상, 꿈 그리고 사상』(개정판), 집문당, 2012, 405~407쪽.

[**] 괴테, 정서웅 옮김, 앞의 책, 81쪽, "Wo mit der obern sich die Unterwelt, In Einigkeit beglückt zusammenstellt!"; Goethe, *Faust*, dtv, p.180.

확인하는 것으로 마감된다.

나라가 물질적으로 안녕하니 황제는 새로운 욕망에 사로잡힌다. 아름다움을 소유하고 싶은 마음이다.

## 어두운 복도

파우스트와 메피스토펠레스

### 어머니들의 나라

파우스트는 메피스토펠레스를 어두운 복도로 끌고 나와 황제가 당장 헬레나와 파리스를 현세로 불러들이라고 한다며 방책을 가르쳐달라고 한다. 메피스토는 자기가 고대의 이교도와는 아무 상관이 없다고 난색을 표하다가 이렇게 실토한다.

> **메피스토**　그들은 자기들만의 지옥에서 살고 있습니다.
> 　　　　　　하지만 방법이 있긴 있지요.*

파우스트가 지체하지 말고 말하라고 다그치자 메피스토가 말한다.

> **메피스토**　그 숭고한 비밀을 밝히고 싶지 않습니다만
> 　　　　　　여신들은 고독 속에서 거룩하게 좌정하고 있는데,
> 　　　　　　그들 주위엔 공간도 없고 시간도 없소이다.
> 　　　　　　그들에 관해 얘기하는 것조차 황당합니다.
> 　　　　　　그들은 어머니들이랍니다!**

---

　* 괴테, 정서웅 옮김, 앞의 책, 85쪽.
　** 같은 책, 86쪽; Goethe, *Faust*, dtv, p.182, "Ungern entdeck ich höheres

파우스트는 깜짝 놀라 "어머니들이라고!"라고 소리친다. 메피스토
가 "오싹하십니까?" 하자

파우스트는 말한다. "어머니들! 어머니들이라! ─정말 이상하게 들
리는 걸!"<sup>Die Mütter! Mütter!~'s klingt so wunderlich!*</sup> 융이 자주 인용했던 말
이다.

고대의 영웅과 아름다움의 여신이 살고 있는 곳을 메피스토는 알고
있다. 그곳은 여신들, 어머니들이 고독 속에 좌정하는 곳, 시간도 공간
도 없는 곳이다. 어머니들이란 그 말을 입에 담는 것조차 당황스러운
알 수 없는 존재들, 그들의 거처로 가려면 아주 깊은 곳으로 가야 할
텐데 길도 없고 가본 적도 없으니 무모한 짓이라는 것을 메피스토는
파우스트에게 경고한다. 메피스토는 말한다.

**메피스토**  길은 없어요! 아직 가본 적도 없고,
           발을 들여놓을 수도 없는 길, 바랄 수도 가볼 수도
           없는 길이죠.
           마음의 준비가 되셨습니까?
           열어야 할 자물쇠도 빗장도 없으며,
           온갖 적막함 때문에 이리저리 방황할 것입니다.
           황량함과 적막함의 참뜻을 알고 계신가요?**

파우스트는 자신이 황량함과 고적을 충분히 맛보았다고 자신 있게
장담한다. 메피스토는 파우스트가 끝없이 아득한 것을 '보고' 고요한

<hr />

Geheimnis,/Göttinnen Thronen hehr in Einsamkeit,/Um sie kein Ort,
noch weniger eine Zeit;/Von ihnen sprechen ist Verlegenheit./Die Mütter
sind es!"

 * Goethe, *Faust*, dtv, p.182.
** 괴테, 정서웅 옮김, 앞의 책, 86쪽.

바다의 푸른 물속을 '보았다' 하더라도 아무튼 무언가를 '보지 않았느냐'고 반문하며 다음과 같이 말한다.

> **메피스토** 하지만 영원히 공허한 먼 나라에선 아무것도 볼 수 없을 것입니다.
> 당신이 걷는 발소리도 들리지 않고,
> 몸을 쉴 만한 견고한 자리도 찾을 수 없을 것입니다.*

파우스트는 끝까지 의지를 굽히지 않는다.

> **파우스트** 자넨 날 공허 속에 보내
> 거기서 내 기교와 힘을 증진하려는 것이겠지.
> 자네는 날 불 속에서 알밤을 꺼내오는 고양이처럼 다루려 하는군.
> 자, 계속해보자! 철저히 밝혀내보자고.
> 자네가 말하는 무無 속에서 삼라만상을 찾아보겠노라.
> In deinem Nichts hoff ich das All zu finden**

메피스토는 마침내 작은 열쇠를 파우스트에게 주면서 이 열쇠를 따라가면 어머니들에게 데려다줄 것이라고 한다. 이때 파우스트는 다시금 몸서리치며 다음과 같이 소리친다.

> **파우스트** 어머니들이라! 들을 때마다 한 대씩 얻어맞는 기분이다!
> 이 무슨 듣고 싶지 않은 말일까?
> Den Müttern! Triffts mich immer wie ein Schlag!

---

\* 같은 책, 87쪽.
\*\* Goethe, *Faust*, dtv, p.183.

Was ist das Wort, das ich nicht hören mag?*

**메피스토**  새로운 말이 성가실 정도로 그렇게 편협하신가요?
늘 듣던 말만 듣기 바랍니까?
앞으로 어떤 소리가 들려도 귀찮아하지 마십시오.
벌써 오래전부터 이상야릇한 일에 익숙해오지 않았습
니까?**

어머니라는 말은 이에 따르면 전혀 생소한 새로운 말인 듯하다. 왜
그럴까? 어머니라는 그 흔한 말이 여기서는 왜 이렇게 몸서리치는 전
율을 자아내며 한 대 얻어맞는 기분을 일으키는 말이 되었는가? 그것
이 우리가 풀어야 할 수수께끼다. 파우스트는 이 몸서리치는 기분을
의미 있게 받아들인다.

**파우스트**  그러나 난 경직된 상태에서 행복을 찾지는 않겠다.
전율(몸서리침Schaudern)이란 인간의 감정 중 최상의 것
이니까,
세계가 우리에게 그런 감정을 쉽게 주지 않을지라도
그런 감정에 사로잡혀보아야 진정 거대한 걸 깊이
느끼리라.***

엄청나게 큰 것das Ungeheure을 느끼려면 몸서리치는 감정에 사로잡
혀보아야 한다는 말은 융과 그의 후세들에게는 전혀 낯선 말이 아니
다.**** 신비체험을 한 신비가들에게는 당연한 말로 들릴 것이다. 이들은

---

* 같은 책, 88쪽; Goethe, *Faust*, dtv, p.183.
** 괴테, 정서웅 옮김, 앞의 책, 88쪽.
*** 같은 책, 88~89쪽.
**** 『파우스트』의 역자 정서웅은 괴테가 신비스러운 것에 대한 놀라움이 인

모두 인간 무의식의 원형상들이 얼마나 강렬한 정동을 자극하는지를 경험하기 때문이다. '어머니들'이라는 말은 적어도 일상적인 개인적 어머니를 가리키는 것이 아닌 것이 분명하다.

메피스토펠레스의 다음과 같은 말에서 우리는 다시금 어머니들의 나라에 관한 단서를 얻을 수 있다.

> **메피스토** 그러면 내려가십시오! 아니, 올라가십시오!라고 말해
> 도 되겠군요.
> 그건 매한가지니까요. 이미 생성된 것에서 벗어나
> 형상이 매이지 않는 나라로 가십시오.
> 오래전부터 존재하지 않았던 것을 즐겨보십시오.
> Versinke denn! Ich könnt sagen: steige!
> 's ist einerlei. Entfliehe dem Entstandnen
> In der Gebilde losgebundne Reiche!
> Ergötze dich am längst nicht mehr Vorhandnen!*

파우스트는 '열쇠를 움켜쥐니 힘이 솟는다'고 좋아하며 '위대한 일'을 향해 나서고 메피스토펠레스는 어머니들 세계의 깊은 바다의 삼발이 향로를 몰래 가져올 것을 지시하면서 저 비밀의 세계의 모습을 잠깐 보여준다.

> **메피스토** 불길 타오르는 삼발이 향로가 보이게 되면,

---

간의 가장 귀한 소질이라고 보았고, 무관심이 아니라 이런 놀라움에 의해 가치 있는 과학적 발견이 이루어진다고 보았다면서 에커만과 대화에서도 "인간이 도달할 수 있는 최고 경지가 바로 놀라움이다"라고 했음을 제시하고 있다. 괴테, 정서웅 옮김, 앞의 책, 89쪽 각주 33) 참조. 역자는 das Schaudern을 놀라움이라고 번역했는데 그보다 더 강렬한 표현, 전율 또는 몸서리침이라고 보는 것이 더 적절할 듯하다.
* 괴테, 정서웅 옮김, 앞의 책, 89쪽; Goethe, *Faust*, dtv, pp.183~184.

당신은 마침내 깊고 깊은 밑바닥에 다다른 것입니다.
향로의 불빛으로 어머니들을 볼 텐데,
앉아 있기도 하고, 서 있기도 하고, 또 방금 올 것처럼
걷기도 할 것입니다.
형상이 생기거나, 형상이 바뀌며
영원한 의미의 영원한 유희를 하는 것이지요.
Gestaltung, Umgestaltung,
Des ewigen Sinnes ewige Unterhaltung.*

주위엔 온갖 피조물의 영상이 떠돌지만,
당신을 보지는 못할 겁니다. 그들이 보는 건
그림자뿐이니까요.
마음을 단단히 가지세요. 무척 위험한 일입니다.**

어머니들이 알아차리기 전에 삼발이 향로를 가지고 오기만 하면 그 향로의 연기로 파리스와 헬레나를 불러올 수 있다. 파우스트는 이 위험한 일을 수행하려고 혼신을 다해 밑으로 내려간다. 발을 구르며. 올라올 때도 발을 구르라고 한다.

이상에서 본 바와 같이 어머니들의 나라는 아래쪽 깊은 곳에 있다. 시간도 공간도 없는 곳, 절대 고독이 지배하는 영원히 공허한 먼 나라. 알려지지 않은, 길 없는 곳에 있으며, 열어야 할 자물쇠도 빗장도 없는 곳, 황량하고 적막하며, 절대 무의 세계, 위도 아래도 없고, '생성된 것에서 벗어나 형상에서 해방된 나라들'In der Gebilde losgebundene

---

* 괴테, 정서웅 옮김, 앞의 책, 89쪽; Goethe, *Faust*, dtv, p.184. Gestaltung-
  이하 부분은 융이 자기Selbst를 설명할 때 자주 인용한 구절이다.
** 괴테, 정서웅 옮김, 앞의 책, 90쪽.

Reiche , 일찍이 존재의 세계에서 사라진 것들을 만날 수 있는 곳, 여신들은 고독 속에 조용히 좌정하고 있으나 아무것도 볼 수 없고 아무 소리도 들을 수 없으며 몸을 쉴 만한 견고한 자리도 없다. 주위엔 온갖 피조물의 영상이 떠돌지만 그들은 그림자Schemen(환영)일 뿐이다.

섬뜩한 느낌을 주는 어머니들이 있는 곳. 메피스토펠레스가 묘사한 어머니들의 나라는 매우 낯설고 불투명하며 황량한 적막의 땅. 어쩌면 저승의 모습이 이와 같을 듯한 완전히 다른 차원의 세상. 시간도 공간도 없고 대극의 구분도 없다. 꿈의 세계에서나 봄 직한 모호한 것들의 집합. 그 의미를 모르는 자에게는 공허일 수밖에 없는 곳. 그러나 파우스트는 그 '무' 속에서 삼라만상das All(우주만물)을 찾아보겠노라고 장담한다. 그 세계 어디에 삼라만상이 있는지 묘사된 바로는 아직 알 수 없다. 안개 속에 가려져 안 보일 수도 있다.

이런 세계와 심리학적으로 가장 가까운 세계는 두말할 것 없이 융이 말하는 '무의식'이다. 그것도 무의식의 가장 깊은 밑바닥, '집단적 무의식'이다. 무의식의 무시간성, 무공간성은 이미 융이 지적한 바 있다.* 집단적 무의식에 접근하는 것은 위험한 일이다. 원형이 지닌 강력한 에너지로 말미암아 자아가 그 세력에 사로잡힐 수 있기 때문이다. 원형들에 사로잡힌 자아는 원형에 의해 여러 조각의 정신으로 분열되어 제 기능을 발휘할 수 없게 된다. 임상적으로는 정신분열 현상으로 경험된다. 파우스트는 그 위험을 무릅쓰고 무의식계로 들어가서 그 속에서 어떤 특수한 원형상을 의식계로 들어 올리고자, 즉 '의식화'하고자 용감하게 시도한 사람과도 같은 처지에 있다. 융이 프로이트와 헤어진 뒤 무의식의 심층을 탐구하기 위해 스스로 자기 무의식의 환상세계로 몸을 던진 '지하계로 가는 여행'을 파우스트가 여기서 감행

---

* 아니엘라 야훼, 앞의 책, 382쪽. "의식으로부터 점점 멀어지면 멀어질수록 그것은 절대적인 무시간성, 무공간성에까지 다다르게 되는 것 같다."

하고 있다.*

그러나 그 위험한 길을 그는 혼자서 갈 수 없다. 안내자가 필요하다. 지하계의 원리에 통달한 메피스토펠레스조차 고개를 절레절레 흔드는 무모한 시도를 도와줄 유일한 방법은 작은 열쇠를 쥐고 그를 따라가는 길뿐이다. 융은 자신의 저서 『변환의 상징』에서 손에 쥐면 커지고 빛나는 그 마법의 열쇠에 언급했다.**

융은 먼저 남근이 하나의 상징이라는 점에 주의를 환기한다.

"엄지손가락, 닥틸렌과 카비렌은 남근적 측면을 지닌다. 그것<sup>dms</sup>은 당연히 인격화된 조형능력<sup>Bildekrafte</sup>이고 게다가 남근<sup>Phallus</sup>은 또한 상징이기 때문이다. 남근은 리비도, 즉 창조적 측면의 정신적 에너지를 나타낸다."***

---

\* 1913년부터 6년간 융은 이 작업에 헌신했다. 융은 그 경험을 근거로 적극적 명상(상상Active imagination)이라는 무의식의 의식화 방법을 고안했다. 그는 자신이 환상에서 보고 대화한 것을 기록한 것을 붉은 양피지 책에 옮기고 그림을 그려 '붉은 책'das rote Buch이라 명명했다. 이 책은 오랫동안 은행금고에 보관되어 있다가 얼마 전 간행되어 세상에 널리 알려졌다. C.G. Jung(2009), *Red Book*, W.W. Norton & Co. 참조.

\*\* C.G. 융, 『변환의 상징』(초간 시 제목은 리비도의 상징과 변환)은 프로이트의 성욕설을 중심으로 한 리비도 학설에 대해 비판한 융의 저서인데 융은 여기서 정신분열증 초기를 의심하는 한 여자 환자의 환상과 시에 나타난 성애적 리비도 표현이 사실은 깊은 상징적 의미를 지닌 것임을 여러 신화와 종교적 표상을 확충하며 설명하고 있다.
융은 '태양에너지'를 확충하는 가운데 인도 신화의 루드라, 푸르샤, 푸르샤의 구체적 표현인 엄지손가락보다 작은 인간 혹은 남자와 닥틸렌, 카비렌 등 작은 신화적 존재를 남근Phallus 상징과 결부하여 설명하다가 자연스럽게 『파우스트』의 '어머니들의 장면'에서 파우스트가 어머니들의 나라로 갈 때 유일하게 의지하고 가야 할 '열쇠'를 언급하게 된다. C.G. Jung, *Symbole der Wandlung*, pp.199~209; 칼 구스타프 융, 한국융연구원 옮김, 『상징과 리비도』 기본저작집 제7권, 솔, 2006, 190쪽.

\*\*\* C.G. Jung, *Symbole der Wandlung*, pp.204~205.

융은 표징<sup>Zeichen, Sign</sup>이 확고하게 알려진 의미의 축약인 데 비해 상징<sup>Symbol</sup>은 미지의 여러 의미를 포괄한 완전히 알지 못하는 어떤 것을 가리킨다는 점을 지적하면서 상징이 수많은 변이를 가질 수 있어 같은 창조적 세력이 '엄지동자'로 상징화되기도 하고 남근으로 혹은 다른 상징으로 표현될 수도 있다고 주장한다. 그리하여 남근과『파우스트』'어머니들의 장면'에 등장한 마법의 열쇠의 의미상 관련성을 언급한다.

"조형적 난쟁이들은 숨어서 형상을 만든다. 남근은 생명 있는 존재를 생산한다. 마찬가지로 어둠 속에서 그리고 열쇠는 예를 들어 비밀의 금지된 문을 연다. 그 문 뒤에서 발견되기를 고대하던 것을 갖는다. 이 관련성을 우리는 괴테『파우스트』(어머니들의 장면)에서 발견한다."*

융은 열쇠에 관련된 메피스토와 파우스트의 대화를 소개하고 메피스토가 제1부에서 '항상 나쁜 일을 하고자 하면서 항상 좋은 일을 만드는 저 힘의 일부'라고 소개한 말을 인용한 다음 이렇게 말한다.

"여기에 묘사되는 리비도는 창조적으로 형상을 만들고 생식할 뿐 아니라 또한 독립적인 생명체처럼 후각능력<sup>Witterungsvermögen</sup>(그러므로 인격화될 수 있는 능력!)을 지니고 있기도 하다. ─ 성욕처럼 일종의 목표지향적 충동이다. ─) '어머니들의 나라'는 자궁<sup>Gebärmutter</sup>, 즉 매트릭스<sup>Matrix</sup>와 적잖은 관계가 있는데 그것은 그 자체로 흔히 무의식의 구체적인 생산적 측면을 상징한다. 그리비도는 선하면서 동시에 악한, 다시 말해 도덕성과 무관한 일종의 자연의 힘이다. 이 힘과 융합함으로써 파우스트는 그 자신

---

* *Ibid.*, p.206.

의 필생의 과제, 즉 처음에는 악의적인 모험을, 다음에는 인류의 축복을 가져오는 데 성공한다. 어머니들의 나라에서 그는 삼발이, 즉 '왕의 결혼식' 파티가 열리는 곳인 헤르메스의 그릇을 찾는다. 여기서 파우스트는 최고 기적을 수행하기 위해, 말하자면 파리스와 헬레나를 만들어내기 위해 성적인 마술지팡이를 필요로 한다. 파우스트 손에 들린 그 보잘것없는 기구는 무의식의 알 수 없는 창조력을 표현하는데 그 힘은 사람들이 그것을 따를 때 나타나고 그 힘의 기적을 수행할 수 있다."*

'항상 악을 원하면서도 항상 선을 창조해내는 힘의 일부분'인 메피스토펠레스는 기독교의 '마귀'보다 지하의 영계靈界에 밝은 연금술의 메르쿠리우스에 가깝다고 융은 말했거니와 파우스트가 메피스토가 마련한 '마술지팡이'의 도움을 받는다는 것은 자연의 창조적 힘과 '융합'함을 의미한다. 이 '융합'은 융의 말대로 무의식의 창조력에 대해 자아가 전적으로 신뢰하고 열망할 때 성과를 거둘 수 있다. 그래야만 그 창조의 힘은 활성화되고 자율적으로 자아를 무의식의 깊은 층으로 이끌 뿐 아니라 무의식 속의 귀중한 것을 의식으로 들어 올릴 수 있다. '귀중한 것'이란 파리스와 헬레나의 남녀 쌍, 하나의 대극합일의 전체 상像이지만 궁극적으로는 그렇게 포장된 것 속에 있는 헬레나―모든 남성이 극히 흠모하는 아니마상이다.

말하자면 여기서 일어나는 것은 아니마 원형상의 활성화 작업이다. 일반적으로 남성에게 그를 무의식으로 인도하는 것은 내적 인격인 아니마, 심혼의 상이다. 그러나 어머니들의 나라로 내려가 아니마를 생산할 삼발이, 변환의 장, 헤르메스의 '그릇'을 들어 올리는 작업의 안내자로 남성적인 성적 이미지가 제공된 것은 『파우스트』에 관한 한 적절한 방식인 듯하다. 무의식의 밑바닥에 잠들어 있는 여성상

---

* 칼 구스타프 융, 기본저작집 제7권, 188~191쪽.

을 활성화하려고 여성적·수동적인 관조 태도를 보이기보다 남성적·
적극적 탐구 의지를, 그것도 자연의 생산적·창조적 충동에 대한 전적
인 신뢰로 이루어져야 함을 권하는 셈이다. 지하계로 안내하는 수단
이 '작은 열쇠'처럼 겉보기에 보잘것없는 것이라는 점에도 융은 주목
했다. '보잘것없음'의 위력은 보편적인 신화소임을 강조한 것이다.

 '무의식의 알 수 없는 창조력'을 표현하는 '남근열쇠'는 융에 의해
수없이 확충되어 자칫 성적 해석에 빠질 위험이 있는 이 상징의 다양
한 창조적 측면과 보편적 특성이 조명되었다.* 그는 수많은 신화에서
난쟁이신들 혹은 작은 것과 큰 것의 공존(작은 것보다 더 작고 큰 것
보다 더 큰 자기-우파니샤드)이라는 일견 모순된 특성을 지적하며 헤
르메스, 헤파이스토스, 디오니소스 등의 제의에서 남근이 중요한 역
할을 함을 제시했다. 『파우스트』에서 중요한 역할을 하는 난쟁이의
일종, 카비렌 신들에서 남근상징의 유래를 본다고 했다. 헤르메스와
카비렌 신들과 가장 가까운 친족은 융에 따르면 신들의 어머니들에게
세공술을 배우고 이다산에 살았다는 닥틸레(손가락, 엄지)다.**
 우파니샤드 원전과 『파우스트』에서 언급된 작고 큰 특성상의 불균
형은 닥틸레의 경우에도 발견되는데, 막강한 힘을 지닌 헤라클레스가
이다산의 닥틸로스로 통했던 점을 융은 또한 지적한다. 융은 이렇게
성적인 것처럼 보이는 상들이 얼마나 다양하고 깊은 상징적 의미를
내포하는지 증명하는 데 주력했고 『파우스트』 일부 구절에서도 남근
상의 깊은 확충을 시도했을 뿐 『파우스트』를 해석한 것은 아니었다.

---

 * 같은 책, 191~195쪽.
 ** 같은 책 192쪽. 융은 이 말끝에 메피스토가 파우스트에게 한 말을 다음
   과 같이 괄호 안에 넣었다. "이 열쇠가 올바른 곳을 알아낼 것입니다. 그
   놈을 따라가면 어머니들한테도 갈 수 있지요." 그러고는 말했다. "그들은
   첫 현자들이고 오르페우스의 스승들이었는데 에페소의 주문과 음악의
   리듬을 발명했다"고, '남근열쇠의 상징'이 지혜와 예술적 창조의 힘에 미
   칠 수 있음을 시사한 것이다.

그러므로 영혼의 '안내자'psychopompos가 『파우스트』에서 왜 남근이어야 했느냐 하는 물음에는 앞에서 거론한 추론 이상으로 간여하지 않았다.

그런데 파우스트는, 아니 파우스트를 인도하는 열쇠는 파우스트를 그 세계의 깊은 밑바닥에 놓인 불길 타오르는 향로로 데려간다. 그 세계가 황량한 불모지, 죽음의 세계가 아님이 드러난다. 향로의 불빛으로 어머니들의 여러 몸짓을 볼 수 있다. 거기서 '형상이 생기고 형상이 바뀌면서 '영원한 의미의 영원한 놀이'를 한다. 그리고 파우스트가 찾는 고대 그리스의 영웅 파리스와 그에게 납치된 아름다운 왕비 헬레나 또한 그 향로의 불길에서 되살아난다. 이 신비한 삼발이 향로는 무엇인가. 그것은 그 속에서 여러 요소가 형성되고 변화되는 연금술사들의 마법의 그릇vas Hermetis임이 틀림없다. 이 신비의 그릇을 가져오는 자, 신들을 지상으로 끌어올린 최초의 사람이 되리라.

『심리학과 연금술』에서 융은 연금술의 그릇에 관해 다음과 같이 언급했다.

"연금술의 그릇은 연금술사들에게는 어떤 대단히 불가사의한 것, '기적의 그릇'이었다. 예언녀 마리아는 말하기를 연금술의 그릇에 관한 모든 지식에 모든 비밀이 놓여 있다고 했다. '하나는 그릇이다'라는 사실이 항상 강조되었다. 그것은 완전히 둥글어야 한다. 둥근 우주를 본뜨도록. 그래서 별들의 영향이 연금술 작업에 기여하도록 해야 한다. 그것은 일종의 매트릭스Matrix 혹은 자궁이며 그로부터 현자의 아들Filius philosophorum, 저 기적의 '라피스'Lapis(연금술의 돌)가 태어난다. 그러므로 그릇은 둥글 뿐 아니라 알 모양이어야 한다."* 연금술의 그릇(용기)을 증류기나 끓이는 도구 정도로 보는 것으로는 아직

---

* C.G. Jung, *Psychologie und Alchemie*, Rascher, pp.325~327.

그 의미를 충분히 설명했다고 볼 수 없다. 연금술사에게 그릇은 신비적 관념, 다른 모든 연금술의 핵심 관념처럼 하나의 특수한 '상징'이었다고 융은 지적한다. "그래서 이런 말이 들린다. (연금술의) 그릇은 물 혹은 다름 아닌 현자의 메르쿠리우스인 '영원한 물'$^{aqua\ permanens}$이다. 그러나 그것은 물일 뿐 아니라 또한 그 대극인 불이다."[*]

융은 괴테가 연금술서 『화학적 결혼: 크리스티아니 로젠크로이츠』[**]를 읽었으리라고 확신했다. 유럽 기독교 문명의 그늘에서 외롭게 진실을 탐구해온 연금술사들의 노력 속에서 가치 있는 것을 발견하고 이를 심리학적 견지에서 집중적으로 연구한 융에게 이 사실은 큰 공감을 주었다. 파우스트의 불길 타는 삼발 향로가 연금술의 상징적 신비의 그릇, 생성과 변환의 처, 창조의 원천인 불이기도 하다는 것을 짐작할 수 있다. 그리고 메피스토펠레스가 왜 그것을 그토록 조심하여 지상으로 가져오라고 부탁하는지를 알 수 있다.

> **메피스토** 마음을 단단히 가지세요. 무척 위험한 일입니다.
> 곧장 삼발이 향로 쪽으로 걸어가
> 열쇠로 그것을 건드리십시오!
>
> 향로가 당신에게 붙어 충직한 하인처럼 따를 것입니다.
> 침착하게 올라가면 행운이 당신을 끌어올릴 것이니
>
> 어머니들이 알아차리기 전에 향로를 가지고 돌아오십시오.

---

[*] *Ibid.*, pp.327~328.
[**] J.V. Andreae, *Die Chymische Hochzeit: Christiani Rosencreutz* anno 1459, Hofenberg Sonder-ausgabe(hrsgb.), Karl-Maria Guth, Berlin, 2017.

그것을 일단 이곳으로 가져오기만 하면,

남녀 영웅들을 밤의 세계로부터 불러낼 수 있을 것이요,

당신은 최초로 이 일을 감행한 자가 될 것입니다.

……

향로의 연기가 신들의 모습으로 변하는 것입니다.

**파우스트** 자, 이젠 어떻게 하지?

**메피스토** 혼신을 다해 밑으로 내려가는 거지요.

발을 구르며 내려가십시오.(versinken: 침하, 가라앉는다. 떨어지다) 올라올 때도 역시 발을 구르고요.*

……

열쇠가 제대로 위력을 발휘해주었으면 좋겠군.

그가 다시 올 수 있을지 궁금한걸.**

메피스토펠레스는 왜 바로 '올라오라' 하지 않고 먼저 밑으로 내려가라 했던가? 그것도 자신의 전 존재를 들어 낮은 곳에 내려가기를 요구했던가. 올라오기 위해서는 먼저 내려갈 필요가 있기 때문이 아닐까. 내려가지 않고는 온전히 올라올 수 없고 후진 뒤에 전진이 있으며 죽음의 밑바닥에 가야만 새롭게 다시 태어날 수 있다는 영원히 반복되는 인격 발전의 원리를 괴테는 메피스토펠레스의 입을 통해 말하는 것이 아닐까.

인도 여행을 회상하며 융이 한 말이 생각난다.

---

* Goethe, *Faust*, dtv, p.184, Dein Wesen strebe nieder! Versinke stampfend, stampfend steigst du wieder.
** 괴테, 정서웅 옮김, 앞의 책, 90~91쪽.

"나는 내가 소유하며, 저지르며 체험하지 않은 어떤 것에서도 나를 해방시킬 수 없다. 진정한 해방은 오직 내가 할 수 있었던 것을 행했을 때, 내가 전적으로 나 자신을 헌신하여 완전히 참여했을 때 가능한 것이다. …… 자신의 열정의 지옥을 거쳐가지 않은 인간은 그것을 결코 극복하지 못한다."[*]

분석심리학의 핵심학설인 자기실현의 목표인 전체정신이란 일방적 발전이나 직선적 상승이 아니라 중심을 향한 순환적 발전을 의미한다. 하강과 상승은 전체가 되기 위해 결코 분리될 수 없는 대극이다. 전체가 되기 위한 하강에는 늘 위험이 따른다. 메피스토펠레스가 걱정하는 것처럼 영영 다시 돌아올 수 없게 될 우려가 있기 때문이다. 부흥집회나 무당굿에 참여했다가 의식을 잃고 빙의상태에 빠져 전문의의 치료를 받지 않고는 정신을 되찾을 수 없게 된 상태가 그것이다. 심지어 심한 정신병적 상태에 빠질 수도 있다. 이런 종류의 발병에는 정신의학적으로 여러 요인이 있지만 심리학적으로는 약한 자아가 이상하게 활성화된 무의식의 원형상들의 엄청난 세력에 사로잡히는 현상이라고 설명된다.[**] 종교집회는 의식의 긴장도를 낮추고 무의식의 원형층을 의도적으로 활성화하는 역할을 한다. 모든 집단적 암시나 개인적 자기암시는 그런 위험성을 안고 있다. 그러므로 그러한 불가역적 하강을 피하려면 무엇보다 튼튼한 자아의식과 자아의 깨어 있음, 즉 내가 무엇을 하는지에 대한 확고한 자각이 필요하다. 말하자면 "호랑이 굴에 들어가도 정신만 차리면 산다"는 속담처럼.

앞에서 말한 바와 같이 프로이트를 떠난 뒤 처음으로 자기 자신의 무의식적 환상 세계로 '하강'했을 때, 융은 거기서 무시무시한 원형

---

[*] 아니엘라 야훼, 앞의 책, 347~348쪽 참조.
[**] 이부영, 『한국의 샤머니즘과 분석심리학』, 한길사, 2012, 335~375쪽.

적 심상들을 만났다.* 그가 그 상들의 강렬한 영향을 이겨내고 무의식에 대한 통찰을 얻게 된 것은 개원의사로서 사회적 역할에 충실하면서 자아의식을 확고하게 유지했기 때문이다. '의식된 자아'는 그 이후 그의 적극적 명상의 기본태도가 되었다. 그러고 보면 메피스토펠레스가 파우스트에게 아래로 떨어지라고 할 때 그저 눈감고 떨어지라 하지 않고 '발을 구르며' 내려가라고 한 데는 어떤 특별한 의미가 있었던 게 아닌가 생각된다.

『변환의 상징』에서 융은 발이나 발로 밟는 행위가 갖는 풍요의 의미를 언급했다. 푸에블로 인디언들의 원시 춤의 유래를 들고 바로 『파우스트』의 저 대목을 들면서 발을 구르며 내려가는 동작이 파우스트를 어머니들의 나라로 인도했다고 지적하며 발을 구르는 것의 심리적 상징을 확충했다. 예를 들면 괴물이 태양을 삼키는 신화에서 영웅들은 괴물의 목구멍을 발로 버티거나 짓밟는다. 토르<sup>Tor</sup>신은 괴물과 싸울 때 배 밑바닥을 밟아 바다 밑까지 밟게 된다. 융은 말한다. "리비도의 퇴행은 필연적으로 춤사위에서 밟음의 의식적 행위가 마치 유아의 '버둥거림'의 반복처럼 보이게 한다. 후자는 어머니와 쾌감에 결부되며, 동시에 이미 자궁 안에서 연습된 그 동작을 나타낸다. 발과 밟음은 생식의 의미에 해당된다. 혹은 어머니 배 속으로 다시 들어가는 것, 즉 춤의 리듬은 춤추는 사람을 무의식적인 상태(어머니 뱃속 <sup>Mutterleib</sup>)로 옮겨놓는다. 회교-샤먼의 춤과 다른 원시적 춤이 이를 증명한다."**

발을 구르며 내려가는 동작이 비록 태아의 몸짓에서 발견되는 모

---

* C.G. Jung, *The Red Book*(transl. M. Kyburz, J. Pecks, S. Shamdasani)(2009), W.W. Norton & Co., New York.
** C.G. Jung, *Symbole der Wandlung*, pp.542~543.

체회귀의 원초적 리듬에 연결된다 하더라도 단단한 대지가 아니라 시간도 공간도 없는 어머니 나라로 가는 행위로서 어떤 다른 의미가 추가되어야 하지 않을까 생각해본다. 나는 그것이 단순히 무의식에 빠지는 것에 대한 자아의 일종의 저항하는 몸짓, 혹은 자기가 하는 일을 의식하는 자아의 깨어 있음을 자극하는 행위로 볼 수는 없을까 생각해본다. 내려갈 때나 올라올 때나 파우스트는 발을 굴러야 한다. 어머니 품에 사로잡혀 영원히 잠들지 않도록 하기 위해서.

이상에서 나는 『파우스트』에서 묘사된 어머니들의 나라는 융이 말하는 무의식, 특히 자아와는 완전히 다른 타자로서 집단적 무의식의 문학적 표현임을 시사했다. 『파우스트』 번역자 정서웅은 이렇게 말한다. "괴테의 자연관에 따르면 모든 생물의 발생과 생성은 자연의 내부, 즉 모태에 지닌 '원형'에서 생겨난다. 괴테는 이것을 근원현상 Urphänomen이라고 불렀고 '어머니들'은 과거와 미래에 걸쳐 이 원형을 수호하는 신들이라 할 수 있다"*

슈타이거는 이 헬레나 장면의 '어머니들의 장'의 문학적 근거를 괴테의 다른 작품과 비교하여 이해하고자 시도하면서 『파우스트』의 이 부분이 가장 난해한 대목이라고 했다. 왜냐하면 괴테는 아무것도 가르쳐주지 않으며, 있다 해도 그가 플루타르코스의 책을 읽고 고대 그리스에 어머니들이라는 신이 있었음을 알게 된 것뿐 나머지는 전부자기가 생각해냈다고 했기 때문이다. 그러나 슈타이거가 제시한 플루타르코스의 다른 책 『신탁의 쇠퇴에 관하여』의 다음 대목에는 참고할 만한 힌트가 숨어 있다.

"세계는 183이다. 그것은 삼각형으로 나란히 있다. ─이 삼각내

---

* 괴테, 정서웅 옮김, 앞의 책, 86쪽.

측은 각각의 세계가 공유하는 아궁이라고 볼 수 있는 것으로 이를 '진리의 들판'이라고 한다. 여기에는 일찍이 존재한 것, 앞으로 존재하는 것 모두의 근원, 형태, 원상原像이 꼼짝 않고 조용히 누워 있다. 이것을 '영원'이 둘러싸서 그 '영원'에서는 시간이 물의 흐름처럼 각 세계로 흘러든다."*

아궁이의 이미지와 작품 속 지하계의 삼발이, 모두의 근원—어머니!—과 융 또한 한때 빌려 쓴 원상原像, Urbilder, 그리고 '꼼짝 않고 조용히 누워 있는' 지하계 어머니들의 군상 등이 시인 괴테에 의해 작품 『파우스트』에서 표현되고, 같은 영원의 시간 속에 존재해온, 그리고 앞으로 존재할 것들이 융에 의해 심리학적 용어와 심리학적 현실 속에 재탄생하는 것을 볼 수 있다. 이 원상의 발견과 재인식 과정은 역사적으로 이밖에도 수많은 유례가 있다.** 원형학설 자체가 집단적 무의식에서 원형의 배열constellation의 징후였다고 할 정도였다. 슈타이거는 결국 전형典型, Typen과 원초적 현상Urphänomen의 영역에서 『파우스트』 '어머니들의 나라'를 고찰하고자 한다. 원초적 현상을 그는 '시간 속에서 변전하고 다양하게 전개하는 생명 일체의 영원한 기반'이라 정의하며 메피스토펠레스가 '외로운 곳에 숙연히 앉아 그 주위에는 공간도 시간도 없다'고 한 어머니들에 관해 설명한다.

"어머니들은 존재한다.—그런데도 어떤 시간에도 어떤 장소에도 없다. 이것은 원초적 현상에 관해서는 말할 수 없으나 전형典型, Typen에 관해서는 말할 수 있는 것이다. 어머니들은 바닥의 더 깊은 밑바닥에 살고 있다. 그녀들의 존재에 형성, 변성, 영원의 의미의 영원한 놀이가 결합한다. 이것 역시 전형의 프로테우스적

---

* E. Staiger, *op. cit.*, p. 257
** 이부영, 『한국의 샤머니즘과 분석심리학』, 한길사, 2012, 120쪽 참조.

유동성을 나타낸다고 보아도 좋을 것이다. 이 구절에는 '온갖 피조물의 형상에 둘러싸여'라는 글이 한 줄 붙어 있는데 누가 형성하고 변성하는지, 둘러싸고 있는 것이 누구인지는 전혀 모른다."*

슈타이거가 말하는 혹은 괴테의 '원초적 현상'이 융이 말하는 원형적 현상과 꼭 같은 뜻이라고 볼 수 있는지는 의문이다. 그리고 전형 또한 융의 Archetypen(원형)의 원초적 조건으로서 이 Typen(유형)과 꼭 같은 뜻인지도 의문이지만 최소한 비슷한 말이 아닐까 생각해본다. 원초적 상Urbilder은 융에 따르면 인간행동의 원초적 '조건'이다. 내용이 아니다. 체험을 통해 내용이 채워지는.―『파우스트』의 어머니들은 무한한 고적 속에 꼼짝 않고 누워 있거나 앉아 있거나 서 있거나 이쪽을 향해 올 듯한 자세를 취하지만 아직 '활성화'되지 않은 상태다. 즉 가능성 또는 조건으로만 존재한다.

파우스트는 이들이 눈치채지 못하게 삼발이를 훔쳐 와야 한다. 이들이 깨어나면 계획이 수포로 돌아갈 뿐 아니라 무서운 재앙을 만날지 모른다. '어머니들'은 결코 자애롭기만 한 존재가 아니기 때문이다. 원형적인 꿈이 나타났을 때 혹은 그런 영상이 적극적 명상 중 나타났을 때 분석심리학적 정신치료에서 극도로 신중히 접근하여 해석을 시도하는 이유가 바로 이 원형들의 어두운 측면을 알기 때문이다. 슈타이거도 이와 비슷한 생각을 표현한다. "둘러싸고 있는 것이 누구인지 누가 형성하고 변성하는지 전혀 모른다"면서 그는 '어머니들'에 대한 불안의 근거가 어디에 있는지를 다음과 같이 암시한다.

"그 때문에 공간과 시간의 소멸이라는 것이 그만큼 여실히 우리 상상력을 압박해 우리를 불안한 기분에 빠뜨린다. 원초적 현상

---

* E. Staiger, *op. cit.*, p.257.

을 응시할 때 괴테가 기억하는 것도 이런 불안이 아닐까?"*

그는 분석심리학에서 집단적 무의식의 원형상들과 직면했을 때 느끼는 감정반응과 비슷한 말을 한다.

"원초적 현상이 자기 모습을 낱낱이 보이며 우리 감관을 향해 자신을 드러낼 때 우리는 일종의 두려움, 더 나아가 불안에 휩쓸린다. 이때 감각적인 인간은 경악으로 도망감으로써 자신을 지킨다. 그러나 열심히 일하는 중개인의 오성悟性은 재빨리 나아가 그의 독자적 방법으로 가장 고귀한 것과 가장 저급한 것 사이를 중개한다."**

괴테 자신의 말로 보이는 다음 구절은 오늘날의 심리적 통찰에 더 근접해 있다.

"원초적 현상을 직접 인지할 때 우리는 일종의 불안에 빠진다. 그것에 저항할 만한 힘이 우리에게 없다는 사실을 깨닫기 때문이다.
경험Empirie의 영원한 놀이로 생기生氣를 얻었을 때라야만 우리는 원초적 현상을 즐긴다."***

슈타이거는 여기서 그 불안이 황량한 허무에 대한 경직된 인식에서 오는 공포감일 것이라고 지적으로 해석하면서도 다른 가능성을 열어 놓았는데, 그것은 메피스토펠레스와 달리 파우스트가 느낀 '감동'이

---

  * *Ibid.*, p.257.
  ** *Ibid.*, p.258.
  *** *Ibid.*, p.258.

라는 감정반응이다. 이것은 분석심리학적 관점과 전적으로 일치하는 관점이다. 그가 말한다.

"—파우스트도 이렇게 생각하고 허무의 공포에 전율한다. 그러나 메피스토펠레스처럼 그것을 완전한 황량과 공무空無의 입김이라고 받아들이는 것으로 끝내지는 않는다. 그는 '감동한다.' 일정하고 다양한 존재의 온갖 가능성이 들어 있는 심연을 여기서 바라보고 감동하는 것이다. 아무것도 존재하지 않는 곳에서는 일체가 생성될 수 있다."*

마치 노자의 무無에 관한 감동을 다른 말로, 다른 각도에서 말하는 것 같다.

"어머니들이란 변용—개벽 이래 같은 법칙에 따라 같은 하나의 원리에서 생기는 변용의 전 과정의 본원本源에 다름없다.—근원에는 존재하고자 하는 영원한 충동이 가득 차 있다. 어머니들이란 능산적能産的 자연의 순수규범이며 이 영원한 충동에 대해 그것이 진행해갈 길을 가리키는 것이다."—문학자로서 슈타이거의 해석은 지적인 언어에서 맴돌 수밖에 없다. 경험심리학인 분석심리학의 좀더 사실에 입각한 정동적·역동적 측면에 대한 고려와는 대조된다.

그러나 흥미 있는 것은 슈타이거의 해석이 매우 철학적이고 관념적인데도 『파우스트』의 어머니들 장면에 대한 설명에서는 개념과 구상 사이에 명확한 관련을 부여하고자 무리하게 시도하지 말고 괴테가 바라보는 '물'物 속으로 우리 자신을 침잠하는 것이 중요하다고 강조하고, 괴테가 어머니들 장면에서 한 말은 상징에 따른 표현이고 그것을 확실히 해득할 수는 없음을 시사한 점이다.

---

* *Ibid.*, p.258.

융에게 무의식은 어머니와 같은 것이었다. 억압된 충동의 창고가 아니라 끊임없이 생성되고 조절되는 크고 깊은 샘과 같은 것이었다. 그런데 그 '어머니들'이 왜 그렇게 '몸서리치는 감정'을 일으키며, 그 소리만 들어도 오싹한 느낌을 갖게 되는 것일까? 그것은 앞에서도 시사한 바와 같이 무의식이 완전한 타자를 포함하기 때문이다. 우리의 무의식에 자아를 넘어서는 전혀 자아에 속하지 않고 오히려 자아를 조절하는 자율적 콤플렉스들이 존재한다는 사실을 생각하면 몸서리치는 감정의 의미를 짐작할 것이다. '어머니들'은 좋거나 싫은 개인적 어머니의 의미를 훨씬 넘는 어머니 이마고, 다른 말로 어머니 원형들의 상징적 심상이다.

구름 한 점 없이 깨끗하고 맑은 끝없이 파란 하늘을 볼 때, 속을 알 수 없는 깊고 검푸른 바닷물 속을 들여다볼 때, 그리고 캄캄한 밤 하늘에 반짝이는 수많은 별을 올려다볼 때, 어떤 형용할 수 없는 감동, 심지어 섬뜩함을 느껴보지 못한 사람은 『파우스트』의 어머니들이라는 이미지에서 받는 몸서리침의 감정을 이해할 수 없을 것이다. 그러나 노자가 『도덕경』에서 도를 가리켜 '현지우현'玄之又玄(유현하고 또 유현하여)이라 하고 극도의 고독에서 "나는 사람들과 달리 먹여주는 어머니를 귀히 여긴다"한 것*을 감동을 느끼며 동감할 수 있는 사람은 어머니들에 대한 파우스트의 반응을 이해할 것이다.

---

* 이부영, 『노자와 융』, 한길사, 2012, 57~60쪽. 말할 수 있는 도는 한결같은 도가 아니다. 이름 붙일 수 있는 이름은 한결같은 이름이 아니다. 무는 천지의 시작의 이름이고 유는 만물의 어미들 이름이다. 이들은 같은 것에서 나왔지만 그 이름을 달리한다. 그 같은 것을 유현하다고 한다. 유현하고 또 유현하여 모든 신묘함이 나오는 문이 된다(同謂之玄, 玄之又玄, 衆妙之門), 331~333쪽 참조(노자 『도덕경』 제20장에 있는 말. 나만 홀로 어리석고 고루하구나. 나는 홀로 사람들과 달라 먹여주는 어머니를 귀히 여긴다(我獨異於人, 而貴食母)).

융은 그러한 섬뜩한 세계, 불가해한 신비로운 세계가 인간의 마음속에 자리하고 있음을 증명했다. 그리고 거기서 많은 원형을 발견했고 심상을 통한 상징적 표현을 확인했다. 우리 마음이 그렇게 크고 궁극적으로 불가해한, 그러나 하늘의 별만큼 광대한 신화적 콤플렉스들을 포괄한다는 주장은 코페르니쿠스의 지동설에 버금가는 혁명적 통찰이었다. 그러나 대우주에 대한 소우주로서 인간존재에 관한 사상은 서양에서는 중세까지 유지되다가 기독교의 주류에서 밀려나 어둠 속에서 연금술사, 그노시스파 사람들, 자연철학자들의 실험 그리고 위대한 예술가들에 의해 계승되었고, 동양에서는 서양문명이 전통을 때려 부수기까지 유·불·도교사상에 맥맥이 계승되었다. 융은 여기에 경험과학적인 탐구로 확고한 과학적 토대를 마련한 것이다.

융에게 어머니 이마고는 다른 원형상과 마찬가지로 개인적 현실과의 관계를 넘어 자연의 모든 이미지의 밝고 어두운 모든 다양한 측면을 포괄한 상이다.

"어머니의 사랑—모든 생성과 변환의 신비스러운 근원, 귀향의 은거 그리고 처음과 끝에서 침묵의 심연을 의미하는 것, 은밀히 알고도 낯선 자연과 같은 것, 사랑스럽고 다정하면서도 숙명적으로 잔인하며—열락의, 결코 지칠 줄 모르는 삶의 제공자, 고통의 어머니요, 죽은 자의 등 뒤에서 닫은 저 어두운 응답 없는 문, 어머니는 어머니 사랑, 그것은 나의 체험, 그리고 나의 비밀. 우리가 거기서 무슨 말을 하든 지나친 게 있으며 잘못된 게 있으며 부족한 게 있으며 또한 지나친 거짓이랄 게 있겠는가—저, 어머니라 부르는 사람에 대해서—차라리 그 사람을 나는 우연히도 그녀와 내가, 아니 전 인류, 전 피조물이 생성되고 시들어버리는 저 많은 체험을 자기 안에 포괄하고 이끌어가는 여인이라 말하고 싶다. 우리 모두 그 아이인 삶의 체험이라고.—아는 사람은 어머니가 우리 속에 선천적으로 생겨난 저 자연의 모체Mater natura, 영혼의 모체Mater spiritualis 의 상을 거느리고 있음을 안다."*

어머니 원형상은 인격화된 신화적 여신상뿐 아니라 자연 속 여러 생물과 대상, 혹은 문화적 산물을 통해 다양하게 표현된다. 중요한 것은 무슨 이미지가 모성원형상이냐 하는 것을 확인하는 일보다 그 상이 모성원형의 어떤 성질을 나타내는지를 이해하는 일이다.

이에 대해 융이 한 말을 들어보자.

"모성원형의 성질은 '모성적인 것', 여성적인 것의 마술적 권위, 지성 너머에 있는 지혜와 영적 높이, 다정함, 보살핌, 받들어주는 것, 성장과 풍요, 양육하는 것, 마술적 변환과 재생의 장, 어려울 때 도움을 주는 본능 또는 행동, 은밀한 것, 감추어진 것, 어두운 것, 심연, 죽음의 세계, 나를 사로잡는 것, 유혹하는 것, 독을 주고 불안을 자극하는 것, 빠져나올 수 없는 것."**

주목할 것은 모성원형상이 다른 원형상과 마찬가지로 그저 어떤 상, 이미지에 불과한 것이 아니라 우리에게 강력한 충격을 줄 수 있는 상이라는 점이다. 모성원형은 바로 힘 자체라고 할 수 있다. 낯선 것 앞에서 느낀 '몸서리치는 감동'das Schaudern 의 의미를 깊이 받아들인 극 중의 파우스트, 그것을 말하게 한 괴테의 심혼, 그리고 어느 면에서 파우스트를 닮은 융의 심혼은 각기 다른 언어를 쓰지만 같은 것을 보고 같은 것을 체험하고 있다는 느낌이 든다.

---

* C.G. Jung(1954), *Von den Wurzeln des Bewußtseins*, Rascher, 111~112; 이부영, 「융의 모 성상과 모성콤플렉스론」, 『심성연구 2(2)』 통권 제3호, 73~88쪽.
** C.G. Jung(1954), *op. cit.*, pp.97~98.

융은 모성과 모성콤플렉스에 관해서는 매우 깊이 관찰하고 기술했지만 부성과 부성콤플렉스에 관해서는 그만큼 자세히 기술하지 않았다. 오이디푸스적 부자갈등을 주로 다룬 프로이트학설과 대조되는 이 사실에 대해 실존분석학자이며 인류학자인 엘렌버거는 두 사람의 부모와 관계가 다르기 때문이라고 추정했다. 즉, 프로이트는 아버지와는 부정적인 관계를, 어머니와는 좋은 관계를 유지한 데 비해 융은 아버지와 호의적인 신뢰관계를, 어머니에 대해서는 이중적인 관계를 맺었다는 것이다.* 『파우스트』에서 묘사된 어머니에 대한 유난히 강한 감정반응을 시인 괴테와 어머니의 밀접한 유대와 관련짓는 것이 불가능한 일이 아니라고 시인한 융은 하지만 그것으로 그 작품의 성질을 모두 설명할 수 없다는 점을 분명히 했다. 창조적 작품은 작가의 개인사를 뛰어넘어 모든 인간 심혼 속에 잠들어 있는 원형상을 표현한다. 같은 맥락에서 융의 실제 어머니와 체험이 어머니 이마고의 전체상을 더 깊고 포괄적으로 파악하게 하는 계기를 주었다고 할 수 있으나 단순히 그것에 귀착시키는 것은 적절하지 못하다고 나는 생각한다. 그는 개인적·구체적 어머니를 넘어 보편적·원초적 어머니의 원상Urbild을 발견한 것이고 그래서 모성의 달콤함과 자애로움뿐 아니라 섬뜩함을 느낄 수 있었던 것이다.

괴테가 파우스트의 입을 빌려 표현한 어머니에 대한 가장 강력한 감정반응은 융이 모성콤플렉스에 관해 서술하는 가운데 딸의 모성콤플렉스의 한 유형인 '딸에 불과한 여성'을 묘사할 때 다시 등장한다. 이 유형의 여성은 자기 고유의 본능이 마비된 채 어머니와 동일화된 삶을 산다. 자기 인격성이 어머니에게 사실상 강탈당한 상태에서 마치 빈 그릇과도 같이 공허하다. 융은 말한다.

---

* H.F. Ellenberger, *The Discovery of the Unconscious*, New York, Basic Books, 1970, p.662.

"결국 그녀의 공허함은 위대한 여성의 비밀이다." "공허함은 남성에게 원초적인 낯섦, 동굴, 심연의 타자, 음이다. 이런 공허성이 지닌, 동정을 유발하는 가련함은 여성성의 파악할 수 없는 강력한 신비 그 자체다. 이에 대해, 즉 그것이 일으키는 문제에 대해 남성들이 할 수 있는 일이 없다. 그런 아내란 순전히 숙명 자체다. 남자는 거기에 관해, 거기에 그리고 그것을 위해 모든 것을 말할 수 있거나 아무것도 말하지 못하거나 둘 다이며, ─우리는─그의 멍청한 행복을 없앨 수 없고 그의 불행을 납득시킬 수 없다." 융은 이 말을 한 뒤 파우스트의 저 유명한 대사를 인용했다.

"어머니들이여! 어머니들이여! 그 말이 너무나도 놀랍게 들리는구나! 모성영역의 경계에서 남성의 항복을 확인하는 이러한 탄식과 더불어 우리는 네 번째 유형으로 눈을 돌린다."*

'모성영역의 경계에서 남성의 항복을 확인하는 이러한 탄식'이라는 말에서 극 중 파우스트의 심정이 의미하는 바를 읽을 수 있다. 융은 이 대사를 그밖에도 자주 인용했는데 '잡아먹는 표상'인 스핑크스의 상징을 설명하는 가운데 다시 인용했다.

"오이디푸스는 파우스트가 '어머니들이여! 어머니들이여! ─그 것은 너무도 가슴을 울리는구나!'라고 외친 철학적 경탄을 아직 몰랐다. 그는 남성의 기지가 스핑크스의 수수께끼를 결코 능가하지 못한다는 것을 알지 못했다."**

---

* 칼 구스타프 융, 한국융연구원 옮김, 『원형과 무의식』 기본저작집 제2권, 솔, 2002, 222쪽.
** C.G. Jung(1952), *Symbole der Wandlung*, p.302.

# 밝게 불 밝힌 방들

*황제와 제후들, 그리고 바삐 움직이는 신하들*

이 짧은 장면에는 파우스트가 어머니의 나라에서 지상으로 올라오는 것을 기다리면서 일어난 사소한 일들을 기술하고 있다. 여인들이 메피스토펠레스에게 여러 가지 몸의 불편을 해결해주도록 부탁하고 이에 대한 메피스토펠레스의 주술적 치료방법이 소개되어 흥미롭기는 하지만 내 눈에 띈 대목은 두 가지다. 연금술의 중요성을 언급한 부분과 어머니들에 대한 호소다. 황제가 빨리 영웅들을 보고 싶다고 독촉할 때 메피스토펠레스는 말한다.

> **메피스토**　내 친구가 그 일 때문에 떠났소이다.
> 　　　　　어떻게 해야 하는지 그가 잘 알고 있어요.
> 　　　　　혼자 틀어박혀 실험하고 있는데,
> 　　　　　온 심혈을 다 기울이고 있을 겁니다.
> 　　　　　아름다움이라는 보물을 끌어내리려면,
> 　　　　　최고의 기술, 즉 현자의 마술이 필요하니까요.*

'최고의 기술, 즉 현자의 마술'은 현자의 돌$^{Lapis\ philosophorum}$을 만들기 위해 노력해온 연금술사들의 작업$^{Opus\ Hermeticum}$이 틀림없다.

파우스트의 노력이 바로 연금술의 작업이었음을 '선언'한 말이다. 그 시대에 모두가 꺼리는 말을 괴테는 메피스토의 입을 통해 공언한

---

* 괴테, 정서웅 옮김, 앞의 책, 91쪽.

것이다.* 그 뒤 메피스토는 일종의 마술사가 되어 아픈 여인들(고통 받는 여성성!)의 피부와 발과 내장과 정신의 병을 치료하기 위해 여러 가지 치유의 상징들, 즉 개구리알, 두꺼비 혓바닥, 보름달, 발 밟기, 이열치열의 주술, 화형장의 숯이라는 상징들을 동원한다. 다음 장면인 기사의 방에 모두 들어가기 전에 메피스토가 부르짖은 말이 특이하다.

> **메피스토**　오, 어머니들이여, 어머니들이여, 파우스트를 좀 놓아 주오!

파우스트의 귀향이 늦어진 데서 온 호소다. 어머니의 감싸고 놓지 않으려는 속성이 다시 엿보이는 대목이다. 항상 깨어 있는 것은 어려운 일이며 무의식성에 머물러 있음은 편안하며 또한 달콤하기조차 하다는 심리학적 사실을 새삼 되새기게 하는 말이다. 그러나 파우스트는 어머니들의 그러한 유혹에 넘어가지 않았다. 메피스토의 적절한 지도 아래 지상으로 올라오게 된다.


## 기사의 방

*어둠침침한 조명, 황제와 신하들이 등장해 있다.*


파우스트가 삼발이 향로를 가지고 지상으로 올라오고 거기서 아름다운 영웅, 파리스와 아름다운 헬레나가 현현하는 장면이 나온다.

---

\* 칼 구스타프 융, 한국융연구원 옮김, 『영웅과 어머니 원형』 기본저작집 제8권, 솔, 2006, 26쪽.

**천문박사**　별의 운세가 좋은 이 시간을 경건한 마음으로 맞으
　　　　　시오.
　　　　　이성 따윈 마법의 주문으로 묶어놓고,
　　　　　그 대신 화려하고 대담한 공상을
　　　　　마음껏 자유롭게 구사하도록 하십시오.
　　　　　여러분이 감히 갈망하던 것을 이제 눈으로 보십시오.
　　　　　그것이 불가능하기에, 믿을 만한 가치가 있을 것이오.*

　이성理性을 묶어놓는 것은 무의식의 비합리적인 것들을 이해하기
위해 갖추어야 할 자세 가운데 하나다. 드디어 사제복을 입고 화관을
쓴 기인의 모습을 한 파우스트가 솟아오른다. 향로의 연기가 향내를
풍기며 퍼져나간다. 파우스트의 정중한 대사는 '무의식의 의식화'가
초래하는 경이로운 변화와 감동을 묘사한다.

**파우스트**　무한한 곳에 앉아 영원히 외롭게 살지만,
　　　　　그러나 다정히 모여 있는 어머니들이여,
　　　　　나는 그대들 이름으로 행하노라. 그대들의 머리 위엔
　　　　　생명의 형상들이 생명 없이 움직이며 떠돌고 있다.
　　　　　한때 온갖 빛과 가상 속에 존재하던 것이
　　　　　거기서 움직인다. 그것은 영원하기를 바라기 때문
　　　　　이다.
　　　　　전능의 힘을 가진 그대들은 그것을 나누어
　　　　　낮의 천막으로, 밤의 지붕 밑으로 보낸다.
　　　　　어떤 자는 즐거운 인생행로를 잡을 것이요,
　　　　　어떤 자는 대담한 마술사를 찾아 나설 것이다.
　　　　　마술사는 아낌없이, 자신 있게 모두가 원하는 것,

---

* 괴테, 정서웅 옮김, 앞의 책, 97쪽.

그 경이로운 것을 보여주리라.*

어머니들의 이름으로 파우스트는 마술을 행한다. 벌겋게 단 열쇠를 향로에 대자마자 안개가 뭉게뭉게 피어나 방 안을 가득 채우고, 늘어나고, 뭉치고, 읽히고, 나뉘었다가 다시 짝을 짓는다. 천문박사가 외친다.

**천문박사**  자, 이제 귀령들의 결작품<sup>Geistermeisterstück</sup>을 보시오!
안개가 떠도는 대로 음악이 생겨난다.
허공에 울리는 음향에서 무엇인지 알 수 없는 것이 솟아나고
안개가 움직이는 동안 모든 것이 멜로디가 된다.
원주圓柱들은 물론 세줄 장식(도리아식 원주의)까지도 울려 퍼지니,
신전 전체가 노래 부르는 것 같구나.
운무가 가라앉자, 그 희미한 베일 속에서
아름다운 젊은이가 박자에 맞춰 걸어 나온다.**

불투명한 안개에서 형상이 생기고 짝의 형태로 변환되면서 모든 변환의 움직임이 음악이 된다. '신전 전체가 노래하는 것 같더니' 아름다운 파리스가 출현한다. 극적이고 아름다운 장면이다. 창조 과정이 형상의 변화로 이루어질 뿐 아니라 모든 것의 조화로운 울림 속에서 이루어진다는 것을 보여준다. 붓다의 말씀을 두루 미치지 않는 곳이 없는 소리라는 뜻에서 원음圓音이라 했듯이 창조의 음악, 음악의 창조성―융이 심혼의 울림이라 했던 그 소리를 『파우스트』에서도 가끔

---

* 같은 책, 97~98쪽.
** 같은 책, 98쪽.

들게 된다.

파리스의 아름다움과 매력은 많은 귀부인에게 평가된다. 심지어 파리스는 치유의 향기를 내뿜는 젊은이로 감지된다.

젊은 귀부인은 황홀해져 "이 연기에 섞여 나는 냄새가 옮겨온 저 가슴 깊은 곳까지 시원해지는군요" 한다. 중년 귀부인이 "정말이야. 한 줄기 향내가 마음속 깊이 스며드네. 저 젊은이에게서 나오는 거야" 하니 가장 나이 많은 귀부인이 "그건 청춘의 꽃향기라오. 젊은이의 몸에서 영약으로 만들어져 주변의 대기 속으로 퍼져가는 것이지"* 한다. 반면에 시종들은 그가 건방지다느니 하며 못마땅하다고 평가한다. 이것은 아름다운 헬레나가 나타났을 때 남자들과 달리 귀부인이 조금이라도 안 좋은 부분을 찾아 꼬집는 말을 하는 것과 대조된다. 동성 사이에서 일어나는 그림자 투사 현상을 목격할 수 있다. 헬레나는 남성의 긍정적인 아니마 원형상이라고 할 수 있으나 여성에게는 그림자에 해당하는 상이다. 동성 간에는 비록 그림자투사는 일어나지만 이성 간에 일어나는 아니마, 아니무스 원형상의 투사로 인한 대상의 환상적 왜곡은 덜 심하다고 할 수 있다. 그러나 헬레나는 파우스트에게 '아니마 원형상'에 비길 수 있는 최고 여인이다. 파우스트의 다음과 같은 말은 아니마 원형상을 앞에 두고 이 세상 모든 남성이 경험하는 심정을 표현한다.

**파우스트**  내게 아직 두 눈이 있는가? 마음속 깊은 곳에서
아름다움의 샘물, 철철 넘쳐나는 게 보이는가?
나는 무서운 여행길에서 가장 축복받은 선물을 가져
왔구나.
지금껏 세계는 얼마나 보잘것없고 폐쇄되어 있었

---

* 괴테, 정서웅 옮김, 앞의 책, 100쪽.

던가!

하지만 내가 사제가 된 이후로 어떻게 변했는가?

비로소 바람직한 것, 기초를 갖춘 지속적인 것이 되었
다.*

파우스트에게 세계는 헬레나로 하여금 '비로소 바람직한 것, 기
초를 갖춘 지속적인 것'이 된다(Erst wünschenswert, gegründet,
dauerhaft!).**

**파우스트**　만일 내가 그대와 다시 떨어지게 된다면,

내 생명의 숨결이 사라져도 좋다!

일찍이 마법의 거울 속에서 날 매혹하고,

기쁘게 했던 아름다운 자태,

이 미인에 비하면 한낱 거품 같은 모상ein Schaumbild에

지나지 않도다!

그대야말로 내 모든 힘의 발동을

정열의 정수를,

애착, 사랑, 숭배, 광기를 바쳐야 할 상대일진저.

Du bists, der ich die Regung aller Kraft,

den Inbegriff der Leidenschaft,

---

* '사제가 되었다'는 대목에 대해 박환덕은 파우스트가 어머니들의 나라에
서 돌아온 뒤 헬레네를 모시는 미의 주교로 봉직한다는 사실을 우리에게
알려준다고 한다. 이 사실을 접하기 전에는 말의 뜻을 이해하기 어려웠
는데 『파우스트』의 그밖의 국역, 영역 어느 곳에서도 그런 주석이 발견
되지 않는다. 요한 볼프강 폰 괴테, 박환덕 옮김, 『파우스트 상』, 범우사,
2003, 304쪽, 주 49) 참조.

** 괴테, 정서웅 옮김, 앞의 책, 100~101쪽 번역을 약간 바꾸었다. 괴테, 박
환덕 옮김, 앞의 책, 2003, 304쪽; 요한 볼프강 폰 괴테, 정경석 옮김, 『파
우스트』, 문예출판사, 2017, 340쪽 참조; Goethe, Faust, dtv, p.190.

## Dir Neigung, Lieb, Anbetung, Wahnsinn zolle!*

아름다움이란 무엇인가? 그레트헨의 청순한 아름다움을 한낱 거품 같은 이미지로 느끼게 만드는 헬레나의 아름다움은 또한 무엇인가? 앞으로 차차 알게 되겠지만 융이나 괴테에게 그리스신화의 헬레나는 아직 최고 여성상을 대변하지 않는다. 그것은 그레트헨이 대변하는 본능적 측면의 여성상보다 높은 낭만적 여성상이다. 성모 마리아와 소피아로 대변되는 좀더 차원 높은 여성상에 미치지 못한다. 후자에게는 아마도 광기Wahnsinn 대신 다른 감정반응이 제공되었을 것이다. 메피스토가 경고한 것도 애착이 결부된 광기였을 테고 파우스트는 그래서 아니마와 관계를 맺는 데 실패한다. 그러나 아니마로서 헬레나상의 특징은 그것이 남성에게 확고한 '기초'를 제공하는 것, 지속적 안정감, 세계를 향해 마음을 열게 하고 활기를 북돋우는 자라는 데 있다고 할 것이다.

환상 속에 등장한 헬레나와 파리스의 만남은 헬레나에 의한 파리스의 활성화, 심지어 헬레나의 납치라는 결과를 빚게 되고 이것이 극 중 파우스트를 격분시킨 나머지 성급하게 파리스를 제거하고 헬레나를 소유하려다가 둘 다 놓치고 스스로 상처 입는다.

> **파우스트** 뭐 납치라고! 내가 이 자리에서 멍청이가 될 줄 아느냐?
> 이 열쇠가 아직 내 손 안에 있지 않으냐!
> 이것이 날 인도하여 고독의 공포와 파랑을 제치고,
> 여기 안전한 해안으로 이끌어준 것이다.
> 여기에 나는 굳건히 서 있다! 여기에 모든 현실이 존

---

* 괴테, 정서웅 옮김, 앞의 책, 96쪽; Goethe, *Faust*, dtv, p.190.

재한다.

여기서부터 영$^{Geist}$이 귀령들$^{Geister}$과 싸우고,

(영과 현실이 합쳐진) 위대한 이중세계$^{das\ Doppelreich}$를
세울 수 있다.

그렇게 멀리 있던 여인이 어찌 더 가까워질 수 있으랴!
내가 그녀를 구하겠다. 그러면 그녀는 이중으로 내 것
이 되리라.

자, 용기를 내자! 어머니들이여! 어머니들이여! 용납
해주소서!

그녀를 알게 된 자 그녀를 놓칠 수 없으리라.*

　파우스트가 힘으로 그녀를 잡자 그 형상이 흐릿해졌고 열쇠를 젊은
이에게 가져가 몸에 대니 폭발하여 파우스트는 바닥에 쓰러지고 유령
들은 연기 속으로 사라져버렸다. 메피스토가 파우스트를 어깨에 둘러
매고 소리친다. "이것 보라지! 바보 녀석을 떠맡게 되면 결국 악마까
지 손해를 보게 된다니까." 장면은 암흑으로 변한다.

　오만과 오기로는 무의식의 아니마를 의식화할 수 없다. 또한 그림

---

　* 괴테, 정서웅 옮김, 앞의 책, 104쪽; Goethe, *Faust*, dtv, pp.191~192. '이
　　중으로 내 것이 된다' 함은 파우스트가 헬레네를 어머니 나라에서 데려
　　온데다가 파리스에게서 빼앗았기 때문이라고 한다. 괴테, 박환덕 옮김,
　　앞의 책, 306쪽 참조. 정서웅은 '현실과 초현실이 교차하는 세계'라고 설
　　명한다. 상징적으로는 그쪽이 더 가깝게 여겨진다. 괴테, 정서웅 옮김, 앞
　　의 책, 104쪽 각주 40).
　　연금술 작업의 최고 목표인 메르쿠리우스는 이중체Rebis로 간주된다.
　　즉, 하나의Monstrum, 양성자Hermaphroditus 또는 Rebis로 전체를 상징
　　한다. C.G. Jung, *Psychologie und Alchemie*, p.337, p.585 참조. '이중세계'는
　　이중으로 이루어진 전체라고 이해되지만 뒤의 "그러면 그녀는 이중으로
　　내 것이 되리라" 할 때 '이중으로'의 뜻은 아마 앞 문헌의 추정방식대로
　　생각할 수 있을 것이다.

자의 의식화에 성공하지 못하면 아니마를 온전히 만날 수 없다는 심리학적 진실을 설명한다고 할까.*

---

* 이부영, 『아니마와 아니무스』, 한길사, 2001, 84~96쪽 참조.

# 제2막

## 천장이 높고 둥근 좁은 고딕식 방

*전에 파우스트가 쓰던 방. 달라진 것이 없다.*

**메피스토**   여기 누워 있으라. 헤어나기 어려운,
　　　　　사랑의 굴레에 유혹된 불행한 친구여!
　　　　　헬레나 때문에 넋이 나간 자,
　　　　　쉽게 정신을 되찾지 못할 것이다.*

　실신한 파우스트를 침대에 눕히고 나온 메피스토펠레스가 하는 말
이다. 메피스토는 학자로 분장하기 위해 학자적 권위를 풍기는 파우
스트의 예전 모피 외투를 꺼내 턴다. 거기서 튀어나온 곤충들, 귀뚜라
미, 딱정벌레, 나방들의 합창이 재미있다. 그것은 마귀 메피스토가 남
몰래 한 마리씩 심어놓은 것인데 이제 수천 마리 무리가 되어 춤춘다.
메피스토는 기뻐서 환성을 지른다.

**메피스토**   뛰어올라라! 흩어져라! 요 사랑스러운 것들아
　　　　　어서 서둘러 수많은 구석으로 몸을 숨겨라.

_____

\* 괴테, 정서웅 옮김, 앞의 책, 109쪽.

헌 상자들이 있는 저곳이나.

여기 갈색으로 바랜 양피지 속이나,

깨진 항아리의 먼지 낀 조각 속이나,

퀭하니 뚫린 해골의 눈구멍 속이나,

이렇게 지저분하고 곰팡이가 낀 곳에는

언제나 벌레들이 우글거려야 하느니라.*

메피스토펠레스는 어둠의 나라의 왕, 어둠의 세계에 정통한 자, 언제나 밝은 세상의 모든 바르고 반듯하고 깨끗하며 환한, 순수한 것들에 방점을 찍거나 먹으로 그림자를 그려 넣음으로써 삶을 전체로서 경험하게 만드는 자. 하잘것없는 곤충들을 어두운 구석 깨진 항아리, 해골, 모든 지저분하다고 하는 곳에 살게 하여 번식시키고 적당한 시간에 일제히 풀어서 날게 하는 자. 의식에서 억압된 무의식의 심상, 콤플렉스들의 형성과정이 이와 같다.

우리나라 도깨비 설화나 게르만족의 코볼트<sup>Kobold</sup> 이야기에서도 그 유례를 볼 수 있다.** 『파우스트』에서는 이성과 지성으로 대변되는 대학자의 모피 외투 속에 숨어 있던 작은 생명들로서 사고기능의 우세 속에 무시되어온 본능적·생리적 충동을 상징한다고 할 수 있다.***

---

* 같은 책, 111쪽.
** 도깨비들은 헌 기왓장, 오래된 가구, 음습한 곳에 서식한다. 이부영, 「'도깨비'의 심리학적 측면과 상징성-C.G. Jung의 분석심리학적 입장에서」, 『한국학논총』 제30집, 계명대 한국학연구원, 2003, 175~203쪽.
*** 동물 중에서도 곤충들에게는 뇌척수계가 없다. 그 대신 고도로 발달된 감각, 반응체계가 있다. 흔히 하찮은 것으로 업신여기는 곤충들은 인간의식의 한계를 뛰어넘는 인간무의식의 심층에 존재하는 본능적 기능의 일부, 집단적 무의식의 요소들임을 융은 시사하고 있다. C.G. Jung(1981), *Das symbolische Leben*, G.W. 18/I Walter Verlag, par.540; C.G. Jung(1967), *Die Dynamik des Unbewußten*, G.W. 8, Rascher Verlag, par.397ff., 567.

파우스트의 모피 외투를 입고 학자가 된 메피스토펠레스와 파우스트의 제자 바그너의 조수, 진보학자, 학사와의 대화는 당대 학문 풍조와 이에 대한 비판을 엿보이게 하는 내용을 담고 있다. 바그너와 조수가 파우스트의 충실한 계승자로서 스승을 그리며 연구에 몰두하는 반면, 최신학파에 속한다는 젊은 학사는 매우 거만하고 거침이 없다. 자기는 옛날의 순진한 학생이 아니라고 천명하면서 "케케묵은 책갈피 속에서 그들이 알아낸 것으로 날 속였고 자신이 아는 것도 믿지 않으며 그들과 내 삶을 앗아가 버렸다"고 회상한다. 모피 외투를 입은 메피스토를 멀리서 보며 그가 파우스트인 줄 알고 "저자는 아직도 갈색 모피 옷을 입고 앉아 있다. 그때는 내가 제대로 알지 못해 그를 노련한 학자로 여겼지만 오늘은 어림도 없다"고 당당히 그와 부딪쳐보겠다고 다짐한다.*

새로운 학설을 주장할 때 기존의 권위에 도전하는 방식은 역사가 바뀌어도 달라지지 않는 모양이다. 그것은 과거에 대한 전면 부정으로 시작된다. 메피스토펠레스는 이 학사의 용기를 칭찬하면서도 균형을 권한다. "절대자가 되어 집으로 돌아가지는 말게나." 젊은 학사는 전혀 그 말을 들으려 하지 않는다. "새로워진 시대의 흐름을 생각하시어 모호한 말씀은 삼가십시오" 한다. 메피스토펠레스는 중얼거린다. "모든 걸 직접 피부로 체험하고 나면, 그것이 자기 머리에서 나온 양 착각하고 선생은 바보였다고 큰소리치기 일쑤지." 결정적인 것은 메피스토펠레스가 "그동안 여러 달 여러 해가 지났으니 자네도 제법 풍부한 경험을 쌓았겠구먼" 했을 때 학사의 대답이다.

**학사**  경험이라고요! 그건 거품과 연기 같은 것이지요!
결코 정신과 비할 바가 못 됩니다.

---

* 괴테, 정서웅 옮김, 앞의 책, 116쪽.

솔직히 고백하십시오! 지금껏 알고 있던 것은
전혀 알아둘 만한 가치가 없다고 말입니다.

경험을 토대로 한 학문적 접근을 이렇게 매도할 수 있을까? 심리학
은 그래서 오랫동안 형이상학과 '정신적'·현학적 추상의 산물이었다.
프로이트가 자기 경험을 통해 무의식의 심리학을 최초로 제창했을 때
도 유럽 지성, 특히 정신의학 교수들은 그를 믿지 않았다. 프로이트와
융이 만나게 된 것이 바로 이 경험의 현장이었고 헤어진 것도 그 경험
차이에 기인하는 것이었다. 정신치료 현장에서는 사변적인 심리학적
이론보다 경험심리학적 근거가 무엇보다 필요했다. 그래서 많은 학파
가 치료자 수련에서 치료자 자신의 교육 분석을 가장 기본 조건으로
삼았던 것이다.

학사는 한 걸음 더 나아가 젊은이의 혈기를 강조한다. "그것은 싱싱
한 힘을 가진 살아 있는 피로서 생명으로부터 새로운 생명을 창조해
내지요. 거기서 모든 것이 약동하고 무언가가 이루어지며……" 여기
까지는 괜찮다. 그다음부터 말이 이상해진다.

**학사**  약한 것은 쓰러지고 유용한 것은 뻗어나갑니다.
우리가 세계의 절반을 정복하는 동안
당신들은 도대체 무엇을 했습니까?
졸고, 생각하고, 꿈꾸고, 궁리하면서 허구한 날 계획만
세웠지요.
분명합니다! 늙음이란 차가운 열병 같아서
변덕스러운 고민으로 오한을 일으켜요.
누구나 나이 삼십이 지나면
이미 죽은 것이나 진배없어요.
따라서 당신네들은 적당한 때에 때려죽이는 게

상책이지요.*

악마도 그의 이 말에는 할 말이 없다. 이 엄청난 폭언은 청년기 심리의 원형상이다. 시대와 공간을 불문하고 되풀이되는 인간 행태. 노인들 자신도 젊을 때 겪었을 태도. 융도 괴테도 젊은 시절 마음 한구석에 품었던 콤플렉스, 그리고 무한한 자아의 비대와 팽창, 노쇠콤플렉스 세넥스 원형의 투사. 이 나이에 돌이켜보면 나 또한 이십 대에 경험한 영웅주의자의 울분.—괴테는 자아의 팽창을 학사의 입을 통해 다음과 같이 표현한다.

> **학사** 내가 원치 않으면 악마도 존재할 수 없습니다.
> ......
> 세계는 내가 창조하기 전엔 존재하지 않았습니다.
> 태양은 내가 바다에서 끌어올린 것입니다.
> 달이 차고 이지러지는 것도 나와 더불어 시작되었고,
> 하루하루는 내가 가는 길을 장식해주었으며,
> 대지는 나를 위해 푸르고 꽃피어나는 것입니다.
> 무수한 별들도 저 첫날밤에
> 내 손짓 하나로 찬란한 빛을 발했지요.
> 속물적인 편협한 사상의 굴레에서
> 나 말고 누가 당신들을 해방시켰단 말입니까?
> 그러나 나는 정신이 일러주는 대로 자유롭게
> 기쁘게 내면의 빛을 따라갑니다.
> 밝음을 앞으로, 어둠을 뒤로하고
> 나만의 황홀경 속에서 신속하게 나아갑니다.**

---

\* 같은 책, 119~120쪽.
\*\* 같은 책, 120쪽.

프로이트학파라면 나르시스적 자기애$^{autoerotism}$라고 할 법한 자아중심주의가 엿보이는 말이지만 다른 각도에서 보면 세계인식에서 자아의식의 중요성을 강조한 말로 어느 면에서 융의 발언을 연상하게 하는 대목이다. 그것은 융이 아프리카 여행 시 아티고원에서 수많은 짐승이 묵묵히 풀을 뜯는 광경을 일행과 떨어져 홀로 바라보았을 때 불현듯 융을 엄습한 통찰이었다. 융은 말했다.

"그것은 영원한 태초의 고요함이었다. 그것은 언제나 그렇게 비존재 상태에서 있어온 세계였다. 왜냐하면 조금 전까지만 해도 그것이 '이 세계'라는 것을 아는 사람은 존재하지 않았기 때문이다. ······ 이때 나는 이것이 그 세계이며 이 순간 그 세계를 자기지식으로 처음으로 현실에서 만들어낸 사람이었다. ······ 따라서 의식의 우주적 의미가 나에게는 분명해졌다. ······ 인간인 내가 눈에 띄지 않게 창조행위를 하는 이 세계에 비로소 객관적 존재로서 완성을 부여했다. 사람들은 이 행위를 창조주에게만 귀착해왔다. ······ 이제 나는 ······ 더 많은 것을 알게 되었다. 인간은 창조의 완성에 필요불가결한 존재임을. 아니 그는 두 번째 세계 창조자이며 세계에 객관적 존재를 부여한 사람이다. ······ 인간의 의식은 처음으로 객관적 존재를 지니게 되었고 의미를 만들었으며 이로써 인간은 그의 위대한 존재과정에서 필요불가결의 자리를 발견한 것이다."*

학사의 말이 융의 통찰만큼 깊고 확실한 것인지는 알 수 없다. 다만 인간의식의 중요성을 강조한 점에서 일치한다. '정신이 일러주는 대로 자유롭게 내면의 빛을 따라 간다'(Ich aber, frei, wie mirs im Geiste spricht, Verfolge mein innerliches Licht······)는 융의 분석심리학설에

---

* 아니엘라 야훼, 앞의 책, 223~224쪽 참조.

서 많이 듣는 말이다. 자아의식보다는 무의식의 자기에 대한 의식의 자세를 말하는 것이다. 앞의 나이브한 자아비대와는 다소 대조되는 말이어서 약간 어리둥절해진다. 어떻든 괴테는 메피스토펠레스로 하여금 다음과 같은 논평을 남기게 한다.

**메피스토**  괴상한 녀석, 어디 너 잘난 대로 해봐라!
하지만 이걸 알게 되면 얼마나 가슴이 아플까?
어리석은 생각이든, 똑똑한 생각이든
옛사람들이 벌써 생각지 않은 게 없다는 사실을 말이야.
……
잘 생각해보라고. 악마는 늙은이니까
자네들도 늙으면 그의 말을 이해할 거야!*

슈타이거는 메피스토펠레스의 초인종 소리에 주의를 환기했다. 메피스토펠레스가 지친 파우스트를 침대에 눕히고 옛 파우스트 서재의 초인종 줄기를 단 한번 잡아당겼는데 섬뜩한 소리가 울려 퍼지고 온 집 안이 진동하고 문이 퉁기듯 열렸다. 조수는 놀라서 비틀거리고 학사는 흥분하여 달려오고 파우스트의 전 제자 바그너도 섬뜩한 소리에 벽이 흔들리는 것을 감지한다. 슈타이거는 여기서 앞으로 일어날 위대한 사건을 알리고 준비시키는 신호로 이해했다. 그는 말한다.

"의미 없는 일상의 연속이 돌연, 예측불능의 진정한 역사의 시간에 타파된다는 것을 우리에게 이해시키려는 것이다. 즉 영원의 공간 속에서 의미를 갖는 사건, 또한 모든 창조적인 것과 마찬가지로 그 근원을 구명할 수 없는 사건이 통보되는 것이다.—지금까지 타당하다고 생각되던 것이 그 앞에서 퇴색되고 한편 항상

---

* 괴테, 정서웅 옮김, 앞의 책, 120~121쪽.

위대한 것이었지만 과거 수백 년 어둠 속에 있던 것이 다시 빛나기 시작하게 된다."*

그 사건이란 무엇인가? 그는 말했다.

"독일정신과 고대 그리스의 만남, 즉 파우스트와 헬레나의 결혼이다."**

슈타이거는 시인 괴테가 우리에게 이 사건에 걸맞게 조리 있게 정성을 다해 그 결혼에 입회하는 준비를 시키는 것이라고 말한다. 그런데 호문쿨루스 같고 수수께끼 같은 형상이 튀어나온 것은 아무도 예측할 수 없는 일이지만 파우스트가 그리스로 향하는 데 '길 안내자'로는 불가결의 존재라고 보았다.

'벨소리'에 대한 슈타이거의 견해는 그럴듯하다. 낡은 서재에 돌아온 파우스트는 기진맥진하여 아무 말도 못하지만 파우스트의 옛날 털옷을 입고 교수 행세를 하는 메피스토는 '거인'의 모습으로 그 서재에 들어선다. 놀란 것은 파우스트의 출현이 아니라 그의 배경에서 그를 조종하는 '운명'이 거인처럼 그곳에 나타난 것이다. 알 수 없는 운명이 사람들을 섬뜩하게 하고 마음을 흔들어놓은 것이다. 그러나 아직 아무 일도 일어나지 않았다. 사람들은 아직 무엇이 일어날지 모른다.

---

* E. Staiger, *op. cit.*, p.267.
** 괴테, 정서웅 옮김, 앞의 책, 120~121쪽.

## 실험실

*중세풍 실험실*

### 호문쿨루스

이 장면에서는 바그너가 시험관 속에서 만든 인조인간 호문쿨루스 homunculus의 등장이 특기할 만하다.

> **호문쿨루스**  우리는 수백 가지 물질을 혼합해서
>   사실 이 혼합이 중요한 것이지만—
>   인간의 원소를 적절히 구성해냅니다.
>   그것을 시험관 속에 넣어 밀봉하고
>   적당히 증류시키면,
>   은밀히 그 일이 성취되는 것입니다.
>   ……
>   우리가 자연의 신비라고 찬양하던 걸
>   오성의 힘으로 실험해봅니다.
>   지금껏 자연이 유기적으로 만들어내던 걸
>   우리가 결정을 시켜 만드는 것입니다.*

메피스토펠레스는 호문쿨루스가 형성되어가는 것을 보면서 세상에 새로운 일이란 없다고 한마디한다. "내 일찍이 두루 방랑하고 다니던 시절, 결정으로 된 인종을 본 적이 있소이다." 바그너는 그 말과 상관 없이 시험관에서 빛을 내며 한군데로 모이는 생명을 주시한다.

---

* 같은 책, 123쪽.

**바그너** 위대한 계획은 처음엔 미친 듯 보이는 법이지요.

그러나 앞으론 우연을 비웃으렵니다.

탁월한 생각을 하는 두뇌도

앞으론 사상가가 만들어낼 것입니다.*

현대는 시험관 아기, 인공지능이 현실화되었다. 인간의 지적 능력은 복제인간의 도래를 위협하고 그 끝이 어디까지 갈지 알 수 없는 상황이다. 인간이 인공적으로 시험관 속에서 인간을 만든다면 그는 조물주 위치에 오른 것이다. "우리가 무얼 원하겠나요? 세상이 더 이상뭘 원하겠나요? 신비가 백일하에 드러났는데 말입니다" 하고 부르짖는 바그너의 탄성을 이해할 만하다. 그러나 호문쿨루스는 그저 인공적으로 만든 보통 갓난아기가 아니다. 그는 태어나자마자 말을 하며신비한 능력을 발휘한다. 메피스토펠레스는 이를 알고 있으며 이 기회에 그의 힘을 빌려 파우스트를 치유하기를 원한다. 호문쿨루스는빛으로 파우스트와 그 주위를 환히 비추며 아름다운 여인들과 여왕과백조들과 자연 속에 있는 파우스트를 확인한다. 북쪽 암흑을 고향으로 둔 메피스토펠레스는 그것을 보지 못한다.

호문쿨루스는 파우스트를 그대로 두면 너무 고통스러워 죽을지도모른다고 보아 그를 데리고 나가기로 한다. 최선의 방법으로 그의 성미에 맞는 그리스의 고전적 발푸르기스 축제가 있는 곳으로 데려가기로 한다. 북방의 낭만적인 유령밖에 모르는 메피스토펠레스에게 고전적 유령이란 낯설다. 호문쿨루스는 동남의 고전적 문화의 혼을 대변하고 메피스토는 서북쪽의 낭만을 대변한다고 한다.** 그리스의 이교도 세계를 싫어하는 메피스토펠레스는 결정을 못 내리고 망설인다.

---

* 같은 책, 123~124쪽.
** 같은 책, 128쪽 역주 9).

호문쿨루스는 테살리아지방의 마녀들 이야기로 그의 마음을 돌려 함께 파우스트를 데리고 떠난다. 태어나자 바로 떠나는 아이를 보내는 바그너 가슴이 미어질 것 같다. "자, 페네이로스강으로 힘차게 내려가자! 이 조카 녀석을 깔봐선 안 되겠는걸." 메피스토펠레스가 관객을 향하여 한마디 남기고 막이 내린다.

> **메피스토**　결국 우리는 자신이 만든
> 인간에게 끌려다니는 꼴이 되는군.*

　호문쿨루스<sup>homunculus</sup>는 '작은 사람'이라는 뜻이다. 연금술에서 만들고자 지향한 최고의 물질 메르쿠리우스는 호문쿨루스로도 알려져 있다. 융은 신화학자 케레니와 함께 저술한 논문에서 호문쿨루스 또는 호문쿠리(복수)와 함께 난쟁이, 원초적 인간, 안트로포스<sup>Anthropos</sup> 등 신화·민담, 문학작품, 종교, 꿈과 환상, 정신병리현상, 피분석자의 그림에 다양한 모습으로 나타난 어린이 원형상의 심리적 상징에 관해 자세히 설명했다.** 여기서 융은 어린이 원형상은 인격의 미래의 발전을 선취한 것, 인격의 미래의 변환을 준비하는 것이라 했다.

> "그것은 개성화 과정에서 의식과 무의식적 인격 요소들의 합성에서 출현하는 저 형상을 선취<sup>先取</sup>한다. 그러므로 대극을 융합하는 상징, 하나의 중개자, 즉 치유를 가져다주는 자<sup>Heilbringer</sup>, 전체로 만드는 자<sup>Ganzmacher</sup>다."***

---

*　같은 책, 131쪽.

**　C.G. Jung, K. Kerény(1951), *Einführung in das Wesen der Mythologie*, Rhein Verlag. 참조.

***　괴테, 정서웅 옮김, 앞의 책, 125쪽; C.G. Jung, "Die Archetypen und das kollektive Unbewußte," *Gesammelte Werke*, Bd. 9/1, p.178 참조(Zur Psychologie des Kinderarchetypus).

『파우스트』에서 바그너가 만든 시험관 속 소년도 여러 측면에서 안내자, 중개자의 원형적 색채를 띠고 있다. 만다라와 관련된 피분석자의 그림 중에서 융은 괴테『파우스트』에 나오는 시험관 속 소년상을 연상케 하는 그림들을 언급한 일이 있다. 두 그림 모두 중앙에 투명하고 둥근 유리그릇 속에 벌거벗은 여아상이 들어 있는데 융은 이에 대해 "그것은 마치 호문쿨루스가 바로 생성될 찰나처럼 보인다"고 말했다. 그리고 사방이 불길로 에워싸인 다른 그림(27)에 대해서는 다음과 같은 논평을 추가했다.

"빛을 발하는 만다라에 비해 여기서는 '불타고 있다.' 그것은 불길 같은 욕정이다.『파우스트』제2부의 유리시험관 속에 갇혀 있는 호문쿨루스의 그리움과 비교해볼 수 있다. 그 유리집은 결국 갈라테아의 왕좌에서 부서지고 말았다. 문제는 물론 성애적(에로스의) 요구Erotisches Verlangen 이지만 동시에 가장 내면의 '자기'에서 불타오르며 운명을 형성하고 그로써 자기로 하여금 그 실현을 돕고자 하는 운명적 사랑Amor fati 이다. 그래서『파우스트』의 호문쿨루스처럼 내면에 갇혀 있는 형상이 '되고자 한다'."*

어린이를 중심의 원 속에 그린 다른 그림(37)에서는 그 어린이상을 연금술의 호문쿨루스와 히라니아가르바Hiranyagarbha, 金胎 와 동일시했고 이런 표상은 '신성한 아이'의 신화소에서 근거한다고 했다.**

---

* C.G. Jung, G.W. 9/1(*Über Mandala Symbolik*), p.395, 그림 26~27 참조.
** *Ibid.*, p.400 그림 37 설명 참조. 히라니아가르바(황금의 싹, 황금의 알: 시바-점Shiva-Punkt, Shiva-Bindu)와 같은 말, 아직 대극융합 상태에 있는 창조 이전의 신적 힘을 표현한다. 점 속에 신이 머물고 있다. '화금의 싹'에 관한 융의 인용(Sanatsugatiya 186, VI)에 따르면 그것은 '순수한, 위대한 빛, 영원한 신적인 본체', 최고의 자기, 모든 개별적 심혼의 집합체 최고의 브라만의 체体, 그 집단적 심혼Kollektivseele이다. C.G. Jung(1950), *Gestaltungen des Unbewußten*, Rascher Verlag, Zürich, p.209.

융의 이와 같은 언급만으로도 융이 『파우스트』의 실험실 장면에 대해 어떤 해석을 내리는지 짐작할 수 있을 것 같다. 분명한 것은 융이 『파우스트』의 호문쿨루스를 다른 어린이 원형상과 함께 '자기'$^{Selbst}$의 상으로 보았을 것이라는 점이다. 그러나 그것은 물질 속에 갇혀 해방되기를 기다리는 메르쿠리우스처럼 해방과 자유에 대한 그리움을 품은 자, 파우스트의 자기실현, 아니마와 만남을 돕는 무의식의 잠재적 능력, 남녀의 사랑을 매개하는 자, 관계를 이어주는 자로서 에로스—무엇보다 그의 빛으로 파우스트를 치유하는 '치유자'다.

슈타이거의 문예평론가적 견해들은 이런 추정을 다른 언어로 뒷받침해준다.

슈타이거는 호문쿨루스를 "그 체내에 세계사 전반에 걸친 달력이 내포되어 있고" 아담의 창조 이래 태양, 달, 지구, 혹성이 같은 위치에 다다랐을 때 인간 사이에 일어난 일을 어떤 순간에도 고칠 수 있는 존재라고 보았다. 그래서 그는 오늘이 고대 발푸르기스의 밤 축제가 있던 날임을 기억하고 축제가 벌어지는 테살리아로 안내할 수 있다.* 호문쿨루스의 생성은 현학자, 바그너의 화학적 실험의 성과처럼 보이지만 사실은 메피스토펠레스가 최후의 결정적 순간에 개입하여 탄생시켰음을 지적하며 결국 비인간 존재인 메피스토와 비인간 존재의 도움으로 생성된 호문쿨루스의 유대감에서 호문쿨루스는 바그너에 대해 가벼운 야유와 현학자에 대한 풍자를 표현할 수 있음을 지적했다.**

---

* E. Staiger, *op. cit.*, p.267.
** 호문쿨루스(시험관 속에서 바그너에게)
  안녕하세요 아빠! 이리 오셔서 절 가슴에 포근히 안아주세요.
  하지만 너무 힘을 주진 마세요, 유리가 깨지니까요.
  (메피스토에게) 아니, 장난꾸러기 아저씨, 당신도 계셨군요? 알맞게 와주셔서 고맙습니다(메피스토에게 훨씬 더 친밀감을 표현한다).
  괴테, 정서웅 옮김, 앞의 책, 124쪽; E. Staiger, *op. cit.*, p.270.

호문쿨루스는 심리학적으로 의식된 대극융합의 상이라기보다 '융합으로 향하는 원초적 충동'이라고 해석할 수 있다. 그렇다고 '분화 이전의 미분화상태'라기보다 전체를 포괄하는 매우 중요한 상징이다. 연금술에서 최고 목표, 메르쿠리우스는 앞에서 지적한 바와 같이 양성자Hermaphrodit 또는 레비스Rebis(둘인 것)라 불려왔고 이는 인도의 아트만Atman, 원초적 인간Anthropos과 같은 뜻임을 융은 여러 곳에서 증명한 바 있다.*

### 엔텔레키

호문쿨루스는 파우스트를 빛과 아름다운 여인과 백조의 환상으로 치료한다. 어떻게 그것이 이 작은 사람에게서 가능한가. 이 물음에 슈타이거는 매우 흥미로운 견해를 내놓았다.

"우리가 꼭 꿰뚫어보지 않으면 안 될 것은 어떻게 구체적으로 표현하려 해도 본질적으로 표현 불가능한 것, 그 자체로는 결코 존재하지 않으며 눈으로 볼 수도 들을 수도 없는 오직 사고에 의해서만 인위적으로 잘라낼 수(떼어내는) 있는 것, 즉 엔테레커 Entelechie(원성圓成, 원만실현)를 괴테가 시적으로 표현하고자 한다는 사실이다."**

괴테가 호문쿨루스를 어떻게 생각하는지를 에커만에게 물었더니 에커만으로부터 다음과 같은 답을 얻었다고 슈타이거는 전했다.

"괴테는 그것으로써 순수한 엔텔레키Entelechie를, 오성悟性을 온갖

---

* 칼 구스타프 융, 한국융연구원 옮김, 『꿈에 나타난 개성화과정의 상징』 기본저작집 제5권, 솔, 2002, 203~205쪽; C.G. Jung, *Symbolik des Geistes*, p.105, p.107, p.127.
** E. Staiger, *op. cit.*, p.271.

경험에 선행해서 나타나는 인간의 정신을 묘사하고자 한 것입니다."*

엔텔레키란 아리스토텔레스에 따르면 '자신의 본성에 뿌리를 둔 목적을 실현하는 것의 실체, 즉 본래 있어야 할 모습을 향해 생장하고 미리 각인된 규정에 따라 충분히 성장을 완수하는 실체'를 말한다고 한다.**

"괴테는 엔텔레키의 목적지향성을 물질적 기반에서 잘라 분리分離했다." 슈타이거의 주장이다. "이에 따르면 엔텔레키란 '창조본능' '살면서 발전하는 형식'과 같은 것을 의미하든가 피조물의 생의 제 조건이라는, 세로줄에 짜이는 가로줄, 즉 존재를 이끄는 힘이다."*** "파우스트의 엔텔레키는 이미 최종장면에서 구체화되지 못하고, 호문쿨루스의 엔텔레키는 물질의 세계에 들어갈 날을 고대한다."**** 호문쿨루스는 '물질에 침투해서 그것을 점유하여 자기 것으로 하고 싶어 한다. 슈타이거는 괴테가 '시인은 세계를 예각으로 소유한다'고 한 말을 인용하며 "예각이란 엔텔레키가 미리 존재한다는 사실을 인정하는 것"이라

---

* 같은 곳.
** 엔텔레케이아entelecheia는 아리스토텔레스 철학의 중요개념. 생성의 운동은 가능적 존재로서 질료가 그 목적인 형상을 실현하는 일이며, 엔텔레케이아는 목적이 실현되고 운동이 완결된 상태(원성圓成, 원만실현圓滿實現). 스콜라철학, 라이프니츠, 괴테 등이 언급함. 윤명로 감수, 『철학사전』, 일신사, 1988, 295쪽. 아리스토텔레스는 ente echeia(realization)를 energeia(a state of functioning)와 동의어로 사용. 그에게 대상의 기능은 그의 telos 혹은 목적이다. 그런 의미에서 그는 어떤 것이 작동되고 있으나 아직 이 순간 행동에 활용되지 않은 경우 혹은 어떤 것이 실제로 작용되어 활용되는 경우(일차 실현과 이차 실현)를 제시한다. Audi, Robert(ed.), *The Cambridge Dictionary of Philosophy*(3rd ed.), Cambridge Univ. Press. Cambridge, 2015, pp.305~306, p.308 참조.
*** E. Staiger, *op.cit.*, p.271.
**** *Ibid.*, p.272; C.G. Jung, Faust und Alchemie, 809.

고 했다. 슈타이거는 호문쿨루스가 고대 그리스에 맞게 만들어진, 고대 그리스의 척도에 합치되는 하나의 엔텔레키라고 규정한다. 슈타이거의 지적 해석이 무척 흥미롭지만 이해하기는 쉽지 않고 철학적 용어를 경험심리학적 사실에 적용하기도 어렵다. 그러나 여러 가지 설명과 용법을 볼 때 '엔텔레키'는 분석심리학적으로 마치 "무의식의 '본성', 즉 '자기'원형의 의식계로의 현현"을 연상케 한다. 아직 드러나지 않고 무의식에 잠재하는 전체 인간정신의 한 측면, 새로운 미래의 인격으로 의식표면에 나타난 것. 어린이 상징에서 볼 수 있듯이 전일의 경지로 향하여 스스로 변화되고 또한 의식을 변화시키는 힘.─나는 그렇게 생각해본다.「파우스트와 연금술」이라는 논문에서 융은 다음과 같은 말을 했다.

> "파우스트가 죽은 뒤 마귀는 속임을 당한다. 갈등은 남아 있다. 파우스트 대신 그의 엔텔레키, 즉 영원한 소년Puer aeternus이 출현한다. 영원한 소년의 이중적 성질은 결코 실현될 수 없었다.' 왜냐하면 파우스트는 항상 그때그때 그의 형세의 제물이 되었기 때문이다. 그는 박식함으로 자신을 잃고, 자기애적 에로스, 주술과 속임수, 반신半神이 된 듯한 망상(헬레나), 결국 온 세상 구세주라는 팽창 속에 자신을 잃어버린다."

여기서 융이 의미하는 엔텔레키란 무엇인가? 죽은 파우스트의 분신, 새로운 과제를 지닌 미래 인격을 가리키는 것이 아니겠는가?

1949년 강연원고인 융의 「파우스트와 연금술」은 신학자 안드레Andrae가 1616년 저술한 연금술서『화학적 결혼: 크리스티아니 로젠크로이츠』Chymische Hochzeit: Christiani Rosencreutz에 입각하여『파우스트』의 구조를 밝히고 심리학적으로 해석한 매우 짧지만 응축된 내용을 담고 있다.*

융은 호문쿨루스가 마차를 모는 소년에 해당한다고 말한다. 그의 아버지는 바그너(로젠크로이츠), 그의 사촌은 악마, 즉 젊어진 형태의 메르쿠리우스라고 한다. 에게바다의 축제는 바다에서 벌어지는 호문쿨루스와 갈라테(둘 다 생기를 얻은 돌belebte Steine)의 신성혼이며 파우스트와 헬레나의 아들 오이포리온Euphorion은 메르쿠리우스의 세 번째 신생renewal이다.* 어떻든 융은 호문쿨루스를 연금술의 여러 어린이 모습으로 나타난 메르쿠리우스의 세 가지 현현(마차를 모는 아이, 호문쿨루스, 오이포리온)이라고 보았음을 확인할 필요가 있다.

'어린이 꿈의 세미나'에서 융은 인형의 꿈을 확충하는 가운데 호문쿨루스에 대해 다음과 같이 말했다.

"인형이 되살아나는 주제와 관련해 나는 『파우스트』의 호문쿨루스를 제시하고 싶다. 바그너는 메피스토의 도움으로 인공적으로 시험관 속에 호문쿨루스, 영혼이 없는 인공적 소인小人을 생산한다. 여기서 문제는 그에게 혼을 불어넣는 일이다.(beseelen) 그로써 그를 올바른 인간으로 만드는 일이다. 그러나 호문쿨루스의 유리는 갈라테아의 마차에 부딪혀 부서지고 바다의 물길 속에 쏟아지고 만다. 그리하여 무의식의 바다에서 호문쿨루스는 살아 있는 인간으로 부활한다."**

다른 곳에서 호문쿨루스는 괴테의 어린이 3위 또는 3단계의 하나

---

* C.G. Jung, Faust und Alchemie, G.W. 18/II, pp.808~809.
* C.G. Jung(1981), *Das symbolische Leben*, G.W. Bd. 18/II, p.808. 메르쿠리우스Mercurius는 연금술 작업의 최종목표로 현자의 돌Lapis philosophorum, 영원한 물Aqua Permanens 등 수많은 상징적 이름으로 표현되며 메피스토를 메르쿠리우스와 비교하나 여기서 언급된 메르쿠리우스는 영혼의 인도자, 대극합일의 중재자, 이중적 특성 등 헤르메스신의 특징을 포함한 여러 다양한 속성을 지닌 인격화된 신을 가리킨다.
** C.G. Jung(1987), *Seminar Kindertiäume*, Walter-Verlag, Olten, p.120.

로 거론된다. 그것은 이미 앞에서 거론된 마차를 모는 사내아이, 호문
쿨루스, 오이포리온이다.

> "마차를 모는 사내아이는 심혼을 인도하는 기능을 한다. 여기서
> 우리는 '영원한 소년'puer aeternus의 주제를 본다.—호문쿨루스 역
> 시 내적 존재로서 환상으로 관찰된다. 이것 또한 헤르메스 철학
> 에 등장하는 형상이다. 연금술에서는 시험관 속에서 다양한 방
> 법으로 신 비슷한 성질을 지닌 놀랄 만한 존재를 만들어냈다는
> 관념이 있다. 한 연금술사는 이를 심지어 '대지의 신'deus terrestris
> 이라고 하는데 그것은 미지의 물질에 관한 작업 속에서 자기 고
> 유의 내용을 경험한 연금술사의 내적인 체험의 비유다."*

　융은 헤르메스 연금술의 지혜를 나타내는 주된 형상, 메르쿠리우
스가 둘로 이루어진 것, 레비스Rebis임을 말하면서 그것의 남녀 이중
성격으로 양성자Hermaphnodit라고도 불렸고 '현자의 돌' '새로운 빛'lux
moderna, 궁극적으로 '빛들의 빛'이라고도 불렸음을 상기시켰다. 괴테 3
위의 세 번째 형상인 오이포리온에 대해서는 다음과 같이 설명한다.

> "그 또한 아들 이미지다. 그는 불 뿜는 섬광, 남녀 대극의 융합에
> 서 태어난 것으로 마찬가지로, 연금술 형상-휘발성 메르쿠리우
> 스다."**

### 괴테의 '천국'

　괴테가 말했다고 한다. 파우스트 자신의 마음은 최후까지 끊임없이
높은 곳을 향하고 끊임없이 자신을 순화純化하는 활동을 하는데, 다른

---

＊　C.G. Jung(1987), Kinderträume, *op. cit.*, pp.126~127.
＊＊　*Ibid.*, p.127.

한편 천상에서는 영원한 사랑이 파우스트에게 구원의 손을 내밀고 있다고. 이 사실은 서구 기독교의 종교적 관념, 즉 단지 자신의 힘만으로 구제되는 것이 아니라 천상에서 신의 사랑이 가해짐으로써 구제되는 것이라는 관념과 일치된다고 한다. 그러나 슈타이거는 여기서 파우스트가 들어가도록 허용된 천국은 기독교적 의미의 천국이 아니라 '괴테적'이라 불러도 좋은 천국이라는 점에 주의를 환기한다. 에커만과 대화에서 그는 이렇게 말했다고 한다.*

"인간은 불사不死를 믿어야 하고, 믿을 권리를 가지고 있으며, 또한 믿는 것이 인간 본성에 적합하다. 그러나 철학자가 우리의 영혼불사의 증명을 어떤 종교전설에서 끄집어내고자 한다면 극히 약한 논법이 되고 또한 큰 의미를 가질 수 없을 것이다. 존재는 지속한다는 확신은 나에게는 활동 개념에서 생기는 것이다. 왜냐하면 내가 최후까지 쉼 없이 활동한다면, 지금 내 존재 형식이 나의 정신 때문에 오래도록 지탱할 수 없는 한, 자연은 또한 하나의 다른 존재의 형식을 나에게 부여할 의무가 있을 것이기 때문이다."**

괴테는 또한 그 뒤 다음과 같이 말했다고 한다.

"나는 우리 존재가 존속하는 것을 의심하지 않는다. 왜냐하면 자연에게 엔텔레키는 불가결의 것이기 때문이다. 그러나 우리는 모두 똑같이 불사인 것은 아니다. 그렇기 때문에 미래에 자기 자신을 위대한 엔텔레키로 표명하려면 자신도 또 하나의 엔텔레키

---

* E. Staiger, *op. cit.*, p.391에서 재인용.
** *Ibid.*, p.391에서 재인용.

여야 한다."*

괴테에 따르면 "자연에는 쉼 없이 끝까지 활동하는 정신에 불사를
보증할 의무가 있다. 그렇게 하지 않으면 자연은 자연 자신의 원칙을
배반하는 것이 된다. 여기에서 말하는 불사란 시간 속의 존재에 대립
하는 영원한 평안 같은 것이 아니라 시간적 존재가 무기한으로 존속
함을 의미한다. 그리고 죽게 되어 있는 인간이 그러한 무기한의 존속
에 합당한지 합당하지 않은지의 판단은 도덕적·종교적 개념에 근거
하여 하는 것이 아니고 괴테에 따르면 그 당사자가 오직 한결같이 끊
임없이 활동하고 부단히 노력했는지 어떤지에 달려 있다는 것이다.
그러므로 괴테는 나폴레옹에게도, 혹은 그밖에 선악의 피안에서 활동
한 사람들에게도 사후의 생을 승인했을 것이다. 그렇다 하더라도 그
삶이 지극히 복된 삶도 저주의 삶은 아니다. 결국 그들의 내적 힘과
이 세상에서의 업적에 어울리는 활동을 좀더 고차적인 단계에서 계속
하는 것을 의미하는 것이다.

파우스트가 '끊임없이 높은 곳을 향해' 노력하는 것은 알겠는데 '자
신을 순화純化하는 활동'을 어느만큼 했는지는 불확실하다. 그러나 슈
타이거는 이 작품이 주인공의 도덕적 가치의 문제와는 아무 관계가
없음을 지적한다. 파우스트는 '발푸르기스의 밤'에서는 그리스신화와
생성의 신비에 심취했고 '헬레나 비극'은 유럽의, 특히 고전고대와 독
일정신의 운명을 해석하고 있다고 했다. 이런 여러 장면은 죄 문제를
중심에 두지 않는다. 파우스트는 거의 인물로 등장하지 않는다고 그
는 주장한다.

"파우스트는 괴테가 알고 있는 자연과 역사의 거울 자체 때문에

---

* *Ibid.*, p.392에서 재인용.

위대한 상징으로 묘사한 자연과 역사를 반영하는 하나의 거울에
불과하다."*

괴테는 일찍이 『파우스트』의 구성요소를 다음과 같이 구상하고 있
었다고 한다.

주인공이 삶의 형수享受를 밖에서 구한다. 우매한 정열에 동요
되어.
제1부: 밖으로 향한 행위의 형수, 명료한 자각에 기초한 형수, 그
리고 미美
제2부: 내부로부터의 창조의 즐거움, 지옥으로 가는 도상의 혼돈
속에 끝나는 에필로그

'생의 형수' '밖으로 향한 행위의 형수' '내부로부터의 창조의 즐거
움'이 시작에서 종말에 이르기까지 『파우스트』 발전의 대략적인 순서
라고 슈타이거는 지적한다. "특히 '내부로부터의 창조의 즐거움이라
는 말을 창조적 행위를 마음속에서부터 기뻐하고 창조자인 신의 힘에
자신도 창조하면서 관여한다고 해석하는 것이 허용된다면'이라는 단
서와 함께.

"그리고 다름 아닌 이 발전 순서야말로 끊임없이 높은 곳을 지향하
고, 끊임없이 자신을 순화하는 활동이라고 볼 수 있다"고 했고 "이리
하여 이러한 끊임없는 발걸음 때문에 순화純化된 기권氣圈에서 불사
조, 구제가, 그리고 이 세상의 모든 틀을 넘은 승화가 파우스트에게
가능했던 것"이라는 슈타이거의 설명으로 '순화'의 뜻이 도덕적인 것
을 뜻하는 것은 아님을 알려주고 있다.

* *Ibid.*, p.393.

"파우스트(100세의)는 노인으로서 죽습니다. 노령이 되면 우리는 신비주의자가 됩니다." 괴테가 그렇게 말했다고 한다. 계몽주의와는 다르다는 것이다. 슈타이거의 의견을 빌리더라도 "작품은 신비적으로 끝난다. 즉 사랑의 불길 속에서 작품이 끝나는 것이다." "사랑은 모든 것을, 육체와 혼을 태워버리고 모든 구별을 지양한다." 이렇게 함으로써만이 성자들이 얻은 은총의 보배의 전용轉用이라는 것이 고려될 수 있다고 슈타이거는 말한다. 그래서 파우스트라는 한 개인에게 영원히 다정한 사랑의 흐름이 넘쳐흐르게 한다.*

결국 파우스트는 많이 사랑했고 죄지었으나 많이 회개했으므로 혼은 성모 마리아의 은총으로 용서받고 구원된 여인들의 한 사람, 일찍이 '그레트헨'이라 불린 여성의 손으로 하늘 높이 이끌어진다. 이때 그레트헨은 과거 파우스트의 애인 그레트헨이 아니라 보편적 여성 구속자의 상징이다. 슈타이거는 말한다. "이 또한 보편적인 것, 본질적인 것을 향한 노 괴테의 사고에 적합한 경향이다. 뒤에 이르러 비로소 그는 그레트헨이라는 개별적 존재를 보편적 존재로 엮어 넣을 수 있는데 그것도 기도에서 그렇다. 그 기도는 다른 잊을 수 없는 기도처럼 깊은 슬픔에서 생겨난다. 그러나 기도자는 뒤에 불가사의한 미소를 띠고 '고통의 나라'라고 말하는 대신 '빛의 나라'라고, '재앙'이라는 말 대신 '행복'이라고 말한다. 괴테는 『파우스트』 결말을 그에게 재촉한 슈바르트라는 사람에게 이렇게 말했다고 한다.**

"나의 파우스트 완결법은 시인인 나에게 맡겨주십시오. 당신이 생각하는 것 같은 전개는 완전히 산문적이고 현실적입니다. 내가 생각하는 것은 이미 제2부의 모두가 가리키는 것처럼 시적·

---

* *Ibid.*, p.392.
** *Ibid.*, p.393.

상징적인 것입니다.”

슈타이거는 사람들이 보통 생각하는 ‘현실’을 넘어선 ‘내부공간이라는 현실’을 괴테가 시적·상징적으로 재현하고자 했음을 알리고 싶어 한 듯하다. 융이 주장하는 내적 현실의 진정한 현실성이 생각난다. 세 여인의 기도와 속죄, 그레트헨의 기도에 관해서는 뒤에 다시 한번 생각해볼 것이다.


### 고전적 발푸르기스의 밤

*파르살루스의 들판*
*암흑*


### 치유의 터

고전적 발푸르기스의 밤 축제는 고전고대의 역사적·신화적 형상들의 모임으로 유럽 북쪽의 브로켄산에서 열리는 발푸르기스의 밤과는 다르다.*

발푸르기스의 밤은 제2막 후반을 이루는 길고 다양한 내용을 가지고 있다.

파우스트를 이끌고 축제를 찾아간 호문쿨루스, 메피스토펠레스, 그리고 아낙사고라스와 탈레스 등 그리스 철학자들을 제외하고 이들이 그곳에서 만난 요괴, 마녀, 거인, 요정, 난쟁이들의 면면을 먼저 살펴

---

\* Goethe, *Faust*, dtv, p.376. Anmerkung. ‘고전적 발푸르기스의 밤’의 신화성에 관해서는 정서웅이 다음 논문에서 알기 쉽게 해설하고 있다. 정서웅, 「『파우스트』에 나타난 그리스신화 연구」, 『괴테연구』 9(0), 한국괴테학회, 1997, 53~94쪽 참조.

보자. 융이 '고전적 이야기의 나라'(집단적 무의식)라 부른 치유 세계의 주민들이다.*

◇ 제신과 요괴 일람표

**에리히토**Erichtho: 밤의 요귀, 예언가, 로마 테살리아 지방의 마녀(Jobe I. 519, 정131)

**안테우스**Antäus: 해신 포세이돈과 대지의 여신 사이에 태어난 거인. 발이 대지에 닿기만 하면 새로운 힘을 얻는다고 한다. 헤라클레스는 이 무적의 거인을 땅에서 들어 올린 뒤 굴복시켰다.

**그라이프**Greif(거대한 종족): 독수리머리와 날개에 사자 몸을 지닌 고전고대의 괴물. 북방의 보물지킴이, 움켜쥔다greifen에서 나온 명칭

**아리마스펜**Arimaspen: 스키타이지방(현재 우랄지방)에 사는 외눈박이 종족. 거대한 개미족이 사금을 모아 집을 지었는데 아리마스펜족이 그것을 발견해 빼앗았다고 한다.

**스핑크스**Sphinx: 이집트에서는 사자 몸에 남자 머리를, 그리스에서는 날개 달린 암사자 가슴을 지닌 몸과 여성의 머리를 한 괴물, 신화적으로는 죽음의 상징이다.

**지레네들**Sirenen: 『오디세이아』에 나오는 물의 요정, 여자의 머리와 새의 몸을 가지는데 감미로운 노래로 뱃사공을 유혹하여 난파시켜 죽게 한다.

**님프들**Nymphen: 물의 요정

**키론**Chiron: 상반신은 인간이며 몸은 말인 켄타우로스족의 현자. 의사, 음악가, 천문학자, 영웅들의 스승(헤라클레스, 아스클레피우스, 이킬레스 등을 가르침)

---

\* C.G. Jung, *Das Symbolische Leben*(Faust und Alchemie), G.W. 18/II, p.808.

**만토**<sup>Manto</sup>: 테베지방 티레지아스의 딸, 아마도 달의 여신. 도시가 함락된 뒤 그녀는 이곳저곳 방랑하다가 마침내 버질의 출생지 만투아에서 끝냄. 괴테는 여기서 그녀를 의신 아스크레피우스의 딸이라고 한다.

**사이스모스**<sup>Seismos</sup>: (그리스어) 지진의 의인화

**피그매엔**<sup>Pigmyäen</sup>: 그리스어로 작은 주먹. 소인종, 강 위를 날아 습격해오는 학들과 전쟁한다고 한다.

**닥틸레**<sup>Daktyle</sup>: (피그매보다 더 작은 난쟁이(닥틸로스: 그리스어 손가락). 솜씨 좋은 대장장이. 본의 아니게 피그매들을 위해 일한다.

**이비쿠스**<sup>Ibykus</sup>**의 학들**: 이비쿠스는 기원전 6세기의 그리스 시인. 이비쿠스의 억울한 죽음을 목격한 학이 그 죄상을 폭로해 복수할 계기를 마련해준다.

**라미에들**<sup>Lamien</sup>: 흰 유방을 드러내 남성을 유혹하는 마녀. 남자의 피와 살을 빨아먹고 산다고 한다(몸은 뱀, 본래는 리비아의 광열적인 뱀 여신이 그리스인에게 수용된 듯).

**엠푸세**<sup>Empuse</sup>: 한 다리는 구리로, 다른 한 다리는 원숭이다리를 한 괴물. 헤카테에게 고용되어 인간을 잡아먹고 나그네를 놀라게 한다. 헤카테의 다른 모습이라고도 하며 라미에들과 동족. 청동의 당나귀 발을 가진 성애적 여괴. 여러 모습으로 변함.

**오레아스**<sup>Oreas</sup>: 산의 요정

**드리아스**<sup>Dryas</sup>: 나무의 요정. 그리스신화에서 아버지 리쿠르구스<sup>Licurgus</sup>(트라키아의 왕)에 의해 실성한 상태에서 죽임을 당함. 그 뒤 곡식이 자라지 않아 리쿠르구스가 살해됨. 풍요, 또는 계절 전설과 유관

**포르키아스**<sup>Phorkyas</sup>: 그리스 바다의 신과 대지의 여신의 아들, 바다의 신의 딸(케토<sup>Ceto</sup>)과 황금의 능금나무를 지키는 여정<sup>女精</sup> 헤스페리덴과 용<sup>Ladon</sup>을 낳음. 또는 거인들의 보호자. 괴테가 메피스토를 포

르키아스라 불렀다.

**트리톤**: 그리스 바다의 신. 포세이돈의 아들. 어깨 위는 사람, 아래는 물고기, 돌고래의 꼬리. 소라를 불어 풍랑을 조절

**네레우스**Nereus: 그리스신화에서 바다의 선조, 도리스의 아내, 네레이드의 아버지. 조용한 물의 인격화, 친절과 혜택, 예언의 능력, 괴로운 선원들의 보호자

**프로테우스**Proteus: 『오디세이아』에 나오는 바다의 신. 불, 물, 나무, 사자, 용 등으로 변신하는 재주. 포세이돈의 아들. 예언 능력

**텔히네족**Telchines: 그리스 전설에 의한 원시인들. 땅의 경작자, 유용한 예술의 발견자, 광산 일꾼, 사제, 주술자, 질투심 많은 데몬 등으로 기술. 아마 초기 크레타 문명의 유능한 기능공들

**도리스**Doris**의 딸들**: 그리스 강의 여신, 오케아누스의 딸, 네레우스의 아내. 50딸의 어머니

**갈라테아**Galatea: 그리스 네레우스와 도리스의 50딸 중 하나. 바다의 요정. 비극적 사랑 이야기가 있다.

**메아리**: 그리스신화에서 산의 요정. 오직 들은 말만 되풀이하게 된 까닭을 설명하는 전설이 있다.*

그리스신화의 온갖 기괴한 괴물과 요마, 요정, 마녀들, 신들이 등장

---

* 각 요괴 또는 신들에 관한 특징은 괴테, 정서웅 옮김, 앞의 책; Goethe, *Faust*, dtv의 각주, Gertrude Jobes Dictionary of Mythology, Folklore and Symbols, 1962를 주로 참고하고, Hermann Jens.(1960), J.E. Zimmerman(1971)의 신화사전과 E. Peterich, K. Kerényi, R. Graves의 그리스신화 문헌들도 일부 참조했다. 여기서는 전체를 조감하는 뜻에서 극도로 요약했고 편집상 번거로움을 피하기 위해 일일이 출처를 제시하지 않았다. 하나하나 이미지의 신화적 배경을 살펴가는 작업은 그 자체로 또 하나의 흥미로운 일이 될 테지만 카비렌 등 몇몇 중요한 신만 따로 논의하게 될 것이다.

한다. 그 가운데서도 특히 육감적인 젖가슴이나 예쁜 목소리로 남자들을 유혹하곤 그 피를 빨고 살을 먹거나 물에 빠져 죽게 하는 살인적 아니마의 상들인 라미에와 지레네, 그리고 수수께끼를 던지며 사자의 몸에 여성의 상반신을 한 태모의 상징, 그리스의 스핑크스가 눈에 띈다.

슈타이거는 '고전적 발푸르기스의 밤'의 혼돈은 "앞으로 나타나게 될 최고로 완성된, 영원한 미美, 헬레나 모습을 북돋워주는 장식이라고 했다." 예술가 괴테의 끊임없는 노력이 이 배경에서 출발하여 명확한 형태로 향하는 것에 집중하기 때문이다.*

"장면은 완전한 암흑 속에서 시작한다." "이윽고 달이 뜬다. 밝게 비추기는 하나 이미 보름달을 지났다. 온화하면서도 현실감을 잃은 빛을 방사하는 폐허의 빛이다." 불안을 자아내는 대지의 흔들림과 함께 산이 솟아오르고 돌이 하늘에서 떨어지는 현상이 현실인지 상상인지 구분되지 않는다.**

"모든 것이 아직—에피메토이스의 말을 빌리면—'이것저것 여러 행태로 생각될 수 있는 가능성의 영역' 속에 부유하는 것이다. 형상도 어조도 페스펙티브도 무엇 하나 확정된 것은 없다. 공상력은 어디까지나 자유이며 시험 삼아 일단 추정한 것을 즉시 중지해버릴 수도 있다. 이것은 최고의 미를 도입하고자 하는 이 장면의 의미에 정말 놀랄 만큼 적합한 방법이다."***

슈타이거에 따르면 괴테는 본래 헬레나극의 예고편으로 좀더 무시무시한 저승 여행을 구상했지만 결과적으로 그 음산함이 부정不定의

---

* E. Staiger, *op. cit.*, p.276.
** *Ibid.*, pp.276~277.
*** *Ibid.*, p.278.

혼돈으로 낙착되었다고 한다.* 규정되지 않은 부정성, '현실과 상상'의 경계의 불확실성은 꿈 세계의 특징이다. 그리고 악귀와 요괴, 여귀는 모두 악몽에 등장하는 무의식의 콤플렉스들이다. 땅의 흔들림과 뚫고 솟아오르는 산들의 변화는 무엇보다 앞서 인간의식을 뒤흔드는 역할을 한다. 마녀, 에리히토에서 시작하여 젖가슴을 드러낸 여귀 라미에들의 등장은 마치 인도의 힌두사원으로 들어가는 입구에 조각된, 외설적인 자세로 성소로 들어서는 사람들을 유혹하는 수많은 남녀상과 같은 의미가 있을지 모른다.

　나의 교육분석가 중 한 분인 리클린Franz Riklin 박사는 인도의 그 문 앞에서 겪는 순례자의 감정적 충격은 성소로 향하는 순례자 마음을 흔들어놓음으로써 자세를 가다듬게 하는 데 목적이 있다고 말한 적이 있다. 금강역사가 무서운 눈을 부릅뜨고 있거나 사천왕상이 있는 절 입구도 충격의 성질은 다르지만 거룩한 곳 혹은 최고의 아름다움을 접하기 전에 몸과 마음을 추스르게 하는 목적이 있음을 짐작할 수 있다. 물론 발푸르기스의 밤 장면에서는 무섭고 기괴한 요마들이 등장하나 절대적으로 악하고 위험한 측면은 드러내지 않으며 극악한 악마는 등장하지도 않는다. 난쟁이, 물의 요정들, 개미, 산의 정령 같은 해롭지 않은 자연의 정령들도 다수 등장시켜 축제 분위기를 돋운다. 에리히토는 수줍음이 많은 지혜로운 여귀로, 라미에는 본래 남자의 피와 살을 먹는 요귀인데 잡으면 고작 빗자루로 변하는 등 우리나라 도깨비 같은 속임수 수단을 보여줄 뿐이고 스핑크스는 점잖은 아주머니로 나온다. 지레네는 결코 뱃사람을 유인하여 죽이는 역할을 하지 않는다. 그나마 이들을 상대하는 것은 파우스트가 아니라 메피스토펠레스다. 지레네들은 오히려 안내자이자 매개자 역할을 한다.

　'페네이오스강 상류'니 '하류'니 '에게해 바위 밑' 등으로 제목을 달아 장소를 구분하지만 그 구분이 특별히 의미가 있어 보이지는 않는

---

* *Ibid.*, p.282.

다. 다만 페네이오스강 상류에서 탐욕과 획득욕을 나타내는 그라이프, 근면한 개미, 약탈자 아리스마펜, 운명의 여신, 스핑크스, 그리고 이 장면에서 안내자, 연결자 역할을 하는 지레네로 시작된 귀족鬼族들이 지진이 일어나자 산의 정령과 난쟁이, 엄지동자들(닥틸렌)로 추가되고 학들(백로)의 복수와 전쟁의 주제가 두드러지며 '에게해 바위 밑'에서는 바다의 정령 네레우스의 딸들이 큰 역할을 한다고 할 수 있다.

슈타이거 말대로 극은 마치 거대한 교향악단이 연주하는 음악에 비유될 만하다. 탐욕, 전쟁, 약탈, 사랑과 치유의 노래, 메피스토를 통해 이루어지는 북방악마와 남방 그리스 마물의 접촉과 습합, 화성론火成論과 수성론水成論의 논쟁과 실증 등 착종하는 멜로디에서 뚜렷이 드러나는 주선율이 있다면 첫째는 파우스트의 헬레나에 대한 그칠 줄 모르는 그리움과 만토에 의한 치유의 휴식이며, 둘째는 호문쿨루스의 인간화에 대한 열망과 네레우스의 딸, 아름다운 갈라테아와 접촉해 물로 용해됨으로써 끝맺는 선율일 것이다.

고전적 발푸르기스 밤의 축제에 파우스트를 데려간 것은 그를 치유하기 위해 그리스의 바람을 쏘이게 하는 데 목적이 있었다. 그러나 파우스트는 매우 짧게 등장한다. 이에 비해 시험관 유리를 쳐부수고 신체를 가진 존재로 생성되고 싶어 하는 호문쿨루스의 열망과 관련해서는 사설이 비교적 적지 않게 발견된다.

파우스트가 헬레나에 대한 지극한 연정을 상사병이라고 한 지혜로운 반신반양의 신 키론의 진단에 따라 아스클레피우스의 딸, 만토에 의해 휴식을 강요받은 사이 호문쿨루스가 아름다움의 극치인 바다의 요정 갈라테아의 발치에서 불길로 솟아 빛을 발하며 바닷물에 용해되는 과정은 어떤 상관관계가 있을까? 괴테는 파우스트를 잠깐 쉬게 하고 그사이에 호문쿨루스의 인공적 유리관을 깨뜨릴 또 하나의 아름다움의 권화, 갈라테아 발치에서 사랑의 산화散花를 찬란하게 이루도록 묘사하면서 어떤 의도를 가지고 있었을까? 그것은 잘 알 수 없지만 파우스트가 헬레나와 만나기 전에 일어난 중요한 사건으로 음미할 가치가 있을 듯하다.

앞에서 언급한 1949년 취리히 심리학클럽에서 행한 '파우스트와 연금술' 제하의 짧은 강연에서 융은 파우스트 제1부의 '발푸르기스 밤'에 대해서는 '권력충동에 따른 에로스의 억압, 즉 그림자에 의한 정복'이라고 풀이하고 제2부의 '고전적 발푸르기스 밤'에 대해서는 헬레나를 소유하려다가 실신한 파우스트가 맞이한 연금술 작업의 두 번째 단계, 즉 '두 번째 에로스의 물결Eroswelle'이라고 했다. 앞에서 이에 언급한 대로 "파우스트는 치유받기 위해 고전적인 '이야기의 나라'Fabelreich(집단적 무의식)로 옮겨진다."* 실제로 실신한 파우스트를 고치기 위해 남쪽 그리스로 데려온 것은 일종의 '영혼의 인도자'Psychopompos 역할을 하는 호문쿨루스였다. 호문쿨루스는 파우스트를 그의 빛으로 '진단'한 결과 그에게서 '숲속의 샘, 백조들, 벌거숭이 미녀들의 꿈'을 예감하는데 그것을 '곰팡이 핀 역겨운 갈색 돌들'이 내려누르니 그가 깨어나면 고통스러워서 당장 죽어버릴지도 모른다고 경고하고, 이분을 데리고 나가자고 제안한다. 그는 다음과 같이 말한다.

**호문쿨루스**　병사들은 싸움터로 가도록 명하고,
　　　　　　　처녀들은 무도장으로 데려가세요.
　　　　　　　그러면 모든 게 당장 해결됩니다.
　　　　　　　문득 생각난 것인데, 오늘은 마침
　　　　　　　고전적 발푸르기스 축제의 밤입니다.
　　　　　　　우리가 할 수 있는 최선의 방법이에요.

---

* C.G. Jung, G.W. 18/II, Walter Verlag, p.808.

이분 성미에 가장 맞는 그곳으로 데려갑시다!*

앞의 두 구절은 남녀의 역할 분담을 분명히 하는 것이 치유의 지름길이라는 뜻일 게다. 그리고 파우스트에게는 파우스트 성미에 맞는 방법을 찾아야 한다는 개인 중심적 치료원리를 말하는 셈이다. 고전적이라는 말에 저항을 느끼고 망설이는 메피스토펠레스에게 "당신은 낭만적인 유령만 알지 않느냐, 진짜 유령은 고전적이어야 할 것"이라고 설득한다. 낭만을 싫어하고 고전을 좋아한, 그리고 고대 그리스를 무척 좋아한 괴테의 개인 취향이 반영되지 않았겠느냐는 의견도 있다. 그러나 그 '이야기의 나라'는 단순히 그리스를 지칭하기보다 동남유럽의 풍부하고 다양한 그리스신화의 세계를 가리킨다고 볼 수 있다. 파우스트에게 그곳은 사랑하는 헬레나를 찾을 수 있는 곳이기도 하다. 호문쿨루스의 말을 들어보면 그런 추정이 가능함을 알 수 있다.

**호문쿨루스**　당신의 기사 말예요.
　　　　　　당장 살아날 겁니다.
　　　　　　이야기 나라에서 생명을 찾는 사람이니까요.**

그의 처방은 적중했다.

**파우스트**　헬레나는 어디 있을까? ─ 이제 더 묻지 않겠다.
　　　　　　이 흙덩이, 그녀가 밟던 게 아니라도,
　　　　　　이 물결, 그녀에게 밀려왔던 게 아니라도
　　　　　　이 공기만은 그녀 말을 전했던 것이다.
　　　　　　기적에 의해 나, 여기 그리스 땅에 왔노라.

---

　*　괴테, 정서웅 옮김, 앞의 책, 127쪽.
　**　같은 책, 134쪽.

땅에 발이 닿자마자 나는 그걸 느꼈다.
잠자던 내게 새로운 정신이 불타오르자
생기를 되찾은 안테우스처럼 나는 일어났다.
여기에 어떤 진기한 게 모여 있든
저 불꽃의 미로를 샅샅이 찾아다니련다.*

그렇다. 그곳은 '불꽃의 미로'임에 틀림없다. 잘못하면 길을 잃을 수도 있고 괴물에게 잡아먹힐 수도 있다. 그러기에 융이 '이야기의 나라'에 괄호를 하고 집단적 무의식이라 적어놓았던 것이다. 파우스트의 사랑 문제는 깊은 무의식의 근원에서 나온 것인 만큼 치유의 길 또한 원형층과 접촉해 이루어질 법하다. 그런데 그것은 결코 평탄한 길이 아니다. 매우 큰 위험성을 안고 있다. 융이 '고전적 발푸르기스의 밤'을 네키아$^{Nekyia}$(죽은 자의 나라로 하강, 저승길)에 비유한 까닭이 여기에 있다.** 그러나 파우스트의 명부 여행은 본문에서 예언자 만토의 한 구절에 암시되어 있을 뿐이다. 만토는 파우스트를 환영하며 그가 가는 어두운 길이 저승의 여신 페르세포네로 통한다고 말한 것이다.***

그런 뒤 여러 가지 계획이 있었음에도 괴테는 파우스트의 저승행에 관해 오래 침묵을 지켰다.**** 발푸르기스 밤의 장면을 '저승'이라 볼 수 있다면 '저승'은 융 자신이 경험하여 『붉은 책』에 기술한 것보다 훨씬 덜 스산하고, 괴테가 본래 계획했다는 저승길에 비해 덜 위험하다. 물론 괴테도 인간사회에서 항상 되풀이되는 피비린내 나는 전쟁의 참화

---

 * 같은 책, 135쪽.
 ** C.G. Jung(1952), *Psychologie und Alchemie*, Rascher, pp.85~86.
 *** 괴테, 정서웅 옮김, 앞의 책, 156쪽. "들어오세요! 용감한 분, 기뻐해도 될 거예요!/이 어두운 길은 페르세포네에게 통하지요."
 **** E. Staiger, *op. cit.*, pp.288~289.

와 복수의 살육장면을 삽입함으로써 인간무의식의 어두운 면을 노출하는 일을 게을리하지 않았다.

'저승길'을 무의식의 그림자 원형과 대면한 것이라 할 때 그것을 경험하는 자는 파우스트가 아니라 파우스트의 그림자 격인 메피스토펠레스다. 즉, 대면은 무의식적으로 이루어진다. 파우스트에게 주어진 처방은 '만토의 신전에 들르는 것'이었다.* 더욱이 슈타이거의 말대로 이 만토의 의식 속에서는 시간의 전후 관계가 소실되어 일체가 신 앞에서처럼 '영원히 정지되는' 것이다. '상사병'을 잃는 파우스트에게 필요한 것이 궁극적으로 무엇인지를 시사하는 말이다.**

융은 연금술의 견지에서 그 여행의 성과를 요약했는데 그 내용은 앞에서 소개한 바와 같이 '치유의 영원한 물'과 그 이후 의식성의 회복(단단한 대지의 출현), "축제는 바닷속에서의 호문쿨루스와 갈라테아(둘 모두 생기를 얻은, 활성화된 연금술의 돌들)의 신성혼이 된다고 했다."***

나는 이제 잠시 앞으로 되돌아가 고전적 발푸르기스 밤의 축제에서 일어난 일 중에서 이것저것 의미 있는 대사를 섭렵하겠다.

### 마녀 에리히토의 독백

고전적 발푸르기스의 밤 축제는 파르살루스 들판의 암흑 속에 나타난 마녀 에리히토의 혼잣말로 시작된다.

> **에리히토**  음침한 마녀인 나 에리히토는 전에도 종종 그랬듯이
> 오늘밤에도 저 몸서리치는<sup>Schauderhaft</sup> 축제에 참석합

---

* *Ibid.*, p.288.
** *Ibid.*, p.288.
*** C.G. Jung, G.W. 18/II, p.808.

니다.*

멀리 보이는 골짜기에는 근심과 공포에 가득 찼던 지난밤의 잔영<sup>殘</sup><sup>影</sup>이 잿빛 천막의 물결로 어렴풋이 나타나고 영원히 되풀이되는 인간의 권력 콤플렉스, 폭력과 저항의 비극을 노래한다.

"내면의 자기를 다스릴 줄 모르는 자일수록 자신의 오만한 뜻에 따라 이웃의 의지를 지배하려 든다." 불의 축제답게 도처에 화롯불이 있고 거기에 유령들이 나타난다.

> **에리히토**  화롯불이 빨간 불꽃을 날리며 타오르고,
> 대지는 쏟아진 피를 반사하며 번들거립니다.
> 희귀하고 이상한 밤의 광채에 이끌려
> 그리스 전설의 군대들이 모여드네요.
> 화롯불마다 옛 전설의 형상들이
> 불안하게 흔들리거나 편히 앉아 있기도 합니다.**

그러나 달빛이 부드러운 광채를 사방에 뿌려주니 천막의 환영들은 사라진다.

그런데 공중에 '빛을 내며 몸뚱이같이 둥근 것을 비춰주는 유성 같은 것'을 보자 에리히토는 서둘러 자리를 피한다. 자기는 해로운 존재이니까 생명 있는 것에 접근하는 게 적절치 않다고 한다. 마녀 에리히토는 무섭기보다 오히려 수줍은 내향적 여귀처럼 보인다. 하늘의 둥근 것은 미확인 비행체의 유래를 연상케 한다. 그것은 융에 의해 면밀히 구명되어 자기원형의 상징으로 간주된 것이다.*** 파우스트와 호문

---

* 괴테, 정서웅 옮김, 앞의 책, 131쪽.
** 같은 책, 132쪽.
*** 칼 구스타프 융, 이부영 옮김, 『현대의 신화』, 솔, 2013 참조.

쿨루스는 마녀에게 그런 강력한 힘을 가진 실체로 보인 것이다. 그리고 살아 있는 것에 대한 마녀의 태도는 이곳이 죽음의 나라의 영토임을 암시한다. 마녀 에리히토의 독백은 오페라 서곡처럼 잔잔하게 그러나 실감나게 음산한 저승의 광경과 그 속에서 나타나게 될 여러 알 수 없는 인간 숙명의 원초적 이미지들을 예고한다.

### 탐색

호문쿨루스의 제안과 메피스토펠레스의 동의로 파우스트 등 셋은 모두 '화롯불을 하나씩 찾아다니고' 자신의 모험을 시험해보고 난 다음 다시 만나기로 하고 흩어진다.


### *페네이오스강 상류*


페네이오스강 상류에서는 북방의 마귀이자 그리스의 발가벗은 나신들이 도무지 못마땅한 메피스토가 그리스의 요정과 요괴와 여신들을 조금씩 알아나가고 있다. 스핑크스가 터줏대감 아주머니처럼 귀령들을 설명하면서 메피스토펠레스의 궁금증을 풀어주며 대응해주지만 일반적으로 메피스토는 그곳에서 환영받지 못한다. 그라이프, 개미 아리스마펜들이 처음에 나타나고 지레네가 소개되면서 파우스트가 나타난다. 메피스토와 달리 파우스트는 "놀라운 일이로다! 보기만 해도 흐뭇하구나" 하며 스핑크스, 지레네, 개미들, 그라이프들의 내력을 열거하고 "맑은 정신이 내 몸속으로 스며드는 것 같구나. 형상이 위대할수록 속으로 스며드는 것 같구나" 하며 찬탄하는 소리를 높여 메피스토의 빈축을 산다. 파우스트는 헬레나의 향방을 스핑크스에게 묻고 스핑크스는 키론이 가르쳐줄 테니 그를 찾으라 한다. 지레네가 옆에서 끼어들어 유혹하지만 스핑크스가 이를 말리고 파우스트는 퇴장한다. 메피스토는 계속 더 스핑크스 곁에 머무르면서 하늘을 나는 괴조,

레르나 늪지에 사는 뱀대가리들에 관해 묻고 마지막에 유방을 드러내 남성을 유혹하는 마녀 라미에에게 관심을 갖는다. 스핑크스는 메피스토에게 "어서 가서 저 바람둥이 사이에 섞여보라"고 하며 다시 만나자는 약속과 함께 그를 놓아준다. 장면이 바뀐다.

## 메피스토펠레스—북방악마, 남방 그리스 귀령을 만나다

북유럽 사람들은 해만 나면 일광욕을 즐긴다. 일광이 부족한 지역이기 때문이다. 여름이면 남쪽지방, 특히 이탈리아 지방으로 뜨거운 태양을 찾아간다. 거기에는 북방세계의 엄격한 개신교 문화의 도덕적·윤리적 질서를 지키는 엄격함을 녹여주는 뜨거운 정열의 태양과 바다와 풍성한 먹거리가 있다. 대체로 유럽 북방지역 사람들은 근엄하고 이성적이고 내향적인 반면, 남방 사람들은 유쾌하고 개방적이다. 독일, 프랑스, 이탈리아에서 거의 일치된 나의 소견이다. 괴테 시대에 북방게르만족의 후예인 괴테가 이탈리아 여행에서 겪은 환희가 현대 북유럽인의 환희와 다를 바 없었을 것이다. 그러나 괴테의 이異문화 접촉이 쾌락만을 주지는 않았을 것이다. 메피스토의 독백에는 그 문화 적응 과정에서 느낀 당황과 소외감이 반영되어 있다.

공중에서 그리스 땅을 내려다본 메피스토의 일성은 그래도 친근감을 표현하고 있다.

> **메피스토**　그 옛날 창문을 통해
> 　　　　　북방의 혼란과 공포를 보았듯이
> 　　　　　몽땅 흉측한 유령들Gespenster뿐이라
> 　　　　　여기나 저기나 모두 내 집 같구나.*

---

\* 괴테, 정서웅 옮김, 앞의 책, 133쪽(공중에서 나는 자들). Gespenster는 우리나라 독특한 귀종인 '도깨비'보다 유령이라 번역하는 것이 적합할 듯

페네이오스강 상류에 이르러서는

**메피스토** 이 화롯불 사이를 두루 돌아다니다보니
완전히 낯선 곳에 온 느낌이 드는걸.
거의 다 벌거벗었고, 몇몇만 속옷 차림이군 그래.
스핑크스들은 부끄러움을 모르고 그라이프들 역시
낯가죽이 두껍구나.*

마귀인데도 북방마귀는 오딘신앙과 북방 기독교의 전통 때문에 도덕적으로 금욕주의자 같은 생각에 젖어 있어 남방신들의 자유분방함이 거북하다고 한다. '고수머리에 날개를 달고 있는 것들뿐'이라면서 "그리스 것들은 너무나 활발해(노골적이야)" "역겨운 족속이야"라고 불평한다. "최신 감각으로 이것들을 극복해 유행에 맞도록 다채로운 겉칠을 해야겠다"고 그 문화적응의 전략을 세운다. 그러나 그것은 성공을 거두지 못한다. 메피스토펠레스는 그라이프들에게 쫓기고 라미에에게 속임을 당하고 여러 괴물을 소개받는데 때론 기괴한 귀신소리에 겁을 먹는다. 그러다가 가슴을 드러내고 몸이 징그럽게 생긴 짐승 라미에를 쫓아간다. 마침내 메피스토펠레스는 포르키아스라는 눈 하나와 이를 공유하는 세 여귀의 한 얼굴을 빌려 그리스 귀령과 결합하는 데 성공한다.

문화적응도 인간관계처럼 화학적 반응과 결합, 변환과 반발, 유화로 설명할 수 있을 것이다.

연금술사들은 물질의 변화 속에 인간 사이의 관계 변화, 더 나아가 무의식적 감정의 교류와 변화의 상징을 표현한다. 메피스토의 문화적

하다.
\* 같은 책, 135쪽.

응이 마리아의 공리로 해결될 수 있는 까닭이 여기에 있다.

　메피스토가 북방마귀의 대변자라면 그는 또한 북방 기독교적 신의 그림자상이다. 이 그림자상과 이른바 남방이교異教 신들의 만남과 습합 과정이 바로 고전적 발푸르기스 밤 축제의 이 장면이다. 얼굴을 빌리는 부분적 동일시는 이루어졌으나 진정한 문화적응인 두 문화의 습합이 이루어진 것 같지 않으며, 아마도 그런 것은 실질적으로 기대할 수 없는지도 모른다. 모두 무의식의 그림자끼리 접촉하는 것이므로 의식적 동화의 의지와 태도가 없기 때문이다. 그러므로 전략적으로 표면상 가장된(얼굴만의) 동화일 따름이다. 동서문화의 결합이라는 과제 또한 그만큼 어려운 것 혹은 불가능한 것이 아닌가. 동화同化, Assimilation가 아닌 평화로운 공존, 인간관계에서도 그러하지 않을까 생각해볼 일이다.

　나는 이 대목에서 메피스토펠레스의 특징을 읽을 수 있지 않을까 생각해본다. 그는 못되기는 했으나 소심하고 겁이 많은 존재로 그려진다. 다만 특징적인 것은 그의 모성의존일 듯하다. 가슴을 드러낸 스핑크스 옆에서 편안함을 느끼고 가슴을 드러낸 라미에에게 호감을 느낀다. 모성본능에 의지하는 성향이 매우 강하게 표현되어 있다. 그러나 무엇보다 인상적인 것은 메피스토가 스핑크스에게 수수께끼나 내달라고 할 때 그녀가 한 다음과 같은 말이다.

　　**라미에**　당신 자신의 이야길 하면 그게 벌써 수수께끼가 될 겁니다.
　　　　　당신 마음을 한번 풀어보세요.
　　　　　착한 사람이나 악한 사람에게 다 필요한 존재로서
　　　　　착한 이에겐 금욕을 위해 싸우는 갑옷이 되고,
　　　　　악한 이에겐 미친 짓을 같이하는 동료가 됩니다.

그런데 두 가지 다 제우스신을 기쁘게 하는 것입니다.

연금술의 최고 목표, 이중의 메르쿠리우스<sup>Mercurius duplex</sup>를 표현하는 말이다. 자기원형의 이중성과 모순성을 말하는 것 같다.

## 스핑크스

『변환의 상징』에서 스핑크스의 환상을 해석하면서 융은 스핑크스의 상징적 의미에 관해 많은 지면을 할애했다. 스핑크스라는 말은 수수께끼를 뜻하고 실제로 그 숙명의 문턱에서 수수께끼를 던지는 자다. "스핑크스는 사람들이 공포의 어머니라고 부를 법한 많은 모성 이마고<sup>Mutterimago</sup> 가운데 반신형半神形 표현이다."* 환자들의 꿈에 통상적으로 충동은 즐겨 황소나 말, 개로 나타난다. 동물과 사람, 여러 종류의 동물 사이 혼합체도 꿈에 나타날 수 있다. 신 형태로 표현되는 <sup>Theriomorphe</sup> 리비도는 '동물적' 충동성이며 그것이 억압된 상태에 있음을 보여준다. 신 형태 상징들은 항상 '무의식적' 리비도가 표출된 것이다. 본능의 억압으로 리비도(정신적 에너지)의 후행<sup>Regression</sup>이 일어나는데 이는 항상 정신적 과거로, 즉 어린 시절 부모와의 체험으로 인도되며 후행이 더 진행되면 이를 넘어 전의식(태생 전 시기<sup>prenatal</sup>)에 이른다. 개인의 기억과 결부되지 않은 '유전된 표상가능성의 보배'에 속하는 원형상들이 출현한다. 이때 부분적으로 인간이고 부분적으로 동물의 성질을 지닌 '신적인' 존재가 생겨난다. 그 상들이 출현하는 양식은 의식이 무의식에 대해 부정적 태도를 갖느냐, 그렇지 않느냐에 달렸다. 부정적 태도를 가지면 동물들이 불안을 조성하는 식으로 나타나고, 긍정적이면 '도움을 주는 동물'로 나타난다. 아이의 부모에 대한 지나친 애착은 꿈에서 불안을 자아내는 동물을 통해 의식의 태도를 보상한다. 스핑크스는 모성적 속성의 특성이 분명하게 엿보이

---

\* C.G. Jung, *Symbole der Wandlung*, Rascher Verlag, 1952, p.296.

는 이러한 공포의 짐승<sup>Angsttier</sup>이다.*

스핑크스의 어머니 에키드나<sup>Echidna</sup>가 상반신은 매혹적인 인간, 하반신은 징그러운 뱀 모습을 한 복합존재였음을 상기하며 융은 한편으로는 인간적 자애, 다른 한편 근친간 금기로 인해 공포의 짐승으로 변한 무서운 반쪽이 뒤섞인 모성상에 해당된다고 한다. 융은 "스핑크스의 수수께끼는 그녀 자신이었다. 즉 공포의 모성상이다. 오이디푸스는 그런 무서운 측면이 주는 경고를 받아들이지 못했다"**고 말한다. 오이디푸스 신화가 보여주듯이 모성원형상의 양면성이 어린이 수수께끼를 푼 것으로 극복될 리 없다. 나그네에 대한 스핑크스의 수수께끼는 하나의 함정이었다. 오이디푸스는 자기 오성을 과평가한 나머지 그 함정에 빠졌다. 오이디푸스가 스핑크스의 무서운 측면에 놀랐던들 비극은 피할 수 있었을 것이다.*** 그러나 『파우스트』 제2부에 나오는 스핑크스는 그런 이중적 공포를 나타내지 않는다. 그녀는 터줏대감 마누라처럼 한자리에 굳건히 앉아 메피스토에 대응하고 부드럽게 안내한다.

### 라미에

융은 또한 같은 책에서 무서운 어머니의 상징의 하나인 라미에에 관해서도 비교적 자세히 설명한다. 유혹적인 가슴을 드러냈지만 하반신은 뱀의 몸을 한 유령인 라미에는 어린이를 놀라게 하는 괴물이

---

\* *Ibid.*, pp.299~301.

\*\* *Ibid.*, pp.302~303.

\*\*\* *Ibid.*, pp.302~303. "스핑크스는 '무시무시한' '집어삼키는' 어머니의 인격화다." 융은 말했다. "오이디푸스는 아직 파우스트의 철학적 '놀라움' Verwunderung을 모른다. 즉, 파우스트로 하여금 이렇게 외치게 만든 것: '어머니들!, 어머니들이라! 그 말이 참으로 이상하구나wunderlich! 그는 남자의 익살Witz des Mennes이 스핑크스의 수수께끼를 결코 이겨낼 수 없음을 몰랐다.

다. 본래 라미에는 제우스를 유혹했는데 질투에 찬 헤라가 그녀를 벌주기 위해 죽은 아이만 낳도록 만들었다. 이에 분노한 라미에는 그 뒤부터 아이들을 죽이는 밤의 귀신이 되었다. 이 주제는 민담에서 아이를 잡아먹는 무서운 여귀로 등장한다. 라미에는 또한 게걸스럽게 먹어치우는 커다란 바다물고기로도 알려져 있다. 그래서 고래, 용 주제와 결부되며 따라서 영웅의 탄생과 관계를 갖는다고 융은 말한다. "라미에들Lamien은 그 여성적 성질이 풍부히 담겨 있는 전형적인 밤의 암말Nachtmare, nightmare(악몽)이다."* 공포에 질려 질주하는 준마의 이미지에 걸맞게 그것은 불안한 꿈을 일으키는 자다. 그리고 모든 것을 집어삼키는 밤의 뱀과 싸움은 바로 모성성의 극복을 의미한다.** 라미에 또한 앞에서 말한 대로 이 축제에서는 악귀의 모습을 보이지 않는다.

### 지레네

아니마의 유혹적이며 동시에 위험한 속성의 표상으로 자주 등장하는 것이 지레네다. 새의 몸을 한 요정으로 예쁜 목소리로 뱃사람들을 유인하고 가까이 가면 조소를 보내며 날아가 버려 물에 빠져죽게 만든다. 고전적 발푸르기스 밤 축제에도 지레네가 자주 등장하여 자기네가 해로운 존재가 아니라고 노래하곤 한다. 잘 알려진 독일민요 '로렐라이'는 바로 지레네에 대한 경고를 담고 있다. 폰 프란츠는 개성화 과정을 설명하는 가운데 지레네와 같은 위험하고 해를 주는 운명의 여신Femme fatal, 부정적·살인적 아니마를 언급한다.*** 우리 마음속에서 느닷없이 일어나는 매우 음산하고 부정적인 감정, 그래서 자기 인격을 한마디로 무력화하는 파괴적 생각, '너는 아무것도 아니야!' 하는 내면의 소리, 그것이 살인적 아니마의 특징이다. 그런데 왜 그런 부정

---

* *Ibid.*, p.427.
** *Ibid.*, pp.425~432.
*** 칼 구스타프 융, 이부영 외 옮김, 「개성화 과정」, 『인간과 상징』, 집문당, 2013, 197~202쪽.

적 감정이 그토록 달콤한 유혹의 소리로 포장되어 사람을 유인하는 가? 아득한 옛날부터 인간은 여러 번 되풀이하여 그러한 아름답고 순진하며 매혹적인 여성성이 음험한 독을 품고 있음을 경험해오지 않았던가. 무의식은 그러한 인류의 원초적 체험에서 원형적 양가성을 보여주며 경고하는 이미지를 제공하는 것이다.

물론 아니마나 모성성이 항상 그런 모순된 대극으로만 이루어진 것은 아니다. 무수히 많은 다양한, 이른바 긍정적·부정적·중재적 측면이 존재하며 또한 의식상황에 따라 활성화되고 배정된다.

파우스트는 호문쿨루스의 인도로 어머니의 나라, 무의식의 여러 모성적 상징을 두루 만나고 자기 아니마를 계속 찾아나간다. 그의 무의식적 원형층에 대한 태도가 긍정적이고 적극적이며 또한 '의식된' 행동이었으므로 무의식의 여러 모성상, 여성상도 그에 대해 크게 적대적인 태도를 취하지는 않는다. 혹은 괴테가 그리스 신들에게 느끼는 호감이 신들의 무시무시한 속성을 완화하는지, 그래서 파우스트의 저승행 경험에 융이 『붉은 책』에서 기술한 치열함이 별로 보이지 않는지 알 수 없다.

어떻든 페네이오스강(그리스 동북부 테살리아를 거쳐 에게해로 이어지는 강) 하류에서 파우스트는 융이 말한 대로 '치유의 물'가로 인도된다.

### 페네이오스강 하류

*페네이오스(페네이오스강의 신)가 늪과 물의 요정들에 둘러싸여 있다.*

**페네이오스**  일렁거려라, 속삭이는 갈대여!

고요히 숨 쉬어라! 갈대의 누이들아.

살랑거려라, 늘어진 버들가지여……

소곤거려라, 떨고 있는 백양나무 가지들아.

그러나 무시무시한 진동과

은밀히 만물을 뒤흔드는 소리가

물결 속에서 쉬는 나를 깨우는구나.

Rege dich, du Schilfgeflüster!

Hauche leise, Rohrgeschwister,

Säuselt, leichte Weidensträuche,

Lispelt, Pappelzitterzweige,

Unterbrochnen Träumen zu!

Weck mich doch ein grauslich wittern,

Heimlich-allbewegend Zittern

Aus dem Wallestrom und Ruh.


자연이 깨어나고 있다. 파우스트 귀에 사람 목소리 같은 소리가 들린 것 같다. '사람 목소리', 친근하고 알아들을 수 있는 언어를 자연 속에서 발견한다.

파우스트는 이제 자연의 일부로 침잠한다.


**파우스트**  (강가로 걸어가며)

이 우거진 나뭇잎 사이에서

이 나뭇가지 이 수풀 속에서

사람 소리 비슷한 걸 들은 것 같다.

물결도 무언가 재잘거리고,

살랑대는 바람―흥겨운 이야기를 하고 있구나.

많은 현대인이 일상의 잡도 속에서 자연과 접촉을 잃어가고 있다. 바람소리, 물소리, 새소리―밖의 자연뿐 아니라 안의 자연, 우리 몸, 우리 마음에서 울려오는 신묘한 신호에 귀 기울일 여유를 찾지 못하고 있다. 요정들이 파우스트에게 권한 것은 곧 우리에게도 알맞은 권고일 것이다.

> **님프들**　(파우스트에게)
> 　여기에 편안히 누워
> 　피곤해진 육신,
> 　시원한 그늘에서 푸세요.
> 　늘 얻기 어려웠던
> 　휴식을 즐기세요.
> 　살랑대고 졸졸거리며
> 　당신 귓전에 속삭일래요.

숲과 흐르는 물에 노니는 아름다운 여인들을 바라보면서도 파우스트는 '거기 푸른 잎 무성한 곳에 고귀한 여왕님 숨어 있지 않나 해서' '저 은밀한 곳'으로 눈길을 돌린다. 여왕 같은 백조의 자태 속에서 파우스트가 찾는 고귀한 여인 헬레나 모습을 볼 수 있다. 님프가 키론의 말발굽 소리를 전한다.

키론이 누구인가? 몸은 말이고 머리와 두 팔을 포함한 상체는 인간인 신격이다. 같은 모습을 한 야생적이고 호색적인 켄타우로스와 달리 크로노스와 필리라Philyra의 아들이며 물의 요정이 종마로 양육했다. 키론은 사람과 친하고 지혜로우며 치료술뿐 아니라 모든 예술, 특히 음악에 정통하다. 그는 친우 아폴론에게서 궁술을 전수받았고 이아손, 아스클레피우스, 아킬레우스 등 영웅의 스승이었다. 크로노스 아들로 불사의 능력을 보장받았으나 헤라클레스의 독화살이 스쳐지나가는 바람에 끝없는 고통을 겪어야 했다. 혹은 불사의 능력이 반쯤 보존되어 하늘의 켄타우로스 성좌로 남았다.*

파우스트와 키론의 대화는 존경과 겸손이 교차하는 가운데 이루어 진다. 결국 헬레나에 관한 이야기로 유도된다.

> **파우스트** 이번에는 세상에서 가장 아름다운 여자 얘기도 해주
> 시오!
> **키론** 뭐라고! 여인의 아름다움이란 별것 아니오.
> 자칫 하면 고정된 모습이 되기 쉽지.
> 내가 찬양할 만한 존재의 본질은 오직 명랑하게 삶을 즐
> 기는 데서
> 샘솟듯 솟아나는 것일세.
> 아름다운 여인은 자기도취에 빠지기 쉬운데,
> 애교<sup>die Anmut</sup>야말로 거역하기 어려운 법이오.
> 내가 태워다주었던 헬레나처럼.**

키론과 파우스트의 대화에 비친 헬레나 모습은 우아함, 애교, 귀엽고 영리하고 자신만만함, 젊고 매력적이며 모든 시간을 초월한 존재, 위대하고 상냥하고 고상하고 사랑스러우며 신들에 못지않은 영원한

---

\* M. Grant, J. Hazel, *Lexikon der antiken Mythen und Gestalten*, p.100, pp.239~240.

\*\* Goethe, *Faust*, dtv, p.216; 괴테, 정서웅 옮김, 앞의 책, 152쪽. '잘난 여자' 를 세상von der schönsten Frau에서 '가장 아름다운 여자'로 바꾸었고 다른 부분도 손을 댔다. 괴테, 정서웅 옮김, 앞의 책, 385쪽 참조. 우리 마음을 사로잡는 우미(애교Anmut)는 생동하는 아름다움 속에만 있다는 실러의 설에 괴테도 찬동하고 있음을 정서웅의 각주에서 확인할 수 있다. 괴테, 정서웅 옮김, 앞의 책, 152쪽 각주 46). 또한 키론은 신화상으로는 헬레나를 태워준 적이 없다. 괴테, 박환덕 옮김, 앞의 책, 각주 87); Goethe, *Faust*, dtv, p.377 참조.

존재, 아름답고 매력적인 모습이었다. 파우스트는 외친다.

> **파우스트**　이제 내 마음과 몸이 꼼짝없이 사로잡혔으니,
> 　　　　　그녀를 얻지 못한다면 살아갈 수가 없습니다!*

분명 이것은 아니마 원형상에 사로잡힌 상태다. 치유의 신 키론이 파우스트를 치료가 필요한 환자라고 본 것은 당연하다. 아름다움에 일정한 거리를 둘 수 있는 노현자 같은 키론의 다음과 같은 말이 그럴 듯하다.

> **키론**　낯선 친구여, 그대는 인간으로선 매력적이나
> 　　　　귀령들Geister 눈에는 미친놈으로 비칠 것이오.**

키론은 아스클레피오스의 딸 만토를 소개하며 그녀 곁에 머물면서 약초의 힘으로 병을 고칠 것을 권한다. 그러나 파우스트는 이를 거절한다. 치료 같은 건 안 받는다. 자기 심신Sinn(감관, 의식)은 강성Mächtig하니까. 치료를 받으면 다른 이들처럼 속물Niederträchtig이 되고 말 것이라고 한다.*** 정신건강의학과 의사들이 오늘날에도 자주 듣는 말이다. 원형상 체험은 괴롭지만 동시에 매우 강한 광희狂喜를 그것에 사로잡힌 사람에게 일으킨다. 그것은 신의 체험이기 때문이다. 약초 등으로 그 체험의 초인적 강렬함과 특이성을 박탈당하고 평범한 사람으로 돌아가고 싶지 않다. 파우스트의 태도에서 우리는 항상 되풀이되어온 사랑에 눈먼 사람의 인간적 저항을 본다. 그러나 빙의가 아무리 달콤한 감흥을 준다 해도 그것은 제거되어야 한다. 키론의 태도는

---

　* 괴테, 정서웅 옮김, 앞의 책, 154쪽.
　** 같은 곳.
　*** Goethe, *Faust*, dtv, p.217.

단호하다. "고귀한 샘물의 영험을 소홀히 하지 마시오!" 물의 치유력을 강조하는 말이다. 융이 연금술의 '영원한 물'Aqua permanens에 비유한 치유의 물이다. 파우스트는 열병을 앓고 있다. 물로 식히고 정화해야 한다. 그것은 달빛과 같은 부드러움, 여성성, 샘과 같은 창조적 생동성을 상징한다. 만토에게 파우스트를 의뢰하면서 키론이 말한다.

> **키론**  이 사람을 휘몰아 예까지 데려왔지.
> 헬레나에게 미쳐 그녀를 얻으려 하지만
> 어떻게, 어디서 시작해야 할지도 모른단다.
> 무엇보다 아스클레피우스의 치료가 필요한 사람이다.*

만토의 반응도 매우 치유적이다.

> **만토**  불가능한 것을 갈망하는 자, 그런 사람을 전 좋아해요.**

현대의 많은 아버지는 혹은 치료자조차 '분에 넘치는' 큰 꿈을 꾸는 젊은이에게 뭐라고 말할까? 현실을 보라. 택도 없는 소리 말라. 넌 안 된다 등으로 그것이 헛꿈임을 알게 하려고 애쓸 것이다. 그러나 나는 그런 환원적·부정적 사고는 젊은이에게 맞지 않는다고 늘 강조해왔다. 높은 곳으로, 더 멋있는 것을 하고 싶은 젊은이 마음을 받아주어야 한다. 그것은 최소한 그가 붙잡을 수 있는 희망이다. 그다음에 그 목표를 쟁취하기 위해 무엇이 필요한지를 함께 생각하는 것이다. 만토는 무엇으로 치료하는가. 그녀 아버지 아스클레피우스의 신전에서 행해지던 것처럼 인쿠바치오Incubatio, 꿈의 세계로 하강하는 것이다. 고대 그리스의 아스클레피오스 신전에서는 환자들이 일정한 장소

---

* 괴테, 정서웅 옮김, 앞의 책, 156쪽.
** 같은 곳.

에 머물면서 꿈에 아스클레피오스 신이 나타나기를 기다렸다. 무의식으로 하강, 치유자 원형과 접촉이 곧 치유의 길이었다.* 앞에서 지적한 바와 같이 만토의 다음 말을 보면 그녀가 파우스트를 어디로 인도하는지를 알게 된다.

> **만토**　들어오세요! 용감한 분, 기뻐해도 될 거예요!
> 　　　이 어두운 길은 페르세포네에게 통하지요.**

그것은 페르세포네가 살고 있는 저승의 세계, 현대적 언어로 무의식의 세계였다.

> **만토**　언젠가 제가 오르페우스를 들여보낸 적이 있죠.
> 　　　더 잘해보세요! 기운을 내요! 마음을 굳게 먹고요!***

그들은 아래로 내려간다. 장면이 바뀐다.

### 페네이오스강 상류

*산山, 소인족, 메피스토와 라미에*

같은 페네이오스강 상류이고 이전과 같이 지레네, 개미, 스핑크스 등이 등장하지만 처음부터 다른 것은 지진이 사이스모스로 의인화되

---

　* C.A. Meier(1986), The Dream in Ancient Greece and its Use in Temple Cures(incubatio)(in) C.A. Meier, *Soul and Body*, The Lapis Press, Santa Monica, pp.190~209 참조.
　** 괴테, 정서웅 옮김, 앞의 책, 156쪽.
　*** 같은 곳.

어 땅을 들어 올려 큰 산을 만들기 시작한다는 점이다. 지레네와 스핑크스가 난리를 피우는 가운데 사이스모스는 고요한 강 언덕을 밀어 올리면서 외친다.

> **사이스모스**  내가 밀어 올리지 않았던들,
> 저 맑고 푸른 창공 위에
> 어찌 솟아나 있었으랴!
> ……
> 그래서 지금도 엄청난 노력으로
> 깊은 심연으로부터 밀고 올라와
> 나, 유쾌한 주민들을 향해
> 새로운 삶을 소리쳐 요구하는 것이다.*

융이 이 대목을 '인격의 새로운 변환'이라고 본 것은 당연하다. 새로운 산, 인격의 생성과정은 때론 이렇게 충격적으로 일어난다. 새로운 인격이 생성되면 새 기능이 분화되고 새 과제가 제기되며 또한 갈등이 발생한다. 소인족과 개미와 그라이프 그리고 난쟁이 피그미들이 새로운 산에 모여들어 활발히 작업을 개시한다. 꼬마 난쟁이 닥틸레는 말한다.

> **닥틸레**  어머니 대지는 하룻밤 사이에
> 조그만 아이들을 낳았습니다.
> 아주 작은 꼬마도 낳을 테니까
> 어울리는 상대도 찾아내겠죠.**

---

\* 같은 책, 160쪽.
\*\* 같은 책, 162~163쪽.

그라이프는 개미들에게 황금을 바위틈에서 찾아내도록 독려하고 개미들은 부지런히 황금을 찾아낸다. 피그미들은 새로운 보금자리를 차지하고 최고령 피그미의 지시에 따라 대장간을 만들고 쇠를 수집하며 장작을 가져다 숯을 만든다. 그것은 바로 갑옷과 무기를 만들기 위한 것이다 그것은 곧 장군의 공격성으로 이어진다. 이비쿠스의 학을 활로 쏘아 죽이는 일이 생긴다. 이비쿠스는 파우스트 역자의 주석에 따르면 기원전 6세기 그리스 시인이라고 한다. 실러의 담시 「이비쿠스의 학」에 따르면 이비쿠스의 억울한 죽음을 목격한 학이 그 죄상을 폭로해 복수할 계기를 마련해주었는데, 여기서 학들이 복수를 외치며 날아가는 것은 피그미들이 백로를 죽여 투구 장식으로 삼았으므로 이에 대한 복수를 요청하는 것이라고 설명하고 있다. 개미와 닥틸레들은 "우리가 쇠붙이를 구해오면 저들은 쇠사슬을 만든다"고 한탄하고 이비쿠스의 학들은 "백로의 고상한 장식을 앗아간다"고 호소한다.

그것은 마치 근면하게 보배로운 것을 축적하고 보호해온 인간이 일단 권력을 쥐고 나면 곧 정복욕에 불타 고귀한 정신성을 말살하고 영적 산물을 단지 권력의 장식품으로만 쓰고 마는 인간 행태와도 같다.

백로들이 울면서 공중으로 흩어졌을 때, 메피스토펠레스가 등장한다.

그는 마녀들에게 흥미를 느껴 스핑크스를 떠났는데 마녀 라미에들로부터 유혹을 받아 번번이 속아 넘어간다. 메피스토는 마녀들이 '어디를 만져봐도 성한 곳 한군데도 없이 사지가 온통 썩어 문드러졌다'는 사실을 잘 알고 있다 그러나 그의 몸이 그 오성을 따르지 않는다. 고백하기를 "하지만 저 썩은 년들이 피리를 불면 춤을 추게 된단 말이야!" 한다. 라미에는 작당하여 그를 유혹하고 메피스토는 다가가기로 결심한다.

**메피스토**  "바보 꼴이 되지는 말아야지.
  세상에 마녀들이 없다면
  어떤 악마가 악마 노릇을 하겠나?*

라미에는 참모습을 보이기로 하고 메피스토펠레스가 붙잡는 여귀들마다 말라빠진 빗자루, 도마뱀, 바카스 신의 지팡이, 말불버섯으로 변한다. 마녀들은 마지막에는 메피스토펠레스를 완전히 골탕 먹이기로 한다.

**라미에들**  흩어지라! 둥실 떠다니자!
  번개 치듯 검은 날개를 펼쳐
  굴러든 마녀의 아들놈을 에워싸자!

  불안하고 소름끼치는 원으로!
  박쥐처럼 소리 없이 날개를 쳐라!
  하지만 녀석은 용케 빠져나갔네.**

천신만고 마법의 원을 빠져나온 메피스토는 몸을 떨면서 '난 아직도 똑똑하지 못한 모양'이라고 탄식한다. 여기에 표현된 메피스토펠레스의 모습은 마치 밤중에 으슥한 다리 밑에서 어여쁜 여자를 만나 달콤한 사랑의 꿈을 꾸다가 아침에 부지깽이를 붙들고 있는 자신을 발견하는 옛날이야기에 나오는 한국의 선비와 같다. 메피스토펠레스는 결코 극악무도한 절대악이 아님이 분명하다. 그는 마법의 원을 피할 만한 능력이 있는 사기꾼$^{Trickster}$ 원형상이다.

귀령들의 농락에서 빠져나와 돌각다리길에서 헤맬 때 비로소 메피

---

\* 같은 책, 167쪽.
\*\* 같은 책, 170쪽 번역을 약간 수정했다.

스토는 산을 의식한다. 그리고 산의 정령 오레아스는 그에게 산의 유래와 흔들림 없이 서 있는 산의 의연함, 하나의 주체성을 가르쳐주며 귀령의 허망함을 말한다.

> **오레아스** "이리 올라오세요! 나의 산은 오래되었고,
> 태곳적 자태로 서 있답니다.
> 험준한 바윗길들을 존경하세요.
> 핀두스산맥에서 뻗어 나온 마지막 줄기랍니다!
> 폼페이우스가 날 넘어 도망쳤을 때에도
> 나는 꼼짝없이 이렇게 서 있었지요.
> 옆에 있는 환상의 모습일랑
> 첫닭의 울음소리에 벌써 사라져버리지요.
> 그런 이야기들은 생겨났다간
> 갑자기 다시 사라져버릴 때가 많지요.*

이때 메피스토는 비로소 산을 찬양한다.

> **메피스토** 거룩한 산봉우리여, 삼가 경의를 표하노라.
> 높은 참나무숲으로 덮인 산이여!
> 한없이 맑은 달빛조차
> 그 어둠 속을 뚫지 못하는구나.**

메피스토펠레스는 결코 반자연적인 악마가 아니다. 자연의 위대함과 그 불가해한 깊이를 존중하는 자다. 융이 그를 기독교의 사탄이기보다 연금술의 목표인 메르쿠리우스라고 생각한 것은 매우 타당한 것

---

* 같은 책, 171쪽.
** 같은 책, 173쪽.

같다.

## 호문쿨루스와 메피스토

마녀와 부질없는 놀이에서 정신을 차리고 산의 위대함을 발견했을 때 메피스토는 멀리서 다가오는 호문쿨루스의 불빛을 본다.

호문쿨루스의 등장과 함께 이야기 주제는 '생성론'에 집중된다. 고대 그리스의 화성론자火成論者 아낙사고라스와 수성론자水成論者 탈레스의 대화와 호문쿨루스의 물음으로 시작된다. 만물이 불에서 시작되었다고 주장하는 사람과 만물이 물에서 생겨났다고 하는 사람 사이의 대화는 이 극 중에서는 불과 물의 대극처럼 대극적이다. 작품『파우스트』를 관통하는 대극성의 한 면을 나타낸다고 할까. 아낙사고라스가 보고 놀라는 극적 생성의 사건을 탈레스는 보지 못하고 환상에 불과한 것으로 보는 등 양자의 대극성을 조금씩 노출한다. 아낙사고라스가 작은 존재에 관심을 보일 때, 탈레스가 크고 힘센 것의 중요성을 강조하는 점도 주목된다. 호문쿨루스는 아직 자기 길을 못 찾고 그 두 철학자에게서 배우려 하고 이에 대해 메피스토펠레스는 교훈적이고 지혜로운 말을 해준다.

**메피스토** 생성을 원한다면 자네 자신의 힘으로 이루어보라.*

생성에 대한 토론 배경에는 큰 지진 뒤에 방금 일어난 산의 극적인 형성, 산의 극적인 변화를 인식하라는 메시지가 있고 호문쿨루스는 최소한 그 생성의 변화를 인지한다. 메피스토가 그의 고향 하르츠 산의 송진냄새와 유황냄새를 그리워할 때 그는 동굴에 웅크리고 있는 눈 하나, 이빨 하나씩 가지고 있는 바다의 신 포르키아스의 세 딸

---

* 같은 책, 172쪽.

을 발견한다. 메피스토와 포르키아스 딸들의 대화와 놀이로 이 장면이 끝나고 에게해 바위만으로 장면이 크게 바뀐다. 파우스트는 그동안 어디로 갔는가? 그는 에게해만에도 안 나타나고, 제3막 중간 부분에서 비로소 헬레나 앞에 나타난다. 포르키아스의 딸들도 3막에 다시 등장해 헬레나와 긴 대화를 한다. 괴테가 이런 구성에서 무엇을 독자에게 알려주려 했는지 문학비평가들은 나름의 의견이 있을 것이다. 어떻든 발푸르기스 밤의 축제는 아직 끝나지 않았고 우리는 더 많은 기이한 현상과 더욱 다양한 귀령, 특히 많은 다양한 여성원형상을 보고 느껴야 할 모양이다. 원문을 인용하면서 몇 가지 의미 있어 보이는 주제를 언급해볼까 한다.

메피스토펠레스가 호문쿨루스에게 어디서 오는 길이냐고 물었을 때 호문쿨루스의 대답을 음미할 필요가 있다.

> **호문쿨루스**  이렇게 여기저기 떠돌아다니지요.
> 최상의 의미로 생성되고 싶어서지요.
> Und möchte gern im besten Sinn entstehn.
> 이 유리를 깨뜨리고 싶어 안달이 날 지경이에요.
> 하지만 지금까지 살펴본 바로는
> 들어가고 싶은 곳이 하나도 없어요.*

인조인간 호문쿨루스는 인공적인 유리를 깨뜨리고 싶어 한다. 그래서 이 지상에서 다시 생성되고 싶어 한다. 그는 그를 구체화할 수 있는 대상을 찾으나 찾지 못했다. 말하자면 인간 속에 성육신<sup>Reincarnate</sup>하고자 한다. 혹시 고대 그리스 철학자로부터 이에 대한 해답을 구할 수 있을까 해서 이들을 따라나섰다는 것이다. 인조인간이 사랑도 하고

---

\* 같은 곳.

공감도 하면서 나중에는 사람이 되고 싶어 하는 영화를 본 일이 있다. 인공지능의 개발이 미래 인간에게 어떤 영향을 줄지 생각해본다. 병원진료의 전산화로 우리는 이미 의사와 환자 사이에 기계라는 중간벽을 쌓아버렸다. 의사와 환자가 마주 보고 눈을 마주치고 대화하고 손으로 진찰하는 의사-환자 사이의 감정소통은 많이 약화된 지 오래다.

  인간 비슷한 기계를 아무리 다양하게 만든다 해도 그것들은 모두 유리관 속의 존재에 불과하다. 즉, 인공적·기계적 원리로 만들어진 판에 박은 평균인간이 될 것이다. 물론 그것은 여러 가지 편리함을 가져다줄 것이다. 그러나 어디까지나 '인간 비슷한 것'에 머무를 수밖에 없을 것이다. 인간과 인간 사이의 진정한 소통, 자기 자신의 마음 내면에 대한 깊은 인식은 기계와 관계에서 기대할 수 없다. 극 중 호문쿨루스는 그런 기계성을 깨뜨리고 싶어 한다. 그러나 두 철학자가 그에게 답을 줄 수 있을지 의문이다. 메피스토의 다음과 같은 대응은 현자 메르쿠리우스의 지혜를 엿보이게 한다.


**호문쿨루스**  이 두 사람을 놓치지 않으렵니다.

그들은 세상의 일을 잘 알 테니까요.

결국 그들에게서 배우겠어요.

어느 쪽으로 가는 게 가장 현명한지를.


**메피스토**  그런 건 자네가 직접 하게나.

유령들이 판을 치는 곳에서는

철학자들도 환영받을 테니까

그들은 당장이라도 한 다스 유령을 만들어내

기술과 호의로 사람들을 기쁘게 할 수 있거든.

방황해보지 않으면 자각에 이르지 못하는 법이야.

생성을 원한다면 자네 자신의 힘으로 이루어보게나!*

메피스토의 말은 괴테의 말이며, 융의 말이며, 또한 오늘날 현학적·합리적 이론보다 체험과 그 체험의 반성을 중요시하는 모든 학파의 정신치료자들의 말이다.

## 화성론자와 수성론자의 논쟁

아낙사고라스는 정열적인 경험론자였는가. 탈레스에게 한 다음과 같은 말을 보면.

**아낙사고라스**  오, 탈레스, 자네는 하룻밤 사이에
　　　　　　진흙으로 이런 산을 만들어낸 적이 있는가?

**탈레스**  자연과 그 활기찬 흐름은 결코
　　　　　　낮이나 밤이나 시간에 구애받지 않는다네.
　　　　　　어떤 형상이든 규칙에 따라 만들어내지
　　　　　　아무리 위대한 것일지라도 폭력을 쓰지는 않는다네.

**아낙사고라스**  그러나 여기선 그랬지! 플루토의 성난 불길과
　　　　　　에올스의 연기가 무섭게 폭발하면서
　　　　　　평평한 땅의 해묵은 껍질이 깨지고,
　　　　　　당장 새로운 산 하나가 생겨났네.*

격렬한 정감을 수반한 깨달음이 탈레스에게는 '폭력'으로 보였던 것 같다. 물의 부드러움과 고요함을 도에 비유한 노자도 "큰 도는 흘러넘쳐 왼쪽에도 오른쪽에도 어디에나 있다"고 말했다.**

탈레스 눈에는 보이지 않고 아낙사고라스에게는 보이는, 그리고 호문쿨루스에 의해 확인되는 달과 관련된 대참사는 묵시론적 세계몰락

---

* 같은 책, 172~173쪽.
* 같은 책, 173~174쪽.
** 노자 『도덕경』 34장 大道氾兮, 其可左右; 이부영, 『노자와 융』, 한길사, 2012, 152쪽 참조.

의 모습을 보이는데 심리학적으로 해석하기가 쉽지 않다. 사건의 발단은 새로운 산에 모여든 난쟁이들에게 백로들이 피비린내 나는 복수를 한다는 탈레스의 말이다. 탈레스가 백로에게 살육되는 난쟁이 군대 이야기를 하고 잠시 뒤 아낙사고라스가 지금까지 지하계적인 것을 칭송했지만 이 경우에는 하늘을 향해 기도해야겠다며 달을 부른다.

'우리 종족의 고통 때문에' 부른다고 했는데 '이 경우'란 무엇이며 '우리' 민족이란 무엇을 말하는지 확실하지 않다. 분명 백로들과 난쟁이들 사이의 갈등과 관계될 테고 우리 민족이란 현재 내몰리는 작은 종족들을 가리키는지도 모르지만 그것은 너무 단순한 생각인 듯하다. 오히려 이 모든 복수극의 고통 전체를 가리킨다고 보아야 할 듯하다.

아낙사고라스의 소원은 '그대 그림자의 무서운 입을 벌려 옛날 위력을 마술 없이 보여달라'는 것이었다. '그대 그림자의 무서운 입'이란 무엇이며, '옛날의 위력'이란 또 무엇인가? 확충과 주석이 필요한 부분이다. '둥글게 에워싸인 여신의 옥좌'는 분명 밤의 왕 달 여신의 위용을 나타낸다. 그런데 그것은 자애로운 치유의 여신과 같은 면모를 보이지 않고 점점 무서운 모습으로 변한다. 아낙사고라스는 놀라서 외친다. "더 가까이 오지 말라. 위협적인 둥근 달이여! 그대는 우리 땅과 바다를 파멸시키려는가?" 달은 점점 가까이 오면서 어두워지더니 큰 소리를 내며 폭발한다. 아낙사고라스는 옥좌 아래에 엎드려 경솔하게 달을 부른 것에 대해 용서를 빈다. 달은 일찍이 지상의 마녀들 꾐에 빠져 궤도에서 벗어나는 위협을 받은 것으로 되어 있다. 한을 품은 달 여신이 지상 세계에 내린 징벌일까.

파우스트를 자아$^{Ego}$의 위치에 놓고 고전적 발푸르기스 밤의 축제를 그가 그의 아니마(헬레나)를 만나기 전 치유하기 위해 겪어야 할 무의식의 원형들의 세계라고 할 때, 아낙사고라스가 설명하고 경험한 이바쿠스 학의 복수전과 달의 무시무시한 변신으로 말미암은 일대 살육, 전쟁 종식과 같은 묵시론적 변혁의 에피소드는 무엇을 의미할까? 고전적 발푸르기스의 축제가 마녀들조차 해로운 측면을 드러내지 않은 채 평화롭고 명랑하게 펼쳐지는 가운데 일어난 재앙적 사건이기에 그냥 지나칠 수는 없겠다. 그런 재앙적 사건이 처음에는 대지의 변혁, 대지진으로 일어났고 융이 인격의 형상이라 이름한 산의 출현을 보았다. 산이 생기자 그 속에 작은 종족의 주민이 생겼으며 여기서 작은 종족들이 과거에 이비쿠스의 백로의 털을 그들 투구 장식으로 삼고자 살육한 것에 분노한 이웃 검은 학들의 복수의 살육극이 벌어졌고 작은 종족들이 밀려나는 사태에 이르렀다. 이때 아낙사고라스는 말한다.

> **아낙사고라스** 지금까지는 땅에 주목했으나
> 이제는 하늘에 빌어야겠다.

분명 이 사건은 대지와 하늘 사이의 대극성과 관계한다. 생성하는 것의 주제는 대지의 흔들림에서 천체의 흔들림과 하늘로부터 내리는 운석 무리에 의한 싸우는 자들 모두의 살육과 전쟁의 종식—한반도에서 우리가 오늘날 직면하는 것처럼—그것은 땅의 능력에 대한 관심뿐 아니라 하늘의 위력에 대한 관심을 불러일으킨다.

피그미 등 작은 종족의 학에 대한 공격은 하늘을 나는 '영적인', 기품 있는 새로 대변되는 정신적·영적 세계에 대한 지상적·세속적 혹은 본능적인 것의 공격이라는 원초적 인간심성의 조건에 토대를 둔다. 땅속(틈바퀴) 주민은 하늘의 흰 새를 그리워한다. 그래서 그들의 날개깃을 장식으로 삼으려 한다. 이들은 사랑을 정복으로 소유하는 것으로밖에 알지 못한다. 흰 학의 사랑의 순수성은 그렇게 동물적·본능적 욕구의 제물이 되기 쉽다. 이것은 검은 학—흰 학의 그림자—에 의해 혹독하게 복수를 받는다. 기품 있고 순수하며, 거룩한 사랑의 여인의 의식 뒤에 숨은 증오와 분노의 화신이 자기를 힘으로 정복하고 장식품으로 데리고 다니는 남성을 어떻게 복수하는지, 인류 역사는 많은 유례를 남기고 있다. 본래 작은 종족은 선한 기능을 하지만 때론 이렇게 상대방을 상처 줌으로써 '아름다운' 사랑 뒷면에 있는 흉포함을 불러일으키는 역할을 한다.

아낙사고라스는 여기서 무엇을 바라고 달에게 호소했던가? 아마도 달의 중재를 원한 것은 아닐까? 달의 속성상 달이 지혜롭고 부드럽게 양자 사이를 중재해주기를 바랐을 것이다. 자기가 달을 불러내는 주력을 가졌다고 자랑하기 위해 호소한 것은 아닐 게다. 평화협정으로 파멸할 위기에 있는 작은 종족을 돕기 위해 나선 것일 게다.

그러나 달은 부름에 맞추어 지상 가까이 왔으나 이미 용서와 화해, 평화의 여신이 아니었다. 그녀는 점점 분노의 여신으로 모습을 바꾸어나갔다. 마침내 땅에 부딪혀 운석은 사방으로 날리고 두 종족 모두를 죽임으로써 싸움을 끝내게 한다.

지금까지 작품 『파우스트』에 나온 달은 치유의 달이었다. 그러나 여기에서 괴테는 '성난 달'을 등장시켰다. 달이 자신의 온몸으로 땅에 부딪혀 산산조각 나는, 그래서 싸우는 자들이 모두 죽어버리고 싸울 거리가 없어져버리는 끔찍한 사태를 현실에서 상상해보라. 일찍이 그러한 신화소가 어디에 있었던가? 괴테는 그것을 만들어냈고 그러한 신화소의 존재를 시인하는 것 또한 그리 어려운 일이 아닌 세상이 되었다.

괴테는 아낙사고라스로 하여금 그가 부르는 달의 여신이 밝은 면뿐 아니라 어두운 면을 포함한 여러 측면이 있음을 보여준다.

**아낙사고라스**　그대여! 천상에서 영원히 늙지 않는 분이시여.
　　　　　　　세 가지 이름과 세 가지 형상을 지닌 자여.
　　　　　　　……

디아나, 루나, 헤카테여!

그대, 가슴을 펴고 심사숙고하는 자여,

그대, 조용히 빛을 발하는 강하고도 은근한 자여.

그대 그림자의 무서운 입을 빌려

Eröffne deiner Schatten grausen Schlund!

옛날의 위력을 마술 없이 보여주소서!

Die alte Macht sei ohne Zauber kund!*

 

달의 세 가지 이름과 형상은 초승달, 보름달, 그믐달로 달의 소장
消長을 나타내고, 천상에서는 디아나, 지상에서는 루나, 지하계에서
는 헤카테라는 이름의 달에서 지하계적 어둠의 측면을 지적하고 있
고 '그대 그림자의 무서운 입을 벌려' '옛날의 위력을 마술 없이 보여
주소서' 하는 마지막 구절에서는 달의 잡아먹는 어두운 모신母神 모습
을 사술 부리지 말고 진지하게 드러내라 했으니 아낙사고라스는 달의
진정한 어두운 파괴력을 요구한 셈이다.** 그리스신화의 헤카테Hekate
는 사냥꾼과 뱃사람의 수호신이지만 또한 달의 여신으로 밤의 신비한
지배자이며 모든 출입문과 길거리의 보호자다. 그와 같은 자애롭고도
강력한 헤카테의 이미지는 뒤에 밤마다 갈림길에 출몰하는 유령 같
은 신격으로 변한다.*** 그녀는 모든 주술사를 통솔하는 주술사이며 명
부에 살면서 인간을 놀라게 하기 위해 죽은 자들의 혼령을 부른다. 많
은 유령현상은 그녀에게 속하는데 파우스트에 등장한, 여러 모습으로
나타나 인간을 불안하게 만드는 엠푸사Empusa나 아이 살코기를 탐내
는 라미아lamia도 이에 속한다. 달의 귀녀鬼女와 관계나 집어삼키는 파

---

* 괴테, 정서웅 옮김, 앞의 책, 176쪽; Goethe, *Faust*, dtv, p.229.

** 괴테, 정서웅 옮김, 앞의 책, 175~176쪽.

*** E. Peterich, *op. cit.*, pp.60~61. 또한 삼판자로서 달, W. Eberhard(1987),
*Lexikon chinesischer Symbole*, pp.197~198. 袁珂, 伊藤等 譯, 『中國古代神話』,
50쪽 참조; 森三樹三郎, 『中國古代神話』, 大安, 1969, 187~194쪽.

괴적 모성의 속성과 관계가 암시된다. 아낙사고라스가 묘사하는 달은 그 자체로 자율성을 가지고 움직이기보다는 주력呪力에 따라 정상적인 궤도에서 일탈해 재앙을 일으킬 수 있는 대상으로 그려져 있다.*

> **아낙사고라스** 그럼 그게 사실이었던가? 데랄리아의 마녀들이
>             뻔뻔스럽게 마술을 부려 친한 척하며,
>             노래를 불러 그대를 궤도에서 끌어내려
>             크나큰 재앙을 그대에게 강요했다는 것이.

아낙사고라스는 또한 달을 부른 자기 행위가 주력을 발휘해 "하늘을 향한 내 소망이 자연의 질서를 어지럽혔는가?"라고 반문함으로써 자기 주력의 영향력을 자랑하는 듯했다가 그 파괴력이 현실로 다가오자 놀라 용서를 비는 자세를 취한다. 달의 절대적 자율성이 그로써 약화된 감이 있지만 달을 불러온다는 것이 분석심리학적으로 치유자-원형Healer archetype이기도 한 자기원형을 활성화하는 것이라고 보는 데 무리가 없다. 아낙사고라스는 원형상 활성화(의식으로 접근)를 생생하게 묘사한다.

> **아낙사고라스** 둥글게, 에워싸인 여신의 옥좌가
>             크게, 점점 크게 다가온다.
>             보기에도 무섭고 엄청나구나!
>             어스름한 곳에 붉은빛이 물들어간다.
>             더 가까이 오지 말라, 위협적인 둥근 달이여!
>             그대는 우리 땅과 바다를 파멸시키려는가?
>             ......
>             빛나는 원반이 어두워지며

---

* 괴테, 정서웅 옮김, 앞의 책, 176쪽.

돌연한 폭발에 번쩍번쩍 불꽃이 튀누나.
저 폭발음! 저 쉿쉿거리는 소리!
그 사이로 천둥소리, 폭풍소리!*

　자기원형이 의식세계 가까이로 활성화되어 접근한다는 것은 결코 편안한 일이 아니다. 그것은 임상적으로는 급성 정신병 발발 시초의 경우와 비슷하다. 원형은 핵폭탄처럼 강력한 에너지를 가지고 있기 때문이다. 모든 원형이 그러하듯 자기원형 또한 어둡고 밝은 양면을 가지고 있다. 여러 차례 반복되어 언급해왔듯이 핵이 좋게도 나쁘게도 쓸 수 있는 것처럼 원형의 작용 또한 자아의식의 그에 대한 태도 여하에 따라 긍정적으로도 부정적으로도 나타날 수 있다. 달의 변화가 아낙사고라스의 경솔한 자만 때문이라고 할 수 있는 부분이 없지는 않지만 그렇다 하더라도 이 경우에는 '달 자체의 의도 표현', 즉 자기원형 자체의 의도를 나타내는 것이라고 보아도 좋을 듯하다.
　대극 간의 공격과 보복이라는 복수극의 악순환을 끊기 위해서는 '달의 분노'—초월적인 곳에서 일어나는 거룩한 분노의 강력한 충격이 필요할 때가 있다. 그러한 충격이 현실에서 어떤 형태로 일어날지 아무도 모른다. 그러나 이 장면처럼 달이 부딪혀 부서져버리는 '달의 희생'—신의 자기희생이라야 한다면 세계는 어떻게 될까? 암흑일 것이다. 뒤에 달의 건재함을 보여주지만, 사실 신은 인간과 달리 항상 새로이 생성하는 힘을 가지고 있는 만큼 달이 비록 산산조각 났더라도 다시 회복되어 만물을 그녀의 부드러운 빛으로 감쌀 수 있다. 실제로 달은 항상 죽고 또한 재생하는 특성 속에서 살고 있다. 그런 의미에서 달은 재생의 상징이기도 하니 달이 멀쩡하게 또 있는 사실이 앞의 사건의 진실성을 부정하는 조건은 안 된다.
　오히려 나는 그 달은 '상처 입은 달'이라 생각하고 싶다. 방금 커다

---

* 같은 책, 175~176쪽.

란 충격으로 지상의 갈등을 해결하느라 크게 상처 입고 멍들었으나 지금 밝은 모습으로 모든 중생을 따뜻하게 어루만지는. — 오늘날에도 탈레스처럼 우리 의식 너머의 원리로 이루어진 의미 있는 재앙의 뜻을 그저 상상에 불과한 것이라든가, '과학적으로 증명되지 않는 것'이라고 무시해버리는 이성지상주의자가 적지 않은 듯하다.

달은 치유자의 그림자를 동원해 지상의 갈등을 해소했는데 이는 마치 자주 언급되었듯이 폰 프란츠가 말한 대로 '자기$^{Selbst}$가 나타나기 전에 먼저 그림자를 던진' 경우와 같다. 하늘에서 떨어지는 돌들(운석)은 운석에 대한 괴테를 비롯한 당대 과학자들의 관심을 반영한 것이기도 하겠으나 나에게는 『현대의 신화』에서 융이 연구한 자기 상징의 유례인 '하늘에서 떨어지는 둥근 돌들'이 연상된다. 달의 자기원형상으로서 상징성을 뒷받침하고 있다.

탈레스로 대변된 환상의 현실성을 모르는 합리주의적 의식세계의 주장과 달리 무의식의 전체성을 대변하는 호문쿨루스 입장에서는 이 모든 끔찍한 파괴가 창조적 형성을 의미한다는 것을 알고 있다. 호문쿨루스는 그러한 창조과정에 매력을 느낀다. 그는 말한다.

> **호문쿨루스**　저 피그미들이 있던 자리를 보세요!
> 둥글던 산이 이제는 뾰족해졌어요.
> 전 무시무시한 충격을 느꼈습니다.
> 바위가 달에서 떨어져 그만 다짜고짜로
> 친구건 적이건 닥치는 대로 짓이겨 죽였어요.
> 하지만 전 그 기술을 찬양합니다.
> 단 하룻밤에 창조력을 발휘해
> 아래로부터, 동시에 위로부터
> 이런 산을 만들어냈으니 말이에요.*

파괴는 창조의 시작이다. 무한히 자애로운 여성성의 원형을 상징하는 달의 밝은 면 뒤 그림자 부분의 무시무시한 모든 것을 삼키고 파멸하는 어머니의 파괴적 측면을 괴테는 아낙사고라스를 통해 보여준 셈이다. 달의 폭발은 전쟁을 종식했을 뿐 아니라 또 하나의 행성을 이루어냈다.

그러한 충격적 사건은 결국 변신을 소망하는 호문쿨루스를 위해 준비된 창조의 감정적 측면에 대한 교육일는지 모른다는 생각을 한다. 호문쿨루스는 감정과 본능으로부터 아직 더 많은 양식을 취하며 성장해야 한다.

다음에는 바다의 여신과 요정 사이의 기형적인 딸들, 포르키아스의 세 딸이 등장해 메피스토와 대면하고 있다. 이들 또한 여성원형상의 열등한 측면이며 그 결함을 해결하려는 노력이 메피스토펠레스를 통해 시도된다. 외눈박이는 일방성을 의미한다. 편협한 시각이다. 대극을 함께 볼 수 있으려면 두 눈이 필요하다. 이빨 한 개도 문제파악과 이해능력의 결함을 나타낸다. 그것은 조화로운 전체가 되려면 보충되어야 한다. 메피스토는 스스로 여성성을 흡수하여 양성됨으로써 포르키아스 딸들의 일방성을 조정해준다. 연금술에서 생성과정의 숫자 상징이 여기에도 반영된 듯하다.*

---

* 같은 책, 177쪽; Goethe, *Faust*, dtv, p.230.
* 칼 구스타프 융, 기본저작집 제5권, 34~35쪽.

## *에게해의 바위만*

*달이 중천에 떠 있다.*

달이 중천에 떠 있다. 지레네들이 달을 향하여 지난날의 수난을 위로하며 기도하듯이 "오늘은 당신의 밤하늘에서 떨리는 물결을 부드럽게 비추며 저 빛의 다발을 고요히 바라보세요. …… 아름다운 루나여, 자비를 베푸소서!" 한다. 화해의 손짓이다. 바다신 네레우스의 수많은 딸과 해신 포세이돈의 아들, 하반신이 물고기이며 소라 같은 피리를 부는 트리톤들이 노래한다.

> **합창**  광막한 바다에 울려 퍼지도록
> 더 크고 날카로운 소리를 내어
> 깊은 바다의 무리를 불러냅시다!*

### 무의식의 활성화와 원형의 좌정

바다는 무의식이라 했다. 그 무한한 넓이와 깊이, 그 속에서 헤엄치는 살아 있는 생명들, 보배를 담고 있는 바다. 융에 따르면 자아와 자아의식은 바닷속 섬과 같다. 저 바다의 딸들과 아들의 노래는 무의식을 자극하여 심층의 살아 있는 것들을 불러내자고 한다. 마치 무의식을 활성화하여 집단적 무의식의 원형상들까지 의식면으로 올라오게 하자는 기세다.

바다의 딸들과 아들들은 지레네의 도움으로 황금의 장식품을 갖추게 되었음을 고마워한다. 이들은 신 혹은 신의 아들딸들, 말하자면 전적으로 혹은 반쯤 인격화된(의식된) 원형상이다.

---

* 괴테, 정서웅 옮김, 앞의 책, 182쪽.

지레네들은 거기 모인 무리 앞에서 "오늘은 그대들이 물고기보다 더 훌륭하다는 것을 알고 싶다"고 말한다. 네레우스의 딸들과 트리톤들 또한 "오늘은 잠시 길을 떠나서 완전무결하게 우리가 물고기보다 훌륭하다는 것을 증명해야겠다"고 다짐하고 길을 떠나는 것을 보면 이것은 이 축제의 중요한 과제 중 하나임에 틀림없다. 그것은 마치 무의식적 콤플렉스, 특히 원형적 콤플렉스들의 '좌정'坐定, Konstellation이 시작되었음을 말한다. 물고기는 아직 의식화되지 못한 본능적 상태와 구분될 수 없는 무의식적 상태에 있는 여러 콤플렉스다. 무의식을 구성하는 여러 내용이 각기 지닌 감정가치의 값에 따라 마치 하늘의 성좌처럼 서로 연결되고 배정되는 것이다. 그 우월성은 무엇으로 증명되는가? 극 중에서는 카비렌 신들을 수호신으로 삼고 있다. 이미 지레네 노래에서 암시되듯이 바다의 딸들과 아들들은 에게바다의 북동쪽에 위치한 렘노스섬으로 카비렌 신들을 모셔오기로 한다. 물고기 이상의 것을 향하여 슈타이거가 말하는 '생성의 높은 단계로 이행'이 증명되려는 것이다.*

## 카비렌 신들과 그 상징성

카비렌 신은 누구인가? 고대 그리스에서 행해지던 중요한 비밀의 식 중 하나를 차지한 난쟁이족 신들인데 여러 가지 생산적 기능을 지닌 신비한 존재들이다. 카비렌 신들은 본래 북쪽 바다와 프리기아인들의 풍요의 신들이었다. 그들의 성소는 또한 테베에도 있었다. 이 신의 기원에 관해서는 여러 설이 있다고 한다. 헤파이스토스의 아들들로 레모스섬에서 대장장이로 숭배되었다고 하고, 우라노스의 아들로 제우스의 탄생을 도왔다고 한다. 바다의 노인 프로테우스의 아들들로 뱃사람들의 행운을 가져다주는 자로, 동시에 디오스쿠렌과 동일시되었으며, 사모트라케에서는 제우스와 칼리오페의 아들들이다. 오

---

* E. Staiger, *op. cit.*, p.297.

르페우스는 카비렌 숭배를 알고 있어 아르고나우텐$^{Argonaut}$(그리스신화의 영웅 이아손이 이끌어 황금 양가죽을 구하러 항해한 아르고선$^{船}$의 50인의 용사들)에게 카비렌 비의에 참여하도록 권했고, 또한 헤르메스 신봉자들은 직립 남근을 한 진정한 헤르메스 조상을 카비렌 비의와 함께 아테네로 옮겼다고 한다. 카비렌은 매우 불가사의한 신격인데 데메테르, 페르세포네, 헤파이스토스 그리고 아마도 페니키아의 신 카드밀로스와 제의상 서로 결합되어 있다고 한다.*

네레우스의 딸들과 트리톤들의 노래와 지레네들의 노래에 그려진 카비렌 신들은 무엇보다 작은 존재이면서 강력한 힘을 가진 자들, 난파한 자들의 구제자, 평화와 즐거움을 가져다주는 자다. 특히 지레네들의 다음과 같은 말은 카비렌 신들의 신비한 속성과 함께 그 '무의식성'-무의식적 증식성을 생각하게 한다.

**지레네들**　고귀한 카비렌의 나라에 가서
　　　　　무슨 일을 할 생각일까?
　　　　　그들은 신기하기 그지없는 신들이지요.
　　　　　끊임없이 자신을 생산하면서도
　　　　　자신이 누구인지 전혀 모르지요.**

융은 『심리학과 연금술』에서 『파우스트』의 카비렌 장면 상당부분을 인용하며 그 상징적 의미를 언급했다.***

---

* M. Grant, J. Hazel(1980), *op. cit.*, 231 ; E. Peterich, *op. cit.*, p.144.
** 괴테, 정서웅 옮김, 앞의 책, 184쪽.
*** C.G. Jung, *Psychologie und Alchemie*, pp.218~229(칼 구스타프 융, 기본저작집 제5권, 196~207쪽). 이 책은 한 사람의 일련의 꿈(해석을 가하지 않은)에서 연금술과 관련된 무의식의 개성화 과정의 상징을 밝혀낸 연구서다.

이야기의 발단은 거기서 다룬 많은 꿈 가운데 하나였다.*

이 꿈에서 융은 '전체성(자기)을 실현해가는 마지막 발걸음의 망설임'을 보았다. 그런 주제가 신기하게도 『파우스트』 제2부 카비렌 장면에서도 한 역할을 담당하는 것 같다고 하면서 신비한 바다의 여인들의 노래를 소개한다.


**네레우스의 딸들과 트리톤들**
　　　　우리가 손에 받쳐 들고 온 것은
　　　　여러분 모두를 즐겁게 할 거예요.
　　　　거대한 거북 체로네의
　　　　광택이 제거된 엄격한 형상,
　　　　우리가 모셔오는 신들이니
　　　　거룩한 노래로 맞아주세요.**
　　　　Cheronens Riesenschilde
　　　　Entglänzt ein streng Gebilde:
　　　　Sind Götter, die wir bringen!
　　　　Müßt hohe Lieder singen.***

**지레네들**　몸집은 작아도
　　　　힘은 장사.
　　　　난파한 자들의 구조자,
　　　　아득한 옛날부터 존경받는 신들이죠.

**네레우스의 딸들과 트리톤들**


---

　　* 칼 구스타프 융, 기본저작집 제5권, 194~195쪽.
　* * 괴테, 정서웅 옮김, 앞의 책, 188쪽. 원문에 따라 번역을 약간 바꾸었다.
* * * Goethe, *Faust*, dtv, p.237. 체로네Cherone: 그리스신화에서 헤르메스가 벌을 받아 변신된 거북. 인도신화에서는 거북의 등 위에 우주가 있다. 여기서는 체로네가 등에 카비렌을 지고 있다. 괴테, 정서웅 옮김, 앞의 책, 미주, 380쪽.

우린 카비렌 신들을 모셔왔어요.
평화로운 축제를 벌이기 위해
이분이 성스럽게 다스리는 곳에선
바다의 신 넵튠도 얌전해진답니다.*

    융은 먼저 "'바다 여인들', 즉 바다와 파도의 모습으로 무의식을 나
타내는 여성상들(멜루지네들)이 하나의 '엄격한 형성물'<sup>Streng Gebilde</sup>을
가져오는 것에 주목한다. '엄격한'이란 낭만적(감정적) 첨가물 없이
어떤 특정한 이념을 표현하는 '엄격한' 건축학적 혹은 기하학적 형태
를 생각나게 한다"고 하면서 "그것은 원시적 냉혈동물인 뱀처럼 무의
식의 본능적 성질을 상징하는 거북껍질에서 광택을 없앤다"고 했다.
그 이유는 뒤에 드러난다. 그리고 "그 형성물<sup>Streng Gebilde</sup>은** 어쩌면 어
두운 상자 속에 숨겨진 창조적이며 보이지 않는 난쟁이 신들, 감추어
진 자<sup>Verhüllten</sup>와 같다"고 보았다. 융은 "엄격한 형성물은 분명 끊임없
이 빛을 향해 밀려드는 무의식적 내용이다. 그것이 추구하는 것은 내
가 다른 곳에서 얻기 힘든 보배라고 지칭한 것인데 또한 그 자체가 바
로 보배이기도 하다"***고 말한다. 꿈에 나타난 붉은 머리 남자는 분명
메피스토펠레스를 지칭한다면서 다음과 같이 언급하기도 한다. "메피
스토펠레스에게는 파우스트가 결코 보지 못한 것, 말하자면 최고 보
물, 즉 '불멸의 것'을 의미하는 '엄격한 형성물'이 중요하기 때문에 그
는 마술로 장면을 변화시킨다."****

---

     * 괴테, 정서웅 옮김, 앞의 책, 189쪽.
    ** 칼 구스타프 융, 기본저작집 제5권, 197쪽.
  *** 같은 책, 200쪽; C.G. Jung, *Psychologie und Alchemie*, pp. 219~220.
**** 칼 구스타프 융, 기본저작집 제5권, 206~207쪽. 또한 융은 '엄격한 형상'
      이 '얻기 힘든 보배'라는 가정을 증명하는 지레네의 노래를 소개한다.
      옛날 영웅들의 명성이
      어디서 어떻게 빛났든 간에
      이처럼 빛나지는 못했을 거예요.

'엄격한 형성물'은 카비렌이고 카비렌은 빛을 향할 뿐 아니라 그 자체가 빛이다. 그러므로 거북으로 대변되는 모성적 토대에서 광택을 흡수해버린다. 본능의 동물적 윤기를 제거한다고 할까. 융이 동양에서 우주의 토대이며 여성적 원리, 음의 상징인 거북의 가죽을 '원시적 냉혈동물인 뱀의 가죽'과 동일시한 것은 매우 특이하다. 아마도 원초적 모성원리의 무감정성, 냉혹하리만치 '엄격한' 규칙성을 상상했기 때문이 아닌가 생각된다. 융은 앞에서 말한 대로 '엄격한'streng이라는 말에서 낭만성, 즉 정감성이 제거된 기하학적·건축학적 이념을 연상했다.* 그것은 융이 말하는 원형의 수학적 구조라고 할 수 있다. 그에게 수는 원형의 표현이었던 것이다. 그러나 카비렌은 단순한 구조나 계획이 아니다. 끊임없이 빛을 향하여 갈망하고 끝없이 생산하는 역동적인 세력이기도 하다. 융은 카비렌 신을 모시고 오는 바다의 여성 요정들, 멜루지네Melusine의 여러 형상을 전형적인 아니마상이라고 하면서 자세한 확충을 해서 흥미롭다. 그런 매혹적이며 위험한 여성 요괴들은 저승으로 하강, 즉 깊은 무의식을 직면할 때 나타난다.**

이제 그들이 모시고 올라오는 신비로운 카비렌 신들은 '몸집은 작아도 힘은 장사'이고 '창조적이며 보이지 않는 난쟁이 신들' '한 피트 정도의 작은 모습으로 바닷가에 서 있는 존재', 거기에서 무의식과 한 가족이 되어 뱃사람들의 항해를 돕는 자, 다시 말해서 '어둠과 불확실성 속에서 행해지는 삶의 모험'을 보호해주는 자다. 작은 종족으로 카비렌들은 닥틸렌(엄지동자), 난쟁이들, 카비로이라고 불리기도 하는

영웅들은 황금 모피를 얻었지만
그대들은 카비렌 신들을 모셔왔어요.
칼 구스타프 융, 기본저작집 제5권, 200쪽; 괴테, 정서웅 옮김, 앞의 책, 190쪽.
* 칼 구스타프 융, 기본저작집 제5권, 197쪽.
** 같은 책, 170쪽.

아스클레피오스의 수행자, 텔레스포로스 등 신화·민담의 주제와 상통한다. 융은 말한다.*

"그렇기 때문에 그들은 손가락 형태를 한 발명의 신으로서 무의식의 움직임처럼 작고 눈에 띄지 않지만 그것만큼이나 강력한 힘을 지닌다. 엘 가비르El gabir는 위대하고 강력한 자다."**

고전적 발푸르기스 밤의 축제에서 '생성과 성장'의 주제를 주목한 슈타이거와 카비렌 신들에 관한 설명은 이 융의 설명과 비교할 때 매우 빈곤하다. 그는 현상으로서 상상하기 어려운 이런 종류의 신들은 괴테에게는 불쾌한 것이었음을 우리가 차라리 곧장 인정해버리는 것이 좋겠다고 한다. 그럼에도 괴테가 이 신들을 환영하는 것은 신들의 제전에서 신들을 당장 인간의 모습으로 등장시키기 곤란한 상황에서 카비렌 신들의 등장이 가장 적합했기 때문이라고 한다.

"그들은 '아직 성립되지 않은 유례없는 신들'이며 '그리움에 차 있으면서 굶주림에 괴로워하는 신들'이기 때문이다. 괴테는 조소 섞인 장중함으로 그 신들을 등장시킨다. 조소는 가치의 일단 낮은 신화에, 장중함은 그가 여기서 암시하는 것이 옳다고 생각한 생성을 향한다."***

융이 말하는 카비렌 신들과 슈타이거 등(셰링, 크로이처 등)이 말하는 혹은 괴테가 생각했으리라 짐작한 슈타이거의 해석 사이에는 적지 않은 거리가 있다. '조소적인 장중함'이라는 말에 슈타이거(혹은

---

  * 같은 책, 70쪽.
 ** 같은 책, 197쪽.
*** E. Staiger, *op. cit.*, p.297.

괴테)의 '작은 것' '특정할 수 없는 것'에 대한 양가적 태도가 어쩔 수 없이 드러났고 상징적 해석에 대한 무지를 엿볼 수 있다.

슈타이거 등은 저차원에서 고차원으로의 진화론적·직선적 발전을 말하는 데 비해 융은 순환적 발전론을 고수한다. 즉 융에게 카비렌 신들이 지향하는 '높은 것'이란 궁극적으로 중심을 향한 완성, 전체가 되는 것일 터다. 분석심리학적으로 이해하면 융이 말하는 카비렌 신들은 우리 무의식에 존재하는 스스로 부단히 새롭게 생산되는 에너지의 원천으로 항상 의식을 변화시키는 원초적 능력의 표상이다. 카비렌에 대한 융의 생각은 다음에 계속될 것이다.

### 네 번째 신—열등기능

'삼위일체 도그마의 심리학적 해석 시론'*에서 융은 '네 번째 문제' '4위성의 관념'을 논하면서 다음과 같이 말했다.

> "신상神像의 철학적 삼위일체 형식을 처음으로 고안해낸 티마이오스는 자신의 논구를 다음과 같은 물음으로 시작한다. '하나, 둘, 셋―그런데 네 번째…… 그것은 우리에게 도시 무엇이었던가?' 아는 바와 같이 이 물음은 파우스트의 카비렌 장면에서 다시 제기되었다."**

#### 네레우스의 딸들과 트리톤들
> 세 분을 우리는 모셔왔지요.
> 네 번째 분은 오려 하지 않고,
> 자기야말로 모두를 생각하는

---

\* C.G. Jung(1953), "Versuch einer psychologischen Deutung des Trinitätsdogmas"(in) C.G. Jung(1953), *Symbolik des Geistes*, Rascher Verlag, Zürich.

\*\* C.G. Jung(1953), *Symbolk des Geistes*, p.395.

진정한 신이라는 거예요.

Er sagte, er sei der Rechte;

Der für sie alle däcnte.

**지레네들** 한 신이 다른 신을

조롱하는 모양이지요.

하지만 모든 은총을 공경해야죠.

모든 앙화는 두려워하고요.*


융은 네 번째를 심리학적 유형설에 입각하여 "괴테의 감정어린 성
질을 감안할 때 네 번째가 바로 사고하는 자<sup>Denker</sup>라는 것은 주목할
일"이라고 했다.** 같은 저서에서 융은 괴테가 네레우스 딸 등의 입을
통해 네 번째는 '모든 사람을 위해서 생각하는<sup>dächte</sup> 자'라고 말하는 것
으로 보아 네 번째는 괴테의 사고思考가 아닐까 의심된다고 했다. 그
리하여 카비렌을 다음과 같이 묘사했다.


"카비렌은 정말 신비한 심상력心象力, Bilderkräfte인 작은 요정으로
지하에 사는, 즉 의식의 문턱 아래서 작용하는, 우리에게 행복한
'착상'Einfälle을 마련해주는 것, 그러나 또한 코볼트들Kobolde(한국
의 도깨비에 해당)로서 온갖 나쁜 장난을 치는데, 이들은 명칭과
사실Namen und Daten이 혀 속에 맴돌 때 이를 말하지 못하게 하고
쓸모없게 만든다. 이들은 일찍이 의식과 의식에 배정된 기능들
이 예상하지 못한 모든 것을 보살핀다."***

---

 * 괴테, 정서웅 옮김, 앞의 책, 189쪽.
 ** 칼 구스타프 융, 기본저작집 제5권, 198쪽; C.G. Jung(1952), *Psychologie
und Alchemie*, p.221; C.G. Jung, *Symbolik des Geistes*, p.395f.
 *** C.G. Jung(1953), *Symbolik des Geistes*, Rascher Verlag, Zürich,
pp.395~396. 그는 여기서 파우스트의 Gefühl ist alles; Name ist Schall
und Rauch(감정이 전부다. 이름은 공허하다)라는 대사를 인용하고 있다.
이는 감정형이 주장할 만한 말이다.

감정과 사고는 합리적 기능이지만 서로 대극관계에 있다. 감정이 우세하면 사고는 억압되고 미분화 상태에 머물러 있게 된다. 따라서 열등한 기능에 머문다. 반대의 경우도 마찬가지다. 우리 정신은 직관과 감각의 비합리적 기능을 포함해 네 가지 기능을 가지고 있다. 그중 가장 발달된 기능을 주기능이라 하고 주기능의 대극으로 가장 분화가 안 된 기능을 열등기능이라 한다. 여기에 두 번째, 세 번째로 분화된 기능이 있을 수 있다. 그래서 이를 제1, 제2, 제3기능, 마지막 열등기능을 제4기능이라 부르는 것이다. 열등기능과 관련해 융은 말한다.

> "사실 그것(열등기능)은 유아적이고 범속적이며 원시적·고태적일 수 있는 것으로 가장 강력한 성향을 가지고 있다. 그러므로 자신을 조금이라도 지키는 사람은 그러한 것을 비웃지 않으려고 조심해야 한다. 좀더 깊은 통찰에 다다른 사람은 열등기능의 바로 그 원시적이고 고태적인 순간들의 의미 깊은 상징적 관계와 의미를 인식하지 않을 수 없게 된다. 그러므로 카비렌을 우스꽝스러운 난쟁이라고 조롱하지 않고 오히려 그 숨겨진 지혜의 보물을 예감하게 되는 것이다."*

『파우스트』 제1부는 '감정이 전부임을 최상의 원칙으로 여길 때 사고는 불리한 역할에 만족하고 침몰해버릴 수밖에 없게 된' 정황을 묘사하고 있으며, 융은 거기에 맞는 모델은 바로 괴테 자신이었다고 주장한다.** 무의식에 억압된 네 번째 기능은 모두 일그러진, 기형적이고 열등한 모습으로 나타나게 마련이다. 융이 말한다.

> "이 경우에 사고는 네 번째(금기) 기능이 된다. 그것은 무의식에

---

　* *Ibid.*, p.395.
　** *Ibid.*, p.395; C.G. Jung(1952), *Psychologie und Alchemie*, p.221.

오염되어 기괴한 카비렌적 형상을 띤다. 난쟁이인 카비렌은 어둠의 나라의 신이기 때문에 그에 걸맞게 일그러진 모습이다. 그러므로 그들은 마찬가지로 천상적인 것과 기괴한 대조를 보이면서 조롱의 대상이 된다."*

네 번째 기능은 무의식에 깊숙이 뿌리박고 있어 의식화하기 어렵다. 네 번째 분이 '오려 하지 않았다'는 말은 이를 대변한다. 그런데도 자기야말로 모두를 생각하는 진정한 신이라고 하는 것은 네 번째가 그만큼 크고 중요하기 때문이다. 뒤에서 이에 대한 논의가 있을 것이다. 그런데 오게 되어 있는 카비렌 신들은 일곱이라고도 하고 여덟 번째 신도 있다고도 한다.

**네레우스의 딸들과 트리톤들**
  원래는 모두 일곱 분이죠.
**지레네들**  나머지 세 분은 어디 계신가요?
**네레우스의 딸들과 트리톤들**
  우리도 그것을 모르겠으니,
  올림포스산에 가서 물어보세요.
  거기엔 아무도 생각지 못한
  여덟 번째 신도 계실 거예요.
  자비롭게 우리를 돌봐주지만
  모두 다 완성된 건 아니지요.
  이 비할 바 없는 신들은
  언제나 계속해서
  이룰 수 없는 것을 동경하며

---

* C.G. Jung(1953), *op. cit.*, p.395; 칼 구스타프 융, 기본저작집 제5권, 198쪽.

마냥 허기에 시달리지요.*

이것으로 우리는 카비렌이 일곱에서 여덟임을 알 수 있는데, 여덟 번째는 네 번째처럼 어려움을 안고 있다. 사실 카비렌은 쉼 없이 스스로 번식하므로 그 수를 알 수 없다. 융은 『파우스트』에서 네 번째가 모두를 위해서 생각하는 것처럼 여덟 번째는 올림포스산에 가서 물어보라고 한 네레우스의 딸들과 트리톤들의 노래에서 괴테가 그 자신의 열등기능, 즉 사고를 과소평가해서는 안 된다는 깊은 통찰을 가지고 있었다고 추론했다. 물론 그 열등기능은 카비렌 수중에 있으므로 신화학적이며 고태적인 것은 틀림없다는 추가와 함께. 그리고 네 번째가 오지 않으려 한다는 것은 열등기능에 알맞은 특징인데 "그는 어딘가로 물러나거나 아래에 머물러 있고자 한다"고 했다.**

그러나 카비렌들은 실제로 아래쪽, 어둠으로부터의 출생과는 모순되게도 올림포스에서도 발견된다. 왜냐하면 그들은 영원히 아래에서 위쪽을 향해 가려고 애쓰며 그 때문에 우리는 항상 아래, 그리고 위 양쪽 모두에서 만날 수 있기 때문이다.*** 융은 이미 앞에서 인용한 것처럼 "'엄격한 형성물'은 분명 끊임없이 빛을 향해 밀려드는 무의식적 내용"이고 그것은 이른바 '얻기 힘든 보배'를 추구하는데 이미 지적했듯이 그 자체가 바로 보배이기도 하다고 했다.

겉으로는 보잘것없어 보이는 것 속에 강력한 힘이 들어 있다. 신화·민담에 전 세계적으로 분포되어 있는 난쟁이 주제는 이를 강조하고 있고 곧 우리 삶 속에서도 증명된다. 그러기에 노자도 작은 것, 약하게 보이는 것을 존중하도록 권했다. 꿈과 환상 또한 합리적인 머리로

---

* 괴테, 정서웅 옮김, 앞의 책, 189~190쪽.
** C.G. Jung(1953), *op. cit.*, p.396.
*** 칼 구스타프 융, 기본저작집 제5권, 200쪽.

는 하잘것없는 것이겠으나 큰 영향력을 발휘한다. 인간의 잘못된 생각과 판단 하나로 많은 사람이 죽을 수 있다. 무의식의 움직임이 작고 눈에 띄지 않는다 하더라도 힘을 가지고 있다는 융의 말은 그렇게 이해된다. 카비렌은 우리 마음속에 숨어 있는 새로운 생성과 변환을 일으키게 하는 영적인 힘의 상징이 아닐까?

　사실 이 세계는 아직도 눈에 보이는 큰 것에 너무 많이 사로잡혀 작은 것을 무시하는 시대 속에 있다. 내향적 태도의 전통을 지녀온 아시아 사회, 특히 한국사회에도 '목소리 큰 사람'이 많이 얻어가고 높은 건물, 대형집회, 대량사육, 빅데이터를 선호하는 나머지 소수의 고충, 말없는 자들의 심정, 소집단의 소중함을 경시하는 경향이 있다. 인간은 보이지 않는 작은 것들에 일찍부터 시달려왔다. 에이즈AIDS, 비브리오, 출혈열바이러스 그리고 초미세먼지에 이르기까지 새로 출현한 보이지 않는 작은 것 등이 인간의 목숨을 빼앗아 갔다. 구제역, 조류인플루엔자는 대량 집단사육의 결점을 경고한 지 오래다. 학문 영역에서도 논문의 질보다 얼마나 많이 인용되었는지로 그 가치를 평가하고 정신치료 분야에서 중시하는 사례분석은 학계나 대학에서 경시되고 통계적 연구에 밀려난다. 면접평가에서 가장 중요한 직관적·주관적 평가는 점수화된 이른바 객관적 평가보다 불확실한 것처럼 기피된다. 예를 들면 한이 없다.

　한국사회가 얼마나 '외향성 일변도'의 길을 달리는지—'작은(불만) 것들'은 그럴수록 무의식에서 '증식'하여 의식에 대한 반란을 준비한다. 그것을 우리는 '원형적 배열'Archetypal constellation에 의한 무의식의 과보상이라 한다. 어떤 선동자가 여기에 불을 지르면 원형의 세력은 전염병처럼 번져 집단반란으로 구체화된다. 그것은 성난 물이 댐을 부수듯 기성권력을 무너뜨릴 수 있다. 작은 세력은 큰 세력이 되고 다시금 새로운 작은 세력들을 억압하며 만약 누군가 집단빙의의 맹목성을 깨닫고 이성을 회복하지 못한다면 똑같은 반란과 억압의 악순환을 거듭하게 된다. 그러니 앞에서 보듯, '성난 달'은 스스로 부서져 갈등의 논란을 종식하는 극단적 해결을 감행한다.

'작은 것들'은 우리가 그것을 주의 깊게 살피지 않으면 해로울 수 있는 것이다. 카비렌 신들은 생성과 변환을 추구하는 선기능처럼 보이지만 때론 짓궂게 훼방을 놓을 수도 있는 양면을 가지고 있고 그런 양면성은 원형이 지닌 특징이다. 그러므로 무의식에 대한 자아의 주의 깊은 고려와 긍정적 태도를 중시하는 이유가 여기에 있다.

인간의 합리적 지성으로 만들어낸 호문쿨루스에게 카비렌은 그저 못생긴 모습을 한, 마치 흙으로 구운 형편없는 항아리들에 불과한데 현자들이 왜 저런 것을 연구한다고 '머리를 깨뜨리'는지 전혀 이해할 수 없다. 그러나 철학자 탈레스는 이에 대해 매우 중요한 지적을 했다.

> **탈레스** 그것이야말로 사람들이 탐내는 것이라네.
> 동전도 녹이 슬어야 값이 나가는 법이거든.*

## 녹청

'동전도 녹이 슬어야 값이 나간다'는 말과 관련하여 융은 다음과 같이 녹의 상징에 관한 매우 중요한 논평을 했다.

> "무의식은 그야말로 수프 속 머리카락 같은 것이다. 그것은 완전무결함 가운데 조심스럽게 숨겨진 불완전함, 즉 모든 이상주의적 요구의 고통스러운 부인으로서 인간 본성에 달라붙어 그것이 열망하는 완전무결한 순수성을 비통하게 흐려놓는 대지의 잔여

---

* 괴테, 정서웅 옮김, 앞의 책, 191쪽.

물<sup>Erdenrest</sup>이다. 연금술적 사고에서 볼 때 녹은 녹청과 마찬가지로 금속의 질병이다. 그러나 바로 이러한 금속의 나병이야말로 철학적 금을 준비하기 위한 토대인 '참된 원질료'<sup>vera prima materia</sup>다."*

융은 연금술서 「현자의 장미원」의 다음 글을 인용했다. "우리의 금은 비천한 금이 아니다. 그런데 너는 그것 자체가 띠는 녹색 때문에 청동이 나병에 걸린 물체라고 생각하며 녹색<sup>viriditas</sup>(아마도 녹청)에 관해 물었다. 그러므로 네게 말한다. 청동에서 완전한 것은 그 녹색뿐이라고. 왜냐하면 이 녹색은 우리의 지도감독을 통해 가장 진실한 금으로 곧 변할 것이기 때문이다."** 녹이 슬어야 동전이 비로소 제값을 지니게 된다는 철학자 탈레스의 말은 연금술의 뜻풀이였다면서 융은 인간정신의 전체성에 관한 저 유명한 주장을 제시했다.

"그것은 근본적으로 그림자 없이는 빛도 존재하지 않으며, 불완전함 없이는 어떠한 정신적 전체성도 있을 수 없다는 말과 다름없다. 삶이 그 완성을 위해 필요로 하는 것은 완전무결함<sup>Vollkommenheit</sup>이 아니라 온전함<sup>Vollständigkeit</sup>이다. 이를 위해서는 '육체 속의 가시,'*** 즉 결함을 감내할 필요가 있으며 그렇지 못한 경우 어떠한 전진도 비약도 있을 수 없다."****

---

\* 칼 구스타프 융, 기본저작집 제5권, 201쪽; C.G. Jung(1952), *op. cit.*, p.223.
\*\* 칼 구스타프 융, 기본저작집 제5권, 201쪽.
\*\*\* 신약성서, 고린도후서 12장 17절. "그 계시들이 엄청난 것이기에 더욱 그렇습니다. 그래서 내가 자만하지 않도록 하느님께서 내 몸에 가시를 주셨습니다. 그것은 사탄이 하수인으로 나를 줄곧 찔러대 내가 자만하지 못하게 하시려는 것이었습니다."
\*\*\*\* 칼 구스타프 융, 기본저작집 제5권, 202쪽.

## 3과 4 그리고 8

『파우스트』 카비렌 장면에서 언급된 셋과 넷, 여덟의 문제는 연금술에서 그 기원을 찾을 수 있다. 융은 그것이 7세기 초 사람인 크리스티아노스Christianos의 것으로 여겨지는 원전으로 거슬러 올라간다고 했다. '신비한 물의 생성'에 관한 논문이 인용된다.*

> "그러므로 히브리의 여선지자(예언녀 마리아Maria profetissa)는 거리낌 없이 외쳤다. '하나는 둘이 되고 둘은 셋이 된다. 셋으로부터는 넷인 하나가 생겨난다.'"**

융에 따르면 3위성Dreiheit과 4위성Vierheit 사이에서 먼저 남성-여성 대극이 생기고 그 뒤에 4위성이 전체성의 상징이 된다. 3위성은 아니다. 그 대신 후자(3위성)는 연금술에 따르면 대극성의 특징을 띠게 된다. 즉, 하나의 3위성은 항상 다른 것을 전제로 한다. 위는 아래를, 밝음은 어둠을, 선은 악을 전제로 한다. 대극 간의 긴장은 평형을 지향한다. 전체성의 상징인 4위에서 두 3위성 간 긴장이 해소된다. 융은 비유적으로 4각을 대각선으로 나눌 때 생기는 대립된 양극을 정점에 둔 겹친 두 삼각을 들고 있다.*** "3의 수Triade와 4의 수Tetrade는 원형적 구조를 나타낸다. 그것들은 일반 상징학에서 중요한 역할을 하며 그만큼 신화나 꿈 연구에 중요하다."****

예언녀 마리아의 공리에서 출발하여 계속 마리아의 논문을 추적하며 융은 '연금술적 혼인', 즉 대극합일의 연금술상 표현으로 주제를 옮겼다. 대극을 맺게 해주는 접착과 변환의 물질에 관한 연금술의 관

---

* C.G. Jung(1952), *op. cit.*, p.224.
** *Ibid.*, pp.224~225.
*** C.G. Jung(1953), *op. cit.*, p.40(논문 「민담에서 본 영의 현상」에서).
**** *Ibid.*, p.53.

넘이 언급된다. 그것은 '붉은 고무' '세계의 아교' '생명력' '현자의 수지' 등으로 불리며, 정신과 물질의 중간물이다. 또한 '철학적 인간'은 라피스(돌)의 네 가지 성질로 이루어져 있는데 그중 셋은 지상적 성질을 지니거나 지상에 존재하며 네 번째 성질은 돌의 물, 즉 붉은 고무로 지칭되는 접착성 금으로 세 가지 지상적 성질이 그것으로써 물들여진다고 한다. 융은 여기서 다음과 같이 추론한다.

> "고무는 비판적인 네 번째 성질이다. 그것은 이중적, 즉 남성적이고 동시에 여성이다. …… 둘의 융합은 따라서 일종의 자가수정인데 이는 메르쿠리우스 용에 의한 것으로 여겨진다. 이러한 암시에서 철학적 인간이란 양성 인간 혹은 그노시스설에서 안트로포스로서 인도의 경우 그와 유사한 것은 아트만이다."*

네 번째 성질은 연금술서에 따르면 인간이 있기 전부터 존재했으며 동시에 인간의 목표를 표현하는 인간 전체성의 표상인 안트로포스 관념으로 직접 연계된다고 융은 말한다.

> "그는 네 번째로 셋에 합류하며 그로써 통합을 향한 넷의 합성을 만들어낸다."**

일곱과 여덟의 경우는 문헌 속에서 훨씬 드물게 언급되어 있다면서 융은 1·6·8에 대한 여러 연금술적 비유를 설명했다. 『파우스트』에서 말한 '올림푸스에 존재하는' 여덟 번째 것은 괴테의 말이 "올림포스의 점성학"(다시 말해 성체<sup>星體, corpus astrale</sup>의 구조)을 설명하는 것이라면

---

\* 칼 구스타프 융, 기본저작집 제5권, 203~204쪽.
\*\* 같은 책, 205쪽.

바로 파라켈수스의 원전을 가리키는 것이라고 추론했다.*

융은 다시 꿈의 후반부를 언급하면서 주목할 것은 꿈에서 집단적 의견 중 셋과 일곱은 최고의 권위 속에서 신성하며 넷과 여덟은 약한 것으로 기술되어 있다고 지적한다. 가장 성숙하며 가장 원만한 사람이 집단의 눈에는 가장 무능하고 가장 어리석으며 부족한 바보로 보일 수 있다. 오늘날 우리 사회의 공격적·남성적·합리적 관점에서 볼 때 수동적·여성적·비합리적 성향은 모두 좋지 않고 미숙하고 미신적인, 고로 나쁜 것으로 멸시되는 집단적 성향과 비교해볼 필요가 있다. 그리고 이제 우리 사회는 오랫동안 억압된 여성상의 '반격'을 어떻게 통합해야 할지 고민하는 단계에 들어섰다. 카비렌 신들의 작업이 어떤 시대의식의 변환을 가져다줄 것인가?

이야기를 호문쿨루스로 옮기겠다.

## 생성을 원하는 호문쿨루스

호문쿨루스는 다 아는 바와 같이 파우스트의 제자 바그너가 심혈을 기울인 실험으로 만들어낸 시험관 속의 인조 소인이다. 사실 그것은 연금술 작업의 산물이기도 하다.

호문쿨루스의 수행인이 된 철학자 탈레스와 바다의 노인 네레우스의 대화에서 우리는 '노현자' 네레우스의 충고를 듣지 않는 고집스러운 인간들에 대한 네레우스의 불평을 엿듣게 된다. 여기서 우리는 자아의식에 집착해 도무지 무의식에서 올라오는 내면의 소리에 귀 기울이지 않는 인간들의 어리석음을 목격한다. 이때 탈레스는 호문쿨루스가 그를 찾게 된 중요한 이유를 알린다.

---

* 같은 책, 206쪽; C.G. Jung, *Psychologie und Alchemie*, Rascher Verlag, Zürich, p.228, ed. Huser(1616), p.503 재인용.

"여기 이 사내아이가 현명하게(약간 희게) 생성되길 원한답니다."

Der Knabe da wünscht weislich(약간 희게) zu entstehen.*

weislich를 '지혜롭게'라고 번역해야 할지, 글자 그대로 '조금 희게'라고 번역해야 할지는 좀 생각해보아야겠다. '조금 더 밝게'라는 뜻으로 '조금 희게'라고 하는 것이 옳을 듯도 하다.

아무래도 『파우스트』가 연금술 사상을 배경으로 해서 나온 작품인만큼 '희어지다'는 변화과정, 즉 알베도albedo(백화白化)와 관련될 수도 있고 '더 희어짐'은 '더 의식화됨'과 같은 뜻이기 때문이다. 의식화되거나 알베도의 변화과정을 거쳐 그 존재는 물론 '지혜로워'질 수 있을테지만 이 경우는 윤리적·도덕적 변화가 아닌 객관적·'화학적'(심리학적) 변화를 표현하는 말이 적절할 것 같다.

어떻든 호문쿨루스 소원의 핵심은 '생성'Entstehen과 변화다. 이른바'카비렌 장면'의 핵심 주제는 바로 이 생성과 변환의 문제일 터다. 물론 『파우스트』 전편의 주제가 변환의 과정이다.

바다의 노인 네레우스가 '어떻게 하면 생성되고 변신할 수 있는지는' 변신하는 재주를 지닌 바다의 신 프로테우스에게 가서 물어보라면서 자기가 가장 사랑하는 예쁜 딸 갈라테아가 온다는 말을 하는 것은 우연이 아니다. 왜냐하면 융이 지적했듯이 이 장면에서 뒤에 갈라테아와 호문쿨루스의 신성혼이 이루어질 것이기 때문이다.

앞에서 보아왔듯이 호문쿨루스는 카비렌의 못생긴 모습을 경멸할만큼 아직 미성숙한 아이이고 탈레스는 바로 그 형편없어 보이는 것

---

* 같은 책, 187쪽; Goethe, *Faust* 2, Teil, dtv, p.236.

들이야말로 사람들이 탐내는 것이라면서 녹슨 동전의 가치를 강조했는데 그들이 자문하러 간 프로테우스 역시 숨어서 다음과 같이 말함으로써 탈레스 말을 지지한다.

> **프로테우스**　나같이 늙은 공상가에게는 저런 게 마음에 든단 말이야!
> 괴상하면 괴상할수록 더욱 존경심이 간단 말이야!*

탈레스가 호문쿨루스에게 프로테우스를 볼 수 있도록 빛을 환히 비추어보라고 이른다. 불빛으로 그를 꾀어낼 수 있다는 것이다. 호문쿨루스는 이에 대해 당장 많은 빛을 쏟아낼 수 있지만 유리가 깨지지 않도록 조심해야겠다고 대답한다. 이것으로 미루어 호문쿨루스는 빛의 소유자이며 동시에 빛을 발하는 자이지만 그를 감싸는 유리 껍데기는 매우 약함을 알 수 있다. 이것을 구체적으로 설명하는 것이 탈레스의 프로테우스에 대한 다음과 같은 말이다.

> **프로테우스**　빛을 발하는 난쟁이라!
> 아직 한 번도 본 일이 없는데!
> **탈레스**　이 친구는 조언을 받아 생성하고 싶어 한다네.
> 내가 그에게서 들은 바로는
> 이상하게도 절반밖에 세상에 나오지 않았다는 거야.
> 영적인 특성에선 결여된 바 없지만,
> 손에 잡히는 유용성이 전혀 없다는군.
> 지금껏 무게를 주는 건 유리뿐인즉,
> 어떻게 해서든 육체를 갖고 싶다는 걸세.

---

\* 괴테, 정서웅 옮김, 앞의 책, 191쪽.

영적인 것의 완전한 의식화, 영적인 것과 육적인 것의 결합, 영의 빛을 안전하게 담을 수 있는 단단한 그릇, 즉 의식의 토대를 마련하는 것을 의미하는 것이 아니겠는가.

탈레스는 또 한 가지 호문쿨루스의 비밀을 말한다. 자기가 보기에 호문쿨루스는 자웅동체(양성)인 것 같다는 것이다. 호문쿨루스 실체의 일단이 엿보이는 말이다. 양성은 전체정신의 상징이다. 혹은 그 전 단계로 간주된다. 프로테우스는 탈레스를 통해 호문쿨루스의 생성 욕구를 듣고 간단한 처방을 내리는데 '가장 작은 것'의 가치를 강조하는 말이다. '못생긴 것'과 함께 연금술, 현대 정신치료, 동양사상 모두에 상통하는 말이다.

> **프로테우스**  여기선 여러 가지 생각이 필요 없겠군.
> 넓은 바다에서 시작하면 될 거야!
> 우선 작은 것에서 시작하여
> 작은 놈부터 삼키길 즐기는 거야.
> 그러면 점점 자라나서
> 더 높은 완성에 이르는 거지.*

'완성된 인격'이란 개성화의 목표다. 그 과정은 무의식의 '작은' 콤플렉스들을 의식화하는(삼키는) 것이다. 의식화가 진행되면서 그 개체는 전체에 가까워진다. '넓은 바다는 무의식이다.'

변환의 신 프로테우스와 함께 가는 생성과 변화의 길목에서 로도스섬의 텔키네족<sup>Telchinen</sup>이 말의 몸체와 물고기 꼬리의 괴물과 해룡을 타고 넵튠의 삼지창을 휘두르며 등장한다. 텔키네란 로도스섬에서 숭

---

* 같은 책, 193쪽.

배 대상이던 바다에 속하는 종족으로 기질이 고약하고 심술궂지만 수공업에 뛰어나 해신 넵튠의 삼지창을 만들고 폭풍을 일으키며 마술에도 능했다고 한다.* 『파우스트』에 묘사된 텔키네들은 태양신 헬리오스에 귀의한 종족으로 넵튠으로부터 왕홀을 받았음을 자랑하고 달의 여신 루나를 찬양하는 이 축제에서 태양신 헬리오스를 찬양하며 자신들이 처음으로 태양신의 위엄을 인간의 모습으로(동상으로) 만들었음을 자랑한다. 또한 "위로부터 번갯불을 날카롭게 번쩍이면 아래서는 물결이 연달아 뛰어올라 겁먹고 싸우는 무리가 물속 깊이 잠긴다"고 말함으로써 광란하는 파도의 위험을 알린다. 그것은 마치 파도로 상징되는 의식화 과정에 수반하는 격정적 소용돌이 때문에 준비가 덜 된 약한 자아를 무의식 상태에 빠뜨릴 수 있다는 경고처럼 들린다. 그러나 그들이 자랑하는 삼지창이나 태양신의 인간조각상은 즉각 프로테우스의 비판에 직면한다.

> **프로테우스**　태양의 성스러운 생명의 빛에 비하면
> 　　　　　　　생명 없는 작품 따윈 한낱 장난일 뿐,
> 　　　　　　　신들의 형상, 거대한 모습으로 서 있었지만,
> 　　　　　　　결국 지진으로 파괴되어
> 　　　　　　　다시 녹아버린 지도 오래되었다.
> 　　　　　　　지상의 일이란 무엇이든 간에
> 　　　　　　　항상 헛수고에 지나지 않는다.**

　외향적·의식적(태양)·기술지상적 태도에 대한 내향적 자세, 형식과 개념보다 무의식의 생명 있는 것들을 존중하는 마음의 태도가 여기에 드러난다.

---

\* E. Peterich, *op. cit.*, p.46; 괴테, 정서웅 옮김, 앞의 책, 194쪽 각주 91).
\*\* 괴테, 정서웅 옮김, 앞의 책, 195쪽.

드디어 프로테우스는 돌고래로 변신하여 호문쿨루스를 태워 '영원한 물'Aqua permanens의 세계로 인도하겠다고 나선다.

> **프로테우스**　살아가는 데는 파도가 훨씬 유용하리라.
> 너를 영원한 물의 세계로 데리고 가는 건
> 프로테우스-돌고래란 말이다.
> 이젠 네게도 멋진 행운이 찾아올 게다.
> 널 내 등에 태워가지고
> 저 넓은 바다와 맺어주리라.
> Vermähle dich dem Ozean.*

네레우스의 아름다운 딸 갈라테아가 조개수레를 타고 나타나기까지 탈레스와 프로테우스의 호문쿨루스에 대한 가르침과 격려, 달무리의 전조, 뱀을 다루는 곡예사의 종족인 프실렌과 말젠이 물소, 물송아지, 물양을 타고 출현하는 장면, 돌고래를 타고 나타난 도리스의 딸들이 달의 여신에게 기원하는 합창, 네레우스 딸들의 사랑의 소원과 이별 장면은 모두 갈라테아의 출현을 위한 사랑스럽게 평화로이 진행된 서곡과 같다.

호문쿨루스로 하여금 대양大洋과 인연을 맺게 해주고자 하는, 즉 무의식과 관계를 갖게 해주려는 프로테우스의 의도는 전적으로 탈레스의 지지를 받는다. vermählen(결혼시키다)이라는 말이 의미하듯 이 관계는 보통 관계가 아니라 연금술의 화학적 결혼에 비길 만한 밀접한 관계를 말한다. '생명의 창조를 처음부터 시작하려는 그 가상한 소망에 찬사를 보내겠다'고 한 탈레스는 '영원한 규범'Normen에 따라 움직이며 수천, 아니 수만의 형체를 거쳐 인간이 되기까지는 시간이 걸

---

* 같은 책, 196쪽; Goethe, *Faust 2*, Teil, p.241.

린다고 말한다. 인류의 조상이 수없이 반복적으로 경험한 것들이 침전되어 수많은 원초적·인간적 행동양식으로 이루어진 집단적 무의식이 형성되었을 것이라는 융의 가설을 생각할 때 이 말들의 뜻을 이해할 수 있을 것 같다.

인간이 된다는 것은 의식된 존재가 됨을 말하는 만큼 무의식의 의식화가 이루어지기 위해서 인간은 얼마나 많은 것을 겪고 성찰해야 하는지를 생각하더라도 이 말을 이해하기 어렵지 않다. 그러나 프로테우스가 '영적 존재로서 습기 찬 물의 세계로' 호문쿨루스를 인도하며 거기에서야말로 마음먹은 대로 활동할 수 있을 것이라고 말한 것은 이해되지만 "다만 더 높은 서열(포상, 훈장<sup>nach dem höheren Orden</sup>)에 오르려 하지 말라. 일단 인간이 되고 나면 그것으로 끝장이니까" 하는 말은 무슨 뜻일까. 인간이 되면 신격이 지닌 초자연적 능력을 잃게 되니 어떤 포상을 기대할 형편이 못 된다는 말인지. 탈레스의 반론에서 볼 수 있듯이 '시대의 총아'가 되는 따위의 명예욕은 '창백한 귀령' 속에 끼여 있는 존재와 같다고 야유하는 뜻이 담긴 말인지도 모르겠다.

### 달무리

탈레스와 프로테우스의 말씨름은 양자의 '창백한 지성' '메마른 지성' 규격<sup>Norm</sup>에 대한 가치평가를 나타낸다. 정신은 '습기'-정서적 바탕에서라야(오라! 영적인 존재로 습기 찬 넓은 세계로!<sup>Komm geistig mit in feuchte Weite!</sup>) 마음대로 활동할 수 있다는 뜻이 강조된다. 이어지는 '달무리'에 대한 해석에서도 탈레스와 관계된 자연과학적 견해에 대조되는 '정령들'의 상징적 견해를 제시한다.

> **네레우스** (탈레스에게 다가가며)
> 밤길을 가는 어떤 나그네는
> 저 달무리를 공기의 현상이라 불렀다지.
> 우리 귀령<sup>Geister</sup>들은 전혀 다르게 생각하는데

그게 유일한 올바른 생각일 거야.
저건 분명 비둘기란 말이다.*

합리적 의식의 눈으로는 자연현상에 불과하지만 무의식의 비합리적 관점에서 보면 의미 있는 상징이 된다. 지레네들이 노래한 달무리 현상에 대해 네레우스는 탈레스에게 이런 속뜻을 말했다.

"꿈은 거품이다"Traum ist Schaum. 꿈보다 해몽이 좋다고 빈정대는 사람들에게 꿈의 깊은 상징적 의미가 보일 리 없다. 그러나 다른 관점에서, 즉 상징적 관점에서 그 현상을 보면 뜻을 발견할 수 있다. 탈레스의 말처럼 그것은 마치 '조용하고 따뜻한 보금자리 속에 성스러운 것이 살아 머물고 있는 것'이기 때문이다.

달무리는 달 주위를 둥글게 둘러싸고 있는 고리 이미지를 하고 있다. 그 구름 고리는 지레네의 표현에 따르면 하얀 비둘기의 무리로 이루어졌다. 비둘기들은 사랑의 불을 붙이는liebentzündet 새들 그리고 그들 자신 발정기에 있는 새들이다. 이들은 파포스가 보냈다고도 한다. 네레우스도 그것이 비둘기임을 확인하면서 자기 딸 갈라테아를 인도하는 새들이라며 "내 딸이 조개수레를 타고 올 때 예부터 익혀온 독특한 방법으로 기이하게 날면서 인도한다"**고 말한다.

이번에는 탈레스도 그 말에 동의한다. 물론 사랑의 열정보다는 '거룩한 것'의 현존을 내세우면서. ―조용하고 따뜻한 둥지 속에서 성스러운 것이 살아서 지키고 있다면.

원은 자주 언급되듯이 전체성의 상징이며 융합의 상징이다. 영혼의

   * 괴테, 정서웅 옮김, 앞의 책, 197쪽.
  ** 같은 곳; Goethe, *Faust*, dtv, p.242.

인도자인 새들에 인도되는 갈라테아의 융합(결혼)을 예고하는 듯하
다. 그런데 갈라테아를 안내하는 것은 비둘기 떼뿐이 아니다. 하늘의
비둘기와 밤을 밝히는 달과는 대조되는 키프로스섬 동굴에 사는 프
실렌족과 마르젠족이다. 그들이 비너스 신의 수레를 수호하는 무리로
묘사되어 있다는 의견도 있으나 이들이 안내한다는 상대가 '사랑스러
운 따님' 또는 '사랑스러운 아가씨'라고 하는 점으로 보아 네레우스
의 딸이 분명하다. 이들은 뱀을 다루는 곡예사로 알려져 있고 스스로
무엇에 의해서도 파괴되지 않고 영원히 변치 않는 존재라고 자처하는
데* 갈라테아는 말하자면 천상적인 영적 측면과 지상적인 본능적 측
면 양측에서 인도를 받는 셈이다.

　갈라테아의 수레는 점점 가까워오고 갈라테아의 아름다운 모습이
지레네들의 노래로 차츰 부각된다. 지레네들이 노래한다.

> **지레네들**　어머니를 빼닮은 갈라테아 아가씨
> 　　　　　신들을 닮아 진지하면서도
> 　　　　　영원불멸의 품위
> 　　　　　하지만 사랑스러운 인간의 여인처럼
> 　　　　　매혹적인 우아함을 갖춘 여인.**

　갈라테아는 융과 케레니가 함께 저술한 『신화학입문』에서 언급한
'신성한 소녀'göttliches Mädchen에 속한다고 할 수 있다. 융은 거기서 신
화에 나타나는 신성한 소년과 소녀의 심리학적 상징을 자세히 설명했
다.*** 그런데 괴테는 아버지 네레우스와 그의 딸 갈라테아의 만남을 바

---

* 괴테, 정서웅 옮김, 앞의 책, 198쪽. "아득한 옛날이나 마찬가지로 고요한
　가운데 즐거운 마음으로 우리는 키프로스의 수레를 지켜왔어요." "나라
　와 도시들이 멸망한다 해도 우리는 항상 변치 않고⋯⋯" 참조.
** 같은 책, 199쪽.
*** C.G. Jung, K. Kerényi, Die Einführung in das Wesen der Mythologie 참조.

로 실현하려 하지 않았다. 뜸을 들인다고 할까. 도리스의 딸들이 돌고 래를 타고 노래 부르며 네레우스 곁을 지나가는 장면을 중간에 삽입 했다. 그것은 젊은 남녀, 요정과 인간의 사랑 이야기다. 바다에서 도리 스의 딸들이 구해준 젊은이들과 사랑을 영원히 유지하기 위해 그들을 불사의 몸으로 만들어달라는 소원이 불가능함을 알게 되어 아름답게 헤어지는 장면이다. 이 짧은 간주곡 중에도 몇 마디 음미할 만한 지혜 로운 말이 눈에 띈다.

> **도리스의 딸들** 루나여, 빛과 그림자를 빌려주시어
> 이 꽃 같은 젊은이들을 비춰주소서.
> Leih uns, Luna, Licht und Schatten.

정신의 전체성을 자기실현의 목표로 간주하는 분석심리학자로서는 도리스의 딸들이 달의 여신에게 '빛과 그림자'를 모두 빌려달라고 한 것은 매우 새롭다. 비추어주기를 바란다면 빛만 빌려도 될 것이다. '빛 과 그림자'가 언어상 관용구라고 해도 여기에는 '전체적 관점'이 들어 있다. 제대로 인식하기 위해서는 빛뿐 아니라 어둠까지도 동원되어 야 한다. 이 경우 그림자도 어두운 빛이다. 괴테『파우스트』를 일관되 게 관통하는 대극과 그 합일의 기본 주제가 여기서도 잠깐 노출된 것 은 아닌지 생각해본다. 물론 빛과 그림자는 그늘지고 빛남을 반복하 는 달에 잘 어울린다.

바다의 노인 네레우스의 말에서도 사랑의 즐거움뿐 아니라 무상함 을 시사하는 뜻이 엿보인다.

> **네레우스** (딸들에게)
> 너희를 싣고 출렁이는 파도는
> 사랑 역시 영속하게 놔두지 않을 것이다.

사랑의 꿈에서 깨어나거든
그들을 편안히 뭍으로 보내거라.*

백조처녀설화(「선녀와 나무꾼」)에서 볼 수 있듯이 아니마, 아니무
스 원형과의 합일은 오래 유지하기가 매우 힘든 법이다.**

갈라테아와 그녀 아버지 네레우스의 만남은 이를 준비하는 듯한 그
토록 긴 서장에 비하면 너무나 짧다. 그것은 거의 한순간이다. 갈라테
아가 돌고래에게 멈추라고 명령했는데도 눈물겨운 상봉은 이루어지
지 않는다. 아버지 네레우스는 그 짧은 만남에 무척 아쉬워하지만 단
한 번 바라본 것으로도 능히 일 년은 견딜 수 있으리라 자위한다.***

갈라테아는 이미 아버지 딸이 아니다. 잠시 시선이 아버지에게 머
물기는 해도 독립된 존재로서 자신의 짝, 아마도 호문쿨루스를 찾아
가는 성숙한 여인이다. 원의 주제가 다시 등장한다. 갈라테아는 '원
을 그리며 날듯이'In kreisenden Schwunges Bewegung (빙글빙글 돌면서 날아가
는 동작으로) 훌쩍 떠나가고' 혹은 '긴 사슬의 원을 그리며'In gedehnten
Kettenkreisen 축제의 흥취를 돋우려는 듯 무수한 무리가 빙글빙글 돌아
간다Windet sich die unzählige Schar. 둥글게 선회하는 것, 소용돌이는 죽음과
재생의 영원한 반복을 의미하는 미로상징이다. 또한 끊임없이 전체가
되고자 하는 정신의 순환적 발전의 상징이다. 갈라테아는 세속적 인
간관계가 아니라 그러한 내적인 원초적 발전의 궤도를 따라가는 무의
식의 자율적 기능autonome Funktion을 대변한다.****

---

  * 괴테, 정서웅 옮김, 앞의 책, 200쪽.
 ** 이부영, 「선녀와 나무꾼」, 『한국민담의 심층분석』, 집문당, 2011,
    204~220쪽.
*** 괴테, 정서웅 옮김, 앞의 책, 200~201쪽.
**** K. Kerényi, *Labyrinth-Studien*, Rhein Verlag, Zürich 참조.

갈라테아가 아버지 네레우스를 거의 스쳐 지나간 뒤 탈레스의 감격적인 찬양이 울려 퍼진다.

> **탈레스**　만세! 만세! 만세!
> 　　　　아름다움과 진실이 온몸에 사무치니
> 　　　　Vom Schönen, Wahren durchdrungen
> 　　　　내 마음속 기쁨이 꽃피어난다.*

처음에는 만물의 근원, 물의 찬가, 다음에는 위대한 태양의 찬양으로 '싱싱한 생명을 샘솟게 하는 건 바로 그대뿐'이라는 마지막 외침은 모든 등장인물의 메아리로 되돌아온다.

갈라테아는 비록 멀리 떠났으나 결코 시야에서 벗어나지 않는다. 그것은 빛으로 묘사되고 같은 빛인 호문쿨루스와 만나는 과정이 네레우스와 탈레스의 말로 알려진다. 생명의 근원인 물에서 두 빛이 만나는 장면과 기대와 감흥과 염려를 전달하려면 괴테의 말을 그대로 옮기는 것 이외에 다른 더 좋은 방법이 없을 것 같다.

그런데 먼데 있는 것으로 묘사되어온 호문쿨루스가 갑자기 가까이에 나타나 프로테우스와 대화하는 장면이 있다.

> **호문쿨루스**　이 은혜로운 습기^Feuchte 속에서는
> 　　　　　　어떤 것을 비추어 보아도
> 　　　　　　모든 게 매혹적이고 아름다워요.
> **프로테우스**　이 생명의 습기^Lebensfeuchte 속에서라야 비로소
> 　　　　　　장엄한 음향을 울리며
> 　　　　　　너의 등불이 빛을 발하는 것이라네.

---

* 괴테, 정서웅 옮김, 앞의 책, 201쪽.

사랑하는 사람의 눈에는 모든 것이 아름답다. 사랑 속에서 사람은 빛나며 빛은 소리가 되어 울려 퍼진다. 생명의 습기(물이 아님)란 바로 네레우스가 뒤이어 말하는 비밀, 즉 융합의 비의$^{秘儀}$가 일어나는 토대이며 조건이다.

**네레우스**　저 행렬의 한가운데서 어떤 새로운 비밀이
　　　　　　우리 눈앞에 나타나려는 것일까?
　　　　　　조개수레 옆 갈라테아의 발치에서 반짝이는 게 무엇
　　　　　　일까?
　　　　　　마치 사람의 맥박으로 고동치듯
　　　　　　때론 강렬히, 때론 사랑스럽게, 때론 달콤하게 불타오
　　　　　　른다.
**탈레스**　저건…… 호문쿨루스일세…….
　　　　　　열렬한 그리움에 빠진 징조들이지
　　　　　　괴로운 신음이 쟁쟁히 들리는 것 같구면.
　　　　　　혹시 찬란한 옥좌에 부딪혀 산산조각나지 않을까.
　　　　　　저런, 불길이 오른다. 번쩍 빛났다. 어느새 녹아 흐르는
　　　　　　구나.
**지레네들**　부딪치며 부서지는 파도를 훤히 비추는
　　　　　　저 이상한 불길은 무엇인가요?
　　　　　　빛을 내며 넘실넘실 이쪽을 밝혀줍니다.
　　　　　　어두운 물길 위에 작열하는 저 물체,
　　　　　　사면은 온통 불에 싸여 흘러내리네요.

　　　　　　만물의 시초인 에로스여, 이대로 다스리소서!
　　　　　　거룩한 불길에 싸인
　　　　　　바다여, 만세! 파도여, 만세!
　　　　　　물이여, 만세! 불이여, 만세!

진귀한 신의 위업이여, 만세!

**모두 함께** 부드럽게 나부끼는 바람이여, 만세!

비밀에 가득 찬 동굴이여, 만세!

이 세상 모든 것 축복 있으라.

수화풍토 4원소 모두 축복 있으라!*

호문쿨루스와 갈라테아의 신성혼은 이루어졌는가? 호문쿨루스의 유리시험관은 산산조각 난 것인가? 그래야만 했을지 모른다. 그러나 그 결과는? 물과 불의 결합, 위대한 에로스의 힘에 의하여 융합의 비의는 이루어졌으나 어두운 물길 위에 작열하는 물체가 온통 불에 싸여 흘러내리듯 흘러가 버렸는가? 지레네들은 에로스 신에게 '이대로 다스리소서!' 하며 불길에 싸인 바다, 물과 불, 바람, 비밀의 동굴 그리고 이 세상 모든 것을 형성하는 4원소 모두에 축복을 보낸다. 시인에게는 찬란한 사랑의 감동이 중요하다. 그래서 괴테는 "모든 것을 시작한 에로스여, 이대로 다스리소서!"So herrsche denn Eros, der alles begonnen! 로 만족한다.

그런데 심리학자는 무엇을 더 캐려는 것인가?

에딘저는 제2막에서 파우스트가 헬레나의 환상상을 열렬히 껴안은 순간, 헬레나 이미지가 산산조각으로 사라져버린 사건과 그 바로 직후 출현한 호문쿨루스의 창조 사이에는 인과적 관계가 있다고 했다.** "저 파우스트와 헬레나의 순간적인 융합Coniunctio이 연금술 그릇 속에서의 호문쿨루스 잉태라는 효과를 일으켰음에 틀림없다." 그는 말했다.*** 그는 이를 분석과정에서 때때로 발견되는 것처럼 자아의 무의식

---

* 괴테, 정서웅 옮김, 앞의 책, 202~203쪽; Goethe, *Faust*, dtv, pp.245~246.
** E.F. Edinger, *op. cit.*, p.61.
*** *Ibid.*, p.61.

과의 만남<sup>Encounter</sup>이 무의식을 풍성하게 하여 정신적 수태를 일어나게 하는 경우에 일치한다고 한다. 전적으로 공감한다. 다만 나는 '자아의 무의식과 만남'을 '자아의 그의 무의식적 아니마와 만남'으로 특정화하고 싶다. 다른 한편 파우스트로 대변된 자아와 아니마의 만남이 성급한 일방적 소유욕에서 일어난다면 아니마의 통합은 이루어질 수 없다고 경고하는 뜻이 내포되어 있는 만큼 그 뒤를 이은 파우스트의 치유과정과 호문쿨루스의 출현과 사라짐의 역사는 실패한 진정한 통합적 융합을 회복하기 위한 과제와 노력을 나타낸다고 할 것이다.

호문쿨루스는 파우스트의 제자 바그너가 연구하여 거의 완성했으나 그 마지막 완성에 결정적 역할을 한 것은 메피스토였다. 호문쿨루스 또한 메피스토를 사촌이라고 부르는 등 친족관계를 나타내고 메피스토는 에덴동산의 뱀이 자기 친척이라고 말한 점에서 메피스토, 뱀, 호문쿨루스는 모두 연금술 작업의 목표, 메르쿠리우스 정<sup>Spiritus Mercurius</sup>과 동의어이고 심리학적으로 자기<sup>Selbst</sup>의 여러 단계의 현상임은 말할 것도 없다. 연금술 그릇 속에 호문쿨루스(작은 남자)가 나타남은 연금술 작업의 최고조<sup>Culmination</sup>에 달했음을 의미한다. 그것은 현자의 돌 중 한 형태인데 유기물질 영역과 무기물질 영역의 역설적 융합으로 과제의 목표를 상징한다. 심리학적으로 호문쿨루스는 자율적 정신<sup>Autonomous psyche</sup>에 대해 의식적 인식<sup>Conscious realization</sup>이 태어남을 가리킨다.* 다시 말해 '자기'의 출현이다. 그러나 파우스트 제3막의 호문쿨루스는 아직 엄밀한 의미의 자기상이 아니다. 유리그릇에 제약되어 있고 실체인 몸이 없이 영성만 살아 있기 때문이다. 그는 전체가 되려 그의 아니마가 된 갈라테아를 향한 그리움을 끝까지 충족하고자 한다.

호문쿨루스가 파우스트의 치유의 터로 선택한 '이야기 나라'를 에딘저도 집단적 무의식의 세계라고 보았다. 다만 내가 자아의 단절되

---

* *Ibid.*, pp.61~62.

었던 집단적 무의식과의 접촉과 재체험 자체가 치유의 힘을 주는 것이라고 설명한 것과 달리 "파우스트가 헬레나와 만남으로써 입은 상처인 콤플렉스를 치료할 오직 한 가지 일은 분명 원형적 해석Archetypal interpretation이다"라고 한 그의 말과 묘한 대조를 보인다. 그는 이어서 예이츠Yeats의 시를 소개하면서 다음과 같이 말한다. "다른 말로 일단 사람이 무의식과 결정적인 만남을 했다면 그는 살아남기 위해 정신의 원형적 또는 초개인적 이해를 갖지 않을 수 없다."* 해석interpretation이나 이해understanding를 오직 지적 해석이나 이해에 국한하지 않는 것으로 보는 한, 두 설명은 서로 모순되는 견해가 아닐 수 있다. 나의 경우는 무의식의 자율적 치유기능에 중점을 두고 있고 에딘저는 치료자 처지에서 집단적 무의식에 대한 인식을 치료기법 차원에서 말하므로 양자는 서로 보완할 수 있다. 물론 에딘저도 체험에 관해 이야기한다. 파우스트와 헬레나의 어머니 레다와 백조의 만남을 확충한 뒤에 그는 말했다.

"이 모든 것은 인간정신의 누미노즘과 만남을 상징한다.
그 만남은 안전하게 종교적 믿음 속에 들어가 있는 사람들에게 허용된다."**

마지막으로 호문쿨루스가 갈라테아를 향해 달려가 그녀 품에 빛을 발하며 부딪쳐 유리시험관을 산산조각으로 만들고 불이 되어 바닷물에 녹아드는 장면을 융은 히에로스 가모스Hieros gamos, 신성혼이라 불렀고 에딘저 또한 '초개인적 영역, 집단적 무의식, 플레로마Pleroma에서 일어난 융합'이라고 설명하나 이것 또한 나에게는 심리학적 의미

---

* *Ibid.*, pp.63~64.
** *Ibid.*, p.65. '안전하게' 들어 있다든가, '살아남기 위해' 원형적 이해가 불가피하다는 등의 말이 풍기는 절박함이 무엇과 관계있는지는 좀더 살펴보아야 알 수 있겠다.

의 의식된 융합이기보다 이 표면상 융합으로, 오이포리온의 추락사나 파우스트의 성급한 헬레나 포옹의 결과에서 보듯 어딘가 아직 미성숙한 것에 대한 경고가 남아 있다는 느낌을 거둘 수 없었다. 융합으로써 인공적 보호막인 유리가 깨졌다. 그래서 시원의 상태, 물과 불이 하나가 된 근원으로 되돌아간 것이다. 하나의 출발점을 마련했다는 큰 의미가 있다. 이런 불확실성을 에딘저도 느끼고 있었다.

"(융합) 장면의 장대한 초월적 측면에도 불구하고 아우어바흐 주점의 추악한 노래를 되돌려보게 만든다." 호문쿨루스는 갈라테아에 대한 사랑에 자신을 잃었다(지쳤다overcome with). 본문에 이르기를 "너희가 보는 것은 그의 독선적 욕구의 증상들이다. 그가 열망하고 불안하게 웅웅거리는 것이 들리지 않느냐?" 노래 속의 중독된 쥐처럼 호문쿨루스는 'Love pangs in the belly'(사랑의 복통)에 의해 고문받고 비참함에서 자신을 해방하기 위해 갈라테아의 왕좌에 부딪혀 자살하는데 자살 또한 생명의 정수에 자신들을 흡수시킴으로써 '영원한 물'의 수태가 된다.*

그리하여 에딘저는 말한다.

"우주창생의 에로스와 쥐의 독—이것들은 이 융합 속에서 결합된 사랑의 현상의 두 극단이다."**

에딘저는—이 대목에서 왜 하필이면 음산한, 쥐약을 먹고 버둥거리는 아우어바흐 주막의 가엾은 쥐를 연상했을까? 호문쿨루스가 갈라테아의 발치에서 산화散華하고 불빛과 불, 물속으로 용해된 것은 앞

---

* E.F. Edinger, *op. cit.*, p.69.
** *Ibid.*, p.69.

에서 말한 대로 근원으로 회기한 것으로 새 출발을 예고한다. 괴테는 파우스트와 헬레나의 진정한 만남을 성사시키기 위해 에로스의 분화를 향한 여러 단계를 보여주면서 미래의 과제를 남겨놓았다. 주목할 것은 이 큰 변화들은 파우스트가 전혀 인지하지 못한 가운데 자아와는 무관하게 무의식적인 변환 과정으로 진행되었다는 점이다.

# 제3막

## 스파르타에 있는 메넬라오스왕의 궁전 앞

*헬레나 등장. 사로잡힌 트로야 여인들의 합창대와 함께*
*합창대장 판탈리스*

### 헬레나의 환궁과 파우스트와 만남

제3막은 트로야에 유인되었던 헬레나가 트로야의 멸망과 함께 풀려나 남편이자 승자인 메넬라오스왕의 명으로 옛 궁궐로 먼저 돌아온 것으로 시작하여 남편이 자기를 제물로 삼으려 한다는 말을 듣고 북방에서 온 기품 있는 성주 파우스트에게 피신함으로써 파우스트를 만나게 되는 과정을 묘사하고 있다. 이 과정에서 포르퀴아스라는 밤의 여괴女怪로 위장한 메피스토펠레스가 핵심 역할을 한다. 제3막 후반부는 메넬라오스왕의 공격을 성공적으로 물리친 파우스트와 헬레나의 사랑, 그 결실로 얻은 오이포리온의 모험과 비극적 죽음, 헬레나의 이별로 마감한다. 극의 진행을 따라가며 생각나는 대로 적어본다.

스파르타 메넬라오스왕의 궁전으로 왕보다 먼저 돌아온 헬레나는 불확실한 미래를 우려한다. '내가 아내로 돌아온 것인지, 왕비로 돌아온 것인지', 아니면 왕의 쓰라린 고통과 오래 견뎌온 그리스인들의 불행을 위한 제물로 온 것인지, 포로인지 아닌지도 모르겠다고 한다.

**헬레나**　아름다운 나에게 저 불사의 신들은

이중적이고 찜찜한 동반자, 명예와 운명을 정해주셨다.

이것들은 이 문지방 옆에도

음침하고 두려운 모습으로 서 있는 것만 같다.*

그녀는 왕이 지시한 것 가운데 올림포스 신들에게 제사 지내도록 여러 가지를 준비하라고 한 것이 있는데, 다만 신들에게 바쳐질 '살아 숨 쉬는 생물 이야기'는 없었다고 술회한다. 무거운 발걸음으로 계단을 올라 궁궐 대문을 들어서려다가 황급히 되돌아온다.

'문지방'은 지금은 과거가 되어버린 세계와 현재의 경계를 가리키는 의식과 무의식 사이의 문턱이다. 그것은 그녀가 잘 알고 있는, 그녀가 살고 다스리던 공간, 그러나 납치됨으로써 한동안 비워두었던 곳, 즉 의식의 보살핌 없이(비쩍 마른 모습!) 내버려두었던 곳, 그래서 지금 불안과 공포를 자아내는 곳이다.

헬레나를 놀라게 하고 뛰쳐나오게 만든 것은 마물, 텅 빈 왕궁 내실 부엌 아궁이 앞에 얼굴을 가린 채 웅크리고 있던 덩치 큰 여자였다. 그녀는 헬레나 자신의 내면에 있는 또 하나의 마음, 분석심리학에서 '그림자'라고 하는 무의식의 인격에 비유될 수 있다. 고귀함과 아름다움에 가려서 보이지 않으나 거기 존재하는 의식적 인격의 어둡고 추하며 음산한 증오와 관용을 모르는 복수심, 가장 아름다운 것 뒤에 숨어 있는 가장 추한 것, 헬레나는 이 내면의 마음과 직면해야 한다. 그림자의 정체가 무엇인지, 어떻게 대해야 하는지, 문제를 어떻게 해결해야 하는지 헬레나는 두루 경험해야 한다. 부엌 아궁이는 불을 때고 음식을 만들기도 하는 일종의 변환의 장, 에너지원으로 매우 중요한 장소인데 거기에 그림자상이 웅크리고 있다는 것은 의미가 깊다. 아궁이는 또한 저승과 이승의 통로이기도 하고 생명을 산출하는 산도

---

* 괴테, 정서웅 옮김, 앞의 책, 209~210쪽.

産道이기도 하다. 그곳은 신성한 곳, 그래서 신들이 지키는 장소다. 그런데 지금 그곳에는 꺼져가는 잿더미뿐이다. 그 여인은 헬레나가 보석함이 있는 방에 접근하는 것도 막아선다. 그림자의 부정적 작용을 완화하지 않고는 헬레나는 근원적인 에너지원(보물창고)에도 접근할 수 없다. 그림자의 의식화가 요청되는 상황이다.

> **헬레나** 보아하니 비쩍 마른 키다리에 핏발이 선 탁한 눈빛으로
>      눈과 마음을 어지럽히는 괴상한 모습이었어.*

여성들의 꿈에 이런 이미지가 나왔다고 상상해보라. 분석심리학에서는 일차적으로 '그림자', 무의식의 열등한 인격이 출현한 게 아닌가 생각한다. 헬레나가 '눈과 마음을 어지럽히는 괴상한 모습'이라 하고 '아무리 말을 해보아야 소용없다고 느끼고' '형상들을 조물주처럼 창조해낼 수는 없을 것'이라 말한 점으로 보아 이 그림자는 개인적 차원을 넘어선 원형적 그림자일 가능성이 크다. 그만큼 의식화가 어려울 것임을 시사한다. 그런데 이 괴물이 드디어 밝은 곳으로 나왔다. 즉, 문턱을 넘어 밖으로, 의식계로 올라왔다. 헬레나는 말한다.

> **헬레나** 저 끔찍한 밤의 괴물을
>      아름다움의 친구 태양신 푀부스께서
>      동굴로 몰아대든지 포박해버릴 것이다.**

---

  * 같은 책, 216쪽.
 ** 같은 책, 217쪽. 포르키아스Phorkyas는 케토Keto와 함께 모든 바다괴물의 신비로운 지배자로 알려져 있고 그의 세 딸은 눈 하나 이 하나를 공유한 괴물로 고전적 발푸르기스 축제에 나타난 적이 있다. 메피스토가 술수를 부려 이들의 일부와 동화하는 데 성공했다. 포르키아스는 대지, 가이아Gaia와 바다 폰투스Pontus의 아들이고 바다의 여러 괴물, 그레에Graeae, 고르곤Gorgon, 라돈Ladon, 에키드나Echidna, 지레네들Sirens, 스킬라Scylla들(포르키아들Phorkiads)의 아버지다. 그리스인들은 그를 '바

의식의 힘으로 그림자를 통제하고 싶은 소망의 표현이지만 이 방법
은 긴 눈으로 볼 때 성공하기 어렵다. 그런데 이때 나타난 괴물은 무
엇인가? 문설주 사이로 문지방에 나타난 자는 모든 바다괴물의 지배
자 포르키아스Phorkyas였다.

사로잡힌 트로야 여인들로 구성된 합창대는 포르키아스를 보며 노
래한다. 무서운 전쟁의 참화, 트로이의 멸망, 불타는 성채, 미친 듯 밀
려오는 전사들, 그 무서운 광경 속에서 드러나는 신들의 모습.

> **합창**  먼저 구름 지옥이 날리며
> 미친 듯 밀려오는 전사들
> 그 속에서 신들은 무섭게 부르짖으니,
> 싸움을 재촉하는 굳센(청동의) 음성Eherne Stimme,
> 들판을 지나 성채를 향해 울린다.
> ......
> 날름대는 불꽃 사이로
> 분기충천한 신들이 보였네.
> 거대하고도 기이한 모습들,
> 불길에 휩싸인 연기 속에
> 성큼성큼 다가왔네.*

인간은 전쟁을 저지른다. 여러 가지 이유를 들어 서로 죽인다. 그

----

다의 노인'이라 부른다. J.E. Zimmerman(1971), *Dictionary of Classical Mythology*, p.209. E. Peterich, *op. cit.*, p.46. 여기서는 포르키아스의 딸들 중 하나로 메피스토와 합쳐진 존재가 '카오스이면서 원초적 밤' '어둠의 여자' '추녀', '무척 나이든 여인으로 모든 것의 배후에 숨어서 또한 모든 것을 생산하는 카오스'라고 간주된다. E. Staiger, *op. cit.*, p.317, p.319, p.320.

* 괴테, 정서웅 옮김, 앞의 책, 217쪽.

싸움에 의미를 붙여 싸움을 부채질한다. 전쟁은 인간이 일으키는 것 같지만 실은 신들의 놀이에 인간의 자아가 휩쓸린 상태다. 즉 자아를 초월하는 무의식의 원형적 배열에 휘둘린 상태다. 트로야 여인들은 전쟁의 불길 속에서 분노에 찬 신들을 보았다. 영웅 원형과 그림자 원형, 구제자 원형, 치유 원형들이 난무하는 것이 전쟁터다. 자신이 겪은 그림자를 노래하고 나서 지금 눈앞에 나타난 포르키아스의 정체를 묻는다.

> **합창**  포르키아스의 딸들 가운데
> 너는 대체 어느 딸이냐?
> 네가 그 족속과
> 너무나 닮았기에 하는 말이다.
> 아마도 넌 태어날 때부터 백발이고,
> 눈 하나와 이빨 하나를
> 교대로 사용한다는
> 그라이프 중 하나렸다?*

트로야의 여인들은 포르키아스에게 '화냥년'이라느니, '푸른 전답을 뒤덮으며 달려드는 메뚜기 떼' 같다느니, '남의 근면함을 좀먹는 자'라느니 보통 사람들이 자기 그림자를 다른 사람에게 투사했을 때 그 사람에게 하는 말과 같은 경멸조의 욕설을 퍼붓는데 합창대 개개인의 노래에서는 더 많은 '나쁜' 속성이 나열된다. '카오스에서 태어난 암흑의 신, 에레부스Erebus와 밤 사이에서 태어난 아이(낮)' '머리 다섯의 남자를 잡아먹는 바다 괴물 스킬라의 딸' '지옥에 사는 자보다 더한 자' '오리온의 유모가 네 고손녀' '자신이 송장이면서 송장이 먹고 싶은 자' 등. 포르키아스도 질세라 일일이 응수하는데 그림자의 상호

---

* 같은 책, 218쪽.

투사의 전형적인 모습을 보여준다.

헬레나는 이들과는 달랐다. '주인이란 하인의 하는 일이 문제지 어떤 사람인지는 묻지 않는 법'이라면서 과거 포르키아스의 충성심을 기억하며 하인들을 나무람으로써 질서를 잡는다.

헬레나와 포르키아스의 대화는 먼저 지나온 개인적 역사를 확인하는 내용으로 시작된다.

모든 영웅이 구애하던 가장 아름다운 여인이 어떻게 미넬레오와 결혼했으며 어떻게 파리스를 만나게 되었는지를.―포르키아스가 "당신이 이 성채를 버리고 일리오스의 구중궁궐에서 사랑의 환락에 탐닉했다"고 했을 때 헬레나는 펄쩍 뛰다시피 부인했다. 환락은커녕 한없는 괴로움에 시달렸다고 말한다.

"하지만 소문으로는 당신이 두 개의 모습을 지니고 일리오스에도 이집트에도 보였다고 하더군요." 포르키아스가 말할 때, 헬레나는 자기 마음을 혼란하게 하지 말라고 호소하면서 "지금까지 어느 게 진짜 나인지 모르노라"고 실토한다. 포르키아스는 한 걸음 더 나아가 아킬레우스가 저승에서 올라와 헬레나를 열렬히 사랑했다는 소문을 꺼낸다. 헬레나는 다음과 같이 말하면서 더는 견디지 못하고 쓰러진다.

> **헬레나** 환영$^{Idol}$(우상)인 내가 환영인 그분과 맺어졌던 것이다.
> 옛이야기도 그건 꿈이었다고 말하고 있다.
> 나 이대로 스러져 환영이 될 것 같구나.*

환영(우상)은 실체가 없는 것, 생생한 감동이 결여된 빈껍데기다. 자신의 약점이 파헤쳐질 때 느끼는 고통이 너무 크면 사람을 무감각 상태로 도피하게 만든다. 정신적 충격에 따르는 히스테리성 감각마

---

* 같은 책, 226쪽.

비, 운동마비, 몸의 통증 혹은 환상을 동반한 정신적 해리증은 결코 역사적 유물이 아니고 항상 실제로 목격되는 증후들이다. 포르키아스는 말하자면 무의식의 절대지로서 헬레나가 보고 싶어 하지 않는 자신의 이중성, 사랑의 모순을 냉철하게 지적함으로써 헬레나를 진실에 직면하게 한다. 그러나 헬레나는 견디지 못해 쓰러진다.

트로야에서 붙잡혀온 여인들로 구성된 합창대는 오직 일방적으로 아름다운 여성을 무조건 찬양하는 단순한 성격의, 유명배우를 숭배하는 팬들 같은 집단심리를 나타낸다. 이들의 항변은 포르키아스가 '좋은 일보다는 나쁜 일만 찾아내 현재의 광채는 물론 미래를 은은히 비추는 희망의 빛까지도 모조리 어둡게 만든다'는 것이다. 일리가 없지는 않다. 가혹한 성격문제를 비판하는 것은 때로 약보다 독이 되는 수가 있다. 성급한 인과적 판단 혹은 환원적 통찰은 사람에 따라 견디기 어려운 고통과 좌절을 안겨준다. 그러나 포르키아스는 그렇게 부정적인 사고의 측면만 가지고 있는 것은 아니다. 그녀는 헬레나보다 미래를 더 정확히 알고 있고 절체절명의 상황에서 탈출구를 가르쳐주는 것도 그녀다. 있는 그대로의 자연처럼 그녀는 수식을 하지 않을 뿐이다. 그녀는 자연처럼 잔인하면서 동시에 호의적이다.

그녀는 충격적인 사실을 알린다. 헬레나가 궁금히 여겼던 것, 왕이 아무 말도 해주지 않았던 제물에 관한 것을.—그녀 자신이 제물로 바쳐져야 한다는 것, 그녀와 함께 붙들려온 트로야의 모든 여인도 제물로 바쳐지게 될 것이라는 것이다. 이때 포르키아스는 냉혹한 죽음의 사자가 되어 난쟁이들을 불러 제사를 준비하기 시작한다. 헬레나는 죽을 준비가 되어 있다. 그러나 합창대 지휘자는 그래도 포르키아스에게 간청한다. 살아남을 방도는 없겠는가 하고.—이 경우 방도가 전혀 없다면 그건 너무 잔인하고 가혹하다고 독자들은 느낄 것이다. 그런 죽임에 가책을 느낀다면 무슨 다른 방법으로 헬레나와 그녀의 시녀들을 되살리는 시도를 하지 않으면 안 될 것이다. 불륜과 배신에 대한 복수가 목적이라면 작가는 도덕적 흑백 판단 아래 그렇게 처리했을 것이다. 그러나 괴테는 여기서 헬레나와 그녀의 시녀들에게 살아남을 하나의 가능성을 마련해서 헬레나와 파우스트를 연결짓게 만들었다.

이야기가 길어도 참고 조용히 들어야 한다는 전제 아래 포르키아스는 그녀의 처방 배경을 장황하게 설명한다. 그것은 시녀장으로서 자신이 한 일과 미넬레오스왕의 노략질, 그 선대왕의 영토에 이르기까지의 역사였다. 그러곤 수년간 버려졌던 영토, 어느 아름다운 계곡을 통해 백조를 키우는 골짜기 갈대밭, 고요한 산간에 '북쪽 어둠의 나라에서 이주한 한 용감한 종족' 이야기를 한다. 이들이 그곳에 난공불락의 성채를 세워 마음대로 사람들을 부리는데 그 두목이 누구인지에 모두의 관심이 쏠린다. 그는 듣던 것과 달리 '쾌활하고 용감하며 세련된 남자'로서 '그리스인 가운데서는 보기 드문 분별 있는 사람'으로, 포르키아스는 그의 위대함을 존경하고 그를 신뢰한다고 말한다. 그 종족 또한 사람들은 야만인이라 하지만 그렇지 않은데 그의 견고하고 반듯하게 잘 계획된 성채는 종래의 엉성한 구조와는 비교가 안 되고 또한 방마다 세련된 문명의 표징인 문장이 있다고 한다. 그곳엔 또한 춤추는 남자, 금발에 싱싱한 젊은이들이 있다.*

'북쪽 어둠의 나라에서 온 용감한 종족'은 파우스트 무리를 말하며 13세기경 십자군전쟁에 참가했던 한 귀족이 스파르타 근방에서 성을 쌓고 살았다는 고사를 작품에 이용한 것이라고 한다.** 어떻든 그리스의 자유로운 쾌락주의적 문화 속에 침투한 게르만족의 규율성, 강직성, 전통성과 이성을 상상해도 좋을 듯하다. 사랑의 질투가 초래할 비극을 피하는 유일한 방도로 제시된 것이 저 새로운 세계로 피신하는

---

* 같은 책, 232~235쪽.
** 같은 책, 233쪽 각주 19) 참조.

것이다. 포르키아스가 당장 저 성으로 안내하겠다고 하는 데도 왕비 헬레나는 망설인다. 그러나 모든 것을 알고 있는, 악의 정체를 꿰뚫어 볼 수 있는 절대지 포르키아스는 말한다.

> **포르키아스**  아름다움은 나누어 가질 수 없는 것, 그것을 독점한 자는
> 공유한 것을 저주한 나머지 차라리 파멸시켜버리지요.
> ……
> 사나이의 가슴속엔 질투가 들끓지요.
> 그는 결코 잊지 못할 겁니다. 한때 소유했던 것.*

미넬레오스왕은 이미 성 밖에 당도했고 이 긴급한 순간에 헬레나는 결국 포르키아스를 따라 그 성으로 가기로 결심한다.

> **헬레나**  나는 그대가 악령이란 걸 잘 알고 있다.
> 선한 걸 악한 것으로 바꿔놓을까 걱정이긴 하지만,
> 우선 그대를 따라 성채로 가련다.
> ……
> 할멈, 앞장을 서라!**

악령은 악한 것을 선하게 바꾸어놓을 수도 있다. 물론 흔히 의도하지 않은 채. 그러나 포르키아스는 악하기만 한 절대악이 아니다. 앞에서도 시사한 대로 선하거나 악하다는 구분을 넘어선 양면을 모두 포괄하는 태모여신Große Mutter이다.

---

  * 같은 책, 236~237쪽.
  ** 같은 책, 237쪽.

그러나 이 세계에서 다른 세계로 이행하는 것은 상식적인 형식으로 묘사되지 않았다. 괴테는 '즐겁게 앞으로 내닫는' 무리 앞에 짙은 안개를 퍼뜨린다. 더 이상 아무것도 보이지 않게 된 가운데 불확실성과 죽음의 공포가 엄습한다. 그러다 갑자기 성벽이 나타난다.

인생의 전기 또한 이와 같다. 미지의 세계로 발을 들여놓는 모든 사람이 그런 불안과 두려움을 느끼게 마련이다. 그러나 그런 것을 겪으며 앞으로 나아갈 때 돌연 새로운 과제가 확실히 인식된다. 급격한 인식은 마치 합창에서 말한 것처럼 '사로잡힘'과 같다.

> **합창** 짙은 잿빛으로 담벼락 같은 흙빛으로 성벽이 눈앞에,
> 확 트인 눈앞에 나타났구나.
> 여하튼 무시무시하구나! 오, 자매들아. 우린 사로잡혔어.
> 전에 없던 식으로 잡혀버린 거야.*

파우스트와 헬레나의 만남은 정중한 분위기에서 이루어진다. 헬레나의 눈부신 아름다움이 남김없이 묘사된다. 파우스트는 매우 절제된 그러나 예의 바르게, 최대의 존중과 사랑으로 왕비 헬레나를 대한다. 『전이의 심리학』에서 융은 『파우스트』의 헬레나를 이성 간 에로스 혹은 아니마상의 네 단계 중 아래서 두 번째로 보았는데, 그것은 낭만적인 여성상에서 볼 수 있는 이미지다. 그레트헨이 오직 본능적이기만 한 생물적 이성異性임에 비해 헬레나는 육체적·동물적인 것을 조금은 지양한 미적 매력과 사랑의 대상이라고 보았다. —** 여기에 묘사된 헬레나 모습은 그저 아름다운 것이 아니라 아름다움의 극치, 너무 아름

---

* 같은 책, 239~240쪽.
** C.G. Jung(1958), die *Praxis der Psychotherapie*, G.W. Bd. 16, pp.185~186 (논문 Psychologie der Übertragung에서).

다워서 보는 사람의 혼이 나갈 정도이며 헬레나 이외의 것은 아무것도 보이지 않고 아무 생각도 나지 않을 정도다. 그래서 망루지기 린코이스는 헬레나의 도착을 파우스트에게 보고하지 않아 헬레나 앞에 끌려나오는 신세가 된다. 파우스트가 그에 대한 처벌을 헬레나에게 위탁했을 때, 린코이스가 말한다.

> **린코이스** 절 죽이든 살리든 뜻대로 하옵소서.
> 신께서 보내주신 이 부인께
> 제 몸을 이미 바쳤으니까요.

그는 헬레나를 남쪽에서 솟아오른 또 하나의 태양에 비유했다. 그리고 고백했다.

> **린코이스** 골짜기 대신, 산 대신, 넓은 들과 하늘 대신 오로지 당신만을 보았답니다.

안개 속에서 여신이 나타났을 때, 이 눈부신 아름다움이 자기 눈을 완전히 멀게 했고 망루지기의 임무를 모두 잊었다고 실토했다.

> **린코이스** 제게 죽음을 주셔도 좋습니다.
> 아름다움이 모든 원망을 제어할 테니까요.*

린코이스처럼 말할 수 있는 사람은 행복한 자다. 그는 여신이 뿜어내는 최고 환희를 맛보았기 때문이다. 도대체 죽어도 좋을 환희란 무엇인가! 그런데 그것이 인간이다. 인간은 인간 이상의 초월적 존재, 신에 비길 만한 거룩한 이념을 위해서는 서슴없이 죽을 수 있는 존

---

* 괴테, 정서웅 옮김, 앞의 책, 245~246쪽.

재다. 린코이스의 경험은 시대가 바뀌어도 변하지 않는 인간의 경험이다. 아니마의 제1단계에서 볼 수 있는 단순한 성적·생물학적 종족 보존 본능이나 성적 충동에서 오는 쾌락만이 아니다. 그것은 원형상이 투사될 때 느끼는 경험이다. 인간은 이 순간 신을 보는 것이다. 단순히 어떤 여인을 보는 것이 아니다. 그래서 그 경험은 인간의 한계를 넘는 강렬함을 보인다. 동시에 상대방에게 투사된 아니마 원형상이 자신에게 되돌려져 상대방을 있는 그대로 볼 수 있게 되었을 때 실망 또한 엄청나게 클 수밖에 없다.

헬레나는 '어딜 가나 남자들의 마음을 유혹하는 자' '반신半神들, 영웅들, 신들, 심지어 악령까지도' 자기를 빼앗고 유혹하고 싸우고 몰아대던, 그래서 '세상에 재앙을 거듭 가져오는' 자라며 그러한 자신을 한탄한다. 세상에는 그러한 여인도 있다. 집단적으로 아니마 원형상의 투사를 받으며 또한 이에 걸맞게 행동하는 여인들이.— 원형은 보편적으로 인간 누구의 무의식에도 존재하기 때문에 그 투사를 받기에 알맞은 대상이 발견되면 집단적으로 아니마가 투사되기 마련이다.

파우스트의 성채 안에서는 이미 린코이스의 강렬한 체험이 전염되어 성안의 모든 사람에게 그 기운이 번지기 시작한다. 파우스트가 이를 잘 표현해준다.

> **파우스트**　놀랍습니다. 오, 여왕이시여. 여기서 동시에
> 　　　　　　사랑의 화살을 쏘는 여인과 그것에 맞은 사람을 보겠군요.
> 　　　　　　내가 보는 활은 화살을 날려 저자 가슴에 상처를 입혔습니다.
> 　　　　　　그 화살이 연달아 날아와 나를 맞히는군요.
> 　　　　　　이 성안 어디를 둘러봐도
> 　　　　　　깃털 달린 화살이 윙윙 나는 것 같습니다.

이제 나는 무엇입니까? 당신은 졸지에
충직한 신하들을 배신케 했고, 내 성을 위태롭게 했습
니다.
그러니 벌써부터 두렵군요. 내 군대가
패배를 모르는 부인께 항복할까봐.
나 자신은 물론 내 것이라 망상하던 모든 걸
당신에게 바치는 수밖에 없겠군요.

그대 발밑에 엎드려 자진해 충성을 맹세하노니,
납시자마자 모든 재산과 옥좌를 차지하신
당신을 주인으로 섬기게 해주십시오.*

파우스트의 헬레나에 대한 이러한 최대의 경의와 절대 복종적인 태
도는 헬레나를 지하세계에서 불러온 뒤 절절한 사랑으로 그녀를 소유
하고자 하다가 실패했을 때와 비교할 때 상당히 뜻밖이다. 에메랄드
보석이 든 상자와 그밖의 숱한 보물상자를 헬레나에게 바친다고 들고
온 동방에서 온 린코이스의 자기소개와 헬레나에 대한 되풀이된 찬양
뒤에 헬레나가 파우스트와 대화하기를 청했을 때도 파우스트는 다시
정중하게 무릎을 꿇고 헬레나에게 충성을 맹세하며 "고귀한 부인이
시여, 저를 곁으로 이끄는 손에 키스하게 해주십시오. 절 끝없이 넓은
이 나라의 공동 통치자로 인정해주시오. 당신의 숭배자이며 하인이며
수호자인 저를 한 몸에 겸비한 사람으로 받아주십시오!" 한다. 헬레나
와 파우스트의 관계는 이로써 좀더 구체적으로 정립되었다.

파우스트와 헬레나의 대화는 한 여성이 한 남성을 알아나가는, 아
니 서로가 서로를 알아나가는, 특히 언어표현 관습과 관련된 새로운

---

* 같은 책, 246~247쪽.

학습과정과도 같다. 좀더 상징적으로는 남성의 자아의식이 무의식에서 올라온 아니마를 살펴보는 과정이다.

사실 린코이스는 파우스트의 그림자. 그가 헬레나에게 과거에 가졌던 무조건의 연모를 대변한다. 파우스트는 이제 중세기사의 아니마에 대한 분화된 태도를 갖춘 채 린코이스의 본능적 사로잡힘이 위험한 결과를 초래할 수 있음을 알고 그를 제압한다. 아니마에 대한 새로운 접근이 일어난다. 그것은 아니마에 대한 최대한의 존중과 배려인데 말로만 하는 약속이 아니라 물질적·실질적 이득의 구체적 제공을 포함한다. 이러한 '구체적 배려'는 왕으로서 각 지역 군사들을 동원해 멜라네우스 군사를 물리칠 때도 볼 수 있다. 파우스트는 이제 학자가 아니라 '왕'이다. 마음의 내면뿐 아니라 외부와 관계에서 적절한 통솔력을 발휘해야 하는 위치에 있다.

헬레나가 말한다.

> **헬레나**  수많은 경이로움을 보고 듣다보니
> 저 자신 놀라워 물어볼 것이 많군요.
> 저 남자의 말이 어째서 제게는 이상하게,
> 아니, 이상하면서도 정답게 들리는지 가르쳐주세요.
> 하나의 소리가 다른 소리에 어울리고,
> 한마디 말이 귓전에 울리면,
> 다음 말이 따라와 그 말을 애무하는 것 같군요.*

린코이스의 대사가 그리스 시에는 없는 게르만적 운율의 시형詩形

---

  * 같은 책, 251쪽.

을 써서 헬레나에게 신기하게 들린 것이라고 한다.* 이 관점에서 보더라도 여기서 일어나는 것은 일종의 문화적응 과정Acculturation process이다. 게르만과 헬레니즘 문화의 만남이다. 이異문화가 만날 때 처음에는 갈등상황이 될 가능성이 크지만 파우스트와 헬레나 사이에서는 이미 기본적인 신뢰와 사랑의 바탕 위에서 일어나는 일이므로 오히려 호기심과 관심의 표명으로 나타난다. 파우스트는 헬레나 말에 긍정적으로 호응하면서 '가장 확실한 것은 우리가 당장 그 말솜씨Sprechart를 시도해보는 것'이라고 한다.

> **파우스트**　말을 주고받으며 그것을 꾀어내고 불러내는 것입니다.**

이는 고대 그리스의 미를 대표하는 헬레나와 중세 게르만 정신을 대표하는 파우스트 사이에 시와 언어를 통한 결합이 이루어지는 것이라 설명된다.*** Wechselrede는 글자 그대로 '말을 주고받는 것' '대화'다. 즉, 인간관계에서 의사소통의 기본 방법이다. 단순히 '언어'를 통한 학습으로 생기는 상호이해만이 아니다. 그다음에 이어지는 대사들이 이것을 암시한다.

> **헬레나**　말해주어요. 어찌하면 저도 그토록 아름답게 말할 수 있나요?
>
> **파우스트**　아주 쉽습니다. 마음에서 우러나오면 되지요.
> 가슴에 그리움이 넘쳐나면
> 둘러보며 묻지요.

---

　　* 같은 책, 251쪽 각주 25).
　 ** 같은 책, 252쪽.
　*** 같은 책, 252쪽, 261쪽 참조.

| 헬레나 | 누구와 함께 즐길 거냐고. |
|---|---|
| **파우스트** | 이제 마음은 앞도 뒤도 돌아보지 않고, |
| | 오로지 현재만이…… |
| 헬레나 | 우리의 행복이지요. |
| **파우스트** | 현재만이 보물이고 소득이고 재산이며 담보인데, |
| | 보증은 누가 서나요? |
| 헬레나 | 나의 손이지요.* |

파우스트의 입을 빌려 말의 기술보다 먼저 '마음'Herz과 '가슴'Brust
의 중요성을 강조한 작가 괴테는 위대한 치유자다. 정신치료를 대화
의(변증법적) 과정이라고 하면서 방법Methode보다 치료자의 마음 자
세를 강조한 융의 말이 생각난다. 치료자는 물론 방법과 기법을 가지
고 있고 그것을 알 필요가 있다. 그러나 더 중요한 것은 '치료자 자신
의 자세Einstellung라는 사실'이라고 융은 강조했다.** '마음에서 우러나오
는 대로' 표현하게 하는 것은 모든 통찰요법의 기본 원리다.

파우스트와 헬레나의 다음과 같은 대화는 문화적 집단의식의 습합
문제를 떠나 근본적인 사랑의 감정영역으로 들어서 버렸다. 거기서
둘은 이미 둘이 아니다. 그리움과 행복 속에서 시간은 멈추었으며 파
우스트는 오직 현재만이 보물이라고 외친다.

합창이 둘의 사랑을 묘사하는 가운데 두 사람 이야기는 사랑의 환
희와 보람을 생생하게 전달해준다.

| 헬레나 | 전 아주 멀리 있는 듯하면서도 가까이 있는 기분이에요. |
|---|---|
| | 하지만 이렇게 말하고 싶군요. 나는 여기에 있다! 여 |

---

\* 같은 책, 252쪽.
\*\* 아니엘라 야훼, 앞의 책, 170~171쪽.

기에!

헬레나와 파우스트 사이는 극 중에서 고대 그리스와 중세만큼 긴 시간 간격이 있다. 게다가 헬레나는 신화적 이미지, 말하자면 인격화된 이미지로서 현실적 존재와는 헤아릴 수 없는 거리를 두고 있다. 그러나 '상징'으로서 이 둘은 시간을 뛰어넘는다.

**파우스트**   저는 숨이 막히고 몸이 떨리고 말문이 막힙니다.
          시간도 장소도 사라져버린 꿈만 같습니다.

사람의 황홀경에서 모든 인간이 경험하는 무시간성, 영원성과 연대감이다.

**헬레나**   제 삶은 끝났지만 새로 시작하는 것 같아요.
        낯선 당신에게 정성을 바쳐 하나가 된 것 같아요.
        Ich scheine mir verlebt und doch so neu,
        In dich verwebt, dem Unbekannten treu.
**파우스트**   오직 한 번뿐인 운명das einzigste Geschick에 대해 너무 깊이 생각지 마십시오.
        존재한다는 건 의무입니다. 비록 순간적일지라도.
        Dasein ist Pflicht, und wärs ein Augenblick.*

헬레나가 파우스트와 하나 된 마음은 낯선 자를 믿고 그의 직물 속에 엮여 들어간 상태verwebt를 나타낸다. Verleben은 향락에 지쳐 쇠약해진, 노쇠한이라는 뜻이 있는 만큼 파우스트는 헬레나의 말에서 어떤 자괴감 또는 운명에 대한 체념 같은 것을 느꼈는지 모른다.

---

\* 독어 원본 Goethe, *Faust*, dtv, *op. cit.*, 2. Teil 273 참조.

그래서 그는 한 번뿐인 운명에 대해 너무 깊이 고민하지 말라고 한 것일 게다. 오직 한 번뿐인 운명이란 무엇인가. 운명적인 일은 한 번뿐이라는 말일까. 현존재$^{Dasein}$는 의무라는 말은 내가 원하든 원하지 않든 상관없이 우리의 현존재를 일순간이라 할지라도 받아들여야 한다는 말로 이해된다.

슈타이거는 문학연구가답게 파우스트와 헬레나의 이 대화에서 게르만인 파우스트와 헬레나로 대변된 그리스 정신의 결합을 보고자 했다. 그러면서 그 이유를 다음과 같이 설명한다.

> "왜냐하면 자신에게 만족하고 과거에서도 미래에서도 존재의 의미와 충족을 구하고자 하지 않는 현재는 오직 그리스 정신만이 간직해왔기 때문이다. 괴테가 말하는 순간에는 미래도 과거도 포함된 것임이 틀림없다. 그러나 만족을 모르는 북방의 고뇌 많은 파우스트에게는 '지금 여기'에 대한 그리스적 자족은 놀랄 만한 체험이며 당분간은 오직 이 일만 생각하게 되는 것이다."[*]

그는 괴테 자신이 그리스적 자족의 정신을 노래한 것으로 보이는 「파알 백작에게」라는 그의 시를 소개한다.

> 유열$^{愉悦}$이란 미래를 보지 않고 과거를 보지 않는다.
> 이렇게 해서 순간은 영원한 것이 된다.

그러나 이 노래는 내가 보기로는 그리스적 정신에 국한하기보다 모든 시대, 모든 인간의 보편적이고 원초적인 사랑의 체험 양식이 아닐까 생각된다.

---

[*] E. Staiger, *op. cit.*, p.325.

슈타이거는 또한 헬레나의 고백, 파우스트의 결의가 표현된 둘의 대화에서 아름다움美의 인식과 그 구현, 고전주의 정신의 재현과 구현의 주제를 보았다.

> "그들은 둘이서 아름다움의 본질이 이와 같이 이행移行해가는 가운데 있으면서 시간을 초월한 존재, '변전變轉 가운데 지속持續'이라고 해석한다."

낯선 독일인 파우스트에 대한 헬레나의 신뢰로 고전주의적 정신의 재생이 그리스시대에서 멀리 떨어진 이곳에서 가능해지며 파우스트는 '비록 순간일지라도 현재를 사는 것이 의무다'라고 함으로써 자신의 일체 과거를 초월하면서 완전한 고전주의적 교양을 구현한다고도 했다. 문학의 관점에서는 현상이 중요하겠지만 심리학적 관점에서는 '감정체험'이 중요하다. 보편적·원초적인 원형적 체험에서는 그리스 정신이니 게르만 정신만이 문제되지 않는다.

게르만의 후예 괴테에게 남유럽 그리스의 풍토와 정신은 그의 아니마를 대변한다고 할 수 있을지 모른다. 그러므로 파우스트와 헬레나의 저와 같은 은밀한 대화는 파우스트로 대변되는 괴테의 자아와 아니마가 합일하는 순간 뿜어 나오는 지극한 감정을 상징적으로 나타낸다고 할 수도 있다. 그것은 게르만적 이성과 사랑의 체험, 사랑의 원형적 체험, 이성 사이의 사랑뿐 아니라 자아가 무의식의 내적 인격과 하나 될 때 일어나는 망아경을 나타낸다. 그 감정의 '질'은 경험되는 또는 투사된 아니마상에 따라 다를 것이다.

이런 생각을 해본다. 융에 의해 낭만적 여성상이라고 간주된 헬레나와 하나 됨의 체험이 이러하다면 그보다 더 분화된 단계의, 영적으로 승화된 아니마상, 예컨대 성모 마리아상, 더 나아가 연금술의 최고 여성상, 소피아와 합일에서는 어떤 종류의 감흥이 일어날까? 분명히 헬레나의 경우와는 다른 더 여유롭고 관대하며 좀더 의식된 관계로서 '붓다의 자비' '하느님의 사랑'에 해당되는 초월적 감정으로(그런 표현이 가능하다면) 나타나지 않을까. 모든 시간과 공간 속에 있으면서 이를 초월해 아름다움뿐 아니라 추함까지도 포괄하는 전체의 체험으로 나타나지 않을까 생각해본다.

사랑의 달콤한 꿈을 깨뜨리는 자가 있다. 융합은 영원하지 않다. 항상 시샘과 질투, 의혹이 끼어든다. 심리학적 용어를 사용하면 '아니마와 결합을 훼방놓는 자가 꼭 생겨서 하나 된 기쁨에 찬물을 끼얹는다.' 그 훼방꾼은 보통 그림자라 부르는 열등한 인격이다. 그러나 그림자의 출현은 대극의 융합을 더욱 견고히 하는 목적을 가지고 있다. 아니마가 그림자에 오염되어 있는 한 아니마를 의식화할 수 없다. 아니마를 온전히 의식화하려면 먼저 철저히 그림자를 의식화해야 한다.

파우스트와 헬레나는 그의 연적 메넬라오스왕을 피하였지만 그것으로는 그들의 사랑을 확보할 수 없다. 파우스트는 그의 그림자를 직면해야 한다. 헬레나 역시 그러하다. 메넬라오스의 군대가 밀물처럼 쳐들어오고 있다는 엄연한 현실을 알린 것은 사랑의 단꿈을 무자비하게 깨뜨리며 현실에 눈을 돌리게 한 포르키아스, 저 어두운 미래의 공기를 재빨리 알아차리고 이를 수식 없이 고하는 악령, 태모원형이다.

메넬라오스왕과의 대결은 파우스트의 결연한 대결의지와 그의 용감한 게르만인, 고트족, 프랑켄, 작센, 노르만의 군사들에 의해 곧 종식된다. 이 그림자와 결투에서 파우스트는 공정하고도 현실적이며 동시에 왕비의 권위를 최대한 존중하면서 탁월한 지도력을 보인다.
그의 전법은 모든 부족의 특성을 살려 전투를 독려하면서 충분한 보상을 약속하는 것이다. 그러면서 자기 자신은 '중앙을 수비하는 것'이다.

**파우스트**　이들에게 여기서 하사한 선물은—

　　　　　　각자에게 풍요한 영토 하나씩—

　　　　　　크고 훌륭하지 않은가? 자, 진군하라!

　　　　　　우리는 중앙을 수비하겠다.

　전쟁은 '갈등'이다. 자아와 열등기능의 갈등을 상상할 수 있다. 갈등을 해결하려면 가지고 있는 모든 정신기능을 골고루 활용해야 한다. 그러면서 자아는 항상 중앙을 지켜야 한다. '중앙'die Mitte은 분석심리학에서 매우 중요한 개념이다. 그것은 대극합일의 결과 도달할 수 있는 전체정신의 중심이다. 자아의 관점에 치우치지 않고 전체정신의 시야에서 사물을 보고 판단하고 행동할 때 대극 간의 갈등은 해결된다. 파우스트는 메넬라오스왕과 대결에서 승리함으로써 지상에서 가장 아름다운 여인 헬레나를 지킬 수 있는 사나이가 되었다. 합창이 이를 증언해준다.

　이제 파우스트는 왕과 왕비의 페르조나를 벗고 아르카디아 지방의 목가적 세계, 하나의 낙원을 그리며 새로운 형태로 둘만의 보금자리를 마련할 준비를 한다.

**파우스트**　이렇게 나도 당신도 성공했으니,

　　　　　　과거는 우리 뒤에 묻어두기로 합시다!

　　　　　　당신은 최고신에게서 태어났음을 느끼십시오.

　　　　　　당신만이 최초의 세계에 속합니다.

　　　　　　견고한 성이 당신을 가둘 수는 없습니다!

　　　　　　스파르타의 이웃 아르카디아는

　　　　　　아직도 영원한 젊음의 힘을 지니고

　　　　　　기쁨에 차 머무를 수 있도록 기다리고 있습니다.

축복의 땅에 살도록 권유받아
당신은 더없이 즐거운 운명 속에 피신한 겁니다.

옥좌가 변해 정자가 되니,
우리 행복도 아르카디아처럼 자유롭기를!*

## 아르카디아

아르카디아<sup>Arkadia</sup>는 스파르타 북쪽, 그리스 펠로폰네소스반도 중앙부에 있는 산악지대로 소박하고 명랑하며 음악을 좋아하는 주민들이 살기 때문에 낙원으로 알려진 곳이라 한다.** 헐<sup>Hull</sup>의 사전에는 양털과 가축의 신 판이 지배하는 목가적인 낙원이며, 그곳에는 낭만적 사랑의 분위기에서 남녀 목자들, 물의 요정, 반인반수의 숲의 신들<sup>Satyrs</sup>이 살고 있다. 기원전 3세기에 그리스 시인 테오크리투스가 처음으로 그의 고향 시실리의 목가적 생활을 묘사한 전원시에서 아르카디아를 문학적으로 표현했다.***

파우스트는 앞에서 왕비 헬레나가 지배하게 될 자연을 찬양했는데 그곳이 곧 '판 신이 지켜주고 생명의 요정들이 살고 있는' 아르카디아였다. 그 묘사한 것을 보면 아르카디아는 풀밭에서 가축이 한가로이 풀을 뜯는 '목가적' 정경이라기보다 가파른 절벽에는 온갖 짐승에게 피난처를 제공하는 빽빽이 솟아난 나무들, 샘물이 솟아 냇물이 되어 흐르는 거칠고도 풍성한 생명의 숲을 묘사하고 있다. 궁극적으로 그곳은 파우스트의 다음 말처럼 생명의 원천이며 생명을 양육하는 어머니의 나라, 영원히 죽지 않고 젊음을 누리는 낙원의 원형적 이미지를

---

* 괴테, 정서웅 옮김, 앞의 책, 261~262쪽.
** 같은 책, 261쪽 각주 29).
*** J. Hall, *Dictionary of Subjects and Symbols in Art*, Harper & Row, Publisher, New York, 1974, pp.30~31

나타낸다.

> **파우스트**  고요한 숲에선 따뜻한 젖이 샘솟아
> 어머니답게 아이와 양을 길러주고,
> 가까이서 나는 과일은 들판의 풍성한 음식,
> 파인나무 줄기에선 꿀이 흐른다.
>
> 여긴 안락함<sup>Wohlbehagen</sup>이 어어져 내려오는 곳
> 뺨에도 입에도 생기가 넘치며,
> 누구나 그의 자리에서 영생을 얻어
> 그들은 만족하며 건강하다.
> Ein jeder ist an seinem Platz unsterblich
> Sie sind zufrieden und gesund

파우스트의 그다음 두 구절의 의미는 약간 숙고를 요한다.

> **파우스트**  순수한 날을 보낸 귀여운 아이
> 자라서 아버지로서 힘을 얻으면
> 우리는 놀랄 뿐, 언제나 남는 의문은
> 그들이 신일까, 인간일까?
>
> 아폴론은 목동의 모습으로 형상화되었으니,
> 가장 아름다운 목동, 아폴론을 닮았도다.
> 왜냐하면 자연이 순수한 영역을 다스릴 때는
> 온 세계가 서로 화합하기 때문이다.*
> So war Apoll den Hirten zugestaltet,

---

* 괴테, 정서웅 옮김, 앞의 책, 260~261쪽. 단어 번역은 약간 바꾸었다.

'Daß ihm der schönsten einer glich;

Denn wo Natur im reinen Kreise waltet,

Ergreifen alle Welten sich.*

(Apollo lived withshepherds so, and passed

for one, and all were beautiful:

For where the laws of purest Nature rule,

All separate worlds unite at last.)**

첫 구절은 아이가 자라서 아버지가 되는 희망찬 '미래'에 대한 놀라움을 말한다. '순수한 날'<sup>am reinen Tage</sup>에 성장한다든가 '자연이 순수한' 권역을 다스릴 때라든가 순수한<sup>rein</sup>이 두 번 되풀이된다. 나는 이것을 글자 그대로 오염되지 않은 것, 세속에 물들지 않은 것, 심리학적으로 무의식적 내용의 투사(은폐)를 받지 않은, 있는 그대로 본체의 성질을 말하는 것으로 우선 가정해본다. 두 구절 모두 신과 인간을 구분할 수 없을 정도로 고귀한(순수한) 존재가 되는 것으로 이해될 법하다. 아폴론과 목동의 비유에도 그런 뜻이 암시되어 있지 않을까. 신과 인간은 가장 순수하게 아름다운 상태에서는 하나다.

마지막 두 행, "자연이 순수한 영역을 다스릴 때는 온 세계가 서로 화합하기 때문이다"는 깊은 의미를 지닌 말로 들린다. '자연이 순수한 영역을 다스린다'<sup>Denn wo Natur im reinen Kreise waltet***</sup>를 루크<sup>David Luke</sup>는 '가장 순수한 자연의 법칙이 지배하는 곳에서는'<sup>For where the laws of purest Nature rule****</sup>으로 영역하는데 이편이 이해하기 쉽다. 그러나 그렇게 임의로 의역해도 되는지는 전문가에게 판단을 맡길 수밖에 없다.

---

* Goethe, *Faust*, dtv, p.277.
** D. Luke(transl.), *op. cit.*, p.157.
*** Goethe, *Faust*, dtv, p.277.
**** D. Luke(transl.), *op. cit.*, p.157.

아기가 순수한 날<sup>am reinen Tage</sup>에 자라듯이 자연이 순수한 영역을 다스릴 수 있을 것이며 오직 그러할 때 '온 세계가 서로 화합하는'<sup>Ergreifen alle Welten sich</sup> 것이다. — '모든 분리된 세계가 결국 하나로 융합한다'<sup>All separate worlds unite at last</sup>.* 앞에서는 시간의, 뒤에서는 공간의 순수성을 가리킨다고 할까? 순수한 자연의 법칙이 지배하는 자연이 순수한 영역을 지배하든, 여기서는 자아와 자아성<sup>Egoness</sup>에 오염되지 않은 정신적 자연, 즉 융의 '자기'<sup>Selbst</sup>의 작용과 더불어 흐트러진 의식이 통합될 수 있음이 지적되는 것이다. 결국 '사랑'이 분리된 것을 합치고, 신과 인간을 소통하게 한 셈이다.

파우스트가 헬레나에게 보여준 아르카디아의 이상형에 관한 긴 서술에 대해 슈타이거도 다음과 같이 결론짓고 있다.

> "인간과 거룩한 신들 사이를 갈라놓았을 심연은 사라지고 하늘과 땅은 다시 서로 자유로운 왕래를 즐긴다. 그곳엔 이미 어떤 사건도 어떤 좌절도 어떤 전진도 없다. 있는 것은 다만 자연에 의한 '맑은 권역의 지배'다."**

'어떤 좌절도 어떤 전진도 없다'는 말에 주목할 필요가 있다. 이것은 낙원의 상이 내포하는 낙원의 어두운, 위험할 수도 있는 측면을 가리킨다. 파우스트는 그 그림자를 보지 않는다. 개성화가 진행되면서 무의식의 영향으로 '신 비슷한 사람'이 되었을 때의 심적 상황과 비슷하다. 그는 페르조나(성곽)에 아니마를 가두어두지 않고 과감히 자유를 찾아 '아르카디아'로 가고자 한다.

**파우스트** 옥좌가 변해 정자가 되어

---

* *Ibid.*, p.157.
** E. Staiger, *op. cit.*, p.330.

우리 행복도 아르카디아처럼 자유롭기를!*

왕과 왕비가 옥좌를 버리고 아르카디아의 동굴 속 낙원으로 들어간다는 것은 어쩌면 사회적·집단적 역할인 페르조나를 벗어던진 내면으로 침잠한다는 뜻에서 개성화 과정의 자연스러운 순서라고 볼 수도 있다. 외향에서 내향으로,—그러나 어떤 내향인가. 그것은 이상향, 낙원, 동굴 속 정자로의 회기를, 현실의 제약과 어려움을 완전히 외면한 채 이루어내는 극도의 내향, 저승의 정지된 사랑 속에서 평화, 일종의 무의식성이 주는 안온함, 하나의 죽음이다. 오이포리온의 출현은 이 정지된 시간과 공간을 뒤흔드는 무의식으로부터 보상기능을 나타내는 것 같다.

## 그늘진 숲속

*무대장면이 완전히 바뀌어 줄지어 늘어선 암벽동굴, 문 닫힌 정자, 그늘진 숲. 파우스트와 헬레나는 보이지 않고 합창대는 잠든 채 여기저기 흩어져 누워 있다.*

포르키아스가 잠자는 합창단원들을 깨우며 놀라운 일이 있다고 하더니 궁금해하는 단원들에게 알린다.

> **포르키아스** 그럼 들어봐라. 이 동굴의 암실, 이 정자 속엔
> 한 쌍의 목가적 연인처럼 우리 성주님과 왕비님
> 세상의 눈을 피해 숨어 계시단다.**

---

* 괴테, 정서웅 옮김, 앞의 책, 262쪽.
** 같은 책, 263쪽.

| 합창 | 아니, 저 안에라고요? |
|---|---|
| 포르키아스 | 나 하나만을 불러 은밀히 |
| | 시중을 들게 하신단다. |
| | ―이리저리 돌아다니며, |
| | 약효를 잘 아는 풀뿌리며 이끼며 |
| | 나무껍질 등을 찾는 거야. |
| | 그래야 두 분만 달랑 남게 되니까. |
| 합창 | 당신은 저 안에 마치 온 세계가 들어 있는 듯 말씀하 |
| | 시는군요. |
| | 숲과 들, 시냇물과 호수가 있다니, |
| | 무슨 동화 같은 이야기예요? |

저곳은 온 세계가 들어 있는 곳, '알 수 없는 깊은 곳'이다.

내 고향에 경암산景岩山이라는 바위산이 있다. 큰 바위에 사람 하나 겨우 들어갈 만한 틈이 있는데 그리로 들어가면 백조가 노니는 호수가 나온다는 전설이 있었다. 어릴 적 우리는 어떻게든 그 좁은 바위틈으로 들어가 보려고 했다. 동굴 속 또 하나의 세계, 지하세계, 바닷속 용궁 등은 전 세계 민담에서 발견되는 '낙원'―그 이름을 무엇이라 부르든―의 원형상이다. 슈타이거가 말했듯 지리학적 아르카디아는 지표면에서 사라지고 '내면'으로 들어간다. 심리학적 표현으로는 무의식으로 옮겨진다. 아니 본래 거기에 있던 것을 사람들은 밖에서 보고 밖에서 경험한다고 믿어온 것이다. 우리 마음속 깊이에 존재하는 평화와 안락의 원동력, 밖에서 울리는 어떤 노랫소리보다 더 강력한 힘을 가졌으며 환한 통찰의 빛을 발하는 무의식의 깊은 중심에서 작동하는 질서지우는 자. Andordner, 분석심리학에서 말하는 자기自己, Selbst 원형을 중심으로 배열된 무의식계의 심상―그런 것의 일단이 무의식, 즉 이 동굴 속 세계에서 일어나고 있다.

포르키아스는 말한다. 그 알 수 없는 깊은 곳에서 한 사내아이가 부모 품을 오가며 재롱을 피운다고.—그 아이는 '벌거숭이에 날개 없는 천사 같고' 짐승은 아닌데 그 애가 단단한 바닥에서 뛰는데도 그곳에 탄력이 생겨 그 아이를 공중 높이 솟구치게 한다. 헬레나와 파우스트는 모두 아이에게 자유롭게 날아서는 안 된다고 경고한다. 해신 포세이돈과 대지의 여신 사이에 난 아들 안테우스처럼 대지에 발가락을 대기만 해도 기운을 얻어 뛰어오르게 되는 것이지 대지와 접촉 없이 날기만 하면 미구에 힘을 잃게 되기 때문이다.

그런데 암벽 사이로 뛰어다니던 아이가 갑자기 거친 바위틈으로 사라져버렸다. 파우스트와 헬레나는 큰 충격을 받는다. 그러나 곧 모습을 드러냈는데 그 모습이 놀랍게도 눈부시게 화려하다. 포르키아스는 합창대에게 이렇게 설명한다.

**포르키아스**  이번엔 어떻게 나타난 줄 알아!
꽃무늬옷을 입고 점잖게 나타난 거야.
양 소매엔 술이 흔들리고, 가슴엔 매듭을 나풀거리며,
황금의 칠현금 손에 들고 마치 어린 아폴론처럼
신이 나서 절벽 끝에 나타난 거야. 우린 놀랐지.
부모도 기쁜 나머지 서로 얼싸안더구먼.
그 애 머리가 얼마나 빛나던지, 빛을 발하는 게 뭔지
는 모르겠어.
황금 장식인가? 강렬한 정신력의 불꽃인가?
Ist es Flamme übermächtige Geisteskraft?
이렇게 아직 소년이면서도 온몸에 영원의 선율이 약동하며,
장차 온갖 아름다움의 장인(대장장<sup>Meister alles Schönen</sup>)
이 될 것을 예고하면서
당당히 행동하더군. 너희도 그 목소리를 듣고

한번 보기만 해도 정말 감탄해 마지않을걸.*

태양신 아폴론은 빛의 신이다. 그의 빛의 화살은 지상의 어둡고 해로운 세력들을 물리친다.

그는 페스트를 퍼뜨리기도 하지만 병을 치유하고 죄를 씻어주는 힘을 가지고 있다. 그의 빛은 알 수 없는 미래를 꿰뚫어보며 이를 델피의 무녀를 통해 사람들에게 고한다. 그는 음악과 시의 신으로 숭배받는다. 그는 키타라를 타며 합창과 음악의 요정들을 지휘한다.** 헬레나와 파우스트 사이에서 태어난 아들은 그런 어린 아폴론을 닮았다. 빛이 강조되었으며 그 빛은 최고로 아름다운 음악으로 이어진다. 모든 아름다움의 장인으로서 그의 목소리, 그의 모습은 누구와도 비길 수 없는 치유의 신이며 그리스신화에 나오는 어느 신과도 비길 수 없는 새로운 신이다.

합창은 이에 대해 경쟁적으로 그 역시 아르카디아의 동굴에서 태어난 봄의 여신 마야와 제우스 사이에 난 아들 헤르메스 신을 내세운다. 그 역시 갓난아기 때부터 비상한 힘을 가지고 있었다. 모든 신으로부터 그들이 지닌 귀중한 것들을 훔쳐내는 그의 초능력적인 꾀와 날렵함, 교묘한 속임수가 노래 속에서 찬양되었다. 그러나 그것은 동굴에서 흘러나오는 말이 아닌 아름다운 음악의 현악소리 앞에 빛을 잃는다. 음악은 심혼의 울림이다. 일찍부터 인류는 음악의 치유적 능력을 알고 있었다. 우리 조상도 모든 시름과 고통을 없애주는 피리 ─ 만파식적萬波息笛 ─ 를 알고 있었다. 그것은 때론 어떤 말보다 강력하다. 괴테가 여기서 음악을 내세운 것은 그의 음악에 대한 사랑을 엿보게 한다는 점에서 매우 흥미롭다. 음악의 선율이 잠시 지나간 뒤 포르키아스는 말한다.

---

* 같은 책, 265쪽; Goethe, *Faust*, dtv, p.279.
** E. Peterich, *op. cit.*, pp.24~26.

포르키아스 저 기막히게 아름다운 음악이나 들으면서
그 꾸민 이야길랑 냉큼 집어치워라!
너희의 케케묵은 신들은 집어치워라.
그들의 시대는 지나갔다.*

새로운 신의 도래를 암시하는 말이 아니겠는가?

포르키아스 아무도 더 이상 너희를 이해하려 들지 않는다.
우린 더 높은 것을 요구하거든.
사람의 마음을 움직이려면
마음에서 우러나와야 하는 거니까.**
Niemand will euch mehr verstehen,
Fordern wir doch höhern Zoll:
Denn es muss von Herzen gehen,
Was auf Herzen wirken soll.***

'마음에서 우러나온다'는 말은 이미 앞에서 들어본 말이다. 언어상
의사소통을 원활히 하기 위해서 아름다운 말을 하려면 어떻게 해야
하느냐고 헬레나가 물었을 때, 마음에서 우러나오는 대로 하면 된다
고 파우스트가 대답한 적이 있다. 여기서는 사람 마음을 움직이려면
그렇게 해야 한다는 뜻으로 한 말인데 사람 마음을 움직이는 일은 헤
르메스 신 따위의 속임수와 비상한 기술보다 훨씬 값진 것이기에 그
만큼 대가를 치러야 할 일이라는 뜻으로 해석된다.

* 괴테, 정서웅 옮김, 앞의 책, 268쪽.
** 같은 곳.
*** Goethe, *Faust*, dtv, p.281.

어떻든 음악은 모두의 마음을 편안하게 하고 합창은 다시금 밖의 태양보다 '마음'으로 관심을 돌리게 하면서 이 장면이 끝난다. 무의식의 심혼이 환히 나타나면, 즉 의식화되면 우리는 밖에서 비추어주는 빛을 필요로 하지 않는다. 자기 자신의 내적 충실감을 유지하고자 하는 사람은 밖에서 주는 물질적 혜택, 사회적 명예에 별로 구애받지 않는다. 물질적으로 가난하지만 행복도는 높은 사람들이 있는 이유가 여기에 있다. 자기 내면에서 빛을 발견한 사람은 밖에서 비추어주는 어떤 빛도 큰 의미가 없다.

**합창**   당신처럼 무시무시한 사람도
이처럼 달콤한 음악을 좋아하는군요.
우리의 마음 상쾌하게 치유되어
눈물이 날 정도로 부드러워졌어요.
Fühlen wir als frisch genesen
Uns zur Tränenlust erweicht.

햇빛 따위는 사라지라.
우리의 심혼에 빛이 드리우면
온 세상에도 없는 것을
우리 마음속에서 찾을 수 있으니까.
Lass der Sonne Glanz verschwinden,
Wenn es in der Seele tagt:
Wir im eigenen Herzen finden,
Was die ganze Welt versagt.*

---

* 괴테, 정서웅 옮김, 앞의 책, 269쪽; Goethe, *Faust*, dtv, p.281.

## 헬레나와 파우스트 그리고 오이포리온

이제 부모와 아들 3위와 부모자식 관계가 제시된다. 부모의 사랑과 그 사랑의 결과 태어난 아기에 관한 더할 나위없는 찬양과 축복의 시간은 지났다. 성장과정에서 누구에게나 어느 시대에나 또한 어느 민족에서도 되풀이되는 부모·자식 간 갈등이 여기서 묘사된다.

2와 3의 의미가 새롭게 언급된다.

> **헬레나**  인간적인 행복을 맛보기 위해
> 사랑은 고귀한 둘을 가깝게 만들지만,
> 신적인 희열을 맛보기 위해서는
> 사랑은 고귀한 셋을 만들어놓는다.
> **파우스트**  그것으로 모든 것은 갖추어졌소.
> 나는 당신의 것, 당신은 나의 것.
> 이렇게 우리 인연을 맺었으니
> 결코 변해서는 안 되겠소!

심리학적으로 대극융합은 정신적 발전의 기본 과정이다. 우리의 정신계는 수많은 대극으로 이루어졌고 그 사이에서 긴장과 갈등, 화해와 융합을 거듭한다. 남성적인 것과 여성적인 것의 대극 역시 예외가 아닐 뿐 아니라 매우 중요한 성숙 단계에 속한다.* 성공적인 대극융합은 제3의 차원으로 변환한다. 그것은 정신계 안에서 부와 모 어느 쪽도 아닌 그 특유의 세 번째 자리를 차지한다. '아기의 탄생'은 상징적으로 인격의 신생을 의미한다. 미래 인격의 새로운 변화가 시작됨을 의미한다. 그 개체는 앞으로 여러 가지 변화를 겪어내야 한다.

오이포리온은 부모에게 '이젠 뛰어오르게' 해달라고 간청한다. 그는 '공중으로 솟구쳐 오르고 싶은' 소망에 사로잡혀 있다. 더 이상 땅

---

* 이부영, 『아니마와 아니무스』, 한길사, 2001 참조.

바닥에 처박혀 있기 싫다. 부디 자기의 손과 머리카락과 옷을 놓아달라고 호소한다. 높은 곳에 오르고 싶은 충동, 어머니인 대지 혹은 현실적 세속의 세계 속 얽매임을 뿌리치고 자유롭게 높고 고매한 정신세계로 비상하고 싶은 욕구, 도달하기 힘든 곳에 다다르고자 하는 도전하는 모험심―청소년들이 갖는 이와 같은 야망을 오이포리온은 영웅아이답게 약간 이른 나이에 표명한다. 그리고 이 세상의 평범한 모든 부모가 그 경우 하는 말처럼 헬레나와 파우스트는 오이포리온을 타이르고 그의 '무모한' 모험심을 억제하고자 시도한다.

| | |
|---|---|
| **파우스트** | 적당히 하거라! 적당히! |
| | 무모한 짓은 하지 마라. |
| | 떨어지지 마라. |
| | 다쳐서는 안 된다. |
| | 그리되면 소중한 아들이 |
| | 우리를 파멸시키고 말 것이니라! |
| **오이포리온** | 제 손을 놓아주세요! |
| | 제 머리카락을 |
| | 제 옷을 놓아주세요! |
| | 그것들은 모두 제 것이에요. |
| **헬레나** | 오, 생각을 좀 해보렴, |
| | 네가 누구의 아들인지를! |
| | 간신히 아름답게 이루어놓은 |
| | 나의 것, 너의 것, 저분의 것을 |
| | 만일 네가 부수어버린다면 |
| | 우리 마음 얼마나 슬플까. |
| **합창** | …… |
| **헬레나와 파우스트** | |
| | 참아다오! |

네 부모를 위해

지나치게 발랄한,

격한 충동은 참아다오!

이 고요한 전원 속에서

무도회를 장식해다오.

**오이포리온**  오직 두 분을 위해

저는 참겠습니다.*

　

'손, 머리카락, 옷이 자기 것이라는 말'은 분명 '신체발부수지부모'身體髮膚受之父母(내 몸과 머리카락과 살은 모두 부모로부터 받은 것)라 하여 상투 자르는 것을 죽기로 반대하던 유교의 효 관념과는 다른 말이다. 그러나 이 대화에 흐르는 정서는 진부하리만치 오늘 한국의 부모들과 닮았다. 물론 현대 서구의 부모들은 이 경우 다르게 말했을 것이다. 그리고 괴테 시대에는 아직 이런 정서가 유지되었다고 볼 수도 있다. 그러나 여기서 보는 부모의 반응 또한 문화와 시대의 변천에도 불구하고 항상 반복될 부모의 자식에 대한 원초적 태도의 일부임에 틀림없다. 세상 어느 부모가 무모해 보이는 모험을 하겠다고 나서는 아들을 걱정하고 말리지 않겠는가.

오이포리온은 그래도 일단 어머니 헬레나의 말을 듣고 원하는 대로 미인들을 잘 인도하여 멋진 춤을 추어서 무도회를 이끄는 일을 시작한다. 헬레나가 잘한다고 칭찬한다. 그러나 오이포리온은 곧 자신 속에 깃든 야성을 드러내고 만다. 파우스트는 이미 그 낌새를 눈치챘는지 혼잣말처럼 중얼거린다. "이런 일, 어서 끝났으면! 이런 속임수는 나를 조금도 즐겁게 할 수 없어"Wäre das doch vorbei! Mich kann die Gaukelei gar nicht erfreuen. '이런 일'이란 무엇인가. 진심을 속이고 타협하면서 모두 만족하고 있다고 착각하는 일을 가리키는 말인가?  파우스트의 기

---

* 괴테, 정서웅 옮김, 앞의 책, 270쪽.

질상—그것이 게르만의 기질일 수도 있다—자기감정을 속이는 것을 참기 어려웠을 것이다. 비록 그가 헬레나와 함께 부모-아들의 3위의 동체성을 결코 변하게 해서는 안 된다고 강조했지만 마음속에서는 그것을 깨뜨리고 변화시키려는 아들의 욕구를 지지하고 있지 않은가.

아들은 아버지의 미래다. 흔히 그것은 아버지의 무의식의 그림자를 대변한다. 오이포리온이 사냥꾼이 되고 ("나는 사냥꾼, 그대들은 짐승") 노루가 된 미녀들을 쫓는 놀이를 벌일 때, 사냥꾼 아들은 파우스트의 그림자, 무의식에서 의식으로 올라오기를 준비해온 억압된 충동일 수 있다. 헬레나와 파우스트는 "이 무슨 경박한 짓이냐! 이 무슨 소란이냐!" 하며 나무라지만 오이포리온의 거친 야성은 그 도를 넘는다.

> **오이포리온**  이 거친 계집애를 끌고 와서
> 억지로라도 재미 좀 봐야지.
> 나의 즐거움, 나의 쾌락을 위해
> 반항하는 가슴을 짓누르고
> 피하는 입에 키스하며
> 내 힘과 의지를 보여줄 테다.*

오이포리온의 아니마, 즉 여성성에 대한 태도는 매우 낮은 원시적 수준에 있다. 파우스트와 헬레나 사이의 그토록 조화롭고 고귀한 사랑과는 너무나 대조적이다. 아니마에 대한 강압적 지배를 목적으로 한 일종의 가학충동을 나타낸다. 부모의 조화, 미美, 순수한 사랑에 대한 무의식의 보상이라고 할 수 있다.

그러나 오이포리온이 포획했다고 생각한 야생적 여성상은 결국 오이포리온을 파멸로 인도하는 운명의 여신이었다. 아니마에 대한 억압적 태도와 멸시는 아니마의 부정적 파괴력을 증강해 자아의식에 치명

---

* 같은 책, 273쪽.

적인 반격을 가하는 결과를 빚게 만든다. 앞에서도 언급한 것처럼 남성이(여성이) '죽이는 아니마'killing anima(animus)에 사로잡히는 것은 자아가 원형을 경시하거나 무조건 배척하는 데서 오는 것이다. 앞에서도 한번 인용한 것처럼 "원형에 대한 나쁜 설명은 원형이라는 기관Organ에 대한 그만큼 나쁜 태도이며 그로써 이 기관을 해치게 된다. 그러나 결국 고통을 짊어져야 할 자는 나쁜 해석을 한 그 사람이다"라고 융은 말한 적이 있다.* 오이포리온이 직면해야 했던 아니마는 결코 만만한 상대가 아니었다. 오이포리온의 자아는 자신의 '완력', 즉 남성적인 의지력으로 무의식의 감성을 지배했다고 착각하지만 무의식의 감성적 인격 또한 '강력한 의지와 영력Geisteskraft'을 지니고 의식계에 영향력을 행사하고 있다. 남성의 의식과 무의식의 이러한 관계는 현실의 남녀관계에 그대로 반영되어 각종 비극적인 결과를 자아낸다. 오이포리온의 대자는 지레네가 선원들을 위험에 빠뜨리기 위해 달콤한 노래로 유인하듯 오이포리온을 유혹해 그가 그토록 갈망하는 '높은 곳으로 비상'하라고 부추긴다.

> **처녀**　날 놓아주세요! 이 몸속에도
> 　　　　영력과 용기가 들어 있답니다.
> 　　　　당신과 마찬가지로 우리 의지도
> 　　　　쉽사리 뺏어가지 못할 거예요.
> 　　　　날 궁지에 몰았다고 생각하나요?
> 　　　　당신의 완력을 너무 믿으시는군!
> 　　　　단단히 잡아요. 나도 장난삼아
> 　　　　바보 같은 당신을 불에 그을려주겠어요.

---

\* C.G. Jung, K. Kerényi(1957), *Einführung in das Wesen der Mythologie*, Rhein Velag, Zürich, p.119.

(그녀는 불길이 되어 공중으로 타오른다.)

가벼운 공중으로 날 따라오세요.
견고한 무덤으로 날 따라오세요.
사라진 목표물을 붙잡아보세요!*

오이포리온의 상승욕구는 끝이 없다. 그는 이렇게 외친다.

**오이포리온** 더욱더 높이 올라가야지.
더욱더 멀리 바라봐야지.
이제야 내가 어디에 있는지 알겠구나!

높은 곳에서 시야를 넓히고 싶은 욕구는 청년들의 자연스러운 욕구
에 속하지만 오이포리온은 너무 이른 나이에 너무 높이 날려 한다. 한
술 더 떠서 그는 자꾸만 전쟁터의 영웅 심리와 죽음의 찬미로 변모해
간다. 합창으로 그의 영웅심을 아름다운 지상의 자연 속에서 사는 평
화로운 삶으로 누그러뜨리고자 시도하지만 오이포리온은 그런 제안
을 일소에 부친다.

**오이포리온** 그대들은 평화의 날을 꿈꾸는가?
꿈꾸고 싶은 자, 꿈이나 꾸어라.
전쟁! 이것이 군호다.
승리! 이것이 뒤따르는 소리다.**

'억제할 수 없는 신성한 충동 때문에 싸우는 모든 사람'은 칭송되

---

* 괴테, 정서웅 옮김, 앞의 책, 273~274쪽; Goethe, *Faust*, dtv, p.284.
** 괴테, 정서웅 옮김, 앞의 책, 275쪽.

고, 승리를 위해 갑옷 입고 청동과 강철로 무장한 모습과 동일시하며, '사나이의 강철 같은 가슴' '강한 자, 용기 있는 자, 자유로운 자'를 친구 삼아 오이포리온은 자기가 이제 어린애가 아닌 성인임을 선포한다.

마침내 그는 전쟁터에서 악전고투하는 군대를 가리키며 '죽음은 천명'이라고 선언함으로써 부모와 주위 사람을 아연케 한다. 헬레나, 파우스트 그리고 합창이 모두 죽음이 왜 네 천명이냐고 경악한다. 그러나 오이포리온은 방관자가 되는 것을 거부한다.

> **오이포리온**    먼 데서 보고만 있으란 말입니까?
>
> 아닙니다! 저는 근심과 고통을 함께 나누렵니다.
>
> **앞에 나온 사람들**  무모하고 위험하다.
>
> 죽을 운명이야!
>
> **오이포리온**    그래도 가야 합니다! ─양쪽 날개가 활짝 펴집니다!
>
> 그곳으로! 가야 합니다! 가야 합니다!
>
> 날도록 허락해주세요!*

이런 대화가 중세 서양에만 있었을 것 같지는 않다. 근대화의 무한한 포부와 욕구를 경험했고 지금도 경험하는 우리나라에도 수없이 되풀이되어온 부모자식 간의 대화, 집단 간의 대화, 한 개인의 마음속에서 일어나는 자기 자신과의 대화에서 우리는 이미 수천 번 경험해왔다. 그리고 아마도 앞으로 계속 되풀이될 대화다. 그것은 이 대화가 영웅원형과 영웅신화에 뿌리박고 있기 때문이다. 너무 일찍 발현한 영웅의 조기 좌절과 상처 혹은 죽음의 비극적 신화를 말하는 것이다. 저 끝없는 상승욕구는 일종의 열병, 빙의병과 같은 것이다. 모든 사람

---

\* 같은 책, 278쪽.

이 소영웅병에 사로잡히면 마음이 조급해지고 목표에 집착하여 그밖에 아무것도 보지 못하고 아무 충고도 들리지 않는 상태가 된다.

오이포리온은 그 광열적인 불길에 휩싸여 소멸되고 만다. 하늘 높이 욕심 부려 날다가 날개를 접착한 초가 태양열에 녹아서 날개가 떨어져 추락해 죽은 이카루스처럼 최후를 맞게 되고, 이것은 헬레나의 이별과 소멸로 이어지고 만다. 이카루스 신화는 심리학적으로 자아 팽창의 비극적 결과를 가르쳐준다. 영웅신화가 모두 비극으로 끝나는 것은 아니다. 진정한 영웅은 상처 입은 뒤 다시 이를 극복한 자, 죽었다가 다시 살아난 자다. 고통과 죽음은 이들을 더욱 튼튼하게 한다. 오이포리온은 영웅이라 할 수도 없다. 그는 영웅주의적 환상에 사로잡힌 '영원한 소년'puer aeternus 원형에 가깝다.*

물론 '근심과 고통을 함께 느끼며, 죽음을 두려워하지 않고 용감하고 자유롭게 행동하는 것'은 젊은이의 특권이다. 젊은이가 파우스트의 만류처럼 '무모한' 모험에 열정을 바치지 않는다면, 항상 돌다리도 두드려가듯 조심스럽게 사방 눈치 보며, 파우스트 말대로 '중도를 지키며'Mass halten 산다면 그 나라에 발전은 없다. 인간은 실수를 통해서, 상처를 통해서 자란다. 그런 점에서 오이포리온의 그러한 측면은 어쩌면 파우스트 자신의 내면의 충동을 대변한다. 오이포리온은 오직 하나의 삶의 방향만 보고 일방적으로 내디딘다. 대지를 떠나 하늘로 비상하고자 하는 오이포리온의 일방적 충동은 파우스트와 헬레나가 왕관을 벗고 동굴 속 작은 초옥으로 은거한 일방적 내향성에 대한 과보상, 즉 하나의 정신적 에난티오드로미Psychic enantiodromie (대극의 반전)라고 해도 지나친 말이 아니다.

---

* 마리 루이제 폰 프란츠, 홍숙기 옮김, 『영원한 소년과 창조성』, 한국융연구원, 2017 참조.

오이포리온은 높이 날고자 하는 오직 한 가지 열정에 사로잡힌 채 공중에 몸을 던졌고 그의 머리가 빛나면서 불빛의 꼬리가 길게 뻗친다.

**합창**    이카루스다! 이카루스다!
         너무나 슬프구나.*

오이포리온은 하늘에서 부모 발밑으로 떨어진다. 그러나 육신은 곧 사라지고 후광이 혜성처럼 하늘로 올라간다. 옷과 외투와 칠현금만 남아 있다. 그런데 하늘로 올라간 것 같았던 오이포리온의 목소리가 깊은 땅속에서 울려나온다.

**오이포리온**    어머니, 절 이 어두운 나라에 홀로 내버려두지 마세
            요!**

오이포리온은 자신이 원한 대로 밝고 높은 하늘로만 간 것이 아니라는 강한 암시다. 그는 어둡고 찬 지하계에 떨어졌다. 항상 대극의 긴장을 잃지 않은 괴테의 천재적 처리법이라고 해도 될지 모르겠다.

앞에서 말했듯이 사람들은 성공한 영웅보다는 실패한 영웅 혹은 영웅이 되었을 법한 아이의 이른 죽음을 애달파한다. 민중은 특히 이들을 신으로 모시면서 그 원혼을 위로한다. 민간신앙, 신흥종교, 샤머니즘에서 원혼들은 신이 된다. 오이포리온의 죽음도 한 많은 죽음이다. 당연히 진혼곡으로 위로해야 할 터다. 합창이 죽은 소년을 위로한다. '당신은 혼자가 아니다.' '당신은 헛되이 죽은 것이 아니다.' '당신의 노래와 용기는 아름다웠고' '당신은 자유롭게 끊임없이 결단력 없는

---

\* 괴테, 정서웅 옮김, 앞의 책, 278쪽.
\*\* 같은 책, 279쪽.

인습과 법률의 그물로 뛰어들어 이들과 알력을 일으켰으며, 그래도 끝내 순수한 용기와 생각으로 훌륭한 과업을 이루려 했지만 애석하게도 성공하지 못했다.' '그 슬픔은 말로 다할 수 없다.' 그러니 '더 이상 머리 숙인 채 서 있지 말고 새로운 노래로 소생해주오' ― "대지는 계속 노래를 지어낼 테니까."*

진혼 과정은 어디서나 다 비슷하다. 고인의 죽음이 헛된 것이 아니고 의미 있는 것이었다는 것, 더 많은 일을 할 수 있었을 텐데 떠나갔음에 슬퍼한다. 그러나 고인의 정신은 영원히 빛나리라. 삶을, 혼을 영원과 이어주는 것만이 혼에게 위로가 된다. 물론 도가나 불가에서는 '영원'이란 말보다 '무'라는 말을 더 좋아할 것이다. 그러나 그 또한 '항상성, 변함없음, 한결같음'이라는 뜻에서 영원과 관련된다. 또한 삶이든 죽음이든 '의미'Sinn와 결부되어야만 혼령들은 안심한다. 현대의 정신치료, 특히 상실의 아픔을 겪는 사람들에게 우리가 함께 생각해보아야 할 것은 바로 이 '영원성'과 '의미'라고 해도 지나친 말이 아니다.** "대지는 계속 노래를 지어낼 테니까"라는 마지막 구절은 대지가 결코 춥고 쓸쓸한 곳이 아님을 혼령에게 가르쳐주는 말이다.


에커만과 나눈 대화에 따르면 괴테는 오이포리온을 가장무도회에 등장하는 마차를 모는 소년과 동일인물로 보았다.*** 그 소년은 인간적 존재이기보다 우의적寓意的 존재이므로 오이포리온이 되는 데 무리가 없다.


"그 영은 어디에나 존재하고 또한 어느 때에도 나타날 수 있다는

---

* 같은 책, 279~280쪽; Goethe, *Faust*, dtv, pp.287~288.

** 이부영, 「제7장 동시성의 원리와 도」, 『노자와 융』, 한길사, 2012, 193~212쪽 참조.

*** E. Staiger, *op. cit.*, p.335.

점에서 유령과 비슷하다."*

오이포리온과 그의 죽음은 영국의 젊은 시인 바이런에 대한 괴테의
감동을 묘사하고 있다고 한다.**

"오이포리온의 사랑의 모험과 죽음에 대한 갈망, 무기의 음향, 대
포소리, 헬레나의 일, 파우스트의 일, 자기 자신의 일도, 오페라
에서 자기 자신의 입장도 모두 한꺼번에 잊어버리고 노래 부르
는 합창단의 만가, 이 모든 것이 시인 바이런을 가리킨다. 괴테는
사랑과 두려움이 묘하게 뒤섞인 감동을 느끼며 이 시인의 인생
과 창조를 추적한 것이다."***

오이포리온은 부모와 달리 육체성=구상성을 갖고 있지 않은 몸이
가벼워 중력을 무시할 수 있다고 여길 정도의 존재로, 그의 웃음소리
는 비물질적인 것이 발하는 잔향殘響에 지나지 않는다. 슈타이거가 한
말이다. 그의 머리 주위에는 강력한 영력의 불길이 있다. 말하자면 그
는 신적神的인 속성을 지녔다. 슈타이거는 또한 오이포리온의 시는 음
악적·무도적 성격이 있어 충실한 사고내용이나 명석한 이미지로서
듣는 자를 납득시키는 것이 아니라 리듬으로 사람을 매혹한다고 했
다. 오이포리온은 혜택을 많이 받으며 자랐음에도, 아니 그 때문에 사
랑을 받는 것을 당연하게 여기며, 부모 은혜도 잊고 자기 앞길을 가로
막는 자가 아무것도 없으므로 오히려 악마적 권태에 휘둘리게 된다.

**오이포리온**  쉽게 손에 넣는 것은 내 마음에 안 든다.

---

\* *Ibid.*, p.336.
\*\* *Ibid.*, p.336.
\*\*\* *Ibid.*, p.336.

억지로 손에 넣은 것만이 나를 즐겁게 해준다.*

　슈타이거의 문학적 수사학을 이해하는 것은 쉬운 일이 아니다. 자연과학처럼 구체적이고 명료하기보다 매우 은유적이기 때문이다. 그래도 그의 설명은 생각할 거리를 제공한다. 무엇보다 오이포리온의 죽음을 둘러싼 일련의 사건에 "한 시인의 만년晩年에 전개하는 시적 창조정신의 알레고리"라고 한 점에 주목할 것이다. "그 점점 높아지는 운동성은 이미 만년의 특징이다"라는 말도 이해된다. "이미 완수된 괴테의 예술이 좀더 젊은 세대의 눈앞에 위대한 과거로 존재할 때, 내용이 없는 잠재력으로 알 수 없는 세계와 대치했던 젊은 날의 인간정신이 지금 터무니없는 추억의 조수 속을 헤맨다"는 말도 이해할 수 없는 것은 아니지만 극 내용의 무엇과 관계되는지 분명치 않다. 다음 언급은 극 내용과 관련지어 이해할 수 있다.

　　"'내면성'이라는 테마가 크게 전면에 나온다. 그것은 광륜光輪(아우라)으로서 음악으로, 또한 동굴 내의 세계 공간으로 나타난다. 내부공간에서라면 온갖 것에서 다른 것으로 옮겨가거나 방황하는 것이 당연히 쉬울 것이다. 그러나 외부세계에서는 체험은 사방에서 무엇과 부딪친다. 융통무애의 움직임은 참으로 매혹적이지만 동시에 여러 의미에서 기묘하게도 매우 가볍다."**

　그 가벼움의 실제를 슈타이거는 오이포리온에서 목격한다.

　　"자기가 이어받은 것을 낭비하는 오이포리온은 그러한 자신에게 스스로 기쁨을 느끼지 못한다. 그는 충족된 순간이라는 것을 모

---

　＊　괴테, 정서웅 옮김, 앞의 책, 273쪽.
　＊＊　E. Staiger, *op. cit.*, p.338.

른다. 언제나 자신을 도취하고, 마찬가지로 타인을 도취하게 만든다. …… 이것을 조형적인 것이 갖는 안정된 상태와 비교하여 향상이라 간주할 수도 있을 것이다. 실제로 이런 음악을 한 번 들어본 사람은 이전의 예술로 돌아갈 기분이 아니다. 그러나 사람은 그런 높은 단계에 친숙해질 수 없다. 여기에는 지속이라는 것이 없다. 오이포리온의 존재는 정말 '바닥 없음'인 것이다."*

슈타이거는 여기서 다시금 '만년'의 의미를 규정한다. 그는 이렇게 말한다. "따라서 여기서는 양식의 변화는 이미 새로운 가능성으로 통하는 것이 아니라 오히려 초인간적인 것으로, 항상 계속하여 인간적이고자 하는 예술가에게는 허무에 지나지 않는 곳으로 통하기 때문에 그러는 한 만년이다."**

어떻든 오이포리온의 상승욕은 파우스트-헬레나 대극합일에서 새로운 가능성을 여는 데 실패했다. 오이포리온의 죽음으로 모든 것은 정지된다.

완전한 휴식, 음악도 정지된다.***

이 음악은 종국이며 카오스로 인도한다고 슈타이거는 말한다. '오이포리온이 모습을 감춘 뒤에 남은 것이란 종국終局과 그동안 일어난 모든 것을 망각하는 것이며 그래야만 무형인 것에서 새로운 길이 형성된다'는 것이다. 슈타이거의 이런 의견은 괴테가 왜 여기서 헬레나로 하여금 파우스트를 떠나게 만드는지, 즉 이승을 하직하는 것으로

---

 * *Ibid.*, pp.338~339.
 ** *Ibid.*, p.339.
 *** *Ibid.*, pp.338~339; 괴테, 정서웅 옮김, 앞의 책, 280쪽.

귀결짓는지 이해하는 데 도움이 된다. 그래도 오이포리온의 죽음에 이은 헬레나의 죽음은 심리학적으로 많은 의문을 일으키는 대목이다. 먼저 슈타이거의 논점을 계속 따라가 보자.

오이포리온이 죽자 헬레나가 말한다.

> **헬레나** (파우스트에게)
>
> 행복과 아름다움을 늘 함께 누릴 수 없다는
> 옛말이 슬프게도 제게 증명되었어요.
> 생명의 줄도 사랑의 줄도 끊어져버렸으니,
> 두 가지를 애통해하면서 쓰라린 이별을 고하겠어요.
> 한 번만 더 절 품에 안아주세요.
> 페르세포네(저승의 여신)여, 아들과 나를 데려가소서.*

그녀가 파우스트를 포옹하자 육체는 사라지고 옷과 면사포만 그의 팔에 남는다.

슈타이거에 따르면 "옛말이…… 증명되었어요" 부분을 괴테는 최종 원고를 출판사에 보낼 때까지 열 번이나 고쳐 썼다고 한다. '가장 아름다운 여자가 행복과 길동무가 될 수는 없는 것입니다.' '가장 아름다운 여자는 달콤한 행복 같은 것 없이 살아가야 합니다.' '행복과 아름다움이 함께 손을 마주잡고 갈 수는 없는 것입니다' 등.—괴테가 여기서 말하고자 하는 것은 두 가지인데 아름다운 여자는 이 세상에 고향을 가질 수 없다는 것, 다른 한편 아름다움이란 단지 이행移行하는 것 속에서밖에는 모습을 나타낼 수 없다는 것을 말하려는 것이다. 앞의 것은 인간으로서 헬레나를 의미한다. 뒤의 말은 영원한 아름다

---

* 괴테, 정서웅 옮김, 앞의 책, 280~281쪽; Goethe, *Faust*, dtv, p.288.

움의 우의寓意로서 헬레나가 자신의 출현으로 이행하는 것들이 살고 있는 영역에 행복을 가져다주고 다시 눈에 보이지 않는 것의 영역으로 되돌아간다는 것을 의미한다.*

비유이든 현실이든 미美와 행복을 항상 함께 누릴 수는 없다는 말은 무엇인가? 가장 아름다운 여자는 달콤한 행복 같은 것 없이 살아야 한다는 것은 또 무슨 말인가? 아름다운 여자에게는 내로라하는 뭇 남성이 모두 사랑한다고 접근하기 때문에 개인적 행복을 즐길 기회를 허용하지 않기 때문인가? 그래서 행복과 아름다움이 함께 손을 잡고 갈 수 없다는 것인가? 행복은 개인적·주관적 감정영역을, 아름다움은 좀더 보편적·객체적 현상영역을 대변하기 때문에 서로 충돌하는 측면이 있기 때문일까?

헬레나는 사랑하는 아들을 잃음으로써 불행해진다. 그녀의 아름다움은 파우스트의 사랑의 대상이다. 헬레나는 행복과 아름다움이 항상 함께 갈 수 없음을 간파하고 파우스트를 떠나 아들의 뒤를 쫓아 저승으로 사라진다. 그렇다면 헬레나의 행복의 초점은 파우스트가 아니라 오이포리온이었던가. 오이포리온이야말로 그녀의 생명의 줄, 사랑의 줄이었던가. 파우스트와 헬레나의 유대는 그 정도로 강한 것이 아니었던 것이다. 이것을 심리학적으로 어머니와 아들 사이가 아버지와 아들 사이보다 더 끈끈하다는 사실과 결부해 생각할 수 있다. 헬레나에게 오이포리온은 미래의 새로운 인격인 동시에 그녀 자신의 아니무스, 내적·남성적 인격의 새싹이다. 자기 목숨의 일부로 인지할 만한 존재로서 그것의 상실이란 자기 죽음에 비할 만큼 큰 충격적인 사건임이 틀림없다. 헬레나와 파우스트의 이별과 아들의 뒤를 쫓아가는 저승행은 백조처녀설화에 나타나는 '천상적 여인과의 결혼과 헤어짐' 주제와 공통된 의미를 갖고 있는 것처럼 보인다. 우리나라의 「선녀와 나무꾼」 같은 백조처녀설화 유형에 속하는 민담은 선녀를 지상에 붙

---

* E. Staiger, *op. cit.*, p.340.

들어두는 것, 선녀와 성공적인 결혼, 즉 아니마 원형상을 의식화하는 것이 얼마나 어려운지를 보여준다.* 아니마와의 융합(결혼)은 쉽게 깨지는 법이다.

헬레나-파우스트 관계에서도 아니마-자아의식의 관계를 볼 수 있다. '천상의 존재'(집단적 무의식의 원형)는 항상 자신의 고향(무의식)으로 되돌아가려는 성향을 갖고 있다.

사실 헬레나는 '지하의 어머니들 나라에서' 마법의 열쇠로 지상으로 조심스럽게 데려온 영霊이었다. 파우스트의 성급함으로 영을 붙잡는 데 실패했고 두 번째 시도에서 헬레나의 인격화(의식화)가 성공적으로 이루어져 파우스트와 헬레나는 육체를 지닌 구체적 현실로 맺어졌으며 오이포리온이라는 신기한 아이를 탄생시키는 성과를 거두었다. 내적 인격인 아니마와 융합, 그리고 그 융합에서 새로운 인격발전의 가능성이 생기기까지 아니마상의 의식화 작업이 성공적으로 진행된 것처럼 보였으나 결국 아니마와 관계 단절이 일어난 것인데, 아니마 원형의 의식화가 그만큼 어렵거나 단지 일시적으로 이루어질 뿐임을 시사하는 것이다.

문학에서 '아름다움'을 말할 때 분석심리학에서 '아니마 원형상'을 생각하는 것은 노상 동떨어진 연상이 아닌 듯하다. 원형상이 문제될 때, 최고 가치와 그 가치에 대한 집단의 강력한 매혹과 절대적 집착이 일어나는 것이고 원형상의 지속적 의식화는 사실상 불가능한 것이다. 이에 비해 행복이란 상대적인 것, 개인적인 것, 좀더 인간적인 것으로 절대 미美에 대립되는 것이 될 수 있다.

오이포리온은 옷과 외투와 칠현금을 남겼고, 헬레나는 옷과 면사포

---

* 이부영, 「선녀와 나무꾼」, 『한국민담의 심층분석』, 집문당, 2011, 204~
220쪽 참조.

(베일)만 파우스트 팔에 남긴다. 헬레나가 사라진 뒤 포르키아스가 말한다.

> **포르키아스**  (파우스트를 향해)
> 당신 손에 남아 있는 걸 단단히 붙잡아요.
> 그 옷을 놓쳐선 안 됩니다. 악령들이 벌써
> 옷자락을 잡아채 지옥으로 끌고 가려 하니까요.
> 단단히 붙잡으세요! 당신이 잃어버린 여신은 아니
> 지만.
> 그것은 신성한 것입니다. 헤아릴 수 없이 높은
> 은혜의 힘을 빌려 위로 오르십시오.
> 그것은 모든 속된 것을 초월하여
> 당신을 저 천공<sup>am Äther</sup>*(하늘을 가득 채운 영기靈氣)
> 으로 데려다줄 것입니다.
> 당신이 살아 있는 한 신속하게
> 우리 다시 만납시다. 먼 곳에서, 여기로부터 아주
> 먼 곳에서.**

헬레나의 옷이 구름이 되어 흩어지면서 파우스트를 감싸 하늘 높이 들어 올리고는 데리고 날아간다. 헬레나의 옷은 초속적인 선녀들의 깃옷과도 같다. 그러므로 헬레나는 갑자기 사라져 아무것도 남기지 않은 것이 아니라 어떤 영향력을 파우스트에게 미친 것이다.

"영원히 아름다운 것은 자취 없이 사라지는 것이 아니다. 파우스트의 터무니없는 노력은 부질없는 것이 아니었다. 그는 이전과는 다른 인간이 되었다. 헬레나에게서 얻은 것을 통해 그는 평생 비속을 넘어

---

* Goethe, *Faust*, dtv, p.288.
** 괴테, 정서웅 옮김, 앞의 책, 281쪽.

선 곳을 계속 걸을 수 있다." 괴테가 전하고자 한 것은 바로 이것이라고 슈타이거는 말한다.* 그러나 오이포리온의 경우에는 헬레나와 달리 그의 옷이 외면을 나타낼 뿐이라고 그는 지적한다. 포르키아스가 오이포리온의 옷과 외투와 칠현금을 땅에서 집어 들고 하는 말에 그런 뜻이 드러난다.

> **포르키아스** 다행히도 이것만은 찾았군요!
> 불꽃은 물론 사라졌지만,
> 그런 건 조금도 섭섭하지 않소이다.
> 이만하면 충분히 시인들에게 비결을 전수할 수 있고,
> 조합원과 수공업자의 질투를 야기할 수 있지요.
> 내가 재능을 부여해줄 순 없어도
> 적어도 이 옷만은 빌려줄 수 있으니까요.**

헬레나가 남긴 것은 고귀한 것이지만 이에 대해 오이포리온이 남긴 것은 수공업자 무리의 질투, 즉 유행 이외의 아무것도 아니고 시인들의 유파流派 싸움을 일으킬 뿐이라고 슈타이거는 말하는데, 그 이유를 오이포리온의 일회적 개별성에서 본다. 오이포리온만이 그의 정신을 구현해 사람들에게 감동을 줄 수 있다. 후세 사람에게는 피상적 모방일 뿐이라는 의견이다. 어떻든 오이포리온이 신격적 요소이기는 하지만 실패한 영웅이고 통제되지 않은 충동의 일방성을 나타내므로 그의 죽음에서 자아팽창의 경고 이외에 어떤 높은 경지의 영향력을 기대하기는 어렵다고 할 것이다.

이제 제3막 마지막 부분에 남겨진 것은 합창단과 합창단장의 태

---

\* E. Staiger, *op. cit.*, p.341.
\*\* 괴테, 정서웅 옮김, 앞의 책, 282쪽.

도다.

합창을 지휘하는 판탈리스는 충실한 시녀로서 왕비 헬레나를 따라 저승으로 내려가겠다고 선언한다.

오이포리온과 헬레나는 이제 하늘로 올라갔다. 즉, 무의식계로 사라졌다. 일장춘몽 같은 난리를 피운 다음에 — 포르키아스는 최소한 오이포리온의 옷과 칠현금을 얻은 것으로 만족해하고 합창단 지휘자는 이제 마법에서 풀렸다고 좋아한다.

### 합창을 지휘하는 판탈리스

자, 서둘러라, 아가씨들아! 우리는
이제 마술에서 풀렸고
늙은 테살리아 마녀의 거친 정신적 구속에서도 벗어났다.
그 시끄럽고 혼란한 음악의 도취에서도 깨어났다…….*

낭만과 음악을 시끄러운 음악이자 혼란을 주는 음악으로 폄하하는 관점에서는 지금까지의 야단법석이 마녀의 장난, 쓸데없는 환상에 불과하다. 지휘자는 합창단원들에게 왕비를 따라 충실한 시녀 역할을 계속하라고 권한다. 그러나 단원들은 저승으로 가는 것을 거부한다. 이때 판탈리스가 말한다.

### 판탈리스

명성도 얻지 못하고 존귀함도 원치 않는 자는 원소 중 하나에 속할 뿐이다. 그래, 가거라!
정실뿐 아니라 충절도 우리 인격을 지켜주는 것.
Wer keinen Namen sich erwarb noch Edles will, gehört

---

* 같은 책, 282쪽.

den Elementen an: so fahret hin!

Nicht nur Verdienst, auch Treue wahrt uns die Person.

이 말에서 그가 사회적 역할과 규범을 뜻하는 분석심리학에서 말하는 페르조나에 해당하는 말을 한다는 느낌이다. 페르조나를 갖추지 못한 사람은 한낱 물질적 요소의 한 부분, 인격을 형성하지 못한 상태, 즉 무의식적 상태에 있는 자라는 것이다. 페르조나의 형성은 물론 중요한 인격발전의 한 과정이다. 그러나 페르조나와 일방적 동일시는 본성<sup>die Natur</sup>(자기<sup>Selbst</sup>)으로부터의 소외, 결과적으로 정신적 해리의 위험에 노출될 수 있다. 그러므로 '충절'을 따르지 않고 자연 속에서 삶을 즐기려는 합창대원들의 소원을 '원소 중 하나'라고 경시해서는 안 된다. 물론 원소라는 그 말이 지휘자가 아닌 제3자로서는 반드시 폄하하는 말이 아닐 수도 있다.

괴테는 합창대의 입을 통해 자연의 생명력을 생생하게 묘사했다. 샘, 나무, 암벽과 메아리, 바람, 강, 언덕 그리고 마지막에 포도밭. — 그리스신화를 장식하는 신들과 인간이 한데 어울려 벌이는 생산과 창조와 열락의 순간들을 그려낸다. 점점 감정이 고조되어 마지막 포도를 으깨는 장면에 이르러서는 심벌즈와 징소리 쟁쟁히 울리는 가운데 주신<sup>主神</sup> 디오니소스가 염소 발굽의 남녀들과 함께 등장한다. '갈라진 염소 발굽은 모든 관습을 짓밟고, 온갖 관능의 소용돌이, 그 시끄러운 소음에 귀가 멀 지경'이 된다. 난장판이 된 것이다. 그러나 이 카오스는 새로운 창조를 위한 것이다. 이 장면을 마감하는 다음과 같은 말처럼.

"그도 그럴 게 새 술을 담으려면 묵은 술 부대를 서둘러 비워야 하니까!"*

막이 내리고 놀라운 일이 벌어진다. 포르키아스가 거인처럼 일어나 비극배우들이 쓰는 높은 구두를 벗고 가면과 베일을 젖히니 메피스토펠레스의 정체가 드러난 것이다. 그것은 저자에게도 뜻밖의 일이었다. 그래서 포르키아스 행동에 이미 메피스토의 예시적·교시적 냉정함이 노출되었던가. 그가 자신의 정체를 드러낸 것은 '필요한 경우에 필로그에서 이 극에 대한 주석을 달기 위해'라고 괴테는 기술했다.

그러나 합창단원들은 헬레나와 함께 저승으로 가기를 거부하고 4대요소로 돌아갈 것을 선언한다. 슈타이거는 합창단원 중 첫 무리는 대지가 되고 둘째는 대기大氣, 셋째는 물 그리고 마지막 무리는 대규모 악기편성과 거친 박카스적 도취 가운데서 불길이 된다고 했다.* 합창단의 장황한 노래 내용으로는 그 요소의 특징이 그리 분명하지 않은데 슈타이거가 명쾌하게 분류한 점은 놀랍다. 그는 또한 헬레나가 뒤에 남긴 것을 다음과 같이 분류한다.

1. 다시 이승으로 태어나는 날을 기다리며 보이지 않는 나라에 있는 헬레나 자신
2. 그녀와 함께 있으면서 판탈리스 모습을 한 충실한 자
3. 지상에서는 구름으로 변해 파우스트를 높은 곳으로 날라다주는 베일과 의복
4. 정신의 껍데기로서 오이포리온의 외투, 의복, 칠현금
그리고 4대원소로 돌아간 합창단

그는 다음과 같은 의미 있는 말로 이 부분을 마감했다. "지속이니 영혼이니 불멸을 구하는 노 괴테도 그 이상의 것은 운명의 손에서 구

---

* 같은 책, 286쪽.
* E. Staiger, *op. cit.*, p.342.

출할 수 없는 것 같다. 모든 형체 있는 것은 없어지든가 형체를 잃는다. 결말은 시초로 되돌아감을 가리킨다. 새로운 사건이 또 시작될 것이다."*

### 파리스-헬레나, 파우스트-헬레나 관계에 대한 융의 견해

여기서 융이 『심리학과 연금술』(1961)에서 언급한 파우스트-헬레나 관계를 소개하고 나가야 할 듯하다. 그는 『파우스트』에서 무엇이 일어나는지는 작품 『파우스트』의 파리스-헬레나 장면에서 가장 명확하게 표현되어 있다면서 다음과 같이 설명한다.

"중세 연금술사들에게는 이 장면이 태양$^{Sol}$과 달$^{Luna}$의 시험관 속 신비한 융합$^{coniuntio}$을 의미한다. 그러나 "파우스트로 분장한 근대인은 그것이 투사임을 알아차리고 자신을 파리스나 태양 자리에 놓으며 그의 내적·여성적 대극인 헬레나 혹은 달을 차지한다."** 융이 한 말이다. 그러나 사실 내 생각에 파우스트가 헬레나를 내면의 상으로 보지 못하는 한, 그것도 투사의 결과다.

어떻든 파우스트가 파리스처럼 됨으로써 본래 객관적으로 일어날 융합 과정이 연금술사의 주관적 체험이 된다. 대극의 융합을 인식하는 대신 그 자신이 드라마의 한 인물이 된다. 그런 점에서 파우스트의 주관적 간섭은 단점이 있다고 융은 지적한다. 연금술 과정의 본래 목표인 '썩지 않는 것의 생성'이라는 목표를 게을리하게 된다는 것이다. 그 대신 '철학적 아들'$^{filius\ philosophorum}$로서 '썩지 않는 것'$^{Unverwęstliche}$, '불타버리지 않는 것'$^{incombustibile}$이어야 할 파우스트-헬레나 사이의 아들 오이포리온은 스스로 지른 불길에 불타버린다. "연금술사에게는

---

\* *Ibid.,* pp.342~343.

\*\* C.G. Jung, *Psychlolgie und Alchemie*, p.641.

재앙이고 심리학자에게는 파우스트를 비판할 계기를 준다."*

내가 보기로 이것은 피분석자가 분석가에게 긍정적 전이를 일으켰을 때 분석가가 융합의 투사상을 스스로 떠안고, 즉 투사상과 동일시하고 주관적으로 개입함으로써 각자 마음 안에서 일어나야 할 대극융합 작업을 소홀히하게 되는 경우와 같다. 그것이 때론 비상한 효과—오이포리온의 비약에서 보듯—를 나타낼 수 있으나 일시적 섬광일 뿐 지속성이 없다. 융은 주관적 개입으로 말미암아 빚어지는 문제는 드물게 일어나는 일이 아님을 지적하면서 이렇게 말한다. "즉, 모든 원형은 그것이 출현할 때 그리고 그것이 무의식적인 한 전체 인간을 사로잡으며 그로 하여금 그에 일치된 역할을 하게끔 한다."** 그러므로 파우스트는 헬레나의 애정 속에 있는 파리스를 억압하지 못하고 마차를 모는 소년과 호문쿨루스 같은 다른 회춘回春 형식Vejüngsformen 이나 탄생들 또한 파리스와 똑같은 탐욕 때문에 좌절된다.—왜 궁극적 회춘이 죽은 뒤의 상태에서, 즉 미래에 투사된 채 일어나는지에 대한 좀 더 깊은 이유가 여기에 있을지 모른다.***

"파우스트가 파리스와 동일시함으로써 '융합'을 투사에서 사적인 심리적 체험으로, 즉 의식으로 끌어들인다. 이 결정적 진전은 연금술의 수수께끼 해소와 그와 함께 그때까지 무의식적 인격부분이던 것의 구원Erlösung에 적지 않은 의미를 가지고 있다." 물질에 투사된 상태에서 개인의 심리적 체험으로 옮겨오기 때문일 것이다. 융은 아마도 연금술사들이 시험관 안에서 변화하는 물질에서 상상하는 것이 인간무의식의 정신적 원형상의 투사상임을 알게 된 뒤, 물질의 변화 대신 스스로 심리적 체험으로 그 변환 과정을 겪고 관찰하게 된 하나

---

* *Ibid.*, p.642.
** *Ibid.*, p.642.
*** *Ibid.*, p.642.

의 심리학적 발전을 지적하는 듯하다. 즉 무의식적 동체성에서 의식성$^{Bewußtheit}$의 획득이라는 성과를 말한다. 이로써 융의 다음 말이 이해된다.

> "그러나 모든 의식성의 증가는 팽창의 위험을 안고 있다. 파우스트의 초인성$^{Übermenschentum}$에서 우리는 그의 팽창을 분명히 볼 수 있다. 파우스트의 죽음은 시대사적으로 제약된 필연성이지만 결코 문제에 대한 충분한 응답은 아니다. '융합'에 뒤따르는 탄생과 변환은 이승이 아닌 저승에서, 즉 무의식에서 진행된다. 여기에 문제가 해결되지 않은 채 남아 있는 것이다."*

융은 니체의 초인에서 팽창을 이야기한다. 그 극단적인 개인지상주의가 불러온 극단적 집단주의의 폐해를 말한다. 그리하여 파우스트에 관해서는 다음 말로 마무리한다.

> "파우스트가 저지른 죄는 변환시키는 것$^{zu\ Wandelnden}$과 변환된 것$^{Gewandelten}$을 동일시한 것이었다. 니체의 외람된 간섭$^{Übergriff}$은 의식성에 도달하는 인격부분인 초인 차라투스트라와 동일시한 것이었다. 그러나 차라투스트라를 인격부분이라고 불러도 좋을까! 그는 인간으로 그것에 참여하지만 그가 그것은 아닌 초인적인 것이 아니던가?"**

파우스트의 팽창은 앞으로 전개되는 이야기에서 만나게 될 것이다. '변환시키는 것과 변환된 것 사이의 동일시'는 결국 자기$^{Selbst}$와 자아$^{Ich}$를 혼동하는 데서 생긴 팽창$^{inflation}$현상을 말한다.

---

* *Ibid.*, p.642.
** *Ibid.*, p.643.

## 에딘저의 소견

에딘저는 트로야로 돌아온 헬레나가 궁성에서 처음 만났을 때 경악해서 뛰쳐나온 추악한 여인 포르키아스를 최고 아름다움을 대변하는 헬레나의 대극으로 보았다. 그 점은 앞에서 지적했다. 포르키아스는 사실 악마 메피스토펠레스가 변신한 것으로 제2막에 등장했던 추한 세 여귀 그라이에$^{Graiae}$와 합신해 추악함의 4위$^{ugliness\ quaternity}$를 나타낸다.

"그것은 미학적 차원에서 누미니즘$^{numinosum}$의 한 측면으로 아름다움의 대극을 이룬다."*

에딘저는 파우스트가 메넬라오스와 대결에 직접 끝까지 참여하지 않고 부하 장병에게 맡기고는 자기는 헬레나와 함께 아르카디아 지역으로 밀월을 떠남으로써 문제에서 도피했다고 보았다. 그는 말했다. "이 도피$^{evasions}$는 뒤에 상응한 결과를 낳게 될 것이다. 파우스트가 지상의 현실을 처리하는 데 실패함으로써 대지에 대한 오이포리온의 관계 결함에 기여했다."** 그러나 파우스트가 메넬라오스와 일대일로 싸워 이겨야 했을까? 의문이다.

그렇게 볼 수도 있을 것 같다. 앞에서 이미 설명한 대로 파우스트는 매우 현실적으로 여러 민족의 군사들에게 명령하고 보상을 약속하면서 공격해오는 적을 방어하고 메넬라오스왕을 바다로 내몰 작전을 실행했고 결국 성공했다. 상징적으로 보면 파우스트는 정신의 주기능만으로 열등기능과 마주해 억압한 것이 아니라 자아의 주기능을 구사하면서도 전체의 보조기능을 동원하여 적을 물리친 것이다. 파우스트

---

* E.F. Edinger, *op. cit.*, p.71.
** *Ibid.*, p.72.

462

자신이 '중앙'을 지키겠다고 한 말에 대해서는 이미 설명했다. 연적이자 파우스트의 그림자인 메넬라오스와 결투라도 해야 한다는 것은 너무 단순한 생각이다. 또한 파우스트와 헬레나는 전쟁 중에 아르카디아로 피신한 것이 아니다. 전세가 유리해지면서 평화로운 환경으로 장면이 바뀐 것이다. 괴테는 아마도 전투장면에 크게 신경 쓰지 않은 것 같다. 그가 사랑을 그리고 싶어 했다고 생각해보면 어떨까? '아르카디아'는 물론 에딘저의 서술대로 상징적으로 에덴동산, 원초적 전체성, 재생의 원천을 의미한다.*

아르카디아에서 파우스트의 재생은 오이포리온으로 상징된다. 그러나 그는 죽는다. 에딘저의 말대로 오이포리온이 어머니에게 자신과 함께하기를 간청해 헬레나가 파우스트의 시야에서 사라졌는지도 의문이다. 물론 땅속에서 오이포리온이 목소리로 '자기를 그곳에 혼자 두지 말라'고 하기는 했다. 그래서 헬레나가 하늘로 가버렸다고 하기에는 근거가 약하다.

대극융합의 산물은 왜 그리 번번하게 파괴되는가? 그것은 지칠 줄 모르는 '상승욕구' 때문이다. 오이포리온은 부모가 말리는데도 더 높이, 더 높이 뛰어오르고자 한다. 그리고 아니마를 폭력으로 소유 또는 제압하려는 사냥꾼 같은 집요함 때문이다. 일찍이 파우스트가 겪은 두 가지 '오류'를 아들인 오이포리온도 그대로 답습한다. 그것은 곧 파우스트 자신의, 지금은 무의식으로 숨어든 팽창상태의 성취욕·소유욕이다.

에딘저가 팽창에서 부정적 측면과 영웅적 기도의 바람직한 행위 양자를 지적하면서 현대인의 자아의 복잡성$^{Hybris}$을 언급한 점은 주목할 필요가 있다. 현대인의 자아는 원형적 에너지를 인간의식의 한계 안

---

* *Ibid.*, p.73.

에까지 가져가려 하고 그것을 위험한 팽창의 대가를 치르는 것을 무릅쓰고 감행한다고 그는 말한다.

워브로우스키$^{Z.\ Werblowsky}$의 『루시퍼와 프로메테우스』 서문에서 융이 말했다.

"만약 원형이 형이상학적 본질을 잃는다면 그것은 개인의 의식의 마음과 동일시되고 그 자체의 형식으로 영향을 주고 모양을 바꾼다. 그리고 원형은 항상 어떤 누미노제를 가지고 있으므로 누멘의 통합은 일반적으로 그 주체를 팽창시킨다. 그러므로 이 사실은 괴테가 파우스트에게 초인의 이름을 줄 것이라는 심리학적 기대와 전적으로 일치한다. 최근 이런 초인 유형은 니체를 넘어서 정치적 심리학의 현장에까지 확장되었고 인간들 속에서 그것의 육화$^{incarnationsms}$는 그런 권력의 장악에서 예상할 만한 온갖 결과를 빚었다."*

파우스트의 팽창과 권력남용은 다음 장면들에서 더욱 확실히 드러난다. 그것은 파우스트와 아니마의 관계가 상실된 후, 즉 그의 헬레나를 향한 원형적 누미노제의 에너지가 상실된 뒤 그가 어떻게 변모해 가는지 보여줄 것이다.

---

* C.G. Jung, "Vorwort zu Z. Werblowsky: Lucifer und Prometheus," G.W. 11, par.472.

# 제4막

## 제4막의 내용

전체 3장으로 이루어진 제4막의 내용은 비교적 간단하다. 파우스트는 구름에 실려 메피스토와 함께 고산지대에 내린다. 메피스토는 둘의 대화 끝에 파우스트가 사랑 문제 말고 더 강한 의욕을 가지고 하고 싶은 일이 있음을 알고 돕기로 한다. 그것은 '땅을 지배하고 넓히는 일'이며 그러려면 환락에 빠져 파탄 직전에 있던 황제를 도와 그로부터 땅을 하사받아야 한다. 메피스토의 속임수와 주술의 도움으로 황제를 반역한 군대를 물리침으로써 황제는 승리하고 파우스트가 땅을 하사받게 되었는데 대주교의 불만을 사게 된다는 줄거리다.

이야기 줄거리는 간단하지만 그림자 나라에 정통한 메피스토의 악마적 풍모와 그림자를 전쟁터에서 교묘히 이용할 줄 아는 마술사적 트릭스터 원형상이 다시 한번 생생하게 묘사되고, 그와 대조되는 지상의 권력과 지배욕을 탐내는 행동하는 영웅 파우스트 모습이 부각되었다. 여기에 연금술사들을 수상히 여기며 못마땅해하는 중세 교회의 전통적 적대감도 엿보인다. 각 장면에서 심리학적으로 생각해볼 만한 대사들을 찾아 살펴보겠다.

## 고산지대

*험준하게 솟아 있는 뾰족한 바위산들,*
*구름 한 덩어리가 날아와 기대는 듯하더니,*
*비죽 튀어나온 너럭바위 위에 내려앉는다.*
*구름이 갈라진다. (파우스트 나타난다.) 그가 말한다.*

**파우스트**　가장 심오한 고독의 경지를 발아래 내려다보면서 생
　　　　　각에 잠겨 이 정상의 바위 끝에 섰노라.*

　슈타이거는 고산高山지대 장면이 '지나간 행복에 대한 석별의 노래
이며 파우스트의 이 세상 최후 사업과 정열을 향한 서주序奏'라고 했
다. 파우스트는 마귀와 함께 이 산꼭대기에 내린다. 이들이 구름에서
내린 높은 산꼭대기 바위의 이미지가 괴테의 이전 글에서 몇 차례 언
급되었음을 지적하면서 슈타이거는 1784년 화강암에 관해 쓴 괴테의
한 문장을 소개했다.

　"아, 이 고독! 나는 바위가 드러난 저 정상을 올려다보며 말한다.
　아득히 먼 저쪽 산모퉁이에서도 이끼 비슷한 것조차 찾아볼 수
　없다. 아, 이 고독이라고 말했지만, 진리에 대해 가장 오랜, 원초
　적이며 가장 깊은 감정에 대해서만 마음을 열고자 하는 사람은
　모두 그런 기분이 되는 것이다."**

　파우스트는 우선 자기를 실어 나른 구름의 향방을 눈으로 쫓는다.

---

　* 괴테, 정서웅 옮김, 앞의 책, 289쪽.
　** E. Staiger, *op. cit.*, p.349.

그 구름은 헬레나가 두고 떠난 베일이었으나 지금 그것은 파우스트 눈앞에서 여러 가지 모양으로 변화한다.

## 구름-두 여인의 상

구름은 인간의 상상력을 투사하기에 알맞은 상像이다. 푸른 하늘에 듬성듬성 하얀 솜조각처럼 가볍게 떠 있는 구름에서 우리는 평화를 느낀다. 저녁노을에 비친 구름은 하늘의 위대함을 부각한다. 그러다 가 시커먼 먹구름이 몰려올 때 벼락치고 천둥치는 분노의 하늘로 모습이 바뀐다. 산꼭대기 구름바다 위에서 쨍쨍 내리쬐는 햇살의 따스함을 피부로 느낄 때 우리는 신선이 된 기분이다.

파우스트가 구름의 변화 속에서 얼핏 처음에 발견한 것은 '신을 닮은 거대한 여인들'이었다. 그것이 유노인지 레다인지 헬레나인지 구분이 안 된다고 한다. 아무래도 좋은 것이다. 이들이 갖춘 공통된 신적 기품과 사랑스러움, 보편적 아니마의 특징을 가진 것이면 족하다. 이 영상들이 흩어지면서 형체 없이 넓게 피어올라 동편 하늘에 머물며 '무상한 나날의 큰 뜻을 눈부시게 반영한다.'* 헬레나와의 사랑은 '무상한 나날의 큰 뜻'에 대한 통찰로 마감했다. 그다음 파우스트는 그레트헨과의 첫사랑을 회상하는 이미지 '나를 현혹하는 저 황홀한 모습, 잃은 지도 오랜 젊은 날의 보물'을 본다. 그것은 가슴속 깊은 곳에 묻어두었던 어느 보석보다 빛나는 보석—파우스트 '마음속 가장 소중한 것'이다.

파우스트는 여기서 그레트헨의 다정한 형상이 아름다운 영혼으로 승화된 것을 목격한다.

> **파우스트**  구름은 흩어지지 않고 천천히 내게서 떠나간다.
> 둥근 덩어리, 줄지어 동쪽으로 향하니

---

* Goethe, *Faust*, dtv, p.292; 괴테, 정서웅 옮김, 앞의 책, 290쪽.

나는 놀란 눈으로 그 뒤를 바라본다.

구름은 방황하고 물결치며 변화무쌍하다.

……

햇빛 반짝이는 침상 위에 우아하게 누운,

거인처럼 크면서도 신을 닮은 여인들의 모습이 보
인다!

유노, 레다, 헬레나와 닮은 듯

기품 있고 사랑스럽게 내 눈앞에 어른거린다.

아, 벌써 흩어지는구나! 형체도 없이 넓게 피어올라

아득한 빙산들처럼 동편 하늘에 머물며

무상한 나날의 큰 뜻을 눈부시게 반영하고 있다.


그래도 여전히 부드럽고 밝은 안개자락이

가슴과 이마를 시원히 감싸며 흥겹게 비위를 맞춘다.

이제 그는 가볍게, 망설이듯 점점 위로 올라

하나로 합친다.─나를 현혹하는 저 황홀한 모습,

잃은 지도 오래된 젊은 날의 보물이 아니더냐?

가슴속 깊은 곳에서 옛날의 보석들이 쏟아져 나온다.

저건 가슴 설레게 한 오로라의 사랑을 보여준다.

얼핏 느꼈지만 이해하지 못했던 첫 눈길.

그걸 붙잡자 어느 보석보다도 빛났었지.

그 다정한 형상은 아름다운 영혼으로 승화해

흩어지지 않고 대기 속으로 오르며,

내 마음속 가장 소중한 것을 이끌고 가버린다.*

Aurorens Liebe, leichten Schwung bezeichnets mir.

Wen schnellempfundnen, ersten, kaum verstandnen

---

* 괴테, 정서웅 옮김, 앞의 책, 290쪽.

Blick,

Der, festgehalten, überglänzte jeden Schatz.

Wie Seelenschönheit steigert sich die holde Form,

Löst sich nicht auf, erhebt sich in den Äther hin

Und zieht das Beste meines Innern mit sich fort.*

슈타이거는 괴테가 실제로 구름에 대해 기상학적 관점에서 연구한 일이 있고 파우스트의 이 시 속에 그 흔적이 드러난다고 했지만 중요한 것은 파우스트가 구름 속에서 발견한 여인들과 그의 사랑의 추억이라고 보았다. 특히 주목할 것은 그레트헨의 다정한 구름 모습이 헬레나의 화려한 이미지를 마지막에 대치했다는 점이라고 그는 말한다. 슈타이거는 괴테가 왜 이렇게 두 연인 중 하나를 더 높이 평가하는 듯이 노래하는지를 자문한다. 파우스트극의 최종장면에서 말하려는 것을 앞질러 미리 말한 것인가. 즉, 마지막에 그레트헨은 이 장면처럼 "파우스트 마음속 깊이에 있는 최선의 것, 즉 그의 엔텔레키를 좀더 높은 영역으로 끌어올리게 되는 것"이다. 또한 여기에 시인 자신이 익히 알고 있는 경험, 사랑하는 사람으로부터 보내온 영원한 것과 사랑의 무상함 사이의 모순 때문에 생기는 고뇌가 모습을 드러내는 것은 아닐까. 그는 묻는다.**

슈타이거는 파우스트의 다음 구절에 주의를 환기한다.

"재빠르게 느끼기는 했으나 수수께끼 같은 최초의 눈길이었다. 그러나 그 일별을 붙잡아보면 다른 보배는 모두 빛을 잃을 정도다."***

---

   * Goethe, *Faust*, dtv, p.292.

  ** E. Staiger, *op. cit.*, p.352.

*** 슈타이거 독어본을 일역한 것의 국역이다. *Ibid.*, p.352 참조. 뜻은 같으나 정서웅의 번역(각주 409)은 간결하고도 분명하다.

그는 이 구절이 파우스트가 그 눈길을 확실히 가슴에 품고 있을 수 있었다면 그레트헨 이후 그의 인생에 나타나는 모든 보배는 빛을 잃었을 것이라는 뜻이라고 본다. 이렇게 그레트헨은 결정적으로 헬레나에 대해 우위를 차지한다. 독일인 파우스트의 마음속에서는 그레트헨의 '아름다운 혼'이 그리스 형식을 이기는 것이다. 안개의 띠는 헬레나와 달리 소실되지도 않고 하강하지도 않는다. 그것은 점점 높아지며 상승한다. 파우스트에게 그것은 항상 변치 않는 마음의 인도자다. 이는 슈타이거가 한 말이다.*

이렇게 보면 아니마상의 가장 밑 단계를 표현한다고 보는 본능적·생물학적 여성상으로 작품 『파우스트』의 그레트헨을 분류하는 것에 단서를 붙여야 할 것 같다. 어느 시기의 그레트헨인가 하는 것이다. 슈타이거는 독일인 파우스트에게 고전그리스는 쉽게 획득하기 어려운 보배라고 말한다. 그것을 손에 넣기 위해서는 독일적 성격이 좋아할 만한 것을 모두 부정해야 하기 때문이다. 그는 또한 파우스트가 헬레나와 중세 기사풍의 연애를 체험한 뒤 '고산지대' 장면에서 고향으로 돌아왔다고 지적했다.

"내적·인간적인 것이 알레고리를 압도한다."**

슈타이거의 민족학적·문예학적 해석은 흥미롭고 일리가 있다고 생각되지만 헬레나와 그레트헨에 대한 파우스트의 심리를 설명하기에는 좀 부족한 느낌이 든다. 우선 구름에 투사된 헬레나는 이미 개인 헬레나가 아니고 '거인처럼 크면서도 신을 닮은 여인들'의 반열에 속하는 보편적 여신상이다. 유노$^{Juno}$는 로마의 여신으로 여성과 결혼의

---

* *Ibid.*, p.352.
** *Ibid.*, p.353.

보호자, 주신 주피터의 아내, 전쟁의 신 마르스(아레스)의 어머니, 디아나와 함께 달의 여신과 결부된 여신이고 왕비 레다$^{Leda}$는 신이 아니지만 제우스의 쌍둥이 아들의 어머니, 또한 헬레나의 어머니로 알려져 있다.*

슈타이거가 알레고리(비유)라고 말한 것은 심리학적으로 '상징'이라 바꾸어 불러야 할 듯하다. 이 신화적 여성과 모성상은 우리 무의식에 실재하는 상징이다. 파우스트의 헬레나에 대한 추억은 헬레나의 전형적 측면에 대한 존중처럼 보인다. "햇빛 번쩍이는 침상 위에 우아하게 누운 거인처럼 크면서도 산을 닮은 여인, 기품 있고 사랑스럽게 내 눈앞에 어른거린다!" 같은 말에는 크나큰 어머니의 사랑(산)에 대한 신뢰가 들어 있다.

처음에 서술한 대로 그 구름은 곧 흩어지고 아득한 빙산처럼 동편 하늘에 머물며 '통찰의 신호'를 보낸다. 즉, '무상한 나날의 큰 뜻'을 눈부시게 반영하는 것이다.** 원형적 체험에 대해서는 '큰 뜻'을 통찰해야 하는데 그 통찰은 '무상한 나날'에 대한 깨우침으로 해탈한 자에게만 허락되는 특권일 터다.

그리하여 이러한 통찰만으로는 채워지지 않는, 슈타이거가 '인간적'이라고 말한 것, 아니마상의 의식적·무의식적 측면의 체험이 회상될 수밖에 없다. 파우스트극의 흐름으로 보아서 제2부 파우스트와 헬레나의 사랑은 거의 완전한 사랑, 성공한 사랑이었다고 한다면, 제1부 마르가레테와 사랑은 이루어지지 못한 비극적 사랑이었다. 인간들은 성공한 사랑보다 이루지 못한 사랑에 더 애틋한 감정을 갖고 더 가슴 아프게 회상하는 법이다. 회한이 크면 애착도 크다. 그런데 이 장면에

---

* Juno: M. Grant, J. Hazel(2000), *Lexikon der antiken Mythen und Gestalten*, dtv, München, pp.228~229; 레다: *Ibid.*, pp.262~264.

** Goethe, *Faust*, dtv, p.292(Und spiegelt blendend flüchtiger Tage großen Sinn).

서 『파우스트』는 사랑의 비극적 결말에 대한 회한보다도 첫 만남의 순수한 기쁨에 대한 파우스트의 그리움을 절절히 묘사하고 있다. 구름에 비친 그레트헨과 헬레나의 이미지와 파우스트의 반응에 대해 나는 이렇게 생각해보았다.

파우스트는 고귀한 그레트헨의 혼을 마음속에 붙잡아두었을까? 그렇지 못했다. 그것은 멀리 하늘에서 보았을 뿐 그 자리에 그대로 두었다. 그의 자아는 곧 새로운 사업에 집중한다. 에로스가 끝난 곳에 권력이 고개를 든다. 에딘저는 이에 대한 적절한 언급을 융의 논문「파우스트와 연금술」에서 발견했다. 여기서 융이 말한다.

> "메피스토가 아니마투사를 비극적 결말(어린이 살해)로 만들어버린 뒤 권력충동에 의한 에로스의 억압(발푸르기스의 밤=그림자의 압도)이 뒤따른다."* ― 오이포리온이 죽고 헬레나가 사라진 뒤 "다시 한번 그다음과 마지막 장면에서 권력충동이 시작된다."**

그 결과 경건한 필레몬과 바우치스는 살해된다. 아니마의 내적 관계가 끊어질 때 권력의지가 발동하는 예를 우리는 역사적으로 항상 목격해왔다. 부인을 잃은 뒤 더욱 포악해진 독재자의 경우도 그 한 예다. 내면세계와 관계상실을 외부세계와 관계로 보상하려는 것인데 이것은 그 일방성으로 말미암아 결과적으로 재앙을 불러일으키게 될 수밖에 없다.

### 사랑과 권력

권력에 대한 유혹은 예수님을 높은 산으로 데려가 온 세상을 주겠

---

* C.G. Jung, *Das Symbolische Leben*, 18/II. par.1696, p.808.
** *Ibid.*, p.808.

다고 유혹한 마귀의 시험에서도 볼 수 있다. 에딘저는 이 사례에 대한 융의 견해를 소개하면서 선과 악, 영과 물질의 대극갈등 속에서 그리스도의 대응이 어떻게 파우스트의 경우와 다른지 제시하고자 했다.*

「인격의 발전」에서 융은 예수가 겪은 마귀의 유혹에서 마귀는 그 시대를 지배한 심리학의 권력마귀였으며 객체적·정신적인 것Objektiv-Psychische으로 로마제국의 모든 민족을 그의 지배 아래 두었다고 지적한다.

> "마귀는 예수에게 지상의 모든 제국을 약속했다. 마치 예수를 제왕으로 만들기나 하려는 듯이. ─예수는 내면의 소리와 사명과 소명에 따르면서─모든 사람의 마음을 가득 채웠던 제국주의적 망상의 습격을 억압하지 않고 의식적으로 자신을 그 앞에 내놓았다. 이와 같은 심적 습격Anfall을 그는 억제하지 않았고 또한 그것에 억제당하지도 않았다. 그는 그것을 동화했다. 그리하여 세계를 지배하는 황제권력은 하나의 영적 왕국으로, 로마제국은 하나의 보편적·비세속적 신국이 되었다. 그리스도는 구원자의 소명을 충족하며 인류에게 옛 지혜를 알려주었다. 즉, 권력이 지배하는 곳에 사랑이 없고 사랑이 지배하는 곳에 어떤 권력도 쓸모가 없는 것임을.─사랑의 종교는 로마 권력마귀의 정확한 심리학적 대립 축이었다."**

에딘저는 '기독교 연기年紀' 말기에 이르러 권력의지는 파우스트 같은 남자에서 다시 반복되는데 파우스트는 사랑과 권력 사이의 갈등에

---

* E.F. Edinger, *op. cit.*, p.77.
** C.G. Jung(1972), "Über die Entwicklung der Persönlichkeit," G.W. 17, pp.204~205; E.F. Edinger, *op. cit.*, pp.77~78.

직면해 이 대극을 융합할 수 있는 화해의 상징<sup>reconciling Symbol</sup>을 발견했어야 했다고 지적한다. 그러나 그리스도는 융의 말대로 마귀의 시험을 자신의 무의식적 권력욕구와 대결하는 것이라 보고 이를 직면했으며 그 결과 '하늘의 왕국'이라는 상징이 출현하고 '그리스도의 영적 태도와 마귀의 권력욕구가 이 상징 속에서 융합했다.' 이런 방식으로 의식의 인격은 무의식의 대극과 직면하며—바로 초월적 기능의 도움으로 대극융합의 상징으로 인도된다. "그것은 일종의 직관 또는 계시다." 에딘저는 말한다. 파우스트는 처음에는 화해의 상징을 찾지 못한다. 그를 권력 이미지와 동일시한다. 뒤에 가서 비로소 파우스트가 죽는 순간 우리는 갈등을 해소하는 화해의 상징을 얼핏 보게 된다.*

권력의 문제는 바다를 메우고 육지를 넓히고자 하는 사회복지의 야망으로 바닷속 땅 소유권을 얻기 위해 반역군의 공세 속에 곤경에 빠진 황제를 도우려 참여하는 전쟁의 주제로 옮겨간다. "전쟁은 파리

---

\* E.F. Edinger, *op. cit.*, p.78. 1939년 융은 프랑스의 어떤 사람에게 보낸 편지에서 초월적 기능을 설명하는 가운데 그리스도에 대한 마귀의 시험과 파우스트의 사례를 들어 설명하고 있다.
"마귀의 시험이라고 사람들은 말하지만 무의식적 권력충동이 마귀와 그리스도의 형상으로 나타났다고 할 수 있습니다. …… 이 대극의 갈등 속에서 초월적 기능의 도움으로 '하늘의 왕국'이라는 상징이 나타납니다. 이 상징에서 둘은 하나가 됩니다. …… 상징은 의식적으로 선택하거나 창안될 수 없습니다. 그것은 일종의 직관 또는 계시입니다. …… 초월적 기능은 근본적·종교적 확신을 가지고 있지 않거나 가진 일이 없는 사람, 그래서 그들의 무의식에 직접 대면하는 사람에서 볼 수 있는데 그리스도가 바로 그 경우였습니다. 그는 그 시대의 전통종교와 자신의 민족에 대항하는 개혁자였습니다. 그래서 초월적 기능을 갖고 있었습니다. …… 괴테『파우스트』에서 초월적 기능의 자세한 묘사를 발견합니다. …… 파우스트는 마귀와 계약한 후 일련의 변환을 겪습니다. 그것은 상징적인 형상으로 묘사됩니다. 그런 묘사가 오직 괴테에게 가능했던 까닭은 그가 어떤 특정한 종교적 선입견도 갖고 있지 않았기 때문입니다. 그 또한 '교회 밖'<sup>extra ecclesiam</sup>에 있었던 것이죠."
C.G. Jung(1972), *Briefe*, Bd. 1, Walter Verlag, Olten, pp.336~339.

스-헬레나 신화의 필수적 특성이다. 파리스의 자리를 차지함으로써 파우스트는 그 신화에 들어갔으며 그것을 살아내야 했다."*

에딘저는 『파우스트』 제3막에서 헬레나가 파우스트의 성으로 옮겨 갈 때나 메넬라오스왕과 일대일 대결을 피하고 구질서와 황제를 도와 그로부터 토지소유권을 얻으려는 목적으로 치른 일종의 대리전쟁으로 그 전쟁은 진지하지도 심각하거나 치열하지도 않았으며, 전쟁이 갈등이라면 파우스트가 여기서 참여한 갈등은 '피투성이 갈등'이 아니라 '속임수 많은 갈등'이라고 주장한다. 그렇게 볼 수도 있다. '전쟁(모든 수준의 갈등)이 대극합일의 어쩔 수 없는 서곡이라는 말도, 전쟁을 상징으로 보는 한 틀린 말은 아니다. 사랑과 권력은 존재의 근본적 동기이며 정신 안의 끊임없는 전쟁에서 항상 화해의 제3의 길을 찾는다는 말도 수용할 수 있다. 다만 '전쟁'은 심각한 갈등의 상징일 수 있지만 밖에서 일어나는 실제 전쟁은 심리적 상징이 아니며 언제나 화해와 합일을 유도하지도 않아 오히려 분열을 격화할 가능성이 크다는 사실을 잊어서는 안 된다.

에딘저는 글자 그대로 전쟁은 집단정신에서 진행 중인 융합극의 외재화(투사)라고 했지만 전쟁은 투사가 아니라 현실이다. 너와 나의 목숨과 관련된 사건이다. 물론 개성화 상징론이 집단현상 속에 나타난다 할지라도 개성화는 오직 개체에 의해서만 이루어져야 하므로 대극간 갈등은 개인정신으로 돌아와야 하고 오직 그때라야만 화해의 상징이 출현한다는 말**은 전적으로 옳다. 우리는 한국전쟁이라는 엄청난 희생을 치렀는데도 화해의 상징을 얻지 못했다. 밖의 갈등을 개개인의 자기 내면에서 치열하게 맞이하여 고민하는 자세가 우리에게 아직

---

* E.F. Edinger, *op. cit.*, p.79; C.G. Jung, Mysterium Coniunctionis Appendix, Psychologial discussion of myth 재인용.
** E.F. Edinger, *op. cit.*, p.79.

부족한 때문이 아닐까? 에딘저는 융이 항상 주장해온 개인의 자각에 관한 말을 추가함으로써 자신의 생각을 뒷받침하고자 했다. 융은 이렇게 말했다.

"투사된 갈등이 치유되려면, 그것이 무의식적으로 시작된 개인의 정신으로 돌아와야 한다. 그는 그 자신과 더불어 최후의 만찬을 축성해야 하고, 자신의 살을 먹고 피를 마셔야 한다. 그 이유는 그가 자기 마음속 타인을 인지하고 받아들여야 하기 때문이다. 그러나 만약 그가 한 방향만 고집한다면 두 마리 사자 '대극'은 서로 갈기갈기 찢어버릴 것이다. 각자 자기 십자가를 지고 가야 한다는 그리스도의 가르침은 바로 이것이 아니겠는가? 만약 자신의 십자가를 짊어져야 한다면 다른 사람을 찢어버리는 일이 어떻게 그에게 가능하겠는가?"[*]

파우스트가 구름 속에서 옛사랑의 추억을 더듬는 장면에서 시작하여 우리는 파우스트의 근본 문제인 사랑과 권력의 대극갈등과 그 해결에 관한 분석심리학적 관점으로 깊이 들어섰다. 이제 우리는 다시 첫 장면으로 돌아가 메피스토와 나눈 대화에서 드러난 파우스트의 '권력에 대한 의지'를 살펴보자. 메피스토는 항상 그렇듯이 '현실'의 어두운 측면에 대한 경각심을 일깨운다. 그는 그들이 지금 밟고 있는 높은 산봉우리의 바위는 본래 지옥의 불길이 활활 타던 곳인데 유황가스가 축적되어 폭발하는 바람에 높은 산이 되었다고 설명한다.

**메피스토**　가장 낮은 것이 가장 높은 것으로 바뀔 수 있다는

---

* C.G. Jung, *Mysterium Coniunctionis*, G.W. 14-2, par.176; E.F. Edinger, *op. cit.*, pp.79~80 참조.

476

저 그럴듯한 학설도 여기서 기인하는 것입니다.*

이것은 화성론에 대한 야유라기보다는 일찍이 고대 철학자들이 지적한 보편적 진실을 인용한 것이라고 보는 것이 더 적절할 듯하다. 분석심리학에서도 경험상 자주 인용되는 말이다. 예를 들면 앞에서 이미 언급한 대로 정신의 우월기능이 지나치게 이용되어 열등기능(가장 낮은 기능)이 극도로 억압되면 열등기능에 에너지가 모여들어 급격한 대극의 반전, 정신적 에난티오드로미가 일어나 열등기능이 의식을 지배하는 결과가 빚어진다.

파우스트는 표면상 균형과 조화, 이성, 조화의 미를 대변하는 자로서 자연의 거친 생성과정보다 있는 그대로 아름다움을 즐기려 한다. 다음과 같은 말에 그의 자연관이 엿보인다.

> **파우스트** 거대한 산은 내게 의연히 침묵하고 있다.
> 나는 산이 어디로부터, 왜 생겨났는지 묻지 않겠다.
> ......
> 언덕들, 알맞게 경사지어 놓으니
> 부드러운 선을 그리며 골짜기로 흘러내린다.
> 거기 초목이 푸르게 자라니, 자신을 즐기기 위해.
>
> 자연은 미친 듯한 천재지변을 원치 않는다.**

인간에게 자연은 우리 몸, 우리 충동 혹은 심리학적으로 '무의식'을 포함한 인간의 본능이다. 위와 같은 말에 반영된 파우스트의 심리적·심미주의적 자연관은 일방적인 견해다. 그러므로 메피스토의 좀더 생

---

\* 괴테, 정서웅 옮김, 앞의 책, 292쪽 또한 각주 2).
\*\* 같은 책, 292쪽.

생한 증언과 가르침이 필요하다.

> **메피스토**  내가 저 아래에 있을 때, 아직도 심연이 부글거리며
> 부풀어 오르더니 불꽃의 강물을 이루었지요.
> 몰로흐의 쇠망치가 바위와 바위를 두들겨 패서
> 산의 파편들을 먼 곳으로 날려 보냈다오.
> 어느 누가 그것을 던진 힘을 설명할 수 있겠습니까?
> 철학자도 그것을 알 수 없어요.
> ……
> 충직하고 순박한 민중만이 그 사실을 이해하고,
> 자신의 생각에 방해를 받지 않아요.
> 그것은 기적이며, 악마의 업적이라는 걸
> 그들은 오래전에 슬기롭게 터득했단 말입니다.*

기독교의 의식세계에서 배척되고 무시된 이른바 '마귀'가 천지창조에서 한몫했다는 사실을 밝힌 것이다. 파우스트는 여전히 사물을 객관적·학문적으로 관찰하고자 한다. 그러나 '악마'에게 중요한 것은 학문적 연구가 아니다. 사실에 입각한 확신이다.

> **파우스트**  악마가 자연을 어떻게 관찰하는지,
> 그걸 알아보는 것도 가치 있는 일이겠지.
> **메피스토**  그건 내 알 바 아니오. 자연 같은 건 아무래도 좋아요.
> 중요한 점은—악마도 그때 한몫했다는 사실이죠!
> 우리는 큰일을 해낼 무리란 말이오.
> 소동, 폭력, 발광, 뭐든지!**

---

\* 괴테, 정서웅 옮김, 앞의 책, 293쪽.
\*\* 같은 책, 293~294쪽.

화제는 '이 세상에서 탐낼 만한 것'으로 옮아간다. 이 세상에서 마음에 드는 것이 하나도 없단 말인가 하는 메피스토의 다그침에 파우스트는 말한다. "아니 있었지! 굉장한 것이 내 마음을 끌었다네. 알아맞혀 보게나!" 메피스토가 알아맞히려고 시도한다. 대도시의 안락과 학식이 높은 시민, 존경받는 존재가 되는 것, 웅장한 환락의 궁정, 그 속에서 절세미인과 오순도순 사는 것 모두 파우스트의 현재의 바람이 아니다. 명성도 아니다.

> **파우스트** 이 지상에는 아직도
> 위대한 일을 할 여지가 남아 있어.
> 놀랄 만한 일을 해내야 해.
> 과감히 노력하고픈 힘이 느껴지네.
> **메피스토** 그렇다면 명성을 얻고 싶은 게로군요?
> ……
> **파우스트** 지배권을 획득하는 거다. 소유권도!
> 행위가 전부다. 명성은 허무한 것이다.*
> Herrschaft gewinn ich, Eigentum!
> Die Tat ist alles, nichts der Ruhm.**

인간이 무엇을 갈망하는지 악마가 알겠느냐 하는 핀잔을 주다가 결국 파우스트는 자기 포부를 다음과 같이 설명한다.

> **파우스트** 내 눈은 저 아득한 바다로 끌렸다네.
> 그것은 부풀어서 저절로 솟구쳐 올랐다가는
> 잠잠해지는가 싶더니 다시 파도를 퍼부어

---

\* 같은 곳.
\*\* Goethe, *Faust*, dtv, p.296.

넓고 평탄한 해변을 덮치는 걸세.
난 그게 못마땅하네. 오만한 마음이
정열에 들뜬 혈기를 못 이겨
온갖 권리를 존중하는 자유정신을
불쾌한 감정으로 바꿔놓은 것 같아서 말일세.
Und das verdroß mich, wie der Uebermut
Den freien Geist, der alle Rechte schätzt,
Durch leidenschaftlich aufgeregtes Blut
Ins Mißbehagen des Gefühls versetzt.*
우연이려니 생각하고 더욱 날카롭게 응시해보니,
파도는 멈췄다가 다시 구르면서
당당히 도달했던 목표에서 멀어져가는 거야.
시간이 되면 이 유희를 또 되풀이하는 거지.

**메피스토**　(관객을 향해)
그런 건 내게 전혀 새로운 일이 아닌데,
나는 이미 십만 년 전부터 알고 있는 사실인걸.**

## 파우스트의 야망-바다 간척-심리학적 상징성

파우스트의 사설들을 전체적으로 요약하면 파우스트는 바다를 제방으로 막아 땅을 넓히는 간척사업을 하고 싶어 한다는 이야기로 집약된다. 그러나 그 내용을 하나씩 살펴보면서 심리학적 상징으로 번역해보면 그 속에서 여러 가지 깊은 의미를 발견할 수 있다.

파우스트는 바다의 파도가 끊임없이 넓고 평탄한 해변에 내리치는 것이 못마땅하다고 했다.

---

　* 괴테, 정서웅 옮김, 앞의 책, 296쪽.
　** 같은 책, 297쪽.

그 이유가 매우 흥미롭다. '마치 오만한 마음이 정열에 들뜬 혈기에 못 이겨(혈기 때문에) 온갖 권리를 존중하는 자유정신을 불쾌한 감정으로 바꿔놓은 것 같아서' 그렇다는 것이다. 정열에 들뜬 혈기는 파도를 가리키는 것 같다. 오만한 마음은 누구 마음일까. 분명치 않지만 파우스트 자신의 오만이 아닐까. 오만한 마음이 열정적인 혈기 때문에 자유정신을 불쾌한 감정으로 바꿔버리는 데 기여한다. 그럼 자유정신은 누구의 정신인가. 분명 파우스트의 정신이다. 끊임없이 밀려오고 밀려가는 파도는 파우스트의 마음을 불편하게 한다. 바다는 분석심리학에서 말하는 무의식을, 파도는 무의식의 역동성을 표현한다. 그것은 격렬한 정감으로 나타난다. 자유정신을 그늘지게 한 열정적 혈기는 바로 파도로 대변된다. 유치진의 시에 이런 구절이 있다. "파도야 어쩌란 말이냐! 파도야, 어쩌란 말이냐!" 끊임없이 재촉하며 울부짖는 호소, 반복적·강박적으로 응답을 요구하는 무의식의 소리다. 파우스트의 다음 말은 파도에 대한 그의 관념, 즉 괴테의 의도가 좀더 구체적으로 보인다.

**파우스트** (열정적으로 말을 계속한다.)
　　　　 스스로 결실이 없는 파도는 그 비생산성을 퍼뜨리려
　　　　 사방팔방으로 접근해온다.
　　　　 부풀고 커지고 구르면서
　　　　 황량한 해안의 보기 싫은 지역을 뒤덮는다.
　　　　 연이은 파도는 힘에 넘쳐 그곳을 지배하지만,
　　　　 물러간 뒤엔 아무것도 이루어진 게 없다.

　　　　 그것이 날 불안케 하고 절망으로 이끌었도다!
　　　　 이 억제할 수 없는 원소들의 쓸모없는 힘이라니!
　　　　 그리하여 내 정신은 감히 나 자신을 뛰어넘어 날으
　　　　 련다.

여기서 나는 싸우고 싶다. 이것을 이겨내고 싶다!*

Zwecklose Kraft unbändiger Elemente!

Da wagt mein Geist, sich selber zu überfliegen:

Hier möcht ich kämpfen, dies möcht ich besiegen!**

‘스스로 결실이 없는 파도의 비생산성’, 파도가 ‘물러간 뒤에는 아무것도 이루어진 것이 없어서’ 그것이 자신을 불안케 하고 절망으로 이끌었다고 파우스트는 고백한다. 그는 또한 ‘이 참을 수 없는 원소들의 쓸모없는 힘’을 보고 크게 탄식한다. ‘생산성’은 무엇이며 ‘이루어진 것’이란 무엇인가. 현실주의적 견지에서 지상의 눈에 보이는 성과를 높이 평가하는 외향적 관점에서는 파도는 결실 없는 비생산성이며 부질없이 대지를 지배하는 쓸모없는 힘이다. 행동적 인간 파우스트에게는 인간의 의지와 손으로 만드는 지상의 산물이야말로 값진 것이다. 바다는 육지를 잠식하는 거대한 방해꾼에 불과하다. 파우스트는 지상에 인간을 위한 보금자리를 만들려는 인간의 의지와는 상관없이 태곳적부터 끊임없이 반복되어 밀려오고 밀려가는 파도의 리듬을 견딜 수 없다. 그것이 그의 싸우고자 하는 의지를 불태우게 했고 자신을 뛰어넘어 자기 의지를 시험하고자 하는 강한 충동을 일으킨다. 그리고 바다의 흐름을 제방으로 막고 육지를 넓히는 그런 시도가 가능하다고 확신한다.

### ‘바닷물을 막고 육지를 넓히는 것’의 상징적 의미

바닷물을 막고 육지를 넓히는 것은 실제로 자연에 대한 인간의 위대한 승리로 간주되어왔다. 제국주의자들은 약한 민족을 정복하여 영토 확장에 열을 올렸고 현재도 땅에 대한 욕심을 버리지 않고 있다.

---

* 같은 책, 297~298쪽.
** Goethe, *Faust*, dtv, pp.296~297.

그러나 이제 『파우스트』의 이 대목을 심리학적 용어로 번역해보자.

　앞에서 말한 대로 바다가 무의식이라면, 그리고 파도가 그 강렬한 표현의 한 형태라면, 이상의 이야기는 무의식이 의식을 향해 밀려드는 것에 대한 자아의식의 불안·공포를 나타낸다. 비합리적인 무의식의 내용이 의식으로 밀려올 때, 그래서 각종 불쾌한 상념이나 증상이 일어날 때 사람들은 불안해지고 그것들을 합리적 이성과 의지로 누르고 물리치려 한다. 혹은 무의식의 힘을 과소평가하거나 무시하든가, 적대시하여 '신화적인 것', 이른바 '미신적인 것'이라고 매도하며 의식에서 내쫓으려 한다. 물론 인격성장에서 합리적 정신은 분화·발전되어야 하고 의식의 발달과정에서 무의식적 충동이 억제 혹은 억압될 수밖에 없는 시기도 있다.

　인류 의식의 발전과정은 이른바 '무지'와 '마법'과 '신화적 사고'를 과학기술의 이름으로 물리친 성공사례처럼 보인다. 인간의식은 확대되고 강화되었다. 파우스트가 바다를 막고 육지를 확장했듯이. 그러나 인류는 인간 정신의 뿌리인 신화 세계의 무수한, 그리고 귀중한 상징세계로부터 유리될 위험에 처하게 되었다. 바다가 생명의 원천이며 무수한 생명이 헤엄치는 생명의 보고라는 사실을 파우스트는 전혀 고려하지 않았다.

　무의식은 창조의 샘이다. 파우스트는 바다의 풍요를 몰랐거나 간과하고 오직 땅을, 의식계를 확장하는 것만 생각했다. 이런 자세는 19세기 이래 동서 근대국가 건설의 보편적 추세가 되었다. 합리주의적 계몽주의자들 또는 유물론자들은 비합리적 세계, 인지할 수 없는 초월적 세계에 대한 인간의 그리움을 제거하기 위해 청소하고 소독하는 데 열을 올렸다. 마르크스는 "종교는 아편이다"라고 공언했고 프로이트는 무의식을 억압되고 용납될 수 없는 충동의 장으로 보아 그 자체의 자율적·창조적 기능을 보지 못했다. 기독교계에서는 신화제거운동이 일어났다 등등.

다른 한편 파우스트가 바다를 향해 그토록 깊은 한탄과 불안을 고백한 직접적 이유가 어디에 있을까 생각해보면, 그것은 파우스트 개인의 경험과 관련되리라 추정된다. 파우스트는 파도를 보며 유치진이 통영 앞바다 파도 앞에서 부르짖은 "파도야 어쩌란 말이냐!" 할 때의 심정을 느끼지 못했을 리가 없다고 나는 상상한다. 그만큼 파우스트의 말에는 강한 감정이 실려 있다. 파우스트는 두 번에 걸친 치열한 사랑을 경험했다. 그는 그때마다 거친 정동의 파도에 휘말렸다. 두 번 다 사랑의 결실로 아기를 얻었으나 첫 번째는 살해되고 두 번째는 어린 나이에 부모의 만류를 뿌리치고 하늘 높이 나는 바람에 불타죽었다. 결실이 없는 것이나 다름없다. 밀고 당기는 조수의 영원한 리듬, 그 운명적인 삶의 운행에 휘말린 쓰라린 사랑의 경험 앞에서 파우스트는 '오만한' 운명의 신에게 스스로 오만해져 과감히 도전하기로 결심한다. 인간의지(자아의식)의 힘을 보여주기 위해. 이러한 내 상상이 파우스트로 하여금 발언케 한 괴테의 의도와 어디서 마주칠지, 전혀 무관할지 나는 모른다. 노자의 '무'를 좋아하는 동양인으로서 파우스트는 좀 단순한 그리고 '인간적인, 너무나 인간적인' 존재로 보인다.

파우스트의 이러한 '원대한' 야망은 메피스토에 의해 구체화된다. 『파우스트』에서 '악마' 메피스토 없이 이루어지는 일은 아무것도 없다. 그런데도 악마는 뒤에 따돌림받고 파우스트는 구원된다고 하여 융을 분개시켰다. 악마의 계략으로 환락에 빠져 국정을 돌보지 않은 탓에 나라를 혼란에 빠뜨렸고, 반란군에게 쫓겨 궁지에 몰린 황제를 구해 바다에 잠긴 땅을 하사받는다는 것은 흥미롭다. 에로스의 노예가 되어 퇴행한 집단의식을 북돋워줌으로써 회복시키고 거기서 에너지를 빌려오는 심리적 과정을 연상하게 하기 때문이다. 융이 페르조나의 퇴행적 복원이라고 말한 것과 비슷한 상황이다.* 방탕하고 타락

---

* 페르조나의 퇴행적 복원에 대하여: C.G. Jung, *Die Beziehungen zwischen*

한 황제는 파우스트 자신의 무의식의 그림자를 대변한다고 할 수도 있다. 파우스트는 먼저 자신의 열등한 에로스를 직면하고 거기에 관심을 쏟아야 한다. 왜냐하면 그 '타락한 황제'가 토지를 가지고 있기 때문이다. '부패'putrefactio 속에 보물이 들어 있다. 그래서 분석심리학에서는 '그림자'를 무시하지 않고 의식화하는 작업의 중요성을 강조한다.

## 앞산 위에서

*북소리와 군악이 아래쪽에서 들려온다.*
*황제의 천막이 설치된다.*
*황제, 총사령관, 친위병들*

### 반란군에 쫓기는 타락한 황제를 돕는 법

메피스토는 무엇으로 궁지에 몰린 황제의 군대를 도와 승리로 이끌도록 하는가. 그의 장기인 '속임수'를 쓰는 것이다. 그는 이를 전략이라 하지만. 이 속임수는 일상적인 인간적 속임수와는 다르다. 신의 속임수이기 때문이다. 연금술사들이 중히 여긴 상상imaginatio의 극치를 동원하는 것이다. 그것은 바로 원형상들을 불러들여 합리적 태도를 혼란하게 만들거나 무력화하는 것이다. '전투'는 심리학적으로 갈등을 상징하고 대극 사이의 적대적 긴장을 무너뜨리는 데는 개인적 콤플렉스를 넘어선 좀더 크고 강력하며 원초적인 콤플렉스의 작용이 유익할 수 있다.

---

*dem Ich und dem Unbewußten*, Rascher Verlag, Zürich, 1963, pp.53~59; 칼 구스타프 융, 한국융연구원 옮김, 『인격과 전이』 기본저작집 제3권, 솔, 2004, 62쪽 이하 참조(페르조나의 퇴행적 복원).

메피스토는 먼저 '산악지대의 원시적 인간'을 참모로 삼았다. 그리고 온갖 놈팡이들 가운데서 정예들을 골랐다. 싸움꾼, 날치기, 뚝심장이의 이름을 한 그림자상들이었다. 이들은 '공격' '약탈' '지킴'의 기능을 수행한다. 파우스트가 황제를 돕기 위해 갑옷을 입고 나타나 황제를 위해 싸울 충직한 전사들을 소개한 부분은 특히 주목이 필요하다.

> **파우스트** 저희들이 나섰다고 책망하지 마시길 바라옵니다.
> ......
> 아시는 바와 같이 산악 사람들은 생각과 궁리가 깊고,
> 자연의 문자, 암석에 쓰인 문자에도 정통합니다.
> ......
> 그들은 미로와 같은 골짜기를 누비며 조용히
> 금속성의 향기 진동하는 가스 속에서 활동하고 있사
> 온데,
> 끊임없이 분석하고 시험하고 결합하면서
> 새로운 발명을 하는 게 유일한 욕망이랍니다.
> 영적인 힘을 지닌 조용한 손가락으로
> 투명한 형상들을 만들어내고,
> 수정체 같은 영원한 침묵의 결정 속에서
> 지상의 사건들을 살피고 있나이다.*

파우스트는 여기서 사비니 사람으로 황제에 충실한 예언자 무술사를 소개하면서 그가 오직 폐하를 위해 천문과 지리를 살피고 있었으며 자신을 보낸 것도 그였다면서 산의 힘의 위대함을 강조한다.

> **파우스트** 산의 힘은 위대합니다.

---

* 괴테, 정서웅 옮김, 앞의 책, 307~308쪽.

거기서 자연은 절대적 힘을 자유롭게 행사하는데,
그것을 아둔한 성직자들은 마술이라고 욕하지요.*

융은 괴테가 그의 시대에 백안시되던 연금술을 옹호하기 위해『파우스트』에서 슬쩍 자기 의견을 내놓았다고 했는데 이 대목이 아마 그하나의 예일 것이다. 전투는 엎치락뒤치락하는데 메피스토는 그림자나라의 수장답게 어둠의 나라 주민인 귀령$^{Geister}$들을 동원한다. 황제가 막다른 궁지에 몰리자 메피스토는 자연의 정령들을 동원해 환상의마력을 연출한다. 황제가 놀라자 파우스트가 그것은 디오스쿠렌 형제들의 반사광이며 황제를 위해 마지막 힘을 다하는 중이라고 설명한다. 황제도 자연이 우리를 위해 영험한 힘을 모아준다는 점을 확인하고 누구 덕택인지 궁금해한다. 자연의 비밀을 탐구하던 연금술사들의예시적 능력이 평가되고 자연의 모든 정령의 힘이 총칼로 무장한 군대보다 우월함을 보여준다.

황제의 군대가 수세에 몰렸을 때 메피스토의 전략은 특기할 만하다. 물의 환영을 불러와 실체와 가상을 떼어놓는 작업을 한 것이다.

**메피스토**  자, 검둥이 사촌들아, 급한 용무로다.
산중의 큰 호수로 가거라!
물의 요정 운디네에게 안부 전하고,
물의 환영을 좀 청해 오너라.
그들은 알기 어려운 여성의 비술로써
실체와 가상을 떼어놓을 줄 아느니라.
그런데 누구나 가상을 실체라고 믿는단 말이야.**

---

* 같은 책, 308~309쪽.
** 같은 책, 320쪽.

거센 물이 적을 쓸어내린다. 갈등을 치유하는 자가 다시금 여성성의 상징임을 분명히 하고 있다.

승리한 황제에게 대주교가 불안을 말하며 일종의 경고를 한다. 그것은 황제를 도운 '악마들'의 무리에 대한 염려에서 나온 행동이다. 그러나 황제는 그저 하나의 의견으로만 듣는 것 같다. 파우스트에게 땅을 하사한 것에 대해 이의를 제기했을 때, 그 땅은 아직 바다에 잠겨 있는데 뭘 그러느냐고 황당해한다. 당시 기독교계를 대변하던 대주교의 횡포를 다음 대화에서 발견한다.

> **대주교**  (다시 돌아와 깊이 머리를 숙이면서)
> 황공하옵니다. 폐하! 그 평판이 몹시 나쁜 사나이에게
> 이 나라 해안지대를 모두 하사하셨사온데, 뉘우치는 뜻으로
> 폐하께서 그 땅의 십분의 일세, 임대료, 헌납금, 수익세 등을 거둬
> 거룩한 교회에 바치지 않으면 그자는 파문당할 것이옵니다.
>
> **황제**  (불쾌하게 여기며) 그 땅은 아직 있지도 않아. 바닷속에 잠겨 있단 말이다.
>
> **대주교**  권리와 인내심을 가진 자에겐 언젠가 때가 오는 법입니다.
> 소신들은 폐하 말씀이 효력을 발생한 것으로 믿겠나이다!
>
> **황제**  (혼자서) 이러다간 머잖아 온 나라를 다 넘겨줘야겠군.*

---

* 같은 책, 336쪽.

# 제5막

## 제5막의 줄거리

이제 우리는 파우스트의 마지막 장면들에 도달했다. 제5막 '주위가 훤히 트인 고장'은 해변에서 작은 교회를 지키며 사는 선량하고 경건한 노부부의 등장으로 시작한다.

'궁전'은 바다를 성공적으로 막고 호화 궁성을 짓고 계속 개간지 확대를 독려하는 파우스트와 그의 유일한 고민거리, 그 노부부의 작은 교회를 철거하고 이주시키는 문제를 메피스토가 해결하기로 하는 데서 '깊은 밤'으로 넘어가 그 집을 철거하려다가 불이 나 노부부가 타죽게 되는 장면이 망루지기의 말로 묘사되고 파우스트는 짜증과 회한이 섞인 반응을 보인다. '한밤중'에서는 파우스트의 깊은 시름이 결핍, 죄악, 곤궁, 근심이라 부르는 여인들의 말로 대변된다. 이때 파우스트는 근심이라는 여인이 부는 입김에 눈이 먼다.

'궁전의 넓은 앞마당'에서 '매장'까지는 메피스토에 의해 그의 졸개들이 파우스트를 묻을 구덩이를 파고 메피스토는 파우스트가 숨을 거둘 때 빠져나갈 혼을 붙잡을 준비를 한다. 이때 하늘에서 천사 무리가 노래하며 사랑의 장미꽃을 뿌리자 메피스토와 그의 졸개 악마들이 위축되고 메피스토는 '심경의 변화'를 일으킨다. 귀여운 아이들에 대한 사랑의 감정이 일어난다. 그사이 파우스트 영혼은 천사들에 의해 하늘로 들어 올려진다.

마지막 장면 '심산유곡'을 배경으로 여러 종류의 교부, 죄지은 여인들, 외로운 아이들의 혼령들의 회개, 속죄 혹은 위로와 정화 그리고 화해 과정이 천사들의 노래와 함께 이루어지고 성모 마리아의 지고지순한 사랑의 은혜가 강조된다. 그리하여 파우스트는 신비의 합창으로 비극의 마지막을 마감한다. 우리의 심금을 울리는 저 마지막 대사와 함께.

"영원히 여성적인 것이 우리를 이끌어 올리도다."

융은 괴테가 파우스트의 혼을 구하기 위해 '악마' 메피스토펠레스를 값싼 속임수로 따돌리도록 한 것을 못마땅해했다. 또 무엇보다 파우스트가 경건한 노부부 필레몬과 바우치스를 죽게 만든 것에 분개했다.* 메피스토는 악마가 아니라 연금술의 메르쿠리우스에 가깝다고도 말했다. 이제 처음부터 차근차근 더듬어보자.

### 주위가 훤히 트인 고장

*나그네*

**나그네**  그렇다! 바로 저것이다. 잎이 짙은 보리수가
저기 억센 노목으로 서 있다.**

그 옛날 폭풍에 날뛰는 파도가 자신을 저 모래 언덕에 내던졌을 때 자기를 구해준 선량한 노부부의 오두막집에 당도한 나그네는 감회에 젖어 그 집 문을 두드린다. "아아! 정말 경건한 사람들이었어!" "오늘

---

*  아니엘라 야훼, 앞의 책, 17쪽.
**  괴테, 정서웅 옮김, 앞의 책, 339쪽.

도 다정히 손님을 맞으며 선행의 기쁨을 누리고 계시겠지요!" 이 말들
에서 노부부에 대한 애틋한 정을 느낄 수 있다. 비록 파도에 밀려 조
난당하기는 했으나 바다는 이 나그네에게 정복 대상이 아니라 경배
대상이다.

>  **나그네**   이제 다시 밖으로 나가
>         무한한 바다를 보게 해주세요.
>         무릎 꿇고 기도하게 해주세요.
>         너무나 가슴이 벅차오르는군요.*

그러나 바다는 이미 과거의 거친 바다가 아니었다. 필레몬은 마을
과 사람이 들어찬 '천국의 정원 같은' 육지와 '세력권이 축소된' 바다
를 가리키며 '기적의 현장'을 보여준다. 크게 못마땅한 내색은 드러내
지 않는다. 다만 "영주님이 바다의 세력권을 좁혀놓고는 그 대신 자
기가 주인이 되려고 한다"는 말에서 약간 비판적인 어조가 감지될 뿐
이다. 그러나 뒤이은 필레몬과 바우치스의 '기적'에 관한 설명에는 이
간척사업의 비인간성이 역력히 나타난다.

>  **바우치스**   낮에는 궁노들이 괭이와 삽을 들고
>         뚝딱뚝딱 공연히 소란만 피우는데
>         밤이 되면 작은 불꽃들이 떼 지어 우글대지만,
>         다음 날엔 벌써 둑이 하나 되어 있더란 말예요.
>         사람 제물을 바쳐 피를 흘린 게 틀림없어요.
>         밤이면 고통에 찬 울부짖음이 들렸거든요.
>         활활 타는 불꽃이 바다 쪽으로 흘러들면,

---

* 같은 책, 340~341쪽.

아침엔 버젓이 운하가 생겨나는 거예요.*

『삼국유사』에 보면 '귀교'(도깨비 다리)에 관한 전설이 있다. 도깨비 떼를 시켜 하룻밤 사이에 뚝딱 다리를 만든 이야기다.** 도깨비는 그런 비상한 힘을 지녔다. 근대 산업화의 길목에서 우리는 인간이 비상한 속도로 제방을 쌓고 해안을 봉쇄하고 간척지를 만들고 고속도로를 건설하고 아파트를 짓는 '한강의 기적'을 경험했다. 인간 속에는 초인적인 힘이 숨어 있어서 그것이 발휘될 통로가 열리면 능히 '기적'을 이룰 수 있는 것이다. 위의 말 가운데 밤에 불꽃이 우글댄다든가 활활 타는 불꽃이 흘러들면 아침에 버젓이 운하가 되어 있다는 말들은 모두 파우스트의 공사에 동원된 메피스토의 부하 귀령들의 능력과 그들에 의한 인명 희생을 암시하는 것이다.***

그(파우스트)는 '신도 두렵지 않은 양'—스스로 신과 비슷하다고 착각하여, 즉 팽창상태에 빠져서—"우리의 오두막과 숲까지 탐내고 있다"고 바우치스가 말하자 필레몬은 그래도 훌륭한 토지로 배상한다고 했다고 한다. 바우치스는 결연히 강조한다.

> **바우치스**   매립지 따위를 믿어선 안 돼요.
> 정든 이 언덕을 고집해야 해요!****

---

* 괴테, 정서웅 옮김, 앞의 책, 343쪽.
** 일연, 이병도 옮김, 「도화녀와 비형랑 이야기」, 『삼국유사』, 동국문화사, 1962, 116~117쪽(도깨비를 시켜 다리(귀교)를 놓다) 참조.
*** 슈타이거는 당시 벨기에 해안 일대를 휩쓸어 800명을 희생시킨 쓰나미를 계기로 괴테가 기술한 『기상학 시론』에서 4대(수, 화, 토, 금)원소란 상궤를 벗어난 폭력적 위력을 가진 것으로 대지를 점유해온 인간이 영원히 싸워나가야 하는 거대한 적이라고 한 말을 소개해 파우스트의 해안 간척 장면이 등장한 배경을 설명했다. E. Staiger, *op. cit.*, p.365. 그렇다고 괴테가 파우스트의 처사를 지지했다고 보기는 어렵다.
**** 괴테, 정서웅 옮김, 앞의 책, 343쪽.

이와 같이 폭력이 아닌 자연의 순수성, 역사성, 영성을 존중하는 내향적 마음이 외부적 성과에 집착하는 유물주의적 독재 권력에 의해 어떤 운명을 맞이하게 되는지 애석하게도 역사는 무수히 반복해서 알려주지만 그것은 현대에 이르기까지 그침이 없다.

필레몬은 앞으로 일어날 일에 대해 아무것도 모른 채 교회의 종을 울리고 기도하러 가자고 나그네에게 권한다.

> **필레몬** 자, 우리 예배당 쪽으로 가서
> 마지막 햇빛을 바라봅시다!
> 종을 울리고 무릎 꿇어 기도하면서
> 예부터의 신에 의지합시다!*

## 궁 전

> *넓은 유원지, 똑바로 뚫린 커다란 운하,*
> *아주 늙은 파우스트, 생각에 잠겨 거닐고 있다.*

### 필레몬과 바우치스

망루지기 린코이스는 해가 지자 항구로 들어오는 마지막 배 한 척의 도착을 알리며 말한다.

> **린코이스** 튼튼한 돛대는 만반의 준비를 갖추고 있구나.
> 행운이 반겨주는 이 귀한 순간에
> 그 배를 탄 사공은 축복을 받으리라.

---

\* 같은 곳.

이때 종소리가 모래언덕에서 울려나온다. 모래언덕에서 종이 울리자 파우스트는 깜짝 놀란다. 파우스트는 절규한다.

> **파우스트** 저주스러운 종소리로다! 음흉한 화살처럼
> 너무나 심한 상처를 주는구나.
> 눈앞의 내 영토는 무한히 넓은데,
> 등 뒤에선 불쾌감이 나를 우롱하고,
> 시샘하는 종소리가 이런 생각을 불러일으킨다.
> 내 훌륭한 영토도 완전치가 못하다.
> 저 보리수 언덕, 갈색 오두막,
> 무너져가는 교회당도 내 것이 아니다.
> 그곳에서 쉬고자 해도
> 낯선 그림자들 때문에 오싹 소름이 끼친다.
> 저것은 눈엣가시요, 발바닥의 가시로다.
> 오오, 여기서 멀리 떠났으면 좋겠다!*

독재자는 모든 것을 소유해야 하고 완전을 추구한다. 종소리는 '음흉한 화살' 같고 '시샘하는' 소리 같다고 했다. '눈앞의 영토'는 무한히 넓은데 '등 뒤'에선 불쾌감이 우롱한다고 한다. 종소리는 분명 파우스트 가슴을 찌르듯 괴로운 무엇(콤플렉스)을 상기시킨다. 그것은 '등 뒤', 즉 보이지 않는 무의식의 세계에서 짓누르듯 압박해오는 세력들이 눈에 보이는 전면의 넓은 의식세계를 위협하는 기운들이다. 그것들은 파우스트에게 그가 자랑하는 업적이 '완전하지 못함'을 일깨워준다. 모든 것은 자기 발아래 있고 자기 것이어야 하는데 그렇지 못하다. 내 것이 아니며 내 것이 되기를 허용치 않은 것, 아무리 작은 것일지라도 그것은 '눈엣가시'요 '발바닥의 가시'다. 매우 작으나 찌르는

---

* 괴테, 정서웅 옮김, 앞의 책, 344~345쪽.

듯한 괴로움을 주는 것이 우리 무의식 속에 있다.

쓸데없다고 생각하고 하찮은 것임을 알지만 통제할 수 없이 엄습하는 강박적 사고, 어떤 사람 이름만 들어도 마음이 불편하고 분노가 치밀어와 무엇이라 부정적 감정이 섞인 어투로 비난하지 않고는 못 배기는 대상, 이념 또는 알 수 없는 마음의 응어리. 우리가 가지고 있으면서 인식하지 못하는 무의식의 요소들을 융은 콤플렉스라 했다. 그 가운데서 분석심리학은 자아의식이 발전하는 가운데 '좋지 않은 것'이라 하여 무의식으로 억압한 콤플렉스들이 있는데 이것을 무의식의 열등한 인격 혹은 '그림자'라 한다.

언덕 위의 교회, 오막살이집, 경건한 노부부 그리고 보리수나무와 종소리로 구성된 이미지, 파우스트에게 그토록 적개심과 혐오감을 불러일으킨 이 이미지(심상心像)는 파우스트 의식에서 오랫동안 억눌리고 무시되어온 '종교적 심성'을 대변한다. 종소리는 파우스트의 무의식의 종교적 콤플렉스를 의식으로 불러들이려 한다. 파우스트는 합리적 이성으로—자연과학적 정신으로—의식의 확장(간척사업)에 힘써왔으나 이성 너머에 있는 신성(누미노줌)에 대한 경건한 '종교적'^religio 자세를 무시함으로써 거의 정신적 해리상태에 이르렀다. 파우스트는 안에 있는 자기의 종교적 그림자를 밖으로 투사한다. 투사는 사실 자신의 그림자를 인식할 수 있는 절호의 기회. 투사됨으로써—그로 말미암은 부정적 감정의 소용돌이에 휘말림으로써 그는 밖으로 나간 자신의 반쪽을 되돌려올 수 있다. 투사에는 그런 긍정적인 목적이 있다. 불행히도 대부분 사람은 무의식의 그림자가 의식에 포함되기를 간절히 원하고 있음을 모른다. 사실 파우스트는 작은 교회와 종루와 보리수가 있는 노부부의 언덕을 싫어하면서도 내심 그리워하지 않나 하는 생각도 든다.

**파우스트** 그곳에서 쉬고자 해도
낯선 그림자들 때문에 오싹 소름이 끼친다.

파우스트는 그 낯선 그림자fremden Schatten에 대한 두려움 때문에 그 세계 가까이 가지 못하고 그것이 눈앞에서 사라지기만 바란다. 종교적 경건성은 파우스트 마음을 소름끼치게 할 정도로 의식에 대해 적대적 존재가 되어버렸다. 파우스트에게는 그것이 무엇인지 이해하고 통합할 마음의 여유가 전혀 없다. 그도 그럴 것이 그의 이 작은 종교적 신앙의 동산에 대한 선망 또는 그리움이란 신들에 대한 경건한 마음이 아니라 자신의 엄청난 업적을 멀리까지 '바라볼 수 있기 위한' 것이고 자기가 차지하고 싶어 하는 몇 그루 나무 또한 그 그늘을 즐기기 위함이 아니라 거기에 발판을 만들어 '내가 이룬 모든 것' '넓은 복지의 땅을 마련해준 인간정신의 걸작품을 한눈에 들여다보고 싶기' 때문이다.

경건한 기도 분위기를 조성하는 '종소리와 보리수 향기'는 죽음의 음산한 분위기처럼 그에게 다가온다. 파우스트는 그 자그마한 언덕 위에 결합된 삼상心像이 강력한 의지의 선택을 산산조각 낼 만큼 강력하다고 호소한다. 종소리는 일차적으로 악귀들을 물리치고 마음을 정화해서 인간이 신격과 만날 수 있게 하는 목적을 가지고 있다. 그런데 파우스트는 마치 마귀가 된 양 종소리에 괴로워하며 울부짖는다.

> **파우스트**  저 종소리와 보리수 향기
> 교회와 지하무덤 속인 양 나를 휩싸는구나.
> 더없이 강력한 의지의 자유선택도
> 이 모래에 부딪히면 산산이 부서진다.
> 어찌하면 마음속에서 몰아낼 수 있으랴!
> 저 종소리 울리면 화가 치밀어오는구나.(미쳐 날뛸 것
> 만 같구나.)*
> Des Glöckchens Klang, der Linden Duft

---

* 같은 책, 349쪽.

Umfängt mich wie in Kirche und Gruft.

Des allgewaltigen Willens Kür

Bricht sich an diesem Sande hier

Wie schaff ich mir es vom Gemüte?

Das Glöcklein läutet, und ich wüte.*


That linden-scent, that chapel-chime

Haunt me like some grim funeral-time.

My will, my sovereign command

is broken on that mound of sand!

How shall I cure my mental hell

That rages at that little bell!**


아침 섞인 메피스토의 맞장구 또한 주목이 필요하다. 그는 '저런 종소리라면 어느 누구나 어떤 고귀한 귓전에도 불쾌하게 들릴 것'이라 한다. 왜 불쾌하게 울릴까? 교회가 인생사의 모든 일, 탄생에서 죽음에 이르기까지 '끼어들어' 인생이란 마치 딩, 댕, 동 사이에서 한바탕 허전한 꿈이란 듯이 하기 때문이라고 한다.***(Als wäre zwischen Bim und Baum/Das Leben ein verschollner Traum.) 그 소리는 명랑한 저녁하늘을 안개로 감싸버린다는 메피스토의 말에 교회의 독단적·획일적 판단과 태도가 삶의 활기와 자유의 가치를 무시하고 또한 현세적 삶의 의지와 노력, 그 성과를 헛된 것으로 돌려놓음으로써 현실부정의 태도를 조장한다는 당시 기독교 교회에 대한 비판이 들어 있다.

파우스트가 그토록 길길이 뛸 정도로 격렬한 반응을 일으켰다면 모

---

  * Goethe, *Faust*, dtv, p.326.
 ** D. Luke(transl.), *op. cit.*, p.210.
*** 괴테, 정서웅 옮김, 앞의 책, 349쪽.

래언덕 위의 '작은 교회와 종소리' 콤플렉스는 파우스트에게 매우 중요한 의미가 있는 것임이 틀림없다. 어떤 대상 혹은 이념에 대한 강렬한 혐오감, 적대감, 불안, 공포 등 극도의 형언하기 힘든 정동情動, emotion반응이 일어날 때, 그 대상에 대한 정동적 집착이 좀처럼 해소될 수 없을 때, 언제나 그곳에선 자신의 무의식의 투사projection가 일어난다. 파우스트는 그것을 그의 완벽주의적 목표에 어긋나는 것으로 보고 제거해야만 속이 시원할 것 같다.

그러나 그는 착각하고 있다. 그 불안의 씨앗이 자기 안에 있다는 것을 모른다. 그래서 밖에 보이는 '장애물'만 없애면 모든 것이 해결된다고 생각한다. 대개 장애물을 제거하는 작업은 그 경우 독재자 자신의 손으로 실행되지 않는다. 그는 고개를 끄덕이거나 짜증을 낼 뿐이다. 하수인은 독재자 내면의 살의를 실행하는 또 하나의 그림자, 저 구석에 깊이 숨겨둔 검디검은 그림자다. 이들은 인정사정 보지 않는다. 목적을 성취하는 것 이외에 다른 고려가 있을 수 없다.

일은 생각보다 과격하게 진행되었고 철거작업에서 사람이 죽게 된다. 일이 잘못되었다고 보고되고, 누가 내쫓으라 했지 죽이라 했느냐고 화를 내는 장면이 있지만 이것은 다 그런 일에서 일상적으로 반복되는 행태다. 우리나라 근대화 개발 사업 중 일어난 '판잣집 철거작업'의 원초적 유형이다. 괴테는 200년 뒤 극동아시아의 작은 나라에서 일어날 일을 미리 제시했다. 그가 그 이전과 그 이후 유구한 시간 되풀이될 원형적 행동유형, 집단적 무의식의 상징을 묘사했기 때문이다.

파우스트는 참으로 순진한 사회개혁가, 복지주의자였다. 그 오랜 종교적 전통과 신앙심을 보존하고 키워온 작은 모래언덕을 말살해버린 목적이 그의 말대로 "노인들을 몰아내고 보리수 그늘을 내 자리로 삼아 사면을 둘러보도록 나뭇가지 위에 발판을 만들고 멀리까지 시야가 터지게 해서 내가 이룬 모든 것을 바라보겠다"*는 것이다. 파우스트는 불타버린 언덕을 바라보며 "그곳에 곧 전망대를 세워 한없이 먼 곳까지 볼 수 있게 하겠노라"* 하니 그의 밖으로 향한 관심이 얼마나 일방적인지 알 수 있다. 파우스트를 그토록 괴롭힌 언덕에서 울리던 종소리는 그의 내면의 무의식에서 울려온 경고음이었다.

파우스트는 그 소리의 불쾌감을 받아들이고 불쾌감을 일으키는 무의식의 콤플렉스가 무엇인지 살펴보아야 했다. 그는 바깥 조망을 넓히는 데만 힘쓸 게 아니라 시선을 안으로 돌려 내면의 마음, 즉 무의식을 들여다보아야 했다.

파우스트와 달리 똑같이 '먼 곳을 볼 줄 아는' 망루지기 린코이스는 그래도 파우스트의 긍정적 그림자에 해당하는 인간적·낙천적·정서적 측면을 보여준다. 그는 지상에서 일어난 비극적 사건을 본 대로 서술함으로써 노부부의 언덕 나무와 오막살이와 종루가 어떻게 불타버렸는지를 증언한다. 말이 끝나자 오직 휴식, 그 뒤 들리는 노랫소리.

언제나 내 눈에 정다웠던
수백 년 묵은 나무들이 사라졌구나.**

모래언덕이 선량한 노부부와 함께 불타버린 뒤 파우스트의 마음은 편하지 않았다. 근심과 결핍, 죄의식, 곤궁, 죽음의 여신들이 찾아온다. 죽음의 언저리에서 비로소 주체성에 대한 파우스트의 회의와 고민이 그의 말 가운데 서려 있다.

---

\* 같은 책, 348~349쪽.
\* 같은 책, 353쪽.
\*\* 같은 책, 351~353쪽.

# 한밤중

*회색의 네 여인이 등장한다.*


**첫째 여인**  내 이름은 결핍이에요.

**둘째 여인**  나는 죄악이라고 해요.

**셋째 여인**  내 이름은 근심이에요.

**넷째 여인**  나는 곤궁이라고 하고요

**셋이 함께**  문이 닫혀서 들어갈 수 없군요.

   안에는 부자가 살고 있어서 들어가기 싫네요.

**근심**  언니들은 들어갈 수도 없고, 들어가서도 안 돼요.

   근심인 나는 열쇠구멍으로 살짝 들어가지만요.(사라

   진다)

**셋(결핍, 곤궁, 근심)이 함께**

   구름이 흘러오자 별들이 사라졌어요!

   저기 저 뒤 멀고 먼 곳에서

   그가 와요. 오빠가 와요.―죽음 말예요.

**파우스트**  (궁정 안에서)

   넷이 오는 걸 보았는데 셋만 가는구나.

   ……

   뒤따르는 음울한 운자韻字는―죽음이었다!

   그것은 공허하고 유령처럼 둔중하게 울렸다.

   아직도 나는 자유의 경지까지 나아가지 못했다.

   내 가는 길에서 주술을 완전히 제거하고

   주문 따위를 완전히 잊을 수 있다면,

   자연이여, 내가 한 남자로 홀로 그대 앞에 마주설 수

   있다면

인간이 되려는 노력에 보람이 있으련만!

무엄한 말로 나와 세계를 저주하고
어둠 속에서 마법을 찾기 전까지 나도 그랬다.

"내 가는 길에서 주술을 완전히 제거하고" 이후 말에서 슈타이거는
파우스트가 죽음에 임해서 '자기 본래의 것이 아닌' 마법이나 메피스
토로부터 독립하고자 하는 의지를 표현한 것이라고 본다.* 그러나 다
음 구절에서 보듯이 파우스트는 밤의 세력들, 즉 무의식의 원형적·자
율적 콤플렉스들의 습격에 시달리는 자신을 한탄한다.

**파우스트**  이제 공중에 저런 요귀들 가득하니,
　　　　어떻게 그것에서 벗어날지 알 길이 없구나.
　　　　비록 낮은 우리에게 밝은 이성의 웃음을 던져주지만,
　　　　밤은 우리를 악몽의 그물 속에 옭아 넣는다.
　　　　싱싱한 초원에서 즐거운 마음으로 돌아오면,
　　　　새가 운다. 뭐라고 울지? 재앙이라고 운다.
　　　　밤낮 미신에 얽매여 농락당하다umgarnt 보니
　　　　수상쩍은 것이 나온다. 영이 나타나 경고한다.
　　　　*Es eignet sich, es zeigt sich an, es warnt!***
　　　　이렇게 우리는 겁에 질린 채 홀로 서 있는 것이다.
　　　　문이 삐걱거렸는데 아무도 들어오지 않는군.
　　　　(몸을 떨면서)
　　　　게 누구 왔느냐?***

---

\* E. Staiger, *op. cit.*, pp.375~376.

\*\* Goethe, *Faust*, dtv, p.331.

\*\*\* 괴테, 정서웅 옮김, 앞의 책, 356~357쪽.

한때 이성의 밝은 빛 속에서 온갖 비합리적인 귀신, 도깨비 같은 마술적 세계 따위는 여지없이 제거하고 '자유로운 인간'으로 당당하게 자연의 대자로 맞서서 자신을 주장하는 존재가 되고자 했고 또 거의 그렇게 되었다고 자부하기까지 한 파우스트. 그러나 이제는 마음의 어두운 구석, 무의식—'마법의 세계'—으로부터 온갖 비합리적인 상념, 감정, 충동 등이 물밀듯 올라와 정신이 혼미해질 지경에 이른다. '낮의 밝은 이성의 미소' 뒤에 '밤의 악몽'이 존재함을 알게 된 이후부터 파우스트는 의지와 의식 확장의 정점에서 눈엣가시가 된 '경건한 종교적 심성'—필레몬과 바우치스로 대변되는—을 무자비하게 말살한 뒤 급전직하 나락에 떨어지고 만다. 아니 그동안 무의식에서 억압된 채 눌려 있던 콤플렉스들이 원형적 에너지의 강력한 힘으로 파우스트의 자아의식을 밀고 올라온 것이다. 수상쩍은 것이 나오고 영이 나타나 경고하는 경험을 한다. 이러한 무의식의 습격은 임상적으로 정신병 초기 상태와 비슷하다. 환자의 의식세계는 무의식의 많은 원형적·자율적 콤플렉스에 지리멸렬이 될 직전에 있다. 그 콤플렉스들은 문을 두드리고 들어온 근심의 다음과 같은 말처럼 나타난다.

> **근심**  내 목소리, 귀에는 들리지 않아도
> 마음속엔 쟁쟁히 울릴 거예요.
> 온갖 형상으로 바뀌면서
> 나는 무서운 힘을 발휘한답니다.
> 오솔길에서나 파도 위에서나
> 영원히 불안한 길동무지요.
> 찾지 않아도 항상 나타나
> 저주를 받지만 아첨도 받는답니다.*

---

* 같은 책, 357쪽.

파우스트는 아직 찾아온 근심을 받아들이지 않고 저항한다.

> **파우스트**　나는 오로지 세상을 줄달음쳐 왔을 뿐이다.
> 　　　　　온갖 쾌락의 머리채를 붙잡았지만
> 　　　　　흡족하지 않은 것은 놓아버리고,
> 　　　　　빠져나가는 것은 내버려두었다.
> 　　　　　나는 오직　갈망했고 또한 오직 그것을 성취했다.
> 　　　　　Ich habe nur begehrt und nur vollbracht.
> 　　　　　또한 소망을 품고 기운차게
> 　　　　　평생을 질주해왔다.*

　　갈망과 성취 그리고 힘, '욕구충족'이 그의 삶 중심에 있었다. "처음엔 원대하고 힘차게, 지금은 현명하고 사려 깊게 해나간다"는 말은 자기자랑처럼 들린다. 파우스트가 어디서 현명했던가? 파우스트의 다음 구절이 매우 인상적이다.

> **파우스트**　지상의 일은 낱낱이 알고 있지만,
> 　　　　　천상을 향한 전망은 끊어져버렸다.
> 　　　　　눈을 끔뻑거리며 하늘을 향해
> 　　　　　구름 속 자신을 꿈꾸는 자는 바보로다!
> 　　　　　이곳에 굳건히 서서 주위를 둘러볼 일이다.
> 　　　　　유능한 자에게 이 세상은 침묵하지 않으리라.
> 　　　　　무엇 때문에 영원 속을 헤맬 필요가 있을까!
> 　　　　　인식한 것은 손아귀에 잡을 수 있는 법,
> 　　　　　이렇게 지상의 나날을 보내는 게 좋으리라.
> 　　　　　귀령들이 날뛰어도 내 갈 길만 가면 된다.

---

*　같은 책, 357~358쪽.

어떤 순간에도 만족을 모르는 자,

그가 나아가는 길에 고통도 행복도 함께 있겠지!*

괴테는 여기서 파우스트라는 인물 속에 철저한 권력지향적 현실주의자, 현세적 쾌락주의자, 무신론자, 외향적 효용주의자, 합리지상주의자의 면모를 부각했다. 근심의 힘은 그러나 계속 파우스트를 압박하고 파우스트는 근심을 내쫓으려 한다. 그러나 근심이 말한다.

**근심**　저주의 말과 함께 재빨리

당신을 떠날 때 내 위력을 알 거요!

인간이란 한평생 앞을 보지 못하니,

파우스트, 당신도 이제 장님이 되세요!

근심은 파우스트에게 입김을 내뿜고 파우스트는 눈이 먼다. 이것은 심리학적으로 매우 중요한 의미가 있다. 앞에서도 지적한 것처럼 밖으로만 향하는 파우스트의 시선을 내면의 마음으로 돌리게 하려는 목적이 있다. 눈이 먼 파우스트도 '밤이 점점 깊어가는 것 같은 느낌이지만 마음속엔 밝은 빛이 빛난다'고 하는 점에서 장님이 되는 것의 긍정적 의미를 암시하고 있다. 그러나 불행히도 그가 본 것은 무의식의 여러 원형적 형상이 아니라 의식에서 기획했던 사업의 추진을 독려하는 것들이었다.

**파우스트**　내가 대담히 계획했던 일, 멋지게 이루어다오.

연장을 잡아라. 삽과 괭이를 놀려라!

맡은 일은 반드시 해치워야 한다.

엄격한 규칙대로 열심히 일하면

＊ 같은 책, 358; Goethe, *Faust*, dtv, pp.331~332.

비할 데 없이 좋은 보수를 받으리라.
이 위대한 일을 완성하는 데는
수천의 손 부리는 하나의 정신으로 족하리라.*

나는 이런 말에서 엄격하게 규칙을 지키고 지도자 뜻에 따라 일사불란하게 협동하며 열심히 일하는 게르만족의 근면함을 느낀다.

에딘저가 메피스토와 그의 세 부하가 바우치스와 필레몬을 결과적으로 불타죽게 만든 장면과 뒤이어 파우스트에게 나타난 회색의 네 여인 장면에서 '이중의 4위성'을 보고 융이 말하는 '자기'의 배치constellation를 발견한 것은 분석심리학적 견지에서 타당한 소견이었다. 파우스트의 명령을 받은 메피스토는 부하인 세 거인을 거느리고 간다(1+3). 이 세 거인이 4막 전쟁장면에 등장하는 메피스토의 세 용사인** 싸움꾼, 날치기, 뚝심장이와 어떤 관계가 있는지는 불명확하다. 정서웅의 주석에 따르면 이들은 구약성서에 나오는 다윗의 세 용사를 모방해 창작된 인물들로 비유적 존재라고 한다.*** 여기 제시된 4위성은 괴테의 무의식에서 자연스럽게 나온 것일 수도 있으나 이미 로젠크로이츠Christian Rosenkreuz의 연금술을 포함한 옛 문헌에 존재하는 자기원형 상징의 영향으로 균형의 미를 사랑하는 괴테가 선택한 것이라고 볼 수도 있다.

어떻든 메피스토의 세 부하 거인은 파우스트의 가장 어두운 그림자다. 한밤중에 파우스트를 찾아온 회색 여인은 첫째 결핍, 둘째 죄책Shuld, 셋째 근심Sorge, 넷째 곤궁이라는 이름을 가지고 있는데 결핍, 죄책, 곤궁 세 여인은 방으로 들어오지 않고 근심이 셋을 대표해

---

  * 괴테, 정서웅 옮김, 앞의 책, 360쪽.
 ** 같은 책, 302~303쪽.
*** 같은 책, 302쪽.

서(3+1) 열쇠구멍으로 파우스트가 있는 방으로 들어간다. 이 회색 여인들은 앞에서도 언급했듯이 파우스트의 무의식에서 올라온 아니마의 여러 어두운 측면이다. 근심은 다른 것을 대표해 파우스트에게 다가가지만 파우스트는 끝내 그녀를 인정하고 받아들이지 못한다. 결국 파우스트는 근심의 입김으로 장님이 되는데 그래도 그는 그 의미를 알지 못한다.

"파우스트는 끝까지 영웅적 자세를 유지해 자신과 분열된 채 있다." "만약 근심-아니마를 파우스트가 수용했더라면 그는 죄책감과 후회의 느낌을 인지하고 정신적 해리를 치유하고 삶의 구원을 얻게 되었을 것"*이라고 한 에딘저 말에 나는 전적으로 공감한다. 이 점이 또한 융이 『파우스트』에서 크게 개탄한 부분이기도 하다. 그는 "파우스트가 초인적 권력에 눈이 먼 강박적 충동 속에서 필레몬과 바우치스를 죽인 것"을 개탄했을 뿐 아니라 사후에 파우스트 혼을 구원하면서 메피스토를 속이고 따돌린 것에 분노했다.

파우스트는 에딘저가 제시한 4위四位 두 개로 상징된 전체정신인 '자기'의 요구 중 가장 중요한 세 여인을 대변한 '근심'을 받아들이지 않음으로써 죽은 뒤에야 구원될 수 있었다. 그러나 파우스트는 '그런 사람'이었다. 일방적인 행동적 인간, 그 때문에 인간복지를 위해 지대한 '공헌'을 한 '영웅'이라고 할 수도 있다. 그러나 그는 신들(누미노제)과 살아 있는 유대를 파괴하고 심각한 죄책감의 부담을 떠안은 현대인을 대변한다고 말한다. 융이 바로 그렇게 파우스트의 잘못을 자신 속에서 발견하고 그의 탑 입구에 속죄의 비문을 새긴 사실은 잘 알려져 있다.**

---

 * E.F. Edinger, *op. cit.*, p.83.
 ** C.G. Jung, *Briefe*, Bd. 1, p.385.

## 궁전의 넓은 앞마당

### 횃불들

횃불 밝힌 밤, 메피스토가 해골귀신 레무르들을 독려하면서 파우스트가 죽었을 때를 대비해 구덩이를 판다. 눈먼 파우스트는 인부들이 삽질하는 소리를 자기를 위해 바닷가에 제방을 쌓아 올리는 소리로 착각하고 흐뭇해한다. 감독관(메피스토)을 불러 인부를 더 많이 긁어 모으고 "쾌락으로 격려하고 엄하게 벌주며, 돈을 뿌려 달래고 쥐어짜기도 하며" 수로가 얼마나 길어졌는지 자기에게 보고하라고 한다. 메피스토가 수로가 아니고 무덤을 파는 중이라고 속삭여도 못 알아듣는다. 파우스트는 '마지막이자 최대의 공사'를 마무리할 것을 당부한다.

### 늪

**파우스트**  저 산줄기에 늪이 하나 있어
　　　　　　이미 개간한 땅에 독기를 뿜고 있다.
　　　　　　그 썩은 웅덩이의 물을 빼는 것이
　　　　　　마지막이자 최대 공사가 되리라.

교회가 있는 언덕 말고 해결해야 할 그림자 문제가 또 하나 있었던 것이다.

심리학적 용어로 말하면 대지를 오염시키는 부패한 것이란 의식의 '순수성'(도덕적, 합리성)을 위협하는 알 수 없는(무의식의) 비합리적인 어떤 것이 될 것이다. 합리주의적 태도와 규범화된 도덕적 결벽주의가 우세한 시대와 세계에서는 이 가치체계에 어긋나는 모든 것은 '악'이며 부패, 부정, 청산해야 할 병폐다. 파우스트는 사회개혁자답게 지금 그 '독소'의 에너지를 빼서 무력화하라고 하는 것이다. 그러나 늪은 생명이 태어나는 곳이고 아름다운 연꽃은 썩은 웅덩이에서 꽃을 피운다. 순진한 합리주의적 이상주의자는 '부패' 속에 들어 있는 생명력을 보지 못한다. 무의식의 이러한 창조성, 그림자가 지닌 잠재력을 몰랐던 프로이트는 어느 날 젊은 융에게 말했다. "친애하는 융, 성性학설을 결코 포기하지 않는다고 약속해주게. …… 우리는 이것으로 도그마를 만들어야 하네. 흔들리지 않는 방파제를 말일세." 융이 놀라서 묻는다. "방파제라니요. 무엇에 대항해서 말입니까?" 프로이트는 "검은 …… 흙탕물 홍수에 대항해서"라고 대답하면서 잠깐 주저하더니 "심령술의 홍수"라고 덧붙였다고 한다.* 그가 19세기 계몽주의의 기수였으며 그의 이론이 합리적 논법으로 이루어졌고 정신의 창조성을 무의식보다 의식에 둔 점을 생각한다면, 프로이트는 늪의 물을 경계하는 파우스트와 닮은 데가 있다. 인간무의식을 연구한 융은 '악'이라고 부르는 것이 대부분 제거되어야 할 것이 아니라 통합해서 활용할 수 있는 것임을 발견했다.

### 파우스트의 소망과 죽음

파우스트가 자연의 비합리적 폭력에 대항해 구축한 것은 일찍이 합리주의의 순진한 신봉자인 이상적 공산주의자들이 꿈꾸던 '지상천국'이다. 파우스트는 자기가 죽어서 묻힐 무덤을 파는 줄 모르는 채 계속 자기가 해온 일의 보람과 희망을 역설한다.

> **파우스트**   저 산줄기에 늪이 하나 있어
> 이미 개간한 땅에 독기를 뿜고 있다.
> 그 썩은 웅덩이의 물을 빼는 것이
> 마지막이자 최대 공사가 되리라.
> 이로써 수백만에게 땅을 마련해주는 것이다.

---

\* 아니엘라 야훼, 앞의 책, 193쪽.

안전치는 않더라도 자유롭게 일하며
살 수 있으리.
들이 푸르고 비옥하니, 인간과 가축들은
새로운 땅에 곧 정이 들 것이오.
…… 밖에선 성난 파도가 제방을 때린다 해도
여기 안쪽은 천국 같은 땅이 될 거야.
파도가 세차게 밀려와 제방을 갉아먹는다 해도
협동하는 마음, 급히 구멍을 막아버릴 게다.
그렇다! 이 뜻을 위해 나는 모든 걸 바치겠다.
지혜의 마지막 결론은 이렇다.
자유도 생명도 날마다 싸워서 얻는 자만이
그것을 누릴 자격이 있는 것이다. ……
나는 이러한 군중을 지켜보며,
자유로운 땅에서 자유로운 백성과 살고 싶다.
그러면 순간을 향해 이렇게 말해도 좋으리라.
"멈추어라, 너 정말 아름답구나!"
내가 세상에 남겨놓은 흔적은
영원히 사라지지 않을 것이다. ─
이같이 드높은 행복을 예감하면서
지금 최고의 순간을 맛보고 있노라.

Solch ein Gewimmel möcht ich sehn,

Auf freiem Grund mit freiem Volke stehn!

Zum Augenblicke dürft ich sagen:

〈Verweile doch, du bist so schön!〉

Es kann die Spur von meinen Erdetagen\*

Nicht in Äonen untergehn.-

---

\* 괴테, 정서웅 옮김, 앞의 책, 363~364쪽; Goethe, *Faust*, dtv, p.335.

파우스트는 뒤로 쓰러져 죽고 레무르<sup>Lemuren</sup>(사령)들이 그를 붙잡아 땅에 뉜다.

파우스트의 무시할 수 없는 긍정적 성격이 표현된 대목이다. 그는 반드시 교조주의자나 획일적 독단주의자는 아닌 듯하다. "자유와 생명은 날마다 싸워서 얻는 자만이 그것을 누릴 자격이 있다"고 하는 자다. 전체주의자는 그런 말을 하지 않는다. "자유로운 땅에서 자유로운 백성과 살고 싶다." 이 또한 독재자의 말일 수 없다. 파우스트가 인부들을 닦달해서 개척할 때, 방금 전까지 그의 전제군주 같은 명령과는 다른 주장이다.

자유를 위해 싸운다는 것이 자유를 누리기 위한 독재라는 궤변을 정당화하는 말인가? 그런데 대체 무엇을 위한 자유인가? 무엇의 자유를 말하는가? 의식의 무제한의 자유를 말하는가? 그래서 자연은 저 경건한 노부부를 포함해서 말살되어야 하는 것인가? 천상을 향한 전망을 끊어버리고 '대지에 굳건히 서서' '대지의 나날을 보내지' 무엇 때문에 영원 속을 헤맬 필요가 있느냐고 외친다. 이제 죽음에 임박해서 그는 자신의 삶을 확신을 가지고 변호한다. 나는 여기서 자유를 위해 싸우며 자유로운 인간으로 살고자 하는 서구 근대의 인간상을 본다. 자연을 정복하고 물질적으로 풍요한 지상낙원을 꿈꾸는 서구의 사회복지주의, 인도주의의 이상을 본다. "내가 세상에 남겨놓은 흔적은 영원히 사라지지 않을 것이다"라고 선언한 파우스트에 대해 괴테는 메피스토의 입을 빌려 무엇을 말했던가?

> **메피스토**  어떤 쾌락과 행복에도 만족하지 못하고,
> 변화무쌍한 형상들만 줄곧 찾아 헤매더니
> 최후의 하찮고 허망한 순간을
> 이 가련한 자는 붙잡으려 하는구나.

메피스토는 파우스트가 만족을 모르고 끊임없이 갈구하고, 사랑 행각 또한 '변화무쌍한 형상들만 찾아 헤맨 것이며, 마지막 희망도 하찮고 허망한 최후의 집착일 뿐'이라고 보는 듯하다.

"자유로운 땅에서 자유로운 백성과 살고 싶다. …… 내가 세상에 남겨놓은 흔적은 영원히 사라지지 않을 것이다." 죽기 전에 한 파우스트의 말에서 에딘저는 "드디어 화해의 상징이 출현한다"고 했다. 그것은 '사랑과 권력이라는 대극을 융합하는 상징'이라는 것이다. 다시 말해 "인류애Love of humanity와 원초적 무의식에 대한 전쟁war against the primordial unconscious이 그 이미지(자유로운 땅에서 자유로운 백성과 함께) 속에서 결합된다." 파우스트의 그 마지막 말(자유로운 땅에서……)은 의식 창조의 이미지an image of the creation of consciousness이며 사랑과 권력이라는 대극의 융합에서 나온 산물이다. 즉, 인류애와 융합된 원초적 정신primordial Psyche과의 대결이며 니체의 아모르 파티amor fati(운명 감수)와도 비길 수 있는 것이라고 한다.

파우스트는 이 대목에서 그의 최고의 순간을 그것을 아직은 구체적으로 경험하지 않은 채 '예감'한다. 이 꾀Trick를 부림으로써 그는 메피스토와의 내기에서 빠져나온다. 그러나 더 깊은 수준에서 그는 구원되었다. 왜냐하면 '현자의 돌'을 만나는 데 성공했기 때문이다. 이 사실은 그의 다음과 같은 말에서 드러난다. "내가 세상에 남겨놓은 흔적은 영원히 사라지지 않을 것이다." 글자 그대로 세월의 경과에도 사라지지 않는 지상의 나날의 '흔적', 시간의 모래에 남긴 지워지지 않는 발자취다. 이것은 부패하지 않는 몸'incorruptible body', 개별적인 자아가 객체적 정신에 남기는 영원한 침전과 관계된다.*

에딘저는 파우스트의 '이 영원히 지워지지 않는 지상의 나날의 흔적을 융이 임사체험처럼 경험한', 모든 것이 다 떨어져나가도 최후에

---

* E.F. Edinger, *op. cit.*, p.86.

남아 있는 '내가 그것이었고 내가 이룩한 것의 묶음'<sup>bundle*</sup>과 같은 것으로 비교하고 있다. 나는 에딘저의 '착상'에 경탄하면서도 그가 너무 일방적으로 파우스트의 '의식' 편을 들고 있다는 느낌을 지울 수 없었다. 파우스트가 자유로운 땅에서 자유로운 백성과 살고 싶다고 하는 데서 사랑과 권력의 대극융합의 상징인 화해의 상징이 출현했다고 했는데 과연 그런가?

파우스트가 사랑과 권력이라는 대극의 갈등을 겪어온 것은 사실이고 바다의 격랑과 싸워 제방을 쌓고 육지(의식)를 확장하는 작업을 '원초적 무의식에 대한 전쟁'이라 할 수 있다. 그의 일방적인 '의식의 확대작업' 때문에 누미노제에 대한 경건한 마음(필레몬과 바우치스)이 살해되었는데 무엇을 위한 인류애이며 어디서 우리는 영원히 남을 만한 파우스트의 발자취를 볼 것인가? 과연 파우스트가 연금술의 최고 물질, '썩지 않는 돌'을 만드는 데 성공했던가? 파우스트가 자기 삶의 궤적이 영원히 남을 것이라고 주장(혹은 희망)했다고 해서 그것이 그가 '현자의 돌'을 성공적으로 만들었다는 증거가 될 수는 없다. 파우스트의 삶과 업적에 대한 괴테의 평가는 메피스토의 평가와 함께 보아야 하고 파우스트 자신의 소망만으로 판단할 수 없다.

어떻든 괴테는 파우스트에 관한 다른 이야기에서 파우스트를 지옥에 빠뜨린 것과 달리 파우스트의 영혼을 메피스토를 벗어나 하늘로 들어 올려지도록 했지만 그것을 두고 파우스트가 '불멸의 돌'을 창조했다고 할 수 있을까. 또한 그러한 결말에 융이 불만을 품은 것은 당연하다.

파우스트의 마지막 말은 나름대로 사랑과 권력의 대극을 초월하려는 의식적·무의식적 시도였다. 그러나 파우스트가 '사랑과 권력'이라는 대극 간의 치열한 갈등 속에 과감하게 몸을 던졌다고 하기는 어렵다. 또한 그가 필레몬과 바우치스의 죽음과 모래언덕의 말소에 관한

---

* 아니엘라 야훼, 앞의 책, 365쪽.

책임을 의식적으로 통감하고 깊이 참회했다고 할 수 없다. 그러므로 그의 대극 '화해의 상징'은 무의식의 초월적 기능에 따른 것이라기보다 개척자로서 그의 의식의 연장선상에서 머물렀다고 나는 생각한다.

파우스트가 쓰러진 뒤 메피스토는 계속 말을 이어갔다. 그 속에 그의 철학이 들어 있다.

**메피스토**　시계는 멈추었다.

**합창**　멈추었다! 한밤중인 양 조용하구나.

　　　시계바늘이 떨어진다.

**메피스토**　바늘은 떨어지고 일은 다 끝났다.

　　　Er fällt! es ist vollbracht.

**합창**　지나가버렸다!

　　　Es ist vorbei.

**메피스토**　지나가버렸다니! 어리석은 소리.

　　　어째서 지나갔다는 거냐?

　　　지나갔다는 것과 없다는 것은 완전히 같은 것이다!

　　　영원한 창조란 도대체 무엇이냐!

　　　창조된 것은 무 속으로 휩쓸려가게 마련이다!

　　　'지나가버렸다!'—여기에 무슨 뜻이 있지?

　　　그야말로 없었던 것과 마찬가지 아닐까.

　　　그런데도 마치 무엇이 있었던 양 뱅뱅 맴돌고 있다.

　　　나는 오히려 영원한 허무를 좋아했단 말이다.

　　　Vorbei! ein dummes Wort. Warum vorbei?

　　　Vorbei und reines Nicht: vollkommnes Einerlei!

　　　Was soll uns denn das ewige Schaffen?

　　　Geschaffenes zu Nichts hinwegzuraffen?

　　　"Da ists vorbei!" Was ist daran zu lesen?

Es ist so gut , als wäre es nicht gewesen,

Und treibt sich doch im Kreis, als wenn es wäre!

Ich liebte mir dafür das Ewigleere.*

얼핏 보면 괴테의 메피스토가 노자의 무無, 불가의 공空을 알고 있지 않았나 의심하게 된다. 그러나 그의 무는 노자의 무가 아니다. 일체의 창조의 영속성을 거부하는 '영원한 허무' 그 자체를 말하는 것이다.

"일은 다 끝났다"Es ist vollbracht(완결되었다)고 메피스토가 선언했을 때 합창이 재빨리 "지나갔다"Es ist vorbei고 했다. 그때 메피스토는 왜 그토록 길길이 날뛰며 항변했을까? 이에 대해 슈타이거는 이렇게 말한다. "메피스토는 '지나갔다'는 말을 이 땅 위에 발자취도 남기지 않고 사라지는 것은 없다는 의미로 들었다. 지나간 것은 과거의 것으로 계속 존재한다. 메피스토는 이에 저항하는 것이다. 아무것도 존재하지 않는 것이라야 승복할 수 있는 것이다.** 메피스토는 그 자신이 이미 주장했듯 창조의 영속성을 거부하는, 철저하게 '부정否定하는 자'다. 기독교적 영원성과 극단적으로 대립되는 허무의 극이다. 그런데 파우스트는 뭐라고 하는가? "내가 세상에 남겨놓은 흔적은 영원히 사라지지 않을 것이다"라고 한다. 그것은 자유를 사랑하며 민주주의를 신봉한다고 보아도 좋은 파우스트가 죽음 앞에서 토로한 마지막 바람이었다. 삶과 죽음의 대결, 영원(혹은 영속성)을 바라는 인간의 마음과 이를 거부하는 절대적 허무, 그것은 우리에게 주어진 영원한 물음이다.

---

* 괴테, 정서웅 옮김, 앞의 책, 364~365쪽; Goethe, *Faust*, dtv, p.336.
** E. Staiger, *op. cit.*, p.388.

## 다시 '순간'에 대하여

"시계가 멈추고 바늘이 떨어진다"느니 파우스트의 저 유명한 말, "순간을 향해 '멈추어라, 너 참 아름답구나'"라는 말은 모두 『파우스트』 제1부 서재 장면에서 파우스트가 메피스토와 계약할 때 스스로 자신에게 다짐한 계약조건의 하나였다. 한 번 다루었던 주제다. 메피스토가 자기 재주를 즐겁게 보여주겠다, 계약을 하자고 제안했을 때 파우스트는 회의 섞인 말투로 다음과 같이 응답했다.

> **파우스트**  내가 순간을 향해
> 멈추어라! 너 정말 아름답구나!라고 말한다면
> 그땐 자네가 날 결박해도 좋다.
> 나는 기꺼이 파멸의 길을 걷겠다!*

'순간을 향해 멈추어라! 너 참 아름답구나!'라는 말의 뜻은 파우스트가 그 전후에 한 말로 어느 정도 추정된다. 파우스트는 끊임없이 노력하고 행동하는 인간으로서 무엇보다 세속적 쾌락과 게으름을 철저히 배격한다.

> **파우스트**  나 한가로이 침상에나 누워 뒹군다면
> 당장 파멸해도 좋다.**

또한 그는 '관능과 쾌락에 농락당한다면 그것은 내게 최후의 날이 될 것'이라고도 했다.

'순간' 이하의 말은 그 뒤 파우스트가 메피스토에게 한 말과 관계가

---

* 괴테, 정서웅 옮김, 앞의 책, 95쪽 각주 참조.
** 같은 책, 95쪽.

있다. "내가 어느 순간에 집착하는 즉시 네 종이 되는 거다."*

감각적 아름다움 때문에 순간에 고착해버리는 것은 그가 바라는 인간상이 아니었다. 슈타이거는 파우스트가 제4막에서 '로코코 세대풍 영주'로 만들어주겠다는 메피스토의 유혹에 호응하지 않았다고 말한다.** "반대로 지금 그는 미래의 입주자들을 높이 평가한다. 왜냐하면 그들에게는 이 시대의 너무도 규격화된 지상에서 태고의 인간의 근원 행위를, 즉 4대大의 폭력적 위력과 싸우고, 물物을 창조해내는 행위를 다시 인수할 힘이 부여되어 있기 때문이다."*** 슈타이거의 말은 다음과 같이 이어진다.

> "이것은 정신과 기술로 의식적으로 행해진 자연에 대한 회귀다.
> 루소에서 그 단서가 주어졌고 괴테 시대의 위대한 사상, 즉 세계
> 시민적 관점에서 본 보편사회의 이념이라는 칸트의 꿈이나 세계
> 사의 제3단계에서는 인류에 그의 본성에 갖추어진 힘과 이성의
> 힘과 합일을 구하는 실러의 희망, 이 모두가 파우스트의 비전 속
> 에 실현되는 것이다. 바로 그렇기 때문에 파우스트는 마음 깊이
> 만족하여 그렇게 말할 수 있는 것이다. '나는 이 순간을 향해 말
> 해도 좋다.'"****

슈타이거에 따르면 괴테는 "나는 이 순간에 대하여"의 초고를 고치고 덧붙이고 했는데 "이 순간을 향해 말해도 좋다"를 접속법으로 '말해도 좋을 것이다'로 고치고 내가 이 세상에 남긴 것은, 발자국은 영원히 지워질 수 없다는 말 뒤에 "그런 높은 행복을 예감하여 나는 지

---

* 같은 책, 96쪽.
** E. Staiger, *op. cit.*, p.384 및 각주.
*** *Ibid.*, p.384.
**** *Ibid.*, p.385.

금 최고의 순간을 맛보는 것이다"를 덧붙였다. 그러나 이것은 중요한 일이 아니라고 그는 말한다. 내기 결과에는 변함이 없다. 파우스트가 제1부 서재의 장에서 격하게 저항한 '순간'은 영원이라고 부를 만한 고귀하고 순수한 순간이 아니라고 슈타이거는 말한다. "휴식과 활동의 지속이 하나의 개념에 수렴되어 있는 '단계'가 아니다. 그것은 무딘 게으름의 현재, 영원한 생성에 참여하지 않는 현재였다. 이런 순간을 저주한다는 것은 쉼 없이 활동하는 창조주의 모상인 파우스트에게 어울린다."*

파우스트의 특징이 그러하다고 하더라도 쉼 없이 활동하는 창조주도 쉬는 때가 있었다. 그러니 '무딘 게으름'의 순간도 사실 영원한 생성과정에서 없어서는 안 될 일부가 아니겠는가 생각해본다.


## 매장


### 장미와 메피스토의 변모

메피스토는 파우스트의 시체를 놓고 그의 영혼을 압류하기 위해 그것이 신체에서 나오기를 기다리며 감시한다. 악마들을 불러내 지옥의 아가리를 가지고 오게 한다. 메피스토는 악마들에게 명한다. 몸의 구석구석을 살펴 '인광처럼 반짝이는' 혼을 붙잡으라고 한다.

이때 오른쪽 하늘에서 '영광의 빛'이 비치고 천사들의 노래가 들린다. 하늘이 보낸 이들은 죄지은 자를 용서하고 티끌이 된 이를 살리고자 내려왔음을 알린다. 메피스토는 빛을 싫어해서 이들을 참지 못한다. 그래서 더욱 경계를 강화한다. 이들을 '경건한 척하는 놈들'이라 매도하고 심지어 진정한 악마라고 한다. 이때 악마 메피스토로부터 파우스트의 넋을 구출하기 위한 하늘의 사자들의 '작전'이 시작된

---

* *Ibid.*, p.386.

다. 천사들의 첫 번째 공격수단은 사랑의 상징인 장미꽃이다. 천사들은 꽃을 뿌리면서 노래한다.

**천사들의 합창** (장미꽃을 뿌리며)
눈부시게 빛나면서
그윽한 향기 보내는 장미여!
나폴나폴 춤추면서
남몰래 생기를 주는 꽃이여.
……
서둘러 꽃을 피워라.

봄이여, 싹터라.
보랏빛 초록색으로!
편안히 쉬는 자에게
낙원을 가져오라.*

악마들은 위축된다. 메피스토가 악마들을 질타하며 풀무귀신으로 하여금 바람이 불게 하자 장미들이 녹아 시들어버리지만 지나치게 강한 바람에 그것이 나중에는 독기 어린 밝은 불꽃이 되어 악마들을 습격한다. 메피스토가 개탄한다. 메피스토펠레스는 "저것들에 대항하여 함께 뭉쳐라!" 하지만 힘이 빠지고 용기가 사라진다. '마귀들이 색다른 아첨의 불길에 홀린 모양'Die Teufel wittern fremde Schmeichelglut**이라 한다.***

---

  * 괴테, 정서웅 옮김, 앞의 책, 369~370쪽.
 ** Goethe, *Faust*, dtv, p.339.
*** 괴테, 정서웅 옮김, 앞의 책, 371쪽.

꽃잎들과 불꽃이 '사랑을 전파하고 기쁨을 퍼뜨린다'고 천사들은
노래한다. 사랑이야말로 어두운 생각과 절망과 부정적 사고를 불식하
는 묘약이다. 메피스토는 거세게 저항한다. 날아오는 장미꽃을 이리
저리 피하며 메피스토가 외친다.

> **메피스토**  도깨비불아, 꺼져라! 네놈이 제아무리 빛을 발해도
> 움켜쥐면, 구역질나는 아교 덩어리밖에 더 되느냐.
> 왜 나풀대는 거냐? 썩 물러가지 못할까!
> 이것이 역청과 유황처럼 내 목에 달라붙는구나.*

천사들은 다시금 사랑을 강조한다.

> **천사들의 합창** 사랑만이 사랑하는 사람을
> 천국으로 인도하지요!**

마침내 메피스토는 불에 타기 시작한다. 머리, 심장, 간장이 불에
탄다. 지옥의 불보다 더 매섭다고 고백한다. 사랑의 불은 메피스토를
파멸시키는 것이 아니라 변화시킨다. 정염情炎의 불로 메피스토의 정
신을 이상하게 만든다. 이 냉소적인 악마에게도 적에 대한 적대감정
이 사랑과 애착의 감정으로 변화되는 것과 같은 조짐이 생기기 시작
한다.

그 상대는 아기천사들이었다. 메피스토의 아기천사들에 대한 그리
움과 애착은 점점 노골화되어 관능적인 색채를 띠며 나중에는 악마
적인 음탕한 욕구를 나타낸다. 아기천사들은 애교를 피우며 메피스토
주위를 빙빙 돈다. "너희는 우리를 저주받은 악령이라 비난하지만 너

---

* 같은 곳.
** 같은 책, 372쪽.

희야말로 진짜 마법사"라 하고 "이게 바로 사랑의 원소$^{Liebeselement}$라는 것이다" 하는 메피스토의 절규가 흥미롭다. 그사이에 파우스트의 영혼이 하늘로 들어 올려졌으므로 이를 두고 메피스토를 속임수로 따돌렸다고 말하는 것 같다. 메피스토도 이 사실을 시인한다. '철부지 아이들이 느닷없이 나타나 내 노획물을 가지고 하늘로 달아났음'을 알고 '담보로 잡아두었던 그 고귀한 영혼을 놈들이 교활하게 채가고 말았다'고 한탄한다.

> **메피스토**   나잇살이나 먹은 내가 감쪽같이 속다니
> 자업자득이지만 너무나 기분이 나쁘다.
> ……
> 천박한 욕정과 가당찮은 연정이
> 노회한 악마에게도 일어날 줄이야.*

천사들의 합창에서 우리는 사랑의 불꽃들이 궁극적으로 '만물이 하나 되게 함'을 지향한다는 것을 알게 된다. 즉, 악을 제거하는 것이 아니라 하나 되게 변화시킨다는 뜻이 엿보인다.

> **천사들의 합창**   너희 사랑의 불꽃$^{Liebende Flammen}$들아,
> 밝은 곳으로 향하자!
> 자신을 벌주는 자
> 진리가 구원해주리니
> 그들은 즐거이
> 악에서 풀려나
> 만물이 하나 되어
> 축복을 받으리라.

---

* 같은 책, 376쪽.

Um in dem Allverein Selig zu sein.

메피스토는 욥처럼 자신의 온몸이 불에 데어 부르튼 것을 보고 소름이 끼칠 정도로 놀란다. 악마가 신의 가혹한 시련에 괴로워하는 경건한 욥과 동일시된다. 그러나 그는 욥과 달리 사랑의 불길을 보낸 천사들을 저주한다.

> **메피스토**  내가 어떻게 된 거지? ─욥처럼 온몸이 부르터서
> 내가 봐도 소름이 끼친다.
> 하지만 그 자신을 철저히 들여다보고
> 자신과 혈통을 신뢰한다면 승리의 만세를 부르리라.
> 악마의 고귀한 부분이 구원되었으나
> 사랑의 유령은 살갗을 스친다.
> 가증스러운 불길은 다 타버렸으니
> 마땅히 나는 너희 모두를 저주하노라
>
> Und triumphiert zugleich, wenn er sich ganz durchschaut,
> Wenn er auch sich und seinen Stamm vertraut:
> Gerettet sind die edlen Teufelsteile,
> Der Liebespuk, er wirft sich auf die Haut!
> Schon Ausgebrannt sind die verruchten Flammes,
> Und wie es sich gehört, fluch ich euch allzusammen!*

---

\*  같은 책, 374쪽; Goethe, *Faust*, dtv, p.342 번역을 일부 보완함. 괴테, 박환덕 옮김, 『파우스트 하』, 범우사, 2003, 250쪽 참조.
앞쪽 '천사들의 합창' '메피스토'의 대사에 대하여 여러 번역서를 참고해 저자 나름대로 정리했다. 괴테, 정서웅 옮김, 앞의 책, 374~375쪽; 괴테, 정경석 옮김, 앞의 책, 587쪽; 괴테, 박환덕 옮김, 앞의 책, 251쪽; D. Luke(transl.), *op. cit.*, p.230 참조.

번역을 정리해보니 어느 정도 의미가 통하는 것 같지만 괴테(혹은 괴테의 무의식)가 무엇을 말하는지, 내 상상이 맞는지는 장담할 수 없다. '피부의 종창'(양)은 메피스토를 크게 놀라게 했는데 이 현상을 상징적으로 확충하면 신체 표면의 이변과 고통, 분석심리학적으로는 페르조나의 심각한 손상을 의미한다. '악마'의 체면이 말이 아니게 손상되었음을 가리킨다. 이것을 극복해내려면 그러한 자신(혹은 종양으로 덮인 몸 전체)을 깊이 투시해 살려야 한다고 말하는 것이다. 그럴 때 마귀, 원형적 그림자들의 긍정적 요소가 해방된다. 괴테가 악마의 고귀한 부분*을 인정하고 구원 가능성을 시사했다는 것은 흥미롭고 주목할 일이다.

다만 '사랑의 유령'Liebespuk은 무의식의 자율적 콤플렉스처럼 혹은 게릴라처럼 의식을 공격하여 상처를 남겼고 그 때문에 원한과 저주는 풀 길이 없다. 무의식에서 올라오는 사랑의 신호, 에로스의 상징들은 자아의식의 변화와 대극의 합일을 촉구하며 그런 목적을 가졌지만 자아가 그것을 위험시하고 적대시하여 받아들이지 않을 뿐 아니라 배척한다면 그것은 정염情炎의 불길이 되어 의식에 화상火傷을 입힐 수밖에 없다. 자신과 자신의 혈족(혈통)을 신뢰함으로써, 즉 '악'이 끝까지 '악'의 근원에 충실하면 악의 일부분은 에로스의 불길을 벗어날 수 있다는 뜻일지도 모른다. 그러나 에로스의 문제는 아직 전부 해결되지 않았다. 메피스토는 아직도 저항한다. 대두된 에로스의 문제는 충분히 다루지 못했고 미해결인 채 남아 있음에 대한 유감을 괴테는 메피스토를 통해 말하는 것이다.

천사들은 변함없이 복을 가져다주는 성스러운 불길Heilige Gluten의 영향력을 강조하며 하나가 되자고 강조한다.

---

* 괴테, 박환덕 옮김, 앞의 책, 251쪽. '악마세계의 귀인한 사람.' 괴테, 정경석 옮김, 앞의 책, 587쪽; 데이비드 루크D. Luke(transl.), *op. cit.*, p.230에서는 'My noble devil-parts'라 번역했는데 이것이 가장 자연스럽고 원문에 일치된 번역이라고 여겨진다. 괴테, 전영애 옮김, 앞의 책, 857쪽.

**천사들의 합창** 성스러운 불길이여!

너희에게 휩싸이는 자,

선인들과 함께 살면서

스스로 복됨을 느끼리라.

모두가 하나로 합쳐

일어나 찬양하자!

대기가 밝아졌으니

영혼이여, 호흡하라!*

천사들은 파우스트의 불멸의 영혼을 인도하며 하늘로 오른다. 그제야 메피스토는 속은 줄 알고 크게 개탄한다. 장면은 '심산유곡'으로 바뀐다.

결과적으로 메피스토는 속았고 아기천사는 그를 속이고 파우스트의 혼을 빼돌려 하늘로 들어 올렸지만 여기서 주목할 것은 제아무리 악독하고 교활한 악마라 할지라도 사랑의 장미의 세례 앞에서는 변화될 수밖에 없고 아기천사의 자태에 끌리게 된다는 사실이다. 다음 장면에서 하늘로 간 젊은 천사들은 그 당시를 회상하며 그들이 어떻게 악마를 괴롭혔는지 설명한다.

**젊은 천사들** 사랑에 넘치는 성스러운 속죄 여인들,

그 손에서 얻은 장미꽃들이

우리의 승리를 도와주었지요.

……

꽃을 뿌리자 악인들은 물러가고

꽃으로 내려치자 악마들은 달아났어요.

---

* 괴테, 정서웅 옮김, 앞의 책, 375쪽.

장미꽃은 사랑과 속죄 여인들의 손에서 얻은 것이다. 사랑과 속죄의 꽃이었던 것이다. 꽃은 자기원형상, 즉 전일의 정신을 상징한다. 자기원형은 분열된 정신을 통일하게 하는 힘을 가진 것이므로 치유의 상징이기도 하다. 그러므로 죽은 사람을 살려내는 여러 가지 꽃 이야기가 있다. 파괴와 죽음의 사자, 악마들이 꽃의 공격에 도망쳤다는 것은 당연한 일이다. 그런데 달아난 것이 극도의 고통 때문이었다는 것이 중요하다.

> **젊은 천사들** 몸에 밴 지옥의 형벌 대신
> 악령들은 사랑의 고통을 느꼈던 거지요.
> 그 늙은 악마의 두목까지도
> 쓰라린 고통에 만신창이가 되었답니다.
> 만세를 부릅시다. 성공입니다.*

물론 여기서 장미의 영향력은 지속되지 못했지만 그 변화의 힘은 결코 작은 것이 아니었다. 장미는 유럽문화에서 가장 고귀한 꽃으로 알려져 있다. 그것은 우주의 꽃으로 아시아의 연꽃에 견줄 만하다. 아름다움의 여신, 아프로디테(비너스)에 봉헌되었고 이집트 여신, 이시스와 오시리스의 순수한 사랑을 상징한다. 중세유럽 기독교문화에서 붉은 장미는 성처녀, 성모 마리아의 거룩한 사랑을 비롯해 많은 성녀의 표징이 되어왔고 또한 고대 그리스신화의 아도니스, 초기 기독교시대에는 그리스도의 피를 상징해 죽음과 부활의 상징이었다. 붉은 장미가 대변하는 열정, 사랑, 행복, 기쁨, 아름다움은 단지 세속적인 사랑이 아니라 모든 것을 포용하는 사랑이기에 장미는 또한 전체성, 즉 자기 상징이다.

중세교회의 '장미의 창'은 원과 수레 이미지로 '전체정신'을 나타내

---

* 같은 책, 381쪽.

연금술에서는 작업의 전 단계를 포괄하는 작업의 목표라고 했다. 모든 원형상이 그러하듯이 '장미'도 어두운 혹은 파괴적 측면을 가지고 있다. 천상의 완벽함과 대지의 정열, 삶과 죽음, 거룩한 사랑과 관능적 육욕의 복합체—장미는 '불길'flame과도 밀접한 관계가 있으므로 장미가 불꽃이 되어 악마들을 불태운다는 말이 상징사적으로 전혀 어긋나는 이야기가 아니다.* 메피스토가 뒤에 매혹되어 괴로워한 아기 또한 전체성의 상징이다. 일상적인 징벌에 익숙한 악령들은 사랑에는 견디지 못한다. 악은 분열과 파괴, 증오다. 그들은 사랑을 모른다. 사랑은 수용하고 합성한다. 악은 이것을 견디지 못한다.

사랑의 장미세례의 영향으로 온몸에 종기가 난 메피스토가 자기 모습을 욥과 비교하는 것은 가관이다. 에딘저가 이 점을 지적했다. "파우스트가 욥의 고통을 겪도록 만든 것이 아니라 그 고통이 메피스토에게 들이닥쳤다는 것은 심리학적으로 말해 고통이 자아에서 객체적 정신objective psyche으로 옮아갔음을 의미한다"고. 그의 말에 따르면 메르쿠리우스의 정精, spirit인 메피스토는 인간화되고 그럼으로써 죽어야 할 지상의 조건들에 '고정'fixed된다. 메르쿠리우스로서 뱀이 십자가 나무에 고착되듯이.** 이것은 분명 파우스트가 불사의 부분에 관해 통찰한 결과이고 융이 말했듯이 야훼신의 본질에 관한 욥의 통찰이 야훼로 하여금 사람이 되는 것을 요구한 것에 비길 수 있다고 그는 말한다.*** 그는 계속해서 의식의 상대적인 증가와 함께 '질료의 이행'이 자아Ego와 자기Self 사이에서 일어난다고 말한다. 자아는 영속화eternalized

---

    \* 장미의 상징에 관하여 Herder-Lexikon, *Symbole*, Herder, Freiburg, 1978 pp.134~135; J.C. Cooper(1978), "Symbols," *op. cit.*, Thames and Hudson, pp.141~142; Jobe, *op. cit.*, pp.1348~1349; C.G. Jung, *Psychologie and Alchemie*, p.241 그림 83.

   \*\* E.F. Edinger, *op. cit.*, p.88.

 \*\*\* C.G. Jung, Die Antwort auf Hiob; C.G. Jung, C.W. Bd. 11, par.640, pp.434~435 참조.

되고 자기는 인간화된다고 말이다.

에딘저의 이와 같은 견해는 그 자체의 맥락으로는 이론의 여지없이 확고한 해석으로 흥미롭지만 그 주장의 전제, 타당성에 대해서는 재고해야 할 것들이 있다고 생각한다. 파우스트의 '불사 부분에 대한 통찰'을 욥의 야훼신의 본질에 대한 통찰과 비길 수 있는 것으로 보았는데, 파우스트의 경우는 불사 부분에 대한 '통찰'이라기보다 매우 일방적인 '간절한 소망'이었다고 나는 보고 싶다. 또한 에딘저가 '파우스트의 의식의 증가'increase in consciousness라 할 때 그는 그것이 무의식의 의식화를 통한 무의식성에 대한 의식성Bewußtheit의 증가를 수반한 의식의 확대를 의미하는지 어떤지를 명확히 했어야 했다.

파우스트는 자연(무의식)의 '폭력'(?)에 대항해 댐을 쌓고 강제로 영토(의식)를 확장하는 데 힘썼다. 그것은 심리학적으로 그림자를 억압하면서 의식을 강화하는 청소년기 심리에 해당한다. 그는 바닷속의 수많은 보배(무의식의 창조성)를 발견하고 수용하는 무의식의 의식화를 일찍이 행한 적이 없다. 그러므로 파우스트와 메피스토의 심리학적 비교는 그러한 심리학적 사실에 꼭 일치되지 않는다.

사랑의 장미가 메피스토의 '심경 변화'뿐 아니라 고통스러운 부스럼을 일으키게 한 점에 대한 슈타이거의 설명은 문학연구가에게 어울리게 매우 간단하다. 그는 말한다.

"신의 사랑의 힘은 이번에는 메피스토마저 움직이게 한다. 그러나 그 사랑의 힘은 그의 안에서는 정욕으로 변한다. 천사들이 피우는 순수한 불길은 아집에 사로잡힌 그의 육체에서 부스럼이 되어 돌연 터져 나온다. 이것은 관념론에 적합한 교리다. '도처에 하나인 것이 존재하고, 그것은 신의 존재를 생각하는 자에게는 은총이 되지만 반항하는 자에게는 신의 분노가 되어 습격해온다

는 것이 그 교리이기 때문이다.'*

……천사들은 행복한 사랑에 가득한 최고 현실에 살고 있고 이 사랑으로 영육의 일체가 용해되어 합치고 모든 것이 신의 내부에 보존된다. 메피스토는 충족되지 않은 관능적 욕망이라는 지옥의 업화를 괴로워한다."**

슈타이거의 이런 설명은 작품성립사의 견지에서 괴테의 창작 의도와 일치할지 모른다. 그러나 이 사건에 함축된 상징적 의미는 '어쩔 수 없는 악마의 고통'이 아니라 '악마도 변화될 수 있다는 가능성'이다.

이제는 『파우스트』 제2부의 마지막 장면으로 들어가 보겠다. 앞에서 말한 대로 괴테는 메피스토로 하여금 대법정에 항소하게 하려던 처음 계획을 버리고 파우스트의 불멸의 혼을 하늘로 들어 올리게 한다.

## 심산유곡

*숲, 바위, 황무지*

*거룩한 은둔자들이 산 위에 흩어져 바위들 사이에 자리 잡는다.*

바위산, 나무, 숲 그리고 깊은 동굴, '사자들이 말없이 다정하게 우리 주변을 맴도는 축복받은 곳, 성스러운 사랑의 보금자리'라고 묘사

---

\* E. Staiger, *op. cit.*, p.389.
\*\* *Ibid.*, p.389.

된 그곳은 하나의 낙원, 사나운 본능과도 평화로이 공존할 수 있는 세계다. 여기에 '열락에 잠긴 교부' '명상에 잠긴 교부' '천사와 닮은 교부' 세 교부가 사랑의 힘을 노래하고 승천한 소년들의 합창과 천사를 닮은 교부와 대화하며, 젊은 천사와 성숙한 천사들의 회상 다음에 가장 높고 깨끗한 암자에서 마리아 숭배 박사가 승천하는 마리아를 찬양한다. 속죄하는 여인들이 등장하고 영광의 성모의 부르심이 있은 다음 마리아 숭배 박사의 성모 마리아의 은총을 비는 기도, 마지막에 신비의 합창으로 『파우스트』 제2부가 모두 끝난다.

'사랑의 보금자리'에 자리 잡은 교부들은 모두 사랑을 이야기한다. 망아상태에 있는 교부Pater Ecstaticus는 '영원한 열락의 불길'Wonnebrand을 말한다. 그것은 엑스타제 경험이다.

**망아상태에 있는 교부**
들끓는 가슴의 아픔
솟구치는 하느님의 기쁨
화살이여, 날 꿰뚫어라.
창이여, 날 찔러라.
몽둥이여, 날 박살내라.
번갯불이여, 날 태워버려라!
참으로 허망한 것,
모조리 쓸어버리고,
영원한 사랑의 핵심
구원의 별der Dauerstern이 빛나게 하라.*

이것은 결코 자학의 정신병리가 아니다. 엑스타제(망아경)의 몸부

---

* 괴테, 정서웅 옮김, 앞의 책, 377쪽; Goethe, *Faust*, dtv, p.343.

림이다. 인도네시아 원주민의 의식에서는 집단적인 춤이 최고조에 다다를 때 죽도로 가슴을 찌른다. 엑스타제는 샤머니즘의 핵심 체험으로, 이를 통해 샤먼은 저승의 신들과 만날 수 있다. 샤먼은 엑스타제에 들어감으로써 땅과 하늘의 경계를 뚫고 하늘로 비상한다. 혹은 지하계로 여행한다.* 위의 경우는 자기 몸 안의 모든 허망한 것을 날려 보내고 '영원한 사랑의 핵'Ewiger Liebe Kern인 항상 변함없는 별을 빛나게 하려는 데 목적이 있다. 그러한 별은 우리 마음속에 존재하면서 항상 빛을 발하며 어둠을 밝히는 것, 그것을 도道라 부르든, 하느님이라 부르든, 진여眞如의 빛이라 부르든 혹은 분석심리학적으로 자기Selbst라 부르든 그것이 빛을 발휘할 수 있으려면 그 빛을 가리는 온갖 허망한 것, 그림자들을 날려 보내야 할 것이다. 망아상태에 있는 교부는 자아와 빛의 소통을 샤머니즘적 엑스타제의 직접적·적극적·감정적 접근으로 실현하고자 한다.

두 번째로 등장한 교부는 '깊고 원대한 교부'Pater Profundus라 불리는데 그는 기암절벽과 물의 이미지와 자라는 나무줄기의 이미지를 보여주면서 이렇게 말한다.

> **깊고 원대한 교부** 자신의 힘찬 충동으로
> 나무줄기 하늘로 치솟듯이,
> 만물을 기르고 만물을 형성하는 건
> 전능한 사랑의 힘이로다.**

노자는 만물을 기르고 형성하는 것을 도의 이름으로 표현했다. 여

---

  * 이부영, 『한국의 샤머니즘과 분석심리학』, 한길사, 2012, 48~50쪽, 578쪽.
 ** 괴테, 정서웅 옮김, 앞의 책, 377~378쪽.

기서는 그것이 '전능한 사랑'die allmächtige Liebe*이다. 유가의 인仁이라 불러도 좋고, 불가의 자비라 불러도 좋을 것이다. 교부는 계곡을 적시는 물의 이미지를 제시하며 동시에 불의 역할을 암시한다.

> **깊고 원대한 교부** 넘치는 물이 골짜기로 떨어진다.
> 이는 당장 골짜기를 적셔주기 위한 것.
> 번갯불 번쩍이며 내려치지만,
> 이는 독기와 악취를 품고 있는
> 대기를 정화하기 위한 것.—**

골짜기 또한 노자와 뗄 수 없는 이미지다. 노자에게는 골짜기의 비어 있음이 도를 상징하는 것이었지만 여기서는 다만 낮은 곳, 여성성을 나타내는 이미지로 볼 수 있음 직하다.*** 골짜기를 적신다는 것은 여성성에 에너지를 흐르게 하여 윤택하게 함을 시사한다. 괴테가 잘 쓰는 물과 불의 '대위법'이 여기에서도 발견된다. 번쩍이는 번갯불은 사실 샤머니즘의 엑스타제 경험과 관련이 있다. 순간의 직관적 통찰과 같다. 통찰을 정화 측면에서 파악하는 것이다. 교부의 말은 결국 사랑의 감정을 강조하는 데서 마무리된다.

> **깊고 원대한 교부** 이들(번갯불)은 사랑의 사자使者, 이들은
> 우리에게 알려준다.
> 영원히 창조하면서 우리를 감싸는 것을.
> Sind Liebesboten! sie verkünden
> Was ewig schaffend uns umwallt.

---

* Goethe, *Faust*, dtv, p.344.
** 괴테, 정서웅 옮김, 앞의 책, 378쪽.
*** 이부영, 『노자와 융』, 한길사, 2012, 145~163쪽, 164~170쪽.

그는 그 번개로 자기의 혼미하고 차가운 마음에 불을 붙여달라고 간청한다.

> **깊고 원대한 교부**  우둔한 관능의 울 안에 갇혀
> 날카롭게 옥죄는 사슬로 괴로워한다.
> 오, 신이여! 이런 생각을 달래주시고,
> 궁색한 내 마음에 빛을 비추어주소서!*

사랑은 빛이며 따뜻함이며 '영원히 창조하는 불'이다. 그것이 관능의 옥죄는 사슬을 풀어줄 수 있다.

세 번째 교부, 천사와 닮은 교부는 하늘에 떠도는 구름 안에 살고 있는 어린 영혼의 무리에 주의를 환기한다. 전나무의 하늘대는 잎 사이로 떠도는 아침구름! 저 안에 살고 있는 게 무얼까? 어린 영혼의 무리로구나. '승천한 소년들'과 대화가 이루어진다.

> **승천한 소년들의 합창**
> 아버지, 우리가 어디를 떠도는지 말해주세요.
> 착한 분이여, 우리가 누구인지 말해주세요.
> 우리는 행복해요. 누구에게나, 누구에게나
> 세상이 이토록 편안하니까요.**

파우스트의 영혼을 하늘 높이 들어올리기 위해 괴테는 먼저 하늘에서 방황하는 소년들의 혼을 정화할 필요가 있었던 듯하다. 그 소년들 가운데 비극적으로 죽은 오이포리온, 호문쿨루스가 포함되어 있을 것

---

* 괴테, 정서웅 옮김, 앞의 책, 378쪽; Goethe, *Faust*, dtv, p.344.
** 괴테, 정서웅 옮김, 앞의 책, 379쪽.

이다. 교부는 소년들의 이른 죽음을 위로하며 소년들을 자신 속으로 받아들인다. "내 눈 속으로 내려오너라. 이 눈을 너희 것으로 사용해도 좋으니, 이 고장을 두루 살펴보아라!" 이승과 저승의 만남이다. 그러나 승천한 소년들에게 이 세상은 너무 놀랍고 음산해서 두려운 세계다. 그들은 하늘로 보내주기를 간청한다. 교부는 높은 곳에서 얻을 수 있는 영원한 사랑의 계시를 소년들에게 이야기한다.

> **천사와 닮은 교부** 좀더 높은 곳으로 올라가거라.
> 언제나 순수한 방식으로
> 신께서 나타나 힘을 주시니
> 모르는 사이에 성장하라!
> Wachset immer unvermerkt,
> Wie nach ewig reiner Weise
> Gottes Gegenwart verstärkt!
> 그것은 자유로운 대기 속에 존재하는
> 혼령들<sup>Geister</sup>(귀령)의 양식이며,
> 천상의 지복, 열락, 무상의 기쁨으로 피어날
> 영원한 사랑의 계시이니라.*

영원한 사랑이란 신의 현전으로 순수한 방식으로 강화되고, 모르는 사이에, 즉 무의식적으로 자율적인 힘으로 자라는 것. 신의 현전은 아마도 가장 자유로운 대기 속에 있으면서 혼령들의 양식이 되어주는 것인 듯, 그리하여 마침내 천상의 열락에 이를 만큼 계발되는 것<sup>entfaltet</sup>.

다시 말해 최고의 사랑은 초월적인 힘에 의해 성장하고 발전하는

---

* 같은 책, 380쪽; Goethe, *Faust*, dtv, p.345.

것이라고 추정된다. 순수, 자유, 영원, 신은 이 교부의 가르침에서 핵심처럼 보인다. 승천한 소년들은 교부의 말에 화답하며 다음과 같이 노래한다.

### 승천한 소년들의 합창

손에 손 잡고

즐겁게 원을 그리며

Hände verschlinget

Freudig zum Ringverein!

춤추고 노래하자.

거룩한 마음<sup>Heilige Gefühle</sup>(감정)을 구가하자!

신의 가르침받았으니

서로 의지하자.

우러르는 신의 모습

볼 수 있으리라.*

원을 그리며 추는 춤은 최상의 화합을 상징한다. '거룩한 감정'이 곧 최상의 사랑의 감정일 것이다. 그러한 사랑에서 인간은 말할 수 없는 신적인 누미노제를 경험한다. 이 노래는 천사들이 파우스트의 불멸의 영혼을 인도하며, 좀더 높은 대기 속을 떠돌기 직전에 나온 것으로 천상의 사랑에 대한 찬양으로 가득 차 있다. 드디어 천사들이 파우스트의 불멸의 영혼을 안도하며 좀더 높은 대기 속을 떠돈다.

거룩하고 순수하고 불멸의 영원을 구가하는 것을 읽고 있노라면 지상적인 것, 유한하며 속되며 불순한 것은 메피스토와 함께 사라져야 할 것들인지 묻게 된다. 다음에 이어지는 천사들의 노래에서는 이러

---

* 괴테, 정서웅 옮김, 앞의 책, 380쪽; Goethe, *Faust*, dtv, p.345.

한 사랑 문제를 어떻게 처리하는지 궁금해진다. 중요한 것은 다음 셋째 첫 구절이다.

> **천사들**  영들의 세계에서 고귀한 한 사람이
> 악에서 구원되었도다.
> 언제나 갈망하며 노력하는 자,
> 그를 우리는 구원할 수 있다!
> 그에겐 천상으로부터
> 사랑의 은총이 내려졌으니,
> 축복받은 무리가 그를
> 진심으로 환영하게 되리라.*

"언제나 갈망하며 노력하는 자, 그를 우리는 구원할 수 있다." 이 비슷한 말을 하느님은 이 연극 처음에 메피스토에게 말했다.

> **주님**  (메피스토에게)
> 네가 무슨 유혹을 하든 말리지 않겠다.
> 인간은 노력하는 한 방황하는 법이니까.
> 하지만 언젠가는 부끄러운 얼굴로 나타나 이렇게 고백하
> 게 되리라.
> 착한 인간은 비록 어두운 충동 속에서도
> 무엇이 올바른 길인지 잘 알고 있더군요.**

파우스트는 항상 갈망하고 노력했기에 악에서 구원되었다고 이해

---

* 괴테, 정서웅 옮김, 앞의 책, 381쪽. 번역상 일부 수정을 가했다. Goethe, *Faust* 2, dtv, p.346.
** 괴테, 정서웅 옮김, 앞의 책, 24쪽.

할 수 있다. 자기 과오를 회개했기 때문이 아니라 '열심히 살았기 때문에' 구원된다. 이것은 인습적인 기독교 교의와 반드시 일치하지 않으며 괴테의 독특한 인간관, 사생관을 반영하는 것이다. 그것은 또한 융의 인간관의 어떤 부분과도 상통한다. 갈망과 노력의 범위를 전체 정신으로 확대하면 갈망하며 노력하는 자는 자기실현을 향해 노력하는 인간이다.

그러나 『파우스트』의 신화에서는 아예 처음부터 악마와 파우스트는 대립된 양극단의 존재다. 어느 하나가 어느 하나에 속하든가 아니든가 둘 중 하나밖에 가능성이 없다. 파우스트가 악마와 친구가 되거나 융합하여 제3의 존재로 통합될 가능성은 없다. 융은 여기에 아쉬움을 가지고 있었다. 그는 메피스토가 속임수로 따돌려져야 할 존재가 아니라고 항변했다. 그의 항변을 나는 충분히 이해할 수 있을 것 같다. 그러나 어떻게 하면 제3의 존재 혹은 경지로 대극융합이 이루어지겠는가? 그러한 결론을 유도하려면 처음부터 『파우스트』를 새로 써야 할 것 같다.

젊은 천사들은 앞에서 이미 인용한 대로 어떻게 해서 그들이 속죄 여인의 장미꽃으로 악령들을 물리치고 '승리'했는지를 자랑했고, 좀더 성숙한 천사들Die vollendeteren Engel은 알 수 없는 의미심장한 말을 해서 잠깐 가던 길을 멈추게 한다.

**좀더 성숙한 천사들**
> 지상의 찌꺼기를 나른다는 건
> 우리에게 고통스러운 일입니다.
> 아무리 석면으로 되어 있다 해도
> 그것은 정결하지 못하니까요.
> 만약 강한 정신력이
> 온갖 원소를

그 자체 안에 끌어 모으면,

친밀한 둘의

합일된 이중 성질을

어떤 천사도 분리할 수 없지요.

Wenn starke Geisteskraft

Die Elemente

An sich herangerafft,

Kein Engel trennte

Geeinte Zwienatur

Der innigen beiden:*


영원한 사랑만이 그것을

갈라놓을 수 있답니다.

Die ewige Liebe nur

Vermags zu scheiden.**


　천사에게는 지상적인 것의 잔재를 짊어지고 가는 것이 부담스럽다. 왜냐하면 아무리 그것이 겉으로는 순수한 것처럼 보여도 깨끗하지 않기 때문이다. 천사, 즉 천상의 사자는 깨끗하지 않은 것에 오염되는 것을 꺼린다. 천상의 눈으로 볼 때 지상적인 것은 부정하다. 천상을 향하는 마음에서 이것은 제거 혹은 정화되어야 한다. 그런데 문제는 그다음 말이다. 왜 갑자기 강력한 정신력 운운하는가? 정신력Geisteskraft을 반드시 심리학적인 뜻에서 이해할 필요가 없다. 영Geist의 힘이라는 뜻으로 쓰였을 것이다. 현상계에는 어떤 초월적인 힘에 의해 융합하면 절대로 떨어지지 않으려는 경향이 있으므로 그것은 분리

---

　* Goethe, *Faust*, dtv, p.346.
　** 괴테, 정서웅 옮김, 앞의 책, 381~382쪽.

될 필요가 있는데, 그 분리는 천사의 힘으로도 할 수 없고 오직 '영원한 사랑'만이 융합된 것 속의 대극을 분리할 수 있다는 뜻일지 모른다는 생각이 든다. 이 경우 융합이라는 단어에 조심할 필요가 있다. 융합coniunctio은 대체로 대극의 융합을 전제하며 정신의 통일을 상징하는 매우 중요한 과정을 표현한다. 대극융합의 원동력을 융은 초월적 기능이라 했고 이로써 제3의 새로운 경지가 실현됨을 지적했다.* 대극 '유착' 또는 '혼합'과는 다른 것이다.

그런데 위의 대사에서 '합일된 이중의 성질'이란 그러한 대극의 창조적 융합이 아니라 대극의 유착이어서 일단 분리되어야 할 것이다. 그러나 그 유착은 너무나 끈끈해서 하늘의 사자도 그것을 분리할 수 없고 오직 '영원한 사랑'만이 할 수 있는 일이다. 대극의 유착이란 무엇인가? 괴테는 이 부분을 아마도 연금술의 물질 변화 과정에서 언급된 상징적 언어를 구사하지 않았나 생각된다. 원질료의 정화, '물질'에 투사된 정신적 대극의 응집coagulatio과 분리separatio, divisio 과정을 말하는 것이 아닌가. 남녀 간의 사랑에도 같은 원리를 적용할 수 있고 세상의 모든 대극 간 관계에서 우리는 이 논제를 놓고 논의할 수 있다. 당연히 분석심리학적으로 확충할 수 있는 여지가 크다.

강력한 정신력으로 뭉친 이중체라는 설명은 마치 융의 콤플렉스 형성과정을 연상케 한다. 이렇게 강력한 응집력을 가진 콤플렉스는 분명 개인적 무의식의 콤플렉스가 아니라 집단적 무의식의 원형적 콤플렉스일 것이다. 분리되어야 할 텐데 유착되어 떨어지지 않으려는 것의 심리학적 사례는 많다. 모자간 유대가 그중 하나다. 남녀 간 유착도 그와 같이 강력할 수 있다. 특히 무의식의 아니마, 아니무스를 상

---

* 초월적 기능: 대극갈등이 나타나 대극을 융합하게 하는 무의식의 기능. 칼 구스타프 융, 한국융연구원 옮김, 「초월적 기능」, 『원형과 무의식』 기본저작집 제2권, 솔, 2002, 335~367쪽 참조.

호 투사하고 일심동체라는 착각에 빠져 있는 경우가 그러하다. 그것이 사람이 아닐 수도 있다. 어떤 이념과의 동일시는 광신적이며 거의 망상에 가까운 상태다.

프로이트가 합당하게도 리비도의 핵심적 상징이라고 본 성충동도 대극합일의 일체감을 강력한 정동을 수반하며 경험하게 함으로써 상호 인격의 개별적 인식을 어렵게 만든다. 정신이 통일된 것 같은 최고의 환희와 대극의 진정한 창조적 통합과는 다른 것이다. 앞의 것은 자아팽창의 현상이다. 자아가 대극합일의 상징, 즉 전체정신의 상징과 동일시가 곧 자아의 자기에 의한 팽창이다. 대극 간 분리는 이 전체정신과 동일시를 지양하고 대극의 같음과 다름을 구분하는 과정이다. 그것은 상대방에게 향한 원형적 투사를 거두는 과정이다. 그럼으로써 나와 상대방을 올바르게 (비교적 착각 없이) 인식할 수 있다. 우리 정신 내면에 있는 무수한 대극통합도 그것이 맹목적 동일시에 빠지지 않으려면 대극의 성격을 각각 살펴보는 과정이 반드시 필요하다. 통합해야 할 것이 무엇인지 모르는 채 대극통합은 이루어질 수 없다. 대극통합은 대극 간의 긴장과 갈등을 거쳐 이루어지는 법이다.

대극의 유착은 정신치료에서 일어나는 전이의 심리에서도 발견된다. 융이 친족리비도<sup>Verwandtschaftslibido</sup>라고 말한 원형의 힘이 작용하기에 그 유대는 좀처럼 해소되지 않는다. 그것이 분리되려면 강력한 중심, 자기원형이 개입해야 한다.

그런데 『파우스트』에서 대극의 유대를 풀어 분리할 수 있는 것은 '영원한 사랑'뿐이라 하고 그 '영원한 사랑'이 무엇보다 천사의 수준을 능가하는 사랑이어야 할 때 『파우스트』에서는 문맥으로 보아 무엇보다 성모 마리아의 지고지순한 사랑이 이에 해당되는 듯하다. 그것은 낭만적인 아직 성애적 요소를 지닌 헬레나와 파우스트의 사랑을 넘어선다. 융에게 말하라면 성모 마리아상 위에 이보다 더 높은 경지인 연금술의 소피아를 내세울 것이다.* 괴테가 성모 마리아를 어떻게 묘사하는지 살펴볼 필요가 있다.

마리아의 등장은 마리아 숭배 박사의 예고 끝에 나타나는데 그전에 파우스트와 승천한 소년 이야기를 할 필요가 있다.

젊은 천사들이 노래하기를 승천한 소년들이 "지상의 속박에서 벗어나 원을 그리며 하늘나라의 새봄과 장식으로 원기를 북돋우고 있다"고 한다. 그러면서 "이분(파우스트)도 차츰 완성의 경지에 이르도록 이 소년들과 어울렸으면 좋겠다"고 말한다. 소년들은 하늘나라에 생기를 불어넣어주는 존재일 뿐 아니라 승천한 파우스트의 영혼을 완성케 하는 존재로 그려진다. 소년들은 그의 상징에 걸맞게 하늘에서도 영혼의 인도자, 심지어 자기원형상이다. 그리고 파우스트는 그들의 말에 따르면 '번데기 상태'에 있다. 죽음은 종말이 아니라 새로운 시작이다. 파우스트의 영은 고치를 벗고 성장한다. 파우스트 혼의 재생 과정이다.

**승천한 소년들**　　이분을 둘러싼
　　　　　　　　　　고치를 벗겨주세요.
　　　　　　　　　　벌써 성스러운 생활로
　　　　　　　　　　아름답고 크게 자랐어요.*

이제 마리아 숭배 박사의 말을 들어보자.

**마리아 숭배 박사**　(가장 높고 깨끗한 곳에서)

---

* C.G. Jung의 아니마의 4단계: 이부영, 『아니마와 아니무스』, 한길사, 2001, 96~100쪽 참조.
* 괴테, 정서웅 옮김, 앞의 책, 383쪽.

여기는 전망이 자유로워

정신까지 고상해진다.

……

그 한가운데에

별의 관을 쓰신 훌륭한 분

광채를 보아하니

하늘나라 여왕님이시다.

세계를 다스리는 지존의 여왕이시여!

푸르게 펼친

하늘의 천막 속에서

당신의 신비를 보여주소서!

사내의 가슴,

진지하고 부드럽게 움직여

성스러운 사랑의 기쁨 느끼며

당신께 다가감을 허락하소서.*

사랑의 성화聖化, 그것은 신비에 속한다. 그러기 위해 속죄의 길이 열려 있다. 성모의 권위에 대한 찬양 끝에 속죄하는 여인들 이야기가 나온다. "자신의 손으로 정욕의 사슬을 끊기가 어려우니 자비를 베풀어달라"는 말도 한다. 성모 마리아는 용기를 주고 평화와 자비를 베푸는 존재다. 성경에 나오는 속죄하는 여인들 이야기가 나오다가 마지막에 그레트헨이 등장하여 마리아에게 매달리며 '자비로운 얼굴로 제 행복을 살펴주시기'를 빌고 '옛날에 사랑했던 그분', 즉 파우스트와 만남을 고한다. 그는 '혼미함이 사라진 분'으로 표현되고 승천한 소년들도 '이분'은 우리보다 훨씬 더 자랐다고 평가한다. 그레트헨의 넋은 또한 다음과 같이 그의 거룩한 변환 과정을 묘사한다.

---

* 같은 곳.

**속죄하는 한 여인** (한때 그레트헨이라 불렸던)

> 새로 온 이분은 자신을 깨닫지 못하고
> 새로운 생명도 느끼지 못하지만,
> 고귀한 영들에 둘러싸여
> 벌써 신성한 무리를 닮아갑니다.
> 보세요, 이분은 온갖 지상의 인연에서 벗어나
> 그 낡은 껍질을 벗어던졌나이다.
> 성스러운 기운이 서린 옷자락에선
> 첫 젊음의 힘이 솟아납니다.
> 새로운 빛에 눈이 부신 모양이니,
> 저분에게 가르치도록 허락해주옵소서.

본래 죽은 자의 혼은 죽은 직후에는 아직 죽음을 온전히 받아들이지 못해 어리둥절해하거나 시체 주위를 배회하는 법이다. 파우스트의 혼은 죽음을 거부한 것은 아니지만 죽음으로써 재생되는 재탄생의 의미를 확실히 인식하지 못했다고 하는 것 같다. 죽음으로써 달라진 새 생명을 인지하지 못한 것이다. 그러나 무의식의 누미노제의 작용에 따라 인격의 창조적 변화가 일어난 것은 분명한 듯하다. 그 증거로 그레트헨의 넋은 파우스트가 이제 '지상의 인연에서 벗어나 그 낡은 껍질을 벗어던진' 사실을 든다. 상징적인 의미로 해석하면 이것은 자아중심적 삶이 자기중심적 삶으로 옮아갔음을 가리킨다. 그것은 외적 인격, 온갖 사회적 요구와 가치평가 기준에 얽매어 사는 태도, 즉 페르조나와 동일시를 벗어던지는 것이다. 그리하여 한때 그레트헨이라 불리던 여인은 '먼저 죽고, 먼저 깨달은 자'로서 파우스트를 가르칠 위치로 올려졌음을 짐작할 수 있다. 그러나 마리아는 그녀에게 명한다. 먼저 그녀가 더 높이 오르라고.

**영광의 성모** 오너라! 더 높은 하늘로 오르라!

그 사람도 널 알아보면, 뒤따라오리라.*

마리아 숭배 박사의 기도가 이어진다. "참회하는 모든 연약한 자가 거룩한 신의 섭리에 따라 감사하며 자신을 변용하기 위해 구원자의 눈길을 우러러보라" 하면서 기도 대상인 성모를 여러 이름으로 연호한다.

> **마리아 숭배 박사**  동정녀여, 어머니여, 여왕이여, 여신이시여,
> 오래도록 은총을 베푸소서.**

성모의 여러 다른 이름을 연호한 데는 의미가 있다. 파우스트 비극의 해결은 이 모든 여성성, 즉 여성적 신비, 모성적 자비, 여성적 권위와 그 누미노제를 활성화하고 존중하는 데 있기 때문이다.

에딘저가 천사들이 파우스트의 불멸의 혼에 대해 "May the Truth heal/That they from evil/Begladly delivered/And in the totality/Blessed will be(진리는 구원해주리라/그들은 즐거이/악에서 풀려나 만물이 하나 되어/축복을 받으리라)라고 노래했을 때 totally(Allverein)라는 말을 사용한 점을 들어 파우스트가 어느 정도 개성화를 성취했음을 가리킨다고 한 것은 전혀 지나친 말이 아니다.***

또한 마지막 장면에서 하늘의 이중4위quaternity의 출현을 들어 파우스트의 개성화 징조로 간주한 것도 분석심리학적 관점에서 전적으로 타당한 언급이다. 그는 이중4위 중 한 4위는 엑스타제 교부, 심오한 교부, 지혜로운 교부에 더하기 마리아 숭배 박사Dr. Marianus(3+1), 다른

---

* 같은 책, 388쪽.
** 같은 곳.
*** E.F. Edinger, *op. cit.*, p.88.

4위는 Magna Peccatrix(크게 죄지은 여자), the samaritan woman(사마리아 여인), 이집트의 미라, 더하기 그레트헨(3+1)이라 했다.* 3위는 전통적인 기독교 도해법Ikonography에서 빌려왔고 여기에 아마도 8세기 연금술사 모리에누스Marianus, Morienes, 마리아 숭배 박사 같은 개인적·역사적 인물 혹은 회개하여 죄에서 구원된 그레트헨이 각각 추가되어 4위를 완성하는데 과정의 인간적 차원의 핵심적 측면을 강조한다고 그는 보았다. 에딘저는 이러한 이중4위의 배치 또한 파우스트의 자기실현을 시사한다고 했는데 이 역시 이론적으로는 타당한 주장이다.

그러나 우리가 잊어서는 안 되는 것은 『파우스트』에서 개성화는 파우스트가 죽은 뒤 '불멸의 영혼'에 일어나는 과정이라는 사실이다. 다시 말해서 무의식적으로 진행되는 혼의 이니시에이션Initiation이라는 점이다. 파우스트의 혼이 천상으로 이끌어지면서 울려퍼진 마지막 신비의 합창 내용을 에딘저가 자신의 영어 번역으로 제시한 것은 나로 하여금 이 의미심장한 노래의 번역을 다시 한번 살피는 계기를 주었다. 에딘저의 영역은 훌륭했다. 다만 Gleichnis를 Symbol이라 번역한 것이 마음에 걸렸다. '비유'Parable라 해야 맞을 듯하다.

융학파에서 특히 상징Symbol이라는 말에 특별한 의미를 부여한다는 점에서도 조심할 필요가 있다. Unzulängliche를 불충분한Insufficient으로 번역하느냐 (손이)'닿을 길 없는', 미칠 수 없는What lay beyond us here!(아득한 곳에 있는 것)으로 보느냐에 따라 다음 구절을 '충족으로 보든가' '눈에 보이게 한다'All is made visible로 하느냐가 달라지는데 Ereignis(사건)라는 단어로 미루어 '닿을 길 없는' '미칠 수 없는' 것이 여기서 사건이 된다(혹은 실현된다)로 하는 편을 택했다.**

---

* *Ibid.*, p.89.
** Goethe, *Faust*, dtv, p.35; 괴테, 정서웅 옮김, 앞의 책, 89쪽.

이렇게 단어 뜻을 가지고 구차하게 논란을 벌이는 것은 이 구절이 말하고자 하는 것이 무엇인지 명확하게 알리려고 하기 때문이다. '부족한 것을 채우는 것'과 '닿을 길 없는' '우리의 (손이) 미치지 않는 것이 현실사건으로 실현되는 것'과는 뜻이 다르다. 번역으로서는 어느 쪽이건 틀린 것이 아니다. 사실 나는 『파우스트』의 이 구절에서 융이 회상기에서 '내 생애는 무의식이 그 자신을 실현한 역사'라면서 남긴 다음과 같은 말이 생각났다.

"내 생애는 무의식이 자기를 실현한 역사다.
무의식에 있는 모든 것은 사건이 되고 밖의 현상으로 나타나며 인격 또한 그 무의식적인 여러 조건에 근거해 발전하며 스스로를 전체로서 체험하게 된다."*
Mein Leben ist die Geschichte einer Selbstverwirklichung des Unbewußten, Alles, was im Unbewußten liegt, will Ereignis werden, und auch die Persönlichkeit will sich aus ihrem unbewußten Bedingungen entfalten und sich als Ganzheit erleben.**

'미칠 수 없는 것'(정서웅 옮김), '손이 닿지 않는 아득한 곳에 있는 것', 말로 형언할 수 없는 것을 분석심리학적으로 의식이 도달하기엔 너무 먼 곳에 있는 것, 의식의 언어로 표현할 수 없는 상징들을 내포하는 의식 너머의 세계, 무의식이라고 부르고 싶다. 그것이 현실에서 눈으로 볼 수 있는 형태로 경험되고 실행된다는 것은 분석심리학에서 말하는 무의식의 의식화를 통한 자기실현, 개성화 과정과 비슷하다.

---

* 다른 영역은 D. Luke(transl.), *op. cit.*, p.239를 참조한 E.F. Edinger, *op. cit.*, p.89.

** 아니엘라 야훼, 앞의 책, 19쪽; A. Jaffé(hsgb.), Erinnerung, Träume und Gedanken von C.G. Jung, p.10.

'신비의 합창'은 묘하게도 '무의식의 의식화 과정'을 노래하지 않는가. 그리고 그 과정을 인도하는 우리 무의식 속 아니마 원형, '영원히 여성적인 것'을 강조하지 않는가. 이런 생각을 해보지만 맨 앞줄의 다소 비관적인 글이 마음에 걸린다.

> "모든 무상한 것은/다만 한낱 비유일 뿐."

의식화의 정신과는 어울리지 않는 말이다.

박환덕은 이에 대해 구체적인 해설을 했다.[*] 그는 말한다. 신비의 합창은 천사의 무리, 신부, 참회하는 여인들이 부르는 것이고 마리아를 숭배하는 박사가 지휘하는 것이라 했다. "무상한 것은 비유에 지나지 않는다. 지상의 현상은 모두가 영원한 신의 마음의 상징적 표현에 불과하다는 것이 첫 구절 비유에 대한 설명이다. '신'을 '무의식'이라 보면 '무의식의 표현'으로서 심리학적 표현이 된다. 그는 Unzugängliche를 '지상에서 힘이 미치지 못한 일'로 번역하고 그것이 '천상'에서 이루어진다고 해석했다. 심리학적 의식화 가설과 반대가 된다. '천상에서 충족'이란 '의식화'가 아니고 '무의식적 충족'이다. 그 편이 맞는 말일지도 모른다. 그의 다음과 같은 설명은 더욱 의식화 과정의 무의식성에 대한 추정을 확고하게 뒷받침한다.

> "지상에서 힘이 미치지 못했던 일이 천상에서 실현되었다. 우리가 현상계에서 알고 행하는 것은 모두 불완전하고 행복을 실현하지 못한다. 그것이 영원한 천상에서 실현된다. 지상에서 천상으로 올라간다고 하는 설명하기 어려운 일도 무한한 신의 사랑으로 행해지는 것이다."[**]

---

[*] 괴테, 박환덕 옮김, 앞의 책, 265쪽.
[**] 같은 곳.

'영원한 여성'에 대해서는 '신의 사랑을 구현하는 이상적인 여성'이라 한다. 모든 저속한 욕망에서 정화된 사랑, 모든 것을 용서하는 사랑, 죄인까지도 끌어올리는 자애라고 한다. "괴테는 마리아를 그 영원한 상징으로서, 그레트헨은 지상적인 상징으로 나타냈다"는 말과 함께. 그렇게 보면 지상적인 것은 하잘것없고 천상적인 것을 통해서라야 '구원된다'는 기독교도그마를 뒷받침하는 듯한 인상을 받는다. '하늘로 들어 올려지는 것'을 강조하는 점에서, 대지적인 것의 대변자 메피스토를 지상에 내버려둔 채 막이 닫힌다는 점에서 하늘과 땅은 온전히 하나가 된 것이 아니다. 에딘저가 불완전한 개성화를 말한 것도, 『파우스트』 결말에 대한 융의 유감도 여기에 있다.

끝으로 괴테가 극의 마지막에 기술한 신비의 합창을 처음부터 다시 살펴보자.

**신비의 합창** 모든 무상한 것은
다만 한낱 비유<sup>Gleichnis</sup>일 뿐
미칠 수 없는 것이
여기에 드러나 사건<sup>Ereignis</sup>이 되고
형언할 수 없는 것
여기에서 행해진다.
영원히 여성적인 것이
우리를 이끌어 올리도다.
Alles Vergängliche
Ist nur ein Gleichnis;
Das Unzulängliche,
Hier wird's Ereignis;
Das Unbeschreibliche,
Hier ist's getan;

Das Ewigweibliche

Zieht uns hinan.*

에딘저도 파우스트가 비록 '개성화를 획득한 증좌를 보여주기는 했으나' 완전한 대극의 융합coniunctio에 이르지는 못했다고 했다. 그는 말한다.

"하늘과 지옥 사이의 기독교 정신은 지속되고 메피스토는 분명히 신성한 전체성에 구체화되지 못했다."**

이것은 앞에서 말한 내 생각과 같다. 에딘저는 이런 불명확성의 이유는 "괴테가 유대-기독교인과 융학파 사람 바로 경계선상에 서 있기 때문"이라 한다. 그는 앞으로 다가올 일을 미리 알려주는 자이지만 그 자신의 존재 속에서 무엇에 관해 쓰는지 충분히 인식하지 못하고 있었다고 한다.*** 그리하여 융이 『심리학과 연금술』에서 지적한 『파우스트』에 대한 비판적 소견을 길게 소개했다. 융은 거기서 "융합에 따르는 재생과 변환은 저승, 즉 무의식에서 이루어지고 문제를 공중에 게류한 채 있다"고 한 것이다. 융은 말했다. "파우스트의 죄는 그가 변환되어야 하는 것과 변환되어온 것을 동일시했다는 점이다."****

"팽창된 의식은 언제나 자아중심적이고 그 자신의 실존 이외에 아무것도 의식하지 않는다. 그것은 과거로부터 배우지 못하고 현재 사건들을 이해할 수 없으며 미래에 대한 올바른 결론을 유도해낼 수 없다. 그것은 그 자신에 의해 최면되어 있기 때문에 알아듣지 못한다. 그러니 경우에 따라서는 죽도록 충격을 주는 재앙에 맡겨보는 수밖에

---

   \* Goethe, *Faust*, dtv, p.351.

  \*\* E.F. Edinger, *op. cit.*, p.90.

 \*\*\* *Ibid.*, p.90.

\*\*\*\* C.G. Jung(1952), *Psychologie und Alchemie*, Rascher Verlag, Zürich, p.643.

없다."*

우리가 과거 사례들에서 배워야 할 것은 무엇보다 우리 정신이 그것을 동화하면 엄청난 위험이 뒤따를 수 있는 내용을 품고 있거나 그 영향력에 노출되어 있다는 사실이다. 만약 옛 연금술사들이 비밀을 물질에 귀착시킬 때, 그리고 만약 파우스트나 차라투스트라 어느 누구도 우리가 이 비밀을 우리 속에 동화하기를 강권하지 않는다면, 그때 우리에게 남겨진 유일한 일은 의식이 전체의 마음$^{Seele}$이라는 오만한 주장을 거부하는 것이며, 정신이란 우리의 현재 이해 수단으로는 파악할 수 없는 진실임을 시인하는 일이다.**

융의 관점에 전적으로 동감하지만 에딘저의 관점은 그가 융을 길게 인용했음에도 융의 생각보다 낙관적이고 또한 중요한 점을 놓치지 않았나 하는 느낌을 준다. 그것은 '개성화'가 의식성의 증강을 목표로 하며 파우스트의 경우, 그는 결코 스스로 자신을 반성하고 깨닫고 천상으로 들어 올려진 것이 아니라 반성 없이 죽었고 죽은 뒤에야 혼(불멸의)이 '개성화'라고 할 수 있는 변환 과정을 밟는데 그것이 모두 '무의식적으로' 일어난다는 사실이다. 파우스트는 말하자면 작가 괴테의 소망에 따라 변환 과정에서 그의 혼이 하는 일은 없다. 천사들, 아이들, 마지막에 속죄한 그레트헨의 도움 속에서 무의식적 변환이 일어나는 것이다.

여기서 슈타이거에게 괴테와 작품에 대한 해설을 들어볼 필요가 있을 듯하다.

슈타이거에 따르면 『파우스트』 전체 작품 중에서 제5막처럼 깊은

---

* *Ibid.*, pp.644~645.
** *Ibid.*, p.646. 에딘저(주 520))의 인용부분이며 독어원본의 번역이다.

놀라움과 격렬한 비난이 뒤섞인 논란의 대상이 된 것은 없다고 말했다. 전前세기의 개척정신은 파우스트가 만든 운하나 제방에서 자신들의 빛나는 모습을 보았고, 사회주의 진영의 사람들은 괴테가 노동력 착취를 극이 진행하면서 점점 더 높이 들어 올리면서 순화純化된 행위로 묘사했다고 비난했으며, 수백만 인간에 대한 배려와 자유민과의 자유로운 삶 속에서 모든 과오와 모독에 대한 보상을 보고 민주주의에 대한 흔들림 없는 확신만 있다면 이 늙은 마술사이며 악마의 동맹자인 파우스트에게 천국으로 향하는 문을 열어주는 것도 가능하다고 생각하는 사람도 있었다고 그는 말했다. 신학적으로도 무서운 죄에 휘말린 파우스트에게 영원한 구원을 부여하는 권리가 괴테에게 있었느냐 하는 비판이 일었고 자유주의적인 사람들도 파우스트의 구제를 좋아하지 않았다. 메피스토 취급이 정당했는지 해석상 논란에 끝이 없었다. 그래서 이 독일문학의 제1급 작품은 평가의 기로에 내세워졌고 그와 함께 작자의 명성도 위험에 노출되었다.

제5막이 많은 수수께끼를 품고 있어서 그 모순이나 탈락 부분이 오히려 자유로운 공상을 유도함을 인정하면서도 슈타이거는 작품 성립의 역사를 살피기 위한 문헌학적 작업을 게을리하지 않았다.*

슈타이거는 여러 연구자의 연구결과를 언급하면서 『파우스트』 제5막의 마지막 부분은 본래 '메피스토, 상고上告하러 천상의 그리스도에게 감. 천상, 그리스도, 성모, 복음자들, 모든 성자, 파우스트 재판'으로 구성되어 있었으나 괴테는 파우스트 재판을 포기했다고 했다. 슈타이거는 말하기를 괴테는 고정된 개념이나 무조건 타당한 질서를 끄집어내 삶에 폭력을 가하는 것은 도저히 할 수 없었을 것이라고 했다.**

괴테는 메피스토의 상고는 포기했지만 파우스트가 살아 있는 동안

---

* E. Staiger, *op.cit.*, pp.362~363.
** *Ibid.*, p.364

악마와 맺은 동맹을 풀어주거나, 최소한 악마의 하수인과 유대를 완화해주려는 생각을 포기하지 않았다고 슈타이거는 말한다. 파우스트가 근심과 대면하는 데서 그 의도가 실현된다고 했다.

> **파우스트** (처음에는 화내고 잠시 뒤 기분을 가라앉히고 독백)
> 조심해, 주문 따위는 옳지 말아다오.*

슈타이거는 이 말과 뜻을 다음 구절에서 찾는다.

> **파우스트** 자연이여, 내가 오직 한 남자로서 그대 앞에 설 수 있다면
> 그것이야말로 인간으로서 산 보람이 있다 할 것이다.**

마법이나 메피스토 뜻대로 움직이는 남자가 아닌 홀로 선 남자가 되고 싶은 것이다. 따라서 파우스트는 괴테가 메피스토에게 품고 있는 분노를 스스로 말하고 있다고 했다.*** 그런데 마법에서 떠나겠다는 의지는 이미 앞에서 언급했다. "아직도 나는 자유의 경지까지 나아가지 못했다. 내가 가는 길에서 주술을 완전히 제거하고."**** 슈타이거는 또한 다음을 인용한다.

> **파우스트** 저 미망야만迷妄野蠻의 좁고 답답한 영역은
> 마법과 함께 이젠 그만하자.*****

---

 * 괴테, 정서웅 옮김, 앞의 책, 357쪽.
 ** 같은 책, 356쪽.
 *** E. Staiger, *op. cit.*, p.376.
 **** 괴테, 정서웅 옮김, 앞의 책, 356쪽.
 ***** E. Staiger, *op. cit.*, p.376.

마법의 힘을 멀리하려는 것은 마술의 힘으로 자기 것으로 만든 일체는 본래 자기 것이 아니라는 것, 인간은 누구나 타고난 능력을 순수하게 연마함으로써 획득한 것밖에 소유하지 않는다는 것을 파우스트는 알고 있었기 때문이라고 한다.*

> "오직 혼자서 자연 앞에서 자신을 주장하는 것
> 자연을 자기 속에, 또 자기를 자연 속에서 느끼는 것
> 그것만이 유일한 목적이며 이 목적 때문에 인생은 산 보람이 있는 것이다."**

분석심리학적 견지에서 무의식을 인식하는 기본자세가 이와 크게 다르지 않다. 비합리적인 것(마법)을 단호히 거절했다는 슈타이거의 강조를 논외로 한다면 말이다. '자연을 자기 속에' '자기를 자연 속에서' '느끼는' 것에 머무르지 않고 '인식'하고 '의식화'하는 과정은 '마술'도 아니고 '이성적 분석'도 아니다. 정신 전체를 들어 파악하는 '상징적' 이해 과정이다. 그런데 신비의 합창 어디에도 천상이나 지상이라는 말이 없다는 사실을 주목할 필요가 있다. '사건이 되고' '행해지는 곳'은 '여기'<sup>Hier</sup>라고만 말한다. '여기'가 어딘가? 그것은 '살아 있는 심혼의 현실'일 터다. 그러므로 대지와 하늘은 떨어져 있는 것이 아니고 괴테의 시어<sup>詩語</sup>에서 하나로 연결된다. 하늘은 무의식계로만 볼 것이 아니라 높은 것의 상징으로 이해될 수 있다. 자아초월적 영역에서 자동으로 일어나는 인격의 변환도 매우 귀중한 것이다. 괴테가 어떤 의도로 이 말을 했든 우리는 그의 시를 이렇게 해석해본다.
　이제 우리는 마지막 중요한 구절 앞에 왔다.

---

　* *Ibid.*, p.377.
　** *Ibid.*, p.377.

"영원히 여성적인 것이 우리를 이끌어 올리도다."

우리는 영원이란 단어를 무수히 보아왔다. 한국의 한 원로 노자 연구가는 동양철학에는 '영원'이란 단어는 없다고 했다. 항상성, 한결같이 변함없음이 있을 뿐이라고 말이다.* '영원히 여성적인 것'도 그렇게 생각할 수 있을 것 같다. 즉, 항상 시대와 공간이 바뀌어도 한결같은 여성성으로.─여성성이란 무엇인가. 이에 관해 많은 설명이 필요하겠지만 간단히 말하면 모든 원형적·남성적인 것에 대응하는 것, 양에 대한 음, 강하고 행동하며 분석하는 로고스에 대한 부드러움, 수용하는 감성과 예감능력을 상상하면 알 것이다. 남성성의 특징은 밖으로 향한 삶의 태도, 외적 성취욕과 명예욕, 그리고 때때로 노출되는 성급함에서 나타나는 데 비해 여성성은 안으로 향한 삶의 태도, 실리적 관심, 그리고 무엇보다 '기다릴 줄 아는 것'에 그 특징이 있다. 그것은 융이 말하는 아니마 원형상의 특징이기도 하다.

영원한 여성성─그것은 흐르는 물이며 빈 골짜기다. 괴테의 시대나 오늘의 시대에 우리는 똑같이 여성성의 결핍을 앓고 있다. 파우스트를 통한 괴테의 경고는 이 시대에 그대로 적용된다. 다만 우리는 융이 지적한 대로, 괴테가 메피스토펠레스를 마지막에 속임수로 물리치게 한 것에 아쉬움을 느낀다. 메피스토는 충분히 지혜로운 지하계 왕자로 묘사되었다. 그러나 뒤로 갈수록 악마적 속성이 드러나도록 묘사되었다.

결국 선의 일방적 강조가 계속 강조되었다. 슈타이거가 말했듯이 작품 단계별로 괴테는 마술적 요소를 희석해갔다. 통속극의 결말처럼 선이 이기고 악이 지는 결말로 끝난 것은 사실이다. 그러나 괴테는 메피스토에게 사랑의 상처를 주기는 했으나 지옥에 떨어뜨리지는 않았다. 후반부의 일방적 하늘의 광명이 강조되어 메피스토는 전혀 언급

---

* 김충렬, 『김충렬 교수의 노자강의』, 예문서원, 2004.

되지 않을 뿐이다. 언급되지 않은 메피스토는 어디서 무엇을 계획하고 있었을까? 아마도 제1차, 제2차 세계대전에서 파우스트적인 영웅적 행동을 다시금 비극적으로 조정한 것은 아닐까.

# 나가는 말

이제 긴 산책이 끝났다. 산책이라 부르기에는 벅찬, 때론 힘든 산행이었다. 그것은 큰 산맥과도 같은 것이었다. 괴테『파우스트』!—어떻게 감히 그 거대한 산을 둘러보겠다고 나섰던가.

여러 번 다른 일들 때문에 발걸음을 멈출 수밖에 없었다. 그러나 일단 시작된 일종의 순례길을 어떻든 끝내야 한다는 의무감으로 만사를 제치고 이 일에 집중해 지금 나가는 문턱에 서서 이 글을 쓴다.

나에게 괴테『파우스트』는 아직도 많은 측면에서 수수께끼다. 나는 여기서 『파우스트』를 '해석'한 것이 아니다. 그 작품에 표현된 상징성을 생각하면서 작품을 분석심리학적으로 '이해'하고자 노력했을 뿐이다. '분석심리학적으로 이해한다' 함은 분석심리학적 전제와 관점에서 이해함을 말한다. 즉, 현대인의 마음에 살아 있는 심혼의 상들, 인간 무의식의 원초적·집단적 표상, 융의 원형적 상징들과의 관계에서 작품을 이해하는 것이다. 그런 작업은 사실, 융이 온몸을 들어 이미 수행했다. 그는 '해석'뿐 아니라『파우스트』의 시구詩句를 자기가 발견한 심리적 현상, 원형적 상징을 묘사하는 도구로 삼아 저서 도처에서 괴테의 말을 인용했다.

에딘저의 『파우스트』에 대한 짤막하면서도 매우 지성적인 에세이 또한 『파우스트』의 분석심리학적 해석이라 할 만하다. 나는 이 두 직관적 사고형의 생각을 이해하고자 노력하면서 이를 독자들에게 전하고 이에 대한 내 생각과 반응을 기술했다. 나는 에딘저의 저서처럼 혹은 이전의 내 저서『노자와 융』처럼 대상 자료에서 핵심요소들을 추려 집중적으로 논구하는 방식을 이번 '파우스트 산책'에서는 적용할 수 없었다. 『파우스트』는 너무나 방대하고 다양하며, 또한 너무나 난해하고 혹은 풍성한 상징들이 그 속에 들어차 있어서 어느 하나도 임의로 생략하거나 제외해서는 안 될 것 같았다. 그래도 일을 진행하다 보니 어떤 곳엔 관심이 더 많이 가서 오래 머물며 많은 사설을 늘어놓고, 어떤 곳은 그냥 지나쳐버리는 경우가 있었다. 매우 중요한 것이 빠졌을 수 있지만 이제 그것은 미래의 숙제—어떤 다른 분석심리학도에 의해 보충되어야 할—로 남길 수밖에 없다.

1960년대 초 스위스 취리히 융연구소에 유학 갔을 당시 그 명성을 익히 들었던 취리히대학 게르만학과 교수 슈타이거의 괴테 연구 논총을 발견한 것은 이 저술의 특색을 이루는 또 하나의 변수가 되었다. 그의 작품 성립사에 관한 면밀한 고증과 작품에 대한 문학적·지성적 해석이 저자에게 일종의 노스탤지어를 불러일으킨 것 같다. 그래서 심리학자가 간과하기 쉬운 작품의 문학적 가치를 잊지 않도록 하는 배려에서 그의 소견을 비교적 충실히 소개했으나 전체를 되돌아볼 때 '작가의 의도'를 문학적으로 탐색하는 작업은 분석심리학적 이해의 목표와 많이 다르다는 것을 확인하지 않을 수 없었다. 게다가 연금술을 비롯한 비합리적 정신의 수용을 거부하는 그의 지성의 한계에는 적이 실망스러웠다.

앞에서 제시했듯이 융에게 괴테와 그의『파우스트』는 특별한 관계가 있다. 여기에는 물론 융 자신이 고백한 대로 융의 조부가 괴테의 사생아였다는 전설적 소문도 한몫했다. 그러나『파우스트』는 젊은 날 융이 그토록 찾던 신의 본체에 대한 물음에 해답의 길을 열어준 책이었다는 데 의미가 있다. 기독교의 선한 신에 대한 절대적 믿음과 마귀의 위력을 하찮은 것으로 경시하던 1890년대 융을 둘러싼 문화 환경 속에서 청년 융이 신의 어두운 그림자를 직감하며 그런 생각을 하게 된 자신에 대한 죄책감에 시달렸고, 그 해답을 신학서나 철학서에서 찾아 헤맨 사실은 다른 문화배경에서 살아온 나에게는 상당히 낯설었다. 융이 당시 파우스트를 허풍쟁이에 사기꾼이라 매도하고 메피스토에 관심을 둔 것도 나에게는 좀 과한 반응 같았다. 젊은 날 융은 그러한 파우스트의 영은 하늘에 올려지고 메피스토는 바보같이 아기천사들의 속임수에 넘어갔다고 분개했다. 파우스트는 연옥의 불구덩이에 내던져져야 마땅하다고도 했다. 메피스토는 기독교의 마귀와는 다른 좀더 깊은 뜻을 전하는 존재로 보았다. 나중에 융은 그것이 연금술의 메르쿠리우스와 같은 것에 가까운 존재임을 확인했다.

메피스토가 범상치 않은 존재인 것과 파우스트가 경솔하고 어리석은 욕심쟁이라는 것은 시인하지만 나는 괴테가 파우스트의 혼을 천상으로 올려보내도록 처리한 사실에 별로 분개하지 않는다. 그것은 괴테의 관용이자 괴테가 그린 주님의 관용이었다. 주님은 처음부터 파우스트를 '노력하며 방황하는 인간'으로 측은히 여겼고 그의 실수를 용서했다. 사실 파우스트는 필레몬과 바우치스를 본의 아니게 죽인 뒤 찾아온 내면의 괴로움 때문에 충분히 고통을 겪었다고도 할 수 있다. 그는 장님이 됨으로써 자기반성을 강요당했다.

또한 괴테는 메피스토를 죽이거나 지옥에 떨어뜨리지 않았다. 물론 그를 파우스트로부터 따돌렸다. 속임수라 해도 좋을 것이다. 그러나 기발하게도 그것은 메피스토에 대한 물리적 공격이 아니라 장미 세례를 통한 메피스토의 변화였다. 물론 파우스트와 메피스토의 최후는 문맥상 뚜렷한 귀결을 짓지 않은 채 흐지부지 끝난 감이 있다. 괴테가 일찍이 연금술에 관한 문헌을 읽었고, 융의 확신에 따르면 『화학적 결혼: 크리스티아니 로젠크로이츠』의 사상을 근간으로 『파우스트』가 쓰였다면 그런 흐리멍덩한 종결이 오히려 어울린다고 할 것이다.

『파우스트』의 배경사상이 어딘가 노자사상을 연상케 하는 것도 그 때문이다.

폰 프란츠가 말했듯이 괴테가 연금술을 '사적인 종교'로서 의미 깊은 영감의 샘으로 삼았고 그것에 상징적인 옷을 입혀 그의 작품에 '몰래' 집어넣었다면 메피스토에게—폰 프란츠의 말대로—외로운 연금술사를 따라다니며 자연의 신비를 그에게 밝혀주는 '신적 수행인', 메르쿠리우스의 모습 그대로 드러낼 수는 없었을 것이다. 괴테는 메피스토의 그러한 지혜를 일관되게 부각하면서도 잊지 않을 정도로 자주 이것은 악마라는 사실을 독자에게 알려주려는 듯 그의 흉측한 언동을 묘사했다. 그런 맥락에서는 메피스토가 어떻든 악마에 어울리는 처분을 받을 수밖에 없다.

그런데 자세히 보면 융의 불만에는 결코 간과할 수 없는 심리학적 통찰이 있다. 문학예술이 흔히 미해결인 채 남겨두려는 것, 치유심리학에 그리도 중요한 치유와 성숙의 기본조건인 '의식성'Bewußtheit이라는 통찰Einsicht, Insight이다. 파우스트는 실수를 많이 했고 괴로워하고 후회하기도 했으나 자기가 무엇을 잘못했는지 알지 못했다. 필레몬과 바우치스의 죽음을 애석해했으나 그것이 그의 '신 비슷한' 착각, 즉 심리적 팽창 때문임을 몰랐다. 그는 죽을 때까지 '개혁의지'(간척사업)에 대한 집착을 버리지 못했다. 자기를 매장할 무덤을 파는 삽질소리를 간척 일꾼의 삽질로 착각했다. 팽창은 무의식적 현상이기 때문에 본인은 그것을 모른다. 가장 두드러진 징표는 '착각'이다. 모든 국민은 나를 우러러보고, 모든 일이 잘 되어나가고 있다는 착각이다. 정치지도자가 그런 집착에 빠지면 결과는 재앙이 될 것이다.

파우스트의 혼이 천상으로 들어 올려지는 장면을 보아도 번데기의 껍질에서 벗어나 재생되는 과정이 너무 쉽게 처리된 감이 있다. 그러니 융이 파우스트를 연옥에 던져도 아쉬울 게 없다고 한 뜻을 알 만하다. 연옥에서 다시 한번 달구어지면서 치열하게 자기 문제를 성찰하고 자신의 맹목성에 가려서 못 본 문제를 '의식'하는 과정이 필요하다는 말로 이해할 수 있다. 괴테가 파우스트의 혼을 천상으로 들어 올린 이유는 파우스트의 재탄생을 기대했기 때문일 것이다.

과거의 파우스트와 다른 미래의 인격—소년으로 대변되는—으로 거듭나게 하기 위해서 파우스트의 혼은 새로운 삶의 씨앗으로 변한다. 하늘은 이 재탄생을 돕는 연금술의 그릇과 같은 곳이다. 이제는 마차를 모는 소년도, 호문쿨루스도 오이포리온처럼 무모한 충동의 희생물이 아닌 파우스트의 새로운 자아로 거듭나기 위한 죽음의 축성이 일어날 때다. 이것이 바로 『파우스트』의 결말이 의미하는 바가 아니겠는가. 그런데 융의 날카로운 직관이 이 축성—이니시에이션Initiation—이 충분치 않다고 지적하는 것이다. 나는 이렇게 말하고 싶다. 『파우스트』는 아직 끝난 이야기가 아니라고.—진정한 재탄생이 이루어지기까지 파우스트는 다시 죽고 살아나기를 되풀이해야 할 것이다.


젊은 날 융은 파우스트를 허풍쟁이라든가 사기꾼 등으로 폄하하며 상대적으로 메피스토의 불운과 그에 대한 경시를 개탄했다. 괴테가 악의 문제를 진지하게 다룬 것에 무한한 공감을 느끼면서도 그를 속임수로 따돌린 것에 실망했다. 괴테조차 '악'을 대수롭지 않게 다룬 것에 분개했다. 특히 파우스트가 작은 모래언덕에서 옛것을 지키고 신들에게 봉사해온 선량한 필레몬과 바우치스 노부부를 불에 타 죽게 만들었을 때 융은 마치 자기가 그 범행을 방조한 공모자이거나 한 듯 죄책감을 느꼈다. 그를 위한 속죄의 명문에 대해서는 이미 설명했다. 이와 같이 융은 『파우스트』에서 처음에는 자기 자신의 양분된 성격을 발견했고 작품을 순전히 개인적으로 받아들였다. 「회상」에서 그는 이렇게 말했다.

"나는 청년시절(1893년경) 빌헬름시대의 시대정신에 무의식적으로 사로잡혀 있었다. 그리고 나 자신을 그것으로부터 해방할 방법을 갖고 있지 않았다. 파우스트는 내 마음을 건드렸고 나에게 충격을 주었으므로 그의 이야기를 개인적인 것으로 이해할 수밖에 없었다. 무엇보다 그것은 내 마음을 깊이 흔들어놓은 대극의 문제, 선과 악, 정신과 물질, 빛과 어둠의 문제였다. 멍청하고 우둔한 철학자 파우스트는 그 존재의 어두운 측면, 그의 무시무시한 그림자 메피스토펠레스를 만난다. 메피스토펠레스는 그의 부정적 소질에도 불구하고 잠시 강한 자살 관념에 시달렸던 말라비틀어진 학자에게 진정한 생명의 혼을 대변한다. 나 자신의 내적 대극이 여기에 극화된 것이었다. 괴테는 나 자신의 갈등과 해결의 공식과 기초적 윤곽을 그려낸 셈이다. 파우스트와 메피스토펠레스의 이원성은 함께 나 자신 속으로 들어와 하나의 사람이 되었고 내가 바로 그 사람이었다. …… 이것이 내 운명임을 인식했으므로 드라마의 모든 진행이 나에게 영향을 주었다. …… '나는 의식적으로 내 작업을 파우스트가 보지 못하고 지나친 방향에 연결했다. 즉, 영원한 인간권리에 대한 존경, 옛것의 인정, 그리고 문화와 정신사의 연속성이 그것이다.'"*

그러나 융은 파우스트가 '끊임없이 노력하고 행동하며, 또한 끈질기게 탐구하고 때론 거친 게르만의 주신, 보탄의 열정에 휩쓸리는 게르만 정신의 토대 위에서 산출된 존재임을 깨닫는다. 그는 자기 안에서 '게르만적 파우스트'를 발견했던 것이다. 볼링겐 호숫가 탑 입구 위에 새긴 명각은 그의 필레몬에 대한 속죄와—폰 프란츠의 증언대로—자기 안의 '파우스트'를 전체정신(둥근 탑)을 위해 희생함을 의미한다. 그 명각은 다음과 같다.

---

* 아니엘라 야훼, 앞의 책, 297~298쪽.

Philemonis Sacru-Fausti Poenitentia(필레몬의 신당-파우스트의 속죄)*

그런데 '파우스트'가 어찌 게르만민족의 정신 속에서만 발견되겠는가. 파우스트적 공격성, 그 실패와 성공의 역사를 젊은 날 내 마음 속에서 찾는 것은 결코 어려운 일이 아니다. 동아시아문화권에 속하는 우리나라에서 일찍이 우리는 '조국 근대화'의 일방적·외향적 공격성으로 판잣집뿐 아니라 융이 추구해온 '작은 모래언덕'의 상징, '영원한 인간 권리에 대한 존경, 옛것의 인정, 그리고 문화와 지성의 역사의 연속성'을 위협해왔고, 지금은 똑같은 일방적 충동에 사로잡힌 '개혁정신'이 형태를 달리해 똑같이 개성의 자유, 심혼의 중요성을 위협한다. 파우스트가 제기한 권력의 외재화와 그로 인한 재앙은 세계 도처에서 문화권의 차이를 막론하고 일어났고 또한 일어나고 있다.

융은 『파우스트』가 나타내는 보편적·원초적 인간 심성을 일찍이 간파했던 듯하다. 그는 「회상」에서 괴테가 연금술의 영향을 받아 평생 『파우스트』에 이바지하며 자기 작업을 연금술에 빗대어 대업$^{opus}$ $^{magnus}$이라 한 사실을 지적하며 다음과 같이 말했다.

> "그래서 그의 전 생애는 이 드라마의 테두리 속에서 행해졌다. 감명 깊게도 우리는 그 속에서 살고 작용하는 것이 생동하는 실체, 하나의 초개인적 과정이며 원형의 세계의 위대한 꿈이었음을 발견한다."**

지금까지 보아온 것처럼 모든 불후의 문예작품이 그러하듯 우리는

---

* 같은 책, 298쪽 각주 6).
** 같은 책, 262쪽.

『파우스트』에서 인간행동의 원초적 유형들, 집단적 무의식의 원형상들을 발견한다. 말하자면 그런 것들이 우리 마음 안에 있다. 파우스트만 있는 것이 아니다. 파우스트의 짝 메피스토펠레스 또한 인간 무의식의 보편적 원형상이다. 파우스트 극의 모든 등장인물, 즉 그레트헨과 헬레나뿐 아니라 음탕한 마녀에서 거룩한 성모 마리아에 이르기까지, 술고래 주정뱅이와 거드름 피우는 주교와 제왕에서 기도하는 은둔 수도사와 천사에 이르기까지, 선량한 필레몬과 바우치스 노부부로 대변되는 렐리기오<sup>Religio</sup>의 정신세계 그리고 저 어두운 세계에서 실을 잣는 운명의 여신들과 모든 것을 보존하고 보호하며 그것들이 살아 나기를 기다리는 '어머니들의 나라'—이 모든 것 또한 정신활동을 뒷받침하는 미세한 생물학적 기관에서 바삐 움직이는 효소들처럼 시시각각 영향을 주는 저 작으면서 강력한 카비렌 신, 요괴들, 요정들, 지중해의 제신들, 아니 저 지는 태양과 다정한 달빛과 아침의 이슬과 구름, 바위와 폭포, 골짜기 그리고 타오르는 불길—이 모든 것이 인간 내면의 무의식에 존재하며 각종 알력과 전진과 후퇴 또는 융합 현상을 일으키는 원초적 콤플렉스의 상징을 나타내고 있다.

이제 우리는 마무리할 때가 된 듯하다. 결국 왜『파우스트』냐 하는 물음에 대한 생각이 될 것이다. 괴테가 혹은 괴테의 무의식이『파우스트』에서 특히 말하고자 한 것은 무엇인가. 일찍이 융은『파우스트』를 처음 읽었을 때 관심을 끈 메피스토에게서 모성신의 비의와 관계, 즉 자연세계와 관계를 예감했다고 한다. 연금술의 메르쿠리우스가 아닌가 생각한 것은 그 뒤의 일이다. 폰 프란츠는 메피스토의 역할을 젊은 날의 융보다 더 긍정적으로 보았다. 메피스토는 메르쿠리우스처럼 자연의 신비로 안내하는 자로서 절망에 빠진 서재학자 파우스트를 자살 직전에 구해 지금까지 살아왔던 삶을 넘어 깊은 곳으로, 어머니들과 '신성'<sup>神性, Gottnatur</sup>의 신비로 인도하지 않았던가 하고 반문한다.

여성성의 위대한 힘을 찬양한『파우스트』의 마지막 노래에 깊은 감동을 받은 융은 그러나 파우스트는 종막에 '위대한 비의Mysterien' 속 축성은 받지 못한 것 같다고 했다. 이에 대한 논의도 한번 거친 터이지만 중요한 것은 파우스트가 여성성의 변환과 신비로 우리를 안내한다는 사실이다. 그것은 심리학적 용어로 아니마의 분화 과정과 자아의식의 융합에 따르는 여러 난관과 알 수 없는 자연의 이치라 할 것이다. 그레트헨의 고통과 변환 과정, 헬레나와 결합에 따르는 갈등 그리고 파우스트의 변화, 불완전하지만 메피스토의 변화, 마지막으로 대극융합을 위한 노력의 결실이 어떤 미래를 제시하는지를 나타내는 새로운 어린이들의 운명. 『파우스트』는 오늘의 세계뿐 아니라 미래 인류의 숙명을 예언하는 듯하다.

일찍이 융은 말했다. 『파우스트』 제1부는 우리에게 충동을 받아들이는 것이 무엇인지를 제시했고, 제2부에서는 자아와 그의 섬뜩한 배경을 받아들이는 것이 무엇을 의미하는지를 제시했다고.* '자아의 섬뜩한 배경'이 무엇이겠는가. 인간의 자아의식을 태어나게 한 모체, 저 낯선 심상으로 가득 찬 무의식의 깊은 층, '어머니들의 나라'일 터다. 메피스토는 파우스트에게 그 나라로 가는 길을 안내하는 안내자였다. 그러나 그 안내는 왕왕 뜻하지 않은 재앙을 불러들였다.

파우스트의 팽창과 그 비극적인 결과 파우스트적 공격성에 대한 대책에 관해 폰 프란츠는 『C. G. 융-우리 시대 그의 신화』에서 흥미 있는 말을 했다. 메피스토는 앞에서 말한 대로 기독교의 마귀가 아니고 연금술의 메르쿠리우스, 연금술사에게 자연의 신비를 가르쳐주며 안내하는 수행인데 파우스트는 메피스토를 견뎌내지 못했다고 했다. "그는 팽창에 빠졌고 비극의 종말에는 권력욕에 빠졌다. **그 때문에** 메피스토는 파우스트에게 파괴자가 되었다."** 폰 프란츠의 다음 의견에

---

* C.G. Jung, *Über die Psychologie des Unbewußten*, Rascher, p.41.
** 마리 루이제 폰 프란츠, 이부영 옮김, 『C.G. 융-우리 시대 그의 신화』,

서 우리는 이 문제의 임상적 사례를 생생하게 떠올릴 수 있다. "파우스트의 숙명은 활성화된 메르쿠리우스의 원형상이 약하고 도덕적으로 유치한 상태에 머물고 있는 자아의식을 만날 때 무엇이 일어나는지를 보여준다. 그런 의식은 자신의 윤리적 통합성을 유지할 능력이 없게 하며 메르쿠리우스는 그것을 거짓말과 살인으로 유혹한다."* 폰 프란츠는 또한 「메르쿠리우스의 영」이라는 논문에서 융이 한 말을 소개한다.

> 두 얼굴의 신, 메르쿠리우스는 자연의 빛으로 …… 오직 인류가 일찍이 수용한 것 중 최고의 빛을 향하는 오성만을 돕는다. 이 최고의 빛을 잊고 '저녁인식'(자기인식이 아닌 피조물의 사물인식)만 믿는 자를 돕지 않는다. 그렇게 되면 '자연의 빛'은 위험한 도깨비불과 악마 같은 유혹하는 자가 된다. 빛을 가져다줄 수 있는 루시퍼가 **거짓의 영**이 되고 그것은 우리 시대에 신문, 라디오의 지지를 받아 끝없는 광희난무의 제의를 찬미하고 헤아릴 수 없는 수백만을 멸망의 구렁으로 떨어뜨린다.**

이것은 이중측면을 가진 원형이 창조적인 작용을 발휘하느냐, 파괴적인 방향의 작용으로 전환되느냐를 결정하는 중요한 요소는 자아의 무의식에 대한 태도라는 분석심리학적 견해와 통하는 이야기다.

전 인류가 당면하고 있는 파우스트적 공격 충동의 폐해를 막으려면 자아의식의 태도 변화가 무엇보다 중요하다. 밖으로 향한, 눈에 보이는 성취에 집착할 것이 아니라 내면의 마음을 인식하고자 하는 태

---

　　　한국융연구원, 2017, 229쪽(M.-L. von Franz(2007), C.G. Jung-Sein Mythos unserer Zeit, p.196).

　* 같은 곳.

　** 마리 루이제 폰 프란츠, 앞의 책, 229~230쪽 재인용; C.G. Jung, *Der Geist Mercurius*, G.W. 13, par.303.

도를 취하는 것일 터다. 그것은 '나'(자아$^{Ich, Ego}$)보다 큰 내 마음의 전체(자기$^{Selbst}$)를 살펴보는 태도다. 자아가 팽창한 상태에서는 이 전체 정신을 밖에서만 본다. 외부세계의 균형과 질서와 통일이 이루어지면 모든 것은 잘될 것이라는 착각을 하게 되고 파우스트처럼 자신에게 넓은 조망을 마련해주기 위해 어떤 귀중한 심혼을 짓밟고 있는지 모른다.

괴테가 『파우스트』 종막에 울린 '신비의 합창'에서 "형언할 수 없는 것,/여기서 이루어진다./영원히 여성적인 것이/우리를 이끌어 올리도다" 했을 때, 우리는 '영원히 여성적인 것'이 무엇을 의미하는지를 곰곰이 생각해볼 필요가 있다. 그것은 지금까지 살펴본 대로 파우스트적 공격성에 똑같은 공격성—완력으로든, 지적 수단으로든—으로 맞서야 한다는 말은 아닐 것이다. 융의 충실한 수제자 폰 프란츠는 이에 대해 "오직 공격적이기만 한 행동의 일방성을 누그러뜨리려면 어떤 다른 원형이 배정되고 활성화되어야 한다고 지적한다. 그리고 그것은 분명 오늘날 여성적 원리의 원형일 것"이라고 했다.*

> "자기 고유의 자기$^{Selbst}$ 속으로 스스로를 결박함은 파우스트의 공격적 팽창 충동, 그 권력의지에 대항하는 몸짓이다. …… 융은 그가 스스로 말했듯 인간권리의 존중, 옛것의 인정, 그리고 문화와 정신사의 연속성을 위하여 의식적으로 파우스트적 충동을 희생했다."**

'자기고유의 자기 속으로 스스로를 결박한다' 함은 자아중심이 아니라 자아를 포함한 전체정신, 즉 '자기'와 일치된 상태에서 공격적인 충동에 대응한다는 말이다. 여성적 원리의 원형이란 '남성' 대 '여성'

---

  * 마리 루이제 폰 프란츠, 앞의 책, 159쪽.
  ** 같은 곳.

이라는 집단의식적 대극으로가 아니라 전체를 포괄하는 정신이 지닌 모성적·여성적 차원을 시사하는 말인 듯하다. 그녀의 다음 말을 보면 그런 해석이 가능하다고 할 수 있다.

> "남성적 활동 충동과 파우스트적 공격성은 만다라의 모성적 품속에 붙잡힌 상태에서 우리의 본성의 파괴적 사업욕이 통합될 수 있는 오직 그 경우라야만 새로운 창조적 형태로 변환될 것이다."[*]

또한 마귀를 오직 밖에서만 본 파우스트는 새로운 영원한 소년으로—밝기도 하고 어둡기도 한 진정으로—전체를 포괄하는 전체상으로 거듭나야 한다고 주장하면서 노년senex과 소년puer 간의 세대 간 갈등 해결에 필수적인 요소가 에로스이며 여성 원리라는 점을 강조했다.

"젊은이들은 '신성한 소년'과 동일시하고, 나이든 세대는 '늙은 왕'과 동일시함으로써 격렬한 싸움이 일어난다. 언제나 여성적 원리가 결여되거나 너무 약할 때, 다시 말해서 만약 에로스 원리가 없다면 하나에서 다른 하나로 변환하는 것은 불가능해진다. 늙은 왕과 젊은 왕이 그들끼리, 그들 주위에서 싸움에 말려드는 것은 오직 남성이 그의 아니마를 발전시키지 않고 의식화하지 않을 때, 여성이 아니무스에 사로잡혀 그녀의 자연스러운 여성성이 약화될 때, 오직 그럴 때만"이라고 그녀는 강조했다.

우리 모두의 마음속에는 『파우스트』의 저 작은 '모래언덕'이 있다. 동시에 아마도 그것을 거추장스럽고 눈에 거슬려 없애버리려는 파우스트적 충동도 있을 것이다. 결국 중요한 것은 집단이 아니라 집단을 구성하는 각 개인이 자기 내면을 보는 자세를 갖추는 일이고, 그것은

---

[*] 같은 책, 159~160쪽.

어떤 집단행동으로도 성취할 수 없는 개인개인이 짊어져야 할 책무일
것이다.

괴테 『파우스트』에서 나는 이 평범한, 그러나 결코 간과할 수 없는
진실을 새삼 되새겨본다.*

---

* 이 책이 출간 된 뒤, 나는 우연히 스위스 퀴스나흐트 융심리학 재단에서
오래전에 출간된 매우 신뢰할만한 괴테 파우스트의 본격적인 심층심리
학적 해석서를 알게되었다. 이 책은 융 전집에 초록으로 소개된 융의 강
연, 「파우스트와 연금술」전문이 들어있어 더욱 소중하다. 나와 같은 입장
이지만 집필목적, 서술방법, 문화배경의 차이에서 오는 견해차, 동시에
그럼에도 공통된 심리학적 통찰등을 살펴보지 못한 것은 유감이지만 연
구자들을 위해 문헌을 소개한다.
Irene Gerber-Münch(1997) Goethes Faust, Eine tiefen
psychologische Studie über Mythos des modernen Menschen.
Mit dem Vortrag von  C.G. Jung, Faust und Alchemie, Verlag Stiftung für
Jung'sche Psychologie, Küsnacht ZH.

# 분석심리학 용어해설

**개성화** Individuation (**자기실현** Selbstverwirklichung)
개성 Individualität, Individuality 을 실현하는 것. 이때 '개성'이란 집단에 대항하여 독자성을 강조하는 개인지상주의적 개별성이 아니라 그 개체가 지닌 고유성과 동시에 집단적 무의식으로 대변되는 보편적 인간심성을 포함한 그 개인의 전체정신을 말한다. 자기실현과 같은 뜻으로 쓰인다. 개성화 또는 자기실현은 무의식의 의식화, 즉 융학파 분석 작업으로 이루어질 수 있다. 인간은 누구나 개성화할 수 있는 능력을 가지고 태어난다. 분석은 이를 촉진할 뿐이다.

**개인적 무의식** das persönliche Unbewußte, the personal Unconscious
태어난 이후 의식이 발달하면서 생긴 무의식의 층. 개인적인 환경과 생활체험과 관계된 내용으로 이루어짐. 의식의 내용 중 어떤 이유로 잊어버렸거나 현실사회에서 받아들여지지 않아 무의식적으로 억압되었거나 의식적으로 억제된 내용 혹은 그 자극이 미미하여 의식계에 다다르지 못한 정신내용들로 이루어진다.

**객관단계의 해석** Deutung auf objektive Stufe, Interpretation on objective level
융학파의 꿈 해석 단계 중 하나. 꿈의 내용을 꿈꾼 사람의 객관적 현실과의 관계에서 해석하는 것

## 그림자 <sup>Schatten, Shadow</sup>

무의식의 열등한 인격. 자아의식이 용납하지 않아 무의식에 억압되어 형성된 개인적 무의식의 콤플렉스들. 주로 밖으로 투사되어 자기 안에 있는 줄 모르고 밖의 대상 또는 이념을 혐오하거나 적대시하게 된다. 투사된 그림자를 자기 마음에 있는 것으로 되돌리고 의식화하는 분석 작업을 통해 그림자는 긍정적인 기능으로 변화될 수 있다. 개인적 그림자가 있고 집단적 그림자가 있다. 보통 개인적 무의식의 내용을 가리키지만 모든 원형이 밝고 어두운 면을 가지고 있는 만큼 이를 원형적 그림자, 혹은 그림자 원형이라 한다. 그림자 원형의 투사는 집단 학살 같은 끔찍한 재앙을 불러일으킬 수 있다.

## 내향 <sup>Introversion</sup>

관심의 주된 대상이 주체에 있고 내면적 주체중심으로 판단하고 행동하는 성향 또는 태도

## 노이로제 <sup>Neurose</sup>

Psychoneurose(독일어) 정신신경증의 줄인 말. 정신병<sup>Psychose</sup>과 구별해 인격의 심각한 와해가 비교적 적고 주로 심리적 요인으로 일어나는 의식의 여러 가지 장해로 정신치료의 일차적 대상이 된다. 분석심리학에서 노이로제는 인과적 관점에서 이해될 뿐 아니라 목적론적으로 이해되어야 할 마음의 고통이다. 융은 '노이로제는 그 의미를 아직 발견하지 못한 심혼의 고통'이라고 했고 무의식의 의식화작업으로 노이로제의 목적의미를 발견하고 실현하는 것이 중요하다고 했다.

## 동시성 <sup>Sychronizität, Sychronicity</sup>

가족과 떨어져 지리적으로 먼 곳에 살고 있던 사람이 어느 날 가족의 꿈에 나타나 조용히 작별을 고했는데 다음 날 사망소식을 통보받았다. 꿈꾼 시간과 사망시간이 거의 일치했다. 이와 같이 공간을 달리하여 의미상으로 일치된 정신적 사건과 물리적 사건이 동시에 일어나는 현상을 동시성 현상이라 한다. 동시성 현상에서 추정되듯이 무의식적 정신은 인과원리로는 설

명될 수 없는 비인과적 원리에 따르는데 이는 시간·공간을 상대화할 수 있는 무의식의 절대지das absolute Wissen, absolute knowledge와 관련된다고 본다.

## 무의식 das Unbewußte, the Unconscious

인간정신에서 자아가 그것이 무엇인지 아직 알지 못하지만 마음속에 가지고 있으면서 항상 그로부터 영향을 받는 넓고 깊은 정신계를 말한다. 의식보다 커서 그 한계를 정할 수 없으며 의식에 대해 보상작용을 발휘한다. 그 내용에 따라 개인적 무의식, 집단적 무의식으로 나눌 수 있다.

## 분석 Analyse, Analysis

훈련된 분석가로부터 자신의 무의식의 의식화작업을 해나가는 것을 말한다. 무의식을 의식에 보탠다는 뜻에서 분석보다는 '합성'이라는 뜻이 담겨있다.

## 상징, 표징 Symbol/Zeichen, Symbol/Sign

상징은 말로 남김없이 설명할 수 없는, 의미를 잉태하고 있는 표상. 근원적으로 모르는 것에 대한 최선의 표현. 표징은 이미 알고 있는 것의 비유. '모성상징'이라고 하면 모성성에 관한 있을 수 있는 많은 속성을 확충하여 거기서 우러나오는 의미와 그 너머의, 언어로 남김없이 설명할 수 없는 것까지 포함함을 의미한다.

## 세넥스 Senex

라틴어로 노인. 늙은이 특유의 태도. 경직되고 고집스러우며, 냉소적이고 지나치게 보수적인 단점이 있는 동시에 책임감, 질서와 기강을 지키는 장점도 있다. 잘 균형 잡힌 인격은 프에르-세넥스 양극 사이에서 적절하게 기능을 발휘할 수 있다.

## 심리학적 유형 Psychologische Typen, Psychological Type

세상을 살아가는 일반적인 정신적 태도와 태어날 때부터 부여된 여러 정신기능의 분화 정도에 따라 사람의 의식이 심리학적으로 여러 유형으로 분류

될 수 있다는 학설. 일반적인 정신적 태도에서 외향과 내향을, 특수 정신기능 면에서는 사고, 감정(합리적 기능), 감각, 직관(비합리적 기능), 총 네 기능에 따라 분류된다. 가장 분화된 기능, 즉 주기능과 일반적 정신태도의 특성에 따라 내향적 사고형이니 외향적 직관형이니 하고 분류할 수 있다. 의식의 특성은 타고난 것으로 보이지만 의식에 대한 무의식의 보상기능과 무의식의 의식화 작업을 통해 열등기능이 분화됨에 따라 유형 간의 특이성은 많이 완화되어 원만한 인격이 된다. 분석심리학의 심리학적 유형학설은 의식과 무의식 간의 역동적 관계를 설명하는 학설로서 역사적·사회적·사상사적 대극갈등을 해석하는 데 유용한 가설이다.

## 아니마, 심혼 Anima, Seele

남성의 마음속에 있는 여성성das Weibliche. 자아를 무의식의 깊은 층으로 인도하는 내적 인격이다. 감성과 기분으로 표현된다. 아니마의 분화 정도에 따라 추악한 여성에서 고귀한 여신에 이르기까지 다양한 인격적 심상으로 꿈과 환상, 시예술emd에 표현된다. 비인격적인 자연의 여러 상으로 나타나기도 한다. 남성에게 의식화를 통한 아니마의 분화는 에로스의 분화, 여성과의 성숙한 관계형성에 이바지하며 남성의 개성화 과정의 매우 중요한 단계를 의미한다.

## 아니무스, 심령 Animus, Geist

여성의 마음속에 있는 남성성das Männliche. 자아를 무의식의 깊은 층으로 안내하는 내적 인격. 로고스 원리를 지니며 '의견'으로 표현된다. 아니무스의 분화 정도에 따라 육체적 남성상에서 지혜로운 현자에 이르기까지 여러 다양한 인격상으로 꿈과 환상, 시, 예술 등에 나타난다. 상징적으로 비인격적인 자연의 여러 상으로도 표현된다. 여성에서 아니무스의 분화는 사고 판단의 유연성, 남성과의 성숙한 관계형성, 지혜로움을 얻는 데 크게 이바지하며 아니무스의 의식화는 여성의 개성화의 매우 중요한 단계를 의미한다.

## 에난티오드로미 Enantiodromie, Enantiodromia

심리적 대극의 반전. 의식이 지나치게 한 가지 방향으로 그 활동을 진행했을 때, 그 반대되는 성향 또는 기능이 무의식에 억압되었다가 의식의 일방성이 극에 달했을 때 무의식의 기능이 과보상적으로 급격히 의식을 지배함으로써 의식의 일방성을 막고 종래와는 정반대 행태를 보이게 되는 경우를 말한다.

## 연금술 Alchemie, Alchemy

고대 이집트, 아라비아, 유럽대륙에서 중세 이후까지 공개적으로 혹은 숨어서 물질의 변화로 최고의 물질을 만들고자 했던 사람들의 특이한 화학. 융은 연금술사들의 연금술 작업에 관한 기술에서 신화·민담에 비길 만한 풍부한 상징을 발견했다. 연금술사들이 물질의 변화를 시도하는 가운데 자신들의 무의식의 원형상들이 작업 과정에 투사되었기 때문이다. 결과적으로 연금술적 물질변화는 인격의 변화 과정, 즉 개성화 과정을 상징적으로 드러냈고 최고의 물질, 현자의 돌 Lapis philosophorum 은 평범한 돌이 아니라 정신과 물질이 융합된 신비체임을 시사했다. 중세의 철학적 연금술은 자연과 물질의 왕국을 대상으로 명상하고 작업한 만큼 전통적 기독교에 대한 무의식적 보상이었다는 점에 또한 정신사적 의미가 깊다.

## 열등기능 Minderwertige Funktion, Inferior Function

정신의 네 기능 중 가장 덜 분화된 기능. 가장 잘 발달된 기능, 즉 주기능(또는 제1기능)의 반대극에 있는 제4기능으로 무의식의 가장 깊은 곳에 있어서 의식화가 필요한 상태다. 예를 들어 내향적 사고형의 열등기능은 외향적 감정기능이다. 열등기능의 완전한 의식화는 거의 불가능하지만 그것의 분화 발달은 자기실현에 매우 필요한 작업이다. 열등기능은 글자 그대로 분화 발달 측면에서는 열등하지만 깊은 무의식에 간여하는 만큼 때때로 비상한 내적 통찰력을 보여주는 경우가 있다.

## 영원한 소년 Puer aeternus

영원히 늙지 않고 소년처럼 사는 인격을 상징하는 원형상 혹은 이 원형상과 동일시하는 사람. 일반적으로 모성 혹은 모성성에 강하게 유착되어 있는 사람에서 볼 수 있다. 변화에 대한 열린 마음, 창의성, 모험심 등 긍정적인 측면도 있다. 이에 대응한 영원한 소녀<sup>Puella aeterna</sup>는 아버지 혹은 상징적인 부성성에 무의식적으로 강하게 유착되어 있는 경우다.

## 외향 Extraversion

관심의 대상이 주로 객체에 있고 외부적 객체 중심으로 판단하고 행동하는 성향 또는 태도

## 원형 Archetypus, archetype, 원형상 archetypisches Bild, archetypal image

원형은 인간행동의 여러 선험적 조건으로 그 자체는 인식할 수 없으나 그것이 상으로 나타남으로써, 즉 원형상을 통해 그 존재를 짐작할 수 있다. 원형은 시공간의 차이, 인종과 문화의 차이를 막론하고 인간이면 누구에게나 한결같이 주어진 삶의 에너지의 원천이다. 원형의 기원은 궁극적으로 알 수 없으나 인간이 태초부터 살아오면서 경험해온 모든 경험의 침전이라고 설명된다. 뇌 구조와 관련되고 원형상은 비교신화학으로 드러나는 신화소 Mythologem에 대비된다. 아버지 원형, 어머니 원형, 어린이 원형, 노현자·노현녀 원형, 영원한 소년 원형, 소녀 원형, 자기원형, 영웅 원형, 남성·여성 원형, 트릭스터 원형, 아니마·아니무스 원형, 그림자 원형, 영Geist 원형 등 수 없이 많은 원형의 이름을 열거할 수 있으나 원형의 가장 큰 특징은 그것이 지닌 강력한 정동emotion이다. 꿈이나 환상, 예술창조 과정, 신비체험을 통해 경험되고 신화, 민담, 종교, 예술작품, 이른바 정신병리현상 등에 표현된다.

## 의식 das Bewußtsein, the Consciousness

인간정신에서 자아가 알고 기억하는 모든 것

## 의식화 Bewußtwerdung

무의식의 내용을 깨우쳐 의식에 동화시키는 과정. 융학파 분석의 필수적 과정

## 자기 <sup>Selbst, Self</sup>

의식, 무의식을 포괄하는 전체정신 혹은 전체정신이 되게 하는 무의식의 핵심적 원형(자기원형). 자율적으로 전체정신을 실현하게 하는 무의식의 조절자. 대극합일의 치유자로서 자아를 초월하는 영향력이 있다. 자아에 대한 타자라는 뜻으로 객체적 정신<sup>Objektive Psyche</sup>이라고도 한다.

## 자기원형 <sup>Selbst Archetypus, Self archetype</sup>

개인의 전체정신을 실현케 하는, 선천적으로 갖추어진 조건과 능력. 이 선험적 조건이 상<sup>das Bild, Image</sup>으로 표현될 때 자기원형상이라 하는데 종교에서 신이라 부르는 최고 신격들, 대승불교의 일심, 진여·노자의 도 혹은 만다라, 4의 수, 기타 자연의 여러 상징으로 나타난다.

## 자아(나) <sup>das Ich, Ego</sup>

의식계의 중심이라 할 수 있는 특수한 심리복합체(콤플렉스). 모든 의식의 내용은 자아에 의해 연결된다. 자아는 외부세계에 대한 적응에 이바지하고 또한 내면의 무의식계의 여러 작용에 대면하여 이를 의식화하는 역할을 한다. 자아는 의식의 중심이지만 무의식을 의식화하는 가운데 의식영역의 확대와 더불어 전체정신의 중심(자기)에 가까워진다.

## 정신비슷한 기능 <sup>Psychoide Funktion</sup>

무의식의 관조할 수 없는 심층. 우리에게 알려진 정신과 다르다는 점에서 정신비슷한 기능이라 불렀고 집단적 무의식의 원형의 특성을 말하기도 한다.

## 정신치료 <sup>Psychotherapie, Psychotherapy</sup>

정신의학의 주된 치료법의 하나. 정신적 문제를 심리적으로 치료하는 법. 문제를 깊이 통찰하여 증상의 호전뿐 아니라 인격의 변화를 시도하는 통찰요법과 증상완화와 현실 적응에 주력하는 지지적 정신치료를 구분하기도 하지만 엄밀한 의미에서 정신치료란 통찰치료라야 한다고 생각한다. 융학파의 정신치료는 분석가의 분석을 말하며 이것은 '환자'나 환자 아닌 사람

구분 없이 누구나 받을 수 있는 자기인식의 과정으로 그 목적은 선불교의 수행과 다르지 않다.

## 주관단계의 해석 Deutung auf subjektive Stufe, Interpretation on subjective level

꿈의 모든 내용은 꿈꾼 사람 마음에 있는 콤플렉스들을 표현한다는 시각에서 확충을 통해 그 상징적 의미를 깨달아나가는 것. 모든 꿈은 주관단계와 객관단계를 모두 거쳐 그 뜻을 살피지만 융학파에서 주관단계의 해석은 매우 중요한 해석 단계다.

## 집단적 무의식 das kollektive Unbewußte, the collective Unconscious

태어날 때 이미 갖추어진, 인간행동의 보편적이고 원초적인 조건들 Archetypen이 들어 있는 무의식의 층. 의식의 뿌리이며 토대로 많은 신화적 상징을 산출하여 의식의 창조적 변화에 이바지한다. 그러나 집단적 무의식에 대한 자아의식의 태도가 부정적이면 의식의 해리, 자아의 팽창 등 부정적인 결과를 빚을 수 있다.

## 집단적 의식 das kollektive Bewußtsein, the collective Consciousness

집단에 의해 교육이나 학습을 통해 의식적으로 전달되어 이루어진 의식 내용. 충효, 삼강오륜 등 전통적 윤리관 혹은 기타 사회적 가치관, 행동규범이 그 예다. 흔히 이러한 가치규범이 집단적 무의식에 뿌리를 두는 경우가 있지만 원형적 관념이 의식에 올라오면서 집단에 의해 의식적으로 다듬어지고 획일적으로 형식화되어 본래 정신과는 다른 형태로 의식에 수용된다는 데 특징이 있다.

## 초월적 기능 Transzendente Funktion, Transcendent Function

자아가 내면의 심리적 대극 간의 치열한 갈등을 뚜렷이 의식하고 이를 겪으면서 견딜 때, 상징을 보내거나 또는 새로운 태도 변화를 일으켜 대극을 제3의 위치에서 통합함으로써 대극갈등을 해소하는 무의식의 기능을 말한다. '초월'이라는 말은 철학적 의미가 아니라 심리적 대극성을 초월하여 새로운 차원에서 그 합일이 이루어짐을 가리키는 말이다.

## 콤플렉스 Komplex, Complex

강력한 정동체험을 통해 형성된 심상의 복합체이며 융이 단어연상검사로 발견하고 이름을 붙였다. 의식과 무의식은 수많은 이런 심복합체, 즉 콤플렉스가 결합해서 이루어지며 각 콤플렉스는 각기 고유의 에너지, 즉 감정가치가 있어 그것들이 자극될 때 각 콤플렉스가 지닌 에너지 낙차로 인하여 정신활동을 활성화한다고 생각된다. 콤플렉스는 열등한 것도, 병적인 것도 아니며 정상적인 정신의 구성요소인데 다만 그것이 무의식 상태에 있을 때 부정적인 영향을 나타낸다. 원형상을 집단적·원형적 콤플렉스, 개인적 무의식의 내용을 개인적 콤플렉스라 부르기도 한다. 자아 또한 의식의 특수한 콤플렉스다.

## 투사 Projektion, Projection

무의식의 내용이 밖의 대상으로 투영되어 그것이 자기 마음속에 있는 줄 모르고 밖에 있다고 믿게 되는 현상. 정신분석학파에서는 투사를 무의식에 억압된 내용을 직면하지 않기 위한 일종의 방어기제라고 설명하지만 분석심리학에서는 '모든 무의식에 있는 것은 투사된다'는 전제 아래 투사를 무의식을 의식화할 기회로 보고 의식화를 촉구하는 목적을 가진 현상이라고 본다.

## 팽창 Inflation, Inflation

자아가 원형들의 영향으로 팽창된 상태. 자신이 구원자나 영웅이며 초자연적 능력을 가진 것처럼 착각하게 된다. 반대로 자신을 극도로 무력하고 절망적인 존재로 느끼는 경우 부정적 팽창negative inflation이라고도 한다. 자아가 무의식을 의식화해가는 가운데 집단적 무의식의 원형을 제대로 구분하지 못하고 자아와 동일시할 때 생긴다.

## 페르조나 Persona

자아가 외부세계에 적응하는 가운데 형성된 집단정신의 한 단면. 집단이 개인에게 한결같이 요구하고 기대하는 사고방식, 행동규범, 한마디로 '사회적 역할.' 집단 속에 살면서 개인은 집단의 요구에 맞게 여러 집단 속에서 거기에 알맞은 여러 페르조나를 썼다 벗었다 한다. 페르조나는 고대 그리스의 연극에서 배우들이 쓰는 가면에서 나온 말이다. 페르조나는 생후 성장기에 자아의식의 강화와 더불어 형성되며 사회 적응에 필요한 집단규범이다. 외부세계와 관계를 맺고 적응하기 위해 생긴 집단적 기능콤플렉스로 외적 인격이라 부르기도 한다. 그러나 그것은 진정한 자기 자신이 아니다. 하나의 가상이다. 그러므로 중년기에 이르러 자기실현이 시작될 때 페르조나와 자기$^{Selbst}$를 구별하는 법을 배워야 한다. 자아와 페르조나의 지나친 동일시는 의식의 신경증적 해리로 유도된다. 페르조나는 우리말로 체면, 본분, 도리 같은 말로 표현된다.

### 확충 Amplifikation, Amplification

꿈이나 무의식의 내용의 상징적 의미를 알아내는 방법. 대상을 중심으로 개인적 연상을 집중적으로 모아 거기서 우러나오는 뜻을 헤아리거나 원형적 상인 경우 그 심상에 대한 인류의 생각을 신화, 민담, 종교적 제의, 민간신앙, 원시인 심성, 현대예술 등 집단적 무의식의 원형상들이 포함되어 있는 자료에서 광범위하게 추출·비교함으로써 핵심적인 뜻을 추정한다.

# 참고문헌

김경탁 역주, 『주역』, 명문당, 1978.

김두종, 『한국의학사』, 탐구당, 1966.

김충렬, 『김충렬 교수의 노자강의』, 2004, 예문서원.

마리 루이제 폰 프란츠, 이부영 옮김, 『C.G. 융-우리 시대 그의 신화』, 한국
　　　　융연구원, 2017.

―――, 홍숙기 옮김, 『영원한 소년과 창조성』, 한국융연구원, 2017.

아니엘라 야훼, 이부영 옮김, 『융의 회상, 꿈 그리고 사상』(개정판), 집문당,
　　　　2012.

요한 볼프강 폰 괴테, 박환덕 옮김, 『파우스트 상·하』, 범우사, 2003.

―――, 전영애 옮김, 『파우스트 1·2』, 도서출판 길, 2019.

―――, 정경석 옮김, 『파우스트』, 문예출판사, 2017.

―――, 정서웅 옮김, 『파우스트 1·2』, 민음사, 1999.

이부영, 『그림자-우리 마음속의 어두운 반려자』, 한길사, 1999.

―――, 『노자와 융』, 한길사, 2012.

―――, 「'도깨비'의 심리학적 측면과 상징성-C.G. Jung의 분석심리학적
　　　　입장에서」, 『한국학논총』 제30집, 계명대 한국학연구원, 2003.

―――, 『분석심리학-C.G. 융의 인간심성론』 제3판, 일조각, 2012.

―――, 『아니마와 아니무스』, 한길사, 2001.

―――, 「나는 안다, I Know」, 『길』 제13권 1호, 한국융연구원, 2012.

―――, 『자기와 자기실현』, 한길사, 2002.

―――, 『한국민담의 심층분석』, 집문당, 2011.

─── ,『한국의 샤머니즘과 분석심리학』, 한길사, 2012.

일연, 이병도 옮김,『삼국유사』, 동국문화사, 1962.

정서웅,「『파우스트』에 나타난 그리스신화 연구」,『괴테연구』9(0), 한국괴
테학회, 1997.

칼 구스타프 융, 이부영 옮김,『현대의 신화』, 솔, 2013.

─── , 이부영 옮김,「개성화 과정」,『인간과 상징』, 집문당, 2013.

─── , 한국융연구원 옮김,『상징과 리비도』기본저작집 제7권, 솔, 2005.

─── , 한국융연구원 옮김,『영웅과 어머니 원형』기본저작집 제8권, 솔,
2006.

─── , 한국융연구원 옮김,『꿈에 나타난 개성화 과정의 상징』기본저작
집 제5권, 솔, 2002.

─── , 한국융연구원 옮김,『인격과 전이』기본저작집 제3권, 솔, 2004.

편집부, 윤명로 감수,『철학사전』, 일신사, 1988.


Ackerknecht, E.(1967), *Kurze Geschichte der Psychiatrie*, Ferdinand Enke
Verlag, Stuttgart.

Andreae, J.V., *Die Chymische Hochzeit: Christiani Rosencreutz* anno 1459,
Hofenberg Sonder-ausgabe(hrsgb.), Karl-Maria Guth, Berlin,
2017.

Audi, R.(ed.)(2015), *The Cambridge Dictionary of Philosophy*(3rd ed.),
Cambridge Univ. Press, Cambridge.

Bächtold-Stäubli, Hanns(ed.)(1987), *Handwörterbuch des deutschen
Aberglaubens*, Bd. 4, Walter de Gruyter & Co., Berlin.

Bächtold-Stäubli, H.(ed.)(1987), *Handwörterbuch des deutschen Aberglaubens*,
Bd. 7, Walter de Gruyter & Co., Berlin.

Brednich, R.W.(hrsgb.)(1990), *Enzyklopädie des Märchens*, Bd. 6, De Gruyter
Verlag, Berlin.

Brüder, Grimm(1946), *Kinder und Hausmärchen*, Bd. 1, Manesse Verlag,
Zürich.

Cirlot, J.E.(1981), *A Dictionary of Symbols*, Routledge & Kegan Paul,

London.

Cooper J.C.(1978), *An Illustrated Encyclopaedia of Traditional Symbols*, Thames & Hudson, London.

Edinger, E.F.(1990), *Goethe's Faust*, Inner City Books, Toronto.

Eberhard, W.(1987), *Lexikon chinesischer Symbole*, Diederichs, Düsseldorf.

Ellenberger, H.F.(1970), *The Discovery of the Unconscious*, Basic Books, New York

Frankl, V.E.(2007), *Theorie und Therapie der Neurosen*, Ernst Reinhardt Verlag, München.

Freud, S.(Strachey, J. transl.)(2001), *The Complete Psychological Works of Sigmund Freud*, Vol.1: *Pre-Psycho-Analytic Publications & Unpublished Drafts*, The Hogarth Press, London.

Goethe J.W.(1980), *Faust. Eine Tragödie*, Deutscher Taschenbuch Verlag(dtv), München.

Grant. M., Hazel, J.(2000), *Lexikon der antiken Mythen und Gestalten*, dtv, München.

Hall, J.(1974), *Dictionary of Subjects and Symbols in Art*, Harper & Row Publishers, New York.

Herder(1978), *Herder-Lexikon Symbole*, Manesse Verlag, Freiburg.

Hinnels, J.R.(1984), *Dictionary of Religions*, Penguin Books, Middlessex.

Jens, H.(1960), *Mythologisches Lexikon*, Wilhelm Goldmann Verlag, München.

Jobes, G.(1962), *Dictionary of Mythology, Folklore and Symbols* Part 1, Part 2, The Scarecrow Press, New York.

Jung, C.G.(1952), *Symbole der Wandlung*, Rascher Verlag, Zürich.

—— (1963), *Zur Psychologie westlicher und östlicher Religion*, G.W. Bd. 11, Rascher Verlag, Zürich.

—— (1960), *Psychologiche Typen*, G.W. Bd. 6, Rascher Verlag, Zürich.

—— (1967), *Die psychologischen Grundlagen des Geisterglaubens*, G.W. Bd. 8, pp.341~360, Walter Verlag, Olten.

—— (1952), *Von den Wurzeln des Bewußtseins*, Rascher Verlag, Zürich.

—— (1953), *Symbolik des Geistes*, Rascher Verlag, Zürich.

—— (1981), *Das symbolische Leben*, G.W. Bd. 18/I, II, Walter Verlag, Olten.

—— (1958), *Praxis der Psychotherapie*, G.W. 16, Rascher Verlag, Zürich.

—— (1972), *Über die Entwicklung der Persönlichkeit*, G.W. Bd. 17, Walter Verlag, Olten.

—— (1963), Antwort auf Hiob(in), G.W. Bd. 11, Rascher Verlag, Zürich.

—— (1968), *Mysterium Coniunctionsis*, G.W. Bd. 14/1-2, Rascher Verlag, Zürich.

—— (1964), *Beziehungen zwischen dem Ich and dem Unbewußten*, Rascher Verlag, Zürich.

—— (trnsl. Shamdasani et al.)(2009), *The Red Book*, W.W. Norton & Co., New York.

—— (1951), *Aion*, Rascher Verlag, Zürich.

—— (1967), *Dynamik des Unbewußten*, G.W. 8, Walter Verlag, Olten.

—— (1972), Psychologie und Dichtung, G.W. Bd. 15, Walter Verlag, Olten.(1950), *Gestaltungen des Unbewaßten*, Rascher Verlag, Zürich.

—— (1952), *Psychologie und Alchemie*, Rascher Verlag, Zürich.

—— (1972), *Briefe*, Bd. 1, Walter Verlag, Olten.

—— (1972), *Briefe*, Bd. 2, Walter Verlag, Olten.

—— (1953), Versuch einer psychologischen Deutung des Trinitätsdogmas (in) C.G. Jung(1953), *Symbolik des Geistes*, Rascher Verlag, Zürich.

—— (1967), Transzendente Funktion, in G.W. Bd. 8, *Die Dynamik des Unbewußten*, Rascher Verlag, Zürich.

—— (1967), Faust und Alchemie, G.W. Bd. 2, pp.808~809.

—— (1987), *Seminar Kindertäume*, Walter Verlag, Olten.

—— (1976), *Über die Archetypen der kollektiven Unbewußten* G.W. Bd. 9/1, Walter Verlag, Olten.

—— (1976), Zur Psychologie des Kindarchetypus, G.W. Bd. 9/1, Walter

Verlag, Olten, pp.165~195.

———Zum Psychologischen Aspekt der Korefiqur, *Ibid.*, pp.199~220.

———(1976), Zur Psychologie des Trickster Figur, G.W. Bd. 9/1, Walter Verlag, Olten, pp.271~290.

———(1976), Über Mandalasymbolik, G.W. Bd 9/1, pp.373~408.

———(1981), Eine Bemerkung zur Tauskschen Kritik der Nelkenschen Arbei(in) C.G. Jung, G.W. Bd. 18-1, Walter Verlag, Olten, pp.464~468.

———(1981), Religion und Psychologie – Eine Antwort auf Martin Bubers, G.W. Bd. 18-1, Walter Verlag, Olten, pp.710~717.

Jung, C.G., Kerényi, K.(1951), *Die Einführung in das Wesen der Mythologie*, Rhein Verlag, Zürich.

Jung, C.G., Pauli, W.(1952), *Naturerklärung und Psyche*, Rascher Verlag, Zürich.

Jung, Emma(1974), *Animus und Anima*, Spring Publications, Zürich.

Kerényi, K.(1950), *Labyrinth-Studien*, Rhein Verlag, Zürich.

Kerényi, K.(1981), *Die Mythologie der Griechen*, Bd. 1, 2, dtv, München.

Kerényi, K.(1950), *The Gods of the Greeks*, Thames & Hudson, London.

Luke, David(transl.)(2008), *Goethe Faust* Part 1, Part 2, Oxford Univ. Press Oxford.

Meier, C.A.(1986), The Dream in Ancient Greece and its Use in Temple Cures(Incubation)(in) C.A. Meier, *Soul and Body*, The Lapis Press, Santa Monica, pp.190~209.

Meier, C.A.(1986), *Soul and Body: Essays on the Theories of C.G. Jung*, The Lapis Press, San Francisco.

Moorman, Uitter Hoeve(1995), *Lexikon der antiken Gestalten*, Kröner Verlag, Stuttgart.

Neumann, E.(1981), *Die große Mutter*, Walter Verlag, Olten.

Peterich, E.(1957), *Götter und Helden der Griechen*, Walter Verlag.

Rose, H.J.(1964), *A Handbook of Greek Mythology*, Methue & Co., London.

Staiger, E.(Miki et al. transl.)(1981), *Goethe*, Bd. 1, Jinbun-shoin, Kyoto.

Staiger, E.(Komatsu et al. transl.)(1981), *Goethe*, Bd. 2, Jinbun-shoin, Kyoto.

Staiger, E.(Hirano et al. transl.)(1982), *Goethe*, Bd. 3, Jinbun-shoin, Kyoto.

Von Franz, M.-L.(1961), Das Problem des Bösen im Märchen(in) *das Böse*, Rascher Verlag, Zürich, pp.91~126.

Wilhelm, R.(Transl.)(1960), *I Ging*, Eugen Diederichs Verlag, Düsseldorf.

Winick, C.(1970), *Dictionary of Anthropology*, Littlefield Adams and Co., Totowa, New Jersy.

Zilboorg, G.(1941), *A History of Medical Psychology*, W.W. Norton & Co., New York.

Zimmerman, J.E.(1964), *Dictionary of Classical Mythology*, a National General Co., New York.

マスペロMaspero, H.(特田 譯)(1985), *Les procédés de "Nourrir le principe vital" dans la religion taoiste ancienne*, Journal Asiatique, avril-juin-/juillet-septenbre(1937)(Le Taoisme et les religions Chinoises, Gallimard, 1971)(道教 の 養生術) ぜりか書房.

袁珂(伊藤 等譯)(1960), 『中國古代神話』, みすず 書房.

森三樹三郎(1969), 『中國古代神話』, 大安.

# 찾아보기

# 괴테와 융

## 『파우스트』의 분석심리학적 이해

**지은이** 이부영
**펴낸이** 김언호

**펴낸곳** (주)도서출판 한길사
**등록** 1976년 12월 24일 제74호
**주소** 10881 경기도 파주시 광인사길 37
**홈페이지** www.hangilsa.co.kr
**전자우편** hangilsa@hangilsa.co.kr
**전화** 031-955-2000-3 **팩스** 031-955-2005

**부사장** 박관순 **총괄이사** 김서영 **관리이사** 곽명호
**영업이사** 이경호 **경영이사** 김관영 **편집주간** 백은숙
**편집** 김지연 노유연 김대일 김지수 최현경 김영길
**마케팅** 정아린 **관리** 이주환 문주상 이희문 원선아 이진아
**디자인** 창포 031-955-2097
**인쇄제본** 영림

제1판 제1쇄 2020년 6월 30일
제1판 제2쇄 2021년 7월 12일

값 35,000원
ISBN 978-89-356-6340-8 93180

• 이 도서의 국립중앙도서관 출판시도서목록(CIP)은 서지정보유통지원시스템 홈페이지(seoji.nl.go.kr)와
국가자료공동목록시스템(www.nl.go.kr/kolisnet)에서 이용하실 수 있습니다.
(CIP제어번호: CIP2020018563)